Leitfäden der Informatik

K. Rüdiger Reischuk
Komplexitätstheorie
Band I: Grundlagen

W0258093

Leitfäden der Informatik

Herausgegeben von

Prof. Dr. Hans-Jürgen Appelrath, Oldenburg
Prof. Dr. Volker Claus, Stuttgart
Prof. Dr. Dr. h.c. mult. Günter Hotz, Saarbrücken
Prof. Dr. Lutz Richter, Zürich
Prof. Dr. Wolffried Stucky, Karlsruhe
Prof. Dr. Klaus Waldschmidt, Frankfurt

Die Leitfäden der Informatik behandeln

- Themen aus der Theoretischen, Praktischen und Technischen Informatik entsprechend dem aktuellen Stand der Wissenschaft in einer systematischen und fundierten Darstellung des jeweiligen Gebietes.
- Methoden und Ergebnisse der Informatik, aufgearbeitet und dargestellt aus Sicht der Anwendungen in einer für Anwender verständlichen, exakten und präzisen Form.

Die Bände dieser Reihe wenden sich zum einen als Grundlage und Ergänzung zu Vorlesungen der Informatik an Studierende und Lehrende in Informatik-Studienlehrgängen an Hochschulen, zum anderen an „Praktiker", die sich einen Überblick über die Anwendungen der Informatik(-Methoden) verschaffen wollen; sie dienen aber auch in Wirtschaft, Industrie und Verwaltung tätigen Informatikern und Informatikerinnen zur Fortbildung in praxisrelevanten Fragestellungen ihres Faches.

Komplexitätstheorie
Band I: Grundlagen

Maschinenmodelle, Zeit- und Platzkomplexität, Nichtdeterminismus

Von Prof. Dr. math. K. Rüdiger Reischuk
Med. Universität zu Lübeck

2., völlig neubearbeitete und erweiterte Auflage

B. G. Teubner Stuttgart · Leipzig 1999

Prof. Dr. math. K. Rüdiger Reischuk

Geboren 1955 in Bethel bei Bielefeld, Studium der Mathematik 1974–1978 an der Universität Bielefeld, Diplom 1978, Promotion 1980 und Habilitation 1983; nach dem Diplom Tätigkeit als wissenschaftlicher Mitarbeiter und Hochschulassistent bei Prof. Wolfgang Paul, unterbrochen 1981–1982 durch einen Forschungsaufenthalt im IBM Research Laboratory San Jose.
Professuren für Theoretische Informatik: von 1985 bis 1994 im Fachbereich Informatik der Technischen Hochschule Darmstadt, seit 1994 an der Technisch-Naturwissenschaftlichen Fakultät der Med. Universität zu Lübeck, Direktor des dortigen Institutes für Theoretische Informatik.
Längere Forschungsaufenthalte im Ausland: IBM Watson Research Center, Yorktown Heights 1988, IBM Almaden Research Laboratory, San Jose 1989, International Computer Science Institute ICSI, Berkeley 1989 und 1993, Kyushu University, Fukuoka 1997. Herr Reischuk war mehrere Jahre Sprecher des GI-Fachausschusses *Theoretische Informatik* und Vorsitzender des Lenkungsgremiums für die jährlich stattfindende STACS-Conference (*Symposium on Theoretical Aspects of Computer Science*) sowie Chairman der STACS'97 in Lübeck.
Mitglied im Editorial Board des *Electronic Colloquium on Computational Complexity* ECCC, Organisator mehrerer Tagungen zu Themen der Komplexitätstheorie am *Internationalen Begegnungszentrum für Informatik Schloß Dagstuhl* IBFI sowie Mitglied im Preisrichterkomitee für den GI-Dissertationspreis Informatik.
Email: reischuk@informatik.mu-luebeck.de
WWW: http://www.tcs.mu-luebeck.de/pages/reischuk/

Die Deutsche Bibliothek – CIP-Einheitsaufnahme

Reischuk, K. Rüdiger:
Komplexitätstheorie / K. Rüdiger Reischuk. – Stuttgart ; Leipzig :
Teubner
 (Leitfäden der Informatik)
Bd. 1. Grundlagen : Maschinenmodelle, Zeit- und
Platzkomplexität, Nichtdeterminismus. – 2., völlig neubearb. und
erw. Aufl. – 1999
   ISBN 978-3-519-12275-3   ISBN 978-3-322-80139-5 (eBook)
   DOI 10.1007/978-3-322-80139-5

Das Werk einschließlich aller seiner Teile ist urheberrechtlich geschützt. Jede Verwertung außerhalb der engen Grenzen des Urheberrechtsgesetzes ist ohne Zustimmung des Verlages unzulässig und strafbar. Das gilt besonders für Vervielfältigungen, Übersetzungen, Mikroverfilmungen und die Einspeicherung und Verarbeitung in elektronischen Systemen.
© 1999 B. G. Teubner Stuttgart · Leipzig

Einband: Peter Pfitz, Stuttgart

Gewidmet

meinen Eltern

Robert und Hermine

Vorwort

Im Jahre 1978 hat mein damaliger Lehrer Professor Wolfgang Paul eine Monographie zur Komplexitätstheorie im Teubner Verlag veröffentlicht [W. J. Paul, *Komplexitätstheorie*, Teubner Studienbücher Informatik, 1978]. Seitdem hat dies Gebiet eine stürmische Entwicklung genommen, und es erschien notwendig, den Erkenntnisstand in Form eines neuen Lehrbuches aufzuarbeiten. Dies geschah 1990 durch das im gleichen Verlag von mir publizierte Werk *Einführung in die Komplexitätstheorie*. Angesichts der Stoffülle konnten damals wichtige Teilgebiete nicht in dem gewünschten Maße behandelt werden.

Nach nunmehr acht weiteren Jahren sind viele interessante und wichtige Resultate hinzugekommen, so daß mir eine nur leicht überarbeitete Neuauflage nicht angemessen erschien. Das nun vorliegende Werk stellt eine umfangreiche Erweiterung und Aktualisierung dar. Es wurden zwei neue Kapitel hinzugefügt und Teile des Stoffes neu gegliedert. Dies legte dann eine Aufteilung in zwei Bände nahe. Der erste Band konzentriert sich auf die Grundlagen, der zweite behandelt die aktuelleren Entwicklungen, insbesondere in Richtung auf Randomisierung und Parallelverarbeitung. Ich habe versucht, den Leser an den aktuellen Stand der Forschung heranzuführen und durch zusätzliche Hinweise und Literaturverweise zu weiteren Studien anzuregen.

Angefangen vor circa 30 Jahren hat sich die Komplexitätstheorie bis heute schon sehr weit entwickelt; dennoch konnten zentrale Fragen trotz großer Anstrengungen bislang nicht beantwortet werden. Man kann erwarten, daß ein großer Teil der in dieser Einführung behandelten Thematiken und Methoden auch in Zukunft den Grundstock dieses immer noch jungen und dynamischen Gebietes bilden werden. Die Methodik der Wissenschaft Informatik bewegt sich in dem breiten Spannungsfeld zwischen der der Mathematik und der Elektrotechnik. Auf informationsverarbeitende Methoden und Systeme können heutzutage auch andere Wissenschaften nicht mehr verzichten. Bei den Systemen herrscht stetiger Wandel und Kurzlebigkeit vor – die Informatik erweist sich momentan als eine Wissenschaft mit einer *sehr kurzen Halbwertszeit der Erkenntnis*. Komplexe

Systemstrukturen können entworfen und implementiert, aber oftmals nicht umfassend analysiert werden – mit dem Ergebnis hoher Fehlerhaftigkeit und großer Ineffizienzen. Solange der technologische Fortschritt diese Ineffizienzen durch enorme Steigerungen der Rechenleistung überdeckt, mag der Anwender zufrieden sein. Allerdings ist erkennbar, daß weitere Leistungssteigerungen bald an die Grenze des physikalisch Möglichen stoßen werden. Spätestens dann dürften analytische Vorgehensweisen verbunden mit komplexitätstheoretischen Untersuchungen bei algorithmischen Problemstellungen wieder mehr über die engeren Fachgrenzen hinweg an Bedeutung gewinnen. Dies dürfte auch bei einem möglichen Wechsel der Rechnertechnologie gelten.

Der Stoffumfang des Gesamtwerkes entspricht etwa einer zweisemestrigen Vorlesung im Hauptstudium, wie ich sie an der Universität des Saarlandes, der Technischen Hochschule Darmstadt und der Med. Universität zu Lübeck gehalten habe. Obwohl die Kapitel nicht vollständig unabhängig voneinander sind, sollte für eine einsemestrige Vorlesung eine Auswahl möglich sein, beispielsweise Kapitel 1, die einführenden Abschnitte aus Kapitel 2 und 3 sowie das Kapitel 6. Teile aus diesen Kapiteln eignen sich auch für eine Vorlesung im fortgeschrittenen Grundstudium.

Hilfreiche Unterstützung anderer haben geholfen, diese Neufassung zu erstellen. Meinen Mitarbeitern, insbesondere Andreas Jakoby und Maciej Liskiewicz, danke ich für das sorgfältige Korrekturlesen und zahlreiche Verbesserungsvorschläge. Sicherlich wird auch dieses Werk nicht frei von Fehlern sein – für Korrekturhinweise und sonstige Reaktionen meiner Leserschaft wäre ich dankbar. Aktuelle Hinweise werde ich auf der WWW-Seite

> http://www.tcs.mu-luebeck.de/pages/reischuk/Monographien/

zugänglich machen.

Lübeck,   im September 1998

K. Rüdiger Reischuk

Inhaltsverzeichnis

Abbildungsverzeichnis   XI

Tabellenverzeichnis   XIII

Einleitung   XV

1 Das TM–Modell   1
- 1.0 Vorbemerkungen 1
  - 1.0.1 Mengen 1
  - 1.0.2 Graphen 2
  - 1.0.3 Strings, Sprachen 4
- 1.1 Turing-Maschinen 4
  - 1.1.1 Das allgemeine Modell 5
  - 1.1.2 Verschiedene Speichertypen 9
  - 1.1.3 Beispiele für die Arbeitsweise von TM 11
  - 1.1.4 Berechenbarkeit 15
  - 1.1.5 Nichtdeterministische Berechnungen 18
- 1.2 Das Rechnen mit TM 21
  - 1.2.1 Elementare Techniken 21
  - 1.2.2 Simulation, Band- und Kopf-Reduktion 26
  - 1.2.3 Universelle Maschinen 28
- 1.3 Mathematische Grundlagen 30
  - 1.3.1 Notation 30
  - 1.3.2 Asymptotisches Wachstum 33
  - 1.3.3 Wachstumsordnungen 37
  - 1.3.4 Rekursionsgleichungen 40
- 1.4 Die Komplexität von TM 45
  - 1.4.1 Schranken, Maße und Konstruierbarkeit 45
  - 1.4.2 Komplexitätsklassen 49
  - 1.4.3 Diagonalisierung 51
  - 1.4.4 Bandkompression 53
  - 1.4.5 Lineare Beschleunigung 55
- 1.5 Übungsaufgaben 60

1.6 Bemerkungen und Literaturhinweise 66

2 Weitere Maschinenmodelle **69**
2.1 Registermaschinen 69
    2.1.1 Das RAM-Modell 70
    2.1.2 Komplexitätsmaße für RAMs 73
    2.1.3 Simulation von RAMs durch TM 76
    2.1.4 Simulation von TM durch RAMs 79
2.2 Schaltkreis-Familien 86
    2.2.1 Boolesche Funktionen und Schaltkreise 87
    2.2.2 Schaltkreiskomplexität 88
    2.2.3 Uniformität 94
    2.2.4 Simulation von Schaltkreisfamilien durch TM 96
    2.2.5 Simulation von TM durch Schaltkreisfamilien 100
    2.2.6 Universelle Schaltkreise 109
2.3 Arithmetische Modelle, Entscheidungsgraphen 114
    2.3.1 Arithmetische RAMs und Schaltkreise 114
    2.3.2 Entscheidungsbaum-Modelle 116
2.4 Übungsaufgaben 118
2.5 Bemerkungen und Literaturhinweise 123

3 Hierarchie-Sätze **129**
3.1 Untere Schranken und Komplexitätslücken 129
    3.1.1 Logarithmische Platzschranke 130
    3.1.2 Quadratische Zeitschranke für 1-Band Maschinen 132
    3.1.3 Komplexitätslücke bei zeitbeschränkten 1-Band TM 135
    3.1.4 Komplexitätslücke bei kleinen Platzschranken 137
3.2 Deterministische Hierarchien 140
    3.2.1 Allgemeiner Hierarchiesatz 140
    3.2.2 Zeithierarchien 142
    3.2.3 Platzhierarchien 147
3.3 Translation 150
3.4 Nichtdeterministische Hierarchien 154
    3.4.1 Komplementabschluß von nichtdeterministischem Platz 154
    3.4.2 Nichtdeterministischer Platzhierarchiesatz 158
    3.4.3 Nichtdeterministischer Zeithierarchiesatz 160
3.5 Das Komplexitätsmaß Reversal 160
    3.5.1 Reversalbeschränkte TM 160
    3.5.2 Vergleich von Time und Reversal 161
    3.5.3 Vergleich von Space und Reversal 163
    3.5.4 Bandreduktion und Reversal für NTM 167
3.6 Abstrakte Komplexitätstheorie 168
    3.6.1 Allgemeines Gap-Theorem 168

    3.6.2 Speedup-Theorem 170

    3.6.3 Union-Theorem 172

    3.6.4 Abstrakte Komplexitätsmaße 174

  3.7 Übungsaufgaben 175

  3.8 Bemerkungen und Literaturhinweise 180

4 Vergleich von Speicherstrukturen   **183**

  4.1 Ein allgemeines Speichermodell 184

    4.1.1 On-line versus off-line 184

    4.1.2 Konstruierbare Speicher 185

    4.1.3 Lineare Bandsimulation konstruierbarer Speicher 188

  4.2 1-dimensionale Speicher 189

    4.2.1 Bandreduktion für NTM 189

    4.2.2 Simulation von Mehrkopf-Maschinen 191

    4.2.3 TM mit separatem Einweg-Eingabeband 192

    4.2.4 1 versus 2 Bänder bei Zweiweg-Eingabe 193

  4.3 Untere Schranken für Speicherzugriffe 195

    4.3.1 Kolmogorov-Komplexität von Strings 195

    4.3.2 Der Einfluß des Radius 196

  4.4 Obere Schranken für Speicherzugriffe 200

    4.4.1 Einbettung von Graphen 200

    4.4.2 Kompaktifizierung 205

    4.4.3 Schnelle Simulationen 208

  4.5 Übungsaufgaben 211

  4.6 Bemerkungen und Literaturhinweise 213

5 Zeit- versus Platzkomplexität   **217**

  5.1 Time-Space-Relationen für 1-Band TM 218

    5.1.1 Simulation platzbeschränkter 1-Band DTM 218

    5.1.2 Simulation platzbeschränkter 1-Band NTM 222

    5.1.3 Mehrdimensionale 1-Band TM 228

  5.2 Das Pebble-Game 229

    5.2.1 Berechnungsgraphen 229

    5.2.2 Superkonzentratoren 234

    5.2.3 Schichtungen von Graphen 237

  5.3 Platzeffiziente Simulation von TM und RAMs 246

    5.3.1 Lineare Speicher 246

    5.3.2 Nichtlineare Speicher 248

    5.3.3 Auxiliary Pushdown TM 258

  5.4 Simultane Ressource-Schranken 260

    5.4.1 Schaltkreisweite 260

    5.4.2 Vergleich der Ressourcen von TM und Schaltkreisen 262

  5.5 Übungsaufgaben 266

5.6   Bemerkungen und Literaturhinweise 270

6   Sequentielle Komplexitätsklassen   275
6.1   Einführung 276
      6.1.1   Notation 276
      6.1.2   Zeit-Platz-Hierarchie 277
      6.1.3   Reduzierbarkeit, Vollständigkeit 279
6.2   Die Klassen von $\mathcal{L}$ bis $\mathcal{P}$ 285
      6.2.1   Labyrinth-Probleme zur Charakterisierung von $\mathcal{L}$ und $\mathcal{NL}$ 285
      6.2.2 $\mathcal{P}$-vollständige Probleme 287
6.3 $\mathcal{NP}$-vollständige Probleme 291
      6.3.1   Das Erfüllbarkeitsproblem 291
      6.3.2   Selbstreduzierbarkeit 294
      6.3.3   Erfüllbarkeit für 3-CNF 296
      6.3.4   Graphenprobleme: Cliquen, Kreise und Überdeckungen 298
      6.3.5   Das Färbungsproblem für Graphen 302
      6.3.6   Diskrete Optimierung 304
      6.3.7 $\mathcal{NP}$-Vollständigkeit im strengen Sinne 306
      6.3.8   Obere Schranken und Parameterkomplexität 307
6.4   Von $\mathcal{NP}$ bis $\mathcal{PSPACE}$ 311
      6.4.1   Die Struktur von $\mathcal{NP}$ 311
      6.4.2   Die Relation zwischen $\mathcal{NP}$ und co-$\mathcal{NP}$ . . 312
      6.4.3 $\mathcal{UP}$, Einweg-Funktionen und Kryptologie 316
      6.4.4 $\mathcal{PSPACE}$-Vollständigkeit 318
6.5   Linguistische Klassifikationen 321
      6.5.1   Formale Grammatiken 321
      6.5.2   Die Chomsky-Hierarchie 322
      6.5.3   Kontextfreie Sprachen und $\mathrm{Log}\,\mathcal{CFL}$ . . . 324
      6.5.4   Reguläre Ausdrücke 325
6.6   Übungsaufgaben 327
6.7   Bemerkungen und Literaturhinweise 331

Stichwortverzeichnis   341

Symbolverzeichnis   350

Zeitschriftenverzeichnis   353

Konferenzverzeichnis   354

Verzeichnis von Fachorganisationen   354

Abbildungsverzeichnis

1.1 Schema eines sequentiellen Rechners 5
1.2 Modell einer Turing-Maschine 7
1.3 1-Band Turing-Maschine 10
1.4 k-Band Turing-Maschine 10
1.5 h-Kopf Turing-Maschine 10
1.6 2-dimensionale Turing-Maschine 11
1.7 Baum Turing-Maschine 12
1.8 Übergangsrelation einer TM 13
1.9 Einteilung in Spuren 22
1.10 Faltung eines zweiseitigen Bandes 22
1.11 Markieren von Speicherzellen 22
1.12 Kopieren eines Strings 23
1.13 Implementierung eines Zählers 23
1.14 Darstellung von k Bändern auf k Spuren 27
1.15 Simulation einer TM M_ρ durch die universelle TM U 29
1.16 Bandkompression 54
1.17 Lineare Beschleunigung 55
1.18 Realzeit-Beschleunigung 58

2.1 Modell der Registermaschine 70
2.2 Indirekte Adressierung 72
2.3 Darstellung eines RAM-Speichers durch einen Baumspeicher 78
2.4 Darstellung eines TM-Speichers in einem RAM-Speicher 80
2.5 Zerlegung eines Bandes in Blöcke 82
2.6 Boolescher Schaltkreis 89
2.7 Zerlegung eines Schaltkreises durch EVALUATE 98
2.8 Bandbeschriftung in EVALUATE 98
2.9 Prozedur VALUE 100
2.10 Schaltkreis zur Simulation von M 104
2.11 Zerlegung eines Blockes in Teilblöcke 105
2.12 Darstellung der Blockinhalte 106
2.13 Konstruktion des universellen Graphen G_U 112
2.14 Kreuzung und Ersatzgraph zur kreuzungsfreien Verbindung 113
2.15 Switch 114

3.1   Kleine und große Exkursion 130
3.2   Berechnung während einer großen Exkursion 131
3.3   Crossing-Sequenz 132
3.4   Verschmelzen von Crossing-Sequenzen 133
3.5   Verkürzung der Eingabe bei gleichen Crossing-Sequenzen 136
3.6   Crossing Sequenz rechts von der Eingabe 136
3.7   Crossing-Sequenz mit sich wiederholendem erweiterten Zustand 139
3.8   Distributiver Zähler 146
3.9   Translation von Komplexitätsklassen 151
3.10 Padding einer Sprache 152

4.1   Aufteilung eines 2-dimensionalen Bandes in überlappende Würfel 206
4.2   Speicherung eines Suchbaumes 207
4.3   Kompaktifizierung eines Baumbandes 209

5.1   Zerlegung einer Berechnung durch Crossing Sequenzen 219
5.2   Berechnungsmatrix mit Teilmatrix 222
5.3   Ausschnitt aus einer Berechnungsmatrix 223
5.4   Schnitte durch eine Berechnungsmatrix 224
5.5   Graph mit einer Pebble-Strategie 232
5.6   Die Pyramide PY_4 233
5.7   2–Schichtung eines Graphen 238
5.8   Pebble-Strategie für einen geschichteten Graphen 240
5.9   TM mit zusätzlichem Pushdown-Band 259
5.10 Der Graph Γ_3 267
5.11 Der Jellyfish-Graph J_3 268

6.1   Die Hierarchie der sequentiellen Komplexitätsklassen 278
6.2   Hintereinanderschaltung von Reduktionen 280
6.3   Konstruktion eines Akzeptors mit Hilfe einer Reduktion 282
6.4   Überlappende Paare der Berechnungsmatrix 289
6.5   Selbstreduktion von SAT 296
6.6   Ein Teilgraph H_i und die Verkettung der H_i zum Graphen H' 300
6.7   Teilgraph T_j 301
6.8   Kreuzungsgraph 303
6.9   Die Mengen $\mathcal{P}$, $\mathcal{NP}$, $\mathcal{NPC}$ und co-$\mathcal{NP}$ in $\mathcal{PSPACE}$ 313
6.10 Ableitungsbaum einer quantifizierten Formel 319
6.11 Die Relation zwischen Sprach- und Komplexitätsklassen 325

Tabellenverzeichnis

1.1   *Funktionstabelle für die Funktion itlog* 31

2.1   *RAM-Operationen und Auswirkungen auf die Register:* 71
2.2   *Arithmetische Operationen einer Bit-RAM* 72
2.3   *Beispiel einer RAM für die Funktion eexp* 73
2.4   *Logarithmisches Zeitmaß für eine RAM* 74

3.1   *Funktionswerte der iterierten Funktion h* 171

6.1   *Die Chomsky-Hierarchie* 323

Einleitung

Das Bestreben der *Komplexitätstheorie* ist es, grundlegende Aussagen zu machen, mit welchem Aufwand algorithmische Probleme auf einer Maschine gelöst werden können. Dabei sind drei Komponenten zu berücksichtigen: die Problemstellung, die zur Verfügung stehenden Rechnersysteme und die darauf implementierten Algorithmen. Den Aufwand kann man auf verschiedene Weisen messen; für den Anwender sind in erster Linie die Rechenzeit und der notwendige Speicherplatz von Bedeutung. Die Vehemenz der technologischen Entwicklung in der Vergangenheit läßt weitere Verbesserungen auf Seiten der Hardware erwarten. Sind in Anbetracht dessen geräteunabhängige Aussagen überhaupt möglich? Inwieweit lohnt es sich, Energie in den Entwurf guter oder sogar optimaler Algorithmen für eine spezielle Rechnerarchitektur zu stecken?

Als Grundlage für derartige Untersuchungen dienen formale Maschinenmodelle, mit denen die aufgeworfenen Fragen mathematisch exakt behandelt werden können. Ein Modell sollte einerseits so abstrakt sein, daß man auf relativ einfache Weise möglichst weitreichende Aussagen machen kann. Andererseits darf es sich nicht zu sehr von den in der Wirklichkeit vorhandenen Rechnerarchitekturen entfernen. Die Komplexitätstheorie bemüht sich, allgemeingültige Beziehungen aufzuzeigen. Um Konsequenzen ihrer Resultate für den praktischen Einsatz von Rechnern abzuleiten, bedarf es dann einer entsprechenden Interpretation.

Der erste Schritt muß daher sein, geeignete Modelle zu spezifizieren und ihre Eigenschaften zu untersuchen. Stehen mehrere Modelle zur Auswahl, ist ein gegenseitiger Vergleich sinnvoll. Zentraler Begriff ist dabei die Simulation einer Maschine oder Maschinenklasse durch eine andere. Wir werden sehen, daß die verschiedenen Modelle, die bislang betrachtet worden sind, keine allzu großen Unterschiede bezüglich ihrer Leistungsfähigkeit aufweisen, was man als Indiz für die Güte der betrachteten Modelle und als Bestätigung für die formalisierte Vorgehensweise ansehen kann. Es bilden sich zwei Klassen heraus, die sequentielle Maschinen bzw. parallele Maschinen repräsentieren.

Den Anfang der elektronischen Datenverarbeitung bildeten Rechenmaschinen, die im wesentlichen Folgen aus arithmetischen Operationen ausführten. Dadurch standen numerische und algebraische Probleme im Vordergrund. Die *Rekursionstheorie* untersucht, welche Probleme überhaupt maschinell lösbar sind. Aufbauend auf die Rekursionstheorie wandte sich die Komplexitätstheorie schon frühzeitig nichtnumerischen Aufgabenstellungen zu, die in der heutigen Zeit immer mehr an Bedeutung gewinnen. Viele der betrachteten Probleme sind kombinatorischer Natur. Der Versuch ist daher naheliegend, die Komplexität algorithmischer Probleme durch die Untersuchung ihrer kombinatorischen Eigenschaften näher zu charakterisieren.

Auf diese Weise entstand ein Wechselspiel zwischen *Diskreter Mathematik* und *Informatik,* bei dem auch die Mathematik durch das Aufwerfen neuartiger mathematischer Fragestellungen profitiert hat. Den Aufwand eines algorithmischen Verfahrens exakt zu bestimmen, ist in der Regel sehr schwierig. In vielen Fällen muß man sich daher mit asymptotischen Aussagen über das Wachstumsverhalten der notwendigen Ressourcen im Vergleich zur Problemgröße zufriedengeben.

Um algorithmische Probleme im Rahmen einer aussagekräftigen Theorie vergleichen und klassifizieren zu können, erweist es sich in vielen Fällen als notwendig, Implementierungsdetails nicht näher zu berücksichtigen. Ein wichtiges Beispiel ist die Klasse $\mathcal{P}$ der in polynomialer Zeit lösbaren Probleme. Dies Maß für effiziente Lösbarkeit mag zwar für manche Anwendung nicht fein genug sein, hat sich jedoch als eines der bislang wenigen stabilen Konzepte in der Informatik erwiesen. Fragen nach geeigneter Datenverwaltung etwa sind dann Gegenstand des Gebietes *Effiziente Algorithmen,* wo mit Hilfe von komplexen Datenstrukturen optimale Lösungsverfahren angestrebt werden.

Die Untersuchungen in der Komplexitätstheorie beschränken sich fast ausschließlich auf die *worst-case*-Komplexität: Ein Algorithmus wird gemessen an dem Aufwand, den er für die schwierigsten Eingaben benötigt. Eine allgemeine Analyse der durchschnittlichen Laufzeiten bei verschiedenen Verteilungen wäre von großem praktischen Interesse, erweist sich jedoch noch um einiges aufwendiger. Ergebnisse über probabilistische Algorithmen deuten darauf hin, daß eine Durchschnittsanalyse oftmals durch eine *worst-case*-Analyse bei randomisierten Verfahren ersetzt werden kann, welche sich technisch einfacher gestaltet.

Der Leser wird unschwer erkennen, daß graphtheoretische Methoden einen wichtigen Bestandteil unserer Vorgehensweise bilden. Zum Nachweis unterer Schranken für die Komplexität algorithmischer Probleme spielen derartige Techniken neben Diagonalisierungsverfahren eine entscheidende Rolle. Bei der Untersuchung von Speicherstrukturen und Parallelverarbeitung lassen sich auch informationstheoretische Methoden erfolgreich einsetzen, um den Datenfluß zu analysieren.

Das vorliegende Werk besteht aus 2 Bänden, wobei jedes Kapitel mit einer Sammlung von Übungsaufgaben, bibliographischen Anmerkungen und Verweisen sowie einem Literaturverzeichnis endet.

In diesem ersten Band werden in Kapitel 1 und 2 die wichtigsten sequentiellen Maschinenmodelle, Turing-Maschinen, Registermaschinen und Schaltkreise, vorgestellt. Die weiteren Untersuchungen basieren größtenteils auf dem Turing-Maschinen-Modell. Im ersten Kapitel werden weiterhin die benötigten mathematischen Grundlagen erarbeitet. Als Technik für Komplexitätsabschätzungen hat sich die O-Analyse als hilfreich erwiesen, die konstante Faktoren – etwa bei der Abschätzung der Laufzeit – unberücksichtigt läßt. Nur durch diesen Ansatz ist es in vielen Fällen überhaupt möglich, eine mathematisch korrekte und überschaubare Analyse durchzuführen. Wir haben uns bemüht, diese Vorgehensweise, die Studenten erfahrungsgemäß zunächst Schwierigkeiten bereitet, ausführlich darzustellen. In einigen Punkten wird die gängige Notation nicht übernommen, weil uns eine größere Klarheit und Exaktheit angebracht erschien.

Im dritten Kapitel werden elementare Techniken zum Beweis unterer Schranken erläutert und die Anwendung rekursionstheoretischer Methoden in der Komplexitätstheorie beschrieben. In Kapitel 4 steht die Zeitkomplexität in Abhängigkeit von der Struktur des Speichers der Maschinen im Vordergrund. Kapitel 5 widmet sich ausgiebig der Frage *Time versus Space*. Den Abschluß des ersten Bandes bildet dann die Untersuchung der wichtigsten sequentiellen Komplexitätsklassen. Wir stellen konkrete algorithmische Probleme vor und ordnen sie in die Hierarchie der Komplexitätsklassen ein. Dabei spielen die Begriffe Reduktion und Vollständigkeit eine wichtige Rolle. Bis dahin ist es ein weiter, technisch teilweise recht anspruchsvoller Weg, auf dem wir dem Leser die notwendige Muße wünschen.

Im zweiten Band werden wir dann die Themenbereiche probabilistische Algorithmen und Parallelverarbeitung behandeln, die in den letzten Jahren sehr stark an Bedeutung gewonnen haben. Dazu stellen wir probabilistische Turing Maschinen und die Parallelrechnermodelle alternierende Turing-Maschinen, parallele Registermaschinen und Netzwerke sowie die damit korrespondierenden Komplexitätsklassen vor. Mit Hilfe von alternierenden Turing-Maschinen werden parallele Komplexitätsklassen eingehender untersucht; anschließend werden wir uns mehr praktischen Aspekten der Parallelverarbeitung widmen. Ich hoffe, daß dieser Band dem ersten in etwa einem Jahr folgen wird.

Da heutzutage komplexitätstheoretische Ergebnisse fast ausnahmslos in Englisch publiziert werden, sind die meisten Fachausdrücke der englischen Sprache entnommen. Nicht immer wurde ein deutsches Äquivalent geschaffen. Uns erschien es sinnvoll, nicht in jedem Fall den Versuch einer Übersetzung ins Deutsche vorzunehmen, sondern in derartigen Fällen die Terminologie direkt zu übernehmen. Um das Verständnis zu erleichtern, haben wir uns bemüht, den geschriebenen Text, wann immer sinnvoll und möglich, durch Abbildungen zu ergänzen.

Die Übungsaufgaben sind am Ende eines jeden Kapitels zusammengefaßt. Ihr Schwierigkeitsgrad ist unterschiedlich; er reicht von einfacheren Aufgaben, die im wesentlichen das Verständnis des Stoffes überprüfen, bis zu anspruchsvolleren, bei denen eine geeignete Beweisstrategie im Rahmen des vorgestellten Modells gefunden werden muß. Auf eine Untergliederung der Aufgaben nach Schwierigkeitsgrad haben wir verzichtet.

Bei den Literaturverzeichnissen haben wir uns auf die unserer Meinung nach wichtigsten Arbeiten beschränkt. Bei Ergebnissen, die in mehrfacher Form (in der Regel auf einer Konferenz und anschließend in einer Zeitschrift) publiziert worden sind, ist die aktuellste und am einfachsten zugängliche Quelle aufgeführt. Dadurch stimmt das Erscheinungsdatum nicht immer mit dem Zeitpunkt der ersten Veröffentlichung überein; bei den Hinweisen ist jedoch die korrekte chronologische Reihenfolge wiedergegeben. Gibt es zu einem Thema eine Folge von Arbeiten, so haben wir oftmals nur die letzten Veröffentlichungen genannt. Die dortigen Literaturverzeichnisse möge der Leser als Verweise auf frühere Arbeiten verwenden. Am Ende dieses Buches haben wir für den Leser noch eine Sammlung der für die Komplexitätstheorie wichtigsten internationalen Zeitschriften, Konferenzen und Fachorganisationen mit den entsprechenden Abkürzungen angefügt.

Kapitel 1

Das Modell der Turing-Maschine und ihre Komplexität

1.0 Vorbemerkungen

Bei der Komplexitätsanalyse werden vorwiegend Methoden der Diskreten Mathematik eingesetzt. Elementare Kenntnisse auf diesem Gebiet und eine gewisse Vertrautheit mit den Begriffen sind zum Verständnis der Komplexitätstheorie notwendig. Wir wollen deshalb zunächst die wesentlichen Begriffe und die hier verwandte Notation kurz zusammenstellen. Ausführlichere Darstellungen findet man in einführenden Textbüchern zu diesem Themenbereich. Als weiterführende Lektüre sei die Monographie „Concrete Mathematics" empfohlen [GKP89].

1.0.1 Mengen

Um Relationen zwischen zwei Mengen A und B zu beschreiben, verwenden wir die folgende Symbolik: $A \subset B$ bedeutet, daß A eine echte Teilmenge von B ist, während $A \subseteq B$ auch die Gleichheit der beiden Mengen einschließt. Die Negation dieser Relationen wird geschrieben als $A \not\subset B$ bzw. $A \not\subseteq B$. Die Differenz zweier Mengen sei $A \setminus B$, die symmetrische Differenz $(A \setminus B) \cup (B \setminus A)$ bezeichnen wir mit $A \triangle B$. $\overline{A}$ bezeichnet das Komplement von A, $|A|$ die Mächtigkeit dieser Menge und 2^A ihre Potenzmenge. Für die Menge der natürlichen Zahlen einschließlich der Null, der ganzen Zahlen, der rationalen und reellen Zahlen. verwenden wir die Notation $\mathbb{N}$, $\mathbb{Z}$, $\mathbb{Q}$ bzw. $\mathbb{R}$. $\mathbb{N}^+$ und $\mathbb{R}^+$ bezeichnen $\mathbb{N} \setminus \{0\}$ bzw. die Menge der nichtnegativen reellen Zahlen. $[k, l]$ stehe für die Menge der natürlichen Zahlen von k bis l.

1.0.2 Graphen

Besondere Bedeutung in der diskreten Mathematik haben Graphen erlangt. Ein **Graph**
G besteht aus einer endlichen oder unendlichen Menge $V = \{v_1, v_2, \ldots\}$ von **Knoten**,
über denen eine zweistellige Relation, die Kantenmenge E, definiert ist. Eine **Kante**
ist somit ein Paar (v_i, v_j) von Knoten, v_i heißt **Anfangspunkt** der Kante und v_j
Endpunkt, und man sagt, daß diese beiden Knoten mit der Kante (v_i, v_j) **inzidieren**.
Existiert die Kante (v_i, v_j) in G, so ist v_i ein **direkter Vorgänger** von v_j und dieser
ein **direkter Nachfolger** von v_i. $\Gamma^-(v)$ bzw. $\Gamma^+(v)$ sei die Menge der direkten
Vorgänger bzw. Nachfolger von v und $E^-(v)$ bzw. $E^+(v)$ die Menge der Kanten mit
Endknoten bzw. Anfangsknoten v. Unter der **Größe** eines Graphen verstehen wir die
Anzahl seiner Knoten, wir verwenden in diesem Fall die Notation $|G|$.

Ein Graph der Größe m läßt sich beschreiben durch eine $m \times m$—**Adjazenzmatrix**

$$A = (a_{i,j})_{1 \leq i,j \leq m} \qquad \text{mit} \qquad a_{i,j} = \begin{cases} 1 & \text{falls } (v_i, v_j) \in E, \\ 0 & \text{sonst}. \end{cases}$$

Eine andere Form der Beschreibung sind **Inzidenzlisten**. Dabei werden der Reihe nach
für jeden Knoten v die mit ihm inzidenten Kanten in einer Liste $L(v)$ aufgezählt. Eine gebräuchliche graphische Darstellung von Graphen besteht darin, die Knoten durch
Punkte zu repräsentieren und Kanten durch Pfeile zwischen Anfangs- und Endknoten
(Beispiele findet man im Abschnitt 5.2). Ein Paar entgegengesetzt gerichteter Kanten
$(v_i, v_j), (v_j, v_i)$ wird auch durch eine einzige ungerichtete Verbindungsstrecke zwischen v_i
und v_j dargestellt.

Ist V' eine Teilmenge der Knoten eines Graphen (V, E), so bezeichne $E_{|V'}$ die Einschrän-
kung der Kantenrelation auf V': $E_{|V'} := E \cap (V' \times V')$. $G' = (V', E')$ heißt Teil-
oder **Subgraph** von G, falls $V' \subseteq V$ und $E' \subseteq E_{|V'}$ gilt. Ein Subgraph (V', E')
mit $E' = E_{|V'}$ heißt **induziert**. Für den induzierten Subgraphen von G, der sich nach
Entfernen einer Teilmenge V'' von Knoten ergibt, verwenden wir die Notation $G - V''$.
Man nennt eine Knotenmenge V' **unabhängig**, falls der durch V' induzierte Subgraph
keine Kanten besitzt.

Ein **Weg** oder **Pfad** zwischen Knoten v und w ist eine Folge von Kanten (v_{i_0}, v_{i_1}),
$(v_{i_1}, v_{i_2}), \ldots, (v_{i_{l-1}}, v_{i_l})$ mit $v = v_{i_0}$ und $w = v_{i_l}$, so daß der Endknoten einer Kante mit
dem Anfangsknoten der nachfolgenden identisch ist. Bei Wegen schließen wir nicht von
vornherein aus, daß Knoten oder Kanten mehrfach auftreten können. Die Anzahl l der
Kanten heißt die Länge des Pfades. Ein Pfad, bei dem Anfangs- und Endpunkt identisch
sind, nennt man einen **Kreis**. Ein Graph heißt **azyklisch**, falls er keine Kreise positiver
Länge besitzt.

Der **Abstand $d(v, w)$** zweier Knoten v und w ist die Länge eines kürzesten Pfades, der
die beiden verbindet ($+\infty$, falls kein solcher Weg existiert). Unter dem **Durchmesser**
eines Graphen versteht man den maximalen Abstand zwischen einem Knotenpaar.

Man nennt einen Graphen $G = (V, E)$ **ungerichtet**, falls die Kantenrelation symmetrisch ist: $(v_i, v_j) \in E \iff (v_j, v_i) \in E$, andernfalls ist er **gerichtet**. Zu jedem gerichteten Graphen korrespondiert ein ungerichteter Graph, den man durch den symmetrischen Abschluß der Kantenrelation erhält. Sind zwei Knoten in einem ungerichteten Graphen durch eine Kante verbunden, so nennen wir sie **Nachbarn**. Für $m \in \mathbb{N}$ bezeichnen wir mit $\mathcal{K}_m$ den **vollständigen Graphen** mit m Knoten, bei dem jedes Knotenpaar benachbart ist.

Der **Grad** eines Knotens v, $\delta_{\mathbf{grad}}(v)$, in einem ungerichteten Graphen G ist die Anzahl der Kanten, mit denen v inzidiert, d.h. die Anzahl seiner Nachbarn. Der Grad von G, $\delta_{\mathbf{grad}}(G)$, ist das Maximum der Grade seiner Knoten. In gerichteten Graphen ist der **Ingrad** $\delta_{\mathbf{in}}(v)$ bzw. **Ausgrad** $\delta_{\mathbf{aus}}(v)$ von v definiert als die Anzahl der Kanten mit Endpunkt (bzw. Anfangspunkt) v. In analoger Weise wird der Ingrad $\delta_{\mathbf{in}}(G)$ bzw. Ausgrad $\delta_{\mathbf{aus}}(G)$ eines gerichteten Graphen definiert. Eine **Quelle** ist ein Knoten mit Ingrad 0, eine **Senke** ein Knoten mit Ausgrad 0. Ein unendlicher Graph (bzw. eine Folge von Graphen) heißt **gradbeschränkt**, falls sein Grad endlich ist (bzw. es eine Konstante gibt, durch die der Grad eines jeden Folgengliedes beschränkt ist). Besitzen alle Knoten den gleichen Grad d, so nennt man den Graphen **regulär** oder auch d-**regulär**.

Ein ungerichteter Graph (V, E) heißt **zusammenhängend**, falls für alle Knoten $v_i, v_j \in V$ ein Pfad von v_i nach v_j existiert. Erfüllt ein gerichteter Graph diese Bedingung, so nennt man ihn **stark zusammenhängend**. Dagegen verlangt die Eigenschaft zusammenhängend (zur Verdeutlichung sagt man auch **einfach zusammenhängend**) bei einem gerichteten Graphen G nur, daß der zu G korrespondierende ungerichtete Graph zusammenhängend ist.

Ein ungerichteter azyklischer Graph heißt **Wald**, und ist er darüber hinaus zusammenhängend, **Baum**. Beschränkt man sich auf Pfade, die Knoten nicht mehrfach verwenden, so gibt es in einem Baum zwischen je zwei Knoten genau einen Verbindungspfad. Ist ein Baum G' Teilgraph eines Graphen G und enthält dieser alle Knoten von G, so nennt man G' einen **spannenden Baum** von G.

Wenn wir Bäume betrachten, ist in der Regel ein Knoten ausgezeichnet, die **Wurzel**. Die **Tiefe** eines Knotens in einem Baum mit Wurzel sei sein Abstand zur Wurzel. Sind zwei Knoten v, w in einem Baum durch eine Kante verbunden, so unterscheidet sich ihre Tiefe um 1. Liegt etwa v näher zur Wurzel, heißt v **Vater** von w und w **Sohn** von v. Ein Baum heißt d-**när**, falls jeder Knoten maximal d Söhne besitzt. Knoten ohne Söhne nennt man **Blätter**, die anderen Knoten **interne Knoten**. Besitzt jeder interne Knoten genau d Söhne, und besitzen alle Blätter die gleiche Tiefe, so nennt man den Baum **vollständig**.

Orientiert man die Kanten eines Baumes B gleichförmig – alle Kanten zeigen entweder in Richtung auf die Wurzel oder von ihr weg, d.h. in Richtung auf die Blätter – so ergibt sich ein gerichteter Graph, ein **gerichteter Baum**. Sind die Kanten in Richtung der

Blätter orientiert, so definieren wir die **Höhe** eines Knotens v als die maximale Länge eines Weges von v zu einem Blatt.

Gerichtete azyklische Graphen bezeichnet man auch als **DAGs** (directed acyclic graph, siehe etwa Abbildungen 2.6 und 5.5). Man beachte den Unterschied zwischen DAGs und gerichteten Bäumen oder Wäldern: Im ersten Fall erfüllt der gerichtete Graph die Bedingung der Azyklität, im zweiten Fall der korrespondierende ungerichtete Graph. Ein DAG (V, E) heißt **topologisch geordnet**, falls seine Knotenmenge $V = \{v_1, v_2, \dots\}$ derart indiziert ist, daß für jede Kante $(v_i, v_j) \in E$ gilt: $i < j$. Die **Tiefe** eines Knotens v in einem DAG G sei die maximale (endliche) Weglänge zwischen einer Quelle und v. Die Tiefe des Graphen ist die maximale Tiefe seiner Knoten. Entsprechend kann man die **Höhe** als die maximale Weglänge zu einer Senke definieren.

Ein Graph heißt **planar**, falls man seine Knoten und Kanten in die zweidimensionale Ebene einbetten kann, ohne daß sich Kanten überkreuzen. Man nennt einen Graphen (V, E) **bipartit**, falls sich die Knotenmenge in zwei Teile $V = V_1 \dot\cup V_2$ zerlegen läßt, so daß Kanten nur Knoten in verschiedenen Teilen verbinden: $E \subseteq (V_1 \times V_2) \cup (V_2 \times V_1)$. Diese Partitionseigenschaft ist äquivalent zu der Bedingung, daß G keine Kreise ungerader Länge besitzt. $\mathcal{K}_{a,b}$ mit $a, b \in \mathbb{N}$ bezeichne den vollständigen bipartiten Graphen, der aus zwei Knotenmengen der Größe a und b besteht und bei dem jeder Knoten einer Menge mit jedem Knoten der anderen Menge verbunden ist.

1.0.3 Strings, Sprachen

Eine endliche Menge Σ von Symbolen nennt man ein **Alphabet**. Mit β bezeichnen wir ein besonderes Symbol, das **Blanksymbol**. Ein **String** (Zeichenkette, Wort) über einem Alphabet Σ ist eine Folge $X = x_1 x_2 \dots x_n$ von Elementen aus Σ. Eine Teilfolge $Y = x_1 x_2 \dots x_m$ mit $m \leq n$ heißt **Präfix** von X. Für die Anzahl der Elemente in der Folge X, die **Länge** von X, verwenden wir die Notation $|X|$. Mit Σ^*, Σ^n und $\Sigma^{\leq n}$ seien die Mengen der endlichen Strings bzw. der Länge n bzw. der Länge höchstens n bezeichnet. Eine Teilmenge von Σ^* heißt **Sprache** (über Σ). λ sei der leere String der Länge 0.

Die Binärdarstellung beschreibt natürliche Zahlen durch Strings über dem Alphabet $\{0, 1\}$. Läßt man dabei führende Nullen zu, so gibt es zu jeder Zahl n mehrere Darstellungen unterschiedlicher Länge. **bin(n)** bezeichne im folgenden die Binärdarstellung von n minimaler Länge, d.h. der Länge $\lceil \log_2(n + 1) \rceil$ für $n > 0$.

1.1 Turing-Maschinen

Untersucht man den Aufwand, mit dem Probleme algorithmisch gelöst werden können, stellt sich zunächst die Frage nach der **Berechenbarkeit** schlechthin: Können etwa alle mathematischen Funktionen durch ein algorithmisches Verfahren berechnet werden? Um diese Fragestellung herum hat sich das Gebiet der **Rekursionstheorie** entwickelt. Um die Frage der Berechenbarkeit zu beantworten, definierte Turing 1936 einen mathematischen Formalismus, mit dem er die Menge der algorithmischen Verfahren zu beschreiben versuchte. In Turings Modell wird eine Sequenz von Symbolen, ein Eingabestring, durch eine Folge von Operationen in einen Ausgabestring umgewandelt.

Die Turing-Maschine kann man als eine mechanische Realisierung dieses Formalismus ansehen. Wir werden im folgenden Abschnitt dies Maschinenmodell formal entwickeln und an einigen Beispielen ihre technische Arbeitsweise erläutern. Erfahrungsgemäß bereitet der Formalismus am Anfang zunächst gewisse Schwierigkeiten, obwohl Turing dies Modell abgeleitet hat aus der Art und Weise, wie seiner Beobachtung nach Menschen mit Hilfe von Papier und Bleistift typischerweise die Lösung mathematisch-naturwissenschaftlicher Probleme angehen, beispielsweise die "schriftliche Division" zweier ganzer Zahlen oder die Beschreibung einer chemischen Reaktion zwischen Molekülen. Ein Blatt Papier stellt eine zweidimensionale Fläche dar. Turing erkannte jedoch, daß mit dem Ziel der Vereinfachung auch ein eindimensonales Modell ausreicht. Dem Leser wird empfohlen, die Beispiele nachzurechnen, um mit dem Modell vertraut zu werden. Bei den späteren Überlegungen werden wir Turing-Maschinen nicht beschreiben, sondern uns mit der Einsicht begnügen, daß man prinzipiell eine Turing-Maschine konstruieren kann, die das Gewünschte leistet.

1.1.1 Das allgemeine Modell

Sequentielle Rechner bestehen im wesentlichen aus den folgenden Komponenten: einem einzelnen Prozessor, einem Speicher, einem Programm sowie Ein- und Ausgabegeräten.

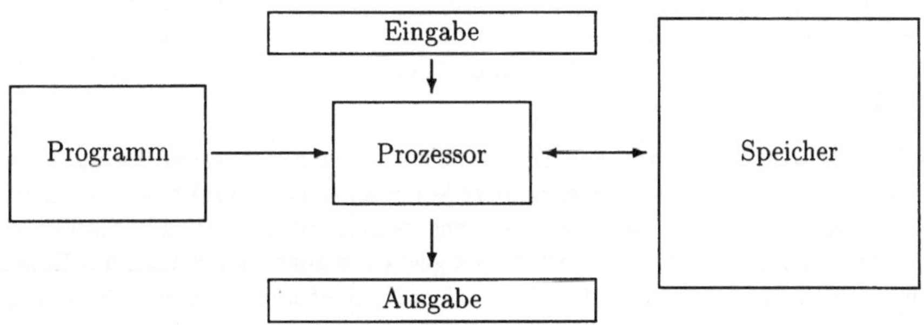

Abbildung 1.1: *Schema eines sequentiellen Rechners*

Definition 1.1.1: Turing-Maschine (TM)
Eine **Speicherzelle** sei ein technisches Medium, das ein Symbol eines endlichen Alphabetes speichern kann. Eine unendliche Folge von Speicherzellen heißt ein **einseitig unendliches lineares Band**.

Ein **Kopf** sei eine Vorrichtung, die auf Speicherzellen zugreift und dabei den Inhalt einer Zelle `lesen` (*read*) oder einen neuen Inhalt `schreiben` (*write*)kann. Ein **Lesekopf** ist ein Kopf, der auf das Lesen von Zellen beschränkt ist (**read-only**), ein **Schreibkopf** kann nur schreiben (**write-only**).

Für die Eingabe und die Ausgabe besitzt eine TM ein **Eingabeband** und ein **Ausgabeband**. Dies sind einseitig unendliche lineare Bänder mit je einem Kopf, einem **Lesekopf** auf dem Eingabeband und einem **Schreibkopf** auf dem Ausgabeband. Eine Eingabe X der Länge n wird der Maschine zeichenweise in den ersten n Zellen des Eingabebandes zur Verfügung gestellt.

Eine TM wird beschrieben durch ein Tupel

$$M \;=\; (G, \Sigma, \Sigma_{\mathrm{E}}, \Sigma_{\mathrm{A}}, Q, q_0, Q_{\mathrm{f}}, \Delta) \;.$$

G bezeichnet den **Speicher** der Maschine, eine Menge von Speicherzellen mit interner Verbindungsstruktur, auf die M mit Hilfe von Köpfen zugreifen kann. Die Köpfe können sich entlang der Verbindungen bewegen, eine genauere Beschreibung führen wir weiter unten aus. Σ, Σ_{E} und Σ_{A} sind endliche Alphabete, die das Blanksymbol β enthalten. Q bezeichnet die **Zustandsmenge**. Darin sind ausgezeichnet ein **Anfangszustand** q_0, in dem die Maschine gestartet wird, und eine Teilmenge Q_{f} von **Endzuständen**, in denen sie hält. Die **Übergangsrelation** Δ

$$\Delta \;\subseteq\; Q \times \Sigma_{\mathrm{E}} \times \Sigma^k \;\times\; Q \times R_{\mathrm{E}} \times \Sigma^k \times R^k \times \Sigma_{\mathrm{A}} \times R_{\mathrm{A}}$$

beschreibt das Verhalten der Maschine in Abhängigkeit vom momentanen Zustand und den Symbolen, die die Maschine auf dem Eingabeband und im Speicher liest. k sei hierbei die Anzahl der Köpfe, mit denen M auf den Speicher zugreifen kann, und $R_{\mathrm{E}}, R_{\mathrm{A}}, R$ eine Menge von Richtungen, in die sich der Eingabe- bzw. Ausgabekopf bzw. die Köpfe im Speicher bewegen können.

Das Eingabeband heißt **Zweiweg-Band**, falls sich der Eingabekopf sowohl nach `rechts` von der i-ten zur $(i+1)$-ten Eingabezelle als auch nach `links` von i nach $(i-1)$ bewegen kann. Falls nur eine Bewegung nach `rechts` möglich ist, d.h. die Eingabe kann nur einmal sukzessive von links nach rechts gelesen werden, nennt man das Eingabeband ein **Einweg-Band**. Der Ausgabekopf als reiner **Schreibkopf** kann nur Bewegungen nach `rechts` ausführen.

Um das Verständnis zu erleichtern, kann man zu Δ eine partielle mehrdeutige Abbildung assoziieren, die wir der Einfachheit halber ebenfalls mit Δ bezeichen

$$\Delta : \; Q \times \Sigma_{\mathrm{E}} \times \Sigma^k \;\rightarrow\; Q \times R_{\mathrm{E}} \times \Sigma^k \times R^k \times \Sigma_{\mathrm{A}} \times R_{\mathrm{A}} \;.$$

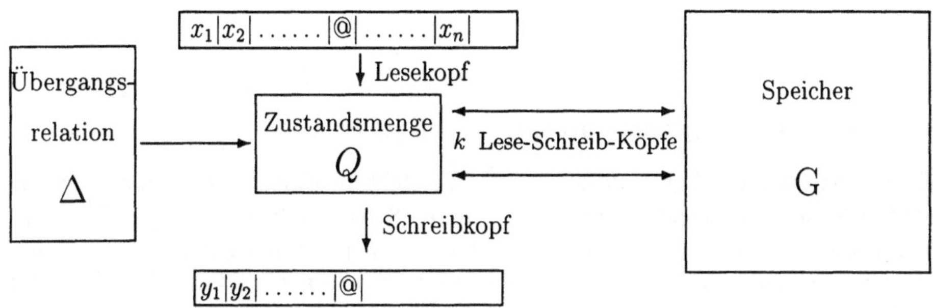

Abbildung 1.2: *Modell einer Turing-Maschine*

Gilt dann für ein Tupel

$$(q, a, b_1, \ldots, b_k, q', u, c_1, \ldots, c_k, v_1, \ldots, v_k, d, w) \in \Delta \qquad \text{bzw.}$$
$$\Delta(q, a, b_1, \ldots, b_k) = (q', u, c_1, \ldots, c_k, v_1, \ldots, v_k, d, w) \,,$$

so bedeutet dies, daß die Maschine im Zustand q bei Eingabesymbol a und im Speicher gelesenen Symbolen $b_1, \ldots, b_k$ in den neuen Zustand q' wechseln und den Eingabekopf in Richtung u bewegen kann. Gleichzeitig wird die Beschriftung der Speicherzellen, auf die die Maschine zugreift, durch die Symbole $c_1, \ldots, c_k$ ersetzt, der i-te Kopf bewegt sich in Richtung v_i, und auf dem Ausgabeband wird das Zeichen d gedruckt und die Bewegung w ausgeführt. Ist die Übergangsrelation eindeutig, d.h. zu jedem Präfix $p = q, a, b_1, \ldots, b_k$ gibt es maximal ein Suffix $s = q', u, \ldots, w$, so daß $(p, s) \in \Delta$, so gibt es zu jedem Zeitpunkt höchstens einen möglichen Übergang, und man spricht von einer **deterministischen TM (DTM)**. Andernfalls heißt die Maschine **nichtdeterministisch (NTM)**. $\qquad\qquad\Box$

Um das dynamische Verhalten einer TM zu erklären, verwenden wir den Begriff der Konfiguration.

Definition 1.1.2: Konfiguration, Berechnung
Eine **partielle Konfiguration** C einer TM M wird beschrieben durch einen Zustand, eine Beschriftung des Speichers sowie durch die Positionen der Köpfe im Speicher und auf dem Ein- und Ausgabeband. Bezeichnet V die Menge der Zellen des Speichers von M und k die Anzahl der dort arbeitenden Köpfe, so kann man C auffassen als ein Element des kartesischen Produkts

$$Q \times \Sigma^{|V|} \times V^k \times \mathbb{N}^2 \,.$$

Wird zusätzlich der Inhalt des Ein- und Ausgabebandes spezifiziert, so nennen wir dies eine **totale Konfiguration**. C' heißt **direkte Nachfolgekonfiguration** der totalen Konfiguration C, geschrieben $C \vdash C'$, falls sich C' aus C durch einmalige Anwendung der

Übergangsrelation Δ erzeugen läßt. Diesen Übergang von C nach C' bezeichnet man auch als einen (Rechen-) **Schritt** der Maschine. Falls

$$C \vdash C_1 \vdash \quad \ldots \quad \vdash C_r \vdash C'$$

gilt, heißt C' **Nachfolgekonfiguration** von C ($C \vdash^* C'$).

Bei einer **Anfangskonfiguration** $C_0 = C_0(X)$ steht die Eingabe $X = x_1 x_2 \ldots x_n$ in den ersten n Zellen des Eingabebandes, alle anderen Speicherzellen tragen das Blanksymbol β. Ein- und Ausgabekopf stehen am Anfang des entsprechenden Bandes, die Köpfe des Speichers befinden sich in ausgezeichneten Anfangspositionen, und die Maschine befindet sich im Zustand q_0. Man beachte, daß die partielle Konfiguration, in der eine Maschine startet, für alle Eingaben identisch ist.

Konfigurationen, in denen sich die TM in einem Endzustand befindet, heißen **Endkonfigurationen**. Eine **Berechnung** von M, angesetzt auf eine Eingabe X, ist eine Folge $\mathcal{C}$ direkter Nachfolgekonfigurationen

$$\mathcal{C} = C_0(X) \vdash C_1 \vdash C_2 \vdash \ldots .$$

Ist die Folge endlich und die letzte Konfiguration eine Endkonfiguration, so ist die Berechnung vollständig ausgeführt, und man sagt, M **hält**. Die Beschriftung des Ausgabebandes in der Endkonfiguration heißt das **Ergebnis der Berechnung** $\mathcal{C}$.

Die Menge der Speicherzellen, in denen M **Information speichert**, besteht aus genau den Zellen, die während einer Berechnung von einem Kopf betreten werden.   □

Aus technischen Gründen sei folgende Vereinbarung getroffen: Wird eine Zelle betreten, aber nie wieder verlassen und wird deren Anfangsbeschriftung mit dem Blanksymbol nicht verändert, so wird eine derartige Zelle nicht mit berücksichtigt. Dadurch sind auch Berechnungen möglich, in denen eine TM ihren Speicher überhaupt nicht benutzt.

Von der Übergangsrelation wird verlangt, daß in einem Endzustand keine weiteren Schritte mehr ausgeführt werden können. Es ist möglich, daß es zu einer Konfiguration, in der noch kein Endzustand erreicht ist, keine Nachfolgekonfigurationen gibt, weil in der Übergangsrelation keine geeigneten Tupel vorhanden sind. Solche Fälle sind für die folgenden Betrachtungen ohne Bedeutung; zum intuitiven Verständnis möge man sich vorstellen, daß die Maschine in eine „Sackgasse" geraten ist und die Berechnung ohne Ergebnis abgebrochen wird.

Aus der Definition folgt, daß die Berechnung einer deterministischen TM auf einer vorgegebenen Eingabe eindeutig ist. Denn zu jeder Konfiguration gibt es höchstens eine direkte Nachfolgekonfiguration, während es bei einer NTM M mehrere sein können. Man überlege sich jedoch, daß deren Anzahl durch eine Konstante $\delta = \delta_M$ beschränkt ist, die nur von der Übergangsrelation von M abhängt. Jede nichtdeterministische Maschine befindet sich daher bei einer vorgegebenen Eingabe X nach τ Schritten in einer von höchstens δ^τ möglichen Konfigurationen.

1.1.2 Verschiedene Speichertypen

Um das TM-Modell vollständig zu beschreiben, muß noch der Begriff des Speichers genauer erläutert werden.

Definition 1.1.3: TM-Speicher
Ein TM-Speicher G ist ein unendlicher gerichteter Graph mit beschränktem Ingrad und Ausgrad und einer regelmäßigen Struktur. Die Knoten von G repräsentieren Speicherzellen, die Kanten Verbindungen zwischen Zellen, entlang derer sich ein Kopf bewegen kann. Den Begriff „regelmäßige Struktur" werden wir später noch genauer eingrenzen, an dieser Stelle genügt es sich vorzustellen, daß man den Graphen auf einfache Weise beschreiben kann.

Um die Kopfbewegungen eindeutig zu spezifizieren, tragen die Kanten eines Speichers eine zusätzliche Beschriftung. Ist $r = \delta_{\text{aus}}(G)$ der Ausgrad von G, so ist dazu eine Menge R der Mächtigkeit r von möglichen **Richtungen** gegeben. Den ausgehenden Kanten $E^+(v)$ eines jeden Speicherknotens v werden Richtungen zugeordnet durch eine surjektive Abbildung $\pi_v : R \to E^+(v)$. $\qquad\qquad\Box$

Alternativ kann man die Richtungen der Kanten im Knoten v durch eine **Kantenfärbung** auf $E^+(v)$ spezifizieren, d.h. eine injektive Abbildung $E^+(v) \to R$, so daß jeder Kante genau eine eindeutige Richtung zugeordnet wird. Durch die obige Definition der Beschriftung mit Hilfe von Abbildungen π_v wird sichergestellt, daß für eine Speicherzelle eine Bewegung in jede beliebige Richtung definiert ist (andernfalls könnte es vorkommen, daß in einer Konfiguration ein Übergang nicht möglich ist, weil es keine Kante in der entsprechenden Richtung gibt). Bei einer Zelle mit Ausgrad kleiner als r müssen zwangsläufig gewisse ausgehende Kanten mit mehreren Richtungen beschriftet sein. Haben alle Knoten denselben Ausgrad, so sind beide Versionen äquivalent.

Eine einfache Version eines Speichers ist ein sogenanntes **lineares Arbeitsband** ähnlich dem Ein- und Ausgabeband. Als Knotenmenge wählt man entweder die natürlichen oder die ganzen Zahlen. Entsprechend heißt das Band dann **einseitig** oder **zweiseitig** unendlich. Die Kanten stellen die Verbindungen zwischen aufeinanderfolgenden Zahlen her und sind beispielsweise mit `links` oder `rechts` beschriftet (eine andere sinnvolle Kennzeichnung wäre durch die Werte $+1$ und -1). Ein Verharren auf einer Zelle drücken wir bei der Übergangsrelation durch den Wert `neutral` aus (gelegentlich wird auch die Notation 0 oder "–" verwendet).

Turings mathematisches Modell wird durch eine deterministische 1-Band TM realisiert, die als Speicher ein lineares einseitig unendliches Band mit einem Kopf besitzt. Das Band wird gleichzeitig zur Ein- und Ausgabe verwandt. Sie diente innerhalb der Rekursionstheorie als ein abstraktes Modell, um den Begriff der Berechenbarkeit exakt zu definieren.

In der Regel ist es sehr mühsam, eine TM mit einem einzigen Band zu konstruieren, die eine vorgegebene Funktion berechnet. Zum einem stehen wichtige Operationen wie die

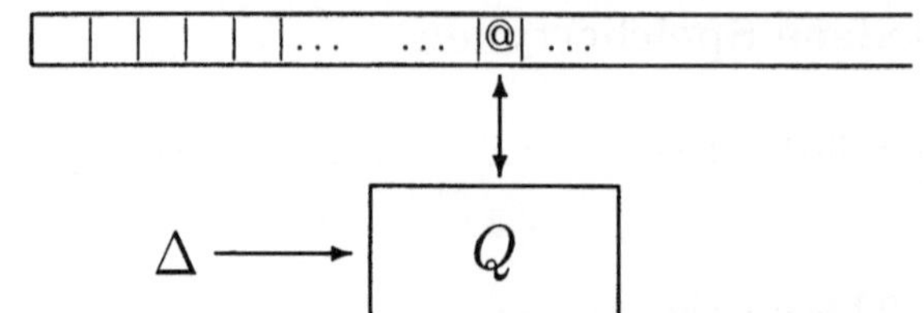

Abbildung 1.3: *1-Band Turing-Maschine*

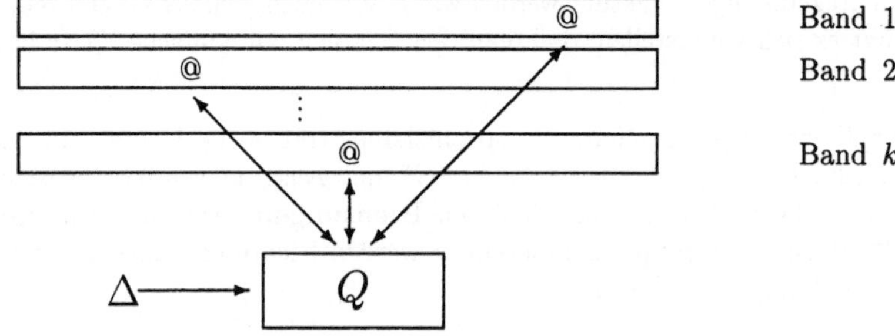

Abbildung 1.4: k-*Band Turing-Maschine*

Grundrechenarten oder Vergleiche von ganzen bzw. rationalen Zahlen nicht als primitive Operationen zur Verfügung, da die Maschine nur mit einzelnen Symbolen arbeitet. Zum anderen ist der Zugriff auf den Speicher mit nur einem Kopf wegen der linearen Anordnung der Zellen sehr eingeschränkt und langsam.

Andererseits bietet dieses Modell wegen seiner Einfachheit Vorteile, wenn man zeigen will, daß es für bestimmte Funktionen keine effizienten Algorithmen geben kann. Neben der 1-Band TM werden wir auch Maschinen mit leistungsfähigeren Speichern betrachten. Wir geben an dieser Stelle zunächst einen kurzen informellen Überblick über die wichtigsten Formen von TM-Speichern, k, h und d seien dabei beliebige positive natürliche Zahlen.

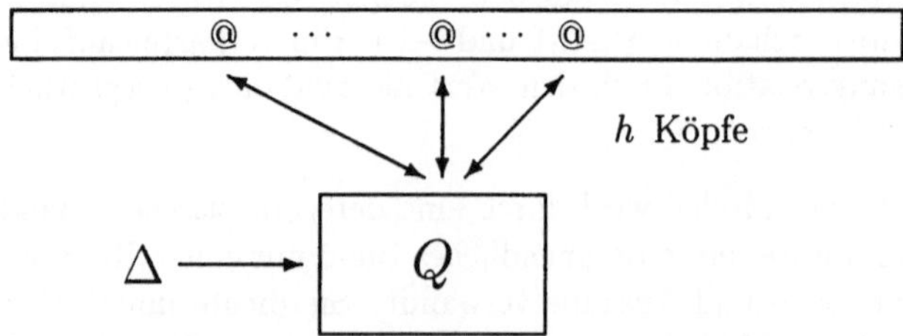

Abbildung 1.5: h-*Kopf Turing-Maschine*

- Die **k-Band TM** besitzt als Speicher k lineare Bänder mit je einem Kopf; für $k \geq 2$ vereinfacht dies z.B. das Vergleichen oder Kopieren von Strings.

- Die **h-Kopf TM** hat h Köpfe, die gemeinsam auf einem linearen Arbeitsband arbeiten.

- Die **d-dimensionale TM** besitzt als Speicher d-dimensionale Gitter; zweidimensionale Speicher beispielsweise sind vorteilhaft für das Rechnen mit Matrizen.

- Die **Baum-TM** hat als Speicher baumförmige Strukturen, beispielsweise einen vollständigen binären Baum. Dies Modell eignet sich gut zur Lösung von Such- und Sortierproblemen.

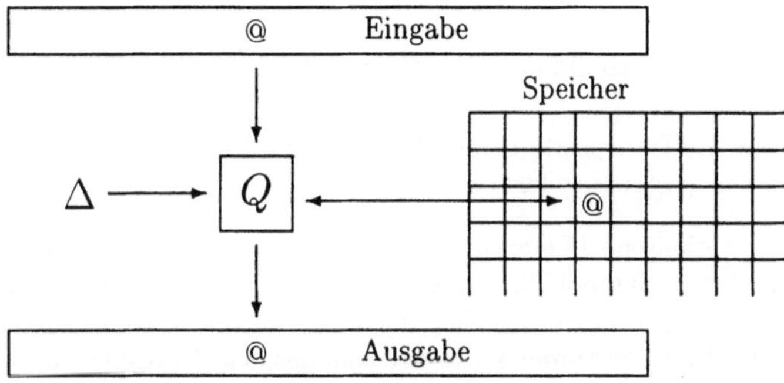

Abbildung 1.6: *2-dimensionale Turing-Maschine*

Bei Maschinen mit mehreren linearen Bändern verzichten wir in der Regel auf ein separates Eingabe- und Ausgabeband. Stattdessen wird das erste Arbeitsband gleichzeitig für die Eingabe verwendet und ein weiteres für die Ausgabe. Nur in besonderen Fällen, etwa bei Maschinen mit einem Einweg-Eingabeband ist diese Vereinfachung nicht möglich. Maschinen, bei denen die Eingabe nur einmal von links nach rechts gelesen werden kann und die vor dem Lesen eines neuen Eingabesymbols ein weiteres Ausgabesymbol generieren, nennt man **on-line-TM**.

Alle diese Modelle können nicht mehr Funktionen berechnen als eine 1-Band TM. Es ist jedoch denkbar, daß sich algorithmische Probleme einfacher und schneller auf Maschinen mit komplexeren Speichern lösen lassen. Diese Frage wollen wir später noch eingehend untersuchen.

1.1.3 Beispiele für die Arbeitsweise von TM

Soll eine Rechenmaschine ein vorgegebenes algorithmisches Problem lösen, so erwartet man, daß sie auf jede zulässige Eingabe eine entsprechende Ausgabe erzeugt. Wir betrachten als Beispiel zwei elementare Aufgaben: das Spiegeln eines Strings ($x_1 x_2 \ldots x_n \rightarrow$

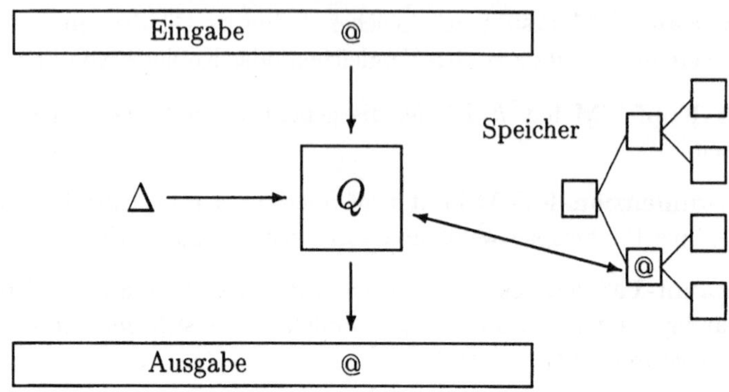

Abbildung 1.7: *Baum Turing-Maschine*

$x_n \ldots x_2 x_1$) sowie die Transposition von Matrizen und definieren deterministische Turing-Maschinen, die das gewünschte leisten.

Vorab noch eine technische Bemerkung zu dem ersten Beispiel: Die Eingabe wird hier durch ein zusätzliches Symbol "$", begrenzt. Mit dessen Hilfe kann eine TM leicht erkennen, wann sie den Bereich der Eingabe verlassen hat, und so den Anfang und das Ende des Eingabestrings bestimmen. In der Anfangskonfiguration steht der Eingabekopf auf dem ersten Inputzeichen, d.h. rechts neben dem ersten "$".

Beispiel 1.1.4: TM zur Spiegelung von Strings

M_1 sei eine 1-Band DTM, bei der das Arbeitsband gleichzeitig für die Eingabe benutzt wird. Als Abkürzungen für die Kopfbewegungen dienen "l" für links, "$-$" für stehenbleiben und "r" für rechts. Die TM verwendet als Bandalphabet $\Sigma = \Sigma_E = \Sigma_A$ die Menge $\{0, 1, \beta\}$. Anfangszustand ist q_0, einziger Endzustand q_2.

Wir erinnern an die Definition der Übergangsfunktion (-relation): Bei deterministischen Maschinen ist der Übergang eindeutig und kann daher durch eine partielle Funktion beschrieben werden. $\Delta(q, a) = (q', b, u, c, v)$ bedeutet, daß die Maschine, wenn sie im Zustand q auf dem Arbeitsband das Zeichen a liest, in den Zustand q' wechselt, auf dem Arbeitsband das Zeichen b druckt, die Bewegung u ausführt, auf dem Ausgabeband c druckt und den Ausgabekopf nach v bewegt. Die Übergangsfunktion von M_1 ist folgendermaßen definiert:

$$\Delta(q_0, a) = \begin{cases} (q_0, a, r, \beta, -) & \text{falls } a \in \{0, 1, \beta\}, \\ (q_1, \beta, l, \$, r) & \text{falls } a = \$, \end{cases}$$

$$\Delta(q_1, a) = \begin{cases} (q_1, \beta, l, a, r) & \text{falls } a \in \{0, 1, \beta\}, \\ (q_2, \$, r, \$, -) & \text{falls } a = \$. \end{cases}$$

Der Leser überzeuge sich anhand einer beliebigen Eingabe $X \in \{0, 1, \beta\}$, daß M_1 den

Eingabestring X in umgekehrter Reihenfolge ausgibt und dabei auf dem Arbeitsband die Eingabe durch Blanks ersetzt. $\square$

a bezeichne ein beliebiges Zeichen aus $\{0, 1, \beta\}$

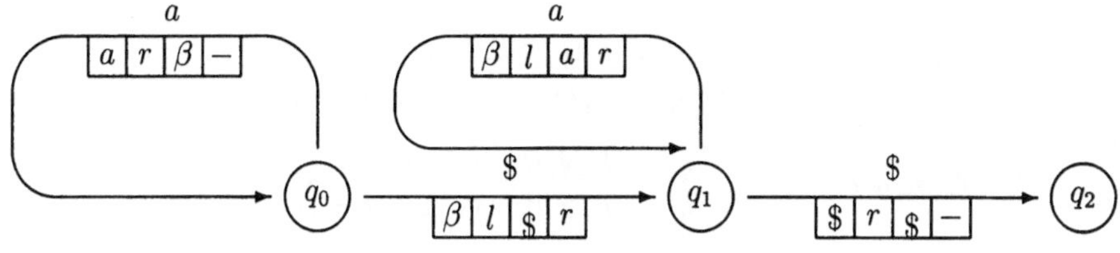

b

c	u	d	v

ist folgendermaßen zu interpretieren:
Beim Lesen des Symbols b auf dem Eingabe/Arbeitsband druckt die Maschine c und bewegt den Kopf in Richtung u.
Der Ausgabekopf druckt d und bewegt sich nach v.

Abbildung 1.8: *Übergangsrelation von M_1 in Form eines Zustandsdiagramms*

Beispiel 1.1.5: TM zur Matrizen-Transposition

Die zweite Turing-Maschine M_2 verfügt über je ein lineares Ein- bzw. Ausgabeband und ein (nach allen Seiten unendliches) 2-dimensionales Arbeitsband. Sie berechnet auf Eingaben der Form

$$a_{11}a_{12}\ldots a_{1n}\#a_{21}\ldots a_{2n}\# \ldots \#a_{m1}\ldots a_{mn}$$

mit $a_{ij} \in \{0, 1\}$ die Ausgabe

$$a_{11}a_{21}\ldots a_{m1}\#a_{12}\ldots a_{m2}\# \ldots \#a_{1n}\ldots a_{mn}.$$

D.h. sie berechnet zur Matrix $A = (a_{ij})$ die Transponierte $A^{trp} = (a_{ji})$, wobei die Matrizenzeilen in der Ein- und Ausgabe durch das $\#$-Zeichen getrennt sind. Als Alphabete verwenden wir $\Sigma_E = \Sigma_A = \{0, 1, \#, \beta\}$ und $\Sigma = \{0, 1, \beta\}$. Die Bewegungen des Arbeitskopfes beschreiben wir mit den Abkürzungen "W","N","O","S" für die vier Himmelsrichtungen bzw. "$-$" für das Verharren des Kopfes. In $\Delta(q, a, b) = (q', u, c, v, d, w)$ bezeichnet a bzw. b das Zeichen, das der Eingabekopf bzw. Arbeitskopf liest. u, v, w sind die Bewegungen des Eingabe-, Arbeits- und Ausgabekopfes und c, d die Zeichen, die Arbeitskopf und Ausgabekopf drucken.

Anfangszustand der TM ist wieder q_0, einziger Endzustand q_8. M_2 besitzt folgende Übergangsfunktion:

$$\Delta(q_0, a, b) = \begin{cases} (q_0, r, a, O, \beta, -) & \text{falls } a \in \{0, 1\}, \\ (q_1, r, \beta, W, \beta, -) & \text{falls } a = \#, \\ (q_3, -, \beta, W, \beta, -) & \text{falls } a = \$, \end{cases}$$

$$\Delta(q_1, a, b) \;=\; \begin{cases} (q_1, -, b, W, \beta, -) & \text{falls } b \in \{0, 1\}, \\ (q_2, -, \beta, O, \beta, -) & \text{falls } b = \beta, \end{cases}$$

$$\Delta(q_2, a, b) \;=\; (q_0, -, b, S, \beta, -),$$

$$\Delta(q_3, a, b) \;=\; \begin{cases} (q_3, -, b, W, \beta, -) & \text{falls } b \in \{0, 1\}, \\ (q_4, -, \beta, O, \beta, -) & \text{falls } b = \beta, \end{cases}$$

$$\Delta(q_4, a, b) \;=\; \begin{cases} (q_4, -, b, N, \beta, -) & \text{falls } b \in \{0, 1\}, \\ (q_5, -, \beta, S, \beta, -) & \text{falls } b = \beta, \end{cases}$$

$$\Delta(q_5, a, b) \;=\; \begin{cases} (q_5, -, \beta, S, b, r) & \text{falls } b \in \{0, 1\}, \\ (q_6, -, \beta, N, \beta, -) & \text{falls } b = \beta, \end{cases}$$

$$\Delta(q_6, a, b) \;=\; (q_7, -, b, O, \beta, -),$$

$$\Delta(q_7, a, b) \;=\; \begin{cases} (q_4, -, b, N, \#, r) & \text{falls } b \in \{0, 1\}, \\ (q_8, -, \beta, -, \$, -) & \text{falls } b = \beta. \end{cases}$$

Im Zustand q_0 liest die TM die Matrix zeilenweise vom linearen Eingabeband und schreibt sie in ihren zweidimensionalen Speicher. q_1, q_2 dienen dazu, den Kopf im Speicher auf den neuen Zeilenanfang zu bewegen. Nachdem die Matrix vollständig eingelesen worden ist, wird der Kopf mit Hilfe der Zustände q_3, q_4 wieder auf die Ausgangsposition im Speicher zurückgefahren. Im Zustand q_5 wird dann die Matrix spaltenweise wieder ausgelesen, und der Kopf in q_6, q_7 auf den Anfang der nächsten Spalte bewegt. Man beachte, wie M_2 Blanksymbole im Arbeitsspeicher als 'Wendemarken' beim Zurücklaufen benutzt.

$\square$

Im folgenden werden wir des öfteren abschätzen, wie viele verschiedene Konfigurationen eine TM einnehmen kann.

Lemma 1.1.6: Für die Menge aller TM mit Zustandsmenge Q und Speicheralphabet Σ gelten die folgenden Abschätzungen:

1. Die Anzahl aller möglichen partiellen Konfigurationen, in denen sich eine derartige Maschine mit h Köpfen auf k linearen Bändern gestartet in ihrer Anfangskonfiguration nach τ Schritten befinden kann, ist beschränkt durch

$$|Q| \cdot (2\tau + 1)^{h+2} \cdot |\Sigma|^{k(2\tau - 1)}.$$

2. Benutzt eine Maschine nicht mehr als s Speicherzellen auf jedem ihrer k linearen Arbeitsbänder und schreibt Strings der Länge maximal l auf das Ausgabeband, so wiederholt sich in jeder Berechnung von M auf einer Eingabe der Länge n eine Konfiguration nach spätestens $|Q| \cdot n \cdot l \cdot s^h \cdot |\Sigma|^{ks}$ vielen Schritten. Dabei setzen wir voraus, daß die Maschine auf dem Eingabeband den Bereich der Eingabe nicht verlässt.

3. Zu jeder Maschine M mit Speicher G gibt es eine Konstante c_M, so daß man jede in τ Schritten erzeugbare Beschriftung von G durch einen binären String der Länge maximal $c_M \cdot \tau$ beschreiben kann.

Beweis: In τ Schritten kann ein einzelner Kopf Speicherzellen im Abstand maximal τ von seiner Ausgangsposition erreichen. Daher kann jeder der h Arbeitsköpfe nur eine von maximal $2\tau + 1$ vielen verschiedenen Positionen einnehmen im Falle zweiseitig linearer Bänder, bzw. $\tau + 1$ bei einseitig unendlichen Bändern sowie im Falle des Eingabe- und des Ausgabekopfes. Gleichzeitig können dabei auf jedem der k Arbeitsbänder die Inhalte von höchstens $2\tau - 1$ vielen Speicherzellen verändert werden, da wir bei mehreren Köpfen auf einem Band davon ausgehen, daß diese auf der gleichen Zelle starten. Für jede dieser Zellen gibt es $|\Sigma|$ viele Möglichkeiten, wie die neue Beschriftung aussehen kann. Da die Maschine zusätzlich einen ihrer $|Q|$ vielen Zustände einnehmen kann, folgt somit die erste Behauptung.

Die zweite Aussage folgt in ähnlicher Weise. Durch die zusätzliche Beschränkung des benutzten Bereiches auf den Arbeitsbändern und dem Ausgabeband verringert sich die Anzahl der möglichen Konfigurationen entsprechend. Macht eine Maschine jedoch mehr Schritte, als sie verschiedene Konfigurationen einnehmen kann, muß sich zwangsläufig eine Konfiguration wiederholen.

Um die dritte Behauptung einzusehen, beachte man, daß jeder Übergang von M durch einen binären String konstanter Länge beschrieben werden kann. Denn die Übergangs-relation ist über dem kartesischen Produkt endlicher Mengen definiert und damit selber endlich. Jede Berechnung der Länge höchstens τ läßt sich eindeutig spezifizieren durch eine Auflistung der einzelnen Schritte. Aus dieser Auflistung läßt sich der aktuelle Spei-cherinhalt eindeutig herleiten, allerdings bedarf es dazu in der Regel einigen Aufwandes.

Eine einfachere und kompaktere Darstellung läst sich für lineare Bänder dadurch erzielen, daß man auf jedem Band den Block der von den Köpfen betretenen Zellen betrachtet und dessen aktuellen Inhalt durch die Folge der Zeichen kodiert. Ein Block der Länge maximal τ läst sich so durch einen binären String der Länge $c \cdot \tau$ repräsentieren, wobei die Konstante c nur von der Größe des Speicheralphabetes abhängt ($c = \lceil \log_2 |\Sigma| \rceil$ ist hinreichend). ∎

1.1.4 Berechenbarkeit

Gegenstand der Rekursionstheorie ist es, Funktionen dahingehend zu untersuchen, ob sie durch ein algorithmisches Verfahren berechnet werden können. Um den Begriff Algorith-mus präzise festzulegen, benötigt man einen mathematischen Formalismus, der uns in Form des TM-Modells vorliegt.

Definition 1.1.7:
Ist $C_M(X)$ eine endliche Berechnung einer TM M auf Eingabe X, so sei $\mathbf{Res}(C_M(X))$ das Resultat dieser Berechnung. Mit

$$\varphi_M \ : \ \Sigma_E^* \to \Sigma_A^*, \quad X \mapsto \mathrm{Res}(C_M(X))$$

bezeichnen wir die von M berechnete partielle Funktion bzw. Relation im Falle von NTM, denn für solche Maschinen kann es für jedes X mehrere mögliche Berechnungen $C_M(X)$ geben. Eine Funktion φ, für die es eine DTM M mit $\varphi_M = \varphi$ gibt, heißt **berechenbar** oder auch **partiell rekursiv**. Eine berechenbare, überall definierte Funktion nennt man **rekursiv**.

TM, die als Resultat nur die Werte 0 und 1 liefern, d.h. $\varphi_M(\Sigma_E^*) \subseteq \{0,1\}$, haben eine spezielle Bedeutung, diese bezeichnet man als **Akzeptoren**. Eine Berechnung $C_M(X)$ mit $\mathrm{Res}(C_M(X)) = 1$ (bzw. $= 0$) heißt dann **akzeptierende Berechnung** (bzw. **verwerfende** Berechnung). Bei Akzeptoren verzichtet man meistens auf das Ausgabeband und beschreibt das Resultat einer Berechnung durch den erreichten Endzustand. Die Menge Q_f der Endzustände wird dazu zerlegt in eine Menge $Q_\mathbf{a}$ von **akzeptierenden** und eine Menge $Q_\mathbf{v}$ von **verwerfenden** Endzuständen.

$$L(M) \ := \ \{X \in \Sigma_E^* \mid \exists\, C_M(X) \text{ mit } \mathrm{Res}(C_M(X)) = 1\}$$

ist die von M **akzeptierte Sprache**. Eine Sprache $L \subseteq \Sigma_E^*$, für die es eine TM M gibt mit $L = L(M)$, heißt **rekursiv aufzählbar**.

$$\chi_L \ : \ \Sigma_E^* \to \{0,1\}, \quad X \mapsto 1 \iff X \in L$$

bezeichne die **charakteristische Funktion** der Sprache L. Eine Sprache L heißt **rekursiv**, falls ihre charakteristische Funktion rekursiv ist. $\qquad\qquad\square$

Zur Definition der Begriffe Algorithmus und Berechenbarkeit sind auch andere Formalismen vorgeschlagen worden. Alle diese Modelle haben sich als gleichmächtig erwiesen, und man kann prinzipiell alle Aufgaben, die eine reale Rechenmaschine, selbst ein Hochleistungs-Parallelrechner, lösen kann, auch in dem abstrakten TM-Modell bewältigen. Diese Erkenntnis hat die Bezeichnung **Churchsche These** erhalten:

> *Die Funktionen, die in einem intuitiven Sinne berechenbar sind, sind genau die, die von einem dieser Modelle – also insbesondere von einer 1-Band TM – berechnet werden können.*

Für Fragen der Berechenbarkeit ist es daher unwesentlich, welches Maschinenmodell zugrunde gelegt wird. Dies gilt nicht mehr uneingeschränkt für die Komplexitätstheorie, deren Ziel es ist, qualitative Ergebnisse bezüglich der Berechenbarkeit durch quantitative Aussagen über die zur Berechnung notwendigen **Ressourcen** (wie Zeit und Platz) zu präzisieren. Letztere können sehr wohl vom betrachteten Modell abhängen. Diese Problematik werden wir im folgenden eingehend untersuchen. Dabei wird sich jedoch zeigen, daß man die wichtigsten sequentiellen Modelle — vorausgesetzt die Schranken für die quantitative Abgrenzung werden nicht zu scharf gezogen — auch bezüglich der Effizienz als äquivalent betrachten kann. Es ist daher keine wesentliche Einschränkung, sich bei komplexitätstheoretischen Untersuchungen vornehmlich am TM-Modell zu orientieren.

Die Begriffe rekursiv und rekursiv aufzählbar stammen aus der Rekursionstheorie. Man kann zeigen, daß eine Sprache L genau dann rekursiv aufzählbar ist, wenn sie der Wertebereich einer rekursiven Funktion ist, d.h. es gibt eine TM M mit $\varphi_M(\Sigma_E^*) = L$. Ferner ist eine Sprache L genau dann rekursiv, wenn sie als auch ihr Komplement $\overline{L}$ rekursiv aufzählbar sind. Bei einer rekursiven Sprache $L \subseteq \Sigma^*$ kann man für jeden String $X \in \Sigma^*$ effektiv mit Hilfe einer DTM entscheiden, ob dieser zu L gehört oder nicht, man nennt derartige Sprachen deshalb auch **entscheidbar**. Ein zentrales Ergebnis der Rekursionstheorie besagt, daß es Funktionen und Sprachen gibt, die nicht rekursiv sind.

Ein klassisches Problem ist das sogenannte **Halteproblem**, wo es zu entscheiden gilt, ob eine TM M auf einer Eingabe X nach endlich vielen Schritten anhält. Äquivalent dazu ist die Frage, ob ein vorgegebenes Programm in einer höheren Programmiersprache in eine Endlosschleife geraten kann. Mit Hilfe des Halteproblems kann man zeigen, daß viele andere grundlegende algorithmische Eigenschaften nicht entscheidbar sind. Das Halteproblem ist allerdings rekursiv aufzählbar, denn es gibt eine TM U, die ein Paar (M, X) genau dann akzeptiert, wenn die TM M auf X anhält, andernfalls rechnet U unendlich lange. Es gibt aber auch Sprachen, die nicht rekursiv aufzählbar sind, beispielsweise das Komplement des Halteproblems.

Gegenstand der Komplexitätstheorie sind ausschließlich rekursive Funktionen und Sprachen. Während eine TM nur Symbole eines endlichen Alphabetes bearbeiten kann und somit Zeichenketten verändert – die numerische Rechnung steht damit nicht im Vordergrund –, basieren andere rekursionstheoretische Ansätze auf mathematischen Grundelementen wie der Menge der natürlichen Zahlen. Eine Teilmenge von $\mathbb{N}$ läßt sich jedoch in einfacher Weise durch Strings über einem endlichen Alphabet Σ kodieren (siehe etwa die Binärdarstellung). Andererseits kann man eine Menge Σ^* durch eine einfache Bijektion auf $\mathbb{N}$ abbilden. Dies bedeutet, zwischen Strings und Zahlen besteht kein wesentlicher Unterschied. Gelegentlich werden wir daher auch rekursive Funktionen mit den natürlichen Zahlen als Definitions- oder Wertebereich betrachten. Eine TM rechnet in solch einem Fall mit der Binärdarstellung.

In der Komplexitätstheorie werden vorwiegend Akzeptoren und die durch sie definierten Sprachen betrachtet. Ein Grund liegt in der historischen Entwicklung, daß man zunächst an **Entscheidbarkeitsproblemen** interessiert war. Hilbert stellte um 1900 die Frage, ob die Lösbarkeit diophantischer Gleichungen algorithmisch entscheidbar ist: Gegeben ein Polynom $P(x_1, \ldots, x_n)$ in n Variablen mit Koeffizienten aus $\mathbb{N}$ oder $\mathbb{Z}$, gesucht ist eine Nullstelle $(a_1, \ldots, a_n) \in \mathbb{N}^n$. Ein Problem ähnlichen Typs ist die Frage, ob der zweidimensionale Raum vollständig mit Dominosteinen parkettiert werden kann, wobei einige Felder schon mit Steinen belegt sein können und eine gewisse Anzahl verschiedener Typen von Steinen zur Verfügung stehen. Wir werden auf diese Probleme an späterer Stelle noch näher eingehen.

Von großem Interesse sind weiterhin Entscheidungsprobleme wie die Frage, ob eine gegebene natürliche Zahl prim ist, ob eine Boolesche Formel eine Belegung ihrer Variablen besitzt, so daß sie wahr wird, oder ob ein String X als Teilstring in einem String Y vorkommt. Die zuletzt genannten Probleme können mit einem trivialen Verfahren behandelt werden, denn für jedes läßt sich in einfacher Weise eine endliche Zahl von Lösungsalternativen angeben. Man braucht diese nur der Reihe nach zu untersuchen.

Derartige Probleme sind daher algorithmisch entscheidbar; es stellt sich jedoch die Frage, ob es effizientere Verfahren gibt, als alle potentiellen Lösungskandidaten durchzuprobieren. Gegenstand der Komplexitätstheorie ist es, algorithmisch lösbare Probleme nach dem dazu benötigten Aufwand zu klassifizieren. Da dieser Aufwand auch vom Maschinenmodell und den betrachteten Ressourcen wie Rechenzeit, Speicherplatz usw. abhängen kann, ergibt sich als weiteres Thema die Relation der verschiedenen Maschinenmodelle und Ressourcen zueinander.

Diophantische Gleichungen oder zweidimensionale Parkettierungen dagegen besitzen eine unendliche Menge potentieller Lösungskandidaten. Es ist nicht klar, ob man durch ein endliches Verfahren entscheiden kann, daß tatsächlich eine Lösung existiert. In der Tat ist für diese beiden Probleme gezeigt worden, daß es keinen Lösungsalgorithmus gibt. Diese Fragestellungen gehören in das Gebiet der Rekursionstheorie und werden hier nicht betrachtet. Auf endliche Versionen des Parkettierungsproblems werden wir allerdings später noch eingehen.

In der Praxis steht man meistens nicht vor der Aufgabe, ein Entscheidungsproblem zu lösen, sondern eine Funktion (mit größerem als binärem Wertebereich) zu berechnen. Man möchte z.B. nicht nur wissen, ob eine Formel erfüllbar ist, sondern auch eine geeignete Belegung der Variablen finden. In vielen Fällen steht der Aufwand für solch ein konstruktives Problem in engem Zusammenhang mit der Komplexität eines dazu korrespondierenden Entscheidungsproblems, und es macht dann keinen wesentlichen Unterschied, sich auf Entscheidungsprobleme zu beschränken. Aus technischen Gründen sind Entscheidungsprobleme oftmals einfacher zu behandeln.

1.1.5 Nichtdeterministische Berechnungen

Zur Erläuterung geben wir ein Beispiel eines nichtdeterministischen Akzeptors, der überprüft, ob in einer Folge von Strings zwei gleiche vorkommen. Zu diesem Zweck betrachten wir die Sprache

$$\texttt{EQUAL}^* \ := \ \Big\{ X \mid X = \#X_1\#X_2\#\ldots\#X_m\#,\ m \in \mathbb{N},\ X_i \in \{0,1\}^*,$$
$$\exists i \neq j :\ X_i = X_j \Big\} .$$

Beispiel 1.1.8: NTM zur Überprüfung der Gleichheit von Strings

Die NTM arbeitet mit 2 Köpfen auf einem linearen Band, das gleichzeitig als Eingabeband dient. Der Anfangszustand der Maschine ist q_0, das Eingabealphabet besteht aus der Menge $\{0, 1, \#\}$ (plus dem Blanksymbol). Die Köpfe lesen die Speicherzelleninhalte, ohne sie zu verändern.

Wir treffen daher zur Vereinfachung die folgende Konvention: (q, a, b, q', u, v) bedeutet: Falls die Maschine im Zustand q mit ihrem ersten Kopf a und mit dem zweiten b liest, so kann sie in den Zustand q' wechseln und den ersten Kopf nach u, den zweiten nach v bewegen (eine vollständige Beschreibung entsprechend der Definition der Übergangsrelation würde lauten $(q, a, b, q', a, b, u, v)$). Dann besteht die Übergangsrelation der NTM aus den folgenden Tupeln:

$$
\begin{aligned}
&(q_0, \#, \#, q_1, r, r), \\
&(q_0, \#, \#, q_2, -, r), \\
&(q_1, a, a, q_1, r, r), \qquad a \in \{0, 1, \#\}, \\
&(q_1, \#, \#, q_2, -, r), \\
&(q_2, a, b, q_2, -, r), \qquad a, b \in \{0, 1, \#\}, \\
&(q_2, \#, \#, q_3, -, r), \\
&(q_3, a, a, q_3, r, r), \qquad a \in \{0, 1\}, \\
&(q_3, \#, \#, q_4, -, -), \\
&(q_3, a, b, q_5, -, -), \qquad a, b \in \{0, 1, \#\},\ a \neq b.
\end{aligned}
$$

Zur Erläuterung beschreiben wir kurz die Funktion der einzelnen Zustände: In q_1 bewegen sich beide Köpfe zunächst gemeinsam von links nach rechts über den Eingabestring. In q_2 bleibt der erste Kopf auf dem Anfang eines Teilstrings X_i stehen, während der zweite Kopf seine Bewegung fortsetzt. Erreicht die Maschine den Zustand q_3, so steht der zweite Kopf auf dem Anfang eines anderen Teilstrings X_j. Unter gleichzeitiger Bewegung beider Köpfe wird dann die Gleichheit der beiden Teilstrings überprüft. q_4 ist der einzige akzeptierende Endzustand, q_5 ein verwerfender Endzustand. Auf den letzten Übergang in den Zustand q_5 könnte man auch verzichten. Würde nämlich dann die NTM im Zustand q_3 mit ihren beiden Köpfen verschiedene Symbole lesen, so wäre kein weiterer Übergang möglich. Nach Definition wäre die Berechnung damit beendet, ohne daß die Maschine die Eingabe akzeptiert.

Man beachte, daß die Maschine im Zustand q_0 die Alternative hat, nach q_1 oder q_2 zu wechseln; dasselbe gilt auch im Zustand q_1, wenn sie ein Trennsymbol liest. In q_2 kann sie sowohl in diesem Zustand verharren, als auch bei Erreichen eines Trennsymbols nach q_3 wechseln. Es liegt also eine echte nichtdeterministische Maschine vor. Der Leser überzeuge sich an Beispielstrings $X \in$ **EQUAL*** und $Y \notin$ **EQUAL*** , daß für X eine akzeptierende Berechnung existiert, für Y dagegen nicht. Zur Übung empfehlen wir, die Maschine dahingehend zu erweitern, daß sie die Teilsprache **EQUAL**$^+$ von **EQUAL*** erkennt, die zwei gleiche Strings positiver Länge enthält (es existieren X_i, X_j, $i \neq j$, mit $X_i = X_j$ und $|X_i| > 0$). Wie könnte eine DTM die Sprache **EQUAL*** akzeptieren?

□

Die möglichen Berechnungen einer NTM M auf einer Eingabe X kann man in Form eines Baumes $B_M(X)$, des **Berechnungsbaumes** von M auf X , darstellen. Seine Wurzel ist die Anfangskonfiguration $C_0(X)$. Jeder Pfad von der Wurzel zu einem Blatt repräsentiert eine der möglichen Berechnungen von M auf Eingabe X. Entspricht ein interner Knoten v dieses Baumes einer Konfiguration C der Maschine M, so stellen die Söhne von v die direkten Nachfolgekonfigurationen von C dar. Blätter von $B_M(X)$ sind Endkonfigurationen. Man beachte, daß eine Konfiguration C mehrfach im Berechnungsbaum vorkommen kann, da C in verschiedenen Berechnungspfaden auftreten kann.

Aus der Definition für NTM folgt, daß M die Eingabe genau dann akzeptiert, wenn $B_M(X)$ mindestens ein akzeptierendes Blatt besitzt. Legt man die nichtdeterministischen Entscheidungen während der Berechnung einer NTM fest, so erhält man einen eindeutigen Pfad in dem Berechungsbaum, der ausgehend von der Wurzel entweder nach endlich vielen Schritten in einem Blatt endet oder auf dem die Maschine nicht hält. Das Verhalten der obigen NTM kann man als ein **Raten** eines Paares (i, j) ansehen, für das dann die Gleichheit der beiden Strings X_i, X_j überprüft wird.

Das Modell der nichtdeterministischen TM mag auf den ersten Blick etwas befremdend erscheinen, da man gerade von einer Rechenanlage ein eindeutiges Verhalten erwartet. Wird eine Maschine mit demselben Programm und derselben Eingabe wiederholt gestartet, so sollte die Berechnung jedesmal vollkommen identisch verlaufen. Erfahrungen im Programmieren lehren, daß dies leider nicht immer der Fall ist. Gründe mögen Fehler in der Hard- und Software sein, aber auch in einer fehlerfreien Umgebung können solche Effekte auftreten. In einem Multiuser Betrieb oder einem Netzwerk etwa kann der Ablauf eines einzelnen Programms (Geschwindigkeit, Zugriff auf Ausgabegeräte usw.) von äußeren Einflüssen abhängen, auf die ein einzelner Benutzer keinen Einfluß hat.

Andererseits ist es manchmal sogar wünschenswert, daß der Programmablauf nicht vollständig determiniert ist. Durch die Verwendung von Zufallsgeneratoren kann man gewisse algorithmische Probleme schneller lösen, als es vollständig determinierte Programme vermögen.

Aus diesen Gründen ist es sinnvoll, im Rechner-Modell die Möglichkeit alternativer Berechnungen nicht von vornherein auszuschließen. Darüber hinaus kann man die NTM als primitives Modell eines Parallelrechners auffassen. Will man beispielsweise ein Suchproblem lösen und erreicht eine Gabelung, so ist man in der Regel gezwungen, die verschiedenen Pfade getrennt zu untersuchen (man vergleiche das Beispiel, zwei identische Strings zu finden). Ein einzelner Rechner müßte diese Pfade nacheinander behandeln. Stehen dagegen mehrere Prozessoren zur Verfügung, so kann parallel auf jede Alternative ein Prozessor angesetzt werden. Man sagt dann, die NTM „teilt sich" und die verschiedenen Kopien arbeiten parallel weiter.

Wir werden später sehen, daß man viele algorithmische Probleme als Suchprobleme auffassen kann. Mit Hilfe des Nichtdeterminismus läßt sich die Komplexität derartiger Probleme gut charakterisieren.

1.2 Das Rechnen mit TM

1.2.1 Elementare Techniken

In diesem Abschnitt wollen wir einige Methoden vorstellen, mit deren Hilfe man TM zur Lösung eines vorgegebenen Problems konstruieren kann. Statt eine TM durch explizite Angabe ihrer Übergangsrelation zu spezifizieren, können wir dann in Zukunft zur Erleichterung des Verständnisse die Arbeitsweise dieser Maschinen auf einem höheren Niveau beschreiben. Des weiteren werden Techniken behandelt, eine TM zu erweitern, ohne ihr Ein-Ausgabe-Verhalten zu verändern.

Technik 1.2.1: Speicherung im endlichen Gedächtnis

Ohne den Speicher zu benutzen, kann sich eine TM eine beschränkte Menge an Information merken, wenn man ihre Zustandsmenge geeignet erweitert. Als Beispiel betrachten wir eine 1-Band TM M und die Aufgabe, ein Bit zu speichern. Ist Q die ursprüngliche Zustandsmenge, so definiert man als neue Zustandsmenge $(Q \cup \{q_L, q_S\}) \times \{\beta, 0, 1\}$ mit folgender Interpretation: (q, a) bedeutet, daß die Maschine im Zustand q ist und a im Gedächtnis speichert, falls $a \in \{0, 1\}$, bzw. daß das Gedächtnis leer ist für $a = \beta$. Ist Δ mit $\Delta(q, b) = (q', b', \sigma)$ für $q \in Q$ und $b \in \Sigma$ die Übergangsrelation von M, so ist die neue Übergangsrelation $\tilde{\Delta}$ definiert durch

$$\tilde{\Delta}((q, a), b) = \begin{cases} ((q', a), b', \sigma) & \text{falls } q \in Q, \\ ((q', b), b', \sigma) & \text{falls } q = q_L \ (M \text{ liest und speichert } b), \\ ((q', \beta), a, \sigma) & \text{falls } q = q_S \ (M \text{ schreibt } a \text{ und löscht das Gedächtnis}). \end{cases} \qquad \square$$

Technik 1.2.2: Zusatzinformation

Ebenso kann man eine gegebene Maschine mit einer endlichen Menge an Zusatzinformation versehen. Mit Hilfe von zusätzlichen Zuständen kann beispielsweise eine Abbildung $g : \{0, 1\}^r \to \{0, 1\}^s$ in die Kontrollsteuerung implementiert werden. Spezifiziert dann ein String $Y = y_1, \ldots, y_r$ ein Argument für g, so durchläuft die TM beim Lesen von Y eine korrespondierende Folge von Zuständen $q_{y_1}, q_{y_1, y_2}, \ldots, q_{y_1, \ldots, y_r}$. Im Zustand q_Y setzt die TM dann ihre Berechnung in Abhängigkeit von $Z = g(Y)$ fort. Beispielsweise könnte sie Z in einer weiteren Folge von Zuständen $q_{Y, z_1}, \ldots, q_{Y, z_1, \ldots, z_s}$ in ihren Speicher schreiben.

$\square$

Technik 1.2.3: Einteilung von Arbeitsbändern in Spuren

Ähnlich wie bei einem Band zur magnetischen Tonaufzeichnung kann man sich ein lineare Arbeitsband einer TM in **Spuren** aufgeteilt vorstellen. Eine Bandzelle kann auf jeder der Spuren ein Symbol speichern. Formal geschieht dies, indem man das Alphabet Σ durch das Alphabet Σ^l ersetzt, wobei $l \in \mathbb{N}$ die Anzahl der Spuren ist.

$\square$

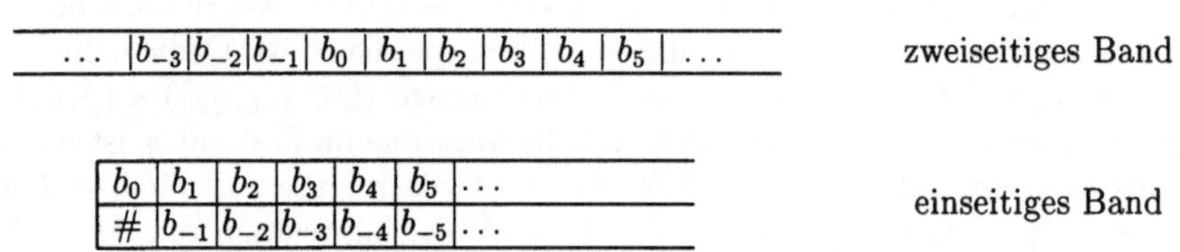

	a_{i-1}	a_i	a_{i+1}	a_{i+2}		Spur 1
	b_{i-1}	b_i	b_{i+1}	b_{i+2}		Spur 2
$\vdots\ \vdots$	$\vdots$	$\vdots$	$\vdots$	$\vdots$	$\vdots\ \vdots$	
	g_{i-1}	g_i	g_{i+1}	g_{i+2}		Spur l

Speicherzelle i mit Symbol $(a_i, b_i, \ldots, g_i) \in \Sigma^l$

Abbildung 1.9: *Einteilung in Spuren*

Technik 1.2.4: Einseitig versus zweiseitig unendliche Bänder
Ein nach zwei Seiten unendliches Band kann durch ein einseitig unendliches Band ersetzt werden, indem man es in der Mitte aufschneidet und die linke Hälfte auf die rechte klappt. Jeder Teil wird dann auf einer getrennten Spur gespeichert. □

...	b_{-3}	b_{-2}	b_{-1}	b_0	b_1	b_2	b_3	b_4	b_5	...

zweiseitiges Band

b_0	b_1	b_2	b_3	b_4	b_5	...
#	b_{-1}	b_{-2}	b_{-3}	b_{-4}	b_{-5}	...

einseitiges Band

Abbildung 1.10: *Faltung eines zweiseitigen Bandes*

Technik 1.2.5: Markieren von Speicherzellen
$\mathcal{M}$ sei eine endliche Menge von Marken. Mit Hilfe einer zusätzlichen Spur auf jedem Band kann die Maschine unter jeder Speicherzelle eine dieser Marken ablegen. Man verwendet dazu das neue Alphabet $\Sigma' = \Sigma \times (\mathcal{M} \cup \{\beta\})$. □

...	b_j	b_{j+1}	b_{j+2}	b_{j+3}	b_{j+4}	b_{j+5}	b_{j+6}	b_{j+7}	...
...		▽		•	◡	♠			...

zusätzliche Spur für Marken

Abbildung 1.11: *Markieren von Speicherzellen*

Technik 1.2.6: Verschieben und Kopieren von Teilen der Bandinschrift
Ein **Block** auf einem linearen Band sei eine Folge benachbarter Speicherzellen. Durch Verwendung von Marken kann eine TM die Inschrift eines Blockes B in einen anderen gleichgroßen Block B' kopieren. Eine 1-Band TM liest dazu der Reihe nach jede Position in B, speichert das Zeichen in ihrem endlichen Gedächtnis, bewegt den Kopf auf die entsprechende Position in B' und druckt das Zeichen aus.

Hat die Maschine mindestens 2 Bänder, so kann sie den Blockinhalt zunächst auf ein anderes Band kopieren, den Kopf auf dem ersten Band zum neuen Block bewegen und den Inhalt zurückkopieren. $\square$

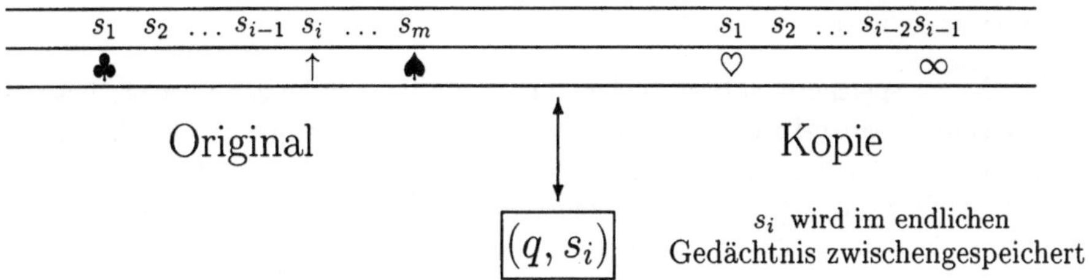

Abbildung 1.12: *Kopieren eines Strings*

Technik 1.2.7: Zähler

Auf einer zusätzlichen Spur wird ein binärer **Zähler** $Z = z_l z_{l-1} \ldots z_0$ mit einem vorgegebenen Anfangswert mitgeführt, so daß sich das letzte Bit immer genau auf Höhe des Kopfes befindet. Will eine TM beispielsweise die Anzahl spezieller Schritte zählen, so kann sie auf einfache Weise nach solch einem Schritt den Zähler um 1 erhöhen.

$\square$

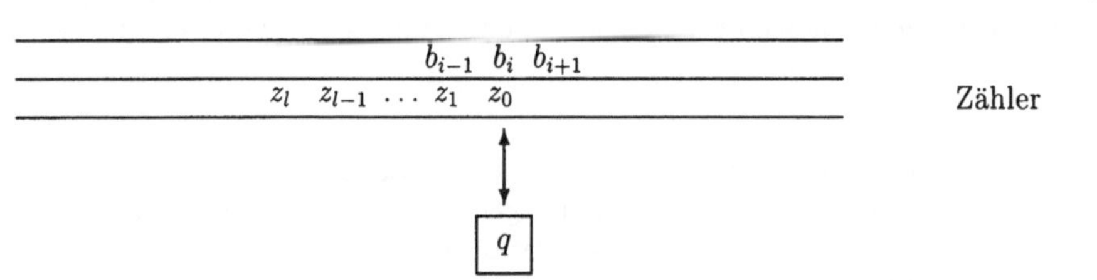

Abbildung 1.13: *Implementierung eines Zählers*

Technik 1.2.8: **Halt in der Ausgangsposition mit leerem Speicher**

Oftmals lassen sich TM einfacher behandeln, wenn man voraussetzen kann, daß die partielle Konfiguration, in der eine Maschine M hält, eindeutig ist. Bei Akzeptoren würde man entsprechend verlangen, daß es nur eine akzeptierende und nur eine verwerfende Endkonfiguration gibt.

Durch Modifikation der Zustandsmenge und Übergangsrelation kann man zunächst die Anzahl der Endzustände auf 1 bzw. bei Akzeptoren auf 2 reduzieren. Weiterhin wandelt man das Verhalten der Maschine bei Erreichen eines Endzustandes dahingehend ab, daß sie vorher ihren Speicher löscht (alle benutzten Zellen mit dem Blanksymbol beschreibt) und alle Köpfe auf ihre Ausgangspositionen zurückbewegt (bei einem Einweg-Eingabeband würde der Eingabekopf auf der Zelle rechts des letzten Eingabesymbols verharren).

Das Löschen des Speichers ist bei Maschinen mit linearen Bändern sehr einfach, denn die
TM kann auf jedem Band von den bislang benutzten Zellen die am weitesten rechts und
am weitesten links liegenden markieren. Für die Löschoperation und das Zurücksetzen
der Köpfe benötigt die Maschine nicht mehr Schritte, als sie während der eigentlichen
Berechnung ausgeführt hat.

Bei nichtlinearen Speichern ist das Löschen nicht ganz so einfach. Ein Speicher besitzt eine
symmetrische Verbindungsstruktur, wenn der zugrundeliegende Graph ungerichtet
ist. Zusätzlich verlangen wir, daß die Maschine, wenn sie zum erstenmal einen Kopf
entlang einer Kante (v_i, v_j) bewegt, erkennen kann, welche Richtung sie in v_j wählen
muß, um zur Zelle v_i zurückzugelangen. In diesem Sinne sind alle bislang betrachteten
Speicher symmetrisch.

Um einen derartigen Speicher zu löschen, unterhält die TM zu jedem Zeitpunkt einen
spannenden Baum für die bislang verwandten Speicherzellen eines Bandes. Seine Wurzel
ist die Ausgangsposition des Kopfes. Bei jeder Bewegung des Kopfes von einer Speicherzelle v_i nach v_j wird dann geprüft, ob v_j schon vorher besucht worden ist, und falls
nicht, in v_j Information über den direkten Vorgänger v_i abgelegt. Diese Zusatzinformation kann man beispielsweise durch eine Vergrößerung des Speicheralphabets Σ auf $\Sigma \times R$
realisieren, wobei R die Menge der Kantenbeschriftungen des Speichers ist. Bevor die so
modifizierte Maschine hält, durchläuft sie zunächst alle spannenden Bäume (beispielsweise mit einer *depth-first-search* Strategie von der Wurzel aus) und löscht die Zelleninhalte.

□

Technik 1.2.9: „Weiterrechnen" in einer Endkonfiguration
Kann man bei einer TM M nicht voraussagen, wie lange ihre Berechnung dauert, so ist
es schwierig, den Index t der Endkonfiguration C_t zu bestimmen, ohne die Konfigurationsfolge von Anfang bis Ende durchzugehen.

Oftmals kennt man jedoch eine obere Schranke t' für den Index t der Endkonfiguration.
Wir erlauben daher aus technischen Gründen, eine Konfigurationsfolge $C_0, C_1, \ldots, C_t$ mit
Endkonfiguration C_t um Konfigurationen $C_{t+1}, C_{t+2}, \ldots$, die alle mit C_t übereinstimmen,
beliebig zu verlängern. Ein „Übergang" $C_{t+i} \vdash C_{t+i+1}$ verändert die Konfiguration der
Maschine nicht. Kann man beispielsweise auf andere Weise als durch ein lineares Durchlaufen der Konfigurationsfolge von M feststellen, daß $C_{t'}$ für ein $t' \geq t$ eine akzeptierende Endkonfiguration ist und für alle $\tau < t'$ $C_\tau \vdash C_{\tau+1}$ gilt, so folgt, daß M in C_t
akzeptiert.

□

Die bisherigen Methoden lassen sich sowohl bei DTM als auch bei NTM anwenden. Das
folgende ist nur bei nichtdeterministischen Maschinen möglich und beschreibt die entscheidende programmiertechnische Fähigkeit, die diese Modelle zusätzlich besitzen (siehe
auch die Bemerkungen am Ende des vorangehenden Abschnittes).

Technik 1.2.10: Nichtdeterministisches Raten

Eine NTM **rät** in einer Konfiguration C ein Element aus einer Menge A, falls sie von C aus eine Folge nichtdeterministischer Schritte ausführt, die sie in eine von $|A|$ möglichen Konfigurationen $C_1, \ldots, C_{|A|}$ überführt. Zu jedem $a \in A$ korrespondiert eindeutig eins der C_i. Formal bedeutet dies, daß der Berechnungsbaum B von M einen Teilbaum B' mit folgenden Eigenschaften besitzt: Die Wurzel von B' ist C, und seine Blätter sind die Konfigurationen C_i (diese sind nicht notwendigerweise Blätter von B_X).

Um beispielsweise in einem Zustand ein Bit zu raten, besitzt eine NTM zwei Übergänge aus diesem Zustand heraus. Bei dem einen schreibt sie eine 0 in den Speicher, bei dem anderen eine 1. Bei dem Beispiel der NTM, die überprüft, ob eine Folge von Strings $X_1, \ldots, X_n$ zwei identische Strings $X_i = X_j$ enthält, rät die Maschine ein Paar (i, j) von Indizes. Dies wird durch die Konfiguration repräsentiert, bei der auf dem ersten Symbol von X_i und X_j je einer der Köpfe steht und die Maschine im Zustand q_3 ist, der zur Überprüfung der Gleichheit dient. $\qquad\square$

Als nächstes beschreiben wir, wie man – analog zur modularen Programmierung in einer höheren Programmiersprache – TM, die einfachere Aufgaben ausführen, zu komplexeren Maschinen zusammensetzen kann.

Technik 1.2.11: Hintereinanderschaltung und Unterprogramme

Sind M_1, M_2 TM, so kann man eine neue TM M definieren, die sich zunächst so verhält wie M_1 und, nachdem M_1 gestoppt hat, wie M_2, angesetzt auf die von M_1 erzeugte Ausgabe. Q_i bezeichne die Zustandsmenge und Δ_i die Übergangsrelation von M_i, $q_{i,0}$ ihren Anfangszustand und $Q_{i,f}$ die Menge ihrer Endzustände. Als Zustandsmenge von M wählt man

$$Q := Q_1 \times \{1\} \cup Q_2 \times \{2\}$$

und definiert die Übergangsfunktion derart, daß dem Übergang von M_i von einem Zustand q_j in einen Zustand q_j' der Übergang von (q_j, i) nach (q_j', i) entspricht. Hiervon ausgenommen sind nur Zustände $(q, 1)$, die Endzuständen q von M_1 entsprechen. In diesem Fall geschieht ein Übergang nach $(q_{2,0}, 2)$, dem zum Anfangszustand von M_2 äquivalenten Zustand.

Sind die Speicher von M_1 und M_2 von verschiedenem Typ, so ist der Speicher von M die Vereinigung der beiden Speicher. Andernfalls statten wir M mit demselben Speicher wie dem der M_i aus. Um in diesem Fall Verwechslungen zwischen den von M_1 und M_2 erzeugten Inschriften zu vermeiden, kann man getrennte Spuren oder zwei verschiedene Speicheralphabete verwenden. Zusätzlich muß dafür Sorge getragen werden, daß die Ausgabe von der Kopie von M_1 statt auf dem Ausgabeband auf einem der Arbeitsbänder ausgegeben wird, damit ihn die Kopie von M_2 als Eingabe verwenden kann.

Ähnlich kann man M_2 als Unterprogramm bei der Ausführung einer Berechnung von M_1 benutzen. Dazu erweitert man M_1 um die Zustände q_{Sub}, q_{Ret} und geeignete Übergänge für diese neuen Zustände. Die neue Übergangsfunktion erlaubt dann die zusätzlichen

Übergänge von $(q_{Sub}, 1)$ nach $(q_{2,0}, 2)$ und von $(q, 2)$ nach $(q_{Ret}, 1)$ für $q \in Q_{2,f}$.

$\square$

Zum Abschluß betrachten wir ein Beispiel einer Maschine mit mehreren Köpfen auf jedem Band.

Beispiel 1.2.12: 2-Kopf TM

M_1, M_2 seien Akzeptoren mit k Bändern (ohne separates Eingabeband). Dann kann man eine k-Band TM M mit 2 Köpfen auf jedem Band konstruieren, die durch parallele Ausführung beider Programme die Sprachen $L(M_1) \cap L(M_2)$ bzw. $L(M_1) \cup L(M_2)$ akzeptiert und dabei nicht mehr Schritte benötigt als die „langsamere" der beiden Maschinen. Jedes Band wird in zwei Spuren unterteilt, die beiden Köpfe eines Bandes arbeiten unabhängig voneinander auf jeweils einer dieser Spuren. Der Speicher der Maschine M_i wird auf der Spur i dargestellt.

Die Zustandsmenge von M gewinnt man aus dem kartesischen Produkt $Q_1 \times Q_2$ der Zustände der M_i. Ihre Übergangsfunktion beschreibt dann die parallele Ausführung der beiden vorgegebenen Übergangsfunktionen. Man kann M so definieren, daß sie spätestens dann anhält, wenn die beiden Berechnungen der M_i zu einem Ende gekommen sind (in günstigen Fällen sogar schon, wenn die erste Maschine fertig ist). M akzeptiert, falls in beiden bzw. in mindestens einer der parallel ausgeführten Berechnungen akzeptiert wird. Bezeichnet t_i die Länge der Berechnung von M_i, so benötigt M nicht mehr als $\max\{t_1, t_2\}$ Schritte.

$\square$

1.2.2   Simulation, Band- und Kopf-Reduktion

Vergleicht man zwei TM, so stellt sich die Frage, ob sie das gleiche Ein-Ausgabe-Verhalten besitzen oder nicht. Die Antwort ist einfach für Maschinen desselben Typs mit gleichem Speicher, wenn sich ihre Zustandsmengen und Übergangsfunktionen durch Umbenennung der Zustände ineinander überführen lassen. In diesem Fall handelt es sich um *syntaktisch* identische Maschinen (Programme). Es können jedoch auch syntaktisch verschiedene Programme das gleiche Ergebnis liefern, d.h. sie sind *semantisch* äquivalent. Bei Maschinen verwendet man in diesem Zusammenhang den allgemeinen Begriff der Simulation:

Definition 1.2.13:   Simulation

Eine Maschine M' **simuliert** die Maschine M, falls M' dieselbe Funktion wie M berechnet, d.h. $\varphi_{M'}(X) = \varphi_M(X)$ für alle $X \in \Sigma_E^*$.

$\square$

Unsere erste Simulation wird zeigen, daß man mehrere Bänder durch ein einziges ersetzen kann. Man kann solch eine Behauptung beweisen, indem man jeder k-Band TM eine 1-Band TM zuordnet, d.h. im wesentlichen eine Abbildung der Übergangsrelationen von

k-Band auf die von 1-Band Maschinen angibt und nachweist, daß auf jeder Eingabe korrespondierende Maschinen identische Ausgaben generieren. Ein rein formaler Nachweis ist in der Regel sehr umfangreich und vermittelt wenig Einsicht über die zugrunde liegenden Ideen. Deshalb ziehen wir es vor, ein Simulationsverfahren mit Worten zu beschreiben, und zwar als eine Folge komplexerer Schritte.

Theorem 1.2.14: Bandreduktion

Eine beliebige k-Band TM kann durch eine 1-Band TM simuliert werden.

Beweis: M sei eine k-Band TM. Wir beschreiben eine 1-Band TM M', die M simuliert. Die Zustandsmenge von M' besitzt für jeden Zustand q von M einen entsprechenden Zustand q'. M' simuliert einen Schritt von M mit Zustandswechsel von q_1 nach q_2 durch eine Folge von Schritten vom Zustand q_1' in den neuen Zustand q_2'. Dabei werden Operationen des Ein- bzw. Ausgabekopfes von M durch identische Operationen des entsprechenden Kopfes von M' ersetzt.

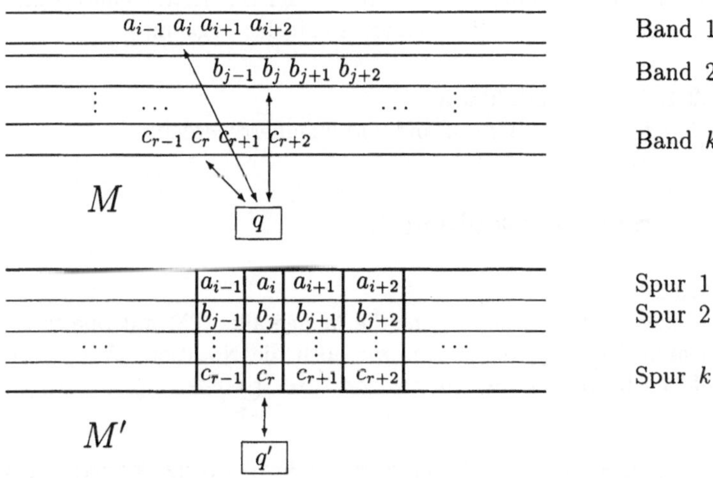

Abbildung 1.14: *Darstellung von k Bändern auf k Spuren*

Die wesentliche Schwierigkeit bei dieser Art von Simulation besteht darin, die Beschriftung des Speichers einer k-Band TM auf dem einzigen Band der 1-Band TM darzustellen. Die Idee sei durch die Abbildung 1.14 erläutert. Um einen Schritt zu simulieren, verschiebt M' bei einer Bewegung des Kopfes von M auf Band s, $1 \leq s \leq k$, nach rechts (bzw. links) die gesamte Beschriftung auf Spur s um eine Position in die entgegengesetzte Richtung. ∎

Man beachte, daß M von M' **Schritt-für-Schritt** simuliert wird, einem Übergang $C_i \vdash C_{i+1}$ von M entspricht eine Folge von Schritten $C'_{j_i} \vdash C'_{j_i+1} \vdash \ldots \vdash C'_{j_{i+1}}$ von

M', wobei sich die Konfigurationen C'_{j_i} und $C'_{j_{i+1}}$ eindeutig den Konfigurationen C_i bzw. C_{i+1} zuordnen lassen. Oftmals wird diese natürliche Simulationsmethode angewandt, wir werden später jedoch auch andere Verfahren kennenlernen.

Diese Simulation hat die Eigenschaft, daß M' in genau derselben zeitlichen Reihenfolge wie M Eingabesymbole liest und gegebenenfalls Ausgabesymbole produziert. Man nennt ein derartiges Verfahren eine **on-line Simulation**. Ein on-line Simulationsverfahren für eine Klasse von Maschinen, die Sprachen akzeptieren, läßt sich daher unmittelbar auf entsprechende Maschinen übertragen, die Funktionen berechnen. Bei anderen Simulationsverfahren ist dies nicht immer gegeben. Es bleibt noch festzuhalten, daß sich die simulierende Maschine M' genau dann deterministisch verhält, wenn M selbst eine DTM ist.

In ähnlicher Weise kann man zeigen, daß Maschinen mit mehreren Arbeitsköpfen auf einem Band durch gewöhnliche 1-Band Maschinen, d.h. mit nur einem Kopf, simuliert werden können. Hierbei genügt es, mit Hilfe einer zusätzlichen Spur die aktuelle Position eines jeden Kopfes zu kennzeichnen und vor der Simulation eines Schrittes die dort gespeicherten Zeichen zu lesen. Wir erhalten somit das Ergebnis

Theorem 1.2.15: Kopfreduktion
k-Kopf Maschinen können durch 1-Band TM simuliert werden.

1.2.3   Universelle Maschinen

Definition 1.2.16:
G sei ein Speicher, und $\mathcal{M}_G$ bezeichne die Menge aller TM mit Speicher G. Besteht G aus k linearen Bändern, verwenden wir auch die Notation $\mathcal{M}_k$. Die Klasse der **Mehrband-TM** wird beschrieben durch $\mathcal{M} := \bigcup_{k \in \mathbf{N}} \mathcal{M}_k$. $\square$

$\mathcal{M}_G$ kann man ordnen und über $\{0,1\}$ durch endliche Strings kodieren. Dazu kodieren wir das Alphabet, die Zustände und die Kopfbewegungen und listet die Übergangsfunktion geordnet auf. So kann z.B. für eine 1-Band TM $M = (\Sigma, Q, q_1, Q_f, \Delta)$ mit Kopfbewegungen $R = \{r_{-1}, r_0, r_1\}$ für **links**, **neutral** und **rechts**, Alphabet $\Sigma = \{a_1, \ldots, a_{|\Sigma|}\}$ sowie Zustandsmengen $Q = \{q_1, \ldots, q_{|Q|}\}$ und $Q_f = \{q_{i_1}, q_{i_2}, \ldots, q_{i_s}\}$ der Übergang

$$\Delta(q_i, a_j) = (q_{i'}, a_{j'}, r_l) \quad \text{als} \qquad 0^i\,1\,0^j\,1\,0^{i'}\,1\,0^{j'}\,1\,0^{l+2} \quad \text{kodiert werden.}$$

Anstelle dieser unären Kodierung mit der "1" als Trennsymbol könnte man auch kürzere binäre Kodes verwenden; die unäre Darstellung hat jedoch den Vorteil der einfacheren Lesbarkeit. Eine **Kodierung** von M kann dann auf folgende Weise geschehen, hierbei dient der String "11" als Trennsymbol zwischen den einzelnen Komponenten:

$$0^{|\Sigma|}\,11\,0^{|Q|}\,11\,0^{i_1}\,1\,0^{i_2}\,1\,\ldots\,1\,0^{i_s}11\,\ldots\ldots\,0^i\,1\,0^j\,1\,0^{i'}\,1\,0^{j'}\,1\,0^{l+2}\,11\,\ldots\ldots\,111\;.$$

Durch den Abschluß mit "111" wird Präfixfreiheit des Kodierungsverfahren garantiert, d.h. für keine zwei verschiedenen solcher Strings ist der eine ein Präfix des anderen. Ist ρ solch eine Kodierung, so bezeichne M_ρ die zugehörige TM.

Theorem 1.2.17: Universelle TM
Für die Klasse der k-Band TM, $k \geq 1$, mit einem festen Eingabealphabet Σ_E gibt es eine universelle k-Band TM U mit der Eigenschaft: Ist ρ eine Kodierung einer k-Band TM, so simuliert U auf Eingabe $\rho\#X$ die TM M_ρ, angesetzt auf X. Die maximale Anzahl von Schritten, die U zur Simulation eines Schrittes von M_ρ benötigt, ist beschränkt durch $c_U |\rho|^{\alpha_k}$, wobei c_U eine feste Konstante ist und $\alpha_k = 2$, falls $k = 1$, bzw. $\alpha_k = 1$ für $k > 1$ gewählt werden kann.

Beweis: U kopiert auf Eingabe $\rho\#X$ zunächst ρ auf eine zusätzliche Spur ihres ersten Bandes. Während der Simulation wird der String ρ so positioniert, daß sich sein linkes Ende immer auf der momentanen Kopfposition befindet. Zustände von M_ρ werden auf einer weiteren Spur unär gespeichert und analog verschoben. Die Folge der Symbole, die M_ρ auf ihren Bändern erzeugt, wird durch eine Folge von Blöcken dargestellt. Das Zeichen a_i, $1 \leq i \leq |\Sigma|$, kodiert U durch den String $10^i 1^{|\Sigma|-i} 0$. Dadurch benötigt jedes Zeichen den gleichen Platz, d.h. die Länge der Blöcke kann identisch und unabhängig von dem gerade dargestellten Zeichen gewählt werden. Vor der Simulation eines Schrittes befindet sich jeder Kopf von U am Anfang desjenigen Blockes, der die Speicherzelle repräsentiert, die der entsprechende Kopf von M_ρ gerade besucht.

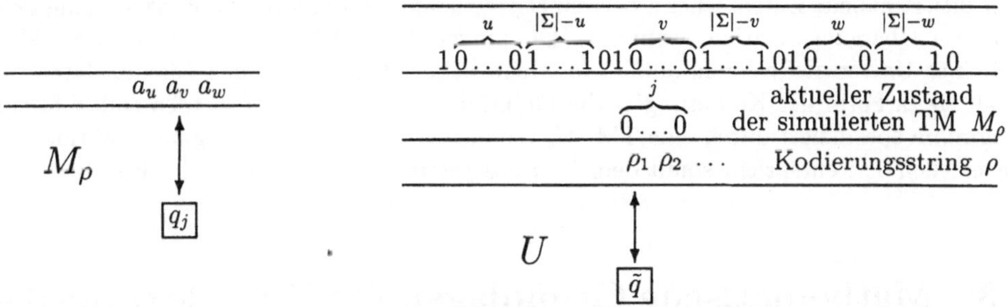

Abbildung 1.15: *Simulation einer TM M_ρ durch die universelle TM U*

Um einen Schritt von M_ρ zu simulieren, sucht U in ρ das entsprechende Argument von Δ, ersetzt die Inschriften gemäß dem gefundenen Wert der Übergangsfunktion, verschiebt die Beschriftungen der Extraspuren des ersten Bandes und bewegt die Köpfe entsprechend. Es ist leicht einzusehen, daß U einen Schritt von M_ρ in einer Folge von Schritten simulieren kann, deren Anzahl durch eine feste Konstante mal der Länge von ρ beschränkt ist. Das Verschieben des Strings ρ ist mit Hilfe eines weiteren Bandes in Zeit $c \cdot (|\Sigma| + 2 + |\rho|) \leq 2c \cdot |\rho|$ möglich, wobei c eine feste Konstante ist. Steht kein zusätzliches Band zur Verfügung, so läßt sich der Zeitaufwand abschätzen durch $c \cdot (|\Sigma| + 2) \cdot |\rho| \leq c \cdot |\rho|^2$. ∎

In ähnlicher Weise kann man auch für andere Speicherformen universelle Maschinen konstruieren. Die Menge der Kodierungen von k-Band TM kann nach der Länge und bei gleicher Länge lexikografisch geordnet werden. Damit läßt sich eine geordnete **Aufzählung** $M_1, M_2, M_3, \ldots$ aller TM auf einfache Weise konstruieren. Die genaue Form der Aufzählung ist von untergeordneter Bedeutung; wesentlich ist nur, daß man die durch die Aufzählung festgelegte Folge der Kodierungsstrings leicht berechnen kann.

Bei vielen Anwendungen ist es aus beweistechnischen Gründen einfacher, wenn jede TM beliebig lange Kodierungen besitzt und in einer Aufzählung jede Maschine unendlich oft vorkommt. Zu diesem Zweck gestatten wir, die Kodierung ρ einer TM zu Strings r beliebiger Länge zu verlängern; für solch einen String r bezeichne $\tilde{r}$ den Präfix minimaler Länge, der eine Kodierung darstellt. Für das oben beschriebene Verfahren läßt sich auf Grund der Präfixfreiheit $\tilde{r}$ aus r sehr einfach berechnen. Für die übrigen binären Strings, die keine zulässige Kodierung darstellen, sei vereinbart, daß diese gegebenenfalls eine Maschine repräsentieren, deren Übergangsrelation leer istund die daher auch keine Ausgabe erzeugt bzw. keine Eingabe akzeptiert.

Beim praktischen Einsatz von Datenverarbeitungsanlagen werden in der Regel sogenannte *general-purpose*-Maschinen verwendet. Mit solch einer Maschine kann man beliebige algorithmische Aufgaben lösen, denn neben den eigentlichen Eingabedaten gibt man dem Rechner in Form eines Programmes Anweisungen, welchen speziellen Algorithmus er auf diese Daten anwenden soll. Daneben gibt es Spezialrechner, die beispielsweise nur eine eingeschränkte Programmierung erlauben oder ein festes Programm hardwaremäßig implementiert haben. Entsprechend berechnet jede konkrete TM nur eine Funktion, die sich aus ihrer Übergangsrelation bestimmt. Die universelle TM kann man dennoch als Modell eines Universal-Rechners auffassen. Denn neben den eigentlichen Eingabedaten X erhält sie in Form der Kodierung ρ die Funktion f, die berechnet werden soll, d.h. ein Programm spezifiziert durch eine TM M_ρ, so daß $\varphi_{M_\rho} = f$. Die Übergangsfunktion der universellen TM entspricht somit dem Betriebssystem und Compiler realer Rechner.

1.3 Mathematische Grundlagen für Komplexitätsabschätzungen

1.3.1 Notation

Als erstes wollen wir in diesem Abschnitt Notationen einführen, um Komplexitätsschranken und die asymptotische Komplexität eines Problems beschreiben zu können. In der Literatur findet man diesbezüglich keine einheitliche und konsistente Darstellung. In Anlehnung an gewisse Standards wollen wir eine möglichst kompakte und leicht verständliche Schreibweise verwenden, ohne daß die formale Korrektheit Schaden nimmt.

Im folgenden verwenden wir die Symbole f, g, T, S für Funktionen, die die Menge der natürlichen Zahlen $\mathbb{N}$ nach $\mathbb{R}^+$ abbilden, und $\mathcal{F}, \mathcal{G}, \mathcal{T}, \mathcal{S}$ für Mengen solcher Funktionen. $\mathcal{N}$ bezeichne die Identitätsfunktion $n \mapsto n$ auf $\mathbb{N}$ und $\mathbb{1}$ die Abbildung mit konstantem Wert 1. Für die Komposition zweier Funktionen f, g verwenden wir die Schreibweise $f \circ g$, d.h.

$$f \circ g\,(n) \; := \; f(g(n)) \,.$$

Für Komplexitätsabschätzungen sind neben diesen beiden Funktionen Logarithmus- und Exponential-Funktionen von besonderer Bedeutung. Es bezeichne **log** und **exp** die folgendermaßen definierten Funktionen:

$$\log\,(n) \; := \; \begin{cases} 1 & \text{falls } n \leq 1, \\ \lceil \log_2(n) \rceil & \text{falls } n > 1, \end{cases}$$
$$\exp\,(n) \; := \; 2^n \,.$$

Im Hinblick auf spätere Anwendungen ist es günstiger, die ganzzahlige Funktion log zu verwenden als die in der Mathematik eher gebräuchliche Funktion $\log_2$ oder den natürlichen Logarithmus ln. Haben diese Funktionen nur ein einfaches Argument, so verzichtet man in der Regel darauf, es in Klammern einzuschließen ($\log n$ ist gleichbedeutend mit $\log(n)$). Für die Iteration dieser Funktionen werden wir folgende abkürzende Schreibweise einführen: $\mathbf{log}^{[m]}$ und $\mathbf{exp}^{[m]}$ bezeichnen die m-fache Iteration der Logarithmus- bzw. Exponentialfunktion, d.h.

$$\log^{[0]} \; := \; \mathcal{N}\,, \qquad \log^{[m+1]} \; := \; \log \circ \log^{[m]},$$
$$\exp^{[0]} \; := \; \mathcal{N}\,, \qquad \exp^{[m+1]} \; := \; \exp \circ \exp^{[m]}.$$

Da zweifach iterierte Logarithmus- und Exponentialfunktionen häufiger in Formeln auftreten werden, sei die folgende abkürzende Schreibweise vereinbart:

$$\mathbf{llog} \; := \; \log^{[2]} \; = \; \log \circ \log \qquad \text{und} \qquad \mathbf{eexp} \; := \; \exp^{[2]} \; = \; \exp \circ \exp \,.$$

Die Funktion **itexp** sei definiert durch $\mathrm{itexp}(n) \; := \; \exp^{[n]}(1)$. Dann ist die zugehörige Umkehrabbildung **itlog** gegeben durch $\mathrm{itlog}(n) \; := \; \min\{\, m \mid \log^{[m]}(n) = 1 \,\}$. $\qquad \Box$

Die Funktion itexp wächst extrem schnell, itlog dagegen nur sehr langsam (eine andere Bezeichnung, die häufig für die iterierte Logarithmusfunktion verwandt wird, ist "$\log^*$"). In Tabelle 1.1 sind einige Beispielswerte für itlog angegeben.

n	2	4	16	64000	2^{64000}
$\mathrm{itlog}(n)$	1	2	3	4	5

Tabelle 1.1: *Funktionstabelle für die Funktion* itlog

Für $r \in \mathbb{R}$ bezeichne f^r die Funktion f zur r-ten Potenz, d.h. $n \mapsto (f(n))^r$. Oftmals treten auch nichtganzzahlige Werte x als Argumente einer Funktion f auf. Um die Notation durch die Klammern zur Auf- oder Abrundung solcher Werte nicht zu verkomplizieren, stehe in solch einem Fall $f(x)$ als Abkürzung für $f(\lceil x \rceil)$.

Definition 1.3.1:

$A = A(1), A(2), \ldots$ sei eine Folge von Aussagen. Wir sagen „**A gilt**", falls für alle $n \in \mathbb{N}$ die Aussage $A(n)$ richtig ist. **A_{ae} gilt**, falls für fast alle $n \in \mathbb{N}$, d.h. alle bis auf endlich viele Ausnahmen, $A(n)$ wahr ist (**ae** als Abkürzung für *almost everywhere*). Mit anderen Worten

$$\exists n_0 \in \mathbb{N} \quad \forall n \geq n_0 : \quad A(n) \text{ gilt.}$$

Des weiteren definieren wir: **A_{io} gilt**, falls $A(n)$ für unendlich viele $n \in \mathbb{N}$ wahr ist (**io** für *infinitely often*). Dies bedeutet

$$\forall n \in \mathbb{N} \quad \exists n_1 \geq n : \quad A(n_1) \text{ gilt.}$$

Ist rel eine Relation auf $\mathbb{R}^+ \times \mathbb{R}^+$ (z.B. $=$, $\leq$, $\geq$), so bezeichne

$$\boldsymbol{f \text{ rel } g} \qquad \text{die Aussagenfolge} \quad f(n) \text{ rel } g(n) \quad n = 1, 2, \ldots . \qquad\qquad \square$$

So ist $\boldsymbol{f \geq g}$ eine Abkürzung für $\forall n \in \mathbb{N} : f(n) \geq g(n)$, und $\boldsymbol{f \leq_{ae} g}$ bedeutet, daß f ab einer gewissen Stelle n_0 durch g beschränkt ist. Man nennt dann $\boldsymbol{f}$ **asymptotisch durch g beschränkt** bzw. asymptotisch kleiner oder gleich g. Andererseits bedeutet $\boldsymbol{f =_{io} g}$, daß f und g unendlich oft denselben Wert annehmen. Man beachte, daß die Negation von $f \leq_{ae} g$ die Aussage $f >_{io} g$ ist. Die Relation $\leq_{ae}$ ist analog zur gewöhnlichen kleiner-oder-gleich Relation transitiv und monoton, d.h.

$$f \;\leq_{ae}\; g \quad \text{und} \quad g \;\leq_{ae}\; h \quad \Longrightarrow \quad f \;\leq_{ae}\; h \qquad\qquad \text{und}$$

$$f_i \;\leq_{ae}\; g_i \quad \text{für} \quad i = 1, 2 \quad \Longrightarrow \quad f_1 + f_2 \;\leq_{ae}\; g_1 + g_2 \quad \text{und}$$

$$f_1 \cdot f_2 \;\leq_{ae}\; g_1 \cdot g_2 \; .$$

Definition 1.3.2: Operationen auf Mengen von Funktionen

Ist *op* ein zweistelliger Operator, der für Funktionen f und g definiert ist (z.B. die Addition $f + g$, die Multiplikation $f \cdot g$ oder die Komposition $f \circ g$), so sei für Mengen $\mathcal{F}, \mathcal{G}$ von Funktionen

$$\boldsymbol{\mathcal{F} \; op \; \mathcal{G}} \; := \; \{ f \; op \; g \mid f \in \mathcal{F}, g \in \mathcal{G} \} \; .$$

Wir definieren Vergleichsoperatoren $\leq$ und $\geq$ zwischen Mengen durch

$$\boldsymbol{\mathcal{F} \leq \mathcal{G}} \; :\Longleftrightarrow \quad \forall f \in \mathcal{F} \quad \exists g \in \mathcal{G} : \quad f \leq g \, ,$$

$$\boldsymbol{\mathcal{F} \geq \mathcal{G}} \; :\Longleftrightarrow \quad \forall f \in \mathcal{F} \quad \exists g \in \mathcal{G} : \quad f \geq g \, .$$

Eine Menge $\mathcal{F}$ heißt nach **unten (nach oben) abgeschlossen** (bzgl. $\leq_{ae}$), falls $f \in \mathcal{F}$ und $g \leq_{ae} f$ (bzw. $f \leq_{ae} g$) impliziert $g \in \mathcal{F}$. $\qquad\qquad \square$

Man überzeuge sich, daß die Transitivitätseigenschaft der gewöhnlichen Ordnungsrelationen erhalten bleibt:

$$\mathcal{F} \leq \mathcal{G} \quad \text{und} \quad \mathcal{G} \leq \mathcal{H} \quad \Longrightarrow \quad \mathcal{F} \leq \mathcal{H}$$

und analog für $\geq$. Dagegen sind $\mathcal{F} \leq \mathcal{G}$ und $\mathcal{G} \geq \mathcal{F}$ im allgemeinen nicht äquivalent. Bei einelementigen Mengen verzichten wir in der Regel auf die Mengenklammern: $f + \mathcal{G}$ ist gleichbedeutend mit $\{f\} + \mathcal{G}$ und $f \leq \mathcal{G}$ mit $\{f\} \leq \mathcal{G}$ usw.

1.3.2 Asymptotisches Wachstum

Um Funktionen asymptotisch vergleichen zu können und ihr Wachstumsverhalten zu beschreiben, definieren wir die folgenden Mengen:

Definition 1.3.3:

$$
\begin{aligned}
O(g) &:= \{f \mid \exists k \in \mathbb{N}^+ : \quad f \leq_{\text{ae}} k \cdot g\}, \\
\Omega(g) &:= \{f \mid \exists k \in \mathbb{N}^+ : \quad f \geq_{\text{ae}} k^{-1} \cdot g\}, \\
o(g) &:= \{f \mid \forall k \in \mathbb{N}^+ : \quad f \leq_{\text{ae}} k^{-1} \cdot g\}, \\
\omega(g) &:= \{f \mid \forall k \in \mathbb{N}^+ : \quad f \geq_{\text{ae}} k \cdot g\}, \\
\Theta(g) &:= O(g) \cap \Omega(g) .
\end{aligned}
$$

Für eine Menge $\mathcal{G}$ von Funktionen sei

$$
O(\mathcal{G}) := \bigcup_{g \in \mathcal{G}} O(g), \quad \Omega(\mathcal{G}) := \bigcup_{g \in \mathcal{G}} \Omega(g),
$$

$$
o(\mathcal{G}) := \bigcap_{g \in \mathcal{G}} o(g), \quad \omega(\mathcal{G}) := \bigcap_{g \in \mathcal{G}} \omega(g) .
$$

$\square$

$O(g)$ – gesprochen „groß O von g "– ist die Menge aller Funktionen f, die asymptotisch beschränkt sind durch g mal einem konstanten Faktor, d.h.

$$
\limsup_{n \to \infty} \frac{f(n)}{g(n)} < \infty .
$$

Dagegen ist das Wachstum der Funktionen in $\Omega(g)$ („groß Omega") bis auf einen konstanten Faktor mindestens so stark wie das von g. Eine Funktion f in $o(g)$ („klein o von g ") wächst asymptotisch langsamer als g. Man sieht leicht, daß die Bedingung äquivalent ist mit

$$
\lim_{n \to \infty} \frac{f(n)}{g(n)} = 0 .
$$

Das Wachstum der Funktionen in $\omega(g)$ ist echt größer als das von g, mit anderen Worten:

$$
\lim_{n \to \infty} \frac{f(n)}{g(n)} = \infty .
$$

Aus der Definition und diesen Überlegungen folgt sofort

Lemma 1.3.4: Relationen zwischen Wachstumsklassen
Für alle Funktionen f, g gilt:

1. $O(g)$ und $o(g)$ sind nach unten abgeschlossen und $o(g) \subseteq O(g)$,

2. $\Omega(g)$ und $\omega(g)$ sind nach oben abgeschlossen und $\omega(g) \subseteq \Omega(g)$,

3. $o(g) \cap \Omega(g) = \emptyset = O(g) \cap \omega(g)$,

4. $f \in O(g) \iff g \in \Omega(f)$,

5. $f \in o(g) \iff g \in \omega(f)$,

6. $f \in \Theta(g) \iff g \in \Theta(f) \iff \Theta(f) = \Theta(g)$,

7. $f \leq_{\mathrm{ae}} g \implies O(f) \leq O(g)$,

8. $O(f) \leq O(g) \iff O(f) \subseteq O(g) \iff \Omega(f) \supseteq \Omega(g)$.

Beweis: Die Eigenschaften 1.) und 2.) sind leicht einzusehen: Gilt beispielsweise $h \leq f$
und $f \in O(g)$, so existiert nach Definition ein $k \in \mathbb{N}$ mit $h \leq f \leq_{\mathrm{ae}} k \cdot g$, d.h.
$h \in O(g)$. Daß $o(g)$ in $O(g)$ enthalten ist, folgt unmittelbar aus der Definition mit der
Wahl $k = 1$.

Um 3.) einzusehen betrachte man beispielsweise eine Funktion $f \in \Omega(g)$. Es gibt also
nach Voraussetzung eine Zahl k, so daß $f \geq_{\mathrm{ae}} k^{-1} \cdot g$. Da wir nur Funktionen mit echt
positiven Funktionswerten betrachten, gilt dann für $l = 2k$:

$$f \geq_{\mathrm{ae}} k^{-1} \cdot g > l^{-1} \cdot g .$$

Daher ist für dieses l die Bedingung $f \leq_{\mathrm{ae}} l^{-1} \cdot g$ nicht erfüllbar, d.h. $f \notin o(g)$. Benutzt
man die Charakterisierung der Klassen mit Hilfe des Limes n gegen unendlich, so ergibt
sich für eine Funktion $f \in O(g) \cap \omega(g)$ unmittelbar der Widerspruch

$$\limsup_{n \to \infty} \frac{f(n)}{g(n)} < \infty \quad \text{und} \quad \lim_{n \to \infty} \frac{f(n)}{g(n)} = \infty .$$

Gilt in 4.) $f \in O(g)$, so existiert ein $k \in \mathbb{N}$ mit $f \leq_{\mathrm{ae}} k \cdot g$, d.h. $g \geq_{\mathrm{ae}} k^{-1} \cdot f$ und
somit $g \in \Omega(f)$. Ähnlich oder wieder mit Hilfe des Limes kann man die Eigenschaft 5.)
beweisen.

Für $f \in \Theta(g) = O(g) \cap \Omega(g)$ folgt nach 4.) aus $f \in O(g)$ die Relation $g \in \Omega(f)$ und
(durch Vertauschen) aus $f \in \Omega(g)$ auch $g \in O(f)$ und damit $g \in \Theta(f)$. Gilt $g \in \Theta(f)$,
und liegt die Funktion h in $\Theta(g)$, so können wir schließen

$$h \in O(g) \land g \in O(f) \implies h \in O(f) .$$

Denn für geeignete Zahlen k_1, k_2 gilt $h \leq_{ae} k_1{\cdot}g$ und $g \leq_{ae} k_2{\cdot}f$, so daß die Transitivität von $\leq_{ae}$ impliziert: $h \leq_{ae} (k_1 \cdot k_2) \cdot f$. Ebenso gilt

$$h \in \Omega(g) \wedge g \in \Omega(f) \implies h \in \Omega(f) \,.$$

Damit haben wir gezeigt $h \in \Theta(f)$ und somit $\Theta(g) \subseteq \Theta(f)$. Durch Vertauschen von f und g zeigt man $\Theta(f) \subseteq \Theta(g)$, d.h. die beiden Mengen sind gleich.

Zum Beweis von 7.) sei $f \leq_{ae} g$ und $h \in O(f)$. Dann existiert ein k mit $h \leq_{ae} k \cdot f$ und somit $h \leq_{ae} k \cdot g$ und $h \in O(g)$, insbesondere $h \leq O(g)$.

Da offensichtlich $O(f) \subseteq O(g)$ die Eigenschaft $O(f) \leq O(g)$ impliziert, müssen wir für die erste Äquivalenz in der letzten Behauptung noch zeigen: $O(f) \leq O(g) \implies O(f) \subseteq O(g)$. Sei $h \in O(f) \leq O(g)$. Dann existiert ein $h' \in O(g)$ mit $h \leq h'$. Für h' gibt es ein k', so daß $h' \leq_{ae} k' \cdot g$, und damit gilt $h \leq h' \leq_{ae} k' \cdot g$, d.h. $h \in O(g)$. Die Äquivalenz von $O(f) \subseteq O(g)$ und $\Omega(f) \supseteq \Omega(g)$ folgt ähnlich wie beim Beweis von Eigenschaft 4.). ∎

Eine Funktion f ist genau dann beschränkt, wenn $f \in O(\mathbb{1})$ gilt. $f \in \omega(\mathbb{1})$ ($o(\mathbb{1})$) ist äquivalent zu f konvergiert gegen unendlich (bzw. gegen 0). Nach dem obigen Lemma sind für Mengenpaare $O(f), O(g)$ die Relation "$\leq$" und die Inklusion "$\subseteq$" äquivalent. Diese Eigenschaft gilt ebenso für Mengen vom Typ Ω, o und ω. Im allgemeinen ist die Mengeninklusion jedoch eine stärkere Forderung, denn es gibt Beispiele für Mengen A, B von Funktionen, die zwar $A \leq B$ erfüllen, aber nicht $A \subseteq B$ (siehe Ende dieses Abschnittes). In solchen Fällen ist die $\leq$-Relation für asymptotische Abschätzungen besser geeignet.

Lemma 1.3.5:
Für jede Konstante $a > 0$ und beliebige Funktionen g, h mit $h \in O(g)$ gilt:

$$\begin{aligned}
O(a \cdot \mathbb{1}) &= O(\mathbb{1}) \,, \\
O(g + h) &= O(g) \,.
\end{aligned}$$

Beweis: Wir zeigen die erste Behauptung nur für den Fall $a > 1$, der Beweis für $a < 1$ verläuft analog. Es genügt, $O(a \cdot \mathbb{1}) \subseteq O(\mathbb{1})$ nachzuweisen. Sei $f \in O(a \cdot \mathbb{1})$, d.h. $f \leq_{ae} k \cdot a \cdot \mathbb{1}$ für ein geeignetes k. Setzt man $k' = k \cdot a$, so ergibt sich $f \leq_{ae} k' \cdot \mathbb{1}$, d.h. $f \in O(\mathbb{1})$.

Die zweite Identität folgt ähnlich. Nach Voraussetzung gibt es ein k, so daß $h \leq_{ae} k \cdot g$. Aus $f \in O(g + h)$ mit $f \leq_{ae} k'(g + h)$ für geeignetes k' erhalten wir $f \leq_{ae} k' \cdot g + k' \cdot h \leq_{ae} k' \cdot g + k' \cdot k \cdot g = k'(1 + k) \cdot g$ und somit $f \in O(g)$. Die Inklusion in der anderen Richtung ist offensichtlich. ∎

Auf analoge Weise läßt sich zeigen, daß auch bei Funktionsklassen vom Typ Ω, o, ω und Θ konstante Faktoren und additive Terme von beschränkter Wachstumsordnung keinen

Einfluß haben. Ebenso kann man die Addition bzw. Multiplikation von Argumenten mit der entsprechenden Operation zwischen den einzelnen Klassen vertauschen. Für $a, b > 0$ und $h \in O(g)$ und $f \in o(g)$ gilt beispielsweise:

$$\Omega(a \cdot g) = \Omega(g) = \Omega(g + h) ,$$

$$\Omega(g - f) = \Omega(g) \qquad \text{und}$$

$$\Theta(a \cdot g + b \cdot h) = \Theta(a \cdot g) + \Theta(b \cdot h) = \Theta(g) + \Theta(h) = \Theta(g + h) = \Theta(g).$$

Korollar 1.3.6: Linearität

Für alle Funktionen $g \in \Omega(\mathbb{1})$ und $a, b \in \mathbb{R}$ mit $a > 0$ und $a \cdot g + b \in \Omega(\mathbb{1})$ gilt:

$$
\begin{aligned}
O(a \cdot g + b) &= O(g), \\
o(a \cdot g + b) &= o(g), \\
\Omega(a \cdot g + b) &= \Omega(g), \\
\omega(a \cdot g + b) &= \omega(g), \\
\Theta(a \cdot g + b) &= \Theta(g) .
\end{aligned}
$$

Lemma 1.3.7: Distributivität

$$
\begin{aligned}
O(g_1) + O(g_2) &= O(g_1 + g_2) , \\
O(g_1) \cdot O(g_2) &= O(g_1 \cdot g_2) \qquad \text{für alle } g_1, g_2.
\end{aligned}
$$

Beweis: Wir zeigen zunächst, daß in jeder Gleichung die Menge auf der linken Seite in der entsprechenden Menge auf der rechten Seite enthalten ist. Sei $f_i \in O(g_i)$ für $i = 1, 2$. Dann existieren $k_i \in \mathbb{N}^+$, so daß $f_i \leq_{ae} k_i \cdot g_i$. Dies impliziert für $k := max\{k_1, k_2\}$

$$f_1 + f_2 \leq_{ae} k_1 \cdot g_1 + k_2 \cdot g_2 \leq k \cdot (g_1 + g_2)$$

$$f_1 \cdot f_2 \leq_{ae} k_1 \cdot g_1 \cdot k_2 \cdot g_2 = (k_1 \cdot k_2) \cdot (g_1 \cdot g_2).$$

Ist andererseits f ein Element in $O(g_1 + g_2)$ $(O(g_1 \cdot g_2))$, so gibt es ein $k \in \mathbb{N}$ mit $f \leq_{ae} k(g_1 + g_2)$ (bzw. $f \leq_{ae} k(g_1 \cdot g_2)$). Seien h_1, h_2 definiert durch $h_i := \dfrac{g_i \cdot f}{g_1 + g_2}$. Dann gilt $h_1 + h_2 = f$ und $h_i \leq_{ae} \dfrac{g_i \cdot k(g_1 + g_2)}{g_1 + g_2} = k \cdot g_i$, d.h. $h_i \in O(g_i)$ und $f \in O(g_1) + O(g_2)$.

Für das Produkt wähle man $h_1(n) := k \cdot g_1(n)$ und $h_2(n) := f(n)/h_1(n)$. Dann gilt $h_i \in O(g_i)$ und $h_1 \cdot h_2 = f$, d.h. $f \in O(g_1) \cdot O(g_2)$. Diese Überlegungen gelten unter der Voraussetzung, daß g_1 stets positiv ist. (Für Funktionen, die auch den Wert 0 annehmen, läßt sich das gleiche Ergebnis mit Hilfe einer modifizierten Abschätzung herleiten.) ∎

Die Distributivitätseigenschaft gilt ebenso für die anderen Klassen, der Beweis verläuft analog.

1.3.3 Wachstumsordnungen

Als nächstes wollen wir verschiedene Wachstumsklassen vergleichen.

Lemma 1.3.8:
Für alle g, h mit $h \in \omega(\mathbb{I})$ gilt: $\qquad O(g) \leq o(g \cdot h)$.

Beweis: Sei $f \in O(g)$ und $f \leq_{ae} k \cdot g$. Zu zeigen ist für alle $m \in \mathbb{N}^+$: $f \leq_{ae} m^{-1} \cdot g \cdot h$. Wegen $h \in \omega(\mathbb{I})$ gilt $h \geq_{ae} (m \cdot k) \cdot \mathbb{I}$ und damit

$$f \leq_{ae} k \cdot g \leq_{ae} \frac{h}{m} \cdot g .$$

∎

Speziell für die Identitätsfunktion $\mathcal{N}$ bzw. ihre Potenzen $\mathcal{N}^p : n \mapsto n^p$ sowie Logarithmus- und Exponentialfunktionen ergibt sich somit

Korollar 1.3.9:
Für alle $p \in \mathbb{R}$ und $\epsilon > 0$ gilt:

$$\begin{aligned}
O\left(\mathcal{N}^p\right) &\leq o\left(\mathcal{N}^{p+\epsilon}\right) , \\
O\left(\exp^p\right) &\leq o\left(\exp^{p+\epsilon}\right) , \\
O\left(\log^p\right) &\leq o\left(\log^{p+\epsilon}\right) .
\end{aligned}$$

Korollar 1.3.10:
Sei f eine der Funktionen $\log$, $\mathcal{N}$ oder $\exp$ und sei die Funktion g definiert durch

$$g(n) = \sum_{i=0}^{d} a_i f^{\beta_i}(n) \quad \text{mit } \beta_d > \beta_{d-1} > \ldots > \beta_0 \text{ und } a_d > 0 \text{ für ein } d \in \mathbb{N} .$$

Dann gilt $\qquad \Theta(g) = \Theta\left(f^{\beta_d}\right)$.

Beweis: Aus dem vorigen Korollar folgt, daß der Summand $a_d f^{\beta_d}$ asymptotisch am stärksten wächst. Die übrigen Summanden mit geringerer Wachstumsordnung haben asymptotisch keinen Einfluß. ∎

Lemma 1.3.11: Für jedes $p \in \mathbb{R}$ und $\epsilon > 0$ gilt:

$$O\left(\log^p\right) \ \leq \ o\left(\mathcal{N}^\epsilon\right) \ ,$$
$$O\left(\mathcal{N}^p\right) \ \leq \ o\left(\exp^\epsilon\right) \ .$$

Beweis: Zu zeigen ist für alle $k, m \in \mathbb{N}^+$:

$$k \cdot \log^p \ \leq_{\text{ae}} \ m^{-1} \mathcal{N}^\epsilon \quad \text{oder, mit} \quad k' = k \cdot m : \quad f \ := \ k' \cdot \log^p \ \leq_{\text{ae}} \ g \ := \ \mathcal{N}^\epsilon.$$

Für die folgende Abschätzung ist es einfacher, die auf den positiven reellen Zahlen analytische Funktion $\log_2$ anstelle von $\log$ zu betrachten. Da (eingeschränkt auf den Definitionsbereich $\mathbb{N}$) $O(\log_2) = O(\log)$ gilt, genügt es daher zu zeigen:

$$h \ := \ k' \cdot (\log_2)^p \ \leq_{\text{ae}} \ g \ .$$

Dazu führen wir eine Transformation durch mit Hilfe der Logarithmus- und Exponentialfunktion und erweitern den Definitionsbereich von $\mathbb{N}$ auf $\mathbb{R}^+$:

$$\tilde{h}(x) \ := \ \log_2\left(h(2^x)\right) \qquad \text{und} \qquad \tilde{g}(x) \ := \ \log_2\left(g(2^x)\right) \quad \text{für } x \in \mathbb{R}^+ \ .$$

Betrachtet man die Graphen dieser so gewonnenen Funktionen $\tilde{h}$ und $\tilde{g}$, so folgt die zu beweisende Eigenschaft wegen der strengen Monotonie der Transformation aus dem folgenden:

$$\tilde{h}(x) \ = \ \log_2 k' \ + \ p \log_2 x \quad \text{verläuft für } x \text{ gegen } \infty \text{ unterhalb von} \quad \tilde{g}(x) \ = \ \epsilon \cdot x.$$

Dies ist jedoch leicht einzusehen, da $\tilde{g}$ konstante Steigung ϵ besitzt, während die Steigung von $\tilde{f}$ gegen 0 konvergiert. Die zweite Behauptung folgt aus der ersten durch eine logarithmische Transformation der Variablen (betrachte die Folgen $\log^p$ und $\mathcal{N}^\epsilon$ nur an den Stellen $n = 2^{n'}$ mit $n' \in \mathbb{N}$).   ■

Korollar 1.3.12:

$$O(\log^\alpha \cdot \mathcal{N}^\beta \cdot \exp^\gamma) \ \leq \ O(\log^{\alpha'} \cdot \mathcal{N}^{\beta'} \cdot \exp^{\gamma'}) \quad \Longleftrightarrow \quad (\gamma, \beta, \alpha) \ \leq_{\text{lexi}} \ (\gamma', \beta', \alpha') \ ,$$

wobei $\leq_{\text{lexi}}$ die lexikografische Ordnung auf Tupeln bezeichnet:

$$x = (x_1, \ldots, x_m) \ \leq_{\text{lexi}} \ y = (y_1, \ldots, y_m) \quad \Longleftrightarrow$$

$$\exists \, 0 \leq j < m \ \left[x_i = y_i \text{ für } 1 \leq i \leq j \text{ und } x_{j+1} < y_{j+1}\right] \text{ oder } \ x \ = \ y \ .$$

Für Logarithmus-, Potenz- und Exponential-Funktionen erhält man aus diesem Korollar beispielsweise die folgende Wachstumshierarchie, wobei $p > 1$ und $0 < \epsilon < 1$:

$$\mathbb{1} \ < \ \log \ < \ \log^p \ < \ \mathcal{N}^\epsilon \ < \ \mathcal{N} \ < \ \mathcal{N} \cdot \log \ < \ \mathcal{N} \cdot \log^p \ <$$

$$\mathcal{N}^{1+\epsilon} \;<\; \frac{\mathcal{N}^2}{\log} \;<\; \mathcal{N}^2 \;<\; \exp^{\epsilon} \;<\; \exp \;<\; \mathcal{N}\cdot\exp \;<\; \exp^{p} \,.$$

Ersetzt man in dieser Folge jede Funktion g durch die entsprechende Wachstumsklasse $O(g)$, so ist jede Klasse eine echte Obermenge der vorangehenden Klassen und eine echte Teilmenge der folgenden.

Das Wachstumsverhalten zweier Funktionen f, g, die gegen unendlich streben, kann in gewissen Fällen auch mit Hilfe der L'Hospitalsche Regel abgeschätzt werden:

$$\limsup_{n\to\infty} \frac{f(n)}{g(n)} \;=\; \limsup_{n\to\infty} \frac{f'(n)}{g'(n)} \,,$$

wobei f' bzw. g' die Ableitungen der beiden Funktionen sind, genauer ihrer Fortsetzungen auf $\mathbb{R}^{+}$.

Beispiel 1.3.13: Wachstumsrelationen

1.) $\quad O\!\left(3(\mathcal{N}+5)^2\right) \;=\; O\!\left((\mathcal{N}+5)^2\right) \;=\; O(\mathcal{N}+5)\cdot O(\mathcal{N}+5)$
$$= O(\mathcal{N})\cdot O(\mathcal{N}) \;=\; O\!\left(\mathcal{N}^2\right)$$

Man kann diesen Ausdruck auch folgendermaßen vereinfachen:

$$O\!\left(3(\mathcal{N}+5)^2\right) \;=\; O\!\left(3\mathcal{N}^2+30\mathcal{N}+75\right) \;=\; O\!\left(3\mathcal{N}^2\right) \;=\; O\!\left(\mathcal{N}^2\right) \,,$$

2.) $\quad \Theta\!\left(\dfrac{\mathcal{N}}{1000} + 100\left\lfloor\sqrt{\mathcal{N}}\right\rfloor + 20\dfrac{\mathcal{N}}{\log}\right) \;=\; \Theta(\mathcal{N}) \,,$

3.) $\quad \Theta\!\left(\mathbb{1} + \dfrac{\mathcal{N}}{2} + \dfrac{\mathcal{N}^2}{4} + \dfrac{\mathcal{N}^3}{8} + \ldots + \dfrac{\mathcal{N}^d}{2^d}\right) \;=\; \Theta\!\left(\mathcal{N}^d\right) \,,$

4.) $\quad \Omega(\mathcal{N}\cdot\log - 15\mathcal{N} - 99) \;=\; \Omega(\mathcal{N}\cdot\log) \,,$

5.) $\quad O\!\left(\mathcal{N}^2\cdot\log^3 + 100\mathcal{N}^2\cdot\log + 2^{10}\mathcal{N}\cdot\log^5\right) \;=\; O\!\left(\mathcal{N}^2\cdot\log^3\right) \,,$

6.) $\quad \mathcal{N} - o(\mathcal{N}) \;\geq_{\mathrm{ae}}\; (1-\epsilon)\mathcal{N} \quad\text{für alle}\quad \epsilon > 0 \,,$

7.) $\quad \log\left(O(\mathcal{N})\right) \;:=\; \log \circ\, O(\mathcal{N}) \;=\; \{\,\log\circ f \mid f \in O(\mathcal{N})\}$
$$\leq \{\,\log(k\cdot\mathcal{N}) \mid k \in \mathbb{N}\} \;=\; \{\,\log k \mid k \in \mathbb{N}\} + \log(\mathcal{N})$$
$$\leq \log\left(O(\mathbb{1})\right) + \log\circ\mathcal{N} \;=\; O(\mathbb{1}) + \log \,,$$

8.) $\quad \exp\left(O(\mathcal{N})\right) \;=\; \{\,\exp\circ f \mid f \in O(\mathcal{N})\}$
$$\leq \{\,\exp(k\cdot\mathcal{N}) \mid k \in \mathbb{N}\} \;=\; \{\exp^{k} \mid k \in \mathbb{N}\} \,.$$

Oftmals wird eine Funktion f mit dem arithmetischen Ausdruck, der diese definiert, identifiziert. Ist f beispielsweise gegeben durch $n \mapsto n2^{n/3}$, so verwendet man anstelle von $\Theta(f)$ auch $\Theta\!\left(n2^{n/3}\right)$. Anstelle von $O(\mathbb{1})$ ist auch die Notation $\boldsymbol{O(1)}$ gebräuchlich. In diesem Sinn sind dann die folgenden Abschätzungen zu interpretieren:

9.) $\quad \Theta\!\left(n\,2^{n/3} + n^3 + 2^n + \left(\dfrac{5}{4}\right)^{n}\right)$

$$= \Theta\left(n\,(\exp n)^{1/3} + n^3 + \exp n + (\exp n)^{\log_2 \frac{5}{4}}\right)$$

$$= \Theta(\exp n) = \Theta(\exp) = \Theta(2^n)\,,$$

10.) $\quad \Theta\left(\log_{10}\left(n^{17}\right)\right) = \Theta\left(\log_{10} 2 \cdot \log_2(n^{17})\right) = \Theta\left(\log n^{17}\right)$

$$= \Theta(17\,\log n) = \Theta(\log n)\,,$$

11.) $\quad n + \Theta\left(\sqrt{n}\right) \le n + \Theta\left(\frac{n}{\log n}\right) = n\left(1 + \Theta\left(\log^{-1} n\right)\right)$

$$\le n(1 + o(1))\,,$$

12.) $\quad \displaystyle\sum_{m=1}^{n} m^2 \in \Theta(\mathcal{N}^3), \quad \text{da} \quad \sum_{m=1}^{n} m^2 \le \sum_{m=1}^{n} n^2 = n^3 \quad \text{und}$

$$\sum_{m=1}^{n} m^2 \ge \sum_{m=n/2}^{n} m^2 \ge \sum_{m=n/2}^{n} \left(\frac{n}{2}\right)^2 \ge \frac{n^3}{8}\,.$$

Man beachte, daß in 8.) und 11.) das $\le$-Zeichen nicht durch die Mengeninklusion $\subseteq$ ersetzt werden kann. Denn beispielsweise ist die Relation $n + \Theta(\sqrt{n}) \subseteq n + \Theta\left(\frac{n}{\log n}\right)$ nicht erfüllt.

Gelegentlich werden wir zur Vereinfachung auch folgende Notation verwenden

$$a(n, f(n), t, c) \le O(b(n, g(n), t', c'))\,.$$

Hierbei sind $a(\ldots)$, $b(\ldots)$ arithmetische Ausdrücke in den angegebenen Parametern. c, c' sind in der Regel Konstanten, während die Parameter t, t' von n abhängig sein können. Letztere sind streng genommen Funktionen von n und bezeichnen in diesem Ausdruck den Funktionswert an der Stelle n. Die Ungleichung ist dann als

$$a \le O(b)$$

zu verstehen, wobei a und b die Funktionen $n \mapsto a(n, f(n), t, c)$ bzw. $n \mapsto b(n, g(n), t', c')$ bezeichnen. Das folgende Beispiel möge dies verdeutlichen. Ist t die kleinste Potenz von 2 größer als n (d.h. $t = \exp(\lceil \log_2 n \rceil)$) und ist $\epsilon > 0$, so gilt die Abschätzung:

$$3t\,\log(5n) + 45(n+c)\,\mathrm{llog}^2 n + \exp\left(\log^{1/2} n\right) \le O(n\,\log n) \le o\left(n^{1+\epsilon}\right)\,.$$

1.3.4   Rekursionsgleichungen

Wir beenden diesen Abschnitt mit einer kurzen Behandlung der wichtigsten Rekursionsgleichungen, die bei der Analyse von Algorithmen auftreten, sowie Verfahren zu iherr Lösung. Eine der wichtigsten Methoden bei der Entwicklung von Algorithmen ist die *divide-and-conquer* Strategie: Ein Problem wird in mehrere unabhängige Teilprobleme zerlegt, diese werden getrennt rekursiv gelöst. Aus den Teillösungen erzeugt man dann eine globale Lösung für das gegebene Problem. Die Laufzeit $T(n)$ solch eines Algorithmus für ein Problem der Größe n kann durch eine Gleichung der Form

$$T(n) \;\leq\; a \cdot T\!\left(\left\lceil \frac{n}{b} \right\rceil\right) + O(n^c)$$

mit $a \geq 1$, $b > 1$ und $c \geq 0$ abgeschätzt werden. Wir wollen daher diesen Gleichungstyp allgemein in Abhängigkeit von den Parametern a, b, c lösen. Dabei zeigt sich, daß der in der O-Notation verborgene konstante Faktor für das Wachstumsverhalten der Funktion T keine Bedeutung hat.

Theorem 1.3.14:
Eine Folge $\{a_n\}_{n \in \mathbf{N}}$ sei definiert durch

$$p_n a_n \;-\; q_n a_{n-1} \;=\; r_n \quad \text{für} \quad n > 0\,, \quad a_0 = r_0$$

wobei $p_n, q_n, r_n \in \mathbb{R}$ beliebige Parameter sein können. Dann besitzen die Folgenglieder die Darstellung

$$a_n \;=\; \frac{1}{s_n p_n} \sum_{m=0}^{n} s_m r_m \;;$$

hierbei sind die Faktoren s_n von der Gestalt $s_0 := 1$, $s_1 := 1/q_1$ sowie

$$s_n \;:=\; \prod_{i=1}^{n-1} p_i \,\Big/\, \prod_{i=1}^{n} q_i \qquad \text{für} \quad n > 1\,.$$

Beweis: Multipliziert man jeweils die n-te Gleichung mit s_n, so ergibt sich

$$
\begin{aligned}
a_0 \;&=\; r_0 \\
\frac{1}{q_1} p_1 a_1 \;-\; \frac{1}{q_1} q_1 a_0 \;&=\; \frac{1}{q_1} r_1 \\
\frac{p_1}{q_1 q_2} p_2 a_2 \;-\; \frac{p_1}{q_1 q_2} q_2 a_1 \;&=\; \frac{p_1}{q_1 q_2} r_2 \\
&\;\;\vdots \\
s_n p_n a_n \;-\; s_n q_n a_{n-1} \;&=\; s_n r_n\,.
\end{aligned}
$$

Die s_n sind so gewählt, daß $s_{n-1} p_{n-1} = s_n q_n$ gilt und sich dadurch alle Terme bis auf den letzten gegenseitig aufheben. Summation aller Gleichungen ergibt

$$s_n p_n a_n \;=\; \sum_{m=0}^{n} s_m r_m\,.$$

Die Behauptung folgt unmittelbar. $\blacksquare$

Mit Hilfe dieses Theorems können wir nun die Rekursionsformel in der allgemeinen Form lösen.

Theorem 1.3.15:

Es seien $a \geq 1$, $b > 1$ und $c, d \geq 0$. Alternativ ist auch für $c > 0$ der Fall $d < 0$ möglich. Dann besitzt eine Funktion T mit der Rekursion

$$T(n) \;=\; a \cdot T(\frac{n}{b}) \;+\; \Theta(n^c \cdot \log^d n) \,, \quad \text{für} \quad n \geq b$$

das Wachstum $\Theta(f)$ mit

$$f \;=\; \mathcal{N}^c \cdot \log^d \qquad \text{falls} \quad \frac{b^c}{a} > 1 \,,$$

$$f \;=\; \mathcal{N}^c \cdot \log^{d+1} \qquad \text{falls} \quad \frac{b^c}{a} = 1 \,,$$

$$f \;=\; \mathcal{N}^{\log_b a} \qquad \text{falls} \quad \frac{b^c}{a} < 1 \,.$$

Beweis: Zur Erinnerung, falls n/b kein ganzzahliges Argument ist für eine Funktion T mit Definitionsbereich $\mathbb{N}$, so hatten wir $T(n/b)$ als $T(\lceil n/b \rceil)$ definiert. Wir definieren Funktionen T_u, T_o, so daß $T_u \leq T \leq T_o$, und zeigen $T_u \geq \Omega(f)$, $T_o \leq O(f)$. Der Beweis wird nur für die obere Schranke T_o explizit ausgeführt, für die untere Schranke verläuft er analog. Zunächst sei γ eine Konstante, so daß für $n \geq b$ die Abschätzung

$$T(n) \;\leq\; a \cdot T(\left\lceil \frac{n}{b} \right\rceil) \;+\; \gamma \, n^c \cdot \log_b^d n$$

und für $n < b$ die Schranke $T(n) \leq \gamma$ gilt. Die Funktion T_o ergibt sich dann aus der Rekursion

$$T_o(n) \;=\; a \cdot T_o(\frac{n}{b}) \;+\; \gamma \, n^c \cdot \log_b^d n \quad \text{für} \quad n = b^k \geq b \,, \quad T_o(1) \;=\; \gamma \,.$$

Falls n keine Potenz von b ist, so definieren wir $T_o(n) = T_o(b^{\lceil \log_b n \rceil})$. Dadurch wird T_o zu einer oberen Schranke für T. Betrachtet man nun die Folge $t_k := T_o(b^k)$, so ergibt sich

$$t_k \;=\; a \cdot t_{k-1} \;+\; \gamma \cdot (b^k)^c \cdot k^d \,.$$

Die Lösung bestimmt sich nach dem vorigen Theorem als

$$t_k \;=\; a^k \, \gamma \sum_{m=0}^{k} a^{-m} \, b^{mc} \, m^d \;=\; \gamma \, a^k \sum_{m=0}^{k} \left(\frac{b^c}{a} \right)^m m^d \,.$$

Die Summe ist im wesentlichen eine geometrische Reihe. Falls der Wachstumsfaktor $q = \frac{b^c}{a}$ größer als 1 ist, so ist die Reihe asymptotisch durch ihr letztes Glied $(\frac{b^c}{a})^k \cdot k^d$ beschränkt und damit gilt für $n = b^k$

$$T_o(n) \;=\; t_k \;\leq\; O\left((b^k)^c \cdot k^d \right) \;=\; O(n^c \cdot \log^d n) \,.$$

Im Falle $q < 1$ bleibt die Reihe durch eine Konstante beschränkt, und es ergibt sich

$$T_o(n) \leq O(a^k) = O(a^{\log_b n}) = O(n^{\log_b a}) \,.$$

Für $q = 1$ liefert die Reihe den Wert

$$\sum_{m=0}^{k} m^d = \Theta(k^{d+1}) = \Theta(\log^{d+1} n) \qquad \text{und mit } \log_b a = c \text{ folgt}$$

$$T_o(n) \leq O(a^k \cdot \log^{d+1} n) = O(b^{k \cdot \log_b a} \cdot \log^{d+1} n) = O(n^c \cdot \log^{d+1} n) \,. \qquad \blacksquare$$

Schließlich wollen wir noch zeigen, daß bei Rekursionen der Form $T(n) = a\,T(\frac{n}{b}) + \Theta(n^c)$ kleine Veränderungen des Argumentes $\frac{n}{b}$ keinen Einfluß auf das asymptotische Wachstum haben. Für jede Konstante δ hat die Gleichung $T(n) = a\,T(\frac{n}{b} + \delta) + \Theta(n^c)$ dieselbe Lösung. Dadurch ist es beispielsweise gerechtfertigt, bei Abschätzungen der Asymptotik auf das Aufrunden der Argumente zu verzichten. Bei einer rekursiven Zerlegung eines Problems der Größe n in 2 möglichst gleichgroße Teile etwa genügt es, statt $T(n) \leq T(\lceil \frac{n}{2} \rceil) + T(\lfloor \frac{n}{2} \rfloor) + \ldots$ die Rekursionsgleichung $T(n) \leq 2\,T(\frac{n}{2}) + \ldots$ zu betrachten.

Korollar 1.3.16:
Für die Funktion $T(n) = a \cdot T(\frac{n}{b} + \delta) + \Theta(n^c \cdot \log^d n)$ gilt:

$$T \in \Theta\left(\mathcal{N}^c \cdot \log^d\right) \qquad \text{falls} \quad \frac{b^c}{a} > 1 \,,$$

$$T \in \Theta\left(\mathcal{N}^c \cdot \log^{d+1}\right) \qquad \text{falls} \quad \frac{b^c}{a} = 1 \,,$$

$$T \in \Theta\left(\mathcal{N}^{\log_b a}\right) \qquad \text{falls} \quad \frac{b^c}{a} < 1 \,.$$

Beweis: Aus der Differentialrechnung folgt, daß sich in jedem der drei Fälle die Differenz $T(\frac{n}{b} + \delta) - T(\frac{n}{b})$ abschätzen läßt durch

$$\Theta\left(\delta\, T'(\frac{n}{b})\right) = \Theta\left(\frac{\delta}{n}\, T(\frac{n}{b})\right) \,,$$

T' bezeichne hierbei die Ableitung von T. Damit ergibt sich für $\delta \neq 0$

$$T(n) = a \cdot T(\frac{n}{b}) + \Theta(n^{c'} \cdot \log^d n) \,,$$

wobei $c' = \max\{c, \log_b a - 1\}$. Es ist leicht nachzurechnen, daß die Veränderung des additiven Terms keinen Einfluß auf die Asymptotik der Lösung hat. $\qquad \blacksquare$

Hat man bei einer rekursiven Abschätzung eine Vermutung über deren Lösung, so kann man versuchen, diese durch einen einfachen Induktionsbeweis zu verifizieren. Betrachten wir beispielsweise die Gleichung

$$T(n) \leq \sum_i T(\alpha_i n) + O(n) \, .$$

Falls $\sum_i \alpha_i < 1$, so ist das Wachstum von T linear beschränkt. Angenommen, für eine geeignete Konstante d würde für alle $m < n$ gelten $T(m) \leq dm$. Dann kann man für ein geeignetes δ zur Abschätzung des $O(n)$ Terms schließen

$$
\begin{aligned}
T(n) \ &\leq\ \sum_i T(\alpha_i n) \ +\ \delta n \ \leq\ \sum_i d\,\alpha_i n \ +\ \delta n \\
&=\ dn\left(\sum_i \alpha_i \ +\ \frac{\delta}{d}\right) \ \leq\ dn \, ,
\end{aligned}
$$

falls $d \geq \delta(1-\sum \alpha_i)^{-1}$. Diese Methode läßt sich verallgemeinern auf Rekursionsgleichungen der Form

$$T(n) \leq \sum_i T(\alpha_i n + \beta_i) + O(n) \, ,$$

wobei die β_i beliebige Konstanten sein können. In diesem Fall ergibt sich die Abschätzung

$$T(n) \leq \sum_i d\,(\alpha_i n + \beta_i) \ +\ \delta n \ =\ dn\left(\sum_i \left(\alpha_i + \frac{\beta_i}{n}\right) + \frac{\delta}{d}\right) \, .$$

Für hinreichend großes n kann $\sum \beta_i/n$ beliebig klein gemacht werden, so daß die Summe in der Klammer weiterhin durch 1 beschränkt bleibt. Damit ist gezeigt

Korollar 1.3.17:
Es seien $\sum_i \alpha_i < 1$ und β_i beliebig. Dann ist eine Funktion T mit der Rekursionsgleichung

$$T(n) \leq \sum_i T(\alpha_i n + \beta_i) + O(n)$$

durch $O(n)$ beschränkt.

Der Induktionsbeweis gelingt in manchen Fällen einfacher, wenn man zu der asymptotischen Schranke Terme mit geringerer Wachstumsordnung hinzufügt: Die Rekursion

$$T(n) \leq a \cdot T(\tfrac{n}{b}) + O(n^c)$$

mit $b^c < a$, d.h. $c < \log_b a$ ist von der Wachstumsordung $\mathcal{N}^{\log_b a}$. Um dies per Induktion zeigen zu können, wollen wir die Relation

$$T(n) \leq d\left(n^{\log_b a} - n^c\right)$$

nachweisen:

$$T(n) \leq a \cdot d \left(\left(\frac{n}{b}\right)^{\log_b a} - \left(\frac{n}{b}\right)^c \right) + \delta n^c$$

$$= d \left(n^{\log_b a} - n^c \right) + n^c \left(\delta - \frac{a\,d}{b^c} + d \right) \leq d \left(n^{\log_b a} - n^c \right)$$

falls $\delta + d \leq \frac{a}{b^c} d$, d.h. $\delta \left(\frac{a}{b^c} - 1\right)^{-1} \leq d$.

1.4 Die Komplexität von TM

1.4.1 Schranken, Maße und Konstruierbarkeit

In diesem Abschnitt wollen wir Komplexitätsmaße definieren, um den Aufwand zu messen, mit dem Turing Maschinen Funktionen berechnen oder Sprachen erkennen.

Definition 1.4.1: Komplexitätsschranken
Unter einer **Komplexitätsschranke** versteht man eine Funktion $T : \mathbb{N} \to \mathbb{N}$. Von besonderem Interesse sind hierbei die folgenden Mengen von Komplexitätsschranken:

$$
\begin{array}{lll}
\mathbf{CON} & := & O(\mathbb{1}) & \text{konstant,} \\
\mathbf{Lin}(T) & := & \Theta(T) & \text{linear,} \\
\mathbf{Pol}(T) & := & \bigcup_{k\in\mathbb{N}} O(T^k) & \text{polynomial,} \\
\mathbf{Log}(T) & := & \Theta(\log(T)) & \text{logarithmisch,} \\
\mathbf{LLog}(T) & := & \Theta(\mathrm{llog}(T)) & \text{zweifach logarithmisch,} \\
\mathbf{PLog}(T) & := & \mathrm{Pol}(\mathrm{Log}(T)) & \text{polynomial logarithmisch (polylogarithmisch),} \\
\mathbf{ExL}(T) & := & \exp(\Theta(T)) & \text{exponentiell linear,} \\
\mathbf{ExP}(T) & := & \exp(\mathrm{Pol}(T)) & \text{exponentiell polynomial,} \\
\mathbf{EPLog}(T) & := & \exp(\mathrm{PLog}(T)) & \text{exponentiell polylogarithmisch,} \\
\mathbf{EExL}(T) & := & \mathrm{eexp}(\Theta(T)) & \text{doppelt exponentiell linear,} \\
\mathbf{EExP}(T) & := & \mathrm{eexp}(\mathrm{Pol}(T)) & \text{doppelt exponentiell polynomial.}
\end{array}
$$

Für die sehr häufig vorkommende Identitätsfunktion benutzen wir anstelle von $\mathrm{Lin}(\mathcal{N})$ die Notation **LIN**, anstelle von $\mathrm{Pol}(\mathcal{N})$ **POL** und analog **LOG**, **PLOG**, **LLOG**, **EPLOG**, **EXL**, **EXP**, **EEXL**, **EEXP**. $\qquad\Box$

Diese Klassen sind die wichtigsten, die bei Komplexitätsuntersuchungen auftreten. Von besondere Bedeutung werden sich polynomiale Schranken, d.h. die Klasse POL, erweisen.

Um den algorithmischen Aufwand einer TM zu charakterisieren, ist es sicherlich am naheliegendsten, für jede Eingabe separat zu messen, wie lange die zugehörige Rechnung dauert. Bei Komplexitätsbetrachtungen wird in der Regel ein etwas gröberes Maß angelegt, es wird nur der Aufwand im Verhältnis zu der Größe des Problems, d.h. zur Länge der Eingabe analysiert. Für jede Eingabelänge n betrachtet man daher alle Berechnungen auf Inputs dieser Länge und erhält, indem man das Maximum über diese Berechnungen nimmt, die sogenannte **worst-case-Komplexität**. Alternativ könnte man auch die als Mittelwert über alle Berechnungen auf Eingaben der Länge n definierte **average-case-Komplexität** betrachten. Ein derartige Durchschnittsbildung liefert jedoch nur brauchbare Ergebnisse, wenn die Verteilung der Eingaben relativ gleichförmig ist. Diese Annahme kann man jedoch in vielen Fällen nicht als erfüllt voraussetzen. Läßt man beliebige Verteilungen auf der Eingabemenge zu, so ist der Erwartungswert der Laufzeit, maximiert über alle Verteilungen, gleich der worst-case-Komplexität. Darüberhinaus ist bereits eine worst-case-Abschätzung für viele Maschinen recht schwierig, eine exakte Berechnung des Erwartungswertes dagegen noch erheblich komplizierter, wenn nicht sogar aussichtslos.

Definition 1.4.2: Komplexitätsmaße
Das **Zeitkomplexitätsmaß** mißt die Anzahl der Rechenschritte einer Maschine. Für eine DTM M mit Eingabe X ist dies die Länge der Berechnung $C_M(X)$ von M, hierfür verwenden wir die Notation $time_M(X)$. Das **Platzkomplexitätsmaß** $space_M(X)$ zählt die Anzahl der Zellen im Speicher G von M, in denen die Maschine während der Berechnung auf X Information abspeichert (vergleiche Definition 1.1.2). Für eine NTM definieren wir $time_M(X)$ als die maximale Länge der Berechnungen von M auf X bzw. $space_M(X)$ als die maximale Anzahl der verwandten Speicherzellen. Die Zeitkomplexität und Platzkomplexität von M sind gegeben durch die Funktionen

$$T_M : \quad n \mapsto \max\left\{time_M(X) \mid X \in \Sigma_E^n\right\},$$
$$S_M : \quad n \mapsto \max\left\{space_M(X) \mid X \in \Sigma_E^n\right\}.$$

M heißt T**-zeitbeschränkt**, falls $T_M \leq T$, d.h. für alle $X \in \Sigma_E^*$ gilt:

$$time_M(X) \leq T(|X|).$$

Eine Maschine ist S**-platzbeschränkt**, falls $S_M \leq S$ gilt. Ein Akzeptor M heißt **schwach** T**-zeitbeschränkt**, falls es für alle $X \in \Sigma_E^* \cap L(M)$ eine akzeptierende Berechnung der Länge höchstens $T(|X|)$ gibt. Analog sei **schwach platzbeschränkt** definiert. Ist C ein Komplexitätsmaß und $\mathcal{T}$ eine Menge von Funktionen, so heiße M $\mathcal{T}$-beschränkt bezüglich des Maßes C, falls ein $T \in \mathcal{T}$ existiert, so daß M T-beschränkt ist bezüglich C. $\qquad\qquad\square$

Es ist möglich, daß eine TM auf einer Eingabe zwar nur endlich viele Speicherzellen benutzt, sie aber keine Endkonfiguration erreicht. Ihr Platzkomplexität wäre dann eine endliche Zahl, ihre Zeitkomplexität dagegen unbeschränkt. Man kann jedoch jede platzbeschränkte TM so modifizieren, daß alle ihre Berechnung nach endlich vielen Schritten anhalten (siehe dazu Aufgabe 1.5.26).

Betrachten wir als Beispiel für die Abschätzung der Komplexität einer TM die Simulation im Beweis zu Theorem 1.2.14. Die k-Band TM M sei T-zeit- und S-platzbeschränkt. Auf eine Eingabe X der Länge n betritt M daher auf jedem Band höchstens $s \leq S(n)$ Speicherzellen und stoppt nach höchstens $t \leq T(n)$ Schritten. Die simulierende 1-Band TM M' benötigt maximal $2s-1$ Speicherzellen, um eine Beschriftung des Speichers von M nachzubilden, und höchstens $4s-2$ Schritte, um einen Schritt von M zu simulieren. Für Inputs der Länge n ist M' daher $t(4s-2) \leq 4T(n) \cdot S(n)$-zeitbeschränkt und $2s-1 \leq 2S(n)$-platzbeschränkt. Wir haben damit gezeigt:

Theorem 1.4.3:
Für beliebige Komplexitätsschranken T und S gilt: Eine T-zeit- und S-platzbeschränkte TM mit mehreren linearen Bändern kann durch eine $4 \cdot S \cdot T$-zeit- und $2 \cdot S$-platzbeschränkte 1-Band TM simuliert werden.

Man beachte den Unterschied zwischen dem (starken) Zeit- und Platzmaß und den schwachen Maßen bei nichtdeterministischen Maschinen. Ist eine NTM M nur schwach T-zeitbeschränkt, so kann sie auf eine Eingabe X in sehr vielen Berechnungen erheblich mehr als $T(|X|)$ viele Schritte ausführen, sie braucht noch nicht einmal in endlicher Zeit anhalten. Für Eingaben, die nicht zu $L(M)$ gehören, kann dies sogar für jede Berechnung gelten. In der Literatur werden beide Varianten für Zeit- und Platzmaße verwendet, wobei die schwachen Maße häufiger vertreten sind. Es ist in vielen Fällen technisch einfacher, eine NTM zu konstruieren, die eine Zeitschranke T im schwachen Maß einhält, als eine für das von uns im folgenden verwandte starke Maß. Bei Simulationen kann sich je nach Aufgabenstellung die eine oder die andere Variante von Vorteil erweisen. Unserer Erfahrung nach scheint das starke Maß die sinnvollere Variante zu sein. Vergleiche zwischen der Komplexität einer Sprache und ihrem Komplement beispielsweise machen wenig Sinn, wenn man das schwache Maß zugrunde legt.

Man kann eine schwach T-beschränkte NTM M zur einer im starken Maß beschränkten Maschine modifizieren, indem man sie in Berechnungen, die die Schranke T zu überschreiten drohen, vorzeitig anhält. Dies gilt sowohl für Zeit- als auch Platzschranken. Nach Definition von $L(M)$ wird dadurch die Menge der akzeptieren Eingaben nicht geändert. Denn nach Voraussetzung gibt es zu jedem $X \in L(M)$ mindestens eine Berechnung, die die Ressourceschranke einhält.

Die Schrittzahl läßt sich durch einen Zähler (siehe Technik 1.2.7) überwachen. Der maximal verfügbare Speicher kann zumindest bei linearen Bändern durch Marken auf einer zusätzlichen Spur (siehe Technik 1.2.5) begrenzt werden. Hierzu ist es jedoch notwendig, daß man die maximale Schrittzahl $T(|X|)$ bzw. Speichergröße $S(|X|)$ kennt oder zumindest einigermaßen exakt abschätzen kann.

Das gleiche gilt in der Regel für Simulationen zwischen verschiedenen Typen von TM, wenn man nicht Schritt-für-Schritt simuliert, selbst im deterministischen Fall. Denn während man bei einer Schritt-für-Schritt Simulation einer Maschine M auf natürliche

Weise das Ende der Berechnung von M erreicht und damit implizit eine Schranke für $T(|X|)$ erhält, ist es bei anderen Simulationsformen in der Regel notwendig, gewisse Parameter in Abhängigkeit von $T(|X|)$ zu initialisieren. Aus diesem Grunde stellen wir eine Bedingung an Komplexitätsschranken, die es erlauben, den Wert $T(|X|)$ vorab mit nicht allzu großem Aufwand zu berechnen.

Definition 1.4.4: Konstruierbarkeit

Eine Komplexitätsschranke $f : \mathbb{N} \to \mathbb{N}$ heißt T-**zeitkonstruierbar** und S-**platzkonstruierbar**, falls die Funktion $\tilde{f}\colon \{1\}^* \to \{0,1\}^*$ mit der Zuordnung $1^n \mapsto \mathrm{bin}(f(n))$ von einer T-zeit- und S-platzbeschränkten DTM berechnet werden kann. Eine derartige Maschine besitze 2 Bänder, von denen das erste gleichzeitig als Eingabeband dient und das zweite am Ende die Ausgabe enthält.

Eine Zeitschranke T heißt **konstruierbar**, falls sie T-zeitkonstruierbar ist. Eine Platzschranke S heiße **konstruierbar**, falls sie S-platzkonstruierbar ist. Eine Zeit- oder Platzschranke T ist **approximierbar**, falls es eine Funktion $\tilde{T}$ mit $T \leq \tilde{T} \leq O(T)$ gibt, die konstruierbar ist. $\qquad\qquad\qquad\qquad\qquad\qquad\qquad\qquad\qquad\qquad\qquad\qquad\qquad\quad$ $\square$

Die meisten der von uns im folgenden betrachteten Komplexitätsschranken sind konstruierbar im obigen Sinn. So sind beispielsweise alle Funktionen der Form $T = \exp^\alpha \mathcal{N}^\beta \log^\gamma \in \omega(\mathcal{N})$ mit rationalen Exponenten α, β, γ sind sowohl zeit- als auch platzkonstruierbar (siehe Übung 1.5.32). Die Platzkonstruierbarkeit gilt sogar schon für Funktionen von mindestens logarithmischer Wachstumsordung. Eine andere Konstruierbarkeitsbedingung für Zeitschranken, die man in der Literatur finden kann, ist die sogenannte **Realzeitkonstruierbarkeit**: Es gibt eine DTM, die auf Eingabe 1^n nach exakt $T(n)$ Schritten anhält. Diese Bedingung ist im wesentlichen äquivalent zur Zeitkonstruierbarkeit, siehe dazu Aufgabe 1.5.34.

Für konstruierbare oder approximierbare Schranken macht es daher auf Grund der obigen Überlegungen keinen großen Unterschied, ob man im starken oder im schwachen Maß beschränkte NTM betrachtet. In Aufgabe 1.5.27 wird beispielsweise gezeigt, daß man jede nichtdeterministische schwach T-zeitbeschränkte TM durch eine T-zeitbeschränkte NTM simulieren kann.

In manchen Fällen können wir bei Simulationen, die nicht Schritt-für-Schritt arbeiten und die Schranke $T(|X|)$ benötigen, auch ohne die Konstruierbarkeit von T auskommen. Man versucht stattdessen, die Schranke iterativ zu bestimmen. Die Simulation wird mit einem Parameter t als Ersatz für $T(|X|)$ durchgeführt. t wird zu Anfang auf den minimal möglichen Wert, etwa $|X|$, gesetzt. Stellt sich im Laufe der Simulation einer Maschine M heraus, daß $t < T(|X|)$, so wird die Simulation abgebrochen, t erhöht und eine neue Simulation versucht, die mit dem neuen Wert von t wieder bei der Startkonfiguration von M beginnt.

Bei diesem Vorgehen ist eine sukzessive Verdopplung von t in der Regel eine gute Wahl. Denn spätestens für den t-Wert mit $T(|X|) \leq t < 2 \cdot T(|X|)$ gelingt die Simulation. Als

Gesamtaufwand erhält man somit die Summe über den Aufwand der einzelnen Simulationen. Da die t-Werte eine geometrische Reihe bilden, läßt sich die Reihe durch das letzte Element, d.h. $O(T)$ abschätzen.

1.4.2 Komplexitätsklassen

Definition 1.4.5:
$\Sigma = \Sigma_E$ sei ein festes endliches Alphabet, G ein Speicher. $\mathcal{M}_G$ bezeichne die Menge aller TM-Akzeptoren mit Speicher G. Dann definieren Komplexitätsschranken T und S die folgenden deterministischen **Komplexitätsklassen**:

$$\begin{aligned}
\boldsymbol{DTime_G(T)} &:= \{L \subseteq \Sigma^* \mid \exists\, T\text{-zeitb. DTM } M \in \mathcal{M}_G \text{ mit } L(M) = L\}, \\
\boldsymbol{DSpace_G(S)} &:= \{L \subseteq \Sigma^* \mid \exists\, S\text{-platzb. DTM } M \in \mathcal{M}_G \text{ mit } L(M) = L\}, \\
\boldsymbol{DTimeSpace_G(T,S)} &:= \{L \subseteq \Sigma^* \mid \exists\, T\text{-zeit- und } S\text{-platzbeschränkte} \\
&\qquad\quad \text{DTM } M \in \mathcal{M}_G \text{ mit } L(M) = L\}\,.
\end{aligned}$$

Die entsprechenden nichtdeterministischen Klassen, definiert mit Hilfe von NTM, werden mit $\boldsymbol{NTime_G(T)}$, $\boldsymbol{NSpace_G(S)}$ und $\boldsymbol{NTimeSpace_G(T,S)}$ bezeichnet. Anstelle einer einzelnen Komplexitätsschranke kann auch eine Menge solcher Schranken verwandt werden, z.B.:

$$\begin{aligned}
\boldsymbol{NTime_G(\text{LIN})} &:= \{L \subseteq \Sigma^* \mid \exists\, T \in \text{LIN} \text{ und eine } T\text{-zeitb. NTM} \\
&\qquad\quad M \in \mathcal{M}_G \text{ mit } L(M) = L\}\,.
\end{aligned}$$

Man beachte, daß die durch eine Schrankenmenge $\text{Lin}(T) = \Theta(T)$ bzw. $O(T)$ definierten Komplexitätsklassen identisch sind, es gilt beispielsweise die Gleichheit

$$DTime_G(\text{Lin}(T)) \;=\; DTime_G(O(T))\,.$$

Für die wichtigsten Speicherstrukturen verwenden wir spezielle Abkürzungen. Die folgende Auflistung nennt Zeitklassen und die sie definierenden Maschinenmodelle:

$$\begin{aligned}
\boldsymbol{DTime_k}&: \quad \text{k-Band DTM,} \\
\boldsymbol{DTime_{k-\mathbf{head}}}&: \quad \text{k-Kopf DTM,} \\
\boldsymbol{DTime_k^{d-\mathbf{dim}}}&: \quad \text{DTM mit } k\ d\text{-dimensionalen Bändern,} \\
\boldsymbol{DTime_k^{\mathbf{tree}}}&: \quad \text{DTM mit } k \text{ binären Baumbändern.}
\end{aligned}$$

Analoges gilt für $DSpace$, $NTime$ usw. $\qquad\qquad\qquad\qquad\qquad\qquad\qquad$ $\square$

Theorem 1.4.3 läßt sich mit Hilfe von Komplexitätsklassen wie folgt formulieren:

$$\begin{aligned}
DTimeSpace(T,S) &\subseteq DTimeSpace_1(4 \cdot T \cdot S, 2 \cdot S)\,, \\
NTimeSpace(T,S) &\subseteq NTimeSpace_1(4 \cdot T \cdot S, 2 \cdot S)\,.
\end{aligned}$$

Eine Maschine vom Typ $\mathcal{M}_G$ kann in t Schritten nicht mehr als $k \cdot t$ Speicherzellen besuchen, wobei k die Anzahl der Köpfe in G ist. Somit gilt für alle T:

$$DTime_G(T) \ \subseteq \ DSpace_G(\mathrm{Lin}(T)) \ ,$$
$$NTime_G(T) \ \subseteq \ NSpace_G(\mathrm{Lin}(T)) \ .$$

Korollar 1.4.6: Für jede Zeitschranke T gilt:

$$DTime(T) \ \subseteq \ DTime_1\big(O(T^2)\big) \ ,$$
$$NTime(T) \ \subseteq \ NTime_1\big(O(T^2)\big) \ .$$

Beweis: Es gilt für die deterministischen Zeitklassen und analog auch für $NTime$:

$$DTime(T) \ \subseteq \ DTimeSpace(T, O(T)) \ \subseteq \ DTimeSpace_1\big(O(4T^2), O(2T)\big)$$
$$\subseteq \ DTime_1(O(T^2)) \ . \qquad\qquad\qquad \blacksquare$$

Zur Abkürzung werden wir folgende Sprechweise für TM und Komplexitätsklassen wie $DTime(T)$ usw. verwenden: „ M sei eine TM in $DTime(T)$ “. Damit ist gemeint, daß M eine T-zeitbeschränkte DTM ist, die eine Sprache in $DTime(T)$ akzeptiert oder gegebenenfalls auch eine Funktion in dieser Zeitschranke berechnet.

Wenn wir im folgenden von einer TM sprechen ohne weitere Spezifikation des Speichers, so handelt es sich um eine Maschine mit einer beliebigen endlichen Anzahl von linearen Arbeitsbändern, eine sogenannte **Mehrband-TM**. Die entsprechenden Komplexitätsklassen bezeichnen wir mit

$$\boldsymbol{DTime(T)} \ := \ \bigcup_{k \in \mathbf{N}} DTime_k(T) \ .$$

Die Klassen $DTime(T)$ oder $DSpace(S)$ mit $S \geq \mathcal{N}$ bleiben unverändert, wenn man auf das Eingabeband verzichtet und stattdessen die Eingabe auf dem ersten Band des Speichers zur Verfügung stellt. Zur Vereinfachung der Beweise werden wir für diese Klassen in der Regel Maschinen ohne Eingabeband betrachten. In den Fällen, wo ein separates Eingabeband und die Bewegungsmöglichkeiten des Eingabekopfes von Bedeutung sind, verwenden wir für die Klasse der k-Band TM mit einem zusätzlichen Zweiweg- bzw. Einweg-Eingabeband die Notation

$$\boldsymbol{DTime_{k+\mathrm{E}}} \quad \text{und} \quad \boldsymbol{DTime_{k+\vec{\mathrm{E}}}} \ .$$

Bei $DTime_k$ dagegen beziehen wir uns auf k-Band DTM ohne zusätzliches Eingabeband. Zum Beispiel müssen bei Untersuchungen von TM mit sublinearen Platzschranken notwendigerweise Maschinen mit separatem Eingabeband zugrundegelegt werden. Ähnliches gilt für TM, die eine Ausgabe produzieren. Statt eines separaten Ausgabebandes werden wir in der Regel annehmen, daß ein Band des Speichers an dessen Stelle tritt.

Um eine Eingabe X zu lesen, muß eine TM mindestens $|X|$ viele Schritte ausführen (siehe auch Übungsaufgabe 1.5.8). Sie kann daher frühestens nach $|X| + 1$ Schritten durch Lesen des Symbols, mit dem die Eingabe abgeschlossen wird (ein Blank oder wie in den Beispielen in Abschnitt 1.1 ein besonderes Zeichen $\$$), feststellen, daß sie die komplette Eingabe gelesen hat. Aus rein technischen Gründen wollen wir in dem Fall, daß eine Maschine zum ersten Mal das rechte Ende der Eingabe erreicht und dann unmittelbar hält, ihren letzten Schritt bei der Zeitkomplexität nicht mitzählen. Dadurch werden bei sogenannten **Realtime-Berechnungen**, in denen in jedem Schritt ein neues Eingabesymbol gelesen wird und die Maschine bei Erreichen des Eingabeendes unmittelbar entscheidet, ob sie akzeptiert oder verwirft, (bzw. den Ausgabestring vollständig generiert hat), auf Eingaben der Länge n nur n (und nicht $n+1$) Schritte als Zeitkomplexität angerechnet.

Bei Zeitkomplexitätsschranken für DTM und NTM wird aus diesen Gründen im folgenden, auch ohne es explizit jedesmal aufzuführen, stets vorausgesetzt:

♠ $T \geq \mathcal{N}$ für jede Zeitschranke T, d. h. $T(n) \geq n$ für alle $n \in \mathbb{N}$.

Viele der im folgenden beschriebenen Simulationen sind nicht nur für Akzeptoren möglich, sondern auch für Maschinen, die beliebige Funktionen $\varphi : \Sigma^* \to \Sigma^*$ berechnen (man vergleiche die Diskussion bei der on-line Simulation). Komplexitätsklassen kann man in naheliegender Weise auf Funktionen ausdehnen, man könnte etwa definieren

$$DTime_G(T) \ := \ \{\varphi : \Sigma^* \to \Sigma^* \mid \exists\, T\text{–zeitb. DTM } M \in \mathcal{M}_G \text{ mit } \varphi_M = \varphi\}\, .$$

Wir verzichten darauf, für Funktionsklassen eine zusätzliche Notation einzuführen, und beschränken Komplexitätsklassen in der Regel auf Sprachen. Allerdings kann man in sehr vielen Fällen Ergebnisse für Sprachklassen direkt auf die korrespondierenden Funktionsklassen übertragen. Derartige Verallgemeinerungen werden wir im folgenden nicht explizit erwähnen, wenn sie, wie etwa im Fall einer on-line Simulation, offensichtlich sind.

1.4.3 Diagonalisierung

Es stellt sich nun die Frage, ob es Komplexitätsschranken T, S gibt, so daß jede berechenbare Sprache (Funktion) in der Komplexitätsklasse $DTime(T)$ (oder $DSpace(S)$ oder $NTime(T)$, ...) liegt. In der Rekursionstheorie zeigt man mit Hilfe einer speziellen Beweistechnik, einem sogenannten Diagonal-Argument, daß es Sprachen und Funktionen gibt, die nicht rekursiv sind. Mit einer Modifikation dieser Methode kann bewiesen werden, daß es für die rekursiven Sprachen keine derartigen „maximalen" Komplexitätsklassen geben kann. Wir werden den Beweis nur für deterministische Zeitklassen ausführen, in den anderen Fällen ist er ähnlich. Zu einer Klasse $DTime(T)$ wird eine Sprache konstruiert, die von keiner T–zeitbeschränkten TM erkannt werden kann. Diese Sprache hat eine ähnliche Bedeutung wie das **Halteproblem**, d.h. die Sprache

$$\{\rho \mid M_\rho \text{ angesetzt auf } \rho \text{ hält }\}\, ,$$

für die Rekursionstheorie.

Theorem 1.4.7:

$T\colon \mathbb{N} \to \mathbb{N}$ sei eine rekursive Funktion. Dann existiert eine rekursive Sprache $L_{\mathrm{DIAG}}(T) \subseteq \{0,1\}^*$, die nicht in $DTime(T)$ liegt.

Beweis: Wir definieren die gesuchte Sprache durch

$$\boldsymbol{L_{\mathrm{DIAG}}(T)} \quad := \quad \{\rho \mid M_\rho \text{ auf Eingabe } \rho \text{ akzeptiert nicht in } T(|\rho|) \text{ Schritten}\} \ .$$

$L_{\mathrm{DIAG}}(T)$ ist rekursiv, da eine TM M auf Eingabe ρ zunächst $t = T(|\rho|)$ berechnen und dann – wie die universelle Maschine U – M_ρ auf ρ simulieren kann, wobei sie sich mit Hilfe eines Zählers die Anzahl der simulierten Schritte merkt. M verwirft genau dann, wenn die Simulation ergibt, daß M_ρ innerhalb von t Schritten akzeptiert.

Wir wollen nun die Annahme $L_{\mathrm{DIAG}}(T) \in DTime(T)$ zu einem Widerspruch führen. M' sei eine T-zeitbeschränkte k-Band TM, die $L_{\mathrm{DIAG}}(T)$ akzeptiert, und $\rho = \rho(M')$ eine Kodierung von M'. Wir betrachten nun M' auf Eingabe ρ. M' hält nach Voraussetzung nach höchstens $T(|\rho|)$ Schritten. Gilt $\rho \in L(M')$, d.h. M' akzeptiert ρ, so akzeptiert M_ρ die Eingabe ρ in höchstens $T(|\rho|)$ Schritten. Nach Definition von $L_{\mathrm{DIAG}}(T)$ bedeutet dies jedoch $\rho \notin L_{\mathrm{DIAG}}(T)$. Für $\rho \notin L(M')$ dagegen akzeptiert M_ρ ρ nicht und damit gilt $\rho \in L_{\mathrm{DIAG}}(T)$. Also ergibt sich in beiden Fällen ein Widerspruch, und daher kann $L_{\mathrm{DIAG}}(T) \in DTime(T)$ nicht gelten. ∎

Da die TM M immer hält, ist $time_M(X)$ für alle X endlich. Falls man die Zeitkomplexität von M durch eine rekursive Funktion T_1 nach oben bechränken kann, ergibt sich $L_{\mathrm{DIAG}}(T) \in DTime(T_1)$. Der obige Satz, angewendet auf T_1, garantiert die Existenz einer weiteren Sprache, die nicht in $DTime(T_1)$ liegt. Wiederholt man diese Konstruktion beliebig oft, so erhält man eine unendliche Folge von Komplexitätsklassen $DTime(T)$, $DTime(T_1)$, $DTime(T_2)$, ..., die echt ineinander enthalten sind. Die Frage, um wieviel eine Komplexitätsschranke vergrößert werden muß, um eine größere Klasse zu erhalten, werden wir noch eingehend in Kapitel 3 untersuchen. Im folgenden werden wir zunächst zeigen, daß man durch geringfügige Vergrößerungen keine neuen Klassen bekommt.

Die im obigen Beweis verwandte Methode wird als **Diagonalisierung** bezeichnet, da man für jede TM, die die vorgegebenen Komplexitätsschranken erfüllt, eine Eingabe wählt und zeigt, daß die Maschine auf dieser Eingabe nicht das Gewünschte leistet. Das Verfahren ähnelt dem Nichtabzählbarkeitsbeweis der reellen Zahlen, wenn man sich die Kombination aller Maschinen und die aller Eingaben in Form eines unendlichen Tableaus angeordnet denkt und dann die Diagonalelemente (M_ρ auf ρ) auswählt. Die Diagonalisierungstechnik stammt aus der Rekursionstheorie. Mit ihrer Hilfe ist beispielsweise gezeigt worden, daß das Halteproblem nicht entscheidbar ist, d.h. es gibt keine TM, die diese Sprache akzeptiert.

1.4.4 Bandkompression

In den bei folgenden Abschnitten wollen wir zeigen, daß es bei Komplexitätsuntersuchungen mit Hilfe des TM-Modells auf konstante Faktoren bei den Komplexitätsschranken nicht wesentlich ankommt. Man kann jede TM durch eine andere TM simulieren, deren Zeit- bzw. Platz-Komplexität um einen beliebigen konstanten Faktor geringer ist, vorausgesetzt es verbleibt genügend Zeit, umd die Eingabe vollständig zu lesen. Eine solche Simulation nennt man Beschleunigung bzw. Bandkompression. Auf Grund dieser Eigenschaft von TM genügt es, das asymptotische Wachstum der benötigten Komplexitätsressourcen zu untersuchen. Die Untersuchungen gestalten sich dadurch einfacher.

Eine Verringerung der Zeit- und Platzressourcen um einen beliebigen Faktor wird durch eine entsprechende Aufblähung des Bandalphabets erzielt. Blöcken von Zeichen werden hierbei durch einzelne Symbole kodiert, die dann in je einer Speicherzelle abgelegt werden können. Eine Folge von Übergängen innerhalb eines Blockes wird ersetzt durch einen komplexen Übergang. Bei realen Rechnern entspricht dies einer Vergrößerung der Wortbreite, etwa von 16 auf 32 oder 64 Bits. Zunächst betrachten wir das Platzkomplexitätsmaß.

Theorem 1.4.8: Bandkompression
Für eine beliebige Platzschranke S und $0 < \epsilon < 1$ gilt:

$$DSpace_1(S) = DSpace_1(\lceil \epsilon S \rceil),$$
$$NSpace_1(S) = NSpace_1(\lceil \epsilon S \rceil).$$

Beweis: Sei $m = \lceil \epsilon^{-1} \rceil$. Wir simulieren eine TM M mit Alphabet Σ für eine Sprache in $DSpace_1(S)$ durch eine Maschine M' mit Alphabet $\Sigma' := \Sigma^m$. M' kodiert den Inhalt von m aufeinanderfolgenden Speicherzellen von M in einer Zelle. Man kann sich vorstellen, daß ein Band in m Spuren aufgeteilt wird und jede Zelle auf jeder ihrer Spuren ein Symbol aus Σ speichern kann. Verwendet M s Speicherzellen, so benötigt M' nur

$$\left\lceil \frac{s}{m} \right\rceil = \left\lceil \frac{s}{\lceil \epsilon^{-1} \rceil} \right\rceil \leq \lceil \epsilon s \rceil \text{ Speicherplätze.} \qquad \blacksquare$$

Korollar 1.4.9:
Für beliebige Schranken S und T gilt:

$$DTime(T) \subseteq DSpace(T),$$
$$NTime(T) \subseteq NSpace(T),$$
$$DSpace(S) = DSpace_1(S),$$
$$NSpace(S) = NSpace_1(S).$$

Beweis: Eine T-zeitbeschränkte k-Band TM M für eine Sprache L in $DTime(T)$ oder $NTime(T)$ ist $k \cdot T$-platzbeschränkt. Daher kann L mit Hilfe des Bandkompressionssatzes bei der Wahl $\epsilon = \frac{1}{k}$ auch von einer T-platzbeschränkten TM akzeptiert werden.

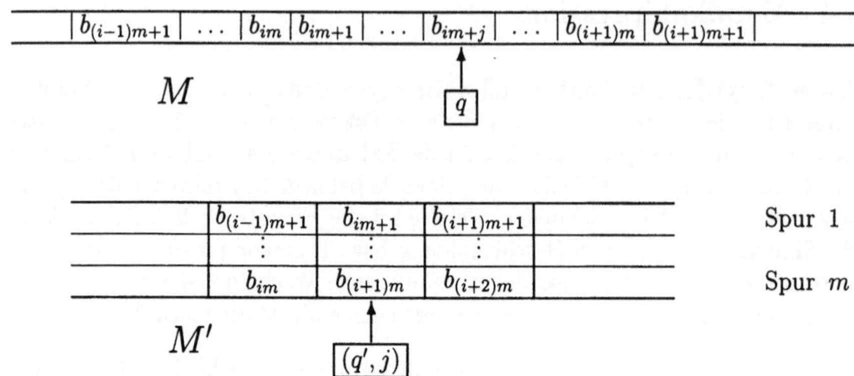

Abbildung 1.16: *Bandkompression*

Weiterhin können wir für $\epsilon = \frac{1}{2}$ folgern:

$$DSpace_1(S) \ \subseteq \ DSpace(S) \ \subseteq \ DSpace_1(2S) \ \subseteq \ DSpace_1(\lceil 2\epsilon S \rceil)$$
$$\subseteq \ DSpace_1(S) \ .$$

Die gleiche Schlußkette gilt für die Klassen $NSpace$. ∎

Auf Grund dieses Ergebnisses genügt es bei Platzkomplexitätsklassen von TM mit linearen Bändern, Maschinen mit einem einzigen Band zu betrachten. In der Praxis kann das Speicheralphabet natürlich nicht beliebig vergrößert werden. Will man sich auf ein festes Alphabet, etwa das binäre beschränken, so gilt das folgende Ergebnis.

Theorem 1.4.10: Alphabet-Reduktion
Jede Sprache in $DTimeSpace_k(T, S)$ kann von einer $O(T)$-zeitbeschränkten und $O(S)$-platzbeschränkten k-Band DTM akzeptiert werden, die in ihrem Speicher nur ein zwei-elementiges Alphabet wie etwa $\{\beta, 1\}$ verwendet.

Beweis: Ähnlich wie bei der Simulation durch die universelle TM läßt sich das Alphabet Σ einer k-Band TM M für eine Sprache L in $DTimeSpace_k(T, S)$ durch binäre Strings fester Länge $\log |\Sigma|$ kodieren. Bei dieser Darstellung verwenden wir anstelle der 0 das Blanksymbol β. Die Zeit- und Platzkomplexitäten wachsen dabei nur um einen konstanten Faktor, der von der Größe des Bandalphabetes von M abhängt. ∎

Das letzte Ergebnis kann man als Gegenstück zum Bandkompressionssatz auffassen: Das Alphabet wird verkleinert auf Kosten des Speicherplatzes (und der Zeit). Ebenso kann man versuchen, die Zahl der Zustände einer TM möglichst gering zu halten. Es gibt in der Tat universelle Maschinen, die nur 2 verschiedene Zuständen benötigen.

1.4.5 Lineare Beschleunigung

Bezüglich der Zeitkomplexität kann man ähnlich wie bei der Bandkompression – allerdings technisch etwas aufwendiger – zeigen, daß eine Reduktion um einen beliebigen konstanten Faktor möglich ist.

Lemma 1.4.11:
Für alle $k \in \mathbb{N}$, Zeitschranken T und $\epsilon > 0$ gilt:

$$DTime_k(T) \quad \subseteq \quad DTime_{k+1}(\mathcal{N} + \epsilon(\mathcal{N} + T) + 5) \ ,$$
$$NTime_k(T) \quad \subseteq \quad NTime_{k+1}(\mathcal{N} + \epsilon(\mathcal{N} + T) + 5) \ .$$

Beweis: M sei eine T-zeitbeschränkte k-Band TM. Die $(k+1)$-Band TM M' simuliert M, indem für ein geeignetes l der Inhalt eines Blocks von l aufeinanderfolgenden Speicherzellen von M durch ein Symbol von M' kodiert wird. Zu Anfang benutzt M' das Band $k+1$, um eine Eingabe X der Länge n auf Länge $n' := \lceil n/l \rceil$ zu komprimieren. Diese Darstellung wird im folgenden anstelle der ursprünglichen Eingabe benutzt. M' simuliert in einer Folge von **Phasen** jeweils l Schritte von M.

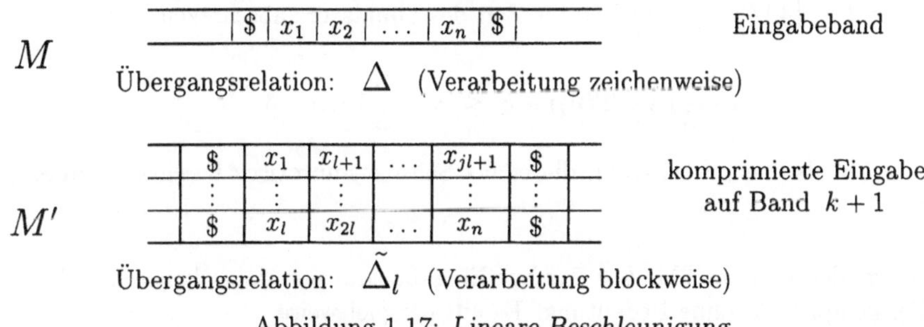

Abbildung 1.17: *Lineare Beschleunigung*

Zu Beginn einer Phase kenne M' auf jedem Band die Beschriftungen des zu dem entsprechenden Zeitpunkt gerade von M besuchten Blocks B_i und seiner beiden Nachbarblöcke B_{i-1} und B_{i+1}. Diese Information steht im endlichen Gedächtnis zur Verfügung. Der Kopf von M kann in den nächsten l Schritten den Bandabschnitt, der durch diese 3 Blöcke gebildet wird, nicht verlassen; er kann ferner höchstens 2 dieser 3 Blöcke besuchen. M' hat daher alle Information zur Verfügung, um die Beschriftung ihrer 3 korrespondierenden Zellen den neuen Blockinhalten nach l Schritten von M anzupassen und die Köpfe auf die entsprechenden Positionen zu bewegen. Steht ein Kopf von M am Ende dieser l Schritte in einem Nachbarblock, beispielsweise in B_{i+1}, so liest M' den unbekannten Nachbarblock dieses Blocks, in diesem Beispiel B_{i+2}, bevor sie eine neue Phase beginnt.

M' kann eine Phase, die l Schritten von M entsprechen, in maximal 4 Schritten ausführen. Wählt man $l = \lceil 4\epsilon^{-1} \rceil$, so benötigt M' für $t = T(n)$ Schritte von M maximal $\lceil t/l \rceil$ Phasen oder an Schritten insgesamt

$$n + \left\lceil \frac{n}{l} \right\rceil + 4 \left\lceil \frac{t}{l} \right\rceil \ \leq\ n + \lceil \epsilon n \rceil + 4 \left\lceil \frac{\epsilon t}{4} \right\rceil \ \leq\ n + \epsilon n + 1 + 4 \left(\frac{\epsilon t}{4} + 1 \right)$$

$$\leq\ n + \epsilon(n + t) + 5 \ . \qquad\qquad \blacksquare$$

Für Modelle ohne separates Eingabeband kann der Simulator M' im Falle $k > 1$ die Eingabe von Band 1 auf das zweite Band komprimieren und so das zusätzliche Band einsparen. Damit folgt

Theorem 1.4.12: Lineare Beschleunigung
Für $k \geq 2$ und beliebiges $\epsilon > 0$ gilt:

$$DTime_k(T) \ \subseteq\ DTime_k(T_\epsilon) \ ,$$
$$NTime_k(T) \ \subseteq\ NTime_k(T_\epsilon) \ ,$$

wobei $T_\epsilon \leq_{ae} \epsilon T$ für $T \geq \omega(\mathcal{N})$ gewählt werden kann und $T_\epsilon \leq_{ae} \mathcal{N} + \epsilon T$ sonst.

Beweis: Für $l = \left\lceil 4 \left(\frac{\epsilon}{3} \right)^{-1} \right\rceil$ läßt sich die Zeit des Simulators abschätzen durch

$$n + \frac{\epsilon}{3} \left(n + T(n) \right) + 5 \ \leq\ n + \frac{2\epsilon}{3} T(n) + 5 \ .$$

Falls T stärker als linear wächst, ist die rechte Seite asymptotisch beschränkt durch die Funktion ϵT. $\blacksquare$

Für die Klasse der k-Band TM, $k \geq 2$, ohne Eingabeband sind daher konstante Faktoren bei der Zeitkomplexität ohne Bedeutung. Es gilt beispielsweise

$$DTime(\mathrm{Lin}(T)) \ =\ DTime(O(T)) \ =\ DTime(T)$$

für jede Funktion $T \geq (1 + \Omega(1)) \cdot \mathcal{N}$. Für die Klasse der 1-Band TM und Maschinen mit einem separaten Eingabeband sind derartige allgemeine Ergebnisse nicht bekannt. Man kann jedoch allerdings zeigen

$$DTime_1(\mathrm{Lin}(T)) \ =\ DTime_1(T) \qquad \text{für } T \geq \mathcal{N}^2 \ .$$

Bei einem separaten Eingabeband, auf das ja nicht geschrieben werden darf, besteht die folgende Schwierigkeit. Wenn kein extra Band für die Komprimierung der Eingabe zur Verfügung steht, müßte eines der k Arbeitsbänder damit zusätzlich belasten werden, was in der Regel einen erheblichen Zeitverlust bedeutet. Aus späteren Ergebnissen wird folgen, daß zumindest für NTM mit mindestens 2 Arbeitsbändern eine Beschleunigung auch in diesem Fall möglich ist, d.h. für $k \geq 2$ gilt:

$$NTime_{k+E}(O(T)) \;=\; NTime_{k+E}((T)) \;.$$

Bandkompression und lineare Beschleunigung sind gleicher Weise auch für TM möglich, die Funktionen berechnen und damit einen Outputstring erzeugen. Allerdings kann dabei die Zeit, um die Ausgabesymbole zu schreiben, nicht unterschritten werden. $L(n)$ sei die maximale Länge einer Ausgabe, die auf Eingaben der Länge n generiert wird. Für den Fall, daß L um mindestens einen konstanten Faktor weniger wächst als die angestrebte Beschleunigung T_ϵ, läßt sich die obige Methode ohne Probleme verallgemeinern. Dabei wird gemäß der vorherigen Diskussion angenommen, daß eines der k Bänder gleichzeitig als Ausgabeband dient. Die technische Ausführung sei dem Leser als Übung überlassen. Für konstruierbare Schranken ergibt sich damit insbesondere:

Korollar 1.4.13:
Kann eine Zeitschranke $T \geq (1+\alpha)\mathcal{N}$ mit $\alpha > 0$ in Zeit $O(T)$ konstruiert (bzw. durch eine Funktion $\tilde{T}$ in Zeit $O(\tilde{T})$ approximiert) werden, so ist sie konstruierbar (bzw. approximierbar). Analoges gilt für beliebige Platzschranken S.

Bei nichtdeterministischen Maschinen mit einer linearen Zeitschranke T läßt sich die Beschleunigung auf $\mathcal{N} + \epsilon T \leq (1 + \epsilon')\mathcal{N}$ verbessern zu $\mathcal{N}$. Anstatt die komprimierte Darstellung der Eingabe in n zusätzlichen Schritten am Anfang zu berechnen, kann eine NTM die Darstellung raten und dann gleichzeitig die Simulation ausführen sowie die Korrektheit verifizieren. Dazu werden 3 zusätzliche Bänder mit Köpfen K_1, K_2, K_3 benötigt.

M sei eine $\alpha \cdot \mathcal{N}$–zeitbeschränkte NTM. Wir beschreiben einen Simulator M', der auf einer Eingabe X der Länge n genau n Schritte rechnet (genau genommen $n+1$ Schritte, wenn man den Schritt mitzählt, in dem die Maschine die Zellen rechts von der Eingabe erreicht – man vergleiche die obige Diskussion). Ohne Beschränkung der Allgemeinheit können wir $\alpha \geq 2$ voraussetzen, zusätzlich nehmen wir an, daß n ein Vielfaches von 4α ist (andernfalls gilt das folgende mit leichten Modifikationen). Die Simulation durch M' zerfällt in zwei Phasen, bestehend aus jeweils $n/2$ Schritten. Zunächst sei angenommen, daß M' weiß, wann sie exakt $m := n/4\alpha$ bzw. $n/2$ Schritte ausgeführt hat. M' arbeitet mit einem Beschleunigungsfaktor 2α, d.h. sie verwendet das Alphabet $\tilde{\Sigma} := \Sigma^{2\alpha}$.

In der ersten Phase rät sie einen String $Y \in \tilde{\Sigma}^{2m}$, der eine komprimierte Form der Eingabe X darstellen soll. K_1 und K_2 schreiben Y auf ihr jeweiliges Band, wobei beide Köpfe nach der halben Länge m ihre Bewegungsrichtung ändern und die zweite Hälfte von Y auf einer separaten Spur unter die erste schreiben. Nachdem Y vollständig geraten ist, stehen beiden Köpfe wieder auf ihrer Ausgangsposition. K_2 wechselt dann zum anderen Ende des Strings, der Y spezifiziert, und steht damit auf der Mitte von Y. Dies kostet

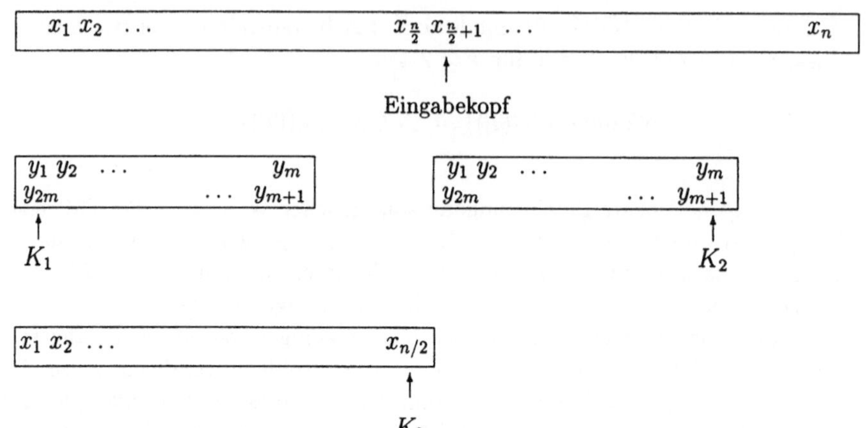

Abbildung 1.18: *Realzeit-Beschleunigung:*
Konfiguration von M' nach Beendigung der 1. Phase

$3m = 3n/4\alpha < n/2$ Schritte. Gleichzeitig liest in Phase 1 der Eingabekopf die ersten $n/2$ Zeichen von X, und K_3 kopiert diese Folge auf sein Band.

In der zweiten Phase simuliert M' die Maschine M für maximal αn Schritte mit Hilfe der übrigen Bänder und Kopf K_1, der als Eingabekopf dient, d.h. M' tut so, als sei Y die komprimierte Darstellung der Eingabe X. Unabhängig davon überprüfen der eigentliche Eingabekopf von M' sowie K_2 und K_3, ob Y tatsächlich X korrekt darstellt. Dies ist einfach, denn der Eingabekopf kann die zweite Hälfte von X lesen, während K_3 durch Rückwärtsbewegung die erste Hälfte von X in gespiegelter Form zur Verfügung hat. K_2 findet die analoge Aufteilung von Y auf seinen beiden Spuren vor.

M' akzeptiert, wenn die Simulation von M in einer akzeptierenden Konfiguration endet und die Überprüfung von Y positiv verläuft, andernfalls verwirft die Maschine. Falls M auf X eine akzeptierende Berechnung C besitzt, so gilt dies auch für M' für die Folge von Konfigurationen, wo sie Y korrekt rät und M in C simuliert. Andernfalls wird M' verwerfen, weil sie entweder keine akzeptierende Endkonfiguration von M erreicht oder feststellt, daß Y und X nicht zueinander passen.

Es ist nicht notwendig, daß M' die Werte m und $n/2$ kennt. Sie kann diese ebenfalls raten, d.h. in jedem Schritt nichtdeterministisch entscheiden, ob dies der m-te bzw. $(n/2)$-te ist. Rät sie falsch, so merkt sie später, daß die Länge der Eingabe X und die Längen der beiden Teile von Y nicht zueinander passen und verwirft ebenfalls. Somit gilt

Theorem 1.4.14:

$$NTime(\text{LIN}) = NTime(\mathcal{N}) .$$

Als nächstes wollen wir zeigen, daß zu jedem endlichen Bereich $[1, m]$ TM existieren, die

Eingaben bis zur Länge m mit minimalen Ressourcen verarbeiten können. Dies wird durch eine entsprechende Vergrößerung der Zustandsmenge erreicht.

Theorem 1.4.15:

Für Komplexitätsschranken T, S und $m \in \mathbb{N}$ seien die Funktionen T_m und S_m definiert durch

$$T_m(n) \; := \; \begin{cases} n & \text{für } n \leq m, \\ T(n) & \text{für } n > m, \end{cases} \qquad \text{bzw.} \qquad S_m(n) \; := \; \begin{cases} 0 & \text{für } n \leq m, \\ S(n) & \text{für } n > m. \end{cases}$$

Dann gilt für alle m:

$$DTimeSpace_k(T, S) \; \subseteq \; DTimeSpace_k(T_m, S_m) \,,$$
$$NTimeSpace_k(T, S) \; \subseteq \; NTimeSpace_k(T_m, S_m) \,.$$

Beweis: M sei eine T-zeitbeschränkte und S-platzbeschränkte TM für L. Eine T_m-zeit- und S_m-platzbeschränkte TM M' simuliert M auf einer Eingabe $X \in \Sigma_E^*$, indem sie zunächst den Anfang von X bis maximal zum $(m+1)$-ten Symbol liest und die Zeichen im Gedächtnis speichert. Erreicht M' dabei das Ende der Eingabe, so wird $X \in L$ sofort akzeptiert bzw. $X \notin L$ sofort verworfen, d.h. M' führt exakt $|X|$ Schritte aus und benutzt dabei den Speicher nicht. Für die endlich vielen Strings der Länge maximal m erhält M' die notwendige Information, ob eine derartige Eingabe zu L gehört, gemäß 1.2.3 durch eine geeignete Erweiterung der Zustandsmenge und Übergangsfunktion der ursprünglichen Maschine.

Ist die Eingabelänge größer als m, könnte man die Simulation dadurch fortsetzen, daß M' den Eingabekopf zurück auf den Anfang von X bewegt und sich dann genau wie M auf dieser Eingabe verhält. Damit würde M' allerdings für $n > m$ $2m$ zusätzliche Schritte ausführen. Wir sparen diesen Aufwand folgendermaßen: V_m sei die Menge aller Speicherzellen, die M, angesetzt auf irgendeine Eingabe X, betritt, solange die Maschine das $(m+2)$-te Zeichen von X noch nicht gelesen hat. Diese Menge ist endlich, denn es gibt nur endlich viele verschiedene Präfixe der Länge $m+1$. M verhält sich bei Eingaben mit gleichem Präfix bis zum Lesen des $(m+2)$-ten Zeichen identisch. Da M immer hält, ist insbesondere für jeden Präfix die Berechnung auf diesem Anfangsstück endlich, d.h. M kann insgesamt nur auf endlich viele Speicherzellen zugreifen.

Die Zustandsmenge von M' wird nun erweitert, so daß sich die Maschine in ihrem endlichen Gedächtnis alle möglichen Beschriftungen der Zellen und Kopfpositionen in V_m und die entsprechenden Übergänge merken kann. Erreicht M' das Eingabesymbol $m+1$, so geht sie in den Zustand, der der Konfiguration von M zu diesem Zeitpunkt entspricht. Bei der anschließenden Simulation von M wird eine Veränderung des Speicherbereiches V_m durch eine entsprechende Zustandsänderung dargestellt. Verläßt M diesen Bandbereich, um auf nicht zu V_m gehörende Speicherzellen zuzugreifen, so speichert M' den Inhalt dieser Speicherzellen in der üblichen Weise auf ihren k Bändern ab. Der Simulator benutzt somit für Eingaben der Länge größer als m nicht mehr Schritte oder Speicherzellen als die ursprüngliche Maschine. $\blacksquare$

Für die Zeitschranke $T = \exp$ etwa impliziert dieses Ergebnis, daß für Eingaben bis zu einer beliebigen Länge m eine Beschleunigung der Rechenzeit von exponentiell auf linear möglich ist. Allerdings wächst dabei die Größe der Zustandsmenge erheblich, denn das Vorgehen von M' entspricht einer schnellen Suche in einem vollständigen Baum, der $L = L(M)$ bis zur Länge m kodiert (jeder String $X \in \Sigma_E^{\leq m}$ wird durch einen Pfad der Länge $|X|$ repräsentiert, der an der Wurzel beginnt und dessen Endknoten spezifiziert, ob X zu L gehört oder nicht).

Korollar 1.4.16:
Sind T, T' und S, S' Zeit- bzw. Platzkomplexitätsschranken mit $T' \in \Theta(T)$, $S' \in \Theta(S)$ und $T, T' \geq (1 + \alpha)\mathcal{N}$ für ein $\alpha > 0$, so gilt für $k \geq 2$:

$$DTimeSpace_k(T', S') \;=\; DTimeSpace_k(T, S) \, ,$$
$$NTimeSpace_k(T', S') \;=\; NTimeSpace_k(T, S) \, .$$

Beweis: Da $T' \in \Theta(T)$ die Beziehung $T \in \Theta(T')$ impliziert, genügt es, die Relation $DTimeSpace(T', S') \subseteq DTimeSpace(T, S)$ nachzuweisen. Sei etwa $T' \leq_{\text{ae}} l_T \cdot T$ und $S' \leq_{\text{ae}} l_S \cdot S$ für Konstanten $l_T, l_S \in \mathbb{N}$. Kombiniert man die Simulation des Bandkompressions- und des Beschleunigungssatzes für $\epsilon = \min\{l_T^{-1}, l_S^{-1}\}$, so ergibt sich $DTimeSpace(T', S') \subseteq DTimeSpace(T_\epsilon, S_\epsilon)$ für Funktionen T_ϵ, S_ϵ mit $T_\epsilon \leq_{\text{ae}} T$ und $S_\epsilon \leq_{\text{ae}} S$. Mit Hilfe der obigen Theorems folgt dann für die Schranken T_ϵ und S_ϵ:

$$DTimeSpace(T_\epsilon, S_\epsilon) \subseteq DTimeSpace(T, S) \, . \qquad \blacksquare$$

Wir haben in Theorem 1.4.7 gezeigt, daß eine bestimmte Sprache nicht in einer vorgegebenen Komplexitätsschranke erkannt werden kann. T ist daher eine **untere Schranke** für die Zeitkomplexität dieser Sprache. Im Gegensatz dazu haben die nachfolgenden Simulationen **obere Schranken** für die Komplexität der betrachteten Sprachen ergeben. Während es zum Beweis einer oberen Schranke genügt, *eine* geeignete Maschine anzugeben, muß für eine untere Schranke gezeigt werden, daß *alle* Maschinen, die diese Sprache erkennen, mindestens soviel Ressourcen an Zeit oder Platz benötigen, wie die Schranke spezifiziert. Untere Schranken zu beweisen, ist deshalb in der Regel wesentlich schwerer, und bislang sind nur wenige Beweistechniken hierfür bekannt.

1.5 Übungsaufgaben

Aufgabe 1.5.1:
M sei eine k-Band DTM, bei der jede Berechnung nach endlich vielen Schritten anhält. Gibt es eine Schranke für die maximale Anzahl von Schritten, die die Maschine ausführen kann, ohne einen ihrer Köpfe zu bewegen?

Aufgabe 1.5.2:
Zeigen Sie: Jede NTM läßt sich mit konstantem Zeitverlust durch eine NTM simulieren, die in jedem Schritt maximal 2 Alternativen als mögliche Nachfolgekonfiguration besitzt.

Aufgabe 1.5.3:
Konstruieren Sie eine NTM für die Sprache

$$\text{EQUAL}^{++} \quad := \quad \Big\{ X \mid X = \#X_1\#X_2\#\ldots\#X_m\#, \ m \in \mathbb{N}, \ X_i \in \{0,1\}^+,$$
$$\exists i \neq j: \ X_i = X_j \Big\} \, .$$

Beachten Sie, daß es nicht nur genügt die Gleichheit zweier Teilstrings zu verifizieren, sondern es muß auch die syntaktische Bedingung $|X_i| \geq 1$ für alle i überprüft werden. Finden Sie für das gleiche Problem eine DTM.

Aufgabe 1.5.4:
Definieren Sie explizit (durch Angabe von Zuständen und Übergangsfunktion) eine möglichst einfache DTM mit einem Arbeitsband und einem separaten Eingabeband für die Sprache LENGTH $:= \{X \mid X = a^m b^m, \ m \in \mathbb{N}\} \subseteq \{a,b\}^*$. Versuchen Sie eine andere Maschine zu konstruieren, die dies Problem mit möglichst wenig Speicherplatz löst; hierbei genügt es, das Verhalten der Maschine zu beschreiben.

Aufgabe 1.5.5:
PALINDROME bezeichne die Sprache $\{X \in \Sigma^* \mid X = \widehat{X}\}$, wobei für $X = x_1 x_2 \ldots x_n$ der String $\widehat{X} = x_n x_{n-1} \ldots x_1$ das Spiegelbild von X sei, d.h. die Menge der Strings, die vorwärts wie rückwärts gelesen gleich lauten, beispielsweise

ein neger mit gazelle zagt im regen nie .

Gesucht ist ein deterministischer Akzeptor für PALINDROME mit einem linearen Arbeitsband bzw. mit zwei linearen Bändern. Das erste Arbeitsband diene gleichzeitig als Eingabeband. Des weiteren konstruiere man für PALINDROME eine DTM mit Eingabeband und einem linearen Arbeitsband, die möglichst wenige Speicherplätze benutzt. Schließlich versuche man das Produkt aus Zeit und Platz zu minimieren.

Aufgabe 1.5.6:
Beschreiben Sie eine möglichst schnelle 1-Band DTM ohne separates Eingabeband, die bei Eingabe der Binärdarstellung einer natürlichen Zahl m diese sukzessive durch die Binärdarstellungen von $m-1, m-2, \ldots, 0$ ersetzt und dann hält.

Aufgabe 1.5.7:
Eine DTM mit einem Eingabe- und einem Arbeitsband kann die Summe bzw. Differenz zweier Binärzahlen in linearer Zeit berechnen. In wieviel Schritten kann Ihre schnellste TM zwei Zahlen multiplizieren?

Aufgabe 1.5.8:
Charakterisieren Sie die Menge der Sprachen L, die in „sublinearer Zeit" erkannt werden können. Dies soll heißen, für L gibt es eine DTM bzw. NTM mit einer Zeitkomplexitätsschranke T, die ein Argument n besitzt mit $T(n) < n$.

Aufgabe 1.5.9:
Zeigen Sie, daß nichtdeterministische Maschinen nicht mehr Sprachen akzeptieren können als deterministische, d.h. das DTM sowie das NTM-Modell erzeugen beide die Menge der rekursiv aufzählbaren Sprachen. Hinweis: Eine DTM kann eine NTM M simulieren, indem sie der Reihe nach die verschiedenen möglichen Teilrechnungen von M der Länge t für $t = 1, 2, \ldots$ nachahmt. Weiterhin beweise man: Ist L eine rekursiv aufzählbare Sprache, so gibt es eine NTM M, deren mögliche Resultate, angesetzt auf die leere Eingabe, genau die Strings aus L sind, d.h. $\varphi_M(\lambda) = \cup_{C_M(\lambda)} \mathrm{Res}(C_M(\lambda)) = L$.

Aufgabe 1.5.10:
Im Beispiel 1.2.12 wird eine k-Band Maschine mit je 2 Köpfen pro Band beschrieben, die zwei k-Band TM parallel ohne Zeitverlust simuliert. Versuchen Sie, dies Verfahren zu erweitern auf k-Band Maschinen mit einem separaten Eingabeband. Eingabebänder dürfen nicht mit zusätzlichen Leseköpfen ausgestattet werden, stattdessen können Sie aber die Anzahl der Bänder der simulierenden Maschine oder die Anzahl der Köpfe pro Arbeitsband vergrößern.

Aufgabe 1.5.11:
Das Problem (m, l) − SORTIEREN sei die Aufgabe, bei einer Eingabe $X = Y_1 \# \ldots \# Y_m$ mit $Y_i \in \{a, b\}^l$ die Strings Y_i lexikografisch zu ordnen. Konstruieren Sie eine $O(m \cdot l^2)$ − zeitbeschränkte 3-Band TM zur Lösung dieses Problems.

Aufgabe 1.5.12:
Eine TM, die ihren Speicher nicht benutzt, nennt man auch einen **endlichen Automaten**. Zeigen Sie für Maschinen mit Einweg-Eingabebändern die Gleichheit

$$DSpace_{\vec{E}}(0) = NSpace_{\vec{E}}(0) \, .$$

Hinweis: Man kann solch eine NTM durch eine deterministische Maschine simulieren, wenn man die Zustandsmenge geeignet erweitert (Potenzmenge).

Aufgabe 1.5.13:
Ein **Pushdown-Band** ist ein einseitig nach rechts unendliches lineares Band mit einem Arbeitskopf. Bei einer Bewegung nach links wird das aktuell gelesene Zeichen durch das Blanksymbol ersetzt, mit anderen Worten: Speicherzellen rechts von der jeweiligen Kopfposition sind immer leer. Zeigen Sie, daß eine Turing-Maschine mit einem separaten Eingabeband und zwei Pushdown-Arbeitsbändern jede andere TM simulieren kann.

Aufgabe 1.5.14:
Finden Sie sich einen Algorithmus für das eindimensionale Dominoproblem: Gegeben ist
ein Satz verschiedener Typen von Dominos, die sich durch je eine Markierung in der rechten und linken Hälfte unterscheiden. Eine Folge von n Feldern, von denen einige bereits
mit Dominos belegt sein können, ist mit diesen Satz von Dominos vollständig zu parke-
tieren, d.h. auf jedes Feld ist genau ein Domino zu legen, sodaß die aneinanderstoßenden
Hälften zweier Dominos die gleiche Markierung tragen.

Aufgabe 1.5.15:
Eine **Busy-Beaver-TM** (BBT) ist eine 1-Band DTM ohne separates Eingabeband, ihr
Bandalphabet ist die Menge $\{\beta, 1\}$. Der Kopf kann die Bewegungen **rechts, links** und
stop machen, im letzten Fall hält die Maschine. $BT(m)$ sei die Menge aller BBT mit
m Zuständen, die, angesetzt auf ein leeres Band, nach endlich vielen Schritten halten.
$f_{BB}(m)$ bezeichne die maximale Anzahl von Einsen, die auf dem Band stehen, wenn
eine Maschine aus $BT(m)$ hält. Berechnen Sie $f_{BB}(2)$ und finden Sie eine $BT(4)-$
Maschine, die möglichst viele Einsen druckt. Für jedes m ist die Funktion $f_{BB}(m)$ eine
wohldefinierte endliche Zahl. Man kann jedoch zeigen, daß f_{BB} nicht rekursiv ist.

Aufgabe 1.5.16:
Beschreiben Sie eine DTM U, die auf Eingabe ρ nicht hält, falls ρ keine Kodierung
einer 1-Band TM ist oder falls M_ρ, angesetzt auf ρ, nicht hält. Hält dagegen M_ρ mit
Ausgabe Y, so generiere U die Ausgabe $\rho\#Y$. Was macht U, angesetzt auf ihre eigene
Kodierung?

Aufgabe 1.5.17:
Konstruieren Sie eine universelle TM für die Klasse der Mehrband TM und schätzen Sie
die Zeit ab, die Ihre Maschine zur Simulation eines Schrittes benötigt.

Aufgabe 1.5.18:
Zu jeder rekursiven Funktion S existiert eine rekursive Sprache $L \notin DSpace(S)$. Theorem 1.4.7 läßt sich dahingehend verschärfen, daß man sogar eine Sprache wie $L_{\mathrm{DIAG}}(T)$
über dem einelementigen Alphabet $\{1\}$ finden kann. Beweisen Sie diese Behauptung!

Aufgabe 1.5.19:
Sei $\tilde{\Omega}(g)$ (bzw. $\tilde{\omega}(g)$) die Menge aller Funktionen f, die auf einer unendlichen Teilmenge
von $\mathbb{N}$ bis auf eine Konstante mindestens so stark wachsen wie g. Definieren Sie diese
Mengen mittels der Mengenoperationen durch $O(g), o(g), \Omega(g), \omega(g)$.

Aufgabe 1.5.20:
Beweisen oder widerlegen Sie die folgenden Behauptungen für Funktionen $T \in \omega(\mathbb{1})$:

$$O(T^2) \leq o(T) \cdot \omega(T), \qquad o(T) \cdot \omega(T) \leq O(T^2),$$
$$O(\exp T) = \exp O(T), \qquad T \cdot \exp(o(T)) \leq o(\exp(T)).$$

Aufgabe 1.5.21:
Bestimmen Sie die Wachstumsklasse der Form $\exp^\alpha \cdot \mathcal{N}^\beta \cdot \log^\gamma$ für die Funktionen

$$f(n) \; = \; \sum_{m=1}^{n^2} 7(n+2)^3 \;, \quad g(n) \; = \; \sum_{m=1}^{n} \log{(m^5)} \quad \text{und} \quad h(n) \; = \; \sum_{m=1}^{n} m\,2^m \;.$$

Aufgabe 1.5.22:
Es sei $g : \mathbb{N} \to \mathbb{N}$ eine monoton steigende Funktion, die nicht zu stark wächst, d.h. es gebe eine Konstante α mit $g(n) \le \alpha \cdot g(n-1)$ für alle n. Für ein $b \in \mathbb{N}$, $b \ge 1$, sei $T(n) \; \le \; T(n-b) + g(n)$. Zeigen Sie, daß $T \; \le \; O(\mathcal{N} \cdot g)$.

Aufgabe 1.5.23:
Betrachten Sie für $\alpha, \beta, \gamma, \delta > 0$ Paare von linearen Rekursionsgleichungen der Form

$$\begin{aligned} m(t) \; &= \; \alpha \cdot m(t-1) \; + \; \beta \cdot p(t-1) \;, \\ p(t) \; &= \; \gamma \cdot m(t-1) \; + \; \delta \cdot p(t-1) \;. \end{aligned}$$

Zeigen Sie, daß Lösungen solcher Systeme die folgende Form besitzen und bestimmen Sie die Koeffizienten u, v, w, z in Abhängigkeit von den Anfangswerten $m(0)$ und $p(0)$:

$$m(t) \; = \; u \cdot x^t \; + \; v \cdot y^t \;, \qquad\qquad p(t) \; = \; w \cdot x^t \; + \; z \cdot y^t \qquad \text{mit}$$

$$x = \tfrac{\alpha+\delta}{2} + \sqrt{\tfrac{(\alpha+\delta)^2}{4} + \gamma \cdot \beta - \alpha \cdot \delta} \quad \text{und} \quad y = \tfrac{\alpha+\delta}{2} - \sqrt{\tfrac{(\alpha+\delta)^2}{4} + \gamma \cdot \beta - \alpha \cdot \delta} \;.$$

Aufgabe 1.5.24:
Zeigen Sie für die folgenden Sprachen

$$\begin{aligned} L_{\mathrm{DTime}_k} \; &:= \; \{\rho \# X \# 1^{|\rho| \cdot t} \mid \rho, X \in \{0,1\}^*,\; M_\rho \text{ eine DTM in } \mathcal{M}_k,\; time_{M_\rho}(X) = t\,\}, \\ L_{\mathrm{DSpace}} \; &:= \; \{\rho \# X \# 1^{|\rho| \cdot s} \mid \rho, X \in \{0,1\}^*,\; M_\rho \text{ ist eine DTM und } space_{M_\rho}(X) = s\,\} \end{aligned}$$

die Inklusion $\quad L_{\mathrm{DTime}_k} \; \in \; DTime_k(\mathcal{N}) \quad$ und $\quad L_{\mathrm{DSpace}} \; \in \; DSpace(\mathcal{N})$.

Aufgabe 1.5.25:
Unter welchen Voraussetzungen ist eine lineare Zeitbeschleunigung auch für 1-Band TM möglich? Beschreiben Sie die notwendigen technischen Ergänzungen, um Mehrband-TM, die Ausgabestrings generieren, zu beschleunigen.

Aufgabe 1.5.26:
Eine S-platzbeschränkte TM M muß nicht notwendigerweise auf jeder Eingabe anhalten. Man kann jedoch zu solch einer Maschine eine Maschine des gleichen Typs konstruieren, bei der jede Berechnung endlich ist, genauer gilt: Es existiert eine $(S + \log)$-platzbeschränkte und $(\mathcal{N} \cdot ExL(S))$-zeitbeschränkte TM, die dieselbe Sprache wie M akzeptiert.

Beweisen Sie dies sowohl für deterministische als auch für nichtdeterministische Maschinen. Folgern Sie daraus

$$DSpace(S) \quad \subseteq \quad DTimeSpace(\mathcal{N} \cdot \mathrm{ExL}(S), S + \log) \,,$$
$$NSpace(S) \quad \subseteq \quad NTimeSpace(\mathcal{N} \cdot \mathrm{ExL}(S), S + \log) \,.$$

Wächst die Platzschranke mindestens logarithmisch, so vereinfacht sich die Beziehung zu

$$DSpace(S) \quad \subseteq \quad DTimeSpace(\mathrm{ExL}(S), S) \,.$$

Aufgabe 1.5.27:
Die Zeitschranke T sei approximierbar. Für die Sprache L gebe es einen schwach T–zeitbeschränkten nichtdeterministischen Akzeptor. Man zeige, daß L auch durch eine (im starken Maß) $O(T)$–zeitbeschränkte NTM akzeptiert werden kann, d.h. $L \in NTime(O(T))$.

Aufgabe 1.5.28:
Eine Komplexitätsklasse $\mathcal{C}$ heißt **abgeschlossen** gegenüber einer k-stelligen Mengenoperation Φ, falls mit $L_1, \ldots, L_k \in \mathcal{C}$ auch die Menge $\Phi(L_1, \ldots, L_k)$ zu $\mathcal{C}$ gehört. Deterministische Klassen sind abgeschlossen gegenüber Komplementierung, Vereinigung und Durchschnitt, mit anderen Worten, wenn die Sprachen $L_1, L_2 \subseteq \Sigma^*$ zu solch einer Klasse gehören, dann auch die Sprachen $\overline{L_1}$, $L_1 \cup L_2$ und $L_1 \cap L_2$, wobei $\overline{L} := \{X \in \Sigma^* \mid X \notin L\}$. Zeigen Sie diese Eigenschaften für die Klassen $DTime(T)$ mit $T \geq \omega(\mathcal{N})$ und $DSpace(S)$ mit $S \geq \log$.
Für sublogarithmische Platzschranken ist der Nachweis des Komplementabschlusses etwas schwieriger. Wir werden darauf später noch eingehen. Läßt sich Ihr Beweis für den Komplementabschluß auch auf nichtdeterministische Maschinen übertragen?

Aufgabe 1.5.29:
Verallgemeinern Sie die Abschlußeigenschaft für die Durchschnittsoperation zu

$$DTime(T) \ \cap \ DTime(T') \ = \ DTime(\min\{T, T'\}) \quad \text{für} \quad T, T' \in \omega(\mathcal{N}) \,.$$

Sind die Mengen $DTimeSpace(T, S)$ und $DTime(T) \cap DSpace(S)$ gleich?

Aufgabe 1.5.30:
Nichtdeterministische Klassen sind zumindest unter Vereinigung und Durchschnitt abgeschlossen. Beweisen Sie dies für $NTime(\mathcal{N})$.

Aufgabe 1.5.31:
Wenn eine Sprache L sowie ihr Komplement rekursiv aufzählbar sind, so ist L rekursiv. Beweisen Sie diese Behauptung!

Aufgabe 1.5.32:
Geben Sie einen Beweis für die Zeitkonstruierbarkeit der Funktionen $2\mathcal{N}^2$, $\mathcal{N} \cdot \log$, $\exp$.
Zeigen Sie ferner: Die Funktionen $\log$ und $\sqrt{\mathcal{N}}$ sind platzkonstruierbar. Die Summe
bzw. Komposition $f \circ g$ zweier zeitkonstruierbarer Funktionen aus $\omega(\mathcal{N})$ ist ebenfalls
zeitkonstruierbar.

Aufgabe 1.5.33:
Man beweise: Ist f zeitkonstruierbar und $f \geq 2\mathcal{N}$, dann gilt dies auch für die folgende
Funktion

$$h(n) \;=\; \begin{cases} 1 & \text{für } n = 0, \\ f(h(n-1)) & \text{für } n > 0. \end{cases}$$

Aufgabe 1.5.34:
Zeigen Sie: Ist $T \geq (1+\alpha)\mathcal{N}$, wobei $\alpha > 0$, zeitkonstruierbar, so gibt es eine DTM, die
auf Eingaben der Länge n exakt $T(n)$ Schritte rechnet und dann anhält. Diese Eigenschaft nennt man **realzeitkonstruierbar** (im Englischen auch *fully time-constructible*).

Aufgabe 1.5.35:
Zwei Sprachen L_1, L_2 heißen **asymptotisch äquivalent**, $\boldsymbol{L_1 \asymp L_2}$, falls ihre symmetrische Differenz $L_1 \,\triangle\, L_2 \;=\; (L_1 \setminus L_2) \cup (L_2 \setminus L_1)$ endlich ist. Zeigen Sie für ein Paar
asymptotisch äquivalenter Sprachen und beliebige Schranken T, S, $T \geq \mathcal{N}$:

$$L_1 \in DTimeSpace(T, S) \qquad \Longleftrightarrow \qquad L_2 \in DTimeSpace(T, S) \;.$$

1.6 Bemerkungen und Literaturhinweise

Die Definition des primitiven Turing-Maschinenmodells findet sich in der Arbeit von *Alan
Turing* 1936 [T36]. Dem Leser, der mehr über diesen außergewöhnlichen Wissenschaftler
und sein damaliges Umfeld erfahren möchte, sei die Biographie [H94] empfohlen. Andere
Ansätze zur Definition von Berechenbarkeit wurden in der damaligen Zeit von *Kurt Gödel,
Alonzo Church, Stephen Kleene* und *Emil Post* vorgeschlagen. Einige dieser Arbeiten sind
in [D65] zusammengestellt worden. Die *Churchsche These* wird von Kleene ausführlich in
[K52] diskutiert und ist bis heute allgemein akzeptiert. *Deutsch* stellte 1985 die Idee eines
Quanten-Computers vor [D85]. Dies Modell scheint leistungsfähiger als die bislang
betrachteten Maschinenmodelle zu sein und könnte daher die *Churchsche These* in Frage
stellen. Allerdings ist bis heute gänzlich unklar, ob solche Maschinen, wenn sie eine
Vielzahl von Quanten-Bausteinen besitzen, physikalisch realisiert werden können.

Claude Shannon zeigt in [S56], daß es universelle TM gibt, die nur 2 Zustände benötigen.
Michael Rabin und *Dana Scott* führen den Begriff des Nichtdeterminismus ein [RS59].
Wesentlichen Anteil an der Definition und Untersuchung von Komplexitätsschranken und

Klassen tragen *Juris Hartmanis* und *Richard Stearns*. Erste grundlegende Ergebnisse wie Bandkompression und lineare Beschleunigung stammen aus [HS65,,HSL65].

Die O-Notation für das asymptotische Wachstum von Funktionen findet man schon in alten zahlentheoretischen Arbeiten. *Hardy* untersucht in [H24] speziell das Wachstumsverhalten von Funktionen, die aus Polynomen, Logarithmen und Exponentialfunktionen bestehen. Auf *Donald Knuth* geht der Vorschlag zurück, diesen Formalismus auch bei der Komplexitätsanalyse zu verwenden [K76].

[D65]   M. Davis (Ed.), The Undecidable, Raven Press, Hewlett (New York), 1965.

[D85]   D. Deutsch, Quantum Theory, the Church-Turing Principle and the Universal Quantum Computer, Proc. Royal Soc. London, A400, 1985, 97-117.

[GKP89] R. Graham, D. Knuth, O. Patashnik, Concrete Mathematics, Addison-Wesley, Reading (Massachusetts), 1989.

[H24]   G. Hardy, Orders of Infinity, The 'infinitärcalcül' of Paul du Bois-Reymond, Cambridge Tracts in Mathematics and Mathematicl Physics, Vol. 12, 1924.

[H94]   A. Hodges, Alan Turing, Enigma, Springer, 1994.

[HS65]   J. Hartmanis, R. Stearns, On the Computational Complexity of Algorithms, Tr. AMS 117, 1965, 285-306.

[HSL65] J. Hartmanis, R. Stearns, P. Lewis, Hierarchies of Memory Limited Computations, Proc. 6. IEEE Symp. on Switching Circuit Theory and Logical Design, 1965, 179-190.

[K52]   S. Kleene, Introduction to Metamathematics, D. Van Nostrand, Princeton, 1952.

[K76]   D. Knuth, Big Omicron and Big Omega and Big Theta, ACM SIGACT News 8, 1976, 18-24.

[RS59]   M. Rabin, D. Scott, Finite Automata and their Decision Problems, IBM J. Research and Development 3, 1959, 114-125.

[S56]   C. Shannon, A Universal TM with 2 Internal States, Automata Studies (Ann. Math. Studies 34), Princeton Univ. Press, 1956, 157-166.

[T36]   A. Turing, On Computable Numbers with an Application to the 'Entscheidungsproblem', Proc. London Math. Soc. 2, 1936, 230-265 und 544-546.

Kapitel 2

Weitere Maschinenmodelle

2.1 Registermaschinen

Wie wir eingangs bereits gesehen haben, ist das TM-Modell ausreichend, um Fragen der Berechenbarkeit zu untersuchen. Eine TM hat jedoch mit einem modernen Computer wenig gemeinsam. Daher mag es zum Studium der Effizienz von Rechenvorgängen sinnvoll sein, der Realität eher entsprechende Modelle zu betrachten. Das wichtigste Beispiel hierfür ist die Registermaschine, die auch RAM genannt wird (aus dem Englischen für *random access machine*).

Dieses Rechnermodell besitzt spezielle Operationsregister und einen Speicher ähnlich dem eines modernen Mikroprozessors. Gleichzeitig stehen arithmetische Operationen als Elementaroperationen zur Verfügung. Der Speicher besteht aus einer Folge von Registern, die nicht nur einzelne Symbole, sondern auch Zahlen beliebiger Größe speichern können. Ein Programm für eine Registermaschine ist mit einem in einer Assembler- oder höheren Programmiersprache geschriebenen Programm vergleichbar. Eine Spezifikation mit Hilfe von Übergangsrelationen wie beim TM-Modell – vergleichbar mit der Programmierung in Maschinencode – ist hier nicht mehr erforderlich.

Wir werden im folgenden sehen, daß die Komplexität einer algorithmischen Aufgabe nicht wesentlich davon abhängt, ob man das TM-Modell oder das RAM-Modell zugrunde legt; die Unterschiede bei Zeit- und Platzkomplexitäten sind im ungünstigsten Fall polynomial beschränkt. Dies soll heißen, man kann Simulationen zwischen den Modellen angeben, so daß die Komplexität des Simulators höchstens um einen polynomialen Faktor in den Komplexitätsschranken der zu simulierenden Maschine wächst. Oftmals ist der Zeitverlust des Simulators sehr klein, höchstens ein polylogarithmischer Faktor. Wir diskutieren im folgenden nur das deterministische Registermaschinenmodell, man kann jedoch auch nichtdeterministische Versionen betrachten, bei denen der Programmablauf nicht eindeutig zu sein braucht.

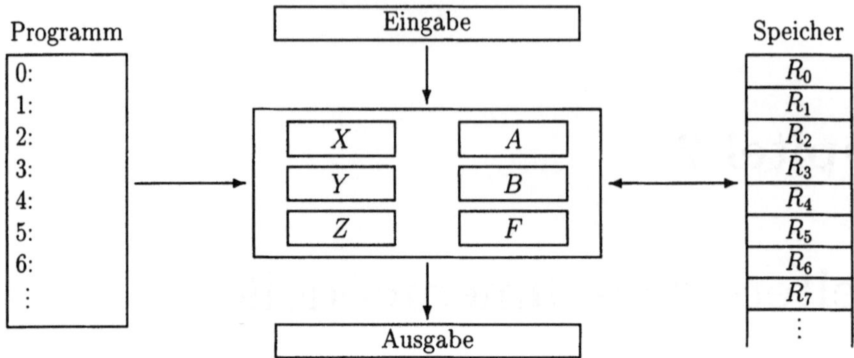

Abbildung 2.1: *Modell der Registermaschine*

2.1.1 Das RAM-Modell

Definition 2.1.1:
Der Speicher einer **RAM** besteht aus einer abzählbaren Folge von **Registern** R_0, R_1, R_2, ... Der Index i eines Registers R_i dient als **Adresse**. Jedes Register kann ein beliebiges Element aus einer Menge $\mathcal{R}$ speichern. Zur Vereinfachung der Notation bezeichne R_i sowohl das Register selbst als auch seinen aktuellen Inhalt; aus dem Zusammenhang wird die Bedeutung zu ersehen sein. Damit zum Zwecke der indirekten Adressierung auch Registeradressen spezifiziert werden können, sollte $\mathcal{R}$ die natürlichen Zahlen einschließen. Wir betrachten zwei Modellvarianten, die **Bit-RAM** und die **arithmetische RAM**. Zunächst stellen wir die Bit-Version vor, die wie TM für die Verarbeitung von Zeichenketten ausgelegt ist. Als „Registeralphabet" $\mathcal{R}$ wird die Menge $\mathbb{N}$ gewählt. Operationen werden mit Hilfe spezieller **Arbeitsregister** ausgeführt. Dies sind:

3 Operationsregister	$X,\ Y,\ Z$,
1 Adreßregister	A,
1 Befehlsregister	B,
1 Flagregister	F.

Die aktuelle **Konfiguration** einer RAM läßt sich eindeutig aus dem Inhalt der Speicher- und Arbeitsregister bestimmen. Zu Anfang einer Berechnung sind alle Register mit 0 initialisiert. Eine RAM wird durch ein **Programm** spezifiziert. Dies ist eine endliche fortlaufend numerierte Folge $\beta_0, \beta_1, \beta_2, \ldots, \beta_l$ von Befehlen aus einer vorgegebenen Befehlsmenge $\mathcal{B}$. Ein Programm definiert das Ein-Ausgabe-Verhalten einer RAM folgendermaßen: Der Programmablauf wird durch das **Befehlsregister** B gesteuert, das die Nummer des nächsten auszuführenden Befehls angibt. Mit R_A sei das Register benannt, dessen Index in A gespeichert ist.

Die **Befehlsmenge** $\mathcal{B}$ einer RAM umfaßt die in Tabelle 2.1 aufgelisteten Grundoperationen. Hierbei bezeichnen V und V' je ein beliebiges Register aus $\{X, Y, Z, A, F\}$,

Bezeichnung	Register	Befehlszähler
`COPY(V,V')`	$V \leftarrow V'$	$B \leftarrow B + 1$
`READ(V)`	$V \leftarrow R_A$	$B \leftarrow B + 1$
`LOAD(V,c)`	$V \leftarrow c$	$B \leftarrow B + 1$
`WRITE(V)`	$R_A \leftarrow V$	$B \leftarrow B + 1$
`COMP`σ	$F \leftarrow \begin{cases} 1, & \text{falls } X \, \sigma \, Y \\ 0, & \text{sonst} \end{cases}$	$B \leftarrow B + 1$
`JUMP`b		$B \leftarrow \begin{cases} \text{b}, & \text{falls } F = 1 \\ \text{B+1}, & \text{sonst} \end{cases}$
`STOP`		Maschine hält
`ACCEPT`		Maschine akzeptiert Eingabe
`REJECT`		Maschine verwirft Eingabe

Tabelle 2.1: *RAM-Operationen und Auswirkungen auf die Register:*

$c, b \in \mathbb{N}$ Konstanten, $0 \leq b \leq l$, und $\sigma \in \{<, \leq, =, >, \geq, \neq\}$ eine beliebige Vergleichsoperation. Die Tabelle zeigt gleichzeitig, wie sich die Konfiguration der Maschine durch Ausführung eines Befehls ändert. Der Inhalt von höchstens einem Register wird geändert und anschließend das Befehlsregister auf einen neuen Wert gesetzt – in der Regel um eins erhöht.

Um Funktionen $\Sigma_E^* \to \Sigma_A^*$ durch Bit-RAMs berechnen zu können, geschieht die Ein- und Ausgabe mit Hilfe des X-Registers und eines linearen Ein- bzw. Ausgabebandes, auf dem sich wie bei TM ein Lese- bzw. Schreibkopf bewegt. Für den Datenfluß zwischen dem Eingabe- bzw. Ausgabeband und dem X-Register gibt es Operationen

`INPUT`	Lesen eines Eingabesymbols ,
`OUTPUT`	Schreiben eines Ausgabesymbols und
`MOVE` l (bzw. r)	Bewegung des Eingabekopfes nach links (bzw. rechts).

Die Elemente des Eingabealphabetes werden mit den natürlichen Zahlen $[0, |\Sigma_E| - 1]$ identifiziert. Liest der Eingabekopf bei einer `INPUT`-Operation das i-te Symbol von Σ_E, $0 \leq i < |\Sigma_E|$, so wird die Zahl i in das X-Register geschrieben. Analoges gilt in umgekehrter Richtung für die `OUTPUT`-Operation.

Zusätzlich verfügt eine RAM über gewisse **arithmetische Operationen**. Für Bit-RAMs ist dies eine Teilmenge der in Tabelle 2.2 aufgeführten Operationen mit nichtnegativer Subtraktion und ganzzahliger Division. Der Befehlszähler wird nach Ausführung einer arithmetischen Operation um 1 erhöht. Besteht die Befehlsmenge einer Bit-RAM aus den Grundoperationen und den arithmetischen Operationen `ADD`, `SUB` und `SHIFT`, so bezeichnen wir diese als **RAM$_+$** . Falls die Maschine zusätzlich über die Multiplikation verfügt, wird sie als **RAM$_*$** bezeichnet. □

Wenn im folgenden von einer RAM ohne weitere Spezifikation gesprochen wird, so beziehen wir uns auf die RAM$_+$-Variante.

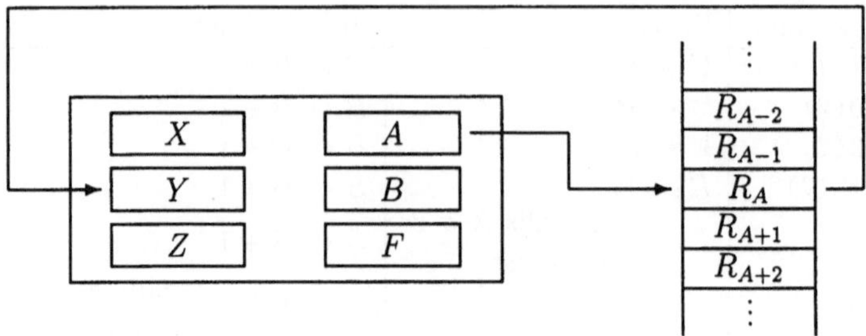

Abbildung 2.2: *Indirekte Adressierung: Speicherzugriff* READ(Y) *mit Hilfe des Adreßregisters* A

Bezeichnung	Wirkung
ADD	$X \leftarrow Y + Z$
SUB	$X \leftarrow \max\{0, Y - Z\}$
SHIFT	$X \leftarrow \lfloor X/2 \rfloor$
MULT	$X \leftarrow Y * Z$
DIV	$X \leftarrow \lfloor Y/Z \rfloor$

Tabelle 2.2: *Arithmetische Operationen einer Bit-RAM*

Die Berechnung endet, sobald eine der Halte-Instruktionen STOP, ACCEPT, REJECT ausgeführt worden ist. Beim STOP-Befehl stellt die Beschriftung des Ausgabebandes einer Bit-RAM das Ergebnis der Berechnung dar, bei ACCEPT, REJECT die Art der Halte-Instruktion. Falls eine RAM in einen nichtdefinierten Zustand zu geraten droht, der Befehlszähler beispielsweise auf einen Wert gesetzt wird, für den es keinen Befehl gibt, oder der Inhalt des Adreßregisters keinen zulässigen Adresswert darstellt, so sei vereinbart, daß die Maschine sofort anhält. In einer derartigen Berechnung wird weder akzeptiert noch eine Ausgabe generiert.

Arithmetische RAMs dienen als Modell zur Berechnung von Funktionen $f : \mathbb{N}^* \to \mathbb{N}^*$ über den natürlichen Zahlen oder über einem Körper wie $\mathbb{Q}$ oder $\mathbb{R}$. Entsprechend wählt man als Registeralphabet $\mathcal{R} = \mathbb{Q}$ oder $\mathcal{R} = \mathbb{R}$. Bei diesem RAM-Modell dienen die Register auch zur Ein- und Ausgabe. Ein Eingabevektor der Länge n wird der Maschine in den Registern $R_1, \ldots, R_n$ zur Verfügung gestellt. Das Register R_0 sei mit der Länge n initialisiert. Alternativ könnte man auch die Verwendung spezieller READ-only Eingabe- und WRITE-only Ausgaberegister vorsehen, ähnlich wie wir im Falle von TM auf separate Ein- und Ausgabebänder nicht verzichten können, wenn sublineare Platzschranken angestrebt werden. Die Ergebnisse einer Berechnung stehen bei Halt der RAM in den Registern $R_1, \ldots, R_m$, wobei im Fall $m > 1$ die Länge des Ausgabevektors durch den Inhalt von R_0 spezifiziert werde.

Falls $\mathcal{R}$ ein Körper ist, so wird als Operationsmenge eine Teilmenge der im Körper defi-

0	LOAD(A,1)		11	LOAD(Z,1)
1	READ(Y)		12	SUB
2	LOAD(Z,2)		13	WRITE(X)
3	WRITE(Z)		14	LOAD(A,1)
4	LOAD(A,2)		15	READ(Y)
5	WRITE(Y)		16	READ(Z)
6	READ(Y)		17	MULT
7	LOAD(X,0)		18	WRITE(X)
8	COMP<		19	LOAD(A,2)
9	JUMP 11		20	LOAD(F,1)
10	STOP		21	JUMP 6

Tabelle 2.3: *Beispiel einer RAM für die Funktion* eexp

nierten Standard-Operationen gewählt. Dies geschieht in Abhängigkeit von der zu untersuchenden algorithmischen Problemstellung. Neben den grundlegenden arithmetischen Funktionen ist etwa bei den reellen Zahlen denkbar, daß auch die Quadratwurzelfunktion oder die Logarithmusfunktion zur Verfügung steht.

Wir geben in Tabelle 2.3 ein einfaches Beispiel für ein Programm einer arithmetischen RAM. Die Eingabe $x \in \mathbb{N}$ befindet sich zu Anfang im Register R_1. Wenn die Maschine hält, speichert R_1 die Zahl 2^{2^x}, d.h. sie berechnet die zweifach iteriertee Exponentialfunktion eexp. Dies geschieht durch sukzessives Quadrieren in Form einer Schleife, die sich über die Befehlzeilen mir Nr. 6 bis 21 erstreckt und genau x-mal durchlaufen wird.

2.1.2 Komplexitätsmaße für RAMs

Das **uniforme RAM-Komplexitätsmaß** zählt die Schritte einer RAM, d.h. die Zahl der ausgeführten Befehle, bzw. die Anzahl der benutzten Register. Wir erhalten so das **uniforme Zeitmaß** bzw. das **uniforme Platzmaß**, welches in der Regel für die Analyse von arithmetischen RAMs verwandt wird.

Da man Strings beliebiger Länge durch natürliche Zahlen kodieren kann – wobei im allgemeinen deren Größe mit der Länge der Strings wachsen muß –, könnte eine Bit-RAM durch arithmetische Operationen auf großen Zahlen in wenigen Schritten Operationen auf ganzen Zeichenketten simulieren. Aus diesem Grund ist das uniforme RAM-Maß weniger geeignet, wenn man die Zahl der Bit-Operationen einer Maschine abschätzen will. Daher wird für Bit-RAMs in der Regel das sogenannte **logarithmische Komplexitätsmaß** verwandt. Dieser Wert ergibt sich als Summe der logarithmischen Kosten der einzelnen Schritte bzw. Register. Die logarithmischen Kosten hängen somit von der binären Länge der verarbeiteten Zahlen ab.

Definition 2.1.2:

Die Länge einer natürlichen Zahl u sei definiert als die Länge ihrer Binärdarstellung $\mathrm{bin}(u)$, d.h. 1 für $u = 0,1$ und $\lceil \log_2(u+1) \rceil$ für $u \geq 2$. Für eine einzelne Operation bezeichne $l(V)$ die Länge des Operanden, der vor Ausführung dieser Operation im Register V steht. Die Zeitkomplexitätskosten der verschiedenen Operationen ergeben sich dann entsprechend der Tabelle 2.4.

Operation	Kosten
COPY(V, V')	$l(V) + l(V')$
READ(V), WRITE(V)	$l(V) + l(A) + l(R_A)$
LOAD(V, c)	$l(V) + \lvert \mathrm{bin}(c) \rvert$
COMP σ	$l(X) + l(Y)$
JUMP b	$l(F) + \lvert \mathrm{bin}(b) \rvert$
STOP, ACCEPT,REJECT	1
INPUT,OUTPUT, MOVE	1
arithmetische Operationen	$l(X) + l(Y) + l(Z)$

Tabelle 2.4: Logarithmisches Zeitmaß für eine RAM

Um den Platzverbrauch einer RAM-Berechnung zu bestimmen, sei $l_{\max}(V)$ das Maximum von $l(u)$ über alle Werte u, die während der Berechnung in V gespeichert worden sind. Neben dem Informationsgehalt der gespeicherten Daten ist bei einem *random-access* Speicher auch zu berücksichtigen, in welcher Weise die Daten auf die Register verteilt sind. $i_1 < i_2 < \ldots < i_s$ seien die Adressen der Speicherregister, die die Maschine benutzt hat.

Für natürliche Zahlen $a \neq b$ bezeichne $\mathrm{bpos}(a,b)$ den Index der höchstwertigen Bitposition, an der sich die Binärdarstellungen der beiden Zahlen unterscheiden, plus 1: Für $a = \sum_{l \geq 0} a_l 2^l$ und $b = \sum_{l \geq 0} b_l 2^l$ mit $a_l = b_l$ für $l > k$ und $a_k \neq b_k$ ist somit $\mathrm{bpos}(a,b) = k + 1$. Die **logarithmische Platzkomplexität** ist dann durch den Ausdruck

$$\sum_{V=X,Y,Z,A,B,F} l_{\max}(V) \quad + \quad \sum_{j=1}^{s} l_{\max}(R_{i_j}) \quad + \quad \sum_{j=1}^{s} \mathrm{bpos}(i_{j-1}, i_j)$$

gegeben, wobei $i_0 := 0$ und der Vollständigkeit halber $\mathrm{bpos}(0,0) := 1$ definiert wird.

□

Bei bestimmten komplexitätstheoretischen Fragestellungen erweist es sich als sinnvoll, Rechnermodelle zu betrachten, die beliebige Zahlen in einer einzelnen Operation verarbeiten können, sei es beliebig große natürliche Zahlen oder beliebig genau dargestellte irrationale Zahlen. In solch einem Fall ist die arithmetische RAM mit dem uniformen Kostenmaß ein geeignetes Modell. Solch eine Maschine kann jedoch sehr große Zahlen in nur wenigen Schritten erzeugen, wie das Beispiel für die Funktion eexp im letzten Abschnitt zeigt: in t Schleifendurchläufen wird eine Zahl der Länge $2^t + 1$ generiert. Im uniformen Komplexitätsmaß hätte man als Kosten lediglich $O(t)$ Schritte und einen Speicher konstanter Größe. Für die Platzkomplexität gilt dies sogar allgemein: Jede berechenbare Funktion kann von einer RAM, die nur 3 Register verwendet, berechnet werden (dazu müssen notwendigerweise die Zahlen in diesen Registern beliebig groß werden). Ein derartiges Komplexitätsmaß differenziert offensichtlich nicht hinreichend genug, um sinnvolle Aussagen machen zu können.

Daher ist das uniforme Maß zu ungenau, um die Zahl der Bit-Opertionen zu messen. Hier ist das logarithmische Maß vorzuziehen, denn es berücksichtigt die Länge der Operanden und – durch den Term $l(R_A)$ – auch die Zeit, um in einer realen Maschine auf Register mit großen Adressen zuzugreifen.

Beim logarithmischen Platzmaß wird nicht nur der Aufwand gemessen, um in jedem Register alle dort abgelegten Werte darstellen zu können, sondern auch die Verteilung der benutzten Register. Würde man darauf verzichten, so könnte eine Maschine zusätzliche Information durch Auswahl nur weniger Register aus einem großen Bereich implizit abspeichern, ohne daß dies bei der Platzschranke berücksichtigt wird (siehe dazu Übungsaufgabe 2.4.3). Eine Zahl m etwa könnte durch ein Bit dargestellt werden, indem das m-te Register auf den Wert 1 gesetzt wird.

Am einfachsten wäre es daher, die Adreßlängen aller benutzten Register mit aufzusummieren. Dies kann jedoch zu einer unnötigen – und wie wir später bei der Simulation einer TM durch eine RAM sehen werden auch unerwünschten – Erhöhung der Platzkomplexität um einen logarithmischen Faktor führen. Falls nämlich eine RAM ihren Speicher in der natürlichen Reihenfolge füllt und in jedem Register nur Operanden geringer Länge abspeichert, d.h. ähnlich wie eine TM ein lineares Band benutzt, so würde man erwarten, daß die Platzkomplexität linear in der Anzahl der Register wächst. Das etwas aufwendigere Maß mit Hilfe der Funktion bpos schließt diesen Aufblähungseffekt aus, denn es gilt

$$\sum_{i=1}^{s} \text{bpos}(i-1, i) \leq 2s \ .$$

Beispielsweise werden arithmetische RAMs mit dem uniformen Maß verwendet, um die Komplexität von algebraischen und kombinatorischen Optimierungsproblemen zu untersuchen. Denn bei derartigen Problemen sind die Eingaben in der Regel Tupel reeller Zahlen, die von einer digitalen Maschine nicht exakt dargestellt werden können. In der Praxis kann man solche Probleme nur approximativ mit einer gewissen Genauigkeit lösen. Um die Komplexitätsanalyse nicht noch zusätzlich durch diese Problematik zu erschweren, hat man in der Komplexitätstheorie bislang fast ausschließlich Maschinenmodelle betrachtet, die eine exakte Arithmetik besitzen. Fragen der numerischen Genauigkeit und Stabilität spielen in der Praxis auch eine wichtige Rolle. Daher wäre zu wünschen, die komplexitätstheoretische und die numerische Sichtweise in einer einheitlichen Theorie zusammenzufassen.

Die Registermaschinen, wie wir sie definiert haben, arbeiten deterministisch, für jede Eingabe ist die Berechnung, d.h. die Befehlsfolge, eindeutig festgelegt. In Analogie zu nichtdeterministischen TM könnte man das Modell entsprechend erweitern, etwa durch eine Operation CHOICE(b_1, b_2), bei der eine RAM nichtdeterministisch wählt, ob sie als nächstes den Befehl mit Nummer b_1 oder den mit Nummer b_2 ausführt.

2.1.3   Simulation von RAMs durch TM

Beim Vergleich zwischen dem Turing- und dem Register-Maschinenmodell beschränken wir uns aufgrund der oben geschilderten Problematik auf Bit-RAMs mit logarithmischem Kostenmaß. Der Einfachheit halber verzichten wir im folgenden darauf, den Zusatz „Bit" jedesmal explizit aufzuführen. In Analogie zu den Komplexitätsklassen *DTimeSpace* kann man entsprechende Klassen mit Hilfe von Registermaschinen definieren.

$$\text{RAM}TimeSpace(T, S)$$

bezeichne die Menge aller Sprachen, die von im logarithmischen Maß T–zeit- und S–platzbeschränkten Maschinen vom Typ RAM_+ erkannt werden können. Wie für TM wird bei Zeitschranken T für Bit-RAMs generell $T \geq \mathcal{N}$ vorausgesetzt, damit die Eingabe vollständig gelesen werden kann.

Theorem 2.1.3:
R sei eine im logarithmischen Maß T–zeit- und S–platzbeschränkte RAM_+. Dann existiert eine $O(T \cdot S)$–zeit- und $O(S)$–platzbeschränkte 2-Band DTM M, die R simuliert, d.h.
$$\text{RAM}TimeSpace(T, S) \ \subseteq \ DTimeSpace_2(T \cdot S, S) \ .$$

Beweis: M speichert den Inhalt der Register von R auf zwei Bändern als

$$c(X)\#c(Y)\#c(Z)\#c(A)\#c(B)\#c(F) \qquad \text{und}$$

$$\text{bin}(i_1 - i_0)\#c(R_{i_1}) \sqcup \text{bin}(i_2 - i_1)\#c(R_{i_2}) \sqcup \ \ldots \ c(R_{i_r}) \ ,$$

wobei $i_1 < i_2 < \ldots < i_r$ die Adressen der bislang benutzten Speicherregister sind und die Strings $c(R_{i_j})$ den Inhalt des entsprechenden Registers R_{i_j} kodieren. $\#$ und $\sqcup$ dienen als Trennsymbole. Für jede Programmzeile von R besitzt M eine Menge von Zuständen, die diesen Befehl simulieren. Wir betrachten als Beispiel die Befehle READ und ADD.

Simulation von READ(V): M berechnet mit Hilfe des zweiten Bandes aus der Folge der Adreßdifferenzen die Adressen i_j und vergleicht diese mit $c(A)$ auf Band 1. Dies ist in Zeit linear in $\log(i_j - i_{j-1})$ und $c(A)$ möglich. Falls das Register mit Adresse $c(A)$ in der Aufzählung vorkommt, wird dessen Inhalt nach V kopiert. Andernfalls wird $c(V)$ auf den Wert 0 gesetzt. Anschließend wird $c(B)$ um eins erhöht und der „Anfangszustand" zur Simulation des Befehls eingenommen, dessen Nummer nun als neuer Wert in $c(B)$ gespeichert ist.

<u>Simulation von ADD:</u> M kopiert $c(Y)$ und $c(Z)$ auf eine zusätzliche Spur des 2. Bandes und anschließend $c(Y)$ auf die Position von $c(X)$. Mit Kopf 1 auf der Kopie $c(Y)$ und Kopf 2 auf der von $c(Z)$ werden dann die beiden Zahlen bitweise addiert und das Ergebnisbit auf Band 1 geschrieben. Damit ergibt sich als neuer Inhalt von X die Summe $c(Y) + c(Z)$.

Ein Speicherzugriff von R kann von M in Zeit proportional zur Länge der Inschriften auf den beiden Bändern simuliert werden. Für Vergleiche und die arithmetischen Operationen ADD, SUB, SHIFT benötigt die TM Linearzeit in der Länge der Operanden (siehe Übung 1.5.7). Um den Platzbedarf der TM abzuschätzen, überlegen wir uns folgendes: Speichert sie den Inhalt eines Register R_{i_j} in der Form $c(R_{i_j})$ ab, so gilt offensichtlich

$$|c(R_{i_j})| \leq l_{\max}(R_{i_j}) \ .$$

Aus der Definition der Funktion bpos und der Konkavität der Logarithmusfunktion ergibt sich für beliebige $i_{j-1} < i_j < i_{j+1}$:

$$
\begin{aligned}
|\bin(i_j - i_{j-1})| &\leq \bpos(i_{j-1}, i_j) && \text{und} \\
|\bin(i_{j+1} - i_{j-1})| &\leq |\bin(i_j - i_{j-1})| + |\bin(i_{j+1} - i_j)| \ .
\end{aligned}
$$

Zu jedem Zeitpunkt ist die aktuelle Folge $i_0, i_1, \ldots, i_r$ eine Teilfolge der Folge $i'_0, i'_1, \ldots$ der Indizes aller Register, die die RAM während ihrer Berechnung benutzt. Daher läßt sich die Anzahl der Speicherzellen, die benötigt werden, um die Folge der $\bin(i_j - i_{j-1})$ darzustellen, durch $\sum \bpos(i'_{j-1}, i'_j)$ abschätzen. Aus der Definition des logarithmischen Platzmaßes ergibt sich, daß die TM maximal $O(S)$ Speicherplätze benötigt: M ist daher $O(T \cdot S)$ –zeit- und $O(S)$ –platzbeschränkt. Unter Verwendung des Kompressions- und Beschleunigungssatzes (Korollar 1.4.16) folgt, daß auch eine Simulation in Zeit $T \cdot S$ mit Platzbedarf S möglich ist. ∎

Der Zeitverlust der Größe S ist bedingt durch die Tatsache, daß eine TM auf die Information in ihrem Speicher, d.h. auf die linearen Bänder, nur sequentiell zugreifen kann. Eine RAM kann dagegen Speicherzellen in beliebiger Reihenfolge aufsuchen. Stattet man die TM mit einem Baum-Speicher aus, so läßt sich der obige Zeitverlust vermeiden.

Theorem 2.1.4: Schnelle Simulation einer RAM$_+$ durch eine Baum-TM

$$\text{RAM}TimeSpace(T, S) \subseteq DTimeSpace^{\text{tree}}(T, S) \ .$$

Beweis: Wir beschreiben, wie eine Baum-TM M eine beliebige Bit-RAM simuliert. Die Speicher-Register werden mit Hilfe eines Baumbandes dargestellt. Jeder Knoten des Baumes B besitzt 3 direkte Nachfolger, die über Kanten mit den Beschriftungen 0 bzw. 1 bzw. 2 erreicht werden. Für einen Knoten $v \in B$ definiert der eindeutige Pfad zwischen der Wurzel des Baumes und v ein Label über dem Alphabet $\{0, 1, 2\}$.

Zu einem Registerindex $i \geq 0$ betrachten wir die Binärdarstellung $\mathrm{bin}(i)$ von i ohne führende Nullen und repräsentieren das Register R_i mit Hilfe des Baumknotens mit Label $\mathrm{bin}(i)$. Der Inhalt von R_i wird dargestellt in der Zellenfolge mit Adressen $\mathrm{bin}(i), \mathrm{bin}(i)2, \mathrm{bin}(i)22, \mathrm{bin}(i)222, \ldots$, wobei man sinnvollerweise mit den niederwertigen Bits beginnt.

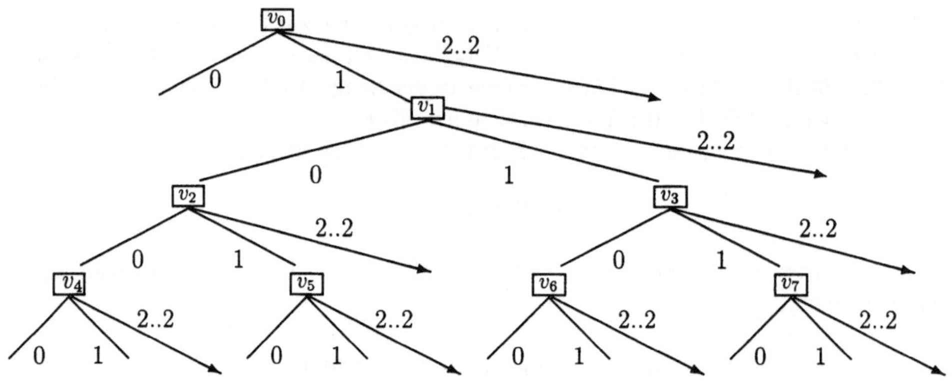

Abbildung 2.3: *Darstellung eines RAM-Speichers durch einen Baumspeicher*

Es ist offensichtlich, daß für verschiedene i die Folgen der Zellen disjunkt sind und daß die Baum-TM auf den so repräsentierten Inhalt von R_i in Zeit proportional zur Adreß- und Operandenlänge zugreifen kann. Daraus ergibt sich, daß M jeden Befehl der RAM$_+$ in Zeit proportional zu seinem logarithmischen Zeitkostenmaß simulieren kann. Der Inhalt der 6 Arbeitsregister wird auf einem zweiten Band gespeichert. Dazu numeriere man sie von 0 bis 5 durch und stelle den Inhalt, wie oben beschrieben, dar (ein lineares Band für die Arbeitsregister wäre für eine schnelle Simulation schon ausreichend). Die Baum-TM ist daher $O(T)$-zeitbeschränkt, durch entsprechende Beschleunigung läßt sich die Zeitschranke auf T reduzieren.

Zur Abschätzung der Platzkomplexität von M beachte man, daß die Anzahl der Zellen, in denen Registerinhalte gespeichert werden, durch $\sum_{j=1}^{s} l_{\max}(R_{i_j})$ beschränkt ist. Es verbleibt die Aufgabe, die Anzahl der zusätzlichen Baumknoten abzuschätzen, die die TM betreten muß, um zu diesen Speicherzellen zu gelangen.

Lemma 2.1.5:
Sind $i_1 < i_2 < \ldots < i_s$ mit $s \geq 1$ die Indizes der benutzten Register und $v_1, v_2, \ldots, v_s$ die korrespondierenden Knoten des Baumes B, so ist die Größe (Anzahl der Knoten) des minimalen Teilbaums B' von B, der die Wurzel und alle Knoten v_j enthält, durch $\sum_{j=1}^{s} \mathrm{bpos}(i_j, i_{j-1})$ beschränkt.

Beweis: Induktion über s: Im Fall $s = 1$ ist B' der Pfad von der Wurzel nach v_1 der Länge $|\mathrm{bin}(i_1)| = \mathrm{bpos}(i_1, 0)$. Wird die Indexfolge um ein Element $i_{s+1} > i_s$ verlängert und ist die Binärdarstellung beider Zahlen gleich lang, so verlaufen die Pfade von der Wurzel nach v_s bzw. v_{s+1} gleich, solange die führenden Bits identisch sind. Man benötigt daher einen Weg der Länge höchstens $\mathrm{bpos}(i_s, i_{s+1})$, um v_{s+1} mit dem Teilbaum B' zu verbinden. Ist die Binärdarstellung von i_{s+1} länger, so gilt $\mathrm{bpos}(i_s, i_{s+1}) = |\mathrm{bin}(i_{s+1})|$ = Länge des Pfades von der Wurzel nach v_{s+1}. ∎

Aus dem Lemma folgt, daß die simulierende Baum-TM dieselbe Platzschranke wie die RAM_+ erfüllt. ∎

2.1.4 Simulation von TM durch RAMs

Als nächstes wollen wir die Beziehung der beiden Maschinenmodelle in der umgekehrten Richtung untersuchen.

Theorem 2.1.6:
Eine T-zeit- und S-platzbeschränkte Mehrband DTM M kann durch eine RAM_+ simuliert werden, die im uniformen Maß $O(T)$-zeit- und $O(S)$-platzbeschränkt und im logarithmischen Maß $O(T \log S)$ zeit- und $O(S)$-platzbeschränkt ist, mit anderen Worten

$$DTimeSpace(T, S) \subseteq \mathrm{RAM}TimeSpace(O(T \log S), O(S)) .$$

Beweis: M habe k Bänder, die Zellen eines Bandes seien mit 1 beginnend durchnumeriert. Die simulierende RAM R verhält sich auf dem Ein- und Ausgabeband genau wie M. Die Darstellung der Beschriftung der Arbeitsbänder der TM geschieht folgendermaßen: R_0 speichert den Zustand q von M, R_j die Position p_j des Kopfes auf Band j, $1 \le j \le k$, und R_{kp+j} das Symbol a_j der Zelle p des j-ten Bandes $(p \ge 1)$, jeweils kodiert als eine natürliche Zahl.

Für jedes Tupel $(q, a_0, a_1, \dots, a_k)$ aus einem Zustand q, einem Eingabesymbol a_0 und den von den Arbeitsköpfen gelesenen Zeichen a_i hat R ein kleines Programmstück bestehend aus einer Folge von Befehlszeilen, die den Übergang

$$\Delta(q, a_0, a_1, \dots, a_k) = (q', \sigma_0, a_1', \dots, a_k', \sigma_1, \dots, \sigma_k, a_{k+1}', \sigma_{k+1})$$

mit $\sigma_i \in \{-1, 0, +1\}$ simulieren. Um an den Anfang des entsprechenden Programmstücks zu gelangen, stelle man sich vor, daß die RAM einen Pfad in einem Suchbaum der Tiefe $k + 2$ durchläuft: In jedem Suchschritt wird eines der Zeichen $q, a_0, a_1, \dots, a_k$ gelesen und die Verzweigung gemäß seines aktuellen Wertes gewählt. Letzteres läßt sich durch eine Folge von Vergleichen und JUMP-Befehlen realisieren; die Länge der Folge hängt nur von der Größe der Zustandsmenge und des Alphabetes ab.

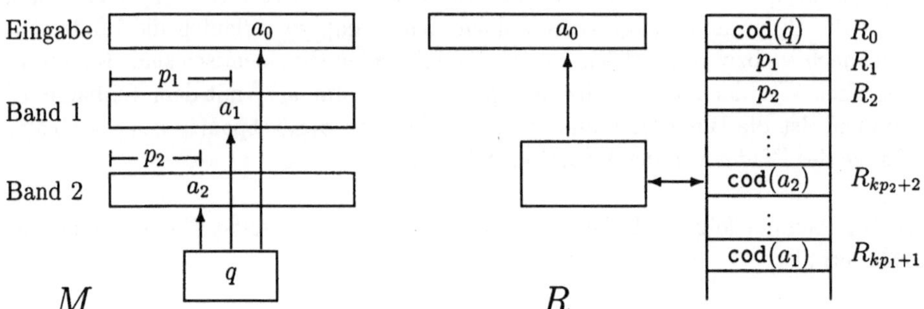

Abbildung 2.4: *Darstellung eines TM-Speichers in einem RAM-Speicher*

Das Programmstück ersetzt dann den Inhalt von R_0 durch q', von R_{kp_j+j} durch a'_j und von R_j durch $p'_j = p_j + \sigma_j, 1 \le j \le k$. Gleichzeitig druckt der Ausgabekopf das Zeichen a'_{k+1}, und es werden die Bewegungen σ_0, σ_{k+1} des Ein- und Ausgabekopfes nachgeahmt. Die Symbole b_j, die die TM im nächsten Schritt liest, stehen in den Zellen p'_j, d.h. R findet sie in den Registern mit Adressen $kp'_j + j$.

Die Komplexitätsschranken der RAM sind leicht herzuleiten: Für s Zellen von M werden $1 + k + s$ Register mit Adressen $i_j \le k(s+1)$ benutzt, und es gilt:

$$\sum_{j=1}^{1+k+s} \mathtt{bpos}(i_j, i_{j-1}) \le \sum_{j=1}^{k(s+1)} \mathtt{bpos}(j, j-1) \le O(s) \le O(S(n)) \,.$$

Um die Speicherzellen von M in $R_{k+1}, \ldots, R_{k(s+1)}$ zu repräsentieren, genügen Register konstanter Größe. Die übrigen Register $R_0, \ldots, R_k$ sowie die Operationsregister speichern Zahlen der Länge höchstens $O(\log k s)$, ihr Platzbedarf ist daher ebenfalls höchstens $O(s)$. Die RAM ist daher im logarithmischen Maß $O(S)$-platzbeschränkt. Um einen Schritt der TM zu simulieren, benötigt die RAM eine konstante Anzahl elementarer Schritte für den Suchbaum und ändert anschließend den Inhalt einer konstanten Anzahl ihrer Register; es genügen also konstant viele Befehle. Die logarithmischen Kosten eines Befehls lassen sich abschätzen durch die maximal möglichen Werte für die p_i und Adressen i_j, die Kosten sind daher durch $O(\log S)$ beschränkt. Damit läßt sich die logarithmische Zeitkomplexität abschätzen durch $O(T \log S)$. ∎

Die Registermaschine simuliert die TM im obigen Beweis Schritt für Schritt. Das führt dazu, daß bei logarithmischen Kosten die Länge der Registeradressen die Zeitkomplexität um den Faktor $\log S$ vergrößert. Man könnte dies vermeiden, wenn man in einem Register mehr Information abspeichert, etwa proportional zur maximalen Adreßlänge, dafür entsprechend weniger Register verwendet und seltener auf diese zugreift. Die TM würde dann nicht mehr schrittweise simuliert, sondern die RAM würde eine ganze Folge von

Schritten durch einige wenige Operationen nachahmen (man erinnere sich an das Vorgehen bei der linearen Beschleunigung von TM im vorigen Kapitel). Berechnet die RAM das Ergebnis aller möglichen Folgen im voraus und speichert dies in Form einer Tabelle ab, so könnte später das Ergebnis solch einer Folge von Schritten einfach durch Nachschauen in der Tabelle bestimmt werden. Wir werden im folgenden ein derartiges Verfahren beschreiben.

Da es sich nicht mehr um eine Schritt-für-Schritt-Simulation handelt, gibt es zwei technische Schwierigkeiten. Zum einen muß die simulierende RAM in der Vorbereitungsphase beim Berechnen der Tabelle bereits die Laufzeit T der TM M kennen oder zumindest grob abschätzen können. Wir garantieren dies durch die Forderung, daß T von einer RAM_+ approximiert werden kann, d.h. es gibt eine $O(T)$-zeitbeschränkte RAM_+, die auf eine Eingabe der Länge n eine Approximation t von $T(n)$ mit $T(n) \leq t \leq O(T(n))$ berechnet.

Zum anderen läßt sich ein Simulationsverfahren für Akzeptoren nicht unmittelbar auf TM übertragen, die längere Ausgaben produzieren. Bei einer Schritt-für-Schritt-Simulation gibt es diese Schwierigkeiten nicht, denn man kann nach jedem simulierten Schritt das Ausgabeband genauso wie M beschreiben. Arbeitet M mit einem Ausgabeband, so muß nach der eigentlichen Simulation aus den erzeugten Daten die Ausgabe separat berechnet werden. Wir behandeln diesen Punkt separat am Ende des folgenden Beweises.

Theorem 2.1.7: Schnelle Simulation einer TM durch eine RAM

$$DTime(T) \subseteq \text{RAM}Time(O(T + \mathcal{N} \log T)) .$$

Beweis: M sei ein T-zeitbeschränkte k-Band TM-Akzeptor. Zur Vereinfachung setzen wir voraus, daß das erste Arbeitsband gleichzeitig zur Eingabe benutzt wird. Die simulierende RAM R berechnet auf Eingabe X zunächst eine Approximation t für $T(|X|)$. Des weiteren wird ein Parameter l in Abhängigkeit von t benutzt, dessen Wert wir später noch festlegen werden.

Die Bänder von M werden in Blöcke der Länge l unterteilt und die Blöcke fortlaufend durchnumeriert. Befindet sich die Maschine im Zustand q und für $1 \leq j \leq k$ der Kopf j auf Position $p_j \in \{1, \ldots, l\}$ in einem Block mit Index z_j und Beschriftung $b_j \in \Sigma^l$, und sind a_j bzw. c_j die Beschriftungen der beiden Nachbarblöcke, so ist das Verhalten von M in den nächsten l Schritten durch q und die Tupel (p_j, a_j, b_j, c_j), $j = 1, \ldots, k$ eindeutig bestimmt. Man kann daher die Übergangsfunktion Δ verallgemeinern zu einer Funktion

$$\Delta_l : Q \times (\Sigma^l)^{3k} \times [1,l]^k \to Q \times (\Sigma^l)^{3k} \times [1,l]^k \times \{-1,0,+1\}^k$$

Es bedeutet dann

$$\Delta_l(q, a_1, b_1, c_1, \ldots, a_k, b_k, c_k, p_1, \ldots, p_k) = (q', a_1', b_1', c_1', \ldots, c_k', p_1', \ldots, p_k', v_1, \ldots, v_k)$$

daß sich M nach l Schritten im Zustand q' befindet, $a_j' b_j' c_j'$ die Beschriftung von B_{z_j-1}, B_{z_j}, B_{z_j+1} auf dem j-ten Band ist und der Kopf auf Position p_j' im Block $B_{z_j+v_j}$ steht.

Bei der schnellen Simulation wird M nicht mehr Schritt für Schritt simuliert, sondern R berechnet Δ_l im voraus und simuliert dann anschließend l Schritte von M auf einmal.

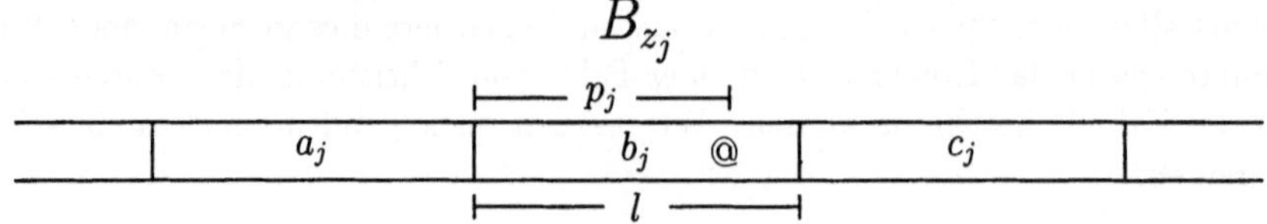

Abbildung 2.5: *Zerlegung eines Bandes in Blöcke*

Die Argumente von Δ_l werden dazu als natürliche Zahlen kodiert. Sei $\Sigma = \{\sigma_0, \ldots, \sigma_{|\Sigma|-1}\}$. Für eine Blockbeschriftung $a = \sigma_{i_1} \ldots \sigma_{i_l} \in \Sigma^l$ mit $0 \le i_j < |\Sigma|$ ist

$$\mathsf{cod}(a) \;=\; \mathsf{cod}(i_1, \ldots, i_l) \;=\; \sum_{j=1}^{l} i_j |\Sigma|^{j-1}$$

eine injektive Abbildung von Σ^l nach $[0, |\Sigma|^l - 1]$. Eine RAM kann diese Abbildung und ihre Umkehrabbildungen

$$i_r \;=\; \left\lfloor \frac{z - \displaystyle\sum_{j=r+1}^{l} i_j\, |\Sigma|^{j-1}}{|\Sigma|^{r-1}} \right\rfloor \qquad r = l, l-1, \ldots, 1$$

in $O(l)$ Schritten berechnen: i_r ergibt sich aus $z - \sum_{j=r+1}^{l} i_j\, |\Sigma|^{j-1}$ durch maximal $|\Sigma|$ viele Subtraktionen von $|\Sigma|^{r-1}$. Sei $Q = \{q_0, q_1, \ldots, q_{|Q|-1}\}$ und

$$m \;:=\; \max\left\{|Q|,\, l+1,\, |\Sigma|^l,\, 5k+1\right\}.$$

Da wir l wachsend mit t wählen werden, ist m exponentiell in l beschränkt. Argumente und Werte von Δ_l lassen sich als Tupel über $[0, m-1]$ kodieren:

$$C = (q_i, a_1, b_1, c_1, \ldots, c_k, p_1, \ldots, p_k)$$

beispielsweise als $\mathsf{cod}(C) \;=\; (i, \mathsf{cod}(a_1), \mathsf{cod}(b_1), \ldots, \mathsf{cod}(c_k), p_1, \ldots, p_k)$. Diese Kodierung definiert eine partielle Funktion

$$\begin{aligned} \tilde{\Delta}_l : \; & [0, m-1]^{4k+1} \;\rightarrow\; [0, m-1]^{5k+1}, \\ & \mathsf{cod}(C) \;\mapsto\; \mathsf{cod}(\Delta_l(C)). \end{aligned}$$

Die RAM berechnet eine Funktionstabelle für $\tilde{\Delta}_l$ und speichert sie im Anfangsbereich ihres Speichers. Dazu wird eine Sequenz von m^{4k+1} Blöcken reserviert, wobei jeder Block aus $5k+1$ Registern besteht. Die Blöcke seien mit 0 beginnend fortlaufend durchnumeriert. R zählt dazu alle Tupel aus $\{0, \ldots, m-1\}^{4k+1}$ auf, die eine Konfiguration von M kodieren, und simuliert M für l Schritte wie im vorherigen Satz. Gilt

$\text{cod}(C) = (\delta_0, \delta_1, \ldots, \delta_{4k})$ mit $0 \le \delta_i < m$, so werden die Komponenten von $\text{cod}(\Delta_l(C))$ in den Registern des Blocks mit Nummer $\sum_{i=0}^{4k} \delta_i m^i$ abgespeichert.

Da die arithmetischen Operationen einer RAM_+ die Multiplikation nicht einschließen, können die Produkte $\delta_i m^i$ nicht direkt berechnet werden. Statt dessen berechnet R für $1 \le i \le 4k$ die Potenz m^i durch m-fache Addition aus m^{i-1} und für $0 \le c < m$ cm^i als $m^i + \ldots + m^i$ (c-mal). Diese Werte werden vorher berechnet und im Speicher in Form einer weiteren Tabelle abgelegt, etwa indem man für jedes i einen Block von m Registern anlegt, und die Werte $0m^i, 1m^i, \ldots, (m-1)m^i$ dort speichert. Um cm^i zu erhalten, muß die Maschine dann im i-ten Block nur das Register mit relativer Adresse c lesen. Der Aufwand zum Anlegen dieser Tabelle beträgt $O(4km) \le \exp(\gamma l)$ Schritte für eine geeignete Konstante γ.

Um eine Funktionstabelle für Δ_l zu konstruieren, simuliert die RAM wie oben beschrieben nacheinander für jede Ausgangskonfiguration C von M eine Folge von l Schritten. R berechnet aus $\text{cod}(C)$ die neue Konfiguration $\text{cod}(\Delta_l(C))$, dazu genügen der RAM $O(l)$ Schritte. Die gesamte Funktionstabelle kann daher in Zeit

$$m^{4k+1} \cdot O(l) \ \le \ O\left(l \cdot \exp(cl)\right)$$

berechnet werden, wobei die Konstante c geeignet zu wählen ist. Damit ergibt sich folgende

Simulation:

R benutzt $9k+2$ Register, um die Argumente und Werte der Funktion $\tilde{\Delta}_l$ einer aktuellen Konfiguration von M zu speichern. Die Bandinschriften der TM M werden als Folge von Blöcken der Länge l kodiert in $O(s/l)$ weiteren Registern abgespeichert. Die Simulation besteht aus 3 Phasen.

1. R liest die Eingabe vollständig und komprimiert sie zu einer Folge von $\lceil n/l \rceil$ vielen Blöcken der Länge l. Die Kodierung der Blöcke wird in den korrespondierenden Registern abgespeichert; Aufwand: $O(n)$.

2. R berechnet und speichert die Funktionstabelle $\tilde{\Delta}_l$. Anschließend erzeugt sie die Darstellung der Anfangskonfiguration der TM; Aufwand: $O(l \cdot \exp(cl))$.

3. R simuliert in $\lceil t/l \rceil$ Phasen jeweils l Schritte von M, indem sie mit Hilfe der Tabelle für $\tilde{\Delta}_l$ die Kodierungen der Bandinschriften, des Zustandes und der Kopfpositionen aktualisiert; Aufwand: $O(t/l)$.

Bezeichnet t' die Anzahl der Schritte von R, so folgt die Abschätzung:

$$t' \ \le \ O\left(n + l \exp(cl) + \frac{t}{l}\right) .$$

Wir wählen nun $l := \left\lfloor \frac{\log t}{2c} \right\rfloor$, so daß $l \exp(cl) \leq \log t \cdot t^{1/2} \leq t / \log t$ und erhalten damit für die Schrittzahl von R eine Schranke T' der Form

$$T' \leq O\left(\mathcal{N} + \log T\, T^{1/2} + \frac{T}{\log T}\right) \leq O\left(\frac{T}{\log T} + \mathcal{N}\right).$$

Die Länge der Zahlen und Adressen, mit denen R rechnet, ist durch

$$O\left(\log \frac{n}{l} + \log m + \log \frac{t}{l} +\right) \leq O(\log T(n))$$

beschränkt. Daher können die Kosten eines Schrittes im logarithmischen Maß durch $O(\log T)$ abgeschätzt werden, und man erhält als Zeitkomplexität im logarithmischen Maß

$$O(T + \mathcal{N} \log T).$$ ∎

Diese Art von Simulation kann nicht ohne weiteres auf TM, die Ausgaben erzeugen, übertragen werden, wie wir oben bereits angesprochen haben. Die simulierende RAM speichert zunächst jeden Teilstring der Ausgabe, den die TM in einer Folge von l Schritten generiert, in komprimierter Form ab. Ein Teilstring der Länge $a \leq l$ wird dabei durch eine natürliche Zahl kleiner $|\Sigma|^a$ kodiert. Zum Schluß muß aus diesen Zahlen der Ausgabestring dekodiert werden. Zum Dekodieren eines Teilstrings der Länge a sind $O(a)$ Schritte ausreichend.

$L(n)$ sei die maximale Länge einer Ausgabe, die die TM M auf Eingaben der Länge n erzeugt. Die Berechnung des Ausgabestring kostet somit maximal $O(L(n))$ zusätzliche Schritte, wobei die logarithmischen Kosten eines jeden Schrittes wieder durch $O(\log T)$ abgeschätzt werden können. Als Zeitschranke zur Simulation einer TM mit Ausgabelänge L ergibt sich somit

$$O(T + (\mathcal{N} + L) \log T).$$

Man kann beim Komprimieren der Eingabe und Dekodieren der Ausgabe noch geschickter vorgehen und den Zeitaufwand auf

$$O(T + (\mathcal{N} + L)\, l \log S)$$

reduzieren, wobei S die Platzschranke der TM angibt [KLP88].

Falls die Zeitschranke T nicht einfach zu approximieren ist, kann man sich mit dem folgenden Verfahren helfen: Die RAM versucht sukzessive die TM für $t = n$, $2n$, $4n, \ldots, 2^r n, \ldots$, $r \in \mathbb{N}$, zu simulieren, bis die Simulation innerhalb der gerade gewählten Zeitschranke t zu Ende geführt werden kann. Spätestens für $t_0 := 2^{r_0} n$ mit $\frac{1}{2} t_0 < T(n) \leq t_0$ gelingt dies. Dabei werden insgesamt in der 2. und 3. Phase

$$T''(n) := \sum_{r=0}^{r_0} O\left(\frac{2^r n}{\log(2^r n)}\right)$$

Schritte ausgeführt. Für eine Funktion g sei die Funktion g_{sum} definiert durch

$$g_{\mathrm{sum}}(y) \; := \; \sum_{r=0}^{\log y} g(2^{-r}y) \; .$$

Für $g(y) = y/\log y$ gilt dann: $\qquad\qquad T''(n) \; \leq \; O(g_{\mathrm{sum}}(t_0))\,.$

Wir zeigen im folgenden Lemma, daß die Funktion g_{sum} asymptotisch nicht stärker wächst als g. Daraus folgt, daß sich die Zeitkomplexität des Simulators in der Phase 2 und 3 beim „Raten" der Zeitschranke T nur um einen konstanten Faktor erhöht.

Die 1. Phase wird für die t-Werte von n bis n^2 mit dem Parameter $l = \left\lfloor \frac{\log n}{2c} \right\rfloor$ durchgeführt und dann jeweils dem aktuellen t-Wert angepaßt, wenn t verglichen mit dem Wert bei der letzten Anpassung quadratisch gewachsen ist, d.h. das zugehörige l wächst um den Faktor 2. Eine einfache Rechnung zeigt, daß auf diese Weise der Mehraufwand für die 1. Phase, der erst ab $T \geq \mathcal{N}^2$ anfällt, die Komplexität ebenfalls nicht erhöht. Somit gilt der obige Satz auch ohne die Approximierbarkeitseigenschaft der Zeitkomplexität von M.

Lemma 2.1.8:
Für alle $\alpha, \gamma \in \mathbf{R}$ mit $\alpha > 0$ und $g \in \Theta(\mathcal{N}^\alpha \log^\gamma)$ gilt: $\qquad g_{\mathrm{sum}} \; \leq \; O(g)\,.$

Beweis: Für $n \geq n_0$ und geeignetes $c > 0$ ergibt sich die Abschätzung:

$$\begin{aligned}
g_{\mathrm{sum}}(n) \; &= \; \sum_{r=0}^{\log n} g(2^{-r}n) \; \leq_{\mathrm{ae}} \; \sum_{r} c\,(2^{-r}n)^\alpha (\log 2^{-r}n)^\gamma \\
&\leq \; c\,n^\alpha \sum_{r} (2^{-\alpha})^r (\log 2^{-r}n)^\gamma \; .
\end{aligned}$$

Für $\gamma \geq 0$ folgt somit:

$$g_{\mathrm{sum}}(n) \; \leq \; c\,n^\alpha (\log n)^\gamma \sum_{r} (2^{-\alpha})^r \; \leq \; O(n^\alpha \log^\gamma n) \; \leq \; O(g(n))\,,$$

und für $\gamma < 0$ schließen wir:

$$\begin{aligned}
g_{\mathrm{sum}}(n) \; &= \; c\,n^\alpha \log^\gamma n \; \sum_{r=0}^{\log n} 2^{-\alpha r} \left(\frac{\log(2^{-r}n)}{\log n} \right)^\gamma \\
&= \; c\,n^\alpha \log^\gamma n \left(\sum_{r=0}^{\lfloor \frac{1}{2} \log n \rfloor} (2^{-\alpha})^r \left(\frac{\log(2^{-r}n)}{\log n} \right)^\gamma \right. \\
&\qquad\qquad\quad \left. + \sum_{r=\lfloor \frac{1}{2} \log n \rfloor +1}^{\log n} 2^{-\alpha r} \left(\frac{\log(2^{-r}n)}{\log n} \right)^\gamma \right) \\
&\leq \; c\,n^\alpha \log^\gamma n \left(\sum_{r=0}^{\lfloor \frac{1}{2} \log n \rfloor} (2^{-\alpha})^r \left(\frac{1}{2} \right)^\gamma + \sum_{r=\lfloor \frac{1}{2} \log n \rfloor +1}^{\log n} 2^{-\frac{\alpha}{2} \log n} \left(\frac{1}{\log n} \right)^\gamma \right)
\end{aligned}$$

$$\leq\; c\,n^{\alpha}\,\log^{\gamma} n\left(2^{-\gamma}\frac{1}{1-2^{-\alpha}} + \frac{\log n}{2}n^{-\alpha/2}\frac{1}{\log^{\gamma} n}\right)$$

$$\leq\; O\left(n^{\alpha}\,\log^{\gamma} n\,(1\,+\,n^{-\alpha/2}\,\log^{1-\gamma} n)\right)$$

$$\leq\; O\left(n^{\alpha}\,\log^{\gamma} n\right)\;\leq\;O(g(n))\;.\qquad\qquad\blacksquare$$

Als Ergebnis halten wir fest, daß sich der Aufwand zur Berechnung einer Funktion auf einer TM und einer RAM$_+$ nur geringfügig unterscheiden. Dies gilt auch für RAMs mit den zusätzlichen Operationen Multiplikation und Division, wenn das logarithmische Komplexitätsmaß zugrunde gelegt wird, nicht mehr dagegen im uniformen Maß, wie das Beispiel der Exponentialfunktion gezeigt hat. Die mit Hilfe des Registermaschinenmodells und dem logarithmischen Kostenmaß definierten Komplexitätsklassen unterscheiden sich daher nicht wesentlich von den TM-Klassen.

Spezifikation von komplexeren Algorithmen ist in der Regel wesentlich einfacher für RAMs durchzuführen als für TM. Das heißt, die Herleitung von oberen Schranken für die Komplexität eines algorithmischen Problems durch Angabe eines Lösungsverfahrens geschieht in der Regel in Form eines RAM-Programmes. Bei der Untersuchung von Komplexitätsklassen dagegen bietet das TM-Modell gewisse formale Vorteile, da beispielsweise eine Berechnung um einen beliebigen Faktor beschleunigt und der Speicherplatzbedarf verringern werden kann. Derartiges ist im RAM-Modell nicht so offensichtlich. Viele Ergebnisse, die wir noch herleiten werden, sind durch Simulation von TM einfacher zu erhalten; RAMs wären da technisch etwas schwieriger zu handhaben, was sich schon bei der Definition des logarithmischen Komplexitätsmaßes gezeigt hat. Zum anderen sind zum Beweis unterer Schranken bei TM gewisse kombinatorische Methoden gefunden worden, deren direkte Übertragung auf Registermaschinen nicht immer möglich zu sein scheint.

2.2 Schaltkreis-Familien

Turing- und Registermaschinen sind flexible Modelle. Sie verarbeiten prinzipiell beliebig große Eingaben, und selbst auf Eingaben gleicher Länge können sie Eigenschaften der Eingabedaten ausnutzen. Das Produkt zweier $n \times n$ –Matrizen etwa läßt sich schneller berechnen, wenn eine der Matrizen eine einfache Struktur besitzt, zum Beispiel viele Nullen enthält. Bei einem Graphenproblem andererseits, wie dem Finden eines Weges zwischen zwei vorgegebenen Knoten, wird die Reihenfolge, in der eine Maschine den Graphen untersucht, in der Regel von den Kantenverbindungen des Graphen abhängen. Der Zugriff auf die Eingabedaten und auf Zwischenergebnisse variiert in solch einem Fall.

Im Gegensatz dazu kann ein Boolescher Schaltkreis nur Bitstrings einer einzigen Länge verarbeiten. Der Informationsfluß von den Eingabebits zu den Ausgabebits ist starr, da das Programm in Form einer festen Verdrahtung zwischen den einzelnen Operationselementen gegeben ist. Die Einschränkung auf Bits ist hierbei von untergeordneter Bedeutung, da sich jedes Alphabet Σ sich auf einfache Weise durch binäre Strings, d.h. über dem Alphabet $\mathbb{B} := \{0,1\}$, kodieren läßt. Zu einer Funktion auf Σ^n korrespondiert dann eine entsprechende Boolesche Funktion auf $\mathbb{B}^{n'}$, $n' = (\log |\Sigma|) \cdot n$ (Alphabet-Reduktion).

Mit Hilfe von Schaltkreisen kann die Arbeitsweise eines digitalen Rechners, in dem letztendlich nur mit Bits gearbeitet wird, auf elementarem Niveau beschrieben werden. Im folgenden wollen wir das Schaltkreismodell vorstellen und mit dem Modell der TM vergleichen. Erstaunlicherweise gilt, daß sich die Komplexität einer Funktion im Schaltkreismodell nicht wesentlich von der im Maschinenmodell unterscheidet. Eine grundlegende Idee bei der Simulation von Maschinen durch Schaltkreise wird dabei sein, zunächst TM zu betrachten, deren Datenzugriff ähnlich eingeschränkt ist wie bei Schaltkreisen – sogenannte *bewegungsuniforme* Maschinen.

Die Arbeitsweise von Schaltkreisen ist deterministisch, deshalb steht der Vergleich mit DTM im Vordergrund. Ein nichtdeterministisches Schaltkreismodell in Analogie zu NTM läßt sich ebenso definieren.

2.2.1 Boolesche Funktionen und Schaltkreise

Definition 2.2.1:
$\mathbb{B}$ bezeichne die Menge, die aus den Booleschen Werten 0 (`false`) und 1 (`true`) besteht. $\mathcal{B}_{n,m}$ sei die Menge der n–stelligen **Booleschen Funktionen** $b\colon \mathbb{B}^n \to \mathbb{B}^m$ mit m Ausgabewerten. $\mathcal{B}_{n,1}$ kürzen wir durch $\mathcal{B}_n$ ab, ferner sei $\mathcal{B} := \cup_n \mathcal{B}_n$.

Um eine Boolesche Funktion durch einen Schaltkreis zu realisieren, benötigt man eine gewisse Menge Υ einfacher Funktionen aus $\mathcal{B}$ als Grundbausteine. Solch eine Menge von Funktionen heißt **Basis**. In der Regel umfaßt eine Basis das zweistellige logische UND "$\wedge$", das ODER "$\vee$" und die einstellige Negation "$\neg$":

$$
\begin{aligned}
\wedge &: \quad 0 \wedge 0 = 0 \wedge 1 = 1 \wedge 0 = 0, \quad 1 \wedge 1 = 1, \\
\vee &: \quad 0 \vee 0 = 0, \quad 0 \vee 1 = 1 \vee 0 = 1 \vee 1 = 1, \\
\neg &: \quad \neg 0 = 1, \quad \neg 1 = 0.
\end{aligned}
$$

Ein **Literal** ist eine Boolesche Variable x oder ihre Negation $\neg x$. Letzere bezeichnen wir auch mit $\bar{x}$ oder x^0, x^1 sei gleichbedeutend mit x. Der **Grad** κ einer Basis sei die maximale Stelligkeit ihrer Elemente. $\qquad\qquad\Box$

Die Basis $\{\neg, \wedge, \vee\}$ vom Grad 2 nennt man **Standardbasis**. Sie ist **vollständig**, d.h. jede Boolesche Funktion $f \in \mathcal{B}_n$ besitzt eine Darstellung in dieser Basis. Für die Standardbasis ist dies beispielsweise durch die **disjunktive Normalform** möglich, d.h. durch die

Disjunktion ($\vee$-Verknüpfung) von **Monomen**:

$$f(x_1, \ldots, x_n) \quad = \quad \bigvee_{(a_1, \ldots, a_n) \in f^{-1}(1)} \bigwedge_{i=1}^{n} x_i^{a_i} \ .$$

$\bigwedge x_i^{a_i}$ steht hier als Abkürzung für das Monom $x_1^{a_1} \wedge x_2^{a_2} \wedge \ldots \wedge x_n^{a_n}$. Man beachte, daß diese Darstellung bis zu $n\,2^n$ viele $\wedge$- oder $\vee$-Bausteine benötigt. Wie der Punkt bei der Multiplikation wird das $\wedge$-Zeichen bei Monomen oftmals weggelassen; das obige Monom läßt sich dann verkürzt schreiben als $x_1^{a_1} x_2^{a_2} \ldots x_n^{a_n}$.

Definition 2.2.2:
Ein n-**Input** m-**Output Schaltkreis** über einer Basis Υ wird beschrieben durch einen DAG, einen gerichteten azyklischen Graphen $G = (V, E)$. V enthält n Knoten mit Ingrad 0, die sogenannten **Inputs**, die mit $\pi_1, \pi_2, \ldots, \pi_n$ beschriftet sind. Die übrigen Knoten heißen **interne Knoten** und repräsentieren die eigentlichen Rechenbausteine, die Gatter; diese seien mit $v_1, \ldots, v_c$ bezeichnet, wobei wir nur topologisch geordnete Indizierungen betrachten.

Interne Knoten mit Ingrad r sind mit einer r-stelligen Funktion aus Υ beschriftet und die Kanten, die in solch einem Knoten enden, mit den Zahlen 1 bis r eindeutig numeriert. Zusätzlich trägt für $1 \leq j \leq m$ je ein Knoten aus V die Beschriftung $Out(j)$, solch ein Knoten repräsentiert den j-ten **Output**. Zu jedem Knoten v mit Label b_v und direkten Vorgängern $u_1, \ldots, u_r$ (geordnet entsprechend der Kantennumerierung) wird rekursiv die in v berechnete Funktion $g_v(X)$ auf Eingabe $X = x_1, \ldots, x_n$ definiert durch

$$g_v(X) \; := \; \begin{cases} \pi_i(X), & \text{falls } b_v = \pi_i, \\ b_v\big(g_{u_1}(X), \ldots, g_{u_r}(X)\big) & \text{sonst } . \end{cases}$$

Hierbei bezeichne $\pi_i(X) := x_i$ die Projektionsfunktion auf die i-te Komponente von X . G **berechnet** eine Funktion $f : \mathbb{B}^n \to \mathbb{B}^m$, falls für alle $X \in \mathbb{B}^n$ und die Knoten u_j mit Label $Out(j)$, $1 \leq j \leq m$, gilt:

$$f(X) \; = \; (g_{u_1}(X), \ldots, g_{u_m}(X)) \ .$$

Ist v ein interner Knoten von G, so besteht der **Subschaltkreis** für v aus allen Gattern, die Vorgänger (nicht notwendigerweise direkte) von v sind, v ist dabei mit eingeschlossen.

□

2.2.2 Schaltkreiskomplexität

Im folgenden wollen wir die beiden wichtigsten Komplexitätsmaße für Schaltkreise untersuchen, die Größe und die Tiefe. Später wird noch der Begriff der Weite definiert und zu anderen Maßen in Beziehung gesetzt.

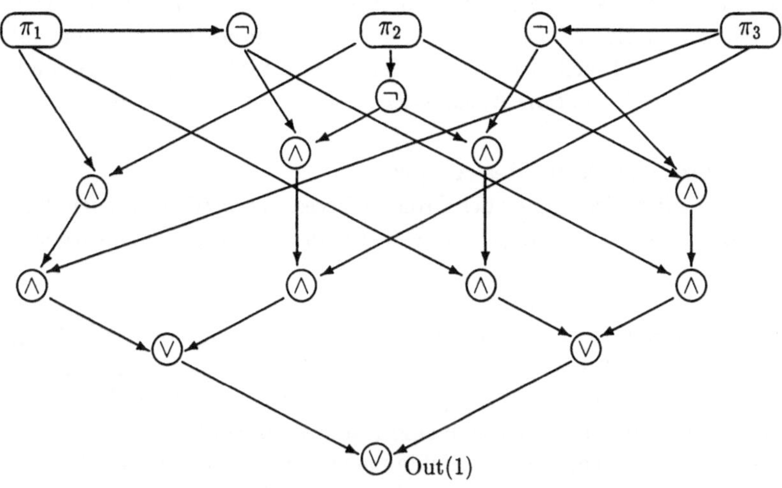

Abbildung 2.6: *Boolescher Schaltkreis der Größe 14 und Tiefe 5 über der Basis* $\{\vee, \wedge, \neg\}$

Definition 2.2.3: Komplexitätsmaße für Boolesche Funktionen
Υ sei eine Basis und $f \in \mathcal{B}_n$ eine Boolesche Funktion. Für einen Schaltkreis G über Υ bezeichne *size(G)* die Anzahl der internen Knoten von G, die **Größe** von G. Die **Tiefe** von G, *depth(G)*, ist die maximale Länge eines Weges in G. Damit können wir für f die Komplexitätsmaße **Schaltkreisgröße** und **Schaltkreistiefe** definieren durch

$$
\begin{aligned}
\mathbf{Size_\Upsilon(f)} &:= & \min\{size(G) \mid G \text{ Schaltkreis über } \Upsilon, \text{ der } f \text{ berechnet}\}, \\
\mathbf{Depth_\Upsilon(f)} &:= & \min\{depth(G) \mid G \text{ Schaltkreis über } \Upsilon, \text{ der } f \text{ berechnet}\}.
\end{aligned}
$$

$\square$

Aus den Definitionen folgt unmittelbar

$$Depth_\Upsilon(f) \leq Size_\Upsilon(f).$$

In einem späteren Kapitel wird gezeigt, daß man diese Abschätzung verbessern kann zu

$$Depth_\Upsilon(f) \leq O\left(\frac{Size_\Upsilon(f)}{\log Size_\Upsilon(f)}\right).$$

Ähnlich wie Akzeptoren zur Erkennung von Sprachen betrachten wir vorwiegend Boolesche Funktionen mit Wertebereich $\{0, 1\}$. Die Ergebnisse lassen sich jedoch in der Regel ohne Schwierigkeiten auch auf Funktionen bzw. Schaltkreise mit mehreren Outputs übertragen. Wir wählen für die folgenden Überlegungen eine beliebige, aber feste vollständige endliche Basis Υ, z.B. die Standardbasis. Dies ist gerechtfertigt, da sich die Komplexitäten bezüglich verschiedener endlicher Basen nur um konstante Faktoren unterscheiden (siehe dazu Übungsaufgabe 2.4.19). Aus technischen Gründen fordern wir, daß die Basis auch die einstellige Identitätsfunktion $id : x \mapsto x$ enthält. Der Ingrad eines Schaltkreises über dieser Basis ist beschränkt durch ihren Grad κ, wobei auf Grund der Vollständigkeit $\kappa > 1$ gelten muß. Bei den Komplexitätsmaßen *Size* und *Depth* verzichten wir im folgenden auf die Angabe der Basis ($Size(f) := Size_{\Upsilon}(f), \dots$).

Lemma 2.2.4: Beschränkung des Ausgrades

Kann $f \in \mathcal{B}$ durch einen Schaltkreis der Größe s berechnet werden, so auch durch einen Schaltkreis G der Größe maximal $(\kappa + 1)\,s$, bei dem der Ausgrad eines jeden Knotens höchstens 2 ist.

Beweis: G' sei ein Schaltkreis für f der Größe s. Wegen der Ingradbeschränkung besitzt G' maximal κs Kanten. Wir ersetzen Knoten v von G mit $m > 2$ ausgehenden Kanten durch einen binären Baum der Tiefe $\lceil \log m \rceil$ mit Wurzel v und m Blättern, die mit den direkten Nachfolgern von v identisch sind (die Kanten sind in Richtung der Blätter orientiert). Der Baum entsteht durch Hinzufügung von $m-2$ Knoten, von denen jeder die Identitätsfunktion berechnet. Die Gesamtzahl der zusätzlichen Knoten ist damit kleiner als die Anzahl der Kanten in G'. Die Größe des so erhaltenen Schaltkreises G für f ist beschränkt durch $(\kappa + 1)\,s$. ∎

Bei dieser Konstruktion kann die Tiefe des neuen Schaltkreises um einen Faktor bis zur Größe $\log c$ wachsen. Durch eine aufwendigere Strategie läßt sich der Zuwachs auf einen konstanten Faktor begrenzen (siehe [HKP84]). Versucht man, den Ausgrad der internen Knoten noch weiter, d.h. auf 1 zu reduzieren, so läßt sich ein beschränktes Anwachsen der Größe nicht mehr garantieren. Bei solch einem Schaltkreis G bilden die internen Knoten einen Wald bzw. einen Baum, falls G nur einen Output u besitzt und man gegebenenfalls überflüssige Gatter, die keine Verbindung zu u besitzen, entfernt. Derartige Schaltkreise über einer Basis vom Grad 2 lassen sich auch durch Formeln beschreiben.

Definition 2.2.5: Formel

V sei eine Menge von Variablen über einer Menge $\mathcal{U}$, Υ_1 eine Menge einstelliger Operatoren von $\mathcal{U}$ nach $\mathcal{U}$ und Υ_2 eine Menge zweistelliger Operatoren $\mathcal{U} \times \mathcal{U} \to \mathcal{U}$. Die Menge $\mathcal{E}$ der **Formeln** über $\mathcal{U}$ und Operatoren Υ_1, Υ_2 ist rekursiv definiert durch:

$$
\begin{aligned}
v \in \mathcal{E} \qquad & \text{falls } v \in V \cup \mathcal{U}, \\
\sqcup(F) \in \mathcal{E} \qquad & \text{falls } \sqcup \in \Upsilon_1 \text{ und } F \in \mathcal{E}, \\
(F_1) \sqcup (F_2) \in \mathcal{E} \qquad & \text{falls } \sqcup \in \Upsilon_2 \text{ und } F_i \in \mathcal{E}\,.
\end{aligned}
$$

Die **Länge** einer Formel F sei die Anzahl der Zeichen in F, wobei wir Klammersymbole nicht mitzählen. Zu einer Formel F korrespondiert ein binärer Baum, der **Ableitungsbaum**, dessen Kanten in Richtung auf die Wurzel orientiert sind. Seine Blätter sind mit Elementen aus V beschriftet, seine internen Knoten entsprechend ihrem Ingrad mit Elementen aus Υ_i. Für $F = v$ mit $v \in V$ besteht der Ableitungsbaum aus einem einzelnen Knoten mit Beschriftung v. Ist $F = (F_1) \sqcup (F_2)$, so repräsentiert die Wurzel F und ist mit $\sqcup$ beschriftet. Ihr linker Sohn repräsentiert die Teilformel F_1, ihr rechter Sohn F_2. Eine **Boolesche Formel** ist eine Formel über dem Booleschen Bereich $\mathbb{B}$ mit der Standardbasis $\neg, \vee, \wedge$ als Operatoren. $\qquad\qquad\square$

Um bei einem Schaltkreis G Ausgrad 1 zu erreichen, werden interne Knoten v mit höherem Ausgrad vervielfältigt. G_v sei der Subschaltkreis von G mit Output v. Für jede von einem Knoten v ausgehende Kante e wird eine Kopie G'_v von G_v erzeugt. Ihr Output v' wird mit dem Endpunkt von e verbunden. Man beachte, daß durch diese Konstruktion die Größe des Schaltkreises exponentiell anwachsen kann.

Ersetzt man schließlich Inputs mit Ausgrad größer 1 durch eine entsprechende Anzahl von Kopien, so daß von jeder dieser Kopien nur eine Kante ausgeht, so entsteht ein gerichteter Baum, den man auch als Ableitungsbaum einer Formel auffassen kann.

Die **Formelgröße** $\boldsymbol{FSize(f)}$ einer Booleschen Funktion $f : \{0,1\}^n \to \{0,1\}$ sei die minimale Größe eines Schaltkreises G vom Ausgrad 1 über der Basis $\{\neg, \vee, \wedge\}$. Sie ist ein weiteres wichtiges Komplexitätsmaß für Boolesche Funktionen. Wendet man die **De Morgan'schen Regeln**

$$\neg(F_1 \vee F_2) \equiv \neg F_1 \wedge \neg F_2 \quad \text{und} \quad \neg(F_1 \wedge F_2) \equiv \neg F_1 \vee \neg F_2$$

sukzessive auf eine Formel und ihre Teilformeln an, so kann man alle Negationen in einer Formel unmittelbar vor die Variablen bringen. Eine mehrfache Negation einer Variable läßt sich modulo 2 reduzieren, da $\neg(\neg x) \equiv x$. Wir können daher voraussetzen, daß alle Negationen in einer Formel unmittelbar vor den Variablen stehen bzw. in dem korrespondierenden Schaltkreis unmittelbar den Input-Variablen folgen. Eine derartige Boolesche Formel mit c Variablen besitzt daher höchstens c Negationen und genau $c - 1$ Operatoren vom Typ $\vee$ oder $\wedge$.

Bei Schaltkreisen mit höherem Ausgrad kann sowohl der Boolesche Wert eines Gatters als auch seine Negation als Input für nachfolgende Gatter verwandt werden. Um in diesem Fall die Zahl der Negationen gering zu halten, wird zu jeder Variablen zunächst ihre Negation berechnet und zu jedem internen Gatter v vom Typ $\vee$ oder $\wedge$ auch die negierte Funktion $\neg b_v$. Aus den direkten Vorgängern von v und ihren Negationen ist dies mit Gattern des Typs $\vee$ und $\wedge$ möglich. Dadurch werden alle $\neg$-Gatter, die keine Input-Variablen negieren, überflüssig. Die Größe des Schaltkreises wächst maximal um den Faktor 2 zuzüglich der n Negationen für die Input-Variablen.

Zwischen Formelgröße und Schaltkreistiefe läßt sich eine enge Beziehung zeigen.

Lemma 2.2.6:
Für eine beliebige Boolesche Funktion f gilt über der Standardbasis:

$$\log FSize(f) \ \leq \ Depth(f) \ \leq \ 2\,(\log 3/2)^{-1} \log FSize(f)\,.$$

Beweis: G sei ein bezüglich der Tiefe optimaler Schaltkreis für f. v sei der Output von G. Man kann G durch ein einfaches rekursives Verfahren in einen Schaltkreis G' mit Ausgrad 1 umwandeln, dessen Output die gleiche Funktion wie v berechnet.

Besitzt v zwei direkte Vorgänger v_1, v_2, so sei G_i', $i = 1, 2$, ein optimaler Schaltkreis mit Ausgrad 1, dessen Output y_i die gleiche Funktion wie der Subschaltkreis G_i von G mit Output v_i berechnet. Man erhält G', indem man die y_i dem Gatter v als Inputs zuführt.

Per Induktion läßt sich nun zeigen, daß die Größe von G' durch $\exp depth(G) - 1$ beschränkt ist. Für Tiefe 1 ist dies offensichtlich. Gilt die Behauptung für die beiden Schaltkreise G_i, so folgt wegen $depth(G_i) \leq depth(G) - 1$:

$$
\begin{aligned}
FSize(f) &\leq size(G') \leq size(G_1') + size(G_2') + 1 \\
&\leq \exp\left(depth(G_1)\right) - 1 + \exp\left(depth(G_2)\right) - 1 + 1 \\
&\leq 2\left(\exp\left(depth(G)\right) - 1\right) + 1 = \exp\left(depth(G)\right) - 1 \\
&= \exp\left(Depth(f)\right) - 1 \ .
\end{aligned}
$$

Die zweite Ungleichung zeigen wir ebenfalls induktiv. Sei $\alpha := 2\,(\log 3/2)^{-1} = 3,4\dots$ Für jede Formel F der Größe maximal 2 kann man sich leicht davon überzeugen, daß sowohl F als auch die Negation $\neg F$ durch einen Schaltkreis der Tiefe $3 \leq \alpha \log 2$ berechnet werden kann. Im Induktionsschritt wird zunächst eine Formel, die bezüglich der Tiefe nicht balanziert ist, in eine äquivalente, aber besser tiefenbalanzierte umgewandelt. Dazu benutzten wir das folgende Ergebnis:

Lemma 2.2.7:
Jeder d-näre Baum G besitzt einen Knoten v, so daß die Größe des Subbaumes mit Wurzel v mindestens $\frac{1}{d+1}\,|G|$ und höchstes $\frac{d}{d+1}\,|G| + 1$ beträgt.

Der Beweis sei dem Leser als Übung überlassen.   ■

Der Ableitungsbaum einer Formel bzw. der dem korrespondierenden Schaltkreis zugrunde liegende Graph ist ein binärer Baum. Man kann daher zu einem optimalen Schaltkreis F vom Ausgrad 1 für f der Größe $c \geq 3$ einen Knoten v in F finden, dessen Subschaltkreis F_v zwischen $c/3$ und $2c/3$ Gatter besitzt. Für $i = 0, 1$ bezeichne F_i den Schaltkreis, den man aus F erhält, wenn v durch die Boolesche Konstante i ersetzt wird und alle Vorgänger von v entfernt werden. Die Größe von F_i beträgt maximal $2c/3$, da v mindestens $c/3$ Vorgänger besitzt. Damit können wir F umbauen zu der äquivalenten Formel

$$F' = (F_v \wedge F_1) \vee (\neg F_v \wedge F_0) \ .$$

Nach Induktionsvoraussetzung lassen sich F_v, F_0 und F_1 durch einen Schaltkreis der Tiefe maximal $\alpha \log(2c/3)$ realisieren. Auf Grund der obigen Überlegung, daß man

Negationen in Richtung der Variablen verschieben kann, gilt diese Eigenschaft auch für $\neg F_v$. Somit erhalten wir für F' die Abschätzung:

$$\begin{aligned} depth(F') &\leq \alpha \log(2c/3) + 2 \\ &= \alpha (\log(2c/3) + \log(3/2)) = \alpha \log c \,. \end{aligned}$$

Der Faktor $\alpha = 2(\log 3/2)^{-1}$ kann durch eine etwas aufwendigere Konstruktion noch verbessert werden. Die Beweismethode für die erste Ungleichung im obigen Lemma läßt sich auch bei Schaltkreisen mit höherem Ausgrad über einer beliebigen Basis vom Grad κ anwenden, und man erhält damit

Lemma 2.2.8:
Für alle $f \in \mathcal{B}$ gilt: $\qquad Size(f) \leq (\kappa^{Depth(f)} - 1)/(\kappa - 1)$.

Wir haben oben gesehen, daß sich jede n-stellige Boolesche Funktion mit Hilfe der standardmäßigen 1- und 2-stelligen Grundfunktionen durch einen Schaltkreis oder eine Formel exponentieller Größe berechnen läßt. Man kann zeigen, daß sich die Schaltkreisgröße auf $(1 + \delta) 2^n/n$ für beliebiges $\delta > 0$ reduzieren läßt. Wir wollen hier mit einem einfachen Abzählargument eine entsprechende untere Schranke zeigen.

Theorem 2.2.9: Asymptotische Schaltkreiskomplexität
Sei Υ die Basis, die aus allen 2-stelligen Booleschen Funktionen besteht. Dann existiert für jedes $\delta > 0$ ein $n_0(\delta)$, so daß für alle $n \geq n_0(\delta)$ und für alle $f \in \mathcal{B}_n$ bis auf höchstens einen Bruchteil $2^{3n - \delta 2^n}$ gilt:

$$Size(f)_\Upsilon > (1 - \delta) \frac{2^n}{n} \,.$$

Beweis: Sei $s := (1 - \delta)2^n/n$. Kann eine Boolesche Funktion durch einen Schaltkreis der Größe höchstens s berechnet werden, so gibt es auch einen Schaltkreis G mit $size(G) = s$ für f. Es bezeichne $\mathcal{G}_{n,s}$ die Menge der n-Input 1-Output Schaltkreise der Größe s. $\mathcal{G}_{n,s}$ kann nun beschrieben werden, indem man für jeden der s internen Knoten dessen Basisfunktion ($|\Upsilon| = 16$ viele Möglichkeiten) und die direkten Vorgänger (weniger als $(n + s)^2$ Möglichkeiten) angibt. Außerdem muß der Index des Outputknotens (s Möglichkeiten) spezifiziert werden. Es gibt also maximal $s \cdot 16^s (n + s)^{2s}$ viele Beschreibungen (bei solch einer Beschreibung werden die Knoten im allgemeinen nicht topologisch geordnet aufgezählt). Sei

$$\mathcal{F}_{n,s} := \{ f \mid f \text{ wird durch ein Element in } \mathcal{G}_{n,s} \text{ berechnet } \} \,.$$

Jeder Schaltkreis für $f \in \mathcal{F}_{n,s}$ kommt bei der Aufzählung von $\mathcal{G}_{n,s}$ mindestens $s!$ oft vor, da man die Namen der internen Knoten beliebig vertauschen kann. Somit kann man unter Verwendung der Abschätzungen

$$\frac{s^s}{s!} < \sum_{l=0}^{\infty} \frac{s^l}{l!} = e^s \quad \text{und} \quad (1 + \frac{n}{s})^s \leq e^n$$

für alle hinreichend großen n schließen:

$$|\mathcal{F}_{n,s}| \;\leq\; \frac{s16^s(n+s)^{2s}}{s!} \;\leq\; s\,16^s\frac{(n+s)^{2s}}{(\frac{s}{e})^s} \;=\; s\,(16e)^s\,\frac{(n+s)^{2s}}{s^s}$$

$$\leq\; s\,\left(1+\frac{n}{s}\right)^s\,(16e)^s\,(n+s)^s \;\leq\; 2^n\,e^n\,(16e(n+s))^s$$

$$\leq\; 2^{3n}\left(16e\left(n+\frac{2^n}{n}(1-\delta)\right)\right)^{\frac{2^n}{n}(1-\delta)} \;\leq\; 2^{3n}\,(2^n)^{\frac{2^n}{n}(1-\delta)} \;=\; 2^{3n+2^n(1-\delta)}.$$

$\mathcal{F}_{n,s}$ hat daher an $\mathcal{B}_n$ nur einen Anteil von

$$\frac{|\mathcal{F}_{n,s}|}{|\mathcal{B}_n|} \;\leq\; \frac{2^{3n+2^n(1-\delta)}}{2^{2^n}} \;=\; 2^{3n-\delta 2^n}\,.$$

                                                                        ∎

Dieser Beweis liefert allerdings keinen Hinweis auf eine konkrete Boolesche Funktion mit hoher Schaltkreiskomplexität. Eine solche Funktion zu finden, hat sich bislang als ein sehr schweres Problem erwiesen. Die beste bekannte untere Schranke für eine konkrete Funktion ist $3n$ und somit nur etwas besser als die triviale Schranke $n-1$.

2.2.3   Uniformität

Zwischen Schaltkreisen und anderen Maschinenmodellen wie Turing-Maschinen oder RAMs besteht ein wesentlicher Unterschied: Die letzteren berechnen Funktionen mit variabler Inputlänge, etwa $f:\mathbb{B}^* \to \mathbb{B}$, während ein Schaltkreis immer nur für ein festes $n \in \mathbb{N}$ eine Funktion $f_n : \mathbb{B}^n \to \mathbb{B}$ berechnen kann. Im Schaltkreismodell gelten, wie wir soeben gesehen haben, für gewisse n-stellige Funktionen exponentielle untere Schranken; andererseits kann die Schaltkreiskomplexität nicht stärker als exponentiell wachsen. Im TM-Modell kann man für feste Eingabelänge n auf Grund der Beschleunigungssätze keine bessere untere Zeitschranke als n erwarten, es macht daher wenig Sinn, von <u>der</u> TM-Zeitkomplexität einer n-stelligen Funktion zu sprechen – es sei denn, man würde die Größe des Alphabetes und der Zustandsmenge fest vorschreiben (universelle Maschinen). Aus technischen Gründen erweist sich dies nicht als vorteilhaft.

Dagegen haben wir gesehen, daß es Sprachen oder Funktionen auf $\{0,1\}^*$ mit Komplexitätsschranken gibt, die beliebig schnell wachsen können, insbesondere doppelt exponentiell usw. Wegen der engen Beziehung zwischen TM- und RAM-Komplexitätsklassen gilt letzteres auch für das RAM-Modell. Um das Schaltkreis-Modell mit dem TM-Modell vergleichen zu können, betrachtet man daher **Familien** $\mathcal{G} = G_1, G_2, \ldots$ von n-Input Schaltkreisen G_n und sagt, $\mathcal{G}$ **berechnet** die Funktion f, falls für jedes $n \in \mathbb{N}$ der Schaltkreis G_n die Funktion $f_n := f_{|\mathbb{B}^n}$ (f eingeschränkt auf den Definitionsbereich $\mathbb{B}^n$) berechnet. TM oder RAMs nennt man **uniforme Berechnungsmodelle**, Schaltkreise (genauer Schaltkreisfamilien) dagegen **nichtuniforme** Modelle.

Definition 2.2.10: Komplexität von Schaltkreisfamilien

C, D seien Komplexitätsschranken und $\mathcal{G}$ eine Familie von n-Input Schaltkreisen G_n, $n = 1, 2, \ldots$. Dann heißt $\mathcal{G}$ C-**größenbeschränkt** (bzw. D-**tiefenbeschränkt**), falls für alle n $size(G_n) \leq C(n)$ (bzw. $depth(G_n) \leq D(n)$) gilt. $\qquad\qquad\square$

Aus technischen Gründen setzen wir im folgenden – ähnlich wie bei den Turing Maschinen – voraus, daß die Komplexitätsschranken für Schaltkreise $C \geq \mathcal{N}$ bzw. $D \geq \log$ erfüllen. Dies ist keine wesentliche Einschränkung, da n-Eingabe 1-Ausgabe Schaltkreise mit Ingrad κ und weniger als n/κ internen Knoten oder Tiefe geringer als $\log n/\log \kappa$ offensichtlich nur Funktionen berechnen können, die nicht von allen Eingaben abhängen.

Im Gegensatz zu den Maschinenmodellen gibt es Familien von Schaltkreisen, die nicht-rekursive Funktionen berechnen. Ist beispielsweise $f : \mathbb{N} \to \mathbb{B}$ eine nicht-rekursive Funktion, so gilt dies auch für die Funktion $h : \mathbb{B}^* \to \mathbb{B}$ definiert durch

$$h(X) \;=\; \begin{cases} \pi_1(X) & \text{falls } f(|X|) = 0, \\ \pi_2(X) & \text{falls } f(|X|) = 1. \end{cases}$$

Der Wert von h hängt entscheidend von $|X|$, der Länge der Eingabe ab. Man sieht leicht, daß sich diese Funktion durch eine Familie extrem simpler Schaltkreise realisieren läßt. Die Schwierigkeit ist nur, für jedes n festzustellen, welches der richtige Schaltkreis ist. Um solche Phänomene auszuschließen, muß man die Klasse der zulässigen Schaltkreisfamilien eingrenzen.

Für TM und RAMs gilt, daß man jede Maschine durch einen endlichen String eindeutig beschreiben kann. Zur Spezifikation einer beliebigen Schaltkreisfamilie benötigt man dagegen unendlich viel Information, für jedes n eine Beschreibung von G_n. Wir wollen daher nur solche Familie $\mathcal{G}$ betrachten, die in einer uniformen Weise, d.h. durch nur endlich viel Information, beschrieben werden können. Technisch bedeutet dies, daß es zu $\mathcal{G}$ eine Maschine gibt, die in der Lage ist, jedes Element G_n von $\mathcal{G}$ zu konstruieren.

Definition 2.2.11: Konstruierbarkeit von Schaltkreisfamilien

Für einen internen Knoten v hatten wir mit $\Gamma^-(v)$ bzw. $\Gamma^+(v)$ die geordnete Folge seiner direkten Vorgänger bzw. Nachfolger bezeichnet. Ein Knoten v wird beschrieben durch das Tupel

$$\bar{v} \;:=\; (v, b_v, \Gamma^-(v), \Gamma^+(v)) \;.$$

Eine Familie $\mathcal{G}$ von Schaltkreisen heißt T-**zeitkonstruierbar**, S-**platzkonstruierbar**, falls es eine T-zeitbeschränkte und S-platzbeschränkte 2-Band DTM gibt, die auf die Eingabe 1^n eine topologische geordnete Folge $\bar{G}_n \;:=\; \bar{v}_1, \ldots, \bar{v}_c$ der internen Knoten des Schaltkreises G_n berechnet. Sind C und D Schranken, so bezeichne

$$\textbf{Cir}\boldsymbol{Size}(C) \qquad \text{bzw.} \qquad \textbf{Cir}\boldsymbol{Depth}(D)$$

die Menge der Booleschen Funktionen $f : \mathbb{B}^* \to \mathbb{B}$, die von C-größen- bzw. D-tiefenbeschränkten Schaltkreisfamilien berechnet werden können. Dabei muß im ersten

Fall eine derartige Familie $O(C \log C)$–zeit- und $O(\log C)$–platzkonstruierbar sein, im zweiten Fall verlangen wir $O(D)$–Platzkonstruierbarkeit.   □

Die Länge von $\bar{G}_n$ sei $l(n)$; diese ist beschränkt durch $O(\kappa \ size(G_n) \ \log \ size(G_n))$. Ist G_n in Zeit $T(n)$ konstruierbar, so kann man beispielsweise die in Lemma 2.2.4 beschriebene Konstruktion eines zu G_n äquivalenten Schaltkreises G'_n mit Ausgrad 2 mit Zeitaufwand maximal $T(n) + O(l(n) \ \log l(n))$ durchführen.

2.2.4   Simulation von Schaltkreisfamilien durch TM

Wir wollen jetzt das Verhältnis zwischen dem TM- und dem Schaltkreismodell näher untersuchen.

Theorem 2.2.12:   Schnelle Simulation von Schaltkreisen durch TM
Die Funktion $f : \mathbb{B}^* \to \mathbb{B}$ werde durch eine C–größenbeschränkte und T–zeitkonstruierbare Familie $\mathcal{G}$ von Schaltkreisen berechnet. Dann gilt für $L_f := f^{-1}(1) \subseteq \mathbb{B}^*$

$$L_f \in DTime_2(T + C \ \log^2 C) \ .$$

Beweis: Wir beschreiben eine 2-Band DTM M, die den Booleschen Wert des Ausgabeknotens berechnet, d.h. eine Eingabe X wird genau dann akzeptiert, wenn $f(X) = 1$. Auf Eingaben der Länge n berechnet M zunächst die Beschreibung $\bar{G}'_n$ eines zu G_n äquivalenten ausgradbeschränkten Schaltkreises $G'_n = (V, E)$ der Größe $c \leq (\kappa+1)C(n)$. Für diese Aufgabe benötigt M nicht mehr als $O(T + l(n) \ \log l(n)) \leq O(T + C \ \log^2 C)$ viele Schritte.

Für eine Teilmenge W von V sei $\mathbf{\Gamma^-(W)}$ bzw. $\mathbf{\Gamma^+(W)}$ eine nach Indizes geordnete Aufzählung der Knoten außerhalb von W, die direkte Vorgänger (bzw. Nachfolger) von Knoten in W sind. Die Mächtigkeit dieser Mengen ist beschränkt durch $\kappa|W|$. Wir definieren für einen Knoten v das Tupel

$$\hat{v} \ := \ (v, \Gamma^+(v), g_v(X)) \ .$$

Man kann nun die Folge $\hat{v}_i$, $i = 1, \ldots, c$, sukzessive berechnen, indem man die Folge $\bar{v}_1, \ldots, \bar{v}_c$ der Gatter von $\bar{G}'_n$ auf einem Band speichert und für v_i die Werte $g_u(X)$ für $u \in \Gamma^-(v_i)$ sucht und darauf die Funktion b_{v_i} anwendet. Auf einer 2-Band TM benötigt dieses Verfahren eine Laufzeit von $O(C(n) \ l(n)) \leq O(C^2(n) \ \log C(n))$.

Schneller geht es mit dem folgenden *divide-and-conquer*-Algorithmus (siehe Abb. 2.7): Für $W = v_{m+1}, v_{m+2}, \ldots, v_{m+r}$ sei **EVALUATE** (W) eine Prozedur, die auf Eingabe von $\bar{W} := \bar{v}_{m+1}, \ldots, \bar{v}_{m+r}$ sowie der geordneten Folge $\hat{\Gamma}^-(W) := (\hat{u})_{u \in \Gamma^-(W)}$ der direkten Vorgänger von W die Folge $\hat{W} := \hat{v}_{m+1}, \ldots, \hat{v}_{m+r}$ berechnet (siehe Abb. 2.8).

```
procedure EVALUATE (W)
```

Eingabe $\bar{W}$ auf Band 1 und $\hat{\Gamma}^-(W)$ auf Band 2
Ausgabe $\hat{W}$ auf Band 1

```
if r = 1 then begin
```
$\quad\quad$ berechne $g_{v_{m+1}}(X)$ aus $\hat{\Gamma}^-(W)$ direkt;
$\quad\quad$ ersetze $\bar{v}_{m+1}$ auf Band 1 durch $\hat{v}_{m+1}$
```
    end
if r > 1 then begin
```
$\quad\quad$ zerlege W in $\quad W_1 := v_{m+1}, v_{m+2}, \ldots, v_{m+\lceil \frac{r}{2}\rceil}$ und $W_2 := W \setminus W_1$;
$\quad\quad$ kopiere die Teilfolge $\hat{\Gamma}^-(W_1)$ aus $\hat{\Gamma}^-(W)$
$\quad\quad\quad$ an das rechte Ende von $\hat{\Gamma}^-(W)$;
$\quad\quad$ EVALUATE (W_1) ;
$\quad\quad$ lösche die Kopie von $\hat{\Gamma}^-(W_1)$;
$\quad\quad$ kopiere die Teilfolge $\hat{\Gamma}^-(W_2)$ aus $\hat{\Gamma}^-(W) \cup \hat{W}_1$
$\quad\quad\quad$ an das rechte Ende von $\hat{\Gamma}^-(W)$;
$\quad\quad$ EVALUATE (W_2) ;
$\quad\quad$ lösche die Kopie von $\hat{\Gamma}^-(W_2)$;
```
    end
end EVALUATE.
```

Bezeichnet $t(r)$ die maximale Anzahl von Schritten, die M in EVALUATE (W) für eine Folge W von maximal r Knoten benötigt, so gilt für eine geeignete Konstante μ:

$$t(r) \;\leq\; t\left(\left\lceil \tfrac{r}{2}\right\rceil\right) \;+\; t\left(\left\lfloor \tfrac{r}{2}\right\rfloor\right) + \mu\,r\,\log c\;.$$

Die Rekursionsgleichung hat die Lösung $t(r) \leq O(r \log r \log c)$. Mit $r = c$ folgt, daß M $O(T + C \log^2 C)$–zeitbeschränkt ist. $\blacksquare$

Korollar 2.2.13:
$$\mathrm{Cir}Size(C) \;\subseteq\; DTime(C \log^2 C)\;.$$

Aus der Größe der Schaltkreise einer Booleschen Funktion ergibt sich nach diesem Satz eine obere Schranke für die Zeitkomplexität von TM. Als nächstes wollen wir ein ähnliches Resultat für die Komplexitätspaare Schaltkreistiefe und TM-Platz zeigen. Schwierigkeiten bereitet dabei ein Phänomen, das uns bei der Simulation platzbeschränkter Maschinen noch des öfteren begegnen wird. Selbst wenn eine Schaltkreisfamilie durch eine TM M' mit geringem Platzbedarf konstruiert werden kann, so benötigt die obige Simulation allein für die Beschreibung der Schaltkreise G_n sehr viel Speicherplatz. Während eine Konstruktionsmaschine M' die Beschreibung von G_n auf das Ausgabeband schreibt und der Ausgabestring bei der Platzkomplexität von M' nicht gemessen wird, müßte bei einer

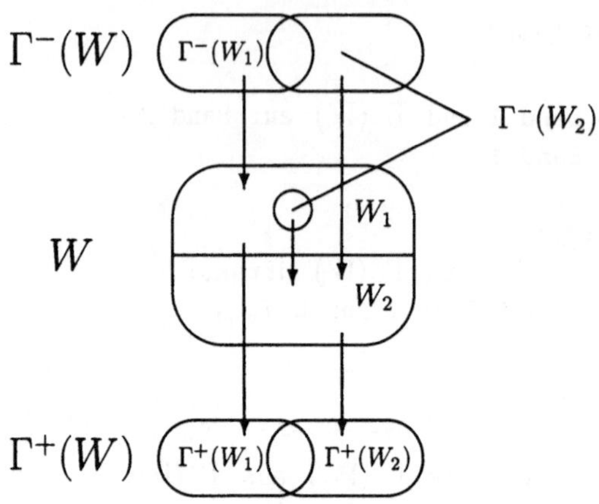

Abbildung 2.7: *Zerlegung eines Schaltkreises durch* EVALUATE

Simulation von G_n dessen Beschreibung im Arbeitsspeicher abgelegt werden und wäre folglich mit zu berücksichtigen.

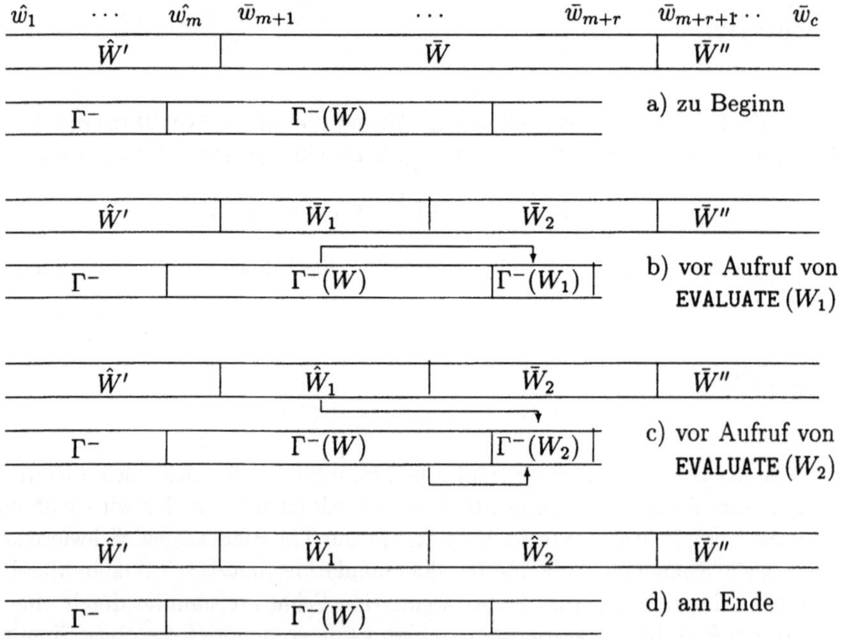

Abbildung 2.8: *Beschriftung der Bänder während der Prozedur* EVALUATE (W)

Allgemeiner gilt, daß bei Verwendung einer platzbeschränkten TM M' in der Regel wesentlich mehr Platz benötigt wird. Mit Hilfe des folgenden Tricks, der - allerdings auf Kosten der Zeitkomplexität - den Speicherbedarf für die Ausgaben von M' gering hält, kann dies Problem überwunden werden: Anstelle des gesamten Schaltkreises G_n merkt sich die TM jeweils nur einen kleinen, den gerade interessierenden Teil der Ausgabe von M' und simuliert M' erneut, wenn andere Teile der Ausgabe benötigt werden. Der im folgenden beschriebene rekursive Algorithmus durchsucht einen Schaltkreis mit einer *post-order*-Strategie: Beginnend mit dem Ausgabeknoten berechnet man zunächst die Werte aller direkten Vorgänger und aus diesen dann den Wert des Knotens.

Theorem 2.2.14: Platzeffiziente Simulation von Schaltkreisen durch TM
Eine Familie $\mathcal{G}$ von D-tiefenbeschränkten und S-platzkonstruierbaren Schaltkreisen kann durch eine $O(D + S)$-platzbeschränkte DTM simuliert werden.

Beweis: M' sei eine S-platzbeschränkte DTM, die auf eine Eingabe X der Länge n eine Beschreibung des Schaltkreises G_n berechnet. Im folgenden wird M' wiederholt simuliert und durch zusätzliche Information festgelegt, welcher Teil der Ausgabe von M' gespeichert werden soll. Sei G_n ein Schaltkreis der Tiefe $d \leq D(n)$ und Größe $c \leq \kappa^d$. Die Prozedur VALUE berechnet zu einem Knoten v dessen Wert $g_v(X)$ bei Eingabe X (siehe Abbildung 2.9). Ist v_c der Output von G_n, so bestimmt VALUE(v_c) das Resultat des Schaltkreises.

```
function VALUE (v)


Eingabe  v
Ausgabe  g_v(X)


simuliere M' auf Eingabe X#v ,
   um b_v und Γ⁻(v) = u_1,...,u_γ zu berechnen;
if b_v = π_i für ein i , 1 ≤ i ≤ n       { v ist ein Input-Knoten }
   then VALUE (v) := x_i
   else begin      { v ist ein interner Knoten }
      for j = 1 to γ do z_j := VALUE (u_j) ;
      VALUE (v)  := b_v(z_1,...,z_γ)
   end
end VALUE.
```

Die Rekursionstiefe dieser Prozedur ist gleich der Tiefe von G_n. Jede Stufe der Rekursion benötigt für ihre Parameter, d.h. im wesentlichen die Namen der maximal κ vielen Vorgängerknoten, $O(\log c)$ Speicherplätze. Insgesamt benötigt dies Verfahren Platz $O(S + d \cdot \log c) \leq O(S + D^2)$.

Der Platzbedarf läßt sich jedoch weiter reduzieren, wenn man nur den jeweils aktuellen

Knoten v mit vollem Namen speichert. Für die übrigen Knoten u_j merkt man sich nur ihren Rang j in der geordneten Folge der Vorgänger von v. Beim Rücksprung von VALUE (u_j) nach VALUE (v) muß man zunächst durch wiederholte Verwendung von M' die Namen von v und u_{j+1} wieder berechnen. Dies kann durch Verfolgen des Pfades, der vom Outputknoten v_c ausgeht und durch die Folge der Ränge spezifiziert wird, geschehen. Um sich die Werte der z_j und den Pfad zu merken, genügen dadurch pro Rekursionsstufe $O(\kappa + \log \kappa) \leq O(1)$ viele Speicherplätze. Wir erhalten damit eine verbesserte Platz-schranke der Größe $S + d \cdot O(1) + O(\log c) \leq O(S + D)$. ∎

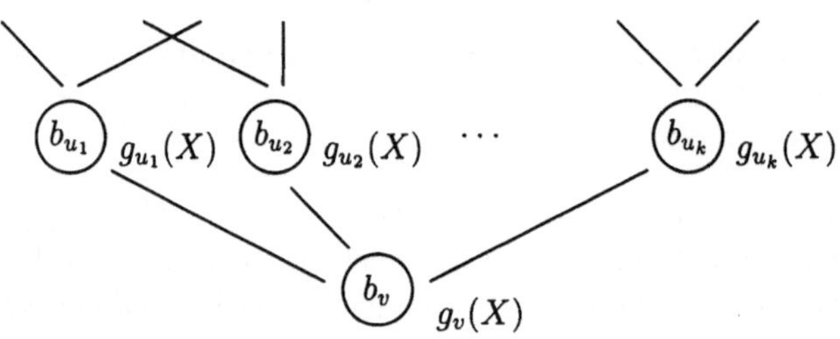

Abbildung 2.9: *Prozedur* VALUE: *Knoten* v *mit direkten Vorgängern* u_i,
$g_v(X)$ *wird rekursiv aus den* $g_{u_i}(X)$ *berechnet*

Korollar 2.2.15:
$$\mathrm{Cir}Depth(D) \subseteq DSpace(D).$$

Als Ergebnis kann man festhalten, daß DTM im wesentlichen mindestens so effizient arbeiten können wie Schaltkreisfamilien. Es soll nun eine ähnliche Aussage in der anderen Richtung gezeigt werden: Schaltkreise sind trotz ihrer Beschränkungen in der Lage, TM ohne großen zusätzlichen Aufwand zu simulieren.

2.2.5 Simulation von TM durch Schaltkreisfamilien

Wir betrachten zunächst die Beziehung zwischen Platz und Tiefe. Die bis heute beste bekannte Simulation führt zu einem quadratisch höheren Aufwand, allerdings funktioniert dies Verfahren auch für nichtdeterministische Maschinen.

Theorem 2.2.16: Tiefeneffiziente Simulation von TM durch Schaltkreise
Sei $S \geq LOG$ und die Sprache $L \subseteq \mathbb{B}^*$ in $NTimeSpace(T, S)$. Dann gibt es eine Familie $\mathcal{G}$ von ExL(S)-größen- und $O(S \cdot \log T)$-tiefenbeschränkten Schaltkreisen, die die charakteristische Funktion χ_L von L ($\chi_L(X) = 1 \Leftrightarrow X \in L$) berechnet. Sind die

Schranken T, S approximierbar, so kann die Familie $\mathcal{G}$ auf Platz S in Zeit $\mathrm{ExL}(S)$ konstruiert werden.

Beweis: Sei M eine T-zeit- und S-platzbeschränkte NTM für L. Auf Eingaben X der Länge n kann M somit nicht mehr als

$$\tau = \tau(n) := n\, |Q|\, |\Sigma|^{S(n)}\, S(n) \leq \exp\left(O(S(n))\right)$$

viele verschiedene partielle Konfigurationen annehmen. Wir können uns daher auf Zeitschranken T mit $t := T(|X|) \leq \tau$ beschränken. Ferner kann man voraussetzen, daß M genau eine akzeptierende partielle Endkonfiguration besitzt; diese sei C_τ. C_1 sei die partielle Anfangskonfiguration von M. Zur Erinnerung: Eine partielle Konfiguration beschreibt M vollständig bis auf die aktuelle Eingabe. Das Verhalten der NTM auf X läßt sich durch eine **Übergangsmatrix** $A(X) = (a_{ij})_{1 \leq i,j \leq \tau}$ mit

$$a_{ij} = \begin{cases} 1, & \text{falls } i = j \text{ oder } C_i \vdash C_j \text{ bei Eingabe } X, \\ 0, & \text{sonst,} \end{cases}$$

beschreiben. Die Frage, ob ein Übergang $C_i \vdash C_j$ möglich ist, hängt nur davon ab, welches Zeichen der Eingabekopf in C_i gerade liest. Wir definieren Matrizen $A^{[l]} = (a_{ij}^{[l]})$ durch

$$A^{[0]} := A(X) \quad \text{und} \quad A^{[l]} := A^{[l-1]} \otimes A^{[l-1]} \quad \text{für } l > 0 ,$$

wobei $\otimes$ das Boolesche Matrizenprodukt bezeichne: $a_{ij}^{[l]} = \bigvee_{1 \leq k \leq \tau} a_{ik}^{[l-1]} \wedge a_{kj}^{[l-1]}$. Akzeptiert M die Eingabe X, so gibt es eine akzeptierende Berechnung der Länge t. Man sieht leicht die Gültigkeit der folgenden Äquivalenzen ein:

(i) $\quad a_{ij}^{[l]} = 1 \quad \Longleftrightarrow \quad$ bei Eingabe X gibt es eine Folge von Konfigurationen
$\qquad\qquad\qquad\qquad\qquad\qquad C_i \vdash C_{i_1} \vdash \ldots \vdash C_{i_r} \vdash C_j$ der Länge $r + 1 \leq 2^l$;

(ii) $\quad M$ akzeptiert $X \quad \Longleftrightarrow \quad \exists$ Folge $C_0(X) \vdash \ldots \vdash C_t$ der Länge $t \leq \tau$

$\qquad\qquad\qquad\qquad\; \Longleftrightarrow \quad a_{1\tau}^{[\log t]} = 1 .$

Das Boolesche Produkt zweier $(\tau \times \tau)$-Matrizen kann durch einen Schaltkreis der Größe $\tau^2\, (2\tau - 1)$ und Tiefe $\log(2\tau)$ auf naheliegende Weise berechnet werden. Um $A^{[\log t]}$ zu berechnen, genügt es, $\log t$ solcher Schaltkreise hintereinanderzuhängen. Der so entstandene Schaltkreis G_n hat eine Tiefe von $\log 2\tau \cdot \log t \leq O(\log T \cdot S)$ und Größe $O(\tau^3 \cdot t) \leq \mathrm{ExL}(S)$.

Die Struktur dieser so konstruierten Schaltkreise ist sehr regelmäßig, und die Einträge der Übergangsmatrix $A(X)$ lassen sich aus der Übergangsfunktion von M und X einfach berechnen. Die einzige potentielle Schwierigkeit ist die Berechnung der Schranke τ für die Anzahl der partiellen Konfigurationen sowie der Zeitschranke t. Sind die Schranken von M approximierbar, so gilt dies auch für die Funktion $\log \tau(n)$. G_n läßt sich somit auf Platz $\log \tau(n) \leq O(S)$ in Zeit $O(\mathrm{ExL}(S))$ konstruieren. ∎

Korollar 2.2.17:
Für approximierbare Schranken T und $S \geq \log$ gilt:

$$NTimeSpace(T, S) \;\subseteq\; CirSizeDepth(ExL(S), O(S \cdot \log T)) \,,$$
$$NSpace(S) \;\subseteq\; CirDepth(O(S^2)) \,.$$

Da gemäß Theorem 2.2.12 eine $ExL(S)$ größenbeschränkte Schaltkreisfamilie durch eine

$$ExL(S) \cdot \log^2(ExL(S)) \;=\; ExL(S)$$

zeitbeschränkte DTM simuliert werden kann, ergeben sich zusammen mit Korollar 2.2.15 die folgenden Beziehungen zwischen NTM und DTM:

Korollar 2.2.18:
Für approximierbare Schranken T und $S \geq \log$ gilt:

$$NTimeSpace(T, S) \;\subseteq\; DSpace(S \cdot \log T) \,,$$
$$NTime(T) \;\subseteq\; NSpace(T) \;\subseteq\; DTime(ExL(T)) \,,$$
$$NSpace(S) \;\subseteq\; NTimeSpace(ExL(S), S) \;\subseteq\; DSpace(S^2) \,.$$

Diese Beziehungen können auch direkt ohne den Umweg über Schaltkreise hergeleitet werden, siehe dazu Aufgabe 2.4.23. Man kann sich sogar überlegen, daß in diesem Fall die Approximierbarkeit der Ressourceschranken nicht vorausgesetzt werden muß.

Der zur Simulation in Beweis von Theorem 2.2.12 benötigte Platz wächst linear mit der Schaltkreisgröße. Möchte man daher NTM oder Schaltkreise simultan zeit- und platzeffizient durch DTM simulieren, so kann man für Platzschranken S, die wesentlich geringer als die Zeitschranke wachsen, unter Verwendung der Relation $DSpace(S) \subseteq DTimeSpace(ExL(S), S)$ (siehe Aufgabe 1.5.26) zumindest zeigen

$$NTimeSpace(T, S) \;\subseteq\; CirSizeDepth(ExL(S), O(S \cdot \log T))$$
$$\subseteq\; DSpace(S \cdot \log T)$$
$$\subseteq\; DTimeSpace(ExL(S \cdot \log T), S \cdot \log T) \,.$$

Es verbleibt die Aufgabe, eine TM durch eine Familie von Schaltkreisen zu simulieren, so daß die Größe der Schaltkreise die Zeitkomplexität der Maschine nicht wesentlich übersteigt. Wir beschränken uns hierbei wieder auf deterministische Maschinen.

M sei eine T–zeitbeschränkte k-Band DTM. Um M durch eine Schaltkreisfamilie $\mathcal{G}$ zu simulieren, kodieren wir die Zustände q von M und die Symbole a des Bandalphabets als binäre Strings $\tilde{q}$ bzw. $\tilde{a}$ einer festen Länge l. Dadurch läßt sich das Verhalten von M in einem Schritt durch eine Boolesche Funktion

$$\tilde{\Delta}_M \; : \quad \mathbb{B}^{(k+1)l} \to \mathbb{B}^{(k+1)l} \; ,$$
$$(\tilde{q}, \tilde{a}_1, \ldots, \tilde{a}_k) \mapsto (\tilde{q}', \tilde{a}_1', \ldots, \tilde{a}_k')$$

beschreiben. Die Argumente von $\tilde{\Delta}_M$ sind die Kodierungen des Zustandes und der k durch die Köpfe von M gelesenen Symbole a_j; die Werte beschreiben den neuen Zustand und die Symbole a_j', die die Köpfe drucken. $\tilde{\Delta}_M$ kann durch einen Schaltkreis $\tilde{G}$ der Größe $c \le \exp(k+1)l$ berechnet werden. c hängt somit nur von M ab, d.h. $\tilde{G}$ ist ein Schaltkreis konstanter Größe unabhängig von den Eingaben für M.

Wir wollen nun einen Schaltkreis G_n konstruieren, der Berechnungen von M auf Eingaben X der Länge n simuliert. Bei der Simulation eines Schrittes vom M kann man im allgemeinen nicht vorhersagen, welche Zellen die Köpfe gerade lesen, denn eine TM kann ihre Köpfe für verschiedene Eingaben unterschiedlich bewegen. Aus diesem Grund definieren wir:

Definition 2.2.19: Bewegungsuniformität
Eine DTM heißt **bewegungsuniform** (im Englischen **oblivious**), falls für jedes $n \in \mathbb{N}$ gilt: Die Folge ihrer Kopfbewegungen ist für alle Inputs der Länge n identisch.

□

Ist M bewegungsuniform, so läßt sich die Simulation durch einen Schaltkreis folgendermaßen durchführen. Man verwendet eine Folge $\tilde{G}_i$, $i = 1, \ldots, T(n)$ von Kopien von $\tilde{G}$ und verbindet Ein- und Ausgaben der $\tilde{G}_\tau$ entsprechend den uniformen Kopfbewegungen (siehe Abbildung 2.10). Für einen Schritt i und ein Band j dient als Input $\tilde{a}_j$ von $\tilde{G}_i$ der Output $\tilde{a}_j'$ des Schaltkreises $\tilde{G}_\tau$. Dabei ist $\tau < i$ der Zeitpunkt, indem die Zelle v, in der Kopf j vor Schritt i steht, letztmalig besucht worden ist. Das in Schritt τ geschriebene Symbol ist nämlich gerade das, welches dieser Kopf nun in v wieder vorfindet.

Ist v eine Eingabezelle, die zum ersten Mal betreten wird, so speichert sie ein Symbol x_r des Inputs X. Entsprechend bestimmt sich $\tilde{a}_j$. Existiert der Vorgängerschritt τ nicht und ist v auch keine Eingabezelle, so ist v noch leer, $\tilde{a}_j$ stellt dann das Blanksymbol dar. Auf Grund der Bewegungsuniformität ist τ unabhängig von der konkreten Eingabe. Die so erhaltene Verdrahtung der $\tilde{G}_i$ ist somit korrekt für alle Eingaben der Länge n.

Output- und Inputknoten von $\tilde{G}_i$ bzw. $\tilde{G}_{i+1}$ für die Zustände der Maschine werden direkt verbunden. Um nun zu entscheiden, ob M eine Eingabe X akzeptiert, wird für den Zustand $\tilde{q}'$, den der letzte Teilschaltkreis $\tilde{G}_{T(n)}$ ausgibt, überprüft, ob er akzeptierend ist. Dies ist durch einen kleinen Schaltkreis konstanter Größe leicht möglich. Insgesamt erhält man so einen Schaltkreis G_n, dessen Größe durch $O(T(n))$ beschränkt ist. Damit ergibt sich folgender Satz:

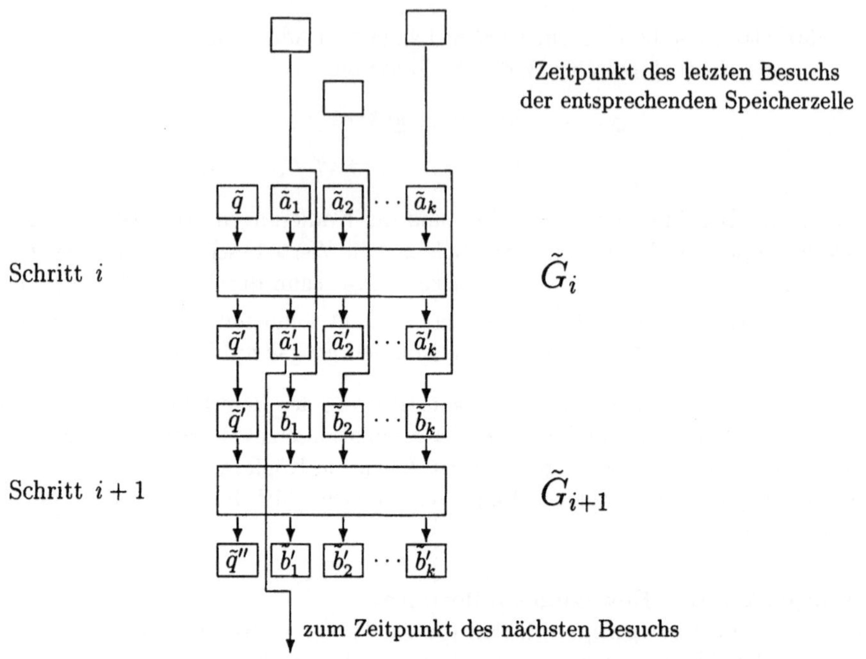

Abbildung 2.10: *Schaltkreis zur Simulation von* M

Theorem 2.2.20: Größeneffiziente Simulation von TM durch Schaltkreise
Ist M eine T-zeitbeschränkte bewegungsuniforme DTM, die eine Sprache $\subseteq \mathbb{B}^*$ akzeptiert, so kann M durch eine $O(T)$-größenbeschränkte Schaltkreisfamilie $\mathcal{G}$ simuliert werden, d.h. $\mathcal{G}$ berechnet die charakteristische Funktion χ_L. ∎

Um beliebige TM mit Schaltkreisen vergleichen zu können, werden wir zu jeder Maschine ein bewegungsuniformes Pendant konstruieren. Da der Simulator unabhängig von der Bänderzahl von M nur 2 Bänder benutzt, erhalten wir gleichzeitig eine Reduktion von Mehrband TM auf 2-Band Maschinen. Die grundlegende Idee ist ähnlich der Simulation von vielen Bändern auf einem Band im ersten Kapitel; für jedes Band von M verwendet der Simulator eine separate Spur. Die gesamte Bandinschrift wird einmal auf der zugehörigen Spur dargestellt. Diese Darstellung kann man als eine Art Hintergrundspeicher auffassen. Das Problem, auf die von den Köpfen gelesenen Zeichen schnell zugreifen zu können, wird durch Verwendung einer Folge von Zwischenspeichern („Caches") gelöst. Die Größe dieser Zwischenspeicher nimmt von Stufe zu Stufe um einen festen Faktor ab. Beginnend mit der gesamten Bandlänge bis zum Erreichen konstanter Größe sind logarithmisch viele Stufen notwendig (für die folgende Konstruktion erweist sich der Faktor 3 als geeignet). Jeder Zwischenspeicher speichert einen Teil der Bandinschrift um die aktuelle Kopfposition herum. Wenn der Kopf eine derartige Umgebung verläßt, werden entsprechende benachbarte Zwischenspeicher unter Verwendung des zweiten Bandes aktuallisiert. Die Zwischenspeicher werden hintereinander in der entsprechenden Spur eingerichtet. Dies Verfahren läßt sich auch bewegungsuniform mit geringem zeitlichen Mehraufwand implementieren.

Theorem 2.2.21: Bewegungsuniforme Simulation von Mehrband TM
Die Schranken T, S seien simultan in Zeit $O(T)$ und auf Platz $O(S)$ konstruierbar. Dann kann eine T-zeit- und S-platzbeschränkte Mehrband DTM durch eine $O(T \log S)$-zeit- und $O(S)$-platzbeschränkte bewegungsuniforme 2-Band DTM simuliert werden.

Beweis: M sei eine T-zeitbeschränkte, S-platzbeschränkte k-Band TM. Definiere $t := T(n)$, $s := S(n)$ und $\sigma := \lceil \log_3 s \rceil$. Wir beschreiben eine $O(\sigma\, t)$-zeitbeschränkte bewegungsuniforme 2-Band TM M', die t Schritte von M Schritt für Schritt simuliert. Falls M vor Ablauf der Zeitschranke t hält, simuliert M' eine Fortsetzung der Rechnung von M, in der sich die Konfiguration von M nicht ändert.

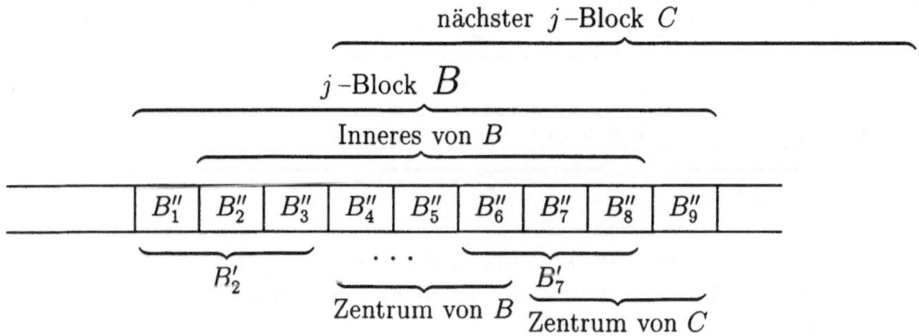

Abbildung 2.11: *Zerlegung eines j-Blockes der Länge 3^{j+1}*
in $(j-2)$-Teilblöcke B_i'' und $(j-1)$-Subblöcke B_i'

Die Inhalte der k Bänder von M werden in k Spuren des ersten Bandes von M' gespeichert. Band 2 wird nur für Kopieroperationen benutzt. Für jedes Band G_κ von M und $0 \le j \le \sigma$ definieren wir eine überlappende Partionierung in j-Blöcke. Ein j-**Block** B besteht aus 3^{j+1} aufeinanderfolgenden Speicherzellen, aufgeteilt in 9 $(j-2)$-Blöcke $B_1'', \ldots, B_9''$. B heißt **Oberblock** der B_i'', B_i'' **Teilblock** von B. Je 3 aufeinanderfolgende Teilblöcke bilden einen $(j-1)$-**Subblock** B_l' von B, $l = 2, \ldots, 8$. Diese B_l' dienen gleichzeitig als Blöcke bei der Zerlegung von G_κ in $(j-1)$-Blöcke. Die Teilblöcke B_4'', B_5'', B_6'' bilden das **Zentrum** von B und die Teilblöcke $B_2'', \ldots, B_8''$ das **Innere** von B. Die Überschneidungen der j-Blöcke werden so gewählt, daß die Zentren eine disjunkte Zerlegung von G_κ bilden.

Der Simulator M' stellt den Inhalt des Bandes G_κ in einer Folge von Zwischenspeichern $Z^1, Z^2, \ldots, Z^{j-1}, Z^j, \ldots, Z^\sigma$ dar. Z^j besitzt Länge 3^{j+1} und speichert jeweils einen j-Block B^j. Dabei wird zu jedem Zeitpunkt gewährleistet, daß der $(j-1)$-Block B^{j-1}, den Z^{j-1} speichert, ein $(j-1)$-Subblock von B^j ist. B^σ ist so gewählt, daß sich alle Bandzellen, die M in t Schritten erreichen kann, im Zentrum dieses Blocks befinden. Die B^j erfüllen die Bedingung:

Die aktuelle Position des Kopfes auf G_κ liegt im Inneren von B^j.

Zusätzlich wird die Nummer von B^{j-1} als Subblock von B^j gespeichert, diese Zahl zwischen 2 und 8 bezeichnen wir auch als **relative Adresse** von B^{j-1}, abgekürzt $ad(B^{j-1})$. *pos* bezeichne die Position des Kopfes relativ zum Block B^1. Die Darstellung von G_κ in der Folge der Zwischenspeicher $Z^1,\ldots,Z^\sigma$ auf Spur κ hat dann die Form

$$pos\#B^1\#ad(B^1)\#B^2\#ad(B^2)\#B^3\ldots.$$

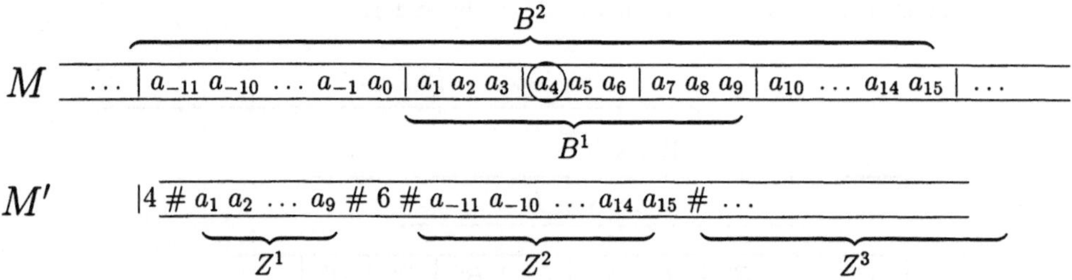

Abbildung 2.12: *Darstellung der Blockinhalte in den Zwischenspeichern Z_i: Der Kopf von M liest das Zeichen a_4 des Blockes B^2 im Subblock B^1 mit relativer Adresse 6.*

Nun zur eigentlichen Simulation. M' berechnet zunächst t, s und σ. Da diese Parameter nur von der Länge der Eingabe abhängen, ist M' in dieser Phase der Simulation offensichtlich bewegungsuniform. Das weitere Vorgehen zerfällt in Unterprozeduren, die wir j-PHASEN nennen, $1 \leq j \leq \sigma$. Eine j-PHASE simuliert $3^j - 3^{j-1}$ aufeinanderfolgende Schritte von M. Zu Beginn einer j-PHASE gelte für jedes Band von M:

Der Kopf befindet sich im Zentrum von B^j, und zwar im Subblock mit relativer Adresse $ad(B^{j-1})$, d.h. $ad(B^{j-1})$ (bzw. *pos* für $j = 1$) ist eine Zahl zwischen 4 und 6.

Dann gilt am Ende der j-PHASE, d.h. nach $3^j - 3^{j-1}$ Schritten:

Die Köpfe von M befinden sich im Inneren des entsprechenden Blocks B^j im Subblock mit relativer Adresse $ad(B^{j-1})$. Sowohl am Anfang als auch am Ende einer j-Phase speichert Z^j die aktuelle Bandinschrift von M.

Innerhalb einer j-PHASE werden noch zwei Subroutinen benötigt. Zum einen die Prozedur $\mathtt{COPY}(j, ad(B^{j-1}))$, die der Reihe nach alle Subblöcke von B^j vollständig liest. Beim Lesen des Subblocks mit Adresse $ad(B^{j-1})$ wird dessen Inhalt zunächst auf Band 2 und dann auf die Position für B^{j-1} auf Band 1 kopiert. Zum anderen die Routine $\mathtt{UPDATE}\,(j, ad(B^{j-1}))$, die das Umgekehrte macht: In Z^j wird der entsprechende Subblock durch die Beschriftung von B^{j-1} und $ad(B^{j-1})$ durch die Nummer des Teilblocks von B^j ersetzt, in dem sich der Kopf befindet. Diese Kopieroperationen können bewegungsuniform ausgeführt werden.

```
procedure j -PHASE
if j = 1 then begin
    lese die Blöcke B¹ und simuliere M für 3¹-3⁰ = 2 Schritte;
    modifiziere die Beschriftungen der Blöcke B¹ und die
    relativen
        Adressen pos entsprechend dem Verhalten von M
    end
if j > 1 then do 3 mal
    begin
    COPY( j, ad(B^{j-1})) ;
    (j - 1)-PHASE;
    UPDATE( j, ad(B^{j-1}))
    end
end j -PHASE.
```

Man überlegt sich nun (per Induktion über j), daß die Kopfbewegungen innerhalb einer j-Phase nicht von den Inhalten der Blöcke und damit der Bandbeschriftung der zu simulierenden Maschine abhängen. Daher können die Kopfbewegungen von M' für jedes n unabhängig von der Eingabe und dem speziellen Verhalten von M auf dieser Eingabe ausgeführt werden. Bezeichnet $\tau(j)$ den Zeitaufwand einer j-PHASE, so gilt für geeignetes μ die Rekursionsformel:

$$\tau(1) \;\leq\; \mu\,3^1 \qquad \text{und} \qquad \tau(j) \;\leq\; 3\,\tau(j-1) + \mu\,3^j.$$

Durch Einsetzen bestätigt man, daß $\tau(j) \leq \mu\,j\,3^j$ gilt. Die vollständige Simulation von M besteht aus $\lceil t\,/\,(3^\sigma - 3^{\sigma-1}) \rceil$ vielen σ-PHASEN und benötigt daher Zeit

$$O(\frac{t}{3^\sigma - 3^{\sigma-1}}\,\sigma\,3^\sigma) \;\leq\; O(t\,\sigma)\,.$$

M' ist $O(3^1 + 3^2 + \ldots + 3^\sigma) \;\leq\; O(S)$-platzbeschränkt. ∎

Korollar 2.2.22:
Eine T-zeitbeschränkte DTM kann durch eine $O(T \log T)$-größenbeschränkte Familie
von Schaltkreisen simuliert werden. Kann man T in linearer Zeit und auf logarithmischem
Platz approximieren, so gilt:

$$DTime(T) \subseteq \mathrm{Cir}Size(O(T \log T)) .$$

Der *Beweis* folgt aus Theorem 2.2.20 und 2.2.21, da eine T-zeitbeschränkte TM stets
auch T-platzbeschränkt ist. Darüberhinaus sind die Bewegungen der simulierenden bewegungsuniformen TM sehr regelmäßig, so daß sich die Schaltkreise einfach konstruieren
lassen. Man kann sich überlegen, daß dazu eine $\log T$-platzbeschränkte DTM genügt.

Läßt man den Gesichtspunkt der Bewegungsuniformität außer acht, so kann durch diese
Methode die Anzahl der Bänder reduziert werden, und man erhält als:

Korollar 2.2.23: Reduktion auf 2 Bänder

$$\begin{aligned}
DTime(T) &\subseteq DTime_2(T \log T) \\
DTimeSpace(T, S) &\subseteq DTimeSpace_2(T \log S, S) , \\
NTimeSpace(T, S) &\subseteq NTimeSpace_2(T \log S, S) .
\end{aligned}$$

Fassen wir die Ergebnisse über Registermaschinen und Schaltkreise noch einmal zusammen. Wir haben unter entsprechenden Konstruierbarkeitsbedingungen die folgenden
Relationen gezeigt:

$$\begin{aligned}
DTime(T) &\subseteq \mathrm{RAM}Time(\mathrm{Lin}(T)) \subseteq DTime(T^2) , \\
DTime(T) &\subseteq \mathrm{Cir}Size(\mathrm{Lin}(T \log T)) \subseteq DTime(T \log^3 T) , \\
DSpace(S) &= \mathrm{RAM}Space(\mathrm{Lin}(S)) , \\
DSpace(S) &\subseteq \mathrm{Cir}Depth(O(S^2)) \subseteq DSpace(S^2) .
\end{aligned}$$

Es besteht also höchstens ein quadratischer Unterschied zwischen diesen sequentiellen
Berechnungsmodellen oder noch etwas gröber formuliert

$$DTime(\mathrm{Pol}(T)) = \mathrm{RAM}Time(\mathrm{Pol}(T)) = \mathrm{Cir}Size(\mathrm{Pol}(T)) .$$

Man kann diese Relation als eine Quantifizierung der Church'schen These interpretieren; sie ist unter der Bezeichnung **sequentielle Berechnungshypothese** geläufig und
schließt weitere, hier bislang noch nicht behandelte Maschinenmodelle ein. Wir wollen
ein algorithmisches Problem Q **effizient lösbar** nennen, wenn es irgendein algorithmisches Lösungsverfahren für Q gibt, das nicht mehr als polynomiell viele Schritte in der
Länge der Problemeingaben benötigt. Damit kann man diese Hypothese folgendermaßen
formulieren:

Zwischen sequentiellen Maschinenmodellen wie DTM, RAMs, Schaltkreisen usw. gibt es bezüglich der Zeitkomplexität höchstens polynomiale Unterschiede. Ein Problem bzw. eine Funktion oder Sprache ist genau dann sequentiell effizient berechenbar, wenn man in einem dieser Maschinenmodelle und damit gleichzeitig in allen anderen eine polynomial zeitbeschränkte Maschine finden kann, die die Aufgabe löst.

Es sei abschließend bemerkt, daß unsere Untersuchungen für das Platzmaß eine ähnliche Invarianz bezüglich des verwendeten Maschinenmodells gezeigt haben.

2.2.6 Universelle Schaltkreise

Es soll zum Abschluß dieses Abschnittes die Frage der Universalität für das Schaltkreismodell untersucht werden. Für festes n wollen wir für die Menge der n-stelligen Booleschen Funktionen (bzw. Schaltkreise mit n Inputs) einen universellen Schaltkreis U konstruieren, der in der Lage ist, jede dieser Funktionen zu berechnen (jeden dieser Schaltkreise zu „simulieren"). Ein $f \in \mathcal{B}_n$ ist dabei durch zusätzliche Eingabevariable in geeigneter Weise zu spezifizieren. Wegen der Mächtigkeit von $\mathcal{B}_n$ werden dazu mindestens 2^n Variable benötigt.

Definition 2.2.24: Universeller Schaltkreis
Ein Schaltkreis U mit Eingaben $x_1, \ldots, x_n, z_1, \ldots, z_s$ heißt **universell** für eine Klasse $\mathcal{F}$ von n-stelligen Booleschen Funktionen, falls es für jede Funktion $f(x_1, \ldots, x_n) \in \mathcal{F}$ eine Belegung $a_1, \ldots, a_s$ der z-Variablen gibt, so daß U auf Eingabe $x_1, \ldots, x_n, a_1, \ldots, a_s$ den Wert $f(x_1, \ldots, x_n)$ berechnet. $\qquad\square$

Aus der disjunktiven Normalform läßt sich eine asymptotisch optimale Konstruktion ableiten: Jedes Monom der Länge n, das bei dieser Darstellung auftreten kann, wird durch eine zusätzliche Variable gesteuert; diese entscheidet, ob es bei der Disjunktion der Monome mit berücksichtigt wird. Berechnet man die Monome effizient (vergleiche Übung 2.4.10), so ergibt sich ein universeller Schaltkreis der Größe $O(2^n)$.

Allgemeiner läßt sich mit Hilfe eines Abzählargumentes zeigen, daß für $c \leq 2^n/n$ ein universeller Schaltkreis für die Menge der n-Input Schaltkreise der Größe maximal c mindestens die Größe $\Omega(c \log c)$ besitzen muß. Wählt man $m \leq n$ maximal, so daß $c \geq (1 + \delta)\, 2^{m+1}/m$, so folgt aus der oberen Schranke für die asymptotische Schaltkreiskomplexität (siehe Bemerkungen zu Theorem 2.2.9): Jede m-stellige Boolesche Funktion kann durch einen Schaltkreis der Größe maximal c berechnet werden. Jeder m-stelligen Funktion kann man eine $n > m$-stellige Funktion zuordnen, indem man die letzten $n - m$ Variablen nicht berücksichtigt. Daher gibt es in der Menge der n-stelligen Funktionen mindestens eexp m viele, die durch einen Schaltkreis der Größe c berechnet werden können. Um alle diese Funktionen realisieren zu können, benötigt man mindestens logarithmisch viele, d.h. $s \geq \exp m$, zusätzliche Eingabevariable, die die Ausgabe des universellen Schaltkreises beeinflussen können. Das heißt, solch ein Schaltkreis wird durch das Setzen dieser Variablen initialisiert. Damit es von jeder dieser Steuervariablen eine Verbindung zu dem Output des Schaltkreises gibt, benötigt man mehr als s/κ viele interne Gatter bei einer Basis mit maximalem Ingrad κ. Somit ist die Größe des Schaltkreises mindestens $\Omega(\exp m) \geq \Omega(c \log c)$.

Für die Klasse der gradbeschränkten DAGs mit maximal c Knoten existieren universelle Graphen G_U der Größe $O(c \log c)$. Universell bedeutet dabei, daß jeder solche Graph G in G_U eingebettet werden kann, wobei Knoten auf Knoten und Kanten auf Pfade in G_U abgebildet werden. Mit Hilfe solch eines universellen Graphen können wir universelle Schaltkreise der Größe $O(c \log c)$ konstruieren. Der zusätzliche logarithmische Faktor ist folglich bestmöglich.

Definition 2.2.25: Universeller Graph

$\mathcal{G}_n^{d,e}$ sei die Menge der gerichteten azyklischen Graphen mit n Knoten, deren Ingrad durch d und deren Ausgrad durch e beschränkt ist. $G = (V, E)$ und $G' = (V', E')$ seien Graphen. $\mathtt{Pfad}(G')$ bezeichne die Menge der Pfade in G'. Ein Paar von Abbildungen

$$\zeta_V : V \to V' \qquad \text{und} \qquad \zeta_E : E \to \mathtt{Pfad}(G')$$

heißt **kantendisjunkte Einbettung** von G in G', falls ζ_V injektiv ist und für eine Kante $e = (v_1, v_2)$ der Pfad $\zeta_E(e)$ in $\zeta_V(v_1)$ beginnt und in $\zeta_V(v_2)$ endet. Für je zwei verschiedene Kanten e_1, e_2 wird zudem verlangt, daß die zugehörigen Pfade $\zeta_E(e_1), \zeta_E(e_2)$ keine gemeinsamen Knoten enthalten – bis auf Anfangs- bzw. Endknoten in dem Fall, daß sich die beiden Kanten in einem Knoten schneiden.

Ein DAG $G_U = (V_U, M, E_U)$ mit einer ausgezeichneten Knotenmenge $M \subseteq V_U$, $M = \{w_1, w_2, \ldots, w_n\}$ heißt **universell** für die Graphenklasse $\mathcal{G}_n^{d,e}$, falls für alle Graphen $G = (V, E) \in \mathcal{G}_n^{d,e}$ und alle topologisch geordneten Aufzählungen $v_1, v_2, \ldots, v_n$ der Knotenmenge V gilt: Es existiert eine disjunkte Einbettung ζ von G in G_U mit $\zeta(v_i) = w_i$ für alle i. $\square$

Wir wollen im folgenden das Problem, für beliebiges $d \in \mathbb{N}$ einen universellen Graphen für die Klasse $\mathcal{G}_n^{d,d}$ zu konstruieren, auf den Fall der Klasse $\mathcal{G}_n^{1,1}$ zurückführen. Graphen mit höherem Grad werden hierbei in Teilgraphen zerlegt, die zu $\mathcal{G}_n^{1,1}$ gehören.

Definition 2.2.26:

Ein **Matching** eines bipartiten Graphen $G = (V_1 \dot\cup V_2, E)$ ist eine Teilmenge E' der Kanten, so daß für alle $e_1, e_2 \in E'$ gilt: $e_1 \cap e_2 = \emptyset$ – jeder Knoten von G inzidiert mit höchstens einer Kante aus E'. Ein Matching heißt **maximal**, wenn es nicht weiter durch Hinzunahme von Kanten vergrößert werden kann. Ein **Maximum-Matching** ist ein Matching E', bei dem die Kardinalität $|E'|$ größtmöglich ist unter allen Matching von G. Schließlich nennen wir ein Matching **perfekt**, falls jeder Knoten in V durch eine seiner inzidenten Kanten im Matching vertreten ist. $\square$

Eine notwendige Voraussetzung für ein perfektes Matching in einem bipartiten Graphen besteht offensichtlich darin, daß seine beiden Knotenmengen gleichmächtig sind.

Theorem 2.2.27: Heiratssatz
Ein perfektes Matching existiert in einem bipartiten Graphen $G = (V_1 \dot{\cup} V_2, E)$ genau dann, wenn für alle Teilmengen W von V_1 gilt: $\Gamma(W)$, die Menge der Knoten in V_2, die mit einem Knoten aus V_1 durch eine Kante verbunden sind, ist mindestens so groß wie W. $\blacksquare$

Wir wollen diesen Satz hier nicht beweisen, man kann ihn in vielen Lehrbüchern der Kombinatorik nachlesen. Als Korollar ergibt sich

Korollar 2.2.28:
Ist ein bipartiter Graph regulär, dann besitzt er ein perfektes Matching.

Beweis: Bei einem regulären bipartiten Graphen G mit Grad d, müssen seine beiden Knotenmengen V_1, V_2 gleichmächtig sein. Aus einer beliebigen Teilmenge $W \subseteq V_1$ führen genau $d \cdot |W|$ Kanten nach V_2. Jeder Knoten in $\Gamma(W)$ kann mit maximal d dieser Kanten inzidieren. Somit folgt $|\Gamma(W)| \geq |W|$. $\blacksquare$

Lemma 2.2.29:
Jeder Graph $G = (V, E) \in \mathcal{G}_n^{d,d}$ besitzt eine disjunkte Zerlegung seiner Kantenmenge $E = \dot{\cup}_{i=1}^{d} E_i$, so daß die Teilgraphen $G_i := (V, E_i)$ zu der Klasse $\mathcal{G}_n^{1,1}$ gehören.

Beweis: Zu G konstruieren wir einen bipartiten Graphen $\tilde{G}$, dessen Knotenmenge aus zwei Kopien $u_1, \dots, u_n$ und $w_1, \dots, w_n$ von V besteht. Für jede Kanten $(v_i, v_j) \in E$ wird in $\tilde{G}$ eine Kante (u_i, w_j) eingefügt. Da der In- und Ausgrad von G beschränkt ist durch d, inzidiert jeder Knoten in $\tilde{G}$ mit höchstens d Kanten. Durch das Einfügen zusätzlicher Kanten zwischen Knoten u_i, w_j mit Grad kleiner d erhält man einen d-regulären Graphen $\hat{G}$. Auf Grund des obigen Korollars besitzt dieser Graph ein perfektes Matching M_1. Entfernt man diese Kantenmenge, so verbleibt ein $(d-1)$-regulärer Graph, in dem man ebenfalls ein perfektes Matching findet. Durch Iteration kann somit eine Folge von perfekten Matchings $M_1, M_2, \dots, M_d$ generiert werden, die die Kantenmenge von $\hat{G}$ vollständig zerlegen. Entfernt man aus jedem M_i die Kanten, die nicht in $\tilde{G}$ vorkommen, so entspricht jeder Kante in M_i eine Kante im ursprünglichen Graphen G. Die Menge dieser Kante sei E_i. Wegen der Matching-Eigenschaft hat jeder Knoten in G höchstens eine eingehende und eine ausgehende Kante in E_i, mit anderen Worten $(V, E_i) \in \mathcal{G}_n^{1,1}$. $\blacksquare$

Lemma 2.2.30:
Für die Klasse $\mathcal{G}_n^{1,1}$ existiert ein universeller Graph G_U der Größe $O(n \log n)$, wobei der In- und Ausgrad der ausgezeichneten Knoten in M jeweils 1 und die Grade der anderen Knoten maximal 2 ist.

Beweis: Wir konstruieren den universellen Graphen G_U für $\mathcal{G}_n^{1,1}$ rekursiv mit Hilfe von 2 universellen Graphen G_1, G_2 für die Klasse der Graphen mit $\left\lceil \frac{n}{2} \right\rceil - 1$ Knoten. Die folgende Abbildung beschreibt die Idee.

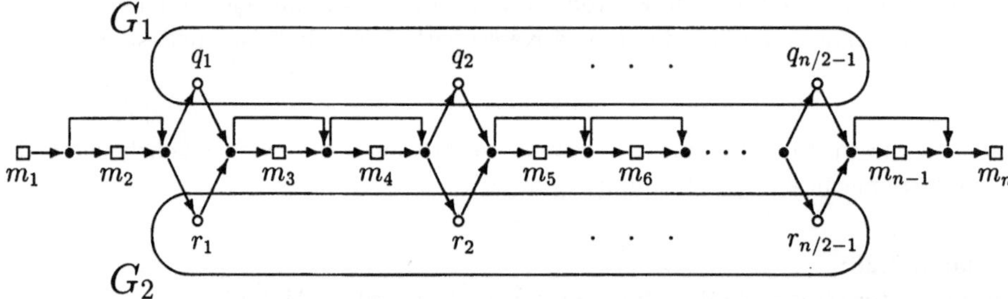

Abbildung 2.13: *Konstruktion des universellen Graphen G_U*

Die Knoten $m_1, \ldots, m_n$ bilden die ausgezeichnete Menge M. Die q_i bzw. r_i seien die ausgezeichneten Knoten von G_1 bzw. G_2. Ist nun $G \in \mathcal{G}_n^{1,1}$ ein beliebiger Graph mit Knotenmenge $v_1, \ldots, v_n$, so erhält man durch Vereinigung der Knotenpaare v_{2i-1}, v_{2i} zu einem (Super-) Knoten v_i', $i = 1, \ldots, \left\lceil \frac{n}{2} \right\rceil$ einen Graphen $G' \in \mathcal{G}_{\lceil n/2 \rceil}^{2,2}$. Dabei verläuft eine Kante von v_i' nach v_j', falls in G zwischen den zugehörigen Knotenpaaren eine Kante existiert.

Nach dem vorangehenden Lemma läßt sich $G' = (V', E')$ wiederum in die beiden Teilgraphen $G_j' = (V', E_j') \in \mathcal{G}_{\lceil n/2 \rceil}^{1,1}$ zerlegen, $j = 1, 2$. Kanten in G_j' werden mit Hilfe des universellen Graphen G_j realisiert. Ist (v_a, v_b) eine Kante in G, so gibt es in G' die Kante $(v_{\lceil a/2 \rceil}, v_{\lceil b/2 \rceil})$. Gehört diese Kante zu G_1', so finden wir in dem resultierenden universellen Graphen G_U (siehe Abbildung 2.13) einen Weg von m_a nach $q_{\lceil a/2 \rceil}$ und von $q_{\lceil b/2 \rceil - 1}$ nach m_b. Die Verbindungen zwischen den Knoten in G_j lassen sich disjunkt realisieren, da die Graphen nach Voraussetzung universell sind.

Die Wege zwischen den ausgezeichenten Knoten von G_U und G_j lassen sich bei der obigen Konstruktion kantendisjunkt, aber nicht unbedingt knotendisjunkt wählen. Letzteres kann jedoch einfach dadurch erreichen werden, daß man die Knoten zwischen den ausgezeichnetenn Knoten m_i vom In- und Ausgrad 2 durch einen kleinen Teilgraphen (siehe Abbildung 2.14) ersetzt. Mit diesem lassen sich Verbindungen kreuzungsfrei realisieren.

Bezeichnet $V(n)$ die Knotenzahl des universellen Graphen für $\mathcal{G}_n^{1,1}$, so folgt aus der Konstruktion

$$V(n) \leq 2V(\lceil n/2 \rceil - 1) + \frac{3}{2}n,$$

denn zu den beiden universellen Graphen der Größe $\lceil n/2 \rceil - 1$ werden weniger als $3/2\,n$ weitere Knoten hinzugefügt. Aus den Ergebnissen des Kapitels 1.3 folgt, daß $V(n)$ durch $O(n \log n)$ beschränkt ist. ∎

Abbildung 2.14: *Kreuzung und Ersatzgraph zur kreuzungsfreien Verbindung*

Korollar 2.2.31:
Die Klasse $\mathcal{G}_n^{d,d}$ besitzt einen universellen Graphen der Größe $O(dn \log n)$.

Beweis: Der universelle Graph für $\mathcal{G}_n^{d,d}$ entsteht aus d Kopien eines universellen Graphens für $\mathcal{G}_n^{1,1}$. Für jedes $i \in [1, d]$ identifizieren wir die Kopien der jeweiligen ausgezeichneten Knoten m_i miteinander, so daß ein einzelner Knoten vom Grad d entsteht. Jeder Graph $G \in \mathcal{G}_n^{d,d}$ läßt sich in d Teilgraphen $G_i \in \mathcal{G}_n^{1,1}$ zerlegen. Die Kantenverbindungen in G_i werden mit Hilfe der i-ten Kopie des universellen Graphen realisiert. ∎

Theorem 2.2.32:
Für jedes c zwischen n und $2^n/n$ gilt: Für die Menge der Booleschen Schaltkreise mit n Inputs und Größe c, d.h. für die n-stelligen Booleschen Funktionen f mit $Size(f) \leq c$, gibt es einen universellen Schaltkreis U der Größe $O(c \log c)$. Die Größe dieses Schaltkreises ist asymptotisch optimal.

Beweis: Sei H ein beliebiger Schaltkreis der Größe c über einer Basis Υ. Wir können wieder voraussetzen, daß in jedes Gatter von H höchstens d Kanten hinein- und höchstens d Kanten herausführen (Lemma 2.2.4). Für die Funktionen in Υ wähle man einen universellen Schaltkreis U_Υ. Dieser kann beispielsweise auf der disjunktiven Normalform basieren. Die Größe dieses Schaltkreises hängt nur von Υ ab und ist daher für das Folgende eine Konstante.

Um einen universellen Schaltkreis für die Schaltkreisgröße c zu konstruieren, nehmen wir einen universellen Graphen G_U für die Klasse $\mathcal{G}_n^{d,d}$. Die ausgezeichneten Knoten von G_U werden durch Kopien von U_Υ ersetzt, die übrigen Knoten durch einen *Switch*. Ein Switch ist ein Schaltkreis mit 2 Inputs und 2 Outputs sowie einem zusätzlichen Steuerungsbit, durch das man die beiden möglichen Verbindungen zwischen je einem Input und Output realisieren kann.

Mit diesem Schaltkreis U läßt sich jeder Schaltkreis H der Größe c simulieren. Die Einbettung von H in G_U definiert für jede Kopie von U_Υ eine Boolesche Funktion aus Υ,

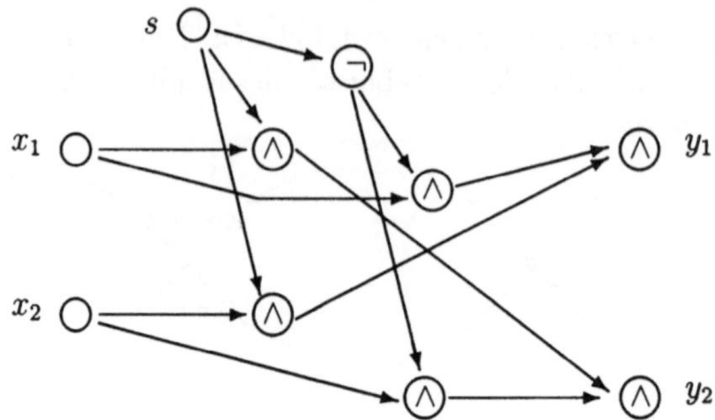

Abbildung 2.15: *Switch mit Inputs* x_i, *Outputs* y_i *und Steuerbit* s

die man durch geeignete Wahl der Steuerbits realisieren kann. Damit haben wir zu jedem Gatter in H einen Subschaltkreis in H_U gefunden, der dieselbe Aufgabe erfüllt. Es verbleibt die Aufgabe, die Verbindungen zwischen diesen Subschaltkreisen entsprechend der Verdrahtung in H herzustellen. Dazu kann man sich der Pfade in G_U bzw. U zwischen den Kopien von U_Υ bedienen, man muß nur an jedem Verzweigungspunkt den Switch geeignet setzen. Da die Graph-Einbettung knoten- und pfaddisjunkt ist, können bei der Wahl der Steuerbits keine Konflikte entstehen. Die Größe von U wächst proportional zu der Größe von G_U, d.h. sie ist ebenfalls beschränkt durch $O(c \log c)$. ∎

2.3 Arithmetische Modelle, Entscheidungsgraphen

Wir wollen dies Kapitel mit einigen Bemerkungen zu zwei weiteren Klassen von Berechnungsmodellen abschließen, die in der Komplexitätstheorie auch eine gewisse Bedeutung erlangt haben.

2.3.1 Arithmetische RAMs und Schaltkreise

Bei bestimmten komplexitätstheoretischen Untersuchungen, beispielsweise bei komplexeren algebraischen oder numerischen Aufgabenstellungen, sind die string-orientierten TM sowie die bit-orientierten Registermaschinen und Schaltkreise in der Regel weniger geeignet. Für einzelne arithmetische Operationen, etwa die Multiplikation von 2 Binärzahlen der Länge m, liegen detaillierte Untersuchungen über deren Bitkomplexität vor. Die von Schönhage und Strassen konstruierten Multiplikations-Schaltkreise der Größe $O(m \cdot \log m \cdot \operatorname{llog} m)$ [SS71] stellen eine erhebliche Verbesserung dar im Vergleich zu dem naheliegenden Verfahren, das quadratischen Aufwand besitzt. Paterson, Fischer, Meyer zeigten in [PFM74], daß für die Multiplikation zweier m-Bitzahlen eine on-line DTM mindestens $\Omega(m \log m)$ Schritte benötigt, eine on-line-RAM mindestens

$\Omega(m \log m / \operatorname{llog} m)$ Schritte. Unter einer **on-line**-Multiplikation versteht man dabei ein Verfahren, das für alle $0 \leq i < m$ das i-niederwertigste Bit des Produktes berechnet, bevor die $(i+1)$-ten Bits der Faktoren eingelesen werden.

Bei umfangreicheren Rechnungen jedoch, bei denen man die Anzahl der notwendigen arithmetischen Operationen abschätzen möchte, erweisen sich Modelle wie arithmetische RAMs als geeigneter. TM und arithmetische RAMs sind nicht direkt vergleichbar, da unterschiedliche Voraussetzungen vorliegen. Eine arithmetische RAM mit Multiplikation (RAM$_*$), die über den reellen Zahlen rechnet, kann jede Zahl exakt darstellen und zwei beliebige Zahlen in einem Schritt multiplizieren. Dies ist natürlich bei TM und auch bei realen Rechnern nicht möglich. Dennoch kann man mit diesem Modell Komplexitätsfragen, insbesondere solche algebraischer Natur, sinnvoll beschreiben und untersuchen.

An dieser Stelle sei auch noch einmal auf den Unterschied zwischen Bit-RAMs und arithmetischen RAMs in der Eingabekonvention hingewiesen. Eine arithmetische RAM erhält die Eingabe in ihren Registern, so daß sie auf die einzelnen Elemente in beliebiger Weise zugreifen kann. Die Problemgröße ist in diesem Fall die Anzahl der Zahlen, die die Maschine als Eingabe bekommt, wobei die Größe der Zahlen keinen Beschränkungen unterliegt. Daher sind in diesem Modell auch sublineare Zeitkomplexitäten möglich. Beim binären Suchen in einer vollständig geordneten Folge von Zahlen brauchen bei *random access* nur logarithmisch viele Eingaben gelesen werden.

Im Schaltkreismodell dienen als Analogon zu arithmetischen RAMs die **arithmetischen Schaltkreise**, auch **straight-line-Programme** genannt. Im Gegensatz zu Booleschen Schaltkreisen stellen Gatter im arithmetischen Modell Operatoren wie $+, -, *, /$ dar, und anstelle Boolescher Werte werden reelle oder rationale Zahlen verarbeitet.

Das Problem, zwei $m \times m$-Matrizen zu multiplizieren, ist in diesem Modell intensiv studiert worden. Aus der Definition des Matrixproduktes läßt sich unmittelbar ein Berechnungsverfahren mit $O(m^3)$ arithmetischen Operationen ableiten, als untere Schranke für die Operationen ergibt sich zunächst auf Grund der Anzahl der Ausgaben nur der triviale Wert m^2. Der sogenannte **Matrix-Multiplikations-Exponent** τ, der die Komplexität des Matrizenmultiplikations-Problem in der Form $\Theta(m^{\tau + o(1)})$ beschreibt, liegt also zwischen 2 und 3. Unter Verwendung komplexer algebraischer Methoden ist es in einer Folge von Arbeiten gelungen, die obere Schranke für diesen Exponenten den Wert 2.376 zu drücken (siehe [S86,CM87] und die dortigen Literaturhinweise). Derartige Probleme sind Gegenstand der **algebraischen Komplexitätstheorie**. Aus algebraischen Eigenschaften der zu berechnenden Funktionen versucht man untere Schranken für deren arithmetische Komplexität herzuleiten sowie effiziente Algorithmen zu gewinnen.

Es ist nicht bekannt, ob die Komplexitätsklassen im Bit-Modell und im arithmetischen Modell vergleichbar sind. Für das **lineare Programmierungsproblem** – gegeben eine Matrix A und einen Vektor b, man finde einen Lösungsvektor Y für die Gleichung $A \cdot Y \geq b$ – kennt man für ganzzahlige Eingabedaten Lösungsverfahren, deren Zeitkomplexität gemessen in Bitoperationen polynomiell in der Länge der Eingabe wächst, d.h. in der Anzahl der Bits, die zur Spezifikation der Zahlen in A und b notwendig sind. Im arithmetischen Modell dagegen ist die Problemgröße durch die Dimension der Matrix A festgelegt, und man mißt bei einem Algorithmus nur die Anzahl der arithmetischen Operationen. Ob es arithmetische RAMs zur Lösung des linearen Programmierungsproblem gibt, die nur polynomiell viele Operationen in der Dimension der Matrizen ausführen, ist bislang ungelöst. Ausführlichere Darstellungen kann man in den Arbeiten von Megiddo [M83] und Meyer auf der Heide [M89] finden.

Die Synthese von Booleschen und arithmetischen Schaltkreisen bilden Schaltkreise, die sowohl Boolesche als auch arithmetische Gatter verwenden. Ein Übergang zwischen beiden Berechnungsformen wird durch Selektorgatter $b_{\mathrm{sel}}(X,Y,s)$, sowie Vergleichsgatter $b_{\leq}(X,Y)$ für $X,Y \in \mathbb{R}$ und $s \in \mathbb{B}$ erreicht:

$$b_{\mathrm{sel}}(X,Y,s) \;:=\; \begin{cases} X, & \text{falls } s = 0, \\ Y, & \text{falls } s = 1, \end{cases} \qquad b_{\leq}(X,Y) \;:=\; \begin{cases} 1, & \text{falls } X \leq Y, \\ 0, & \text{falls } X > Y. \end{cases}$$

Ein Überblick über derartige Komplexitätsbetrachtungen wird in [G86] gegeben.

2.3.2 Entscheidungsbaum-Modelle

Bei anderen Problemstellungen haben arithmetische Operationen nur geringe Bedeutung. Bei Vergleichsproblemen, wie etwa das Maximum von n Elementen $x_1,\ldots,x_n$ zu finden oder eine Menge zu sortieren, interessiert man sich für die Anzahl der dazu notwendigen Vergleiche zwischen den Elementen. Dies kann beispielsweise durch sogenannte Entscheidungsbäume modelliert werden. Ein Entscheidungsbaum verarbeitet wie Schaltkreise nur Eingaben X einer festen Länge. Auf den Elementen x_i von X werden bestimmte Tests ausgeführt, wobei ein Test durch ein Boolesches Prädikat wie beispielsweise "$x_i \leq x_j$" beschrieben wird. Durch Variation der Menge der zulässigen Tests ergeben sich verschiedene Entscheidungsbaum-Varianten.

Definition 2.3.1:
Ein **Entscheidungsbaum** ist ein binärer Baum $\mathcal{T}$, dessen interne Knoten v mit Tests $P_v(X)$ beschriftet sind. Die Blätter spezifizieren die Ausgabe. Eine Berechnung von $\mathcal{T}$ auf eine Eingabe X ist ein Pfad von der Wurzel zu einem der Blätter. Befindet sich die Berechnung in einem internen Knoten v, so wird der Test $P_v(X)$ auf den Komponenten der Eingabe ausgeführt. Ist die Antwort positiv, so wählt man als nächsten Knoten den linken Sohn von v, andernfalls den rechten.

$\mathcal{T}$ berechnet eine Funktion $f : A^n \to B$, falls für alle $X \in A^n$ der Pfad in $\mathcal{T}$ auf X in einem Blatt endet, das die Beschriftung $f(X)$ trägt. Die minimale Tiefe eines Entscheidungsbaumes für f mißt die Zeitkomplexität von f im Entscheidungsbaum-Modell. Unter Verwendung der Terminologie der Sprachen bedeute „ein Entscheidungsbaum akzeptiert eine Menge $W \subseteq A^n$ ", daß er die charakteristische Funktion von W berechnet.

□

Sortierprobleme lassen sich mit **Vergleichsbäumen** analysieren. Tests sind in diesem Fall Vergleiche der Form $x_i \leq x_j$. Ein Blatt spezifiziert im Falle des Maximum-Problems den Index i des maximalen Elementes von X, beim Sortier-Problem die Permutation π, die die Eingabe ordnet: $x_{\pi(1)} \leq x_{\pi(2)} \leq \ldots \leq x_{\pi(n)}$. Es ist offensichtlich, daß man jedes Problem, bei dem es nur auf die Ordnung zwischen den x_i ankommt, durch einen Vergleichsbaum der Tiefe $\binom{n}{2}$ lösen kann. Beim Maximum-Problem genügt Tiefe $n-1$, für das Sortier-Problem kennt man Vergleichsbäume der Komplexität $O(n \log n)$. Da es $n!$ viele verschiedene Permutationen von n Elementen gibt, kann man zeigen, daß jeder Vergleichsbaum für das Sortierproblem Tiefe mindestens $\log n! \geq \Omega(n \log n)$ benötigt [M86].

Ein **Boolescher Entscheidungsbaum** $\mathcal{T}$ besitzt Knoten, die Tests der Form "$x_i = \alpha$" für $\alpha \in \{0,1\}$ ausführen. Die minimale Tiefe eines solchen Baumes für eine Boolesche Funktion f mißt die Anzahl der Inputs, die man zur Berechnung von f betrachten muß. Jede Boolesche Funktion kann in Entscheidungsbaum-Tiefe n ausgewertet werden. Dies ist für fast alle Funktionen bestmöglich (siehe Aufgabe 2.4.27).

Algebraische Berechnungsbäume dienen dazu, die Komplexität von Mengen $W \subseteq \mathbb{R}^n$ des n–dimensionalen Raumes zu charakterisieren, man nennt dies das **Membership-Problem**. Von Interesse sind Mengen W, die man als Nullstellen einer Menge von Polynomen in den Variablen $x_1, \ldots, x_n$ erhält, sowie geometrische Objekte, wie etwa die konvexe Hülle einer Menge von n Punkten in der Ebene. Bei einem algebraischen Berechnungsbaum haben die Tests die Form $p_1(X) \geq p_2(X)$, wobei die $p_i(X)$ Polynome in $x_1, \ldots, x_n$ sind. Im Spezialfall der **linearen Berechnungsbäume** sind nur lineare Tests $\sum a_i x_i > b$ mit $a_i, b \in \mathbb{R}$ zulässig. Die Komplexität verschiedenartiger Membership-Probleme wird unter anderem in [R72,DL78,Y81,SY82,B83,M84,MSM85] analysiert.

Um für Entscheidungsbäume ein Äquivalent für das Platzmaß von TM und RAMs zu erhalten, werden diese zu Entscheidungsgraphen verallgemeinert. Derartige Graphen nennt man auch **Branching-Programme**.

Definition 2.3.2:
Ein **Entscheidungsgraph** ist ein DAG G mit Ausgrad 2. Er besitzt genau eine Quelle und eine beliebige Anzahl von Senken. Interne Knoten haben die gleiche Funktion wie in einem Entscheidungsbaum; die Senken spezifizieren die Ausgabe von G analog zu den Blättern im Baum-Modell. Zu jeder Eingabe korrespondiert wiederum ein eindeutiger Weg von der Quelle zu einer Senke, allerdings kann man einen Knoten v in der Regel über verschiedene Wege von der Quelle aus erreichen. Zur Vereinfachung der Analyse sei verlangt, daß für jedes v alle diese Wege die gleiche Länge besitzen. Bezeichnet L_i die Menge der internen Knoten im Abstand i von der Quelle – eine solche Menge heiße eine **Schicht** –, dann zerfällt die Knotenmenge in die Folge der Schichten $L_0, L_1, \ldots, L_d$, so daß Kanten nur Knoten in aufeinanderfolgenden Schichten verbinden. Die **Weite** von G sei definiert als die maximale Größe solch einer Schicht. □

Man kann sich vorstellen, einen Entscheidungsgraphen aus einem Entscheidungsbaum zu generieren, indem gewisse interne Knoten mit gleichem Abstand zur Wurzel identifiziert werden. Dies ist immer dann möglich, wenn die zu den Knoten korrespondierenden Subbäume identisch sind. Die Weite mißt die Anzahl der Konfigurationen, zwischen denen man zu jedem Zeitpunkt einer Berechnung eines Entscheidungsgraphen maximal unterscheiden muß. Man definiert daher den Logarithmus der Weite eines minimalen Entscheidungsgraphen für eine Funktion f als die Platzkomplexität von f in diesem Modell. Gegenstand von Untersuchungen ist die Frage, wie sich die Zeitkomplexität von Entscheidungsgraphen bei Beschränkung der Weite ändert.

Entscheidungsgraphen sind ein noch weniger uniformes Modell als Schaltkreise, denn neben dem zugrunde liegenden Graphen kann auch die Beschriftung seiner Knoten sehr komplex sein. Da die Größe eines Entscheidungsgraphen exponentiell größer als seine Zeitkomplexität t sein kann, benötigt man in ungünstigen Fällen exponentiell in t große Kontrollstrukturen, um ein Entscheidungsbaum-Verfahren auf einem Rechner zu implementieren. Dies Modell dient daher weniger dem Zweck, Lösungsverfahren für algorithmische Probleme zu beschreiben, sondern untere Schranken zu beweisen. Da es weniger Beschränkungen unterliegt als die uniformen Modelle TM und RAM, lassen sich hier gewonnene untere Schranken auf die Rechnermodelle übertragen. Stellvertretend für derartige Ansätze seien die Arbeiten [BC82,BDF86,A86] angeführt.

Eingeschränkte Modelle für Entscheidungsgrapen, sogenannte **OBDDs** (*ordered binary decision diagrams*) haben für den Schaltkreisentwurf und die Verifikation eine große Bedeutung in der Praxis erlangt. Ergebnisse hierzu findet man unter anderem in den Arbeiten [W86,B89,HKM92,BS95,Z95].

2.4   Übungsaufgaben

Aufgabe 2.4.1:
Man zeige, daß RAMs mit dem zusätzlichen Befehl JUMP(V) für $V \in \{X, Y, Z\}$, durch welchen im Fall $F = 1$ das Befehlsregister auf den Wert des Registers V gesetzt wird, durch normale RAMs simuliert werden können.

Aufgabe 2.4.2:
Wie könnte man Registermaschinen kodieren? Konstruieren Sie eine universelle RAM$_+$. Schätzen Sie den Aufwand des universellen Simulators ab, eine beliebige andere RAM$_+$ zu simulieren.

Aufgabe 2.4.3:
Sei $L = \{W_1\# \ldots \#W_k\#W \mid W_i, W \in \{0, 1\}^m, \exists i\ W = W_i\}$. Man beschreibe eine Bit-RAM, die L unter dem (vereinfachten logarithmischen) Platzmaß $\sum_j l_{max}(R_{i_j})$ mit möglichst geringem Aufwand akzeptiert. Vergleichen Sie dies Maß mit dem im Abschnitt

2.1 definierten logarithmischen Maß. Man zeige, daß eine Bit-RAM mit einem Einweg-Eingabeband im logarithmischen Platzmaß für L mindestens $\Omega(k\,m)$ Platz benötigt.

Aufgabe 2.4.4:
Wie schnell kann eine Bit-RAM$_+$, die nur über die Addition verfügt, das Produkt zweier Binärzahlen im logarithmischen Maß berechnen? Die Maschine erhält als Eingabe den String $\mathrm{bin}(U)\#\mathrm{bin}(V)$ und soll
a) die Binärdarstellung von $U \cdot V$ auf ihrem Ausgabeband ausgeben bzw.
b) mit dem Produkt der beiden Zahlen im Register R_1 halten.

Aufgabe 2.4.5:
Zeigen Sie, daß sich die Komplexitätsklasse RAM$Time$(POL) nicht ändert, wenn man als Maschinenmodell RAMs im uniformen Kostenmaß zugrunde legt, die die vier arithmetischen Grundoperationen $+, -, *$ und $/$ auf natürlichen Zahlen polynomialer Länge ausführen können.

Aufgabe 2.4.6:
Eine n-stellige Funktion $f(x_1, \ldots, x_n)$ heiße **nichtdegeneriert**, wenn sie von allen Argumenten abhängt: Für alle $1 \leq i \leq n$ existiert ein Tupel $(a_1, \ldots, a_i, \ldots, a_n)$ und ein b_i, so daß $f(a_1, \ldots, a_i, \ldots, a_n) \neq f(a_1, \ldots, b_i, \ldots, a_n)$. Finden Sie eine Familie von nicht-degenerierten Booleschen Funktionen, die von einer RAM in sublinearer Zeit berechnet werden kann, wenn sie die Eingabe in speziellen READ-only Registern erhält, wie es bei arithmetischen RAMs vereinbart war.

Aufgabe 2.4.7:
Entwerfen Sie eine möglichst schnelle Simulation von Baum Turing Maschinen durch Registermaschinen.

Aufgabe 2.4.8:
Eine Boolesche Funktion f heiße **monoton**, wenn $X \preceq Y$ die Relation $f(X) \leq f(Y)$ impliziert, wobei $X \preceq Y$ die koordinatenweise Ordnung $x_i \leq y_i$ für alle i bezeichne und die Ordnung der Booleschen Werte 0 und 1 durch $0 < 1$ gegeben sei. Ein **monotoner** Schaltkreis ist ein Schaltkreis über der Basis $\vee, \wedge$. Monotone Schaltkreise können nur **monotone Boolesche Funktionen** berechnen. Zeigen Sie jedoch: Zu jedem Schaltkreis G mit Inputs $x_1, \ldots, x_n$ der Größe C gibt es einen monotonen Schaltkreis G' der Größe $O(C)$ mit Inputs $x_1, \ldots, x_n, \overline{x_1}, \ldots, \overline{x_n}$ – d.h. es stehen die Variablen und ihren Negationen als Inputs zur Verfügung –, der die gleiche Funktion wie G berechnet.

Aufgabe 2.4.9:
Berechnen Sie die disjunktive Normalform der Booleschen Funktion, die durch den Schaltkreis in Abbildung 2.6 berechnet wird. Um was für eine Funktion handelt es sich?

Aufgabe 2.4.10:
Jede n-stellige Boolesche Funktion kann durch einen Schaltkreis der Größe höchstens $3 \cdot 2^n$ berechnet werden. (Hinweis: Man gehe von der disjunktiven Normalform aus.)

Aufgabe 2.4.11:
Eine **Klausel** ist die Verknüpfung einer Menge von Booleschen Variablen oder ihrer Negationen durch das logische *oder*. Als **konjunktive Normalform** bezeichnet man die Konjunktion ($\wedge$-Verknüpfung) von Klauseln. Zeigen Sie: Jede Boolesche Funktion besitzt eine Darstellung in konjunktiver Normalform. Wie hängen disjunktive und konjunktive Normalform zusammen?

Aufgabe 2.4.12:
Beweisen Sie eine Hierarchie für Schaltkreise der folgenden Form, wobei die Funktion g möglichst klein zu wählen ist: Es gibt eine Funktion g, so daß für alle Schranken C mit $g \circ C(n) \leq o(2^n/n)$ gilt: Schaltkreise der Größe $g \circ C(n)$ können mehr n-stellige Boolesche Funktionen berechnen als solche der Größe $C(n)$.

Aufgabe 2.4.13:
Beschreiben Sie eine deterministische 2-Band TM, die eine beliebige Boolesche Formel F ohne Variable (es kommen nur die Booleschen Konstanten 0 und 1 und die Operatoren $\neg, \vee, \wedge$ vor) in linearer Zeit auswertet, d.h. berechnet, ob F logisch äquivalent zu *true* oder zu *false* ist. Man nennt diese Sprache das `FORMEL-VALUE`-Problem.

Aufgabe 2.4.14:
Die k-te **Thresholdfunktion** τ_k : $\{0,1\}^n \to \{0,1\}$ liefert den Wert 1 genau dann, wenn mindestens k Eingabebits 1 sind. Konstruieren Sie einen Schaltkreis möglichst kleiner Größe, der die Funktionen $\tau_0, \tau_1, \ldots, \tau_n$ gleichzeitig berechnet. Hinweis: Es gibt Schaltkreise linearer Größe, die die Summe von n Bits berechnen.

Aufgabe 2.4.15:
Die k-te **elementarsymmetrische Funktion** σ_k ist 1, wenn genau k Eingabebits den Wert 1 haben. Schätzen Sie die Schaltkreiskomplexitäten für die Funktionen $\tau = (\tau_0, \tau_1, \ldots, \tau_n)$ und $\sigma = (\sigma_0, \sigma_1, \ldots, \sigma_n)$ gegeneinander ab.

Aufgabe 2.4.16:
Ein Schaltkreis heißt **synchron**, falls für jedes Gatter v gilt: Die direkten Vorgänger von v, die keine Inputs sind, haben die gleiche Tiefe. Diese Bedingung impliziert, daß sich die Knotenmenge in Schichten L_k, $k = 0, 1, \ldots$, zerlegen läßt, wobei L_k die Menge der Knoten mit Tiefe k ist. Alle Kanten verbinden aufeinander folgende Schichten oder gehen von einem Input aus. Stellt man sich die Rechnung eines Schaltkreises als einen Fluß der Inputbits zu den Ausgabegattern vor, so stehen in einem synchronen Schaltkreis jedem Gatter all seine Eingabebits zum selben Zeitpunkt zur Verfügung. Physikalisch läßt sich solch ein

Schaltkreis unmittelbar mit Hilfe einer zeitlichen Taktfolge realisieren. Ist ein Schaltkreis nicht synchronisiert, so müßte zunächst durch geeignete Verzögerungsschaltungen eine Synchronisation erreicht werden. $\mathrm{Cir}Size^{\mathrm{synch}}(f)$ bezeichne die minimale Größe eines synchronen Schaltkreises, der f berechnet. Zeigen Sie:

$$\mathrm{Cir}Size^{\mathrm{synch}}(f) \leq \mathrm{Cir}Size(f) \cdot \mathrm{Cir}Depth(f) .$$

Aufgabe 2.4.17:
Um einen Schaltkreis praktisch zu realisieren, wird zunächst ein sogenanntes Layout für den zugrunde liegenden Graphen konstruiert. Dabei wird der Graph auf eine zweidimensionale Fläche abgebildet, in der Regel ein Rechteck, bei dem Input- und Output-Gatter am Rand plaziert werden. Da sich kreuzende Kanten schwieriger zu realisieren sind, sind **planare Schaltkreise**, deren zugrundeliegender Graph planar ist, von Interesse. $\mathrm{Cir}Size^{\mathrm{planar}}(f)$ bezeichne die minimale Größe eines planaren Schaltkreises für f. Man beweise:

$$\mathrm{Cir}Size^{\mathrm{planar}}(f) \leq O(\,\mathrm{Cir}Size(f)^2) .$$

Aufgabe 2.4.18:
Beim **Layout** von Schaltkreisen sind aus physikalischen und technologischen Gründen gewisse Mindestwerte für die Größe der Gatter und Drähte und deren Abstände einzuhalten. Aus diesem Grunde kann man annehmen, daß die Schaltkreise in eine zweidimensionale Gitterfläche einzubetten sind. Die Gitterpunkte sind die Punkte der Ebene mit ganzzahligen Werten (a, b) aus einem Intervall $[0, k - 1] \times [0, l - 1]$. Ein Gitterpunkt ist mit seinen 4 Nachbarpunkten $(a \pm 1, b \pm 1)$ durch Gitterkanten verbunden. Gatter eines Schaltkreises sind dann auf Gitterpunkte abzubilden, Kanten des Schaltkreises auf Wege entlang der Gitterkanten. Jeder Gitterpunkt und jede Gitterkante kann nur ein Gatter bzw. Teile einer Schaltkreiskante aufnehmen. Es sei allerdings gestattet, daß sich zwei Wege in einem Gitterknoten berühren (überkreuzend oder in einer Biegung aneinander vorbeilaufend).

Man zeige, daß die minimal notwendige Fläche, um alle n-stelligen Booleschen Funktionen durch ein zweidimensionales Gitter-Layout zu realisieren, von der Wachstumsordung $\Theta(2^n)$ ist.

Aufgabe 2.4.19:
Zeigen Sie: Für alle vollständigen Basen Υ, Υ' gibt es Konstanten c, d, so daß für alle $f \in \mathcal{B}$ gilt:

$$C_\Upsilon(f) \leq c\, C_{\Upsilon'}(f) \qquad \text{und} \qquad D_\Upsilon(f) \leq d\, D_{\Upsilon'}(f) .$$

Formulieren und beweisen Sie einen Beschleunigungssatz für die Schaltkreiskomplexitätsmaße.

Aufgabe 2.4.20:
Sind T, S simultan in Zeit T und Platz S konstruierbar, so kann jede Sprache in $DTimeSpace(T, S)$ von einer bewegungsuniformen $T \cdot S$-zeit- und S-platzbeschränkten 1-Band DTM akzeptiert werden.

Aufgabe 2.4.21:
Betrachten Sie ein nichtdeterministisches Schaltkreismodell, das aus einem gewöhnlichen Schaltkreis durch Hinzufügen von zusätzlichen „nichtdeterministischen Eingabebits" entsteht. Wie ist das Akzeptieren einer Eingabe zu definieren? Definieren Sie entsprechende Komplexitätsklassen $NCirSize$ und zeigen Sie:

$$NCirSize(C) \subseteq NTime(C \log^2 C) \,,$$
$$NTime(T) \subseteq NCirSize(T \log T) \,.$$

Aufgabe 2.4.22:
Beweisen Sie die Aussage von Theorem 1.4.7, daß es keine Zeitschranke T gibt, in der alle rekursiven Sprachen akzeptiert werden können, für das Berechnungsmodell der NTM.

Aufgabe 2.4.23:
Leiten Sie Korollar 2.2.18 direkt her, ohne den formalen Umweg über Schaltkreise und Matrizen. Man zeige für $T \geq \mathcal{N}$ und $S \geq \log$:

$$NTimeSpace(T, S) \subseteq DSpace(S \log T) \,,$$
$$NSpace(S) \subseteq DSpace(S^2) \,.$$

Man definiere dazu einen Graphen $G(X)$, dessen Knotenmenge die partiellen Konfigurationen der NTM repräsentiert. Kanten verlaufen zwischen Konfigurationen, die bei Eingabe X direkt aufeinanderfolgen. Es genügt dann zu entscheiden, ob es in $G(X)$ einen Pfad von der Anfangskonfiguration C_1 zu der akzeptierenden Endkonfiguration C_t gibt. Man überlege sich eine rekursive Strategie, mit der eine DTM dies verifizieren kann.

Sie dürfen voraussetzen, daß die Schranken T, S in $DSpace(S \log T)$ berechnet oder approximiert werden können. Man kann dies Ergebnis jedoch auch ohne diese Bedingung zeigen, versuchen Sie Ihren Beweis entsprechend zu verallgemeinern!

Aufgabe 2.4.24:
Die obige Simulation läßt sich auch für Platzschranken durchführen, die schwächer als der Logarithmus wachsen. Zeigen Sie für beliebiges S

$$NSpace(S) \subseteq DSpace(S\,(S + \log)) \,.$$

Aufgabe 2.4.25:
Man konstruiere einen Schaltkreis $\tilde{G}$ gemäß Abbildung 2.10 für die Übergange der TM zur Spiegelung von Strings aus Beispiel 1.1.4.

Aufgabe 2.4.26:
Es bezeichne $DTime_{\mathrm{head}}$ die Vereinigung der Klassen $DTime_{k-\mathrm{head}}$ über alle $k \in \mathbb{N}$. Zeigen Sie:

$$DTime(T) \subseteq DTime_{\mathrm{head}}(T) \subseteq DTime_2(T \log T) .$$

Ist T zeitkonstruierbar, so ist im zweiten Fall sogar eine bewegungsuniforme Simulation möglich.

Aufgabe 2.4.27:
Beweisen Sie, daß fast alle n-stelligen Booleschen Funktionen im Booleschen Entscheidungsbaum-Modell Komplexität n besitzen.

2.5 Bemerkungen und Literaturhinweise

Das erste Maschinenmodell mit einem *random access* Speicher war die **random access stored program** oder **RASP Maschine** [ER64], [H71]. Bei diesem Typ wird neben den Daten auch das Programm im Speicher gehalten und kann demzufolge modifiziert werden. *Steve Cook* und *Charles Reckhow* definieren in [CR73] das RAM-Modell und zeigen, daß es keine wesentliche Einschränkung darstellt. RAM und RASP können sich gegenseitig mit höchstens einem konstanten Faktor Zeitverlust simulieren. Des weiteren beweisen sie, daß die RAM$_+$ und das TM-Modell bezüglich der Zeitkomplexität keine großen Unterschiede aufweisen.

Dies gilt in etwas schwächerer Form auch bei Verwendung des uniformen Kostenmaßes, da die maximale Größe der Zahlen, die eine RAM mit Additionen erzeugen kann, nicht zu schnell wächst. Verfügt eine RAM dagegen auch über die Multiplikation oder eine Shift-Operation über beliebig viele Bitpositionen, so ist bislang nur bekannt, daß uniforme RAM-Zeitkomplexität und Platzkomplexität von TM korrespondieren [HS74,S77]. Aus späteren Ergebnissen wird folgen, daß man derartige Maschinen, die in einer Zeitkomplexitätseinheit beliebig große Zahlen bearbeiten können, eher als eine Art Parallelrechner ansehen sollte. Die Frage, wie man ein logarithmisches Platzmaß für Bit-RAMs am sinnvollsten definiert, wird ausführlich in [SE88] diskutiert. Die Simulation von T-zeitbeschränkten TM durch RAMs (Theorem 2.1.7) kann man für 1-Band Maschinen noch weiter beschleunigen, so daß im logarithmischen Zeitmaß der Aufwand durch $O(T/ \text{llog } T)$ abgeschätzt werden kann [R92].

Neben Turing- und Register-Maschinen sind vereinzelt auch **Pointer-Maschinen** betrachtet worden, bei denen der Speicher aus einem Graphen besteht, der dynamisch durch Hinzufügen von Knoten und Umhängen von Kanten verändert werden kann. Beispiele sind die **Kolmogorov-Uspenskij-Maschine** (KUM, siehe [KU58]) und die **Storage-Modification-Maschine** (SMM, siehe [S80]). Zwischen dem SMM-Modell und einer vereinfachten RAM-Version, der sogenannten **Successor-RAM**, die nur über die Addition einer Zahl mit dem Wert 1 verfügt, besteht eine enge Beziehung. Ob es Komplexitätsunterschiede zwischen den beiden Pointer-Maschinen-Modellen gibt, ist bis heute unbekannt. Einen Überblick über weitere Maschinenmodelle findet man in [E90].

Claude Shannon legte 1949 mit einer Arbeit [S49] den Grundstock für die Komplexitätsanalyse von Schaltkreisen. Eine ausführliche Darstellung wird von *John Savage* in [S76] gegeben. Wer sich in dies Gebiet vertiefen möchte, dem sei die Monographie von *Ingo Wegener* empfohlen [W87]. Ergebnisse über die Beziehung zwischen Schaltkreis- und TM-Komplexitäten stammen von *Schnorr* [Sch76], *Borodin* [B77] und *Pippenger, Fischer* [PF79]. *Hennie, Stearns* geben in [HS66] ein Verfahren an, um eine TM mit beliebig vielen Bändern auf nur 2 Bändern zu simulieren. *Leslie Valiant* beschreibt die Konstruktion eines universellen Schaltkreises in [V76].

Die beste zur Zeit bekannte untere Schranke $3n$ für die Schaltkreisgröße einer explizit definierten Booleschen Funktion wird in [B84] gezeigt. Beschränkt man sich bei monotonen Booleschen Funktionen auf monotone Schaltkreise über der Basis $\vee, \wedge$, so kann man wesentlich bessere untere Schranken zeigen, und zwar bis zu exponentiellen für die Größe und mehr als logarithmische für die Tiefe [V80,R85,AB87,KW90.RW92,GH95]. Untere Schranken für die Größe synchroner und planarer Schaltkreise werden in [T89,T95] gezeigt.

Neben dem klassischen kombinatorischen Schaltkreismodell sind in neuerer Zeit auch **getaktete Schaltkreise** untersucht worden (man findet auch die Bezeichnung **VLSI-Schaltkreis**). Der Graph solch eines Schaltkreises braucht nicht mehr azyklisch zu sein. In einem Taktschritt berechnet jedes Gatter in Abhängigkeit von den eingehenden Leitungen die neuen Booleschen Werte seiner ausgehenden Kanten. Als weiteres Komplexitätsmaß ist bei VLSI-Schaltkreisen die Fläche eines minimalen Layouts von Bedeutung. Wir können auf dieses Thema hier nicht näher eingehen und verweisen auf die Monographie [U84] und die dortigen Literaturhinweise.

Die Simulation platzbeschränkter NTM durch DTM mit einem quadratischem Anwachsen der Platzschranke (Übung 2.4.23) geht auf *Walter Savitch* [S70] zurück. Weitere Relationen für sublogarithmische Platzschranken findet man in [T81,L85,Sz90] (siehe auch Übung 2.4.24).

Bezüglich der **algebraischen Komplexität** von Funktionen verweisen wir auf die Monographien von *Borodin, Munro* [BM74], *Winograd* [W80] und *Lipson* [L81] sowie die Übersichtsartikel von *Volker Strassen* [S84,St90]. Eine umfangreiche aktuelle Darstellung dieses Gebietes geben *Bürgiesser,Clausen, Shokrollahi* in [BCS97].

[A86]   K. Abrahamson, Time-Space Tradeoffs for Branching Programs Contrasted with Those for Straight-Line Programs, Proc. 27. FoCS, 1986, 402-409.

[AB87]   N. Alon, R. Boppana, The Monotone Circuit Complexity of Boolean Functions, Combinatorica 7, 1987, 1-22.

[B77]   A. Borodin, On Relating Time and Space to Size and Depth, SIAM J. Comput. 6, 1977, 733-744.

[B83]   M. Ben-Or, Lower Bonds for Algebraic Computation Trees, Proc. 15. SToC, 1983, 80-86.

[B84]   N. Blum, A Boolean Function Requiring $3n$ Network Size, TCS 28, 1984, 337-345.

[B89]   D. Barrington, Bounded Width Polynomial Size Branching Programs Recognize Exactly Those Languages in $\mathcal{NC}^1$, J. CSS 38, 1989, 150-164.

[BC82]   A. Borodin, S. Cook, A Time-Space Tradeoff for Sorting on a General Sequential Model of Computation, SIAM J. Comput. 11, 1982, 287-297.

[BCS97]   P. Bürgiesser, M. Clausen, A. Shokrollahi, Algebraic Complexity Theory, Springer, 1997.

[BDF86]   A. Borodin, D. Dolev, F. Fich, W. Paul, Bounds for Width 2 Branching Programs, SIAM J. Comput. 15, 1986, 549-560.

[BM74]   A. Borodin, I.Munro, Computational Complexity of Algebraic Problems, 1974.

[BS95]   D. Barrington, H. Straubing, Superlinear Lower Bounds for Bounded-Width Branching Programs, J. CSS 50, 1995, 374-381.

[CR73]   S. Cook, C. Reckhow, Time Bounded Random Access Machines, J. CSS 7, 1973, 354-375.

[CW87]   D. Coppersmith, S. Winograd, Matrix Multiplication via Arithmetic Progressions, Proc. 19. SToC, 1987, 1-6.

[DL78]   D. Dobkin, R. Lipton, A Lower Bound of $\frac{1}{2}n^2$ on Linear Search Programs for the Knapsack Problem, J. CSS 16, 1978, 413-417.

[E90]   P. van Emde Boas, Machine Models and Simulations, in J. van Leeuwen (Ed.), Handbook of Theoretical Computer Science, Vol. A, Chapter 1, Elsevier, 1990.

[ER64]   C. Elgot, A. Robinson, Random Access Stored Program Machines, An Approach to Programming Languages, J. ACM 11, 1964, 365-399.

[G86]   J. von zur Gathen, Parallel Arithmetic Computations: A Survey, Proc. 12. MFCS, 1986, 93-112.

[GH95]   M. Goldmann, J. Hastad, Monotone Circuits for Connectivity Have Depth $(logn)^{2-0(1)}$, Proc. 27. SToC, 1995, 569-574.

[H71]   J. Hartmanis, Computational Complexity of Random Access Stored Program Machines, MST 5, 1971, 232-245.

[HKM92] J. Hromkovic, M. Krause, C. Meinel, S. Waack, Branching Programs Provide Lower Bounds on the Areas of Multilective Deterministic and Nondeterministic VLSI-Circuits, I&C 96, 1992, 168-178.

[HKP84] H. Hoover, M. Klawe, N. Pippenger, Bounding Fan-out of Logical Circuits, J. ACM 31, 1984, 13-18.

[HS66] F. Hennie, R. Stearns, 2-Tape Simulation of Multitape TM, J. ACM 13, 1966, 533-546.

[HS74] J. Hartmanis, J. Simon, On the Power of Multiplication in Random Access Machines, Proc. 15. SToC, 1974, 13-23.

[KU58] A. Kolmogorov, V. Uspenskij, On the Definition of an Algorithm, Usp. Mat. Nauk 13, 1958, 3-28.

[KLP88] J. Katajainen, J. van Leeuwen, M. Penttonen, Fast Simulation of TM by RAMs, SIAM J. Comput. 17, 1988, 77-88.

[KW90] M. Karchmer, A. Wigderson, Monotone Circuits for Connectivity Require Super-Logarithmic Depth, SIAM J. Disc. Math. 3, 1990, 255-265.

[L81] J. Lipson, Algebraic Computing, Add. Wesley, 1981.

[L85] B. Litow, On Efficient Deterministic Simulation of Turing Machine Computations below Logspace, MST 18, 1985, 11-18.

[M83] N. Megiddo, Towards A Genuinely Polynomial Algorithm for Linear Programming, SIAM J. Comput. 12, 1983, 347-365.

[M84] F. Meyer auf der Heide, A Polynomial Linear Search Algorithm for the n-dimensional Knapsack Problem, J. ACM 31, 1984, 668-676.

[M86] K. Mehlhorn, Datenstrukturen und effiziente Algorithmen, Band 1, Sortieren und Suchen, Teubner, 1986.

[M89] F. Meyer auf der Heide, On Genuinely Time Bounded Computations, Proc. 6. STACS, 1989, 1-16.

[MSM85] S. Moran, M. Snir, U. Manber, Applications of Ramsey's Theorem to Decision Trees Complexity, J. ACM 32, 1985, 938-949.

[PF79] N. Pippenger, M. Fischer, Relations among Complexity Measures, J. ACM 26, 1979, 361-381.

[PFR74] M. Paterson, M. Fischer, A. Meyer, An Improved Overlap Argument for On-Line Multiplication, SIAM-AMS Proc. 7, 1974, 97-111.

[R72] E. Reingold, On the Optimality of some Set Algorithms, J. ACM 19, 640-659.

[R85] A. Razborov, Lower Bounds for the Monotone Complexity of some Boolean Function, Sov. Math. Dokl. 31, 1985, 354-357.

[R92] J. Robson, Deterministic Simulation of a Single Tape Turing Machine by a Random Access Machine in Sublinear Time, I&C 99, 1992, 109-122.

[RW92] R. Raz, A. Wigderson, Monotone Circuits for Matching Require Linear Depth, J. ACM 39, 1992, 736-744.

[S49]   C. Shannon, The Synthesis of 2-Terminal Switching Circuits, Bell System Techn. J. 28, 1949, 59-98.

[S70]   W. Savitch, Relationships between Nondeterministic and Deterministic Tape Complexities, J. CSS 4, 1970, 177-192.

[S76]   J. Savage, The Complexity of Computing, John Wiley, Chichester, 1976.

[Sch76] C. Schnorr, The Network Complexity and the TM Complexity of Finite Functions, Acta Inf. 7, 1976, 95-107.

[S77]   J. Simon, On Feasible Numbers, Proc. 9. SToC, 1977, 195-207.

[S80]   A. Schönhage, Storage Modification Machines, SIAM J. Comput. 9, 1980, 490-508.

[S84]   V. Strassen, Algebraische Berechnungskomplexität, Perspectives in Mathematics, Anniversary of Oberwolfach, Birkhäuser, 1984, 509-550.

[S86]   V. Strassen, The Asymptotic Spectrum of Tensors and the Exponent of Matrix Multiplication, Proc. 27. FoCS, 1986, 49-54.

[St90] V. Strassen, Algebraic Complexity Theory, in J. van Leeuwen (Ed.), Handbook of Theoretical Computer Science, Vol. A, Chapter 11, Elsevier, 1990.

[Sz90b] A. Szepietowski, If Deterministic and Nondeterminstic Space Complexities Are Equal for $\log \log n$ then they Are also Equal for $\log n$, TCS 74, 1990, 73-78.

[SE88] C. Slot, P. van Emde Boas, The Problem of Space Invariance for Sequential Machines, I&C 77, 1988, 93-122.

[SS71] A. Schönhage, V. Strassen, Schnelle Multiplikation großer Zahlen, Computing 7, 1971, 281-292.

[SY82] J. Steele, A. Yao, Lower Bounds for Algebraic Decision Trees, J. Alg. 3, 1982, 1-8.

[T81]   M. Tompa, An Extension of Savitch's Theorem to Small Space Bounds, IPL 12, 1981, 106-108.

[T89]   G. Turan, Lower Bounds for Synchronous Circuits and Planar Circuits, IPL 30, 1989, 37-40.

[T95]   G. Turan, On the Complexity of Planar Boolean Circuits, Comput. Complexity 5, 1995, 24-42.

[U84]   J. Ullman, Computational Aspects of VLSI, Computer Science Press, 1984.

[V76]   L. Valiant, Universal Circuits, Proc. 8. SToC, 1976, 196-205.

[V80]   L. Valiant, Negation can be Exponentially Powerful, TCS 12, 1980, 303-314.

[W80]   S. Winograd, Arithmetic Complexity of Computations, SIAM, Philadelphia, 1980.

[W86]   I. Wegener, Time-Space Tradeoffs for Branching Programs, J. CSS 32, 1986, 91-96.

[W87]   I. Wegener, The Complexity of Boolean Functions, Teubner, 1987.

[Y81]   A. Yao, A Lower Bound for Finding Convex Hulls, J. ACM 28, 1981, 780-787.

[Z95]   S. Zak, A Superpolynomial Lower Bound for (1+k(n))-Branching Programs, Proc. 20. MFCS, 1995, 319-325.

Kapitel 3

Hierarchie-Sätze

Wir haben im Abschnitt 1.4 zwei wesentliche Erfahrungen gemacht. Einerseits gibt es keine obere Schranke für die Ressourcen Zeit oder Platz, so daß alle algorithmischen Probleme mit derartigem Aufwand gelöst werden können; andererseits kann man für jedes Problem den Aufwand bezüglich dieser Ressourcen – zumindest im TM-Modell durch Vergrößerung der „Programmkomplexität" – auf einen beliebigen Bruchteil senken. In diesem Kapitel wollen wir zunächst die Komplexität einiger elementarer Sprachen untersuchen und werden dazu spezielle technische Hilfsmittel entwickeln. Wir werden der Frage nachgehen, wie weit man Komplexitätsschranken vergrößern muß, um mehr erreichen zu können. Zum Abschluß behandeln wir die Frage, welche sinnvollen algorithmischen Ressourcen es neben Zeit und Platz noch geben könnte. Bislang ist es nur für wenige Funktionen gelungen, ihre Komplexität zumindest asymptotisch einigermaßen exakt zu bestimmen.

3.1 Untere Schranken und Komplexitätslücken

Um die folgenden Beweise möglichst einfach gestalten zu können, machen wir folgende Annahme über die betrachteten TM:

- Am Ende einer Berechnung befinden sich die Köpfe der TM wieder in der Ausgangspostition und der Speicher ist leer.

Aus den Überlegungen im Abschnitt 1.2.1 folgt, daß die Platzkomplexität des TM-Modells durch diese Forderung nicht vergrößert wird und die Zeitkomplexität höchstens um einen konstanten Faktor wächst.

3.1.1 Logarithmische Platzschranke

Wir beginnen mit dem Problem, die Länge eines Strings zu bestimmen. Dazu betrachten wir eine einfache Sprache über einem zweielementigen Alphabet $\{a, b\}$, nämlich LENGTH $:= \{a^m b^m \mid m \in \mathbb{N}\}$.

Theorem 3.1.1: $\qquad\qquad DSpace(o(\log)) \not\supseteq$ LENGTH $\in DSpace(\log)$.

Beweis: Wegen der sublinearen Platzschranke betrachten wir Maschinen mit einem separaten Eingabeband. Auf Grund des Bandreduktionssatzes genügt es, sich auf Maschinen mit einem einzigen Arbeitsband zu beschränken. Die obere Schranke LENGTH $\in DSpace(\log)$ läßt sich erreichen, wenn man mit Hilfe eines binären Zählers auf dem Arbeitsband die Anzahl der Nullen und Einsen in einer Eingabe $X = a^m b^{m'}$ vergleicht. Andererseits benötigt eine TM für die meisten Eingaben der Form $a^m b^m$ mindestens Platz $\log m$, um die Anzahl der a- und b- Symbole auf dem Eingabeband eindeutig spezifizieren zu können. Dies wollen wir ausnutzen, um die untere Schranke LENGTH $\notin DSpace(o(LOG))$ durch Widerspruch zu beweisen.

Angenommen, für ein $S \le o(LOG)$ existiert eine S-platzbeschränkte 1-Band TM $M = (Q, \Sigma, \Delta)$. Ein **erweiterter Zustand** von M ist der Zustand der Maschine, die Beschriftung des Arbeitsbandes und die Position des Arbeitskopfes, d.h. die Konfiguraton von M ohne die Eingabe und die Position des Eingabekopfes. Die Anzahl der verschiedenen erweiterten Zustände auf Inputs der Länge $2m$ ist beschränkt durch $z_m = |Q| \cdot |\Sigma|^{S(2m)} \cdot S(2m)$. Da $S \le o(LOG)$, gilt für m groß genug: $z_m < m$. Für solch ein m betrachten wir Eingaben X der Form $a^p b^m$ mit $p \ge m$. a^p heiße der a-Teil von X, b^m der b-Teil.

Eine **Exkursion** von M während der Berechnung auf X ist eine maximale Folge von Konfigurationen, bei der der Eingabekopf am Anfang und am Ende auf dem linken oder rechten Rand des a-Teils von X steht und diesen Teil zwischendrin nicht verläßt. Eine Exkursion heißt **klein**, falls der Kopf in beiden Fällen auf demselben Rand steht, andernfalls **groß**.

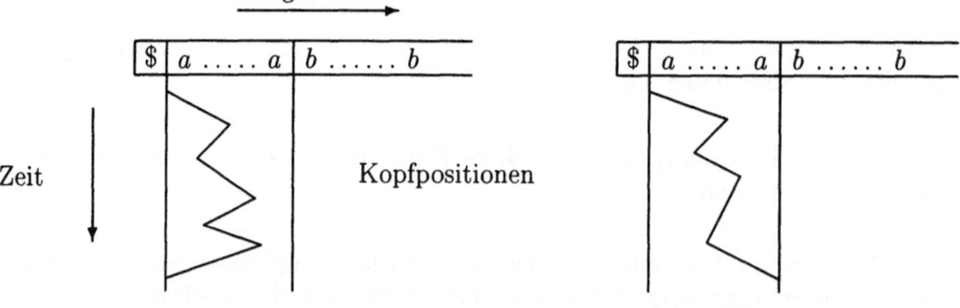

Abbildung 3.1: *Kleine und große Exkursion*

Lemma 3.1.2:
Sei E eine Exkursion von M auf $X = a^m b^m$ und E' eine Exkursion auf $X' = a^{m+m!} b^m$.
Falls die Anfangskonfigurationen von E und E' die Bedingung

♠ der erweiterte Zustand von M ist in beiden Fällen identisch, und der Eingabekopf befindet sich auf demselben Rand,

erfüllen, dann gilt ♠ auch für die Endkonfigurationen von E und E'.

Beweis: Für eine kleine Exkursion ist die Behauptung offensichtlich. Für große Exkursionen gibt es im a-Teil von X Positionen i und j, $1 \leq i < j \leq m$, so daß die erweiterten Zustände Z_i und Z_j identisch sind, wenn der Eingabekopf diese Positionen zum ersten Mal betritt. Man überzeugt sich leicht, daß dies nicht nur für i und j, sondern für alle $i + l(j - i)$ mit $l = 0, 1, \ldots, \frac{m!}{(j-i)}$ im a-Teil gilt. M verhält sich daher zwischen Position j und m wie zwischen $j + m!$ und $m + m!$, und die erweiterten Zustände am Ende von E und E' sind identisch. ∎

Damit können wir nun den Beweis des Theorems zu Ende führen. Per Induktion über die Endkonfigurationen von Exkursionen folgt nun, daß Eigenschaft ♠ für alle korrespondierenden Paare erweiterter Zustände auf X und X' gilt. Denn zwischen 2 Exkursionen liest der Eingabekopf identische Strings im b-Teil von X bzw. X'. Da nach Voraussetzung eine Endkonfiguration von M gleichzeitig das Ende einer Exkursion ist, wird mit X auch $X' \notin$ LENGTH akzeptiert. M „verzählt" sich auf X' und kann somit kein Akzeptor für LENGTH sein. ∎

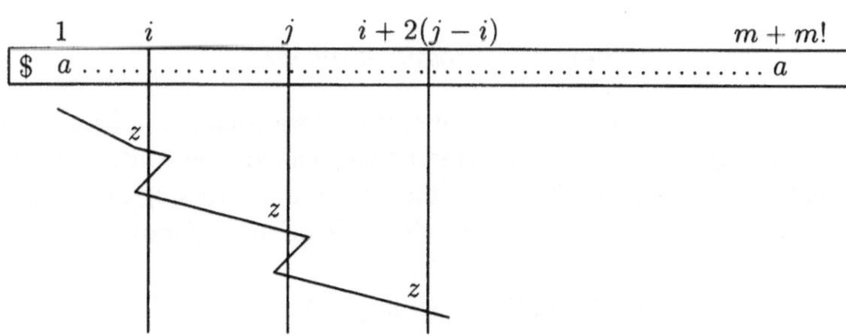

Abbildung 3.2: *Berechnung während einer großen Exkursion*

Diese Technik, einen Teilstring a^m der Eingabe durch $a^{m+m!}$ zu ersetzen, bezeichnet man als $m \rightarrow m + m!$-**Technik**. Steht nur $o(\log m)$ Speicherplatz zur Verfügung, so können die Positionen innerhalb des Strings a^m nicht eindeutig identifiziert werden. Eine Verlängerung des Strings wird von der TM nicht bemerkt.

3.1.2 Quadratische Zeitschranke für 1-Band Maschinen

Im folgenden betrachten wir zeitbeschränkte 1-Band TM. Das Arbeitsband, das gleichzeitig als Eingabeband dient, sei einseitig unendlich und die Zellen seien mit 1 beginnend durchnumeriert. Des weiteren wird bei diesem Maschinentyp vorausgesetzt:

- Der Kopf verharrt in keinem Schritt auf seiner Position.

Durch den Stillstand des Kopfes kann eine 1-Band Maschine keine neue Information erhalten. Denn man kann die Übergangsfunktion einer Maschine in solch einem Fall derart abändern, daß sie sofort die Aktionen ausführt (Zeichen drucken und in einen neuen Zustand wechseln), die sie sonst erst bei Verlassen der Zelle durchgeführt hätte.

Definition 3.1.3:
M sei eine 1-Band TM und $i \in \mathbb{N}$ die Nummer einer Bandzelle von M. Die i-te **Crossing-Sequenz** $\mathrm{CS}(X,i)$ von M auf Eingabe X ist die Folge der Zustände (und Richtungen), in denen M zwischen den Bandzellen i und $i+1$ wechselt. $\qquad\square$

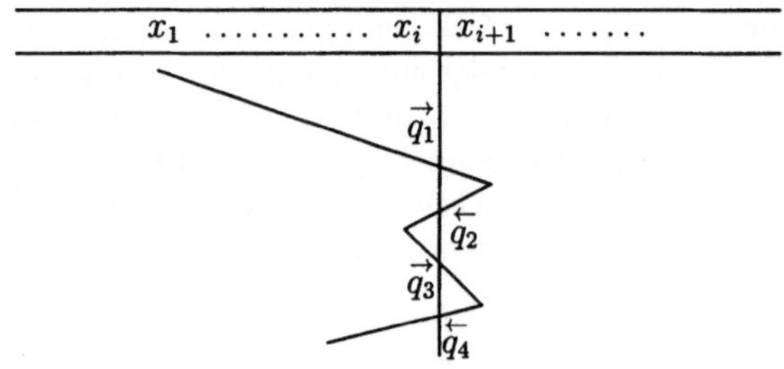

Abbildung 3.3: *Crossing-Sequenz*

Der Übergang zwischen benachbarten Zellen geschieht abwechselnd von links nach rechts und umgekehrt. Man kann daher bei einer Crossing Sequenz auf die Angabe der Richtung des Kopfes verzichten. Bezeichnet $|\mathrm{CS}(X,i)|$ die Länge der Crossing-Sequenz, d.h. die Anzahl der aufgezählten Zustände, so gilt, da sich der Kopf nach Voraussetzung in jedem Schritt bewegt:

$$\sum_{i \geq 0} |\mathrm{CS}(X,i)| \;=\; time_M(X) \;.$$

Lemma 3.1.4:
Sind $X = X_1 X_2$ und $Y = Y_1 Y_2$ Eingaben mit $\mathrm{CS}(X_1 X_2, |X_1|) \;=\; \mathrm{CS}(Y_1 Y_2, |Y_1|)$, dann folgt:

$$M \text{ akzeptiert } X_1 X_2 \quad\Longleftrightarrow\quad M \text{ akzeptiert } X_1 Y_2 \;.$$

Beweis: Die Gültigkeit ergibt sich unmittelbar aus der Abbildung 3.4, die zeigt, wie Teilberechnungen an identischen Crossing Sequenzen verschmolzen werden können. Im linken Teil X_1 der Eingabe hat M keine Möglichkeit zu entscheiden, ob der rechte Teil der String X_2 oder Y_2 ist. Nach Voraussetzung befindet sich M beim Hinüberwechseln vom rechten in den linken Teil der Eingabe jedoch bei beiden Eingaben jeweils im selben Zustand und kann daher keine Information, die eine Unterscheidung zwischen X_2 und Y_2 ermöglichen könnte, über die Grenze transportieren. Am Ende einer Berechnung ist der Kopf wieder in der Ausgangsposition, dem Anfang von X_1. Die Entscheidung, ob M akzeptiert, ist daher unabhängig vom rechten Teil. ∎

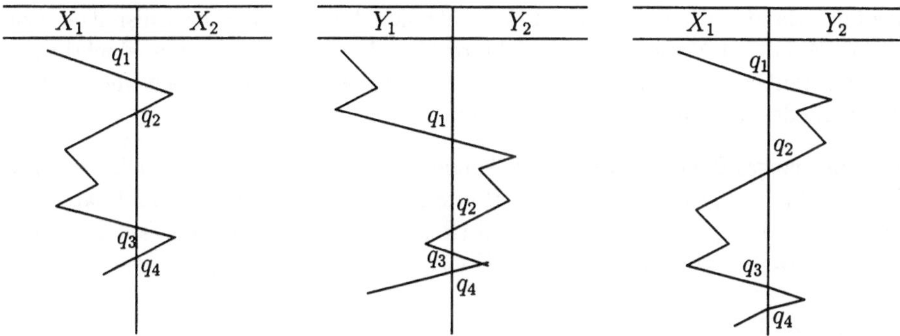

Abbildung 3.4: *Verschmelzen von Crossing-Sequenzen*

Lemma 3.1.5:

$w : A \to \mathbb{N}$ sei eine (Gewichts-) Funktion, definiert auf einer Menge $A = \{a_1, a_2, \ldots\}$. Es gebe eine Zahl r, so daß für jedes $m \in \mathbb{N}$ maximal r^m viele $a_i \in A$ das Gewicht $w(a_i) = m$ besitzen. Für $B \subseteq A$ sei $w(B) := \sum_{b \in B} w(b)$. Dann existiert eine Konstante $c_r > 0$, so daß für alle B mit $|B| \geq r^4$ gilt:

$$w(B) \ \geq \ c_r \, |B| \cdot \log_2 |B| \, .$$

Beweis: Bei vorgegebener Mächtigkeit von B wird der Wert $w(B)$ minimal, wenn B möglichst viele Elemente mit kleinem Gewicht enthält, d.h.

$$w(B) \ = \ \sum_{b \in B} w(b) \ \geq \ \sum_{m=0}^{\tilde{m}} m \cdot r^m$$

wobei $\tilde{m}$ die Bedingung $\sum_{m=0}^{\tilde{m}} r^m \leq |B|$ erfülle. Wählt man

$$\tilde{m} \ := \ \lfloor \log_r |B| - 1 \rfloor \ \geq \ \log_r |B| - 2 \ \geq \ \frac{1}{2} \log_r |B| \ = \ \frac{1}{2} \frac{\log_2 |B|}{\log_2 r}$$

und $c_r := (2\,r^2\,\log_2 r)^{-1}$, so gilt die Abschätzung:

$$w(B) \;\geq\; \sum_{m=0}^{\tilde{m}} m\cdot r^m \;\geq\; \tilde{m}\cdot r^{\tilde{m}} \;\geq\; (\log_r |B| - 2)\, r^{\log_r |B|-2}$$

$$= \;(\log_r |B| - 2)\,\frac{|B|}{r^2} \;\geq\; c_r\,|B|\cdot \log_2 |B| \;.$$

Als nächstes wollen wir Crossing-Sequenzen benutzen, um eine nichtlineare untere Zeitschranke für 1-Band TM zu beweisen. Leider läßt sich dieses technische Hilfsmittel nicht in ähnlicher Weise auf Maschinen mit mehreren Bändern verallgemeinern. Nichtlineare untere Zeitschranken für Mehrband TM zu beweisen, ist eines der großen und zugleich elementarsten offenen Probleme in der Komplexitätstheorie.

Steht nur ein einziges Band zur Verfügung, können bereits einfache Probleme bei der Verarbeitung von Strings größeren Aufwand erfordern. Bereits im ersten Kapitel haben wir String-Probleme, die Spiegelung eines Strings (Beispiel 1.1.4) und den Test auf Gleichheit zweier Strings (Beispiel 1.1.8) , behandelt. Übung 1.5.5 stellte die Palindrome vor.

Theorem 3.1.6:
Für die Sprache **PALINDROME** $:= \{X \in \{a,b\}^* \mid X = \widehat{X}\}$ gilt:

$$DTime_1(o(\mathcal{N}^2)) \;\not\ni\; \textbf{PALINDROME} \;\in\; DTime_1(\mathcal{N}^2) \;.$$

Beweis: Eine 1-Band TM kann **PALINDROME** durch sukzessiven Vergleich der Symbole am Anfang und Ende von X in quadratischer Zeit erkennen (vergleiche Aufgabe 1.5.5). Es bleibt also zu zeigen: **PALINDROME** $\notin DTime_1(T)$ für $T \in o(\mathcal{N}^2)$. Angenommen, $M = (Q, \Sigma, \Delta)$ ist eine T–zeitbeschränkte 1-Band TM für **PALINDROME**. Wir betrachten für $m \in \mathbb{N}$ Inputs $X \in$ **PALINDROME** der Form $X = Yb^{2m}\widehat{Y}$ mit $Y \in \{a,b\}^m$ der Länge $n = 4m$. Für $Y \neq Y'$ muß gelten: $\text{CS}(Yb^{2m}\widehat{Y}, i) \neq \text{CS}(Y'b^{2m}\widehat{Y'}, i)$ für alle $m \leq i < 3m$, denn andernfalls würde M nach Lemma 3.1.4 auch $Yb^{2m}\widehat{Y'} \notin$ **PALINDROME** akzeptieren.

Die Anzahl von Crossing-Sequenzen der Länge l ist beschränkt durch $|Q|^l$. Wendet man das obige Lemma auf die Menge aller Crossing-Sequenzen an, wobei wir für die Funktion w die Länge einer solchen Sequenz wählen, so folgt für ein geeignetes c:

$$\sum_{\substack{X=Yb^{2m}\widehat{Y} \\ Y\in\{a,b\}^m}} time_M(X) \;\geq\; \sum_{X}\sum_{i=m}^{3m-1} |\text{CS}(X,i)| \;=\; \sum_{i}\sum_{X} |\text{CS}(X,i)|$$

$$\geq\; \sum_{i} c\,m\,2^m \;\geq\; c\,m^2\,2^m \;.$$

Nach dem Schubfachprinzip existiert unter den 2^m Eingaben X eine Eingabe X_0 mit

$$time_M(X_0) \;\geq\; 2^{-m} \sum_{\substack{Y\in\{a,b\}^m \\ X=Yb^{2m}\widehat{Y}}} time_M(X) \;\geq\; c\,m^2 \;\geq\; c'n^2 \;.$$

Dies impliziert $T \notin o(\mathcal{N}^2)$. ∎

Die in Theorem 1.4.3 und dem folgenden Korollar beschriebene Simulation von Mehrband TM durch 1-Band TM kann auf Grund dieses Ergebnisses nicht generell verbessert werden (siehe auch Aufgabe 3.7.3). Wir erhalten somit

Korollar 3.1.7:
Im ungünstigsten Fall besteht ein quadratischer Unterschied zwischen der Zeitkomplexität von 1-Band und Mehrband TM.

3.1.3 Komplexitätslücke bei zeitbeschränkten 1-Band TM

Durch Vergrößern einer Komplexitätsschranke ergibt sich eine aufsteigende Folge von Komplexitätsklassen. Es soll im folgenden untersucht werden, unter welchen Bedingungen derartige Klassen echt ineinander enthalten sind. Auf Grund der linearen Platz- und Zeitbeschleunigung wissen wir bereits, daß Multiplikation einer Schranke mit einem konstanten Faktor keine Ausweitung bewirkt.

Zunächst werden wir sehen, daß bei Zeitkomplexitätsklassen von 1-Band TM eine noch größere Lücke existiert, d.h. Zeitschranken nahe der trivialen linearen Schranke definieren keine neuen Komplexitätsklassen. Im nächsten Abschnitt werden wir dann zeigen, daß dies Phänomen bei Mehrband TM nicht auftritt: jede asymptotische Vergrößerung einer Zeitschranke erweitert die Komplexitätsklasse.

Theorem 3.1.8:
Es gibt keine 1-Band DTM, deren Zeitkomplexität zwischen $\omega(\mathcal{N})$ und $o(\mathcal{N} \cdot \log)$ liegt. Dies impliziert insbesondere

$$DTime_1(o(\mathcal{N} \cdot \log)) \;=\; DTime_1(\text{LIN}) \,.$$

Beweis: M sei eine $o(\mathcal{N} \cdot \log)$-zeitbeschränkte 1-Band DTM. Wir zeigen, daß dann die Längen der Crossing-Sequenzen von M sogar durch eine feste Konstante μ beschränkt sind. Der Beweis erfolgt durch Widerspruch. Angenommen, M besitzt beliebig lange Crossing-Sequenzen. Für jedes $m \in \mathbb{N}$ existiert somit eine Eingabe, auf der M eine Crossing Sequenz der Länge mindestens m erzeugt. Sei X_m eine solche Eingabe minimaler Länge $l(m) = n$ und Γ_m eine Crossing Sequenz der Länge mindestens m, die M auf X_m generiert.

Dann kann im Bereich der Eingabe jede Crossing Sequenz höchstens 2 mal vorkommen. Käme nämlich eine Crossing Sequenz an 3 verschiedenen Positionen a, b, c vor, so könnte man einen der beiden Substrings zwischen diesen Positionen in der Eingabe streichen und erhielte eine kürzere Eingabe, auf der weiterhin die Crossing Sequenz Γ_m erzeugt

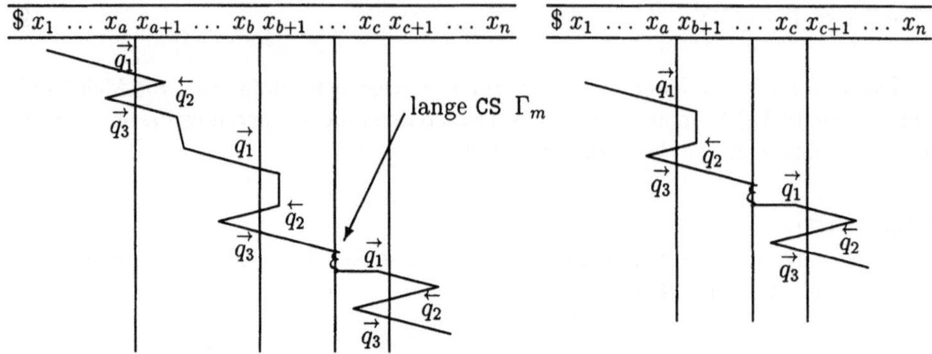

Abbildung 3.5: *Verkürzung der Eingabe* X_m

wird (siehe Abbildung 3.5). Daher hat X_m mindestens $k \geq \lceil \frac{n+1}{2} \rceil$ verschiedene Crossing Sequenzen $\sigma_1, \ldots, \sigma_k$. Mit Lemma 3.1.5 folgt dann der Widerspruch

$$T_M(n) \; \geq \; \sum_{i=1}^{k} |\sigma_i| \; \geq \; c\,k \, \log k \; \geq \; c'n \, \log n \quad \text{und somit} \quad T \notin o(\mathcal{N} \cdot \log) \;.$$

Also ist die Länge der Crossing-Sequenzen beschränkt. Im Bereich der Eingabe macht M daher nur linear viele Schritte. Wir müssen noch einsehen, daß die Maschine rechts von der Eingabe nur eine konstante Zahl c von Bandzellen betreten kann. Für alle $n \leq i < j \leq n + c$ gilt: $\mathrm{CS}(X, i) \neq \mathrm{CS}(X, j)$. Andernfalls würde sich ähnlich wie im Beweis von 3.1.2 die Berechnung nach rechts beliebig weit fortsetzen (siehe Abbildung 3.6). Da jede Crossing-Sequenz nicht länger als μ ist, gibt es nur eine konstante Anzahl von Möglichkeiten für $\mathrm{CS}(X, i)$. Somit macht M auf X nicht mehr als $\mu \cdot (n+c) \leq O(n)$ viele Schritte, und $L(M)$ liegt in $DTime_1(\mathrm{LIN})$. ∎

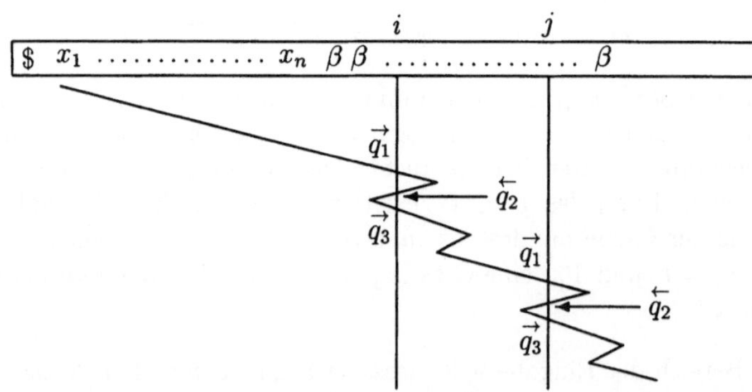

Abbildung 3.6: *Crossing Sequenz rechts von der Eingabe*

In der Übung 3.7.9 wird die Frage behandelt, ob diese Komplexitätslücke auch für nichtdeterministische 1-Band TM auftritt.

3.1.4 Komplexitätslücke bei kleinen Platzschranken

Als nächstes wollen wir zeigen, daß es eine untere Schranke für den Platz gibt, den eine TM braucht, um „nichttriviale" Rechnungen durchführen zu können. Zu Anfang dieses Kapitels haben wir bereits gesehen, daß für ganz simple Probleme mindestens logarithmischer Platz benötigt wird. Es gibt jedoch auch Probleme mit einer geringeren Platzkomplexität. Mit $\mathcal{REG}$ bezeichnen wir die Menge der regulären Sprachen. Reguläre Sprachen werden charakterisiert durch ein einfacheres Rechnermodell als die TM, die endlichen Automaten. Ein **endlicher Automat** entspricht einer TM, die nur ein Einweg-Eingabeband und keinen Speicher besitzt (siehe auch Aufgabe 1.5.12). Kann sich der Eingabekopf dagegen in beide Richtungen bewegen, so spricht man von einem **2-Weg Automaten**. Ein Automat kann sich Informationen nur mit Hilfe seiner Zustände merken und daher nur eine beschränkte Menge an Information speichern. Eine Sprache heißt **regulär** genau dann, wenn es einen endlichen (1-Weg) Automaten gibt, der diese akzeptiert.

Zunächst wollen wir mit Hilfe eines einfachen Crossing-Sequenz Arguments einsehen, daß es für TM ohne Speicher keinen Unterschied macht, ob man ein Zweiweg oder ein Einweg-Eingabeband zugrunde legt.

Theorem 3.1.9:
$$DSpace(0) \;=\; DSpace_{\bar{E}}(0) \; .$$

Beweis: Wir zeigen die Inklusion

$$DSpace(0) \;\subseteq\; NSpace_{\bar{E}}(0) \; .$$

Zusammen mit Übung 1.5.12, wo gezeigt wurde, daß

$$NSpace_{\bar{E}}(0) \;=\; DSpace_{\bar{E}}(0)$$

folgt dann die Behauptung. Zunächst überlegt man sich, daß bei einer Zweiweg-TM ohne Speicher die Crossing-Sequenzen beschränkte Länge besitzen. Andernfalls müßte sich bezüglich einer der Richtungen ein Zustand wiederholen, und die Maschine wäre in eine unendliche Schleife geraten.

Eine nichtdeterministische Einweg-TM M' simuliert die Zweiweg-DTM M, indem sie beim Lesen der Eingabe von links nach rechts jeweils die beiden Crossing-Sequenzen von M am linken und rechten Rand der gerade besuchten Eingabezelle rät. Da die linke Sequenz gleich der rechten Sequenz der linken Nachbarzelle ist, braucht M' bis auf den Anfang jeweils nur die rechte Sequenz neu zu raten. M' kann dann unter Verwendung des

Anfangssymbols dieser Zelle lokal entscheiden, ob die beiden Sequenzen zueinander passen, d.h. durch sukzessives Anwenden der Übergangsfunktion auseinander hervorgehen.

M' akzeptiert, wenn sie solch eine mit der Eingabe konsistente Folge von Crossing-Sequenzen findet und diese Folge einen akzeptierenden Endzustand enthält. ∎

Im vorigen Abschnitt hatten wir bewiesen, daß eine linear zeitbeschränkte 1-Band DTM nur konstant viele Speicherzellen rechts von der Eingabe verwenden kann. Auf diese Zellen kann verzichtet werden, da sich die Maschine diese Information auch in ihrem endlichen Gedächtnis merken kann. Eine Modifikation des letzten Beweises zeigt dann, daß sogar die Beziehung

$$DTime_1(\text{LIN}) \;=\; DSpace_{\bar{E}}(0)$$

gilt. Damit erhalten wir als Verschärfung des Lücken-Theorems für 1-Band Maschinen

$$DTime_1(o(\mathcal{N}\ \log)) \;=\; \mathcal{REG}\ .$$

Des weiteren ergibt sich aus den Betrachtungen in Abschnitt 1.4.5, daß bezüglich der Berechenbarkeit zwischen einer TM mit einem endlichen Speicher und einer ohne Speicher kein Unterschied besteht, mit anderen Worten

$$\mathcal{REG} \;=\; DSpace(0) \;=\; DSpace(\text{CON})\ .$$

Die Sprache **LENGTH** hat uns gezeigt, daß für Zählprobleme wie das Bestimmen der Länge eines Strings im allgemeinen logarithmischer Platz notwendig ist. Man könnte daher vermuten, daß Platzschranken unterhalb von log wenig nützen. Das Beispiel der Sprache

$$\textbf{BIN} \;:=\; \{\text{bin}(0)\#\,\text{bin}(1)\#\ldots\#\,\text{bin}(2^l-1) \mid l \in \mathbb{N}\}$$

zeigt jedoch, daß bereits in $DSpace(\text{llog})$ nichtreguläre Sprachen liegen (siehe Übung 3.7.13.) Dies ist die kleinste nichttriviale Platzschranke, denn es gilt:

Theorem 3.1.10:
Es gibt keine DTM, deren Platzkomplexität zwischen $\omega(\text{CON})$ und $o(\text{LLOG})$ liegt, insbesondere gilt daher

$$DSpace(o(\text{LLOG})) \;=\; DSpace(\text{CON})\ .$$

Beweis: Wir zeigen durch Widerspruch, daß es keine $o(\text{LLOG})$–platzbeschränkte TM gibt, die mehr als konstant viele Speicherzellen betritt. Angenommen, M mit Zustandsmenge Q und Alphabet Σ ist eine derartige S–platzbeschränkte TM. Ähnlich wie im vorigen Satz werden wir nachweisen, daß es für solch eine Maschine bei vorgegebener Platzschranke keine Eingaben minimaler Länge geben kann und erhalten daraus einen Widerspruch.

Eine **erweiterte Crossing-Sequenz** $\mathrm{ECS}(X, i)$ von M auf X ist die Folge der erweiterten Zustände von M bei Wechsel des Eingabekopfes zwischen der i-ten und $(i+1)$-ten Eingabezelle. Die Anzahl der erweiterten Zustände von M bei Verwendung von s Speicherzellen ist beschränkt durch $q_s := |Q| \cdot s \cdot |\Sigma|^s$. Für s groß genug läßt sich q_s nach oben abschätzen durch $\exp(\gamma s)$ und $2\,q_s^{2\,q_s}$ durch $\mathrm{eexp}(\gamma s)$ für eine geeignete Konstante γ, die nur von Q und Σ abhängt. Wir wählen n_0 groß genug, so daß für alle $n \geq n_0$ gilt:

$$S(n) \;\leq\; \mathrm{llog}\, n \,/\, (2\gamma)\;.$$

Da nach Voraussetzung der Speicherplatzbedarf von M jede Konstante übersteigt, existiert ein s mit $s > \max\{S(n) \mid 1 \leq n < n_0\}$ und Eingaben X mit $space_M(X) = s$. X_s sei eine solche Eingabe minimaler Länge n_s.

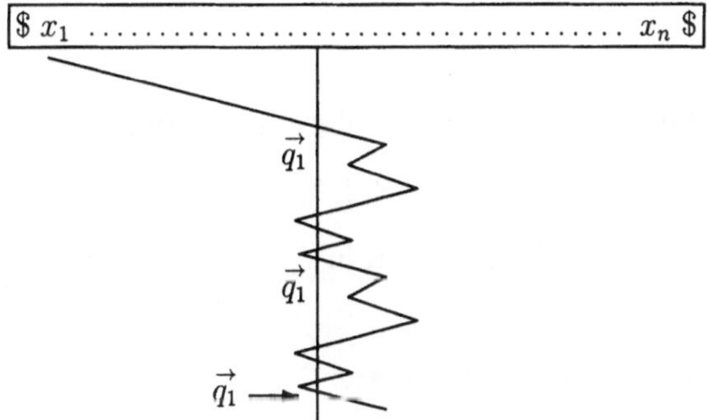

Abbildung 3.7: *Crossing-Sequenz mit sich wiederholendem erweiterten Zustand*

In einer erweiterten Crossing Sequenz darf kein erweiterter Zustand in einer Richtung mehrfach auftreten. Andernfalls würde sich eine Konfiguration von M wiederholen und die Maschine nicht halten (siehe Abbildung 3.7). Solch eine Crossing-Sequenz kann somit nicht länger als $2q_s$ sein, und die Anzahl verschiedener Sequenzen läßt sich mit Hilfe der obigen Überlegungen abschätzen durch:

$$\sum_{l=0}^{2q_s} q_s^l \;\leq\; 2q_s^{2q_s} \;\leq\; \mathrm{eexp}(\gamma s) \;<\; \frac{n_s}{2}\;,$$

da $n_s > n_0$ und $s = S(n_s) \leq \mathrm{llog}\, n_s/(2\gamma)$. Daher existieren Positionen a, b, c zwischen 1 und n_s mit $\mathrm{ECS}(X_s, a) = \mathrm{ECS}(X_s, b) = \mathrm{ECS}(X_s, c)$, und durch Entfernen einer der beiden Teile erhielte man wie im Beweis von Theorem 3.1.8 eine kürzere Eingabe als X_s, bei der M ebenfalls s Speicherplätze benutzt. ∎

3.2   Deterministische Hierarchien

In diesem Abschnitt soll nun die Frage behandelt werden, inwieweit man beliebige Komplexitätsschranken von Mehrband TM vergrößern muß, um mehr berechnen zu können. Erhält man so eine Folge von Komplexitätsklassen, die echt ineinander enthalten sind, so spricht man auch von einer **Hierarchie**. Die Beweismethodik ist eine Verfeinerung des Argumentes, daß es zu jeder rekursiven Komplexitätsschranke T Sprachen gibt, deren Komplexität größer als T ist (Theorem 1.4.7). Dort wurde eine Sprache $L_{\mathrm{DIAG}(T)}$ konstruiert, die über alle Maschinen mit Schranke T diagonalisiert. Zu diesem Zweck mußte die Zeitschranke berechnet werden können, d.h. T war als rekursiv vorausgesetzt. An die Stelle der Rekursivität tritt hier nun die schärfere Forderung der linearen Approximierbarkeit oder der Konstruierbarkeit. Bei einer vorgegebenen Schranke T_1 machen wir nun ähnliches, müssen aber darauf achten, daß der Aufwand T_2 der diagonalisierenden Maschine M' möglichst gering bleibt.

Definition 3.2.1:
Ist C eine Komplexitätsklasse von Sprachen über einem Alphabet Σ, so bezeichne

$$\mathbf{co\text{-}}C \quad := \quad \{L \mid L \subseteq \Sigma^*,\ \Sigma^* \setminus L \in C\}$$

die Menge der Sprachen, deren Komplement in C liegt.   □

3.2.1   Allgemeiner Hierarchiesatz

Eine Diagonalisierung kann auch beim Vergleich verschiedener Komplexitätsressourcen durchgeführt werden. Wir wollen dieses Vorgehen daher noch einmal in allgemeiner Form analysieren. Um zu zeigen, daß es Sprachen gibt, die in einer Komplexitätsklasse $\mathcal{D}(T_2)$ liegen, aber nicht in $C(T_1)$, wobei $C, \mathcal{D}$ beliebige Ressourcen wie etwa $DTime$ oder $NSpace$ sein können, benötigt man die folgenden Voraussetzungen:

1. $\mathcal{D}(T_2)$ ist *universell* für $C(T_1)$, d.h. es gibt in $\mathcal{D}$ eine universelle TM M, die jede TM M' in der Klasse C simulieren kann. Mit der Ausnahme von endlich vielen n gilt dabei: Zur Simulation von M' mit Ressourceschranke $T_1(n)$ auf Eingaben der Länge n benötigt M von ihrer Ressource nicht mehr als $T_2(n)$.

   Diese Bedingung impliziert gleichzeitig, daß $C(T_1)$ in $\mathcal{D}(T_2)$ enthalten ist. Um einen Unterschied zwischen den beiden Klassen herzuleiten, würde es bereits genügen, wenn die Menge der n, für die die universelle Maschine ein M' innerhalb ihrer Ressourceschranke vollständig simulieren kann, unendlich ist.

2. Die universelle TM mit Komplexitätsressource $\mathcal{D}$ kann bei der Simulation von Maschinen in C sicherstellen, daß sie die Schranke T_2 nicht überschreitet; $\mathcal{D}$ ist bezüglich C T_2**-kontrollierbar.**

In der Regel genügt hierzu die Konstruierbarkeit von T_2, so wie wir es in Definition 1.4.4 festgelegt haben. Konstruierbarkeit wird auf Grund dieser Anwendung manchmal auch anders definiert: Es gibt eine TM in $\mathcal{D}(T_2)$, die auf Eingaben der Länge n exakt $T_2(n)$ Einheiten der Ressource verwendet (man vergleiche Aufgabe 1.5.34).

3. $\mathcal{D}(T_2)$ ist abgeschlossen gegenüber Komplementierung, d.h. das Komplement einer Sprache dieser Klasse gehört ebenfalls zu der Klasse: co-$\mathcal{D}(T_2) \subseteq \mathcal{D}(T_2)$.

Damit können wir den folgenden Satz formulieren und beweisen:

Theorem 3.2.2:
Ist die Komplexitätsklasse $\mathcal{D}(T_2)$ universell für die Klasse $\mathcal{C}(T_1)$, abgeschlossen gegenüber Komplementierung und die Komplexitätsressource $\mathcal{D}$ bezüglich $\mathcal{C}$ T_2-kontrollierbar, so gilt

$$\mathcal{C}(T_1) \subset \mathcal{D}(T_2)$$

Beweis: Wir betrachten eine universelle TM M für die Klasse $\mathcal{C}(T_1)$, die auf Eingabe X die TM M_X auf X simuliert, falls X eine korrekte Kodierung einer TM in der Klasse $\mathcal{C}$ ist (vergleiche Abschnitt 1.2.3). Zusätzlich erhält M eine Kontrolle, daß sie die Schranke T_2 nicht überschreitet. Falls die Simulation nicht innerhalb dieser Ressource-Schranke zu Ende geführt werden kann, wird die Eingabe X nicht akzeptiert.

Für die von M akzeptierte Sprache $L := L(M)$ gilt nach Konstruktion $L \in \mathcal{D}(T_2)$. Nach Voraussetzung liegt dann auch das Komplement $\overline{L}$ in dieser Klasse. Angenommen, es gibt eine TM M' in $\mathcal{C}(T_1)$, die $\overline{L}$ akzeptiert. Betrachtet man eine genügend lange Kodierung X von M', so daß die universelle Maschine M die Simulation von M' korrekt zu Ende führen kann, so gilt:

$$X \in \overline{L} \iff X \notin L \iff M \text{ akzeptiert } X \text{ nicht} \iff M' \text{ akzeptiert } X \text{ nicht},$$

mit anderen Worten $\overline{L}$ und $L(M')$ unterscheiden sich auf dem Element X. ∎

Aus dem Beweis ergibt sich, daß die Bedingung der Universalität von $\mathcal{D}(T_2)$ bezüglich $\mathcal{C}(T_1)$ abgeschwächt werden kann. Es genügt die Existenz einer Maschine in $\mathcal{D}(T_2)$, die die Maschinen in $\mathcal{C}$, angesetzt auf ihre eigene Kodierung, simulieren kann. An dieser Stelle sei an in Abschnitt 1.2.3 verlangten Eigenschaften für Kodierungen von TM erinnert: Jede TM M_ρ besitzt beliebig lange Kodierungen r, und zu jeder solchen Kodierung kann man die Kodierung ρ minimaler Länge in Zeit $O(|\rho|)$ berechnen.

Wir werden die obige Beweismethode im folgenden für die wichtigsten Komplexitätsklassen genauer ausführen. Bei Zeitkomplexitätsklassen verwendet die diagonalisierende Maschine M einen Zähler für die Anzahl ihrer Schritte, um sicherzustellen, daß sie die Zeitschranke T_2 nicht überschreitet. Im Falle von Platzkomplexitäten genügt es, im Speicher einen Bereich entsprechender Größe zu markieren, der bei der anschließenden Simulation nicht überschritten werden darf.

3.2.2 Zeithierarchien

Deterministische Komplexitätsklassen sind gegenüber Komplementierung abgeschlossen (siehe Aufgabe 1.5.28). Für die deterministische Zeit- und Platzkomplexität kann man mit dem oben beschriebenen Verfahren daher sehr feine Hierarchien gewinnen: Jede Erhöhung des asymptotischen Wachstums einer Komplexitätsschranke vergrößert die entsprechende Komplexitätsklasse. Der lineare Beschleunigungs- bzw. Bandkompressionssatz aus Abschnitt 1.4 besagt, daß konstante Faktoren im wesentlichen keine Bedeutung haben. Daraus folgt, daß die Hierarchien bestmöglich sind. Bei Zeithierarchien treten gewisse technische Schwierigkeiten auf, da die Zeitkomplexität im allgemeinen von der Anzahl der Bänder abhängt und eine einfache Verwaltung eines Zählers ein zusätzliches Band benötigt. Ähnlich wie in der Übungsaufgabe 1.5.6 kann man zeigen:

Lemma 3.2.3:
Ist die Funktion T auf einer k-Band TM konstruierbar in Zeit T', so gibt es eine $(T' + 3T)$-zeitbeschränkte k-Band TM M_T, die auf Eingabe X die Binärdarstellung von $T(|X|)$ auf das erste Band schreibt und anschließend nur unter Verwendung dieses Bandes sukzessive die Binärdarstellungen von $T(|X|)-1, T(|X|)-2, \ldots, 1, 0$ erzeugt und dann hält.

Mit Hilfe dieses Lemmas kann man nun zeigen, daß zeitkonstruierbare Zeitschranken auch kontrollierbar sind, wenn dem universellen Simulator ein zusätzliches Band zur Verfügung steht, auf welchem er einen Zähler für die Anzahl der simulierten Schritte verwalten kann.

Theorem 3.2.4: Zeithierarchie bei fester Bänderzahl
Ist T_2 zeitkonstruierbar auf einer $(k+1)$-Band TM und $T_1 \leq o(T_2)$, so gilt:

$$DTime_k(T_1) \subset DTime_{k+1}(T_2) \,.$$

Beweis: Deterministische Komplexitätsklassen sind gegenüber Komplementierung abgeschlossen (vergleiche Übung 1.5.28). Unter Verwendung des vorangehenden Lemmas genügt es daher zu zeigen, daß es eine TM M in $DTime_{k+1}(T_2)$ gibt, die sich auf dem Band $k+1$ wie M_{T_2} verhält und mit den verbleibenden k Bändern jede TM in $DTime_k(T_1)$ bei hinreichend großer Eingabelänge korrekt simuliert.

M simuliert auf Eingabe X mit Band 1 bis k die Maschine M_X auf X, ähnlich wie die universelle TM in Abschnitt 1.2.3. Der Zeitverlust dieser Simulation ist proportional zu der Länge einer minimalen Kodierung ρ von M_X, d.h. für festes ρ und X hinreichend groß kann M

$$t_\rho(X) \; := \; \gamma \, \frac{T_2(|X|)}{|\rho|}$$

Schritte von $M_\rho = M_X$ simulieren. Dabei ist γ eine feste, von X und ρ unabhängige Konstante. Auf Grund der Voraussetzung $T_1 \leq o(T_2)$ gilt ab einem gewissen n_ρ daher für alle Eingaben X der Länge $n \geq n_\rho$, die eine Kodierung von M_ρ darstellen: $t_\rho(X) \geq T_1(|X|)$. M hat dann genügend Zeit, um $T_1(|X|)$ Schritte von M_ρ auf X zu simulieren.

M ist $O(T_2)$-zeitbeschränkt; wegen der generellen Schranke $T_1 \geq \mathcal{N}$ gilt $T_2 \geq \omega(\mathcal{N})$. Wir können daher eine lineare Beschleunigung durchführen und erhalten eine universelle Maschine in $DTime_{k+1}(T_2)$ für die Klasse $DTime_k(T_1)$. Diese kontrolliert selbständig, daß sie die Zeitschranke T_2 nicht überschreitet. Damit sind alle Voraussetzungen für die Anwendung des allgemeinen Hierarchiesatzes erfüllt. ∎

Die Sprache $L(M)$, die die für die Klasse $DTime_k(T_1)$ universelle DTM M akzeptiert, liegt in $DTime_{k+1}(T_2)$. Da diese Klasse gegenüber Komplementierung abgeschlossen ist, gilt dies auch für $\overline{L(M)}$. Überträgt man den Beweis des allgemeinen Hierarchiesatzes auf diesen konkreten Fall, so kann man zeigen, daß es keine T_1-zeitbeschränkte k-Band DTM für $\overline{L(M)}$ gibt.

Diese bestmögliche Separation zwischen zeitbeschränkten DTM hat den Nachteil, daß sie eine Erhöhung der Anzahl der Bänder voraussetzt. Es ist nicht auszuschließen, daß die Separation nicht wegen der höheren Zeitschranke, sondern nur wegen einer leistungsfähigeren Speicherstruktur der Simulatoren – $DTime_k$ versus $DTime_{k+1}$ – möglich ist. Betrachten wir deshalb die Klasse $DTime$, bei der beliebig viele Bänder benutzt werden dürfen. Die Schwierigkeit ist nun, daß jede universelle Maschine nur eine feste endliche Anzahl von Bändern besitzt, diese Zahl kann zwar beliebig groß gewählt werden, aber nicht in Abhängigkeit von den zu simulierenden Maschinen aus $DTime(T_1)$ variiert werden. Man kann daher keine unmittelbare Simulation auf demselben Speichertyp durchführen. Zur Lösung dieses Problems verwenden wir den Bandreduktionssatz 2.2.23. Damit kann man sich auf Maschinen mit nur 2 Bändern beschränken, benötigt jedoch wegen des Zeitverlustes bei der Bandreduktion einen größeren Abstand zwischen den beiden Zeitschranken.

Theorem 3.2.5: Allgemeiner deterministischer Zeithierarchiesatz
Ist T_2 zeitkonstruierbar und $T_1 \log T_1 \leq o(T_2)$, so gilt:

$$DTime(T_1) \subset DTime(T_2) .$$

Beweis: Falls die Inklusion der beiden Klassen nicht echt wäre, so ergäbe sich aus der Konsequenz $DTime(T_1) = DTime(T_2)$ unter Verwendung des Bandreduktionssatzes und dem vorangehenden Theorem folgender Widerspruch:

$$\begin{aligned} DTime(T_2) \; &= \; DTime(T_1) \subseteq DTime_2(T_1 \log T_1) \\ &\subset \; DTime_3(T_2) \subseteq DTime(T_2) . \end{aligned}$$

∎

Abschließend wollen wir Hierarchien für eine feste Anzahl von Bändern untersuchen, d.h. für die Klassen $DTime_k$. Ohne ein zusätzliches Band wird es für den universellen Simulator schwieriger, die Bewegungen der k Köpfe nachzuahmen und gleichzeitig die Zeitschranke zu kontrollieren. Man könnte einen Zähler auf einer zusätzlichen Spur des ersten Bandes installieren. Dieser würde dann mit dem Kopf, der auf der oberen Spur den ersten Kopf einer k-Band Maschine simuliert, mitwandern. Ein vollständiges Verschieben eines Zählers der Länge l verursacht für $k \geq 2$ einen Zeitverlust der Größe $O(l)$. Mit $l = \log T_2$ ergibt sich ein logarithmischer Mehraufwand, dies erreicht die allgemeinere Simulation in 2.2.23 auch.

Den Zeitverlust beim Verschieben des Zählers kann man reduzieren, indem man ihn in eine Folge von Blöcken zerlegt und jeweils nur Blöcke mit den aktuell benötigten Bits in der Nähe des Kopfes hält. Bei einer Wertverringerung des Zählers sind dies die niederwertigen Bits bis zum höchsten Übertragsbit, das bei der Subtraktion entsteht. Bei der Abschätzung für den Gesamtaufwand zeigt sich, daß es am günstigsten ist, die Länge und damit den Aufwand zum Verschieben eines Blocks proportional zur Zahl der Schritte zu wählen, die man simulieren kann, ohne auf den Block zugreifen zu müssen. Dadurch nimmt die Länge der Blöcke logarithmisch ab, und die Anzahl der Blöcke ist durch die Funktion itlog beschränkt.

Man erreicht so eine Simulation von t Schritten mit einem Zeitverlust in Form eines Faktors der Größe itlog t, die Details sind in [P79] beschrieben. Bei Verwendung einer etwas anderen Technik kann man mit einem konstanten Faktor auskommen. Zu diesem Zweck wird eine redundante Zahlendarstellung verwandt. Die simulierende Maschine verteilt ihren Schrittzähler „gleichmäßig“ auf einer zusätzlichen Spur des ersten Bandes, und zwar derart, daß sein Wert praktisch an jeder Bandposition ohne großen Aufwand verringert werden kann.

Theorem 3.2.6:
Für $k \geq 2$ und $T_1 \leq o(T_2)$ mit T_2 zeitkonstruierbar gilt:

$$DTime_k(T_1) \ \subset \ DTime_k(T_2) \, .$$

Beweis: Auf Grund der vorangegangenen Überlegungen genügt es zu beschreiben, wie eine universelle Maschine M auf ihrem ersten Band neben der Simulation der Bewegungen eines Kopfes einer DTM M' einen Zähler zur Überwachung der Zeitschranke T_2 verwaltet. Der Aufwand hierfür sollte durch $O(T_2)$ beschränkt sein. Die obersten Spuren von Band 1 repräsentieren die Bandinschrift des korrespondierenden Bandes von M', wie es in Abschnitt 1.2.3 beschrieben ist. Weitere Spuren dienen zur Darstellung des Zählers und zusätzlicher Information, die im folgenden Verfahren benötigt wird. Diese Daten müssen in gewissen Zeitabständen verschoben werden. Um das mit linearem Aufwand durchführen zu können, wird das zweite Band von M beim Kopieren von Bandinschriften mitbenutzt.

Definition 3.2.7:
Ein **distributiver Zähler zur Basis b der Höhe h** ist ein String $Z = z_1 z_2 \ldots z_l \in [0, b-1]^l$, wobei $l = 2^{h+1} - 1$ seine Länge bezeichnet. Die Folge $z_1 \ldots z_l$ interpretieren wir

als Werte von Knoten $v_{i,j}$, $0 \leq i \leq h$, $0 \leq j < 2^{h-i}$, eines vollständigen binären Baumes B_Z, die in **Inordnung** aufgezählt sind: Das mittlere Element $z_{(l+1)/2}$ repräsentiert die Wurzel $v_{h,0}$ von B_Z in Höhe h, die Folge $z_1 \ldots z_{(l-1)/2}$ seinen linken Teilbaum und $z_{(l+3)/2} \ldots z_l$ den rechten Teilbaum. Ein Knoten $v_{i,j}$ in Höhe i wird repräsentiert durch das Element von Z mit Index $2^i(2j+1)$. Für die folgende Darstellung werden die Elemente z_k von Z mit den korrespondierenden Knoten in B_Z identifiziert. $\qquad\square$

Die Position der z_k in B_Z wird lokal dadurch beschrieben, daß jedem Index k ein Symbol aus der Menge $\{\ell, r, w\}$ (für *links*, *rechts* bzw. *Wurzel*) zugeordnet wird (siehe Abbildung 3.8). Für $k = (l+1)/2 = 2^h$ ist dies w, ein interner Index k erhält das Symbol ℓ genau dann, wenn z_k der linke Sohn seines Vaters ist. Man überlege sich, daß die Binärdarstellung von k in diesem Fall die Form $a_h \ldots a_s 010 \ldots 0$ besitzt, während für rechte Söhne die Darstellung $a_h \ldots a_s 110 \ldots 0$ ist ($a_h, \ldots, a_s \in \{0,1\}$ und $2 \leq s \leq h+1$ beliebig). Ein distributiver Zähler der Höhe h und Länge l kann einschließlich dieser zusätzlichen Symbole in Zeit $O(l)$ erzeugt werden.

Repräsentiert z_k einen Knoten in Höhe $h(k) \in [0, h]$, so sei der **Wert** dieses Knotens $z_k \cdot b^{h(k)}$. Z besitzt dann den Wert

$$\mathbf{val}(Z) \quad := \quad \sum_{k=1}^{l} z_k \cdot b^{h(k)} \quad = \quad \sum_{i=0}^{h} \sum_{j=0}^{2^{h-i}-1} z_{2^i(2j+1)} \cdot b^i \ .$$

Somit korrespondiert jede zweite Position in Z mit der niederwertigsten Position im Stellenwertsystem zur Basis b, jede vierte Position mit der zweitniedrigsten usw. Eine **Herabsetzung** von Z sei eine Veränderung seiner Elemente z_k, so daß sich $\mathrm{val}(Z)$ um 1 erniedrigt. Um eine derartige Operation auszuführen, genügt es, eins der z_k mit $h(k) = 0$, d.h. ein Blatt in B_Z, durch $z_k - 1$ zu ersetzen, vorausgesetzt $z_k > 0$. Falls $z_k = 0$, so wird wie bei der gewöhnlichen Subtraktion z_k auf $b-1$ gesetzt und der Vater von z_k mit einem Übertrag von -1 belastet. Falls auch der Vater von z_k den Wert 0 darstellt, setzt sich der Übertrag zum Großvater fort usw. Erreicht dieser Prozess die Wurzel und ist diese ebenfalls 0, so ist der Zähler **verbraucht**. Z insgesamt stellt dann nicht zwangsläufig den Wert 0 dar, denn in anderen Teilbäumen können noch Knoten mit positiven Werten z_k vorhanden sein.

Die folgenden Eigenschaften eines distributiven Zählers Z sind für eine effiziente Verwaltung entscheidend:

1. Auf jeder Position z_k in Z beträgt der Abstand zu einer Position $z_{k'}$ mit Höhe $h(k') = 0$ höchstens 1.

2. Der Abstand eines Elementes z_k in Höhe $h(z_k) = i < h$ zu seinem Vater in Höhe $i+1$ ist 2^i. Gegeben i, so kann ein Kopf, gestartet in Z auf Position z_k, mit Hilfe der zusätzlichen Symbole ℓ, r, w diesen Vater in $O(2^i)$ Schritten finden. Eine

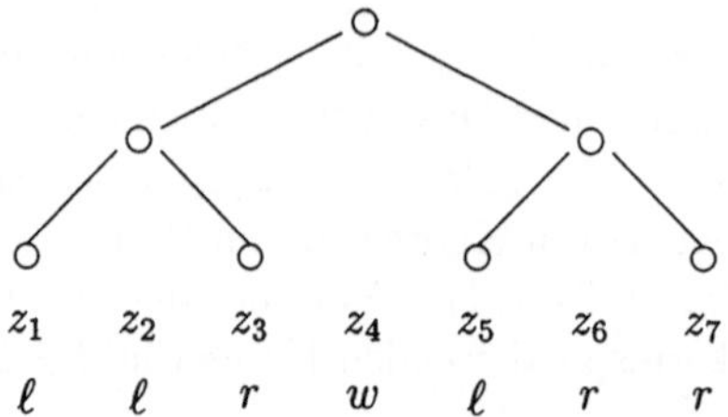

Abbildung 3.8: *Distributiver Zähler der Höhe 2 mit zugehöriger Baumstruktur und den zusätzlichen Symbolen*

Herabsetzung von Z, die einen Übertrag bis in Höhe $i+1$ generiert, kann dadurch in insgesamt $\sum_{j=0}^{i} O(2^j) \leq O(2^i)$ Schritten ausgeführt werden. Es genügt dazu, einige zusätzliche Marken auf eine extra Spur zu schreiben, um beispielsweise den Ausgangsknoten z_k wiederzufinden (die Details seien dem Leser als Übung zur Programmierung von TM überlassen).

3. Startet man einen Zähler Z der Höhe h mit $z_k = b - 1$ für alle k und führt τ-mal eine Herabsetzung von Z aus, und zwar an beliebigen Stellen innerhalb von Z, so wird der Zähler für $\tau \leq (b-1)^{h+1}$ nicht verbraucht (dies sieht man leicht durch Induktion über h). Bei den Herabsetzungen entstehen für jedes $i \in [0, h-1]$ insgesamt maximal $\lfloor \tau/b^{i+1} \rfloor$ Überträge von Knoten in Höhe i zu Vätern in Höhe $i+1$. Damit läßt sich der Gesamtaufwand von M für τ Herabsetzungen von Z einschließlich der Behandlung aller Überträge abschätzen durch

$$\sum_{i=0}^{h-1} \left\lfloor \frac{\tau}{b^{i+1}} \right\rfloor \cdot O(2^i) \ \leq \ O\left(\frac{\tau}{b}\right) \cdot \sum_{i=0}^{h-1} \left(\frac{2}{b}\right)^i \ \leq \ O\left(\frac{\tau}{b}\right) \cdot \frac{1 - (\frac{2}{b})^h}{1 - \frac{2}{b}}$$

$$\leq \ O\left(\frac{\tau}{b-2}\right) \ \leq \ O(\tau) \qquad \text{falls } b > 2 \,.$$

M simuliert die k-Band DTM M' in Phasen. M habe M' bis zur Konfiguration C simuliert und t sei die Anzahl der Schritte von M', die M noch simulieren möchte; zu Anfang erhält t bei einer Eingabe X den Wert $T_2(|X|)$. Als Basis b wählen wir eine hinreichend große Zahl, bespielsweise 4; t_0 sei eine feste Konstante $\geq b^4$. Zu Beginn einer Phase sei vorausgesetzt:

- Die b-näre Darstellung $\mathrm{bn}(t)$ von t steht auf einer zusätzlichen Spur des ersten Bandes von M in der Nähe der momentanen Kopfposition p, welche der Kopfposition des ersten Kopfes von M' in C entspricht.

Falls $t \leq t_0$, simuliert M die Maschine M' für t Schritte mit Hilfe eines gewöhnlichen b-nären Zähler, der auf einer zusätzlichen Spur des 1. Bandes mit dem Kopf mitwandert;

sein Ausgangswert ist $\mathrm{bn}(t)$. Andernfalls berechnet sie

$$h(t) := \lfloor \log_b t \rfloor - 2 \geq 2$$

und installiert einen distributiven Zähler Z zur Basis b der Höhe $h(t)$ auf einer Spur von Band 1. Dabei wird Z so plaziert, daß die Wurzel von Z in der Position p gespeichert wird. Von $\mathrm{bn}(t)$ wird dann

$$\mathrm{val}(Z) = \sum_{i=0}^{h(t)} 2^{h-i} b^i (b-1) = (b-1) \cdot 2^h \cdot \sum_{i}^{h(t)} \left(\frac{b}{2} \right)^i$$
$$= \frac{\left(\frac{b}{2}\right)^{h(t)+1} - 1}{\frac{b}{2} - 1} < b^{h(t)+2} \leq t$$

subtrahiert. Man beachte, daß $\mathrm{val}(Z)$ durch $b^{h(t)} \cdot (b-1) \geq t/b^3$ nach unten abgeschätzt werden kann. $U(Z)$ sei der Bereich der Länge $l = 2^{h(t)+1} - 1$, der von Z auf dem ersten Band überdeckt wird. Es gilt für eine positive Konstante γ: $\mathrm{val}(Z) \geq \gamma \, l^{\log b}$.

M simuliert M' in einer Phase schrittweise und setzt dabei Z nach jedem simulierten Schritt herab, bis entweder der Zähler verbraucht ist – dazu sind mindestens $(b-1)^{h(t)+1}$ zu simulierende Schritte erforderlich– oder der Kopf den Bereich $U(Z)$ verläßt, wozu $(l+1)/2$ Schritte benötigt werden. Der Restwert von Z wird dann eingesammelt: $\mathrm{val}(Z)$ wird in die gewöhnliche b-näre Darstellung umgewandelt und zu $\mathrm{bn}(t)$ hinzuaddiert. Um dies in Zeit linear in der Länge von Z auszuführen, werden für jede Höhe $i = 0, 1, \ldots, h$ die Werte z_k getrennt aufaddiert. Z zerfällt in 2 Teilfolgen der Knoten in Höhe 0, bzw. Knoten in Höhe größer als 0. Die Werte der ersten Teilfolge werden an der entsprechenden Position von $\mathrm{bn}(t)$, in diesem Fall die letzte Stelle, addiert, während die zweite Teilfolge zu einer neuen Folge halber Länge komprimiert wird. In analoger Weise wird diese neue Folge dann gesplittet und weiterverarbeitet. Der Aufwand für die vollständige Umwandlung läßt sich durch $\sum_{i=0}^{h} O(l/2^i) \leq O(l)$ abschätzen. Anschließend wird Z gelöscht, und falls $\mathrm{bn}(t) > 0$, dieser String in den Bereich der neuen Kopfposition p' verschoben und eine neue Phase gestartet.

Simuliert M in einer Phase τ Schritte von M', so genügt ihr dazu Zeit $O(\tau + l)$. Wegen $l \leq 2^{h(t)+1}$ und $\tau \geq \min\{(b-1)^{h(t)+1}, (l+1)/2\}$ gilt $l \leq O(\tau)$. Somit ist der Zeitaufwand von M in jeder Phase linear durch die Anzahl der simulierten Schritte beschränkt, M ist daher $O(T_2)$-zeitbeschränkt. ∎

3.2.3 Platzhierarchien

Bei Platzkomplexitätsklassen können wir uns auf 1-Band Maschinen beschränken, und die obigen Schwierigkeiten entfallen. Die Beweisidee für eine Platzhierarchie ist im wesentlichen die gleiche wie bei Zeitklassen. Zunächst betrachten wir Platzschranken von mindestens logarithmischer Wachstumsordnung, die unter Komplementierung abgeschlossen sind (Übung 1.5.28).

Theorem 3.2.8: Deterministischer Platzhierarchiesatz
Sei $S_2 \geq \log$ platzkonstruierbar und $S_1 \leq o(S_2)$. Dann gilt

$$DSpace(S_1) \subset DSpace(S_2) \ .$$

Beweis: Wir beschreiben eine S_2-platzbeschränkte TM M und zeigen, daß die Sprache $\overline{L(M)}$ nicht von einer S_1-platzbeschränkten TM erkannt werden kann. Auf Eingabe X berechnet M zunächst die Binärdarstellung von $s = S_2(|X|)$ und markiert s aufeinanderfolgende Speicherzellen. Nach Voraussetzung an die Funktion S_2 kann der Funktionswert auf Platz s berechnet werden.

M simuliert anschließend die TM M_X auf Eingabe X in der Platzschranke s für $t = 2^{2s}$ Schritte. M achtet zusätzlich darauf, daß der markierte Speicherbereich während der Simulation nicht verlassen wird. Auf einer zusätzlichen Spur initialisiert sie einen Zähler mit dem Wert t, um sich die Anzahl der simulierten Schritte merken zu können (durch eine Bandkompression um den Faktor 2 läßt sich dieser Zähler in s Speicherzellen unterbringen). Falls die Simulation mehr Platz als die markierten Zellen benötigt oder die Maschine M_X nicht innerhalb von t Schritten hält, verwirft M. Nach Konstruktion ist M exakt S_2-platzbeschränkt.

Auf Grund des allgemeinen Hierarchiesatzes folgt $\overline{L(M)} \notin DSpace(S_1)$. Denn die Annahme, daß eine S_1-platzbeschränkte TM M' für $\overline{L(M)}$ existiert, führt zu dem folgenden Widerspruch. Sei ρ eine Kodierung von M' und $n \geq |\rho|$ so gewählt, daß

$$\log S_1(n) + |\rho|\, S_1(n) \ \leq \ s \ = \ S_2(n) \ .$$

Da $S_1 \leq o(S_2)$ und $S_2 \geq \log$, ist diese Bedingung für alle großen n erfüllt. Sei X eine Kodierung von M_ρ der Länge n. M hat auf Eingabe X genügend Platz reserviert, um entweder die Simulation von M_ρ auf Platz $|\rho|\, S_1(n) \leq S_2(n)$ vollständig durchzuführen oder M_ρ solange zu simulieren, bis sie – spätestens nach $n \cdot S_1(n) \cdot |\rho|^{S_1(n)} \leq n \cdot 2^s \leq t$ Schritten – in eine Schleife gerät. Akzeptiert M' die Eingabe X, so akzeptiert M ebenfalls, d.h. jedoch $X \notin \overline{L(M)}$. Akzeptiert M' dagegen X nicht, so gilt dies auch für M und damit $X \in \overline{L(M)}$, und wir erhalten den Widerspruch $L(M') \neq \overline{L(M)}$.

∎

Um diesen Platzhierarchiesatz auch für sublogarithmische Schranken zu erhalten, müssen wir noch zeigen, daß die Abschlußeigenschaft unter Komplement auch für derartige Schranken gilt. Bislang wurde nur gezeigt, daß aus $L \in DSpace(S)$ folgt $\bar{L} \in DSpace(S + \log)$.

Theorem 3.2.9:
Die Schranke S sei platzkonstruierbar oder approximierbar. Dann ist $DSpace(S)$ unter Komplement abgeschlossen.

Beweis: M sei eine DTM für eine Sprache $L \in DSpace(S)$. Wir betrachten den Konfigurationsgraphen $G_{M,X}$ von M auf eine Eingabe X, der alle partiellen Konfigurationen von M enthält. Jedes Paar von Konfigurationen (C, C'), für die $C \vdash C'$ gilt, d.h. daß M bei Eingabe X in einem Schritt von C nach C' gelangen kann, bildet eine gerichtete Kante in $G_{M,X}$. Da die TM deterministisch arbeitet, ist der Ausgrad eines jeden Knotens nicht größer als 1.

Wir können annehmen, daß M nur eine akzeptierende Endkonfiguration C_a besitzt. C_a besitzt keine Nachfolgekonfigurationen. M akzeptiert X genau dann, wenn es einen Pfad von der Anfangskonfiguration $C_0(X)$ nach C_a gibt. Diese Frage entscheiden wir dadurch, daß wir die Zusammenhangskomponente K von $G_{M,X}$ untersuchen, die C_a enthält, d.h. alle Konfigurationen, von denen es einen Weg nach C_a gibt.

Man überlegt sich nun: K besitzt keine Kreise und ist damit ein Baum. Denn C_a selbst kann auf keinem Kreis liegen, da diese Konfiguration keine Nachfolger besitzt. Angenommen, es gibt einen Kreis in K. Dann wähle eine Konfiguration C aus diesem Kreis mit minimalem Abstand zu C_a. C besitzt einerseits einen direkten Nachfolger C', über den ein Weg minimaler Länge nach C_a führt; C' selbst gehört damit nicht zum Kreis. Andererseits muß C auch einen Nachfolger innerhalb des Kreises besitzen, ein Widerspruch zum maximalen Ausgrad 1.

Eine DTM M' durchsucht K beginnend mit C_a, und zwar entgegen der Kantenrichtungen, mit Hilfe einer *depth-first-search* Strategie. Gelangt sie dabei zu der Anfangskonfiguration, so gehört X zu L und M' verwirft die Eingabe. Findet M' die Anfangskonfiguration nicht, so wird X akzeptiert. M' akzeptiert somit das Komplement von L.

Da S als konstruierbar oder approximierbar vorausgesetzt war, kann M' zunächst $s = S(|X|)$ berechnen und sich bei ihrer Suche auf partielle Konfigurationen, die die Platzschranke s erfüllen, beschränken. Es bleibt zu zeigen, daß M' auf Platz S die Komponente K vollständig durchsuchen kann. M' merkt sich jeweils nur die aktuelle Konfiguration C von M, auf der sie sich gerade im Graphen $G_{M,X}$ befindet. Dazu speichert sie die Bandinschrift und den Zustand von M und nimmt auf dem Eingabeband die gleiche Position ein wie M in C. Aus einer Konfiguration C lassen sich ihre möglichen direkten Vorgängerkonfigurationen leicht berechnen und in irgendeiner natürlichen Weise anordnen, z.B. lexikografisch. Diese Vorgänger werden bei der Tiefensuche ihrer Anordnung entsprechend ausgewählt.

Gelangt M' zu einer Konfiguration C', die keine Vorgänger besitzt oder deren Vorgänger bereits alle besucht wurden, so muß die Suchstrategie zum Nachfolger C von C' zurückspringen und von dort die Suche fortsezten, und zwar mit dem nächsten Vorgänger C'' von C, der in der Anordnung auf C' folgt. Da die Nachfolgekonfiguration eindeutig ist, läßt sich C aus C' und damit auch C'' ohne zusätzliche Information berechnen.

Bei einem Baum braucht man sich bei einer Tiefensuche nicht merken, welche Knoten bereits besucht worden sind. Es ist garantiert, daß diese Strategie keinen Knoten mehrfach untersucht. M' kann auf einfache Weise feststellen, wann sie K vollständig durchsucht hat. Dies gilt nämlich genau dann, wenn sie zum Startpunkt zurückkehrt und alle dessen Nachbarn bereits untersucht hat. ∎

Auf die Platzkonstruierbarkeit von S kann bei diesem Resultat nicht verzichtet werden. Allerdings gibt es unterhalb von $\log$ nicht sehr viele platzkonstruierbare Funktionen, es gibt beispielsweise keine monotonen Funktionen mit dieser Eigenschaft. In den Übungen kann der Leser ein Beispiel für eine solche Funktion kennenlernen.

Auch gilt der Komplementabschluß nicht für sublogarithmische Platzklassen, wenn man das schwache Platzmaß verwenden würde, d.h. nur verlangt, daß die TM die Platzschranke einhält für Eingaben X, die zu der betrachteten Sprache L gehören.

Dies ist nicht verwunderlich, denn für das Komplement müßte eine Maschine platzeffizient gerade auf den Eingaben $X \notin L$ arbeiten. $\overline{\text{LENGTH}}$ ist solch ein Beispiel, denn für eine DTM genügt bereits Platz llog, um zu erkennen, daß für eine Eingabe der Form $a^n b^m$ die Eigenschaft $n \neq m$ erfüllt ist. Man braucht nämlich nur eine Zahl k als Modulus zu finden, für die $n \bmod k \neq m \bmod k$. Auf Grund der Primzahlverteilung existiert immer ein k der Größe maximal $O(\log n)$ (siehe auch Aufgabe 3.7.12). Für Strings der Form $a^n b^n$ aus dem Komplement dieser Sprache, d.h. LENGTH, wird dagegen logarithmischer Platz benötigt, wie wir am Anfang dieses Kapitels gezeigt haben.

3.3 Translation

Translation ist eine Technik, um Inklusionsbeziehungen zwischen zwei Komplexitätsklassen mit Komplexitätsschranken T_1 und T_2 auf entsprechende Klassen mit größeren Schranken T_1' und T_2' zu übertragen. Die Idee dabei ist, eine Eingabe künstlich zu verlängern, dies bezeichnet man auch als **Padding**. Da die Komplexität, etwa die Zeit, in der Länge der Eingabe gemessen wird, führt dies bei gleicher Laufzeit zu einer geringeren Zeitschranke. Folgendes Beispiel mag dies verdeutlichen. Ist eine Maschine M $T_1(n) = n^6$–zeitbeschränkt für eine Eingabe X der Länge n, und ist $\tilde{n} = n^2$ die fiktive neue Länge von X, so ist M nur noch $T_1(\tilde{n}) = \tilde{n}^3$–zeitbeschränkt.

Durch iterierte Anwendung der Translationstechnik lassen sich darüber hinaus Hierarchien verfeinern, was wir am Ende dieses Abschnittes zeigen werden.

Theorem 3.3.1: Translationssatz für Zeitschranken
T_1, T_2 und f seien zeitkonstruierbare Funktionen mit $T_1, T_2 \geq (1+\alpha)\mathcal{N}$ für ein $\alpha > 0$ und $f \geq \mathcal{N}$. Dann impliziert

$$\begin{aligned} DTime(T_1) &\subseteq DTime(T_2) \qquad \text{die Inklusion} \\ DTime(T_1 \circ f) &\subseteq DTime(T_2 \circ f)\,. \end{aligned}$$

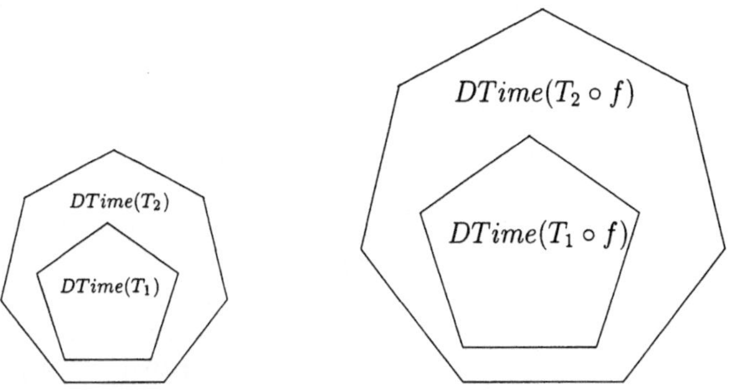

Abbildung 3.9: *Translation von Komplexitätsklassen*

Beweis: Sei $L_1 \in DTime(T_1 \circ f)$ und M_1 eine $(T_1 \circ f)$ –zeitbeschränkte TM für $L_1 \subseteq \Sigma^*$ und $\# \notin \Sigma$ ein Sonderzeichen, mit dem wir die Eingabe verlängern können. Definiere

$$L_2 \;:=\; \{X\#^r \mid M_1 \text{ akzeptiert } X \text{ in } T_1(|X|+r) \text{ Schritten } \} \,.$$

Da T_1 zeitkonstruierbar ist, gibt es eine $O(T_1)$ –zeitbeschränkte TM M_2, die, ähnlich wie eine universelle Maschine, mit Hilfe eines Zählers L_2 akzeptiert (siehe auch Übung 1.5.24). Mit Hilfe des linearen Beschleunigungssatzes gilt sogar $L_2 \in DTime(T_1)$ und nach Voraussetzung somit $L_2 \in DTime(T_2)$ mit Hilfe einer T_2 –zeitbeschränkten TM M_3.

Wir konstruieren nun eine TM M_4 für L_1 auf folgende Weise: auf Eingabe X berechnet M_4 den Wert $f(|X|)$ und erweitert die Eingabe um $f(|X|) - |X|$ Symbole $\#$. M_4 simuliert anschließend M_3 für $T_2(f(|X|))$ Schritte. Diese Maschine ist $O(f + T_2 \circ f) = O(T_2 \circ f)$ –zeitbeschränkt. Mit Hilfe einer linearen Beschleunigung folgt $L_1 \in DTime(T_2 \circ f)$. Für die von M_4 akzeptierte Sprache gilt:

$$
\begin{aligned}
X \in L(M_4) \quad &\Longleftrightarrow\quad M_3 \text{ akzeptiert } X\#^{f(|X|)-|X|} \text{ in } T_2(f|X|) \text{ Schritten}\\
&\Longleftrightarrow\quad X \in L_2\\
&\Longleftrightarrow\quad M_1 \text{ akzeptiert } X \text{ in } T_1(f(|X|)) \text{ Schritten}\\
&\Longleftrightarrow\quad X \in L_1 \,, \qquad \text{da } M_1 \ (T_1 \circ f)\text{-zeitbeschränkt.} \qquad \blacksquare
\end{aligned}
$$

Zum Verständnis betrachten wir folgendes Beispiel: Angenommen, es gilt

$$DTime(\mathcal{N}^3) \subseteq DTime(\mathcal{N}^2) \,.$$

Wählt man nun etwa $f = \mathcal{N}^4$, so erhält man

$$DTime(\mathcal{N}^{12}) \subseteq DTime(\mathcal{N}^8) \,.$$

Mit der Translationstechnik kann man Beziehungen zwischen Komplexitätsschranken von geringem Wachstum auf stärker wachsende Schranken übertragen. Entsprechende allgemeine Techniken für den umgekehrten Weg stehen bislang noch nicht zur Verfügung.

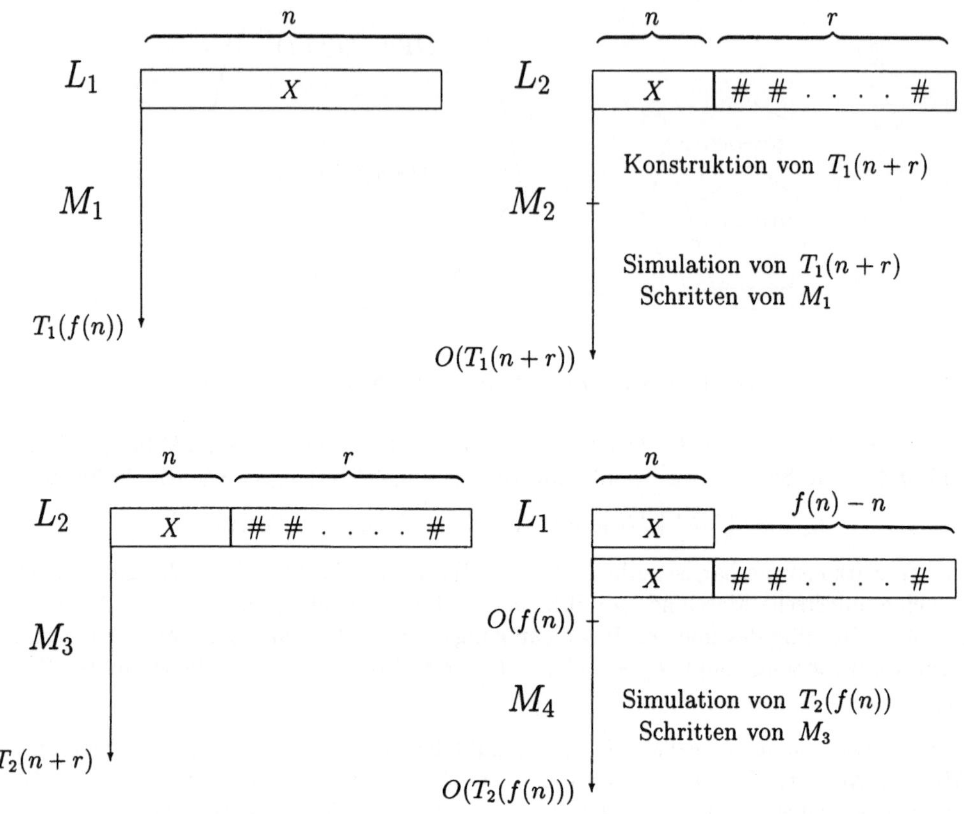

Abbildung 3.10: *Padding von* L_1

Theorem 3.3.2: Translationssatz für Platzschranken
Für S_1, S_2 und f platzkonstruierbar, $S_2 \geq \Omega(\text{Log})$ und $f \geq \mathcal{N}$ gilt:

$$DSpace(S_1) \subseteq DSpace(S_2) \quad \Longrightarrow \quad DSpace(S_1 \circ f) \subseteq DSpace(S_2 \circ f) .$$

Beweis: Wir gehen ähnlich vor wie bei den Zeitschranken; allerdings betrachten wir für sublineare Platzschranken Maschinen mit einem separaten Eingabeband, auf dem nicht geschrieben werden kann. Die TM M_4 kann in diesem Fall die Eingabe nicht tatsächlich mit # Symbolen verlängern. Es genügt jedoch ein binärer Zähler für die Anzahl der zusätzlichen Symbole. Wir betrachten daher

$$L_2 \quad := \quad \{X\#^r \mid M_1 \text{ akzeptiert } X \text{ in Platz } S_1(|X| + r)\}$$

und richten im oben skizzierten Fall auf einer zusätzlichen Spur einen Zähler mit Anfangs-
wert $f(|X|) - |X|$ ein. Bewegt sich der Eingabekopf von M_3 rechts von der ursprünglichen

Eingabe X, so wird mit Hilfe eines zweiten Zählers der Abstand des Kopfes vom letzten Symbol von X gemessen. Durch Vergleich mit dem ersten Zähler kann M_4 feststellen, wann M_3 das Ende der fiktiv verlängerten Eingabe erreicht hat. Der Zähler benötigt nach Voraussetzung Platz $O(\log f) \leq O(S_2 \circ f)$. ∎

Die Translation läßt sich in gleicher Weise auch für NTM durchführen.

Korollar 3.3.3:
T_i, S_i und f seien zeit- bzw. platzkonstruierbare Funktionen, die den Bedingungen $T_i \geq (1+\alpha)\mathcal{N}$ für ein $\alpha > 0$, $S_2 \geq \Omega(\log)$ und $f \geq \mathcal{N}$ genügen. Dann gilt:

$$NTime(T_1) \subseteq NTime(T_2) \implies NTime(T_1 \circ f) \subseteq NTime(T_2 \circ f)\,,$$
$$NSpace(S_1) \subseteq NSpace(S_2) \implies NSpace(S_1 \circ f) \subseteq NSpace(S_2 \circ f)\,.$$

Durch iterierte Translation kann man eine Hierarchie über einem großen Intervall verfeinern. Im folgenden Korollar bezeichne $\mathcal{C}$ eine der Komplexitätsklassen $DTime$, ..., $NSpace$. Von den Komplexitätsschranken T_1, T_2 wird vorausgesetzt, daß sie die Bedingungen des entsprechenden Translationssatzes erfüllen.

Korollar 3.3.4:
$T_1 \leq T_2$ seien monotone Schranken, $\mathcal{N} \leq f_0 \leq f_1 \leq \ldots \leq f_l$ sei eine Folge konstruierbarer Funktionen mit
$$T_1 \circ f_i \quad \leq_{\text{ae}} \quad T_2 \circ f_{i-1} \qquad \forall\, 0 < i \leq l\,.$$
Dann gilt:
$$\mathcal{C}(T_1 \circ f_0) \subset \mathcal{C}(T_2 \circ f_l) \implies \mathcal{C}(T_1) \subset \mathcal{C}(T_2)\,.$$

Beweis: Auf Grund der Monotonie der f_i folgt aus der Voraussetzung des Satzes für alle i: $\mathcal{C}(T_1 \circ f_i) \subseteq \mathcal{C}(T_2 \circ f_{i-1})$. Wäre die Behauptung falsch, so müßte wegen $T_1 \leq_{\text{ae}} T_2$ $\mathcal{C}(T_1) = \mathcal{C}(T_2)$ gelten. Durch Translationen mit den f_i folgt dann für alle i
$$\mathcal{C}(T_1 \circ f_i) = \mathcal{C}(T_2 \circ f_i)\,.$$

Daraus ergäbe sich jedoch
$$\begin{aligned}
\mathcal{C}(T_2 \circ f_l) &= \mathcal{C}(T_1 \circ f_l) \subseteq \mathcal{C}(T_2 \circ f_{l-1}) = \mathcal{C}(T_1 \circ f_{l-1}) \\
&\subseteq \mathcal{C}(T_2 \circ f_{l-2}) = \ldots = \mathcal{C}(T_1 \circ f_1) \subseteq \mathcal{C}(T_2 \circ f_0) \\
&= \mathcal{C}(T_1 \circ f_0)\,,
\end{aligned}$$

ein Widerspruch zur Voraussetzung $\mathcal{C}(T_1 \circ f_0) \subset \mathcal{C}(T_2 \circ f_l)$. ∎

Dies Ergebnis läßt sich so interpretieren: Aus einem Unterschied zwischen Komplexitätsschranken $T' = T_1 \circ f_0$ und $T'' = T_2 \circ f_l$ kann durch Aufteilung des Intervalls $[T', T'']$ (die Menge der Komplexitätsschranken T mit $T' \leq T \leq T''$) in endlich viele

Teilintervalle $[T_1 \circ f_i, T_2 \circ f_i]$ für jedes dieser Teilintervalle hergeleitet werden, daß ihre Grenzen unterschiedliche Klassen definieren. Wir beschreiben nun eine Anwendung dieser Technik und beschränken uns auf den Fall der Zeitkomplexität. Für zeitkonstruierbare Funktionen T haben wir bewiesen, daß

$$DTime(T) \subset DTime(\omega(T \cdot \log T)) \, .$$

Nun soll für beliebiges $k \geq 1$ und $\epsilon > 0$ die folgende Inklusion gezeigt werden:

$$DTime(\mathcal{N}^k) \subset DTime(\mathcal{N}^k \cdot \log^\epsilon) \, .$$

Wählt man $T_1 = \mathcal{N}^k$, $T_2 = \mathcal{N}^k \cdot \log^\epsilon$ und $f_i = \mathcal{N} \cdot \log^{i\epsilon/k}$ für $0 \leq i \leq l = \lceil k/\epsilon \rceil$, dann ist die erste Voraussetzung des Korollars erfüllt:

$$
\begin{aligned}
T_1(f_{i+1}(n)) &= n^k \cdot \log^{(i+1)\epsilon} n \, , \\
T_2(f_i(n)) &= n^k \cdot \log^{i\epsilon} n \cdot \log^\epsilon(n^k \cdot \log^{i\epsilon} n) \geq n^k \cdot \log^{(i+1)\epsilon} n \qquad \text{also} \\
T_1 \circ f_{i+1} &\leq T_2 \circ f_i \, .
\end{aligned}
$$

Die Voraussetzung

$$DTime(T_1 \circ f_0) \subset DTime(T_2 \circ f_l), \quad \text{d.h.} \quad DTime(N^k) \subset DTime(N^k \cdot \log^{1+\epsilon})$$

gilt wegen $T_1 \log T_1 \leq o(T_1 \log^{1+\epsilon} T_1)$ auf Grund des allgemeinen Zeithierarchiesatzes; denn für $T = \mathcal{N}^k$ und $T' = \mathcal{N}^k \cdot \log^{1+\epsilon}$ ist offensichtlich $T \cdot \log T \leq o(T')$ erfüllt.

3.4 Nichtdeterministische Hierarchien

3.4.1 Komplementabschluß von nichtdeterministischem Platz

Für deterministische Klassen konnten wir Hierarchiesätze zeigen, da diese bezüglich Komplementierung abgeschlossen sind. Die Abgeschlossenheit bei nichtdeterministischen Klassen ist nicht in offensichtlicher Weise gegeben wie im deterministischen Fall. Die Frage, ob diese Eigenschaft gilt, blieb lange Zeit unbeantwortet. Aus diesem Grunde wurden andere Beweistechniken entwickelt, die teilweise etwas schwächere Ergebnisse lieferten.

Für die Klassen $NSpace$ konnte die Abschlußeigenschaft nach langen Bemühungen gezeigt werden, für nichtdeterministische Zeit ist dies immer noch ein offenes Problem. Wir werden darauf später noch näher eingehen.

Theorem 3.4.1:

$$NSpace(S) \;=\; \text{co-}NSpace(S) \quad \text{für} \quad S \geq \log \;.$$

Beweis: Zum Nachweis der Gleichheit der beiden Klassen ist es hinreichend, die Inklusion co-$NSpace(S) \subseteq NSpace(S)$ zu zeigen (siehe Übung 3.7.14). Sei $L \in NSpace(S)$ und M eine S-platzbeschränkte NTM für L. Wir nehmen zunächst an, daß die Werte $S(n)$ der Platzschranke zur Verfügung stehen. $\mathcal{C}_X$ sei die Menge aller $S(|X|)$-platzbeschränkten Konfigurationen von M Eingabe X. Es gilt $|\mathcal{C}_X| \leq \exp \gamma S(|X|)$ für eine Konstante γ. $\mathcal{C}_X(\tau)$ bezeichne die Menge der Konfigurationen, die M in einer Berechnung auf X nach τ Schritten einnimmt, und $c_X(\tau)$ die Kardinalität dieser Menge. Wir können annehmen, daß M in jeder Berechnung auf X genau t Schritte rechnet für ein festes $t \leq |\mathcal{C}_X|$ und eine eindeutige akzeptierende Endkonfiguration C_a besitzt. Dann gilt

$$
\begin{aligned}
M \text{ akzeptiert } X \text{ nicht} \quad &\Longleftrightarrow \quad C_a \notin \mathcal{C}_X(t) \\
&\Longleftrightarrow \quad \mathcal{C}_X(t) \text{ enthält } c_X(t) \text{ verschiedene} \\
&\qquad\qquad \text{verwerfende Endkonfigurationen} \;.
\end{aligned}
$$

Diese Beobachtung läßt sich verallgemeinern zu

$$C \notin \mathcal{C}_X(\tau) \quad \Longleftrightarrow \quad \mathcal{C}_X(\tau) \text{ enthält } c_X(\tau) \text{ viele Konfigurationen } C' \neq C \;.$$

Gesucht ist nun eine NTM M' für das Komplement $\overline{L}$. Die obige Äquivalenz beschreibt die Idee, die dem folgenden Verfahren zugrunde liegt. Mit Hilfe der Zusatzinformation $c_X(\tau)$ kann man nichtdeterministisch auf Platz $O(S)$ nicht nur eine Frage $C \in \mathcal{C}_X(\tau)$ positiv entscheiden, sondern auch negativ. Einen positiven Beweis erhält man einfach dadurch, daß man sukzessive eine Folge $C_0(X) \vdash C_1 \vdash \ldots \vdash C_\tau$ rät, wobei man C_{i-1} löscht, sobald C_i generiert ist, und dann überprüft, daß $C_\tau = C$ gilt. Für einen negativen Beweis wird sukzessive für $C' \in \mathcal{C}_X$ mit $C' \neq C$ überprüft, ob $C' \in \mathcal{C}_X(\tau)$, und die Zahl der positiven Ergebnisse gezählt. Falls man dabei $c_X(\tau)$ viele solcher Konfigurationen findet, muß offensichtlich $C \notin \mathcal{C}_X(\tau)$ gelten.

Zunächst definieren wir eine Prozedur **REACH** , die bei Eingabe $(\tau, c, C_1, \ldots, C_r)$ versucht zu entscheiden, ob mindestens eine der Konfigurationen $C_1, \ldots, C_r$ in $\mathcal{C}_X(\tau)$ liegt. Falls ihr dies nicht gelingt, so wird als Antwort "?" zurückgegeben. Der Parameter c wird dabei als Schätzung für die Größe von $\mathcal{C}_X(\tau)$ verwendet.

```
function REACH (τ, c, C₁, ..., Cᵣ)
```
Eingabe: $\tau,\ c \in \mathbb{N},\ \{C_1, \ldots, C_r\}\ \subseteq\ \mathcal{C}_X$

Ausgabe: **true, false oder ?**

$anzahl := 0$;

for $C \in \mathcal{C}_X$ in lexikografischer Ordnung **do begin**
       rate nichtdeterministisch eine Berechnung
          $C_0(X) \vdash D_1 \vdash \ldots \vdash D_\tau$ der Länge τ ;
         if $D_\tau = C$ **then** $anzahl := anzahl + 1$;
         if $D_\tau \in \{C_1, \ldots, C_r\}$ **then return** REACH $(\tau, c, C_1, \ldots, C_r)$:= **true** ;
       end;
if $anzahl = c$ **then return** REACH $(\tau, c, C_1, \ldots, C_r)$:= **false** ;
if $anzahl < c$ **then return** REACH $(\tau, c, C_1, \ldots, C_r)$:= **?** ;
end REACH .

Lemma 3.4.2:

Wird die Prozedur **REACH** mit dem Wert $c = c_X(\tau)$ aufgerufen und liefert als Antwort **true** oder **false**, so ist diese Antwort korrekt.

Beweis: Um die Korrektheit von **REACH** einzusehen, betrachten wir zunächst den Fall, daß man als Antwort **true** erhält. Dies ist nur möglich, wenn die Prozedur ein Anfangsstück $C_0(X) \vdash D_1 \vdash \ldots \vdash D_\tau$ einer Berechnung gefunden hat, deren letzte Konfiguration D_τ zu $\{C_1, \ldots, C_r\}$ gehört.

Bei einer Antwort **false** gilt $anzahl = c = c_X(\tau)$, d.h. es wurden $anzahl$ viele verschiedene Konfigurationen $C \in \mathcal{C}_X(\tau)$ gefunden, von denen keine mit einer der C_i identisch ist. Dies sind nach Definition von $c_X(\tau)$ alle Konfigurationen in $\mathcal{C}_X(\tau)$ und damit gilt $\mathcal{C}_X(\tau) \cap \{C_1, \ldots, C_r\} = \emptyset$.   ∎

Liefert **REACH** für $c = c_X(\tau)$ den Wert "?", d.h. $anzahl < c_X(\tau)$, so hat man nicht alle Konfigurationen $C \in \mathcal{C}_X(\tau)$ in der **for**-Schleife gefunden. Man kann daher weder mit Sicherheit $C_i \notin \mathcal{C}_X(\tau)$ folgern (vielleicht wurden gerade die Berechnungen für C_i nicht korrekt geraten), noch $C_i \in \mathcal{C}_X(\tau)$.

Da jede Konfiguration $C \in \mathcal{C}_X$ auf Platz $O(S(|X|))$ beschrieben werden kann und $anzahl \leq |\mathcal{C}_X|$, somit binär auf dem gleichen Platz darstellbar ist, läßt sich **REACH** auf einer $O(S)$-platzbeschränkten NTM implementieren. Die Bestimmung der Zahlen $c_X(\tau)$ geschieht iterativ durch die folgende Prozedur **COUNT**.

```
function COUNT (τ, c)
Eingabe:   τ, c ∈ IN
Ausgabe:   d ∈ IN   oder  ?

d := 0 ;
for  C ∈ C_X  in lexikografischer Ordung do begin
        berechne die direkten Vorgänger  C_1, ..., C_r  von  C ;
        z   :=  REACH (τ − 1, c, C_1, ..., C_r) ;
        if  z = true   then  d := d + 1 ;
        if  z =  ?     then return COUNT (τ, c)  :=  ?;
        end
return COUNT (τ, c)  :=  d ;
end COUNT.
```

Lemma 3.4.3:
Wird die Procedure COUNT mit dem Wert $c = c_X(\tau - 1)$ aufgerufen und gibt als Ergebnis eine natürliche Zahl d, so gilt $d = c_X(\tau)$.

Beweis: Stoppt COUNT nicht vorzeitig auf Grund einer Antwort "?", die von REACH gegeben wurde, so beantwortet REACH nach dem oben gezeigten jede Frage, ob einer der Vorgänger C_i von C zu $C_X(\tau - 1)$ gehört, korrekt. Der Wert der Variablen d nach Durchlauf der for-Schleife stimmt daher mit der Anzahl der Konfigurationen in $C_X(\tau)$ überein, denn jede solche Konfiguration C muß mindestens einen Vorgänger in $C_X(\tau - 1)$ besitzen. ∎

Zur Ausführung von COUNT auf einer NTM genügt Platz $O(S)$. Damit haben wir alle Hilfsmittel zur Verfügung, um nichtdeterministisch zu entscheiden, ob M auf X *keine* akzeptierende Berechnung besitzt.

```
c_X(0) := 1 ;
for  τ = 1, ..., t do
        if  c_X(τ − 1) ≠ ?   then   c_X(τ) :=  COUNT (τ, c_X(τ − 1))
                             else   c_X(τ) := ? ;
if  c_X(t) ≠ ?   then   z := REACH (t, c_X(t), C_a) ;
if  z = false    then   akzeptiere X .
```

Dies Programmstück kann von einer NTM M' in $NTimeSpace(\mathrm{ExL}(S), S)$ ausgeführt werden. Die Korrektheit folgt aus den obigen Überlegungen. Akzeptiert M' eine Eingabe X, so bedeutet dies, daß die Maschine eine Berechnung besitzt, auf der die Prozedur REACH und COUNT nie die Antwort "?" geben. Mit anderen Worten, COUNT berechnet die Werte $c_X(\tau)$ für $\tau = 1, ..., t$ korrekt und REACH verifiziert, daß C_a nicht zu $C_X(t)$ gehört. Dies bedeutet aber $X \notin L$.

Gilt andererseits $X \notin L$, so gibt es für jede Konfiguration $C \in C_X(\tau)$ eine partielle Berechnung $C_0(X) \vdash D_1 \vdash \ldots \vdash D_\tau = C$, die in REACH $(\tau, c_X(\tau), C_1, \ldots, C_r)$ geraten werden kann. COUNT berechnet demzufolge die Werte $c_X(1), \ldots, c_X(t)$ ebenfalls korrekt, und REACH $(t, c_X(t), C_a) = \texttt{false}$ bewirkt, daß M' X akzeptiert.

Kennt man den Wert $s = S(|X|)$ und damit auch t nicht, so werden iterativ Werte $s = \log|X|$, $s = 2\log|X|$, $\ldots$ gewählt und das obige Verfahren mit diesen durchlaufen. Dabei wird gleichzeitig überprüft, ob die Maschine eine s-platzbeschränkte Konfiguration C erreichen kann, die eine Nachfolgekonfiguration C' besitzt, in der mehr als s Speicherplätze benutzt werden. Dies kann innerhalb der for-Schleife durch einen zusätzlichen Aufruf von REACH $(\tau, c_X(\tau), C)$ für alle derartigen Konfigurationen C geschehen. Ist die Antwort positiv, so bedeutet dies, daß der für s gewählte Wert zu klein war. In diesem Fall wird das ganze Verfahren neu mit dem Wert $2s$ gestartet. Erhält man dagegen immer eine negative Antwort, so war s hinreichend groß, die Entscheidung am Ende ist damit korrekt. ∎

Die Klassen $NSpace(S)$ sind somit für beliebige Schranken S mit mindestens logarithmischem Wachstum unter Komplement abgeschlossen. Es ist ein offenes Problem, ob diese Eigenschaft auch für Klassen $NSpace(S)$ mit $S < \log$ gilt. Die bisherigen Untersuchungen legen nahe, daß dies nicht richtig ist. Wir werden darauf später noch eingehen. Wie im deterministischen Fall ist die Abschlußeigenschaft im allgemeinen nicht erfüllt, wenn man die Platzkomplexität mit Hilfe des schwachen Maßes ermitteln würde.

3.4.2 Nichtdeterministischer Platzhierarchiesatz

Nachdem wir die Abschlußeigenschaft unter Komplementierung nachgewiesen haben, können wir analog zum deterministischen Modell eine Separation der nichtdeterministischen Platzkomplexitätsklassen zeigen.

Theorem 3.4.4:
Für $S_1 \leq o(S_2)$ und $S_2 \geq \Omega(\log)$ platzkonstruierbar gilt:

$$NSpace(S_1) \subset NSpace(S_2)\,.$$

Beweis: Die Klasse $NSpace(S_2)$ enthält einen universellen Simulator für $NSpace(S_1)$. Sei L das Analogon zu der im Beweis des deterministischen Platzhierarchiesatzes konstruierten Sprache für die Klasse der NTM. L kann von einer S_2-platzbeschränkten NTM M akzeptiert werden. Mit Hilfe des universellen Simulators simuliert M eine NTM M_X auf Eingabe X wie im deterministischen Fall. Auf jedem Berechnungspfad von M_X verhält sich M genau wie M_X. Wenn nun $NSpace(S_2)$ gegenüber Komplement abgeschlossen ist, so gehört auch das Komplement von $\bar{L}$ zu $NSpace(S_2)$ und auf Grund des allgemeinen Hierarchiesatzes folgt $NSpace(S_1) \subset NSpace(S_2)\,.$ ∎

Mit Hilfe der Translationstechnik anstelle der Abschlußeigenschaft kann man ebenfalls eine Hierarchie für $NSpace$ herleiten, die allerdings etwas gröber ausfällt. Die Idee basiert darauf, daß nichtdeterministischer Platz mit quadratischem Aufwand deterministisch simuliert werden kann und wir für $DSpace$ Hierarchien bereits nachgewiesen haben. Für eine konstruierbare Platzschranke $S \geq \log$ folgt mit Hilfe von Korollar 2.2.18 und Aufgabe 2.4.23

$$NSpace(o(S)) \subseteq DSpace(o(S^2)) \subset DSpace(S^2) \subseteq NSpace(S^2) \,.$$

Durch Translation läßt sich der Sprung von S nach S^2 verkleinern, und zwar auf beliebige Exponenten größer als 1. Leider funktioniert diese Technik nicht mehr so einfach für die entsprechenden Zeitklassen, da bislang keine polynomialen Schranken beim Übergang von $NTime$ nach $DTime$ bekannt sind. Aus $NTime(T) \subseteq DTime(\mathrm{ExL}(T))$ (siehe Aufgabe 1.5.26) erhält man zunächst nur $NTime(o(T)) \subset DTime(\exp{(T)})$.

Theorem 3.4.5:
Für $r \geq 0$ und beliebiges $\epsilon > 0$ gilt:

$$NSpace(\mathcal{N}^r) \subset NSpace(\mathcal{N}^{r+\epsilon}) \,.$$

Beweis: Zu r und ϵ existieren natürliche Zahlen $a, b \geq 1$ mit $r \leq a/b$ und $r + \epsilon \geq (a+1)/b$. Daher genügt es zu zeigen:

$$NSpace(\mathcal{N}^{a/b}) \subset NSpace(\mathcal{N}^{(a+1)/b}) \,.$$

Wir wenden Korollar 3.3.4 an für $T_1 = \mathcal{N}^{a/b}$, $T_2 = \mathcal{N}^{(a+1)/b}$ und die Translationsfunktionen $f_i = \mathcal{N}^{(a+i)\,b}$, $i = 0, 1, \ldots, a$. Die Voraussetzungen

$$T_1 \circ f_i = \mathcal{N}^{a(a+i)} \leq \mathcal{N}^{(a+1)(a+i-1)} = T_2 \circ f_{i-1}$$

sind wegen $a\,(a+i) \leq (a+1)\,(a+i-1)$ für $i \geq 1$ erfüllt. Mit Hilfe des Ergebnisses 2.2.18 und der deterministischen Platzhierarchie läßt sich auch die zweite Voraussetzung für das Korollar herleiten

$$\begin{aligned}
NSpace(S_1 \circ f_0) &= NSpace(\mathcal{N}^{a^2}) \subseteq DSpace(\mathcal{N}^{2a^2}) \\
&\subset DSpace(\mathcal{N}^{2a^2+2a}) \subseteq NSpace(\mathcal{N}^{2a^2+2a}) \\
&= NSpace(S_2 \circ f_a) \,.
\end{aligned}$$

$\blacksquare$

Diese Beweismethode funktioniert nicht nur für die einfache Funktion $\mathcal{N}$, sondern auch für andere Funktionen mit einem gleichförmigen Wachstum. Hierfür muß die jeweilige Translationsfunktionen entsprechend gewählt werden.

3.4.3 Nichtdeterministischer Zeithierarchiesatz

Um nichtdeterministische Zeithierarchien zu bekommen, werden kompliziertere Varianten der Translationstechnik eingesetzt. Für eine Schranke T bezeichne $\mathbf{\Delta^1 T}$ die wie folgt definierte Funktion:

$$\Delta^1 T(n) \ := \ T(n+1) \ .$$

Theorem 3.4.6:
T_2 sei eine konstruierbare Zeitschranke und $\Delta^1 T_1 \leq o(T_2)$. Dann gilt:

$$NTime(T_2) \ \setminus \ NTime(T_1) \ \neq \ \emptyset \ .$$

Für Funktionen T_1, deren Ableitung T_1' nach oben beschränkt ist durch $O(T_1)$ – dies gilt beispielsweise für alle Polynome und die Exponentialfunktion exp – ist die Bedingung $\Delta^1 T_1 \leq o(T_2)$ des Satzes äquivalent zu $T_1 \leq o(T_2)$. Dieser Satz liefert für nicht zu stark wachsende nichtdeterministische Zeitklassen somit das bestmögliche Hierarchie-Resultat. Auf die Ausführung des recht komplizierten Beweises wollen wir verzichten und verweisen stattdessen auf die Arbeiten [SFM78] und [Z83]. Das Problem bezüglich der Anzahl der Bänder tritt im nichtdeterministischen Fall nicht auf, da Mehrband NTM auf 2 Bändern ohne Zeitverlust simuliert werden können. Wir werden dies im nächsten Kapitel zeigen.

3.5 Das Komplexitätsmaß Reversal

3.5.1 Reversalbeschränkte TM

In diesem Abschnitt wollen wir ein weiteres Komplexitätsmaß kurz vorstellen, das später bei Untersuchungen zur Parallelverarbeitung von Interesse sein wird.

Definition 3.5.1: Reversal-Komplexitätsmaß
Ein Arbeitskopf auf einem linearen TM-Band führt in einem Berechnungschritt ein **Reversal** aus, wenn er seine Bewegungsrichtung ändert. Das heißt, er bewegt sich in die entgegengesetzte Richtung als in dem letzten vorangehenden Schritt, in dem er eine Bewegung ausgeführt hat. Schritte, in denen er stillstand, bleiben unberücksichtigt. $revers_M(X)$ sei die Anzahl der Schritte bei der Berechnung von M auf Eingabe X, in denen mindestens einer der Arbeitsköpfe ein Reversal ausführt, plus 1.

Eine TM ist **R–reversalbeschränkt**, falls für alle Eingaben X gilt $revers_M(X) \leq R(|X|)$. Es bezeichne $\mathbf{DRevers_k(R)}$ und $\mathbf{NRevers_k(R)}$ die Komplexitätsklassen, die durch R–reversalbeschränkte k-Band DTM bzw. NTM definiert werden. Analog zu zeit- und platzkonstruierbar definieren wir für eine Reversalschranke R die Eigenschaft **reversalkonstruierbar**. $\square$

Man beachte, daß Bewegungsänderungen eines Eingabekopfes, falls ein separates Eingabeband vorhanden sein sollte, nicht berücksichtigt werden. Die Addition von 1 bei der Definition von $revers_M(X)$ geschieht aus technischen Gründen, um Relationen zwischen den verschiedenen Komplexitätsmaßen einfacher zu gestalten. Man kann dies jedoch auch dadurch motivieren, daß es für die folgenden Untersuchungen sinnvoll ist, bereits die erste Bewegung eines Kopfes beim Reversalmaß mitzuzählen.

3.5.2 Vergleich von Time und Reversal

Für DTM, insbesondere 1-Band Maschinen, besteht eine enge Beziehung zwischen dem Reversalmaß und den bislang betrachteten Maßen Zeit und Platz. Die Zahl der Reversals ist trivialerweise durch die Schrittzahl der Maschine beschränkt. Eine Analyse der Simulation einer k-Band TM durch eine 1-Band TM zeigt, daß reversalbeschränkte 1-Band TM zeitbeschränkte Mehrband Maschinen ohne Verlust simulieren können.

Theorem 3.5.2:
$$DTime(T) \subseteq DRevers_1(T) .$$

Für die umgekehrte Richtung benötigen wir zunächst folgende Beziehungen zwischen den Komplexitätsmaßen $time$, $space$ und $revers$. Um den Fall $space_M(X) = 0$ nicht gesondert aufführen zu müssen, definieren wir $space_M^+(X) := \max\{1, space_M(X)\}$.

Lemma 3.5.3:
Für jede 1-Band DTM M mit einem separaten 1-Weg-Eingabeband gibt es eine Konstante c_M, so daß für alle Eingaben X, auf denen M hält, gilt:

$$space_M(X) \leq c_M \left(|X| + revers_M(X)\right) ,$$
$$time_M(X) \leq c_M \cdot revers_M(X) \cdot \left(|X| + revers_M(X)\right) .$$

Für Mehrband DTM M gilt

$$time_M(X) \leq c_M \cdot revers_M(X) \cdot space_M^+(X) \qquad \text{sowie}$$
$$time_M(X) \leq c_M \cdot revers_M(X) \cdot space_M^+(X) \cdot |X|$$

für Maschinen mit einem separaten 2-Weg Eingabeband.

Beweis: M sei eine DTM mit k Arbeitsbändern, q Zuständen und einem Bandalphabet der Größe σ. Im Fall $k = 1$ und einem zusätzlichen 1-Weg Eingabeband gilt folgendes: Überschreitet M einen Block von mehr als q Speicherzellen auf ihrem Arbeitsband zum ersten Mal, ohne den Eingabekopf zu bewegen oder die Bewegungsrichtung des Arbeitskopfes zu ändern, so gerät sie in eine unendliche Schleife. Denn es muß ein Zustand in dieser Folge mehrfach vorkommen. Da der 1-Weg Eingabekopf nicht mehr als $|X|$ Bewegungen ausführt, kann M somit höchstens $q \cdot (|X| + revers_M(X))$ viele Speicherzellen zum ersten Mal betreten.

Die Zeitschranken ergeben sich aus der Beobachtung, daß jeder Arbeitskopf höchstens $(space_M^+(X) - 1) \cdot revers_M(X)$ viele Bewegungen ausführen kann. Eine Maschine mit k Arbeitsbändern muß jedoch spätestens nach $q \cdot \sigma^k$ Schritten einen ihrer Köpfe bewegen. Andernfalls würde sich ein Argument für die Übergangsfunktion wiederholen, die Maschine wäre damit in einer unendlichen Schleife. Somit ist die Anzahl der Schritte einer TM mit k Bändern ohne separates Eingabeband auf jeden Fall beschränkt durch

$$q \cdot \sigma^k \cdot \left(1 + k \cdot (space_M(X)^+ - 1) \cdot revers_M(X)\right)$$
$$\leq \quad q \cdot \sigma^k \cdot k \cdot space_M(X)^+ \cdot revers_M(X) \ .$$

Bei einem zusätzlichen 2-Weg Eingabeband darf der Eingabekopf in einer Phase, wo sich keiner der Arbeitsköpfe bewegt, keine Position auf dem Eingabeband im gleichen Zustand und gleichen Symbolen unter den Arbeitsköpfen zweimal betreten, ansonsten ergäbe sich wieder eine unendliche Schleife. In diesem Fall ist die obige Schranke noch mit dem Faktor $q \cdot \sigma^k \cdot |X|$ zu multiplizieren.

Für 1-Band Maschinen mit einem 1-Weg Eingabeband kann sich die Zahl der Bewegungen durch den Eingabekopf nur um die Eingabelänge additiv erhöhen. Unter Verwendung der obigen Abschätzung für den Platzverbrauch der Maschine ergibt sich die Schranke

$$q \cdot \sigma \cdot (|X| \ + \ space_M^+(X) \cdot revers_M(X))$$
$$\leq \quad q \cdot \sigma \cdot (|X| \ + \ q \cdot (|X| + revers_M(X)) \cdot revers_M(X))$$
$$\leq \quad O\big((|X| \ + \ revers_M(X)) \cdot revers_M(X)\big) \ . \qquad \blacksquare$$

Korollar 3.5.4:

$$DRevers_{1+\vec{E}}(R) \ \subseteq \ DTime_{1+\vec{E}}(O(R \cdot (R + \mathcal{N}))) \ .$$

Reversalbeschränkte 1-Weg 1-Band DTM sind somit wie zeitbeschränkte 1-Band Maschinen ein sehr restriktives Berechnungsmodell. Eine nichtlineare untere Schranke für zeitbeschränkte Maschinen impliziert eine nichtkonstante Schranke für reversalbeschränkte Maschinen. Außerdem kann man zeigen, daß zumindest für kleine Reversalschranken eine lineare Beschleunigung nicht möglich ist. Schränkt man das Modell noch weiter ein zu 1-Band DTM ohne separates Eingabeband, so gilt beispielsweise für die Sprache **PALINDROME**, daß linear viele Reversals benötigt werden.

Geht man zu dem allgemeineren Modell der Mehrband TM über, so läßt sich bei Betrachtung des Reversalmaßes eine echte Beschleunigung gegenüber dem Zeitmaß erzielen.

Theorem 3.5.5:

$$DTime(T) \subseteq DRevers_2(\sqrt{T})\,.$$

Beweis: Wir beschreiben die Idee und überlassen dem Leser die Details als Übungs-aufgabe. M sei eine T-zeitbeschränkte k-Band DTM. Jedes Band von M wird in Blöcke der Länge $l = \sqrt{T(|X|)}$ unterteilt. Der **Kernbereich** einer Konfiguration von M besteht aus dem Zustand der Maschine und für jedes Band aus einer Beschriftung des Blockes, in dem sich der zugehörige Kopf befindet, sowie seiner beiden Nachbar-blöcke links und und rechts. Da M innerhalb von l Schritten diesen Bandbereich nicht verlassen kann, läßt sich aus dem Kernbereich einer Konfiguration der Kernbereich der Nachfolgekonfiguration, die M nach l Schritten einnimmt, eindeutig bestimmen.

Ein Simulator M' arbeitet wie folgt: Zunächst führt M' eine Simulation von M für je-weils l Schritte für alle möglichen Kernbereiche durch. Mit Hilfe einer simultanen (für alle Kernbereiche) Schritt-für-Schritt-Simulation kann M' dies mit $O(l)$ Reversals ausführen. Die Übergangstafel für die Kernbereiche wird auf einem separaten Band abgespeichert.

Die eigentliche Simulation von M wird dann in T/l Intervallen der Länge l durch-geführt – ähnlich wie die schnelle Simulation von TM durch RAMs. Dazu stellt M' die gesamte Bandinschrift von M auf k Spuren ihres ersten Bandes dar. Zur Simulation eines Zeitintervalles ist dann nur ein Update der Kernbereiche notwendig. Unter Ver-wendung der Übergangstafel auf Band 2 kann ein einzelnes Update mit konstant vielen Reversals ausgeführt werden. Insgesamt ist damit der Simulator $O(l + T/l) = O(\sqrt{T})$-reversalbeschränkt. ∎

Reversalbeschränkte Mehrband TM sind somit erheblich leistungsfähiger als zeitbeschränk-te Maschinen bei gleicher Schranke. Die Zeitkomplexität ist im wesentlichen durch das Produkt aus Reversal- und Platzkomplexität beschränkt, d.h. bis auf einen konstanten Faktor gilt

$$\max\{space,\ revers\} \ \leq\ time\ \leq\ revers \cdot space\,.$$

3.5.3 Vergleich von Space und Reversal

Ohne Berücksichtigung der Reversals hatten wir einen höchstens exponentiellen Unter-schied zwischen *time* und *space* gezeigt, genauer gilt modulo eines konstanten Faktor im Exponenten für terminierende Berechnungen

$$time\ \leq\ \exp(space + \log)\,.$$

Dies impliziert

$$revers\ \leq\ \exp(space + \log)\,.$$

Die gleiche Beziehung gilt für die beiden Maße auch in der anderen Richtung.

Lemma 3.5.6:

Für jede Mehrband TM M gibt es eine Konstante c_M, so daß

$$space_M(X) \ \leq \ \exp c_M \cdot (revers_M(X) \ + \ \log |X|)$$

für alle Berechnungen, in denen M anhält.

Beweis: Es bezeichne $s(r, n)$ die maximale Anzahl von Speicherzellen, die eine k-Band TM M auf eine Eingabe der Länge n innerhalb einer Berechnung mit höchstens r Reversals betreten kann, ohne in eine unendliche Schleife zu geraten. Ähnlich wie im obigen Lemma kann man für eine geeignete Konstante c zeigen

$$s(0, n) \ \leq \ c \cdot n \ ,$$

denn andernfalls würde sich eine Situation wiederholen, bei der der Eingabekopf die gleiche Position einnimmt und der Zustand der Maschine sowie die von den Arbeitsköpfen gelesenen Symbole identisch sind. Hat M mit r Reversals maximal $s(r, n)$ Speicherzellen beschrieben und führt dann ein Reversal aus, so kann die Maschine höchstens $c \cdot s(r, n)$ weitere reversalfreie Schritte ausführen, ohne in eine Schleife zu geraten, d.h.

$$s(r + 1, n) \ \leq \ s(r, n) + c \cdot s(r, n) \ = \ (c + 1) \cdot s(r, n) \ .$$

Die Lösung dieser Rekursionsgleichung kann durch $(c + 1)^{(r+1)} \cdot n$ abgeschätzt werden. ∎

Verfügt die Maschine über ein separates Eingabeband und zählt man die Reversals auf dem Eingabeband nicht mit, so muß die obige Ungleichung ersetzt werden durch die etwas größere Schranke

$$space_M(X) \ \leq \ \exp c_M \cdot (revers_M(X) \cdot \log |X|) \ .$$

Ähnlich wie für Platzressourcen ergibt sich aus dem obigen Lemma die folgende Relation:

Theorem 3.5.7:
$$DRevers(R) \ \subseteq \ DTime(\ \exp O(R + \ \log)) \ .$$

Beweis: Eine R-reversalbeschränkte TM M, die anhält, ist $\exp O(R + \ \log)$–platzbeschränkt und erfüllt auf Grund der Beziehung $time \leq O(revers \cdot space)$ auch eine Zeitschranke dieser Form. M' simuliere M und zähle dabei die Anzahl der Schritte. Falls M ihre Zeitschranke überschreitet, bricht der Simulator ab und verwirft. ∎

Betrachten wir nun beispielsweise polynomial zeitbeschränkte Maschinen, dann gibt es die beiden Extrema, wie sich die Ressource Zeit auf Platz und Reversal aufteilt: zum einen logarithmisch viele Reversals, aber polynomialer Platzverbrauch, zum anderen nur logarithmische Speichergröße, dafür aber polynomiell viele Reversals. Diese Fragestellung werden wir später noch eingehend untersuchen. An dieser Stelle soll zunächt nur ein direkter Vergleich zwischen *space* und *revers* durchgeführt werden. Zunächst zeigen wir, daß man schon mit 2 Bändern jede platzbeschränkte Maschine reversaleffizient simulieren kann.

Theorem 3.5.8:

$$DSpace(S) \subseteq DRevers_2(O(S)) \quad \text{für} \quad S \geq \log .$$

Beweis: Die Idee beruht darauf, die maximal $\tau = \exp(O(S|X|))$ verschiedenen partiellen Konfigurationen einer S-platzbeschränkten DTM M auf eine Eingabe X genügend oft zu wiederholen. Mit Hilfe dieses Strings wird dann die Berechnung von M $C_0(X) \vdash C_1 \vdash \ldots \vdash C_t$ mit $t \leq \tau$ durch eine DTM M' ohne zusätzliche Reversals simuliert.

Vor Beginn der eigentlichen Simulation werden beide Bänder gleichermaßen mit einer Folge von Konfigurationen wie folgt beschriftet. Beide Bänder werden in jeweils 2 Spuren geteilt und zu jeder Konfiguration auf der oberen Spur die Nachfolgekonfiguration darunter geschrieben. Die Konfigurationen werden der Reihe nach aufgezählt, dabei wird jede Konfiguration in $(\tau + 1)$-facher Kopie aufgeführt. Eine Folge von Kopien einer Konfiguration wollen wir einen **Teilblock** nennen, die Folge von τ Teilblöcken einen **Block**. Dieser Block wird nun $(\tau + 1)$-mal hintereinander geschrieben. Dabei kann man durch geeignete Trennsymbole sicherstellen, daß M' erkennt, wann ein neuer Teilblock sowie ein neuer Block beginnt. Bei der folgenden Simulation werden die Bandinschriften nur einmal von links nach rechts gelesen.

Die Berechnung von M' unterteilt sich in Phasen, wobei in Phase i mit Hilfe der i- und $(i+1)$-ten Blöcke auf beiden Bändern der Übergang $C_{i-1} \vdash C_i$ simuliert wird. Zu Beginn der Phase i steht der erste Arbeitskopf von M' im i-ten Block auf der zweiten Kopie von C_{i-1}, der zweite Kopf irgendwo im i-ten Block. Der zweite Kopf bewegt sich dann auf den Anfang des $(i+1)$-ten Blockes. Anschließend liest er jeweils die erste Kopie in einem Teilblock von Block $i+1$, während der erste Kopf eine Kopie von C_{i-1} im Block i liest. Beide Konfigurationen werden verglichen, bis der zweite Kopf den Teilblock für C_{i-1} im Block $i+1$ gefunden hat. Da der erste Kopf genügend Kopien von C_{i-1} zur Verfügung hat, endet diese Suche immer erfolgreich.

Danach geht der erste Kopf auf den Anfang von Block $i+1$. Mit Hilfe der zweiten Spur auf Band 2, die die Nachfolgekonfiguration C_i speichert, kann nun auf gleiche Weise, allerdings mit vertauschten Rollen, Kopf 1 die erste Kopie von C_i im Block $i+1$ finden. Damit ist der Übergang von C_{i-1} nach C_i simuliert, und die Voraussetzungen für den Beginn der nächsten Phase sind erfüllt.

M' ist $O(R)$-reversalbeschränkt, wenn es gelingt, die Anfangsbeschriftung auf beiden Bändern mit diesem Aufwand zu erzeugen. Wir wollen darauf verzichten, alle technischen Details diesbezüglich darzustellen. Kodiert man die partiellen Konfigurationen von M durch binäre Strings der Länge $O(S|X|)$, so kann man die Folge aller τ Konfigurationen durch $O(\log \tau)$ Reversals erzeugen (vergleiche Aufgabe 3.7.28). Die Nachfolgekonfigurationen können bei geeigneter Kodierung mit geringem Zusatzaufwand auf die untere Spur geschrieben werden. Durch sukzessive Verdoppeln kann man die τ Kopien einer Konfiguration bzw. eines Blockes ebenfalls mit $O(\log \tau)$ Reversals generieren.

Dies setzt zunächst voraus, daß M' die Platzschranke $s = S(|X|)$ kennt und damit auch τ kennt. M' kann jedoch sukzessive $s = \log n, 2 \log n, \ldots$ testen, bis es gelingt, eine

Berechnung von M vollständig zu simulieren. Dabei können wir voraussetzen, daß die platzbeschränkte TM M immer anhält.   ■

Reversal ist damit ein mindestens so starkes Maß wie Platz. Eine enge Beziehung zwischen den beiden Maßen in umgekehrter Richtung gilt jedoch ebenfalls.

Theorem 3.5.9:

$$DTimeRevers(T, R) \ \subseteq \ DSpace(R \log T) \, ,$$
$$DRevers(R) \ \subseteq \ DSpace(R^2) \qquad \text{für} \quad R \geq \log \ .$$

Beweis: M sei eine R-reversal- und T-zeitbeschränkte k-Band DTM. Die **Oberfläche** einer Konfiguration von M bestehe aus dem Zustand q, den Kopfpositionen $p_1, \ldots, p_k$ ($p_i \in \mathbb{N}$) der k Köpfe und den von ihnen gelesenen Zeichen $a_1, \ldots, a_k$. Zur Speicherung einer Oberfläche genügen $O(\log T)$ Speicherzellen.

Eine **Phase** in einer Berechnung von M sei eine Folge von Konfigurationen, zwischen denen M kein Reversal ausführt. Die entscheidende Beobachtung ist nun, daß man, um M in einer Phase zu simulieren, nur auf Information, d.h. auf Speicherinhalte a_i, zurückgreifen muß, die die Maschine entweder im Schritt unmittelbar davor im Speicher abgelegt hat oder in einer früheren Phase. Denn würde die Information aus einem früheren Schritt der gleichen Phase stammen, so hätte der entsprechende Kopf ein Reversal ausführen müssen.

M wird sukzessive Phase für Phase simuliert, wobei man sich für jede Phase die Oberfläche ihrer ersten Konfiguration sowie die Oberfläche der aktuellen Konfiguration C merkt. Um die Oberfläche der Nachfolgekonfiguration C' von C zu erhalten, müssen die Zeichen a_i bestimmt werden. Falls der i-te Kopf beim Übergang $C \vdash C'$ eine Bewegung ausführt, wird M erneut von Anfang an simuliert, um den letzten Zeitpunkt zu bestimmen, an dem dieser Kopf die gleiche Position wie in C' eingenommen hat. Aus der obigen Überlegung folgt, daß bei diesem rekursiven Verfahren von jeder Phase neben der ersten Konfiguration die Oberfläche von höchstens einer weiteren Konfiguration abgespeichert werden muß. Damit ist der Simulator $O(R \log T)$-platzbeschränkt.

Die zweite Inklusion folgt mit Hilfe von Theorem 3.5.7, da für $R \geq \log$ eine R-reversalbeschränkte DTM $\mathrm{ExL}(R)$-zeitbeschränkt ist.   ■

Somit erhalten wir die folgende Beziehung zwischen dem Platz- und dem Reversalmaß:

Korollar 3.5.10:

$$DSpace(S) \ \subseteq \ DRevers(O(S)) \subseteq DSpace(S^2) \qquad \text{für} \quad S \geq \log \, ,$$
$$DRevers(\mathrm{PLOG}) \ = \ DSpace(\mathrm{PLOG}) \, ,$$
$$DRevers(\mathrm{POL}) \ = \ DSpace(\mathrm{POL}) \, .$$

Damit sind sich einerseits das Platzmaß und das Reversalmaß bezüglich ihrer Mächtigkeit sehr ähnlich. Andererseits beachte man, daß in den beiden Simulationen zum Ersatz des einen Maßes durch das andere (Theorem 3.5.8 und 3.5.9) die Ausgangsressource jeweils exponentiell ansteigt. Dies deutet darauf hin, daß die beiden Maße komplementär zueinander stehen, eine Verringerung des einen geht nur auf Kosten einer Erhöhung des anderen. Derartiges nennt man ein **Tradeoff**. Diesen Sachverhalt werden wir noch ausführlicher in Kapitel 5 behandeln.

Da $DSpace(S) \subset DSpace(S^2)$, ist mindestens eine der Inklusionen in der ersten Kette echt. Ob diese Relationen für beliebige Schranken S verschärft werden können, ist unbekannt. Zumindest für logarithmische Platzschranken kann man jedoch zeigen

Theorem 3.5.11:

$$DSpace(\text{LOG}) \;=\; DRevers(\text{CON}) \,.$$

3.5.4 Bandreduktion und Reversal für NTM

Die Frage einer linearen Beschleunigung beim Reversalmaß ist noch nicht vollständig geklärt. Während diese Eigenschaft für 1-Band Maschinen ohne Eingabeband gezeigt werden konnte (bei einem zusätzlichen 1-Weg Eingabeband gilt sie dagegen im allgemeinen nicht, wie bereits oben erwähnt), ist die Frage bei Mehrband Maschinen ein noch offenes Problem. Als weitere Folgerung erhalten wir einen Bandreduktionssatz für das Reversalmaß.

Korollar 3.5.12:

$$DRevers(R) \;\subseteq\; DRevers_2(R^2) \quad \text{für} \quad R \geq \log \,.$$

Weitere Beziehungen zwischen dem Reversalmaß und anderen Komplexitätsmaßen für TM und Schaltkreise werden wir im Kapitel 5.3 noch kennenlernen.

Für nichtdeterministische Maschinen und das gewöhnliche Reversalmaß ergibt sich eine vollkommen andere Situation. Überraschenderweise wurde gezeigt, daß man eine beliebige TM durch eine 2-Band NTM mit nur 2 Reversals simulieren kann. Daher ist das Reversalmaß für Mehrband NTM von geringem Interesse. Für Maschinen mit nur 1 Arbeitsband und einem separaten 1-Weg Eingabeband gilt dagegen:

Theorem 3.5.13:

$$NRevers_{1+\bar{\text{E}}}(R) \;=\; NSpace(R) \quad \text{für} \quad R \geq \mathcal{N} \,.$$

3.6 Abstrakte Komplexitätstheorie

In diesem Abschnitt werden zunächst für die bislang betrachteten Komplexitätsmaße Zeit und Platz zwei Ergebnisse hergeleitet, die auf den ersten Blick im Widerspruch zur Intuition und den vorangegangenen Hierarchiesätzen zu stehen scheinen. Dabei werden Methoden aus der Rekursionstheorie in abgewandelter Form – Komplexitätsuntersuchungen angepaßt – verwandt. Im letzten Abschnitt behandeln wir dann eine allgemeine Form von Komplexitätsmaßen, die sogenannten *abstrakten* Komplexitätsmaße. Weitere Beispiele zu diesem Thema finden sich in den Übungsaufgaben zu diesem Kapitel.

3.6.1 Allgemeines Gap-Theorem

Zunächst benötigen wir ein technisches Ergebnis, das man ähnlich wie die Konstruktion einer universellen TM in Abschnitt 1.2.3 herleiten kann. Dazu definieren wir die Sprachen (vergleiche Aufgabe 1.5.24)

$$
\begin{aligned}
L_{\text{DTime}} &:= \left\{ X\#\rho\#1^{|\rho|t} \mid \text{die DTM } M_\rho \text{ rechnet auf Eingabe } X \text{ exakt } t \text{ Schritte} \right\}, \\
L_{\text{DSpace}} &:= \left\{ X\#\rho\#1^{|\rho|s} \mid \text{für die DTM } M_\rho \text{ gilt } space_{M_\rho}(X) = s \right\}.
\end{aligned}
$$

Lemma 3.6.1:

$$
\begin{aligned}
L_{\text{DTime}} &\in DTime(\mathcal{N} \cdot \log), \\
L_{\text{DSpace}} &\in DSpace(\mathcal{N}).
\end{aligned}
$$

Für das Folgende sei $M_1, M_2, \ldots$ eine Aufzählung aller DTM über einem festen Eingabealphabet – etwa wie am Ende des Abschnitts 1.2.3 beschrieben – und T_i bzw. S_i die Zeit- bzw. Platzkomplexität von M_i, d.h.

$$
\begin{aligned}
T_i(n) &:= \max\{time_{M_i}(X) \mid X \in \Sigma_E^n\}, \\
S_i(n) &:= \max\{space_{M_i}(X) \mid X \in \Sigma_E^n\}.
\end{aligned}
$$

Als erstes zeigen wir, daß es beliebig große Intervalle gibt, in denen eine Erhöhung einer Komplexitätsschranke keine Auswirkung auf die Leistungsfähigkeit der Maschinen hat.

Theorem 3.6.2: Gap-Theorem

$g : \mathbb{N} \to \mathbb{N}$ sei eine rekursive Funktion mit $g \geq \mathcal{N}$. Dann existieren monotone rekursive Funktionen $T, S \geq \mathcal{N}$, so daß

$$
\begin{aligned}
DTime(g \circ T) &= DTime(T) \\
DSpace(g \circ S) &= DSpace(S).
\end{aligned}
$$

Für $g = \exp$ bedeutet dies beispielsweise für gewisse Funktionen T und S:

$$DTime(\exp T) \;=\; DTime(T) \quad \text{und} \quad DSpace(\exp S) \;=\; DSpace(S)\,,$$

d.h. es gibt keine algorithmischen Probleme, deren Komplexität zwischen den Schranken T und $\exp T$ liegt. Dies Intervall bildet somit eine Komplexitätslücke. Im Gegensatz dazu war das Ergebnis der Hierarchiesätze des vorigen Kapitels, daß es keine Lücken gibt, es galt etwa $DSpace(S) \subset DSpace(\omega(S))$, zumindest für konstruierbare Schranken. Daher können Funktionen T bzw. S, die eine Lücke bis zu der Schranke $g \circ T$ (bzw. $g \circ S$) eröffnen, die Konstruierbarkeitsbedingungen nicht erfüllen.

Beweis: Aus dem vorangehenden Lemma folgt, daß für beliebige i, n, m das Prädikat

$$T(i,n,m) \;:=\; [\,T_i(n) = m\,]$$

von einer TM einfach entschieden werden kann. Unser Ziel ist es, für jede Schranke T_i zu erreichen, daß

$$T_i \;\leq\; g \circ T \quad \Longrightarrow \quad T_i \leq_{ae} T\,,$$

d.h. im Intervall $[T, g \circ T]$ liegt asymptotisch keine der Zeitkomplexitäten T_i. Für $L \in DTime(g \circ T)$ folgt dann: Es gibt ein i, so daß $L \in DTime(T_i)$, wobei $T_i \leq g \circ T$. Dies impliziert dann $T_i \leq_{ae} T$, und Korollar 1.4.16 impliziert $L \in DTime(T)$, d.h. $DTime(g \circ T) \subseteq DTime(T)$. Um T an der Stelle n zu definieren, verwenden wir die TM $M_1, \ldots, M_n$ und setzen

$$T(n) \;:=\; \min\left\{ m \mid m > T(n-1) \ \text{und} \ \forall\, i \in [1,n] \,:\, T_i(n) \notin [m+1, g(m)] \right\}\,.$$

Da die Menge der zu betrachtenden $T_i(n)$ endlich ist, wird die Bedingung $T_i(n) \notin [m+1, g(m)]$ nur durch endlich viele m verletzt, d.h. $T(n)$ existiert. Gegeben $T(n-1)$, so kann $T(n)$ durch das folgende Programmstück berechnet werden:

```
1:   m   :=   T(n - 1) ;
2:   m   :=   m + 1 ;
     for  j := m + 1  to  g(m)  do
          for  i := 1  to  n  do
               if  T(i, n, j)  then goto 2
3:   T(n)  :=   m .
```

Für eine Zeitschranke T_i mit $T_i \leq g \circ T$ gilt nach Konstruktion für alle $n \geq i$: $T_i(n) \leq T(n)$, da $T(n) = m$ so gewählt war, daß $T_i(n) \notin [T(n) + 1, g(T(n))]$. Dies bedeutet aber $T_i \leq_{ae} T$. Der Beweis für die Platzkomplexitätsklassen verläuft analog. ∎

Korollar 3.6.3:
Es existiert eine Funktion T, so daß $DTime(T) = DSpace(T)$.

Beweis: Aus den bisherigen Ergebnissen und Aufgabe 1.5.26 können wir schließen

$$DTime(T) \subseteq DSpace(T) \subseteq DTime(\mathrm{ExL}(T)) \subseteq DTime(\exp(T^2)) .$$

Wählt man daher $g(n) = \exp n^2$ und ein T mit $DTime(T) = DTime(g \circ T)$, so folgt

$$
\begin{aligned}
DSpace(T) &\subseteq DTime(\mathrm{ExL}(T)) \subseteq DTime(\exp T^2) = DTime(g \circ T) \\
&= DTime(T) \subseteq DSpace(T).
\end{aligned}
$$

$\blacksquare$

3.6.2 Speedup-Theorem

Als nächstes wollen wir zeigen, daß es algorithmische Probleme gibt, für deren Lösung
es bezüglich einer Komplexitätsressource keine asymptotisch optimale Maschine gibt. Zu
jeder Maschine, die das Problem löst, kann man eine andere Maschine finden, die dieselbe
Sprache berechnet, dies aber asymptotisch mit einem um eine beliebige Funktion geringeren Aufwand. Wir formulieren und beweisen dies Ergebnis wieder für die Ressource Zeit,
der Beweis läßt sich auch auf andere Komplexitätsmaße übertragen.

Theorem 3.6.4: Speedup-Theorem
$\tau : \mathbb{N} \to \mathbb{N}$ sei eine monotone zeitkonstruierbare Funktion. Dann existiert eine rekursive
Sprache L, so daß für jede TM M_i, die L erkennt, gilt:

$$\exists\, M_j \quad \text{mit} \quad L(M_j) = L = L(M_i) \quad \text{und} \quad \tau \circ T_j \leq_{\mathrm{ae}} T_i ,$$

d.h. M_j hat für fast alle Eingaben eine um die Funktion τ^{-1} geringere Komplexität.

Wählt man z.B. $\tau = exp$, so bedeutet dies, daß M_j gegenüber M_i eine logarithmische
Beschleunigung erreicht. Zu M_j existiert ebenso eine Maschine M_k mit abermals einer
derartigen Beschleunigung usw. Das heißt, wenn L in Zeit T erkannt werden kann, dann
auch in Zeit $\log^{[m]} T$ für eine beliebig häufige Iteration des Logarithmus.

Beweis: Es genügt, die Behauptung für monotone Funktionen τ mit $\tau \geq \mathcal{N}^\delta$ für $\delta > 1$
zu beweisen. Wir definieren die Funktion $h : \mathbb{N} \to \mathbb{N}$ durch

$$
h(n) = \begin{cases} 2, & \text{für } n = 0 \\ \tau(h(n-1)) & \text{für } n > 0 \end{cases}
$$

h ist somit die fortgesetzte Iteration von τ: $h(n) = \tau^{[n]}(2)$. Beispiele für h sind für
verschiedene τ in der Tabelle 3.1 aufgeführt.

	1	2	3	4	...	n
$\tau = \mathcal{N}^\delta$	2^δ	2^{δ^2}	2^{δ^3}	2^{δ^4}	...	2^{δ^n}
$\tau = \exp$	2^2	2^{2^2}	$2^{2^{2^2}}$	$2^{2^{2^{2^2}}}$	...	$\mathrm{itexp}(n+1)$

Tabelle 3.1: *Funktionswerte von h in Abhängigkeit von τ*

Mit Hilfe des Operators $\boldsymbol{\Delta_k}$ erhält man eine Folge von Funktionen $f_k := \Delta_k h$ für $k = 0, 1, 2, \ldots$, wobei

$$\Delta_k h(n) \;:=\; \begin{cases} h(n-k) & \text{für } n \geq k, \\ h(0) & \text{für } n < k. \end{cases}$$

Es gilt $\tau \circ \Delta_1 h =_{\text{ae}} h$ und $\tau \circ f_{k+1} =_{\text{ae}} f_k$, d.h. jedes f_{k+1} wächst um die Funktion τ schwächer als f_k. Man erhält somit eine unendliche Folge von Schranken, bei der jedes Element asymptotisch um τ schneller wächst als sein direkter Nachfolger. Die Konstruierbarkeit von τ impliziert dies auch für jede der Funktionen f_k, vergleiche Aufgabe 1.5.32.

Insbesondere gilt $\exp \leq_{\text{ae}} h$ und damit auch POL $\leq_{\text{ae}} \Delta_k h = f_k$ für alle $k \in \mathbb{N}$. Wir beschränken uns auf eine Aufzählung $M_1, M_2, \ldots$ aller TM mit Eingabealphabet $\Sigma_E = \{1\}$ und verlangen, daß für die Kodierungen ρ_i der Maschinen M_i gilt: $|\rho_i| \leq O(i)$. $T_i(n)$ ist somit die Rechenzeit von M_i auf Eingabe 1^n. Es soll nun eine Sprache $L \subseteq \{1\}^*$ konstruiert werden, die in jeder der Zeitschranken f_k akzeptiert werden kann, d.h.

1)$\quad \forall k \; \exists M = M_j : \; L(M_j) = L \quad$ und $\quad T_j \leq_{\text{ae}} f_k$

und andererseits aber auch nicht schneller, mit anderen Worten

2)$\quad \forall i : \; L(M_i) = L \quad \Longrightarrow \quad T_i \geq_{\text{ae}} f_i$.

Daraus folgt die Behauptung des Satzes, denn nach Definition der f_k gilt für $k = i + 1$

$$\tau \circ T_j \;\leq_{\text{ae}}\; \tau \circ f_{i+1} \;=_{\text{ae}}\; f_i \;\leq_{\text{ae}}\; T_i \; .$$

Zur iterativen Konstruktion von L verwenden wir Indexmengen $\emptyset = I_0 \subseteq I_1 \subseteq I_2 \subseteq \ldots \subseteq \mathbb{N}$ von TM. $\kappa \in I_n$ bedeutet $L(M_\kappa) \neq L$, so daß wir M_κ für die weiteren Überlegungen streichen können. Für $n = 1, 2, \ldots$ wird die Entscheidung, ob $1^n \in L$, folgendermaßen getroffen: Wir setzen

$$\sigma(n) \;:=\; \min\{i \leq n \mid i \notin I_{n-1}, \; T_i(n) < f_i(n)\} \; .$$

Falls $\sigma(n)$ existiert, konstruieren wir I_n aus I_{n-1} durch

$$I_n \;:=\; I_{n-1} \cup \{\sigma(n)\} \qquad \text{„}M_{\sigma(n)} \text{ wird gestrichen“} ,$$
$$1^n \in L \quad \Longleftrightarrow \quad 1^n \notin L(M_{\sigma(n)}) \qquad \text{„}M_{\sigma(n)} \text{ berechnet } L \text{ auf } 1^n \text{ nicht korrekt“.}$$

Andernfalls sei $I_n := I_{n-1}$ und $1^n \notin L$. Falls definiert, so ist

- $\sigma(n) \leq n$ der Index der TM, die im n-ten Iterationsschritt gestrichen wird, und

- $\sigma^{-1}(i) \geq i$ der Iterationsschritt, bei dem M_i gestrichen wurde.

Um die Eigenschaft 2) zu zeigen, sei für ein $i \in \mathbb{N}$ angenommen, daß $L(M_i) = L$. Definiere

$$n_i := \max\{\sigma^{-1}(j) \mid j \leq i \text{ und } M_j \text{ wird gestrichen }\}$$

als den Iterationsschritt n, bei dem zum letzten Mal eine TM mit Index maximal i gestrichen wird. Man beachte, daß n_i im allgemeinen nicht berechenbar ist. Wegen $L(M_i) = L$ kann M_i nicht gestrichen worden sein, d.h. $\sigma(n_i) < i$. Dies bedeutet aber nach Konstruktion $T_i(n) \geq f_i(n)$ für alle $n \geq n_i$ und somit $T_i \geq_{ae} f_i$.

Für die Eigenschaft 1) müssen wir für $k \in \mathbb{N}$ eine TM $M = M_j$ finden mit $L(M_j) = L$ und $T_j \leq_{ae} f_k$. Die Frage, ob $1^n \in L$, kann M durch Simulation von $M_{\sigma(n)}$ auf 1^n entscheiden. Wie im Abschnitt 1.2.1 beschrieben, können wir M mit zusätzlicher Information ausstatten, und zwar den beiden endlichen Mengen $L^{\leq n_k}$ ($= \{X \in L \mid |X| \leq n_k\}$) und $J_k := \{(j, \sigma^{-1}(j)) \mid \sigma^{-1}(j) \leq n_k\}$. Damit hat M_j bei kleinen Eingaben und kleinen Indizes die notwendige Information direkt zur Verfügung, insbesondere gilt $I_{n_k} = \{j \mid (j, \sigma^{-1}(j)) \in J_k\}$.

Um $\sigma(n)$ für $n > n_k$ zu bestimmen, berechnet M zunächst $I_{n_k+1}, \ldots, I_n$. Dazu wird für alle l mit $n_k < l \leq n$ überprüft, ob Maschinen M_i mit Index $k < i \leq n$ bei Eingabe 1^l gestrichen wurden, d.h. $T_i(l) < f_i(l)$. Zur Simulation von M_i auf Eingabe 1^l genügt Zeit $|\rho_i|\, f_i(l)$. Falls $\sigma(n)$ existiert, dann gilt wegen $n > n_k$ die Relation $\sigma(n) > k$ und M kann die TM $M_{\sigma(n)}$ auf Eingabe 1^n in maximal $|\rho_{\sigma(n)}|\, f_{\sigma(n)}(n) \leq |\rho_{\sigma(n)}|\, f_{k+1}(n)$ Schritten vollständig simulieren. M benötigt für diese Simulation insgesamt höchstens die Zeit

$$\sum_{\substack{k<i\leq n \\ n_k<l\leq n}} |\rho_i| \cdot f_i(l) + |\rho_{\sigma(n)}|\, f_{\sigma(n)}(n) \;\leq\; \sum_{\substack{k<i\leq n \\ n_k<l\leq n}} O(i)\, f_{k+1}(n) + O(n) \cdot f_{k+1}(n)$$

$$\leq\; O(n^3) \cdot f_{k+1}(n) \;\leq_{ae}\; f_k(n) \,.$$

Die Abschätzung folgt aus den obigen Schranken für die f_i und nach Voraussetzung an die Längen der ρ_i. Damit gilt $T_j \leq_{ae} f_k$. ∎

3.6.3　Union-Theorem

Als letztes Ergebnis in dieser Reihe wollen wir zeigen, daß man die Vereinigung von Komplexitätsklassen, die durch eine monotone unendliche Folge von Komplexitätsschranken gebildet wird, durch eine einzelne Schranke beschreiben kann. Wählt man zum Beispiel die Folge $\mathcal{N}^i, i = 1, 2, \ldots$, so besagt der folgende Satz, daß es eine einzelne Funktion F gibt mit

$$\bigcup_{i \geq 1} DTime(\mathcal{N}^i) = DTime(POL) = DTime(F) \,.$$

Ein analoges Resultat gilt auch für Platzkomplexitätsklassen. Für F muß einerseits gelten $F \geq \Omega(\mathcal{N}^i)$ für alle i, F darf andererseits auch nicht zu stark wachsen, denn aus den Hierarchiesätzen folgt, daß etwa $F = \exp$ oder $F = \mathcal{N}^{\omega(\mathbf{1})}$ zu große Schranken sind. Denn $DTime(\text{POL}) \subset DTime(\exp)$ bzw. $\forall i\ DTime(\mathcal{N}^i) \subset DTime(\mathcal{N}^{\omega(\mathbf{1})})$.

Theorem 3.6.5: Union-Theorem

$\mathcal{F} = F_1, F_2, F_3 \ldots$ sei eine streng monotone Folge rekursiver Funktionen, d.h. $F_i(n) < F_{i+1}(n)$ für alle $i, n \in \mathbb{N}$. Dann gibt es eine rekursive Funktion $F : \mathbb{N} \to \mathbb{N}$, so daß

$$\bigcup_{i \geq 1} DTime(F_i) = DTime(F).$$

Beweis: Wir konstruieren F derart, daß die folgenden Eigenschaften gelten:

1)$\quad \forall\, i \qquad F \geq_{\text{ae}} F_i\,,$

2)$\quad \forall\, j \qquad [\forall\, i\ \ T_j >_{io} F_i] \quad \Longrightarrow \quad T_j >_{io} F\,.$

Aus 1) folgt: $\cup DTime(F_i) \subseteq DTime(F)$. Sei $L \in DTime(F)$ und M_j eine $F-$zeitbeschränkte TM für L, d.h. $T_j \leq F$. Da für dieses j die Folgerung in 2) $T_j >_{io} F$ nicht gilt, kann die Voraussetzung nicht erfüllt sein, d.h. es existiert ein i, für das die Bedingung $T_j >_{io} F_i$ nicht erfüllt ist. Dies bedeutet aber $T_j \ \leq_{\text{ae}}\ F_i$, und daher folgt $L \in DTime(F_i)$.

Die aus $\mathcal{F}$ ableitbare Diagonalfunktion $F(n) := F_n(n)$ erfüllt wegen der Monotonie der F_i Bedingung 1), aber nicht unbedingt 2). Um F zu konstruieren, versuchen wir für jedes j einen Index l_j zu finden, so daß $T_j \leq_{\text{ae}} F_{l_j}$. Dazu wird eine Menge INDEX von Paaren (l_j, j) konstruiert und schrittweise vergrößert und aktualisiert. Um auf dieser Menge ein eindeutiges Minimum zu finden, verwenden wir die lexikografische Ordnung

$$(l_j, j) < (l_k, k) \iff l_j < l_k \text{ oder } l_j = l_k \text{ und } j < k\,.$$

Wir definieren F durch ein Programm, das diese Funktion sukzessive für alle natürlichen Zahlen n berechnet.

```
procedure F
INDEX  :=  ∅ ;
for  n  :=  1, 2, 3, … do
    if   ∀ (l_j, j) ∈ INDEX   T_j(n) ≤ F_{l_j}(n)
       then  F(n) := F_n(n) ;   INDEX := INDEX  ∪{(n, n)}
       else  F(n) := F_{l_κ}(n) ;   INDEX := INDEX  ∪{(n, n), (n, κ)} \ {(l_κ, κ)}
          wobei (l_κ, κ) das Minimum in INDEX ist mit T_κ(n) > F_{l_κ}(n)
end F.
```

Zunächst wird gezeigt, daß F die Eigenschaft 1) erfüllt. Dazu betrachten wir für festes i alle $n \geq i$: INDEX enthält nur endlich viele Paare (l_j, j) mit $l_j < i$. Jedesmal, wenn für ein $n \geq i$ der **else**-Fall eintritt, wird ein solches Paar (l_κ, κ) durch (n, κ) ersetzt. Daher tritt entweder der **else**-Fall nur für endlich viele n auf, und für alle anderen n gilt wegen der Monotonie der F_i: $F(n) = F_n(n) \geq F_i(n)$. Oder INDEX enthält ab einem gewissen $\tilde{n}$ nur Paare (l_j, j) mit $l_j > i$. Für alle $n \geq \tilde{n}$ gilt dann

$$F(n) \ = \ F_{l_j}(n) \ \geq \ F_i(n), \quad \text{d.h.} \quad F \ \geq_{\text{ae}} \ F_i \ .$$

Um 2) nachzuweisen, sei j ein Index mit $T_j >_{io} F_i$ für alle i. Ab dem Iterationsschritt mit $n = j$ enthält INDEX immer ein Paar (l_j, j) mit zweiter Komponente j, wobei die erste Komponente l_j monoton wächst, beginnend mit $l_j = j$. Da für alle i – also insbesondere auch $i = l_j$ – für unendlich viele n gilt: $T_j(n) > F_{l_j}(n)$, tritt der **else**-Fall unendlich oft ein. Jedesmal wird $F(n) := F_{l_\kappa}(n)$ gesetzt und wegen der Minimalität von l_κ folgt $l_\kappa \leq l_j$ und damit $F(n) \leq F_{l_j}(n) < T_j(n)$. ∎

3.6.4 Abstrakte Komplexitätsmaße

Bislang haben wir bei Maschinen in erster Linie nur das Zeit- und Platzkomplexitätsmaß betrachtet – $time_M(X)$ und $space_M(X)$. Diese haben in der Praxis sicherlich die größte Bedeutung. Denkbar ist es jedoch, auch andere Maße zu verwenden, beispielsweise, wie oft sich der Zustand der Maschine ändert, oder wie häufig ein Kopf wieder zu seinem Startpunkt zurückkehrt.

Wir wollen uns deshalb überlegen, was man als Voraussetzung für eine sinnvolle Theorie von einem Komplexitätsmaß mindestens verlangen sollte. Zur Erinnerung, φ_i bezeichnet die von M_i berechnete partielle Funktion, wobei $M_1, M_2, \ldots$ eine Aufzählung aller TM sei.

Definition 3.6.6: Komplexitätsmaß
Eine Folge $f = f_1, f_2, \ldots$ rekursiver partieller Funktionen $\Sigma_E^* \to \mathbb{N}$ heißt **Komplexitätsmaß**, falls die beiden folgenden Bedingungen erfüllt sind:

1) $f_i(X)$ ist genau dann definiert, wenn $\varphi_i(X)$ definiert ist,

2)   das Prädikat $F: \mathbb{N} \times \Sigma_E^* \times \mathbb{N} \to \{0, 1\}$, definiert durch

$$F(i, X, m) \ := \ \begin{cases} 1, & \text{falls } f_i(X) = m \\ 0, & \text{sonst,} \end{cases} \quad \text{ist rekursiv.}$$

Zeit und Platz sind Komplexitätsmaße im obigen Sinn, wenn man den Wert ∞ mit „nicht definiert" gleichsetzt. Zusätzlich muß die Platzkomplexität bei Berechnungen, die nicht halten, sondern in eine Schleife geraten und nur endlich viele Zellen benutzen, undefiniert bleiben. Bei den bisherigen Überlegungen haben wir gesehen, daß man solche Berechnungen erkennen kann, während es im allgemeinen nicht entscheidbar ist, ob eine TM auf einer Eingabe nach endlicher Zeit anhält und nur endlich viele Speicherzellen benutzt.

Ein Speedup-, Gap- und Union-Theorem lassen sich für beliebige Komplexitätsmaße beweisen. Wir wollen zum Abschluß dieses Kapitels zeigen, daß je zwei Komplexitätsmaße durch rekursive Funktionen gegeneinander abgeschätzt werden können. Dazu sei Γ : $\Sigma_E^* \to \mathbb{N}$ eine rekursive Bijektion zwischen der Eingabemenge und den natürlichen Zahlen.

Theorem 3.6.7:
F, $\hat{F}$ seien Komplexitätsmaße. Dann existiert eine rekursive Funktion $g : \Sigma_E^* \times \mathbb{N} \to \mathbb{N}$, so daß für alle $i \in \mathbb{N}$

$$\hat{F}_i(X) \;\leq\; g(X, F_i(X)) \qquad \text{für fast alle } X \in \Sigma_E^* \;.$$

Beweis: Wir definieren die gesuchte Funktion durch

$$g(X, m) \;:=\; \max\,\{\hat{F}_i(X) \mid i \leq \Gamma(X) \text{ und } F_i(X) = m\} \;.$$

g ist auf Grund von Bedingung 2) rekursiv, und für $\Gamma(X) \geq i$ gilt:

$$g(X, F_i(X)) \;=\; \max\,\{\hat{F}_i(X) \mid i \leq \Gamma(X)\} \;\geq\; \hat{F}_i(X) \;. \qquad \blacksquare$$

3.7 Übungsaufgaben

Aufgabe 3.7.1:
Zeigen Sie, daß die Sprache $L = \{X \mid X \subseteq \{a, b\}^*,\ X \text{ enthält gleich viele } a\text{'s wie } b\text{'s}\}$ nicht regulär ist.

Aufgabe 3.7.2:
Das Kopieren von Strings ist bei 1-Band Maschinen zeitaufwendig. Das korrespondierende Entscheidungsproblem zu überprüfen, ob zwei räumlich getrennte Strings identisch sind, besitzt die gleiche Komplexität. Beweisen Sie, daß eine 1-Band DTM, um für einen Input $X = U\#V\#W$ mit $U, V, W \in \{0,1\}^*$ und $|U| = |W|$ zu entscheiden, ob $U = W$ gilt, mindestens $\Omega(|U| \cdot |V|)$ Schritte benötigt. Folgern Sie daraus für die Sprache

$$\mathtt{EQUAL} \;:=\; \{U\#V\#W \mid U, V, W \in \{0,1\}^* \text{ und } U = W\}$$

die Eigenschaft

$$DTime_1(o(\mathcal{N}^2)) \;\not\ni\; \mathtt{EQUAL} \;\in\; DTime_1(\mathcal{N}^2) \;.$$

Aufgabe 3.7.3:
In Aufgabe 1.5.5 sollte gezeigt werden, daß man die Sprache der Palindrome auf Mehrband-TM simultan in Zeit T und Platz S erkennen kann für eine beliebige (platzkonstruierbare) Funktion S mit $\log \leq S \leq \mathcal{N}$, so daß $T \cdot S \leq O(\mathcal{N}^2)$. Beweisen Sie nun, daß dieses Produktmaß optimal ist, d.h.

$$\text{PALINDROME} \in DTimeSpace(T, S) \implies T \cdot S \geq \Omega(\mathcal{N}^2) \quad \text{sowie}$$
$$\text{PALINDROME} \notin NTime_1(o(\mathcal{N}^2)) \ .$$

Aufgabe 3.7.4:
M sei eine 1-Band DTM, die **PALINDROME** akzeptiert, und $\tilde{T}$ die durchschnittliche Laufzeit von M auf Eingaben in **PALINDROME**. Zeigen Sie $\tilde{T} \geq \Omega(\mathcal{N}^2)$. Was kann man über die durchschnittliche Laufzeit über alle Eingaben in $\{0,1\}^*$ sagen?

Aufgabe 3.7.5:
Eine TM mit einem 1-Weg Eingabeband benötigt für die Sprache **EQUAL** als auch ihr Komplement linearen Platz. Mit einem 2-Weg Eingabeband bzw. nichtdeterministisch im Falle des Komplements kommt man mit wesentlich geringeren Ressourcen aus. Zeigen Sie für beliebiges $k \in \mathbb{N}$:

$$\text{EQUAL} \notin DSpace_{k+\vec{E}}(o(\mathcal{N})) \quad \text{bzw. sogar} \quad \text{EQUAL} \notin NSpace_{k+\vec{E}}(o(\mathcal{N})) \ ,$$
$$\overline{\text{EQUAL}} \notin DSpace_{k+\vec{E}}(o(\mathcal{N})) \ , \quad \text{aber} \quad \overline{\text{EQUAL}} \in DSpace_1(\log) \ ,$$
$$\overline{\text{EQUAL}} \in NSpace_{1+\vec{E}}(\log) \ .$$

Aufgabe 3.7.6:
M sei eine T-zeitbeschränkte 1-Band DTM, die das Problem $(m, l) - $ **SORTIEREN** mit $l = 2 \log n$ und $m = n/l$ löst (Definition siehe 1.5.11). Man zeige: $T \geq \Omega(\mathcal{N}^2)$.

Aufgabe 3.7.7:
Führen Sie den Beweis aus, daß linear zeitbeschränkte 1-Band TM durch 1-Weg Automaten simuliert werden können, mit anderen Worten

$$DTime_1(\text{LIN}) = DSpace_{\vec{E}}(0) \ .$$

Aufgabe 3.7.8:
Beweisen Sie Theorem 3.1.10 für NTM: $NSpace(o(\text{llog}) = \mathcal{REG}$.

Aufgabe 3.7.9:
Gilt das 1-Band Gap-Theorem 3.1.8 auch für nichtdeterministische 1-Band TM, die $o(\mathcal{N} \cdot \log) - $ bzw. schwach $o(\mathcal{N} \cdot \log) - $zeitbeschränkt sind?

Aufgabe 3.7.10:
Für $T \geq \Omega(\mathcal{N} \cdot \log)$ beweise man: $DTime_1(T) \subseteq DTimeSpace_1(T, T/\log T)$.

Aufgabe 3.7.11:
Zeigen Sie, daß es keine DTM mit einem Einweg-Eingabeband gibt, deren Platzkomplexität zwischen $\omega(\mathrm{CON})$ und $o(\mathrm{LOG})$ liegt.

Aufgabe 3.7.12:
$\omega(\mathrm{CON}) \cap o(\mathrm{LOG})$ enthält keine monotonen platzkonstruierbaren Funktionen. Man beweise etwa, daß die Funktion llog nicht platzkonstruierbar ist. Die Bedingung der Monotonie ist notwendig, denn die Funktion

$$\hat{\pi}(n) \quad := \quad \text{kleinste Primzahl, die } n \text{ nicht teilt,}$$

ist platzkonstruierbar und es gilt $\hat{\pi} \leq O(\mathrm{llog})$. Beim Beweis benutze man die Eigenschaft, daß für das Produkt der ersten m Primzahlen $p_1, \ldots, p_m$ gilt: $\Pi(m) := p_1 \cdot p_2 \cdot \ldots \cdot p_m \in \exp \Theta(p_m)$.

Aufgabe 3.7.13:
Die Schranke $o(\mathrm{LLOG})$ des Gap-Theorems 3.1.10 ist bestmöglich. Zeigen Sie dies mit Hilfe der Sprache $\mathrm{BIN} := \{X \mid \exists l \in \mathbb{N}, X = \mathrm{bin}(0)\#\mathrm{bin}(1)\#\mathrm{bin}(2)\# \ldots \mathrm{bin}(2^l)\}$.

Aufgabe 3.7.14:
Beweisen Sie für eine beliebige Komplexitätsklasse $\mathcal{C}, \mathcal{C}'$ die Implikationen:

$$\mathrm{co}\text{-}\mathcal{C} \subseteq \mathcal{C} \implies \mathrm{co}\text{-}\mathcal{C} = \mathcal{C} \ .$$
$$\mathcal{C} \subseteq \mathcal{C}' \implies \mathrm{co}\text{-}\mathcal{C} \subseteq \mathrm{co}\text{-}\mathcal{C}' \ .$$

Aufgabe 3.7.15:
Man zeige einen Zeithierarchiesatz für 1-Band DTM: Für ein Paar von Schranken mit $T_1 \cdot \log T_1 \leq o(T_2)$ und T_2 zeitkonstruierbar gilt: $DTime_1(T_1) \subset DTime_1(T_2)$.

Aufgabe 3.7.16:
Man erweitere das Modell eines distributiven Zählers derart, daß bei Länge l und beliebiger Initialisierung $z_1, \ldots, z_l \in [0, b-1]^l$ eine Folge von m Operationen, in denen der Wert jeweils um 1 herauf- oder herabgesetzt wird, und zwar an beliebigen Positionen, in $O(m + l)$ Schritten ausgeführt werden kann.

Aufgabe 3.7.17:
Es seien T_i, S_i, $i = 1, 2$, Komplexitätsschranken. Für T_2 sowie S_2 gebe es Maschinen in der Klasse $DTimeSpace(T_2, S_2)$, die diese Funktionen berechnen. Unter der Voraussetzung $S_1 \leq o(S_2)$ und $T_1 \cdot \log T_1 \leq o(T_2)$ zeige man:

$$DTimeSpace(T_1, S_1) \subset DTimeSpace(T_2, S_2) \ .$$

Aufgabe 3.7.18:
Beweisen Sie für zeitkonstruierbare Funktionen $T \geq \mathcal{N}$ und $k, l \geq 1$:

$$DTime(\mathcal{N}) = NTime(\mathcal{N}) \implies DTime(T) = NTime(T) \,,$$
$$DTime(\mathcal{N}^k) \subseteq DSpace(\text{LOG}^l) \implies DTime(\text{POL}) \subseteq DSpace(\text{LOG}^l) \,.$$

Aufgabe 3.7.19:
Für beliebiges $\epsilon > 0$ beweise man die strikte Inklusion $DTime(\exp) \subset DTime(\mathcal{N}^\epsilon \exp)$.

Aufgabe 3.7.20:
Für $r \geq 0$ und $\epsilon > 0$ zeige man: $NSpace(\log^r) \subset NSpace(\log^{r+\epsilon})$.

Aufgabe 3.7.21:
Für eine Sprache $L \subseteq \{0,1\}^*$ sei $\text{TAL}(L) := \{\#^k \mid \text{bin}(k) = 1X \text{ und } X \in L\}$. Zeigen
Sie für monotone platzkonstruierbare Schranken $S \geq \mathcal{N}$:

$$L \in DSpace(S) \implies \text{TAL}(L) \in DSpace(S \circ \log) \,.$$

Aufgabe 3.7.22:
Man beweise eine Zeithierarchie für RAMs der Form:

$$\exists\, g \quad \forall\, T \text{ zeitkonstruierbar:} \quad \text{RAM}Time(T) \subset \text{RAM}Time(g \circ T) \,.$$

Aufgabe 3.7.23:
f sei ein beliebiges abstraktes Komplexitätsmaß. Beweisen Sie ein Gap-Theorem für f
analog zu Theorem 3.6.2.

Aufgabe 3.7.24:
Beweisen Sie das Speedup-Theorem für die Ressource $Space$.

Aufgabe 3.7.25:
Definiert das Folgende ein Komplexitätsmaß:

$$F_i(X) \quad := \quad \begin{cases} \text{Anzahl der Bänder von } M_i & \text{falls } \varphi_i(X) \text{ definiert,} \\ \text{nicht definiert} & \text{sonst.} \end{cases}$$

Wie lautet die Antwort, wenn man, falls $\varphi_i(X)$ definiert ist, die Anzahl der Zustandsän-
derungen der Maschine in der Berechnung für X mißt? Wie sieht es aus, wenn man die
maximale Länge einer Crossing-Sequenz als Maß verwendet?

Aufgabe 3.7.26:
Im ersten Kapitel haben wir das Problem betrachtet, eine $n \times m$ –Matrix zu transponieren. Man finde für DTM mit 2 linearen Bändern eine Strategie, die diese Aufgabe mit $O(\log(n + m))$ Reservals löst.

Aufgabe 3.7.27:
Zeigen Sie, daß eine 3-Band DTM das Sortierproblem (m, l) – SORTIEREN (Definition siehe Aufgabe 1.5.11) mit $O(\min\{l,\ \log m\})$ Reversals lösen·kann.

Aufgabe 3.7.28:
Man finde eine linear reversalbeschränkte TM, die auf eine Eingabe 1^n den String $\text{bin}_n(0)\# \text{bin}_n(1)\# \ldots \# \text{bin}_n(2^n - 1)$ ausgibt, wobei $\text{bin}_n(i)$ die Binärdarstellung der Zahl i der Länge n bezeichne.

Aufgabe 3.7.29:
Beweisen Sie die Beziehung

$$ space_M(X) \ \leq \ \exp\left(c_M \cdot revers_M(X) \cdot \log |X|\right) $$

für Mehrband-DTM M mit einem separaten Eingabeband, vorausgesetzt $space_M(X)$ ist endlich.

Aufgabe 3.7.30:
Zeigen Sie für beliebiges k, daß eine R –reversalbeschränkte k-Band DTM, deren Köpfe sich in jedem Schritt bewegen, durch eine 2-Band $O(R)$ –reversalbeschränkte DTM simuliert werden kann.

Aufgabe 3.7.31:
Man zeige die folgenden Behauptungen für die Klasse der k-Band DTM mit einem separaten Eingabeband bzw. für die Klasse der 1-Band DTM ohne Eingabeband:

$$ \text{PALINDROME} \ \in \ DSpaceRevers_{k+\text{E}}(S, R) \quad \Longrightarrow \quad S \cdot T \geq \Omega(\mathcal{N}) \,, $$
$$ \text{PALINDROME} \ \notin \ DRevers_1(o(\mathcal{N})) \,. $$

Aufgabe 3.7.32:
Zeigen Sie: $DRevers(\text{CON}) = \mathcal{REG}$.

Aufgabe 3.7.33:
Beweisen Sie für $r \in \mathbb{N}$, daß die Sprache

$$ \text{LENGTH}^{[r]} \ := \ \{a^{m_1}b^{m_1}\#a^{m_2}b^{m_2}\# \ \ldots \ \#a^{m_r}b^{m_r} \mid m_1, m_2, \ldots, m_r \in \mathbb{N}\} $$

in $DRevers_{1+\bar{\text{E}}}(r + 1)$, aber nicht in $DRevers_{1+\bar{\text{E}}}(r)$ liegt.

Aufgabe 3.7.34:
M sei eine S-platz- und R-reversalbeschränkte DTM mit $S \cdot R \in o(\mathcal{N})$. Zeigen Sie,
daß dann sogar $S \cdot R \in \text{CON}$ gilt, und folgern daraus für $S \cdot R \in o(\mathcal{N})$:
$$DSpaceRevers(S, R) = \mathcal{REG} .$$

Aufgabe 3.7.35:
Für die Komplexitätsklassen $DRevers_1(R)$ mit einer beliebigen Schranke R beweise man
einen linearen Beschleunigungssatz.

Aufgabe 3.7.36:
Geben Sie einen vollständigen Beweis für Theorem 3.5.5:

$$DTime(T) \subseteq DRevers_2(\sqrt{T}) .$$

Aufgabe 3.7.37:
Man beweise, daß das Reversalmaß kein Komplexitätsmaß für die Klasse der 2-Band NTM
ist.

Aufgabe 3.7.38: Ink-Komplexitätsmaß
$ink_M(X)$ zähle, wie häufig die TM M auf Eingabe X ein Symbol in ihrem Speicher ändert, vorausgesetzt sie hält. Dies „Drucktintenmaß" ist kein Komplexitätsmaß
für Mehrband-TM, denn man kann zeigen, daß es universelle Maschinen gibt, die nur
beschränkt viel Tinte benutzen. Zeigen Sie, daß ink für 1-Band TM jedoch die Eigenschaften eines Komplexitätsmaßes erfüllt.

3.8   Bemerkungen und Literaturhinweise

Crossing-Sequenzen werden von *Michael Rabin* eingeführt [R63]. *Frederick Hennie* zeigt
damit die quadratische untere Schranke für die Palindrome [H65]. Weitere Ergebnisse für
1-Band TM stammen aus [T64] und [H68a]. In [HS65] und [HSL65] (Referenz siehe Kapitel 1) findet man die grundlegenden Hierarchiesätze. Die Zeithierarchiesätze bei fester
Bänderzahl stammen von *Wolfgang Paul* [P79] und *Martin Fürer* [F84]. Die Translationstechnik geht auf *Ruby* und *Fischer* zurück [RF65]. Nichtdeterministische Hierarchiesätze
findet man in den Arbeiten von *Cook* [C73], *Seiferas* [S77], *Seiferas, Fischer, Meyer*
[SFM78] und *Zak* [Z83]. Bezüglich Untersuchungen von sublogarithmische Platzschranken
und deren Konstruierbarkeit siehe *Szepietowski* [S87], *Ranjan, Chang, Hartmanis* [RCH91]
und *Geffert* [G91]. Für Platzklassen wurde die Abschlußeigenschaft bei Komplementierung im deterministischen Fall von *Sipser* [S80] gezeigt, für $NSpace$ von *Immerman* und
Szelepcsényi [I88,S88]. Weitere Ergebnisse zu sublogarithmischen Platzklassen findet man

in [IR89,S89]. Wir werden dies Thema in Band 2 bei der Untersuchung eines weiteren Maschinenmodells, der alternierenden TM, noch einmal aufgreifen. Ein Überblick über die Platzkomplexität von TM wird in [M92] gegeben.

In [F68,H68b,FHB68,KV70,H84] findet man Ergebnisse zum Komplexitätsmaß Reversal sowie Lösungen für einige der Übungsaufgaben zu diesem Thema. Die Beziehungen zwischen Platz- und Reversalmaß sind den Arbeiten von *Chen, Yap* [C90,CY91] und *Rytter, Chrobak* [RC85] entnommen, die reversaleffiziente Simulation von zeitbeschränkten DTM wird von *Liśkiewicz* in [L93] beschrieben. *Baker, Book* untersuchen reversalbeschränkte NTM in [BB74]. Das Maß *ink* wird in [M81] untersucht. *Manuel Blum* definiert in [B67] den Begriff des abstrakten Komplexitätsmaßes. Das Gap-Theorem wird von *Alan Borodin* in [B72] bewiesen, das Speedup-Theorem von *Blum* in [B71]; das Union-Theorem stammt aus [CM69].

[B67]   M. Blum, A Machine-Independent Theory of the Complexity of Recursive Functions, J. ACM 14, 1967, 322-336.

[B71]   M. Blum, On Effective Procedures for Speeding up Algorithms, J. ACM 18, 1971, 290-305.

[B72]   A. Borodin, Computational Complexity and the Existence of Complexity Gaps, J. ACM 19, 1972, 158-174.

[BB74]   B. Baker, R. Book, Reversal-Bounded Multipushdown Machines, J. CSS 8, 1974, 315-322.

[C73]   S. Cook, A Hierarchy for Nondeterministic Time Complexity, J. CSS 7, 1973, 343-353.

[CM69]   E. Mc Creight, A. Meyer, Classes of Computable Functions Defined by Bounds on Computation, Proc. 1. SToC, 1969, 79-88.

[C90]   J. Chen, The Difference between One Tape and Two Tapes: with respect to Reversal Complexity, TCS 73, 1990, 265-278

[CY91]   J. Chen, C. Yap, Reversal Complexity, SIAM J. Comput. 20, 1991, 622-638.

[F68]   P. Fischer, The Reduction of Tape Reversals for Off-line 1-Tape TM, J. CSS 2, 1968, 136-146.

[F84]   M. Fürer, Data Structures for Distributed Counting, J. CSS 28, 1984, 231-243.

[FHB68]   P. Fischer, J. Hartmanis, M. Blum, Tape Reversal Complexity Hierarchies, Proc. 9. IEEE SWAT, 1968, 373-382.

[G91]   V. Geffert, Nondeterministic Computations in Sublogarithmic Space and Space Constructibility, SIAM J. Comput. 20, 1991, 484-498.

[H65]   F. Hennie, 1-Tape Off-line Turing Machine Computations, I&C 8, 1965, 553-578.

[H68a]   J. Hartmanis, Computational Complexity of 1-Tape Turing Machine Computations, J. ACM 15, 1968, 325-339.

[H68b]   J. Hartmanis, Tape Reversal Bounded Turing Machine Computations, J. CSS 2, 1968, 117-135.

[H84]   J. Hong, A Tradeoff Theorem for Space and Reversal, TCS 32, 1984, 221-223.

[I88]   N. Immerman, NSPACE Is Closed under Complement, SIAM J. Comput. 17, 1988, 935-938.

[IR89]   O. Ibarra, B. Ravikumar, Sublogarithmic-Space Turing Machines, Nonuniform Space Complexity, and Closure-Properties, MST 21, 1988, 1-17.

[KV70]   T. Kameda, R. Vollmar, Note on Tape Reversal Complexity of Languages, I&C 17, 1970, 203-215.

[L93]   M. Liśkiewicz, On the Relationship between Deterministic Time and Deterministic Reversal, IPL 45, 1993, 143-146.

[M81]   R. Melville, An Improved Simulation Result for Ink-Bounded TMs, J. CSS 22, 1981, 98-105.

[M92]   P. Michel, A Survey of Space Complexity, TCS 101, 1992, 199-132

[P79]   W. Paul, On Time Hierarchies, J. CSS 19, 1979, 197-202.

[R63]   M. Rabin, Real Time Computation, Israel J. Math. 1, 1963, 203-211.

[RC85]   W. Rytter, M. Chrobak, A Characterization of Reversal-Bounded Multipushdown Machine Languages, TCS 36, 1985, 341-344.

[RCH91]   D. Ranjan, R. Chang, J. Hartmanis, Space Bounded Computations: Review and New Separation Results, TCS 80, 1991, 289-302.

[RF65]   S. Ruby, P. Fischer, Translation Methods and Computational Complexity, Proc. 6. IEEE Symp. on Switching Circuit Theory and Logical Design, 1965, 257-287.

[S77]   J. Seiferas, Techniques for Separating Space Complexity Classes, J. CSS 14, 1977, 73-99 und 100-129.

[S80]   M. Sipser, Halting Space-Bounded Computations, TCS 10, 1980, 335-338.

[S87]   A. Szepietowski, There Are no fully Space-Constructible Functions between $\log \log n$ and $\log n$, IPL 24, 1987, 361-362.

[S88]   R. Szelepcsényi, The Method of Forced Enumeration for Nondeterministic Automata, Acta Inf. 26, 1988, 279-284.

[S89]   A. Szepietowski, Some Notes on Strong and Weak $\log \log n$ Space Complexity, IPL 33, 1989, 109-112.

[SFM78]   J. Seiferas, M. Fischer, A. Meyer, Separating Nondeterministic Time Complexity Classes, J. ACM 25, 1978, 146-167.

[T64]   B. Trakhtenbrot, Turing Machine Computations with Logarithmic Delay, Algebra i Logika 3, 1964, 33-48.

[Z83]   S. Zak, A TM Time Hierarchy, TCS 26, 1983, 327-333.

Kapitel 4

Vergleich von Speicherstrukturen

Bei Maschinen hängt der Aufwand, um auf Daten zuzugreifen, wesentlich von der Topologie ihrer Speicher und deren effizienter Verwendung ab. Wir hatten im ersten Kapitel verschiedene Varianten von Speichern für TM vorgestellt und bei Problemen wie der Matrizen-Transposition gesehen, daß mit Hilfe von 2-dimensionalen Bändern einfache und zeiteffiziente Algorithmen möglich sind. Auch kann es von Vorteil sein, wenn mehrere Köpfe gleichzeitig auf einem Band verfügbar sind. In diesem Kapitel soll der Einfluß der Topologie des Speichers bei TM eingehender untersucht werden.

Beim RAM-Modell gibt es wegen der unbeschränkten Zugriffsmöglichkeiten auf die einzelnen Register nur geringe Probleme. Eine TM mit linearen Bändern ist in dieser Beziehung dagegen wesentlich eingeschränkt. Bei der Simulation von RAMs durch TM in Kapitel 2 wuchs der Zeitaufwand bei linearen Bändern um einen Faktor in der Größe der Platzkomplexität, während bei Baumbändern kein Zeitverlust auftrat.

Beim Vergleich der Leistungsfähigkeit zweier verschiedener Typen G und H von Speichern kann man sich auf das folgende kanonische Problem konzentrieren. Eine TM mit Speicher G führt eine beliebige Folge von Speicherzugriffen aus. Diese sind WRITEs, d.h. eine Zelle v von G wird mit einem Symbol beschrieben, sowie READs, der Inhalt einer Zelle wird wieder ausgelesen. Die Frage ist nun, mit welchem Zeitverlust derartige Folgen im *worst-case* von Maschinen mit Speicher H simuliert werden können.

Wir werden die wesentlichen Ergebnisse bezüglich Simulationen von Maschinen mit verschiedenartigen Speicherstrukturen behandeln. Da sie zum Teil technisch recht aufwendig sind, müssen wir uns in einigen Fällen auf eine Beschreibung der zugrunde liegenden Idee beschränken. Weitere Details können in den angegebenen Originalarbeiten nachgelesen werden. Alle deterministischen Simulationen arbeiten Schritt-für-Schritt und lassen sich daher wörtlich auf die entsprechenden nichtdeterministischen Fälle übertragen. Auf der anderen Seite werden wir sehen, daß man in einigen Fällen durch nichtdeterministisches Raten schnellere Simulationen erhalten kann. Die unteren Schranken für deterministische Maschinen lassen sich daher nicht in jedem Fall auf die nichtdeterministischen Modelle verallgemeinern.

4.1 Ein allgemeines Speichermodell

4.1.1 On-line versus off-line

Zunächst wollen wir die unterschiedlichen Eingabekonventionen bei TM genauer diskutieren. Bei Mehrband-TM hatten wir bislang in der Regel auf separate Ein- und Ausgabebänder verzichtet und stattdessen Bänder des Speichers zu diesem Zweck verwandt. Die Sprache der Palindrome zeigte, daß im *worst-case* ein quadratischer Zeitaufwand nötig ist, um eine 2-Band TM durch eine derartige 1-Band TM zu simulieren, sowohl für deterministische als auch für nichtdeterministische Modelle. Ist die Eingabe dagegen auf einem separaten Eingabeband gegeben, so läßt sich das Problem in linearer Zeit lösen, d.h. $L_{\text{Pal}} \in DTime_{1+\text{E}}(\mathcal{N})$. Ist die Mitte des Eingabestrings gekennzeichnet, so genügt schon ein Einweg-Eingabeband. Der quadratische Mehraufwand liegt darin begründet, daß eine 1-Band Maschine ohne Eingabeband die Eingabe nicht in der Form aufbereiten kann, wie es für ein effizientes Lösungsverfahren erforderlich ist. Die Frage nach dem Einfluß der Anzahl der Bänder und der Anzahl der Arbeitsköpfe in einem Speicher ist also noch nicht hinreichend beantwortet. Die Maschinen, die wir im folgenden betrachten, verfügen neben ihrem Speicher immer über ein lineares Read-only-Eingabeband.

Mit einer **on-line-TM** verbindet man die Vorstellung einer Maschine, die interaktiv auf Kommandos von außen reagiert. Auf eine Folge von Eingabesymbolen $X = x_1, x_2, \ldots$ antwortet sie mit einer Folge von Ausgabesymbolen $Y = y_1, y_2, \ldots$, wobei falls auf das i-te Eingabesymbol x_i eine Ausgabe erfolgt, dies geschieht, bevor die Maschine das $(i+1)$-te Eingabesymbol erhält. Dies Modell macht daher nur Sinn bei der Berechnung von Funktionen $f : X \mapsto Y$. Die Bewegungsmöglichkeiten des Eingabekopfes sind in diesem Zusammenhang von untergeordneter Bedeutung, in der Regel wird verlangt, daß dieser die Eingabe nur einmal von links nach rechts lesen kann. Alternativ könnte man sich auch vorstellen, daß die Maschine über einen Kanal, mit dem sie mit der Außenwelt verbunden ist, jedesmal ein neues Eingabesymbol bekommt, wenn sie auf das vorherige Symbol mit einer Ausgabe geantwortet hat.

Eine **off-line-TM** dagegen darf zunächst die Eingabe vollständig lesen, bevor sie mit der Ausgabe beginnt. Dies entspricht dem *Batch*-Betrieb einer Rechenanlage. Dabei kann es einen Unterschied machen, ob das Eingabeband nur in einer Richtung gelesen werden kann oder ob der Kopf die Möglichkeit hat, sich hierauf beliebig zu bewegen (Eingabe von Daten über einen Lochkartenleser oder ein Magnetband).

Aus der on-line-Eigenschaft ist die **on-line-Simulation** abgeleitet worden. Der Simulator muß in diesem Fall die Ein-Ausgabe-Operationen in derselben Reihenfolge ausführen, wie es die zu simulierende Maschine tut. Die meisten der folgenden Ergebnisse, sowohl obere als auch untere Schranken, gelten unter der Annahme der on-line-Bedingung. Wird diese Bedingung durch eine Simulation erfüllt, so erhält man eine stärkere Aussage, bei einer unteren Schranke ist das Ergebnis natürlich etwas weniger allgemein. Es ist denkbar, daß eine off-line Simulation einer fremden Speicherstruktur schneller ausgeführt werden kann. Der Simulator könnte sich zunächst alle Ein- und Ausgabe-Kommandos anschauen und erst dann in Abhängigkeit davon entscheiden, in welcher Weise er die Daten in seinem Speicher anordnet. Technisch ist der Nachweis unterer Schranken ohne die on-line Einschränkung erheblich schwieriger. Wir vereinbaren die folgende Notation für Komplexitätsklassen C und D von Funktionen: $C \subseteq_{\text{onl}} D$ bedeute, daß jede Maschine in C (d.h. jede TM, die die zur Definition von C verwandten Ressourcenschranken einhält) on-line durch eine Maschine in D simuliert werden kann. Insbesondere impliziert dies für on-line Maschinen in C, daß der Simulator ebenfalls on-line arbeitet. Komplexitätsklassen wie beispielsweise $DTime_G(T)$ schließen in diesem Fall natürlich ausdrücklich auch die Funktionen ein, die von einer DTM mit Speicher G in Zeit T berechnet werden können. Wir hatten bereits gezeigt:

$$DTime_k(T) \quad \subseteq_{\text{onl}} \quad DTime_1(T^2) \, ,$$
$$DTime_k(T) \quad \subseteq_{\text{onl}} \quad DTime_2(T \log T) \, .$$

Bei diesen Simulationen war es nicht unbedingt erforderlich, daß der Simulator ein separates Eingabeband besaß.

Eine on-line-Maschine nennt man eine **realtime-TM**, wenn die Maschine nach dem Lesen eines Eingabesymbols für die Berechnung des korrespondierenden Ausgabesymbols nur konstant viele Schritte benötigt und dann sofort das nächste Eingabesymbol liest. Wegen der linearen Beschleunigungsmöglichkeit ist die Größe dieser Konstante c von geringer Bedeutung, man kann beispielsweise $c = 1$ voraussetzen. Eine realtime-TM ist somit immer linear zeitbeschränkt. Eine linear zeitbeschränkte on-line-TM führt zwar im Mittel nur konstant viele Schritte zwischen dem Lesen zweier Eingabesymbole aus, bei einigen (wenigen) Eingabesymbolen können dies jedoch erheblich mehr sein.

Analog heißt eine on-line-Simulation eine **real-time-Simulation**, wenn der Simulator zur Simulation eines jeden Schrittes nur konstant viele Schritte benötigt. In diesem Fall verwenden wir die Schreibweise $\subseteq_{\text{real}}$.

4.1.2 Konstruierbare Speicher

Wir beschreiben ein allgemeines graphtheoretisches Modell für Speicher von TM. Ähnlich wie bei Schaltkreisfamilien sollten die zugrunde liegenden Graphen gewisse Konstruierbarkeitsbedingungen erfüllen.

Definition 4.1.1:
Ist $G = (V, E)$ ein Graph mit beschränktem Ausgrad $\delta := \delta_{\text{aus}}(G)$, so sei eine **Kantenfärbung** von G eine Abbildung $\varphi : E \to R$ von seiner Kantenmenge in eine Menge R der Mächtigkeit δ mit der folgenden Eigenschaft: Für jeden Knoten $v \in V$ ist φ

injektiv auf der Menge $E^+(v)$ der von v ausgehenden Kanten, d.h. $\varphi(e) \neq \varphi(e')$ für alle $e \neq e'$ mit gleichem Anfangsknoten. $\qquad\qquad\qquad\qquad\qquad\qquad\Box$

Mit Hilfe einer Kantenfärbung lassen sich Wege in einem Graphen G effizient spezifizieren. Für jeden Knoten v des Weges gibt man die Farbe der Kante an – wir sagen im folgenden auch Richtung –, die in v gewählt wird. Wegen der lokalen Injektivität von φ kann man aus dem Startknoten des Weges und der Folge der Richtungen eindeutig den Weg rekonstruieren. Für den Fall, daß bei solch einer Aufzählung von einem Knoten v keine Kante in Richtung $r \in R$ ausgeht, vereinbaren wir, daß der Weg in diesem Schritt in v verharrt.

Definition 4.1.2:
Ein TM-Speicher G besteht aus einer Menge $G_1, \ldots, G_k$ von (unendlichen) Graphen $G_i = (V_i, E_i)$ mit beschränktem In- und Ausgrad. Zu G gibt es ein endliches Alphabet A und Abbildungen $\mathbf{ad}_i : V_i \to A^*$, mit deren Hilfe die Knoten der G_i eindeutig beschriftet sind, sowie Kantenfärbungen $\varphi_i : E_i \to R_i$. $\mathrm{ad}_i(v)$ heißt die **Adresse** des Knotens v und $\varphi_i(e)$ die **Richtung** der Kante e. Jeder Knoten kann ein Symbol eines endlichen Alphabets Σ speichern.

In jedem Graphen G_i arbeiten $\boldsymbol{\kappa}_i$ Lese-Schreib-Köpfe; G_i besitzt einen ausgezeichneten Knoten $\boldsymbol{\xi}_i$, in dem die Köpfe, die auf diesem Graphen arbeiten, starten. In einem Schritt liest jeder Kopf das Symbol, welches der von ihm momentan besuchte Knoten speichert, und ersetzt es gegebenfalls durch ein anderes. (Schreiben mehrere Köpfe in einer Speicherzelle gleichzeitig, so ergebe sich ihr neuer Inhalt auf Grund einer Rangordnung unter den Köpfen.)

Anschließend bewegt sich jeder Kopf entlang einer Kante zu einem Nachbarknoten oder bleibt auf dem momentanen Knoten stehen. Welche Symbole geschrieben werden und in welche Richtung sich ein Kopf bewegt, bestimmt sich aus der Übergangsrelation der Maschinen, wenn sie G als Speicher verwenden. G heiße **ungerichtet**, falls die Kantenrelation der G_i symmetrisch ist, benachbarte Speicherzellen sind damit in beiden Richtungen verbunden.

Für Knoten v, w in einem der G_i bezeichnet $\boldsymbol{d(v, w)}$ die Entfernung von v nach w (∞, falls kein Weg existiert); ist v der Startknoten ξ_i, so setzen wir $\boldsymbol{d(w)} := d(\xi_i, w)$.

$$U[\boldsymbol{v, t}] \quad := \quad \{w \mid d(v, w) \leq t\}$$

bezeichne die Umgebung des Knotens v mit Radius t.

G heißt **konstruierbarer Speicher**, falls die folgenden Bedingungen erfüllt sind:

1. Es gibt eine Konstante μ derart, daß die Länge der Adressen von Knoten v in G beschränkt werden können durch $|\mathrm{ad}(v)| \leq \mu \cdot d(v)$ (für $v = \xi_i$ laute die Bedingung $|\mathrm{ad}(\xi_i)| \leq \mu$). Definiert man die Funktion A_G durch

$$\boldsymbol{A_G(m)} \quad := \quad \max\{|\mathrm{ad}(w)| \bigm| w \in G, d(w) \leq m\},$$

so läßt sich diese Bedingung auch so formulieren: $A_G(m) \leq O(m)$.

2. Die partiellen Abbildungen γ_i^+, γ_i^- : $A_i^* \times R_i \to A_i^*$, definiert durch

$$\gamma_i^+(\mathrm{ad}(v), r) \; := \; \mathrm{ad}(w) \qquad \text{und} \qquad \gamma_i^-(\mathrm{ad}(w), r) \; := \; \mathrm{ad}(v) \,,$$

falls die Kante (v, w) in Richtung r verläuft, können von einer 2-Band DTM in linearer Zeit berechnet werden (falls es zu einem String a keinen Knoten mit dieser Adresse gibt oder v keine Kante in Richtung r besitzt, so halte die DTM mit leerer Ausgabe). $\qquad\qquad\Box$

Ein d-dimensionales Band kann durch den Graphen $G = (V, E)$ mit $V = \{v_a \mid a \in \mathbb{Z}^d\}$ beschrieben werden, wobei der Index a gleichzeitig als Adresse dient und der ausgezeichnete Knoten die Adresse $(0, \dots, 0)$ bekommt. Bezeichnet $e_r = (0, \dots, 0, 1, 0, \dots, 0)$ den r-ten Einheitsvektor, so ist

$$E = \{(v_a, v_b) \mid \exists r \in [1, d] \text{ mit } b = a \pm e_r\} \quad \text{und} \quad \varphi(v_a, v_b) = \pm r \quad \text{für} \quad b = a \pm e_r \,.$$

Ein binärer Baumspeicher läßt sich beschreiben durch die Knotenmenge $V = \{v_a \mid a \in \{0,1\}^*\}$, der ausgezeichnete Knoten ist die Wurzel v_λ. Kanten und Färbung sind gegeben durch

$$E = \{(v_a, v_{ab}), (v_{ab}, v_a) \mid a \in \{0,1\}^*, b \in \{0,1\}\}$$

und $\varphi(v_a, v_{ab}) = b$, $\varphi(v_{ab}, v_a) = -1$.

Konstruierbare Speicher kann man in kompakter Form darstellen und ihre Beschriftung durch eine ähnliche Aufzählungstechnik beschreiben, wie wir sie in Abschnitt 1.2.1 verwandt haben, um einen Speicher wieder zu löschen.

Lemma 4.1.3:
C sei eine Berechnung einer TM M mit Speicher G und $\mathbf{con}(G, t)$ die Beschriftung von G in C zum Zeitpunkt t. Bezeichnet $\mathbf{Vis}(G, t)$ die Menge der Knoten, die bislang besucht worden sind, so kann $\mathrm{con}(G, t)$ durch einen String der Länge $c \cdot |\mathrm{Vis}(G, t)|$ beschrieben werden, wobei die Konstante c nur von G abhängt.

Beweis: Besteht G aus den Graphen $G_1, \dots, G_k$, so ist der Subgraph $G_{i,t}$ mit Knoten $\mathrm{Vis}(G, t) \cap G_i$ von G_i zusammenhängend. Eine **Aufzählung** von $G_{i,t}$ sei eine Folge $\Gamma = v_1, \dots, v_p$ mit $v_i \in \mathrm{Vis}(G, t)$, die jeden Knoten mindestens einmal und höchstens $|R_i|$ oft enthält und wobei für alle $j \in [1, p]$ (v_j, v_{j+1}) oder (v_{j+1}, v_j) eine Kante in G_i ist. Gilt nur die letztere Beziehung, so heiße das Paar (v_j, v_{j+1}) eine **Rückwärtskante**, andernfalls **Vorwärtskante**.

Wir konstruieren iterativ eine Aufzählung von $G_{i,t}$, die mit dem ausgezeichneten Knoten ξ_i von G_i beginnt. Γ sei eine Aufzählung von $G_{i,t-1}$ und $v \in G_{i,t} \setminus G_{i,t-1}$. Dann existiert ein $v' \in G_{i,t-1}$ mit $(v', v) \in E_i$. Ersetzt man in Γ das letzte Auftreten von v'

durch die Folge v', v, v', bzw. v', v, falls v' der letzte Knoten in Γ ist, so erhält man eine Aufzählung Γ' von $G_{i,t}$. Dabei ist das Vorkommen von v' in dieser Aufzählung durch seinen Ausgrad beschränkt.

Diese Aufzählung von $G_{i,t}$ kann eindeutig beschrieben werden, indem man zu jeder Kante (v_j, v_{j+1}) deren Richtung notiert, bzw. bei einer Rückwärtskante die Richtung von (v_{j+1}, v_j). Im zweiten Fall ist auf Grund der Konstruktion v_{j+1} gleich dem Knoten v_{l-1} mit maximalem Index $l \leq j$, so daß $v_l = v_j$.   ■

4.1.3   Lineare Bandsimulation konstruierbarer Speicher

Das obige Lemma liefert die technischen Voraussetzungen, um zu zeigen, daß sich Maschinen mit konstruierbaren Speichern bezüglich der Platzkomplexität von denen mit linearen Bändern nicht unterscheiden. In der Verarbeitungszeit können deutliche Unterschiede auftreten, doch diese können nicht beliebig groß werden.

Theorem 4.1.4:
G sei ein konstruierbarer TM-Speicher. Dann gilt

$$DTimeSpace_G(T, S) \quad \subseteq_{\text{onl}} \quad DTimeSpace(T \cdot S^2, S) \, .$$

Beweis: M sei eine DTM mit Speicher G, bestehend aus k Komponenten $G_1, \ldots, G_k$. T bzw. S seien Komplexitätsschranken für M. Eine DTM M' mit 2 linearen Bändern simuliert M Schritt für Schritt, wobei die Beschriftungen der G_i jeweils auf einer Spur des ersten Bandes entsprechend dem obigen Lemma abgespeichert werden. Auf einem zweiten Band merkt sich M' für jeden Kopf K von M die Adresse des Knoten v, den K gerade besucht; wir setzen $\mathbf{ad(K)} := ad(v)$. Insgesamt genügen dazu $O(S)$ Speicherzellen.

Um zur Simulation eines Schrittes die von den Köpfen gelesenen Zeichen zu bestimmen, durchsucht M' die Aufzählung der G_i berechnet sukzessive die Adressen der einzelnen Knoten, bis der Knoten v mit $ad(v) = ad(K)$ und damit auch das in v gespeicherte Zeichen gefunden ist. Falls v nicht existiert, betritt der Kopf einen vorher noch nicht besuchten Knoten, d.h. dessen Speicherinhalt ist noch leer. In diesem Fall wird die Aufzählung um v erweitert.

Da G konstruierbarer ist, kann entlang einer Vor- oder Rückwärtskante (v, v') die Adresse von v' in Zeit $O(S)$ aus der Adresse von v und der Richtung r berechnet werden. Da dies maximal $O(S)$-mal durchgeführt werden muß, bis v gefunden ist, können die Speicherinhalte in Zeit $O(S^2)$ bestimmt werden. Die Schreiboperationen der Köpfe werden durch entsprechende Änderungen der Aufzählungen der G_i nachgeahmt und die Bewegungen durch entsprechende Änderungen der $ad(K)$. M' ist somit $O(T \cdot S^2)$–zeit- und $O(S)$–platzbeschränkt. Mit Hilfe einer linearen Beschleunigung und einer Bandkompression folgt die Behauptung.   ■

Theorem 4.1.5:

$$DTimeSpace^{d-\dim}(T,S) \quad \subseteq_{\mathrm{onl}} \quad DTimeSpace(T \cdot S, S) \qquad \text{für alle } d \in \mathbb{N},$$
$$DTimeSpace^{\mathrm{tree}}(T,S) \quad \subseteq_{\mathrm{onl}} \quad DTimeSpace(T \cdot S, S) \, .$$

Beweis: Die Simulation geschieht wie im vorherigen Satz. Allerdings kann man in diesem Fall die Adressen der Kopfpositionen und Knoten effizienter kodieren, so daß die Berechnung der Adressen benachbarter Knoten in konstanter Zeit möglich ist. Dadurch gewinnt man bei der Zeitschranke einen Faktor S. Im mehrdimensionalen Fall wird dazu für jeden Kopf auf G_i und für jede Dimension auf einem separaten linearen Band ein unärer Zähler für $\mathrm{ad}(K)$ eingerichtet, d.h. für die Koordinaten des zu suchenden Knotens v. Während des Durchsuchens der Aufzählung nach v werden auf weiteren Spuren dieser Bänder die Koordinaten der Knoten v' in der Aufzählung gespeichert, mit der von v verglichen und entsprechend geändert. Beim Durchsuchen genügt auf diese Weise pro Knoten konstante Zeit.

Im Fall einer Baummaschine werden die beiden binären Strings, die die Adressen von v und v' spezifizieren, untereinander abgespeichert und verglichen. ∎

4.2 1-dimensionale Speicher

Beim Vergleich von Speicherstrukturen mit gleicher Topologie, aber unterschiedlicher Anzahl von Köpfen oder Bändern erweist sich der 1-dimensionale Fall schwieriger als das gleiche Problem in höheren Dimensionen. Wir wollen im folgenden einen Überblick über die bislang bekannten Ergebnisse geben.

4.2.1 Bandreduktion für NTM

Im zweiten Kapitel haben wir gezeigt, daß man für beliebiges k eine k-Band DTM oder NTM durch eine 2-Band Maschine mit logarithmischem Zeitverlust simulieren kann. Dies gilt unabhängig davon, ob die Eingabe auf einem separaten Band vorliegt oder nicht. Die Verringerung der Bänderzahl läßt sich bei nichtdeterministischen Maschinen effizienter durchführen. Eine simulierende NTM kann nämlich eine Berechnung vollständig raten und anschließend für jedes Band getrennt überprüfen, ob diese konsistent ist.

Theorem 4.2.1:

$$NTime(T) \; \subseteq \; NTime_2(O(T)) \qquad \text{für linear approximierbare Schranken } T \geq \mathcal{N} \, .$$

Beweis: Es genügt, eine schwach $O(T)$–zeitbeschränkte 2-Band NTM M' zu beschreiben, die eine beliebige T–zeitbeschränkte k-Band NTM M simuliert. Aus der Approximierbarkeit von T folgt, daß es für diese Aufgabe dann auch eine NTM mit (starker)

Zeitschranke $O(T)$ gibt (siehe Aufgabe 1.5.27). Auf Eingabe X rät M' zunächst eine Berechnung von M, indem sie eine **zulässige** Folge $\mathcal{U}$ von Übergängen $U_1, U_2, \ldots$,

$$U_\zeta = (q^\zeta, a^\zeta, b_1^\zeta, \ldots, b_k^\zeta, \tilde{q}^\zeta, r^\zeta, c_1^\zeta, \ldots, c_k^\zeta, r_1^\zeta, \ldots, r_k^\zeta)$$
$$\in \; Q \times \Sigma_E \times \Sigma^k \times Q \times R_E \times \Sigma^k \times R^k \, ,$$

auf das erste Band schreibt. $\mathcal{U}$ ist zulässig, falls q^1 der Anfangszustand von M ist und für $\zeta > 1$ die Zustände q^ζ und $\tilde{q}^{\zeta-1}$ identisch sind. M' erhält das Eingabesymbol a^ζ, indem sie mit ihrem Eingabekopf entsprechend der Folge $r^1, \ldots, r^{\zeta-1}$ die Bewegungen des Eingabekopfes von M nachahmt. Der Simulator beendet diese Phase, sobald der Zustand $\tilde{q}^\zeta$ ein Endzustand ist. Eine zulässige Folge von Übergängen beschreibt eine korrekte Berechnung von M genau dann, wenn die Zeichen $b_1^\zeta, \ldots, b_k^\zeta$ mit den tatsächlich von M im Speicher gelesenen Symbolen übereinstimmen. Dies bedeutet für $\zeta = 1, 2, \ldots$:

- b_j^ζ ist das Blanksymbol, falls in der Berechnung spezifiziert durch $U_1, \ldots, U_{\zeta-1}$ die Zelle v, auf der der j-te Kopf vor dem ζ-ten Übergang steht, noch nicht betreten wurde; andernfalls stimmt b_j^ζ mit dem Symbol $c_j^{\zeta'}$ überein, wobei $\zeta' < \zeta$ der letzte Übergang ist, in dem v besucht wurde.

Diese Bedingungen kann M' nacheinander für jedes Band j von M mit Hilfe ihres zweiten Bandes verifizieren, indem sie die in $\mathcal{U}$ beschriebene Berechnung von M „eingeschränkt auf das j-te Band" auf Band 2 simuliert. Dazu liest der erste Kopf von M' die Folge $\mathcal{U}$ der Reihe nach, und der zweite Kopf bewegt sich wie der j-te Kopf von M in $\mathcal{U}$. Dadurch kann die Maschine die Gleichheit der b_j^ζ und $c_j^{\zeta'}$ unmittelbar überprüfen.

M' akzeptiert X, wenn die Folge $\mathcal{U}$ in einer akzeptierenden Konfiguration endet und eine korrekte Berechnung von M beschreibt. Wenn M auf X eine akzeptierende Berechnung C der Länge t besitzt, so findet und verifiziert M' diese in Zeit $O(t)$. Man betrachte dazu die Folgen von Übergängen, in denen M' die Symbole b_j^ζ in Übereinstimmung mit C rät. Ist dagegen eines dieser Symbole nicht korrekt, so wird dies von M' in der zweiten Phase entdeckt und die entsprechende Folge $\mathcal{U}$ nicht akzeptiert. Eingaben $X \notin L_M$ werden auf allen möglichen Simulationspfaden durch M' verworfen, denn entweder endet eine geratene Folge $\mathcal{U}$ nicht akzeptierend oder sie stellt keine korrekte Rechnung von M dar. M' simuliert M somit korrekt und ist schwach $O(T)$–zeitbeschränkt. ∎

Korollar 4.2.2:
Für linear approximierbare Zeitschranken $T \geq (1 + \epsilon)\mathcal{N}$ mit $\epsilon > 0$ gilt

$$NTime(T) = NTime_2(T) \, .$$

Diese Beweistechnik läßt sich auf beliebige konstruierbare Speicher $G = G_1, \ldots, G_k$ verallgemeinern. In diesem Fall merkt sich die NTM beim Raten der Übergangsfolge neben dem Inhalt b_j^ς bzw. c_j^ς einer Speicherzelle v_j^ς auch ihre Adresse $\mathrm{ad}(v_j^\varsigma)$. Bei der anschließenden Verifikation werden für jeden Graph G_j die Übergangstupel nach den Adressen der Zellen dieses Bandes sortiert und die Zelleninhalte verglichen: Aus jedem Übergang U_ζ wird ein Tupel $\mathrm{ad}(v_j^\varsigma), \zeta, b_j^\varsigma, c_j^\varsigma$ erzeugt. Diese Tupel werden dann lexikografisch geordnet. $\mathcal{U}$ ist genau dann eine korrekte Folge, wenn für je zwei in der neuen Ordnung aufeinanderfolgende Tupel die c-Komponente des ersten mit der b-Komponente des zweiten übereinstimmt.

Bei einer Berechnung der Länge t ist die Länge der Folge der Tupel durch $l \le O(t \cdot A_G(t))$ beschränkt und diese lassen sich mit Aufwand $O(l \log l) \le O(t \cdot A_G(t) \cdot \log t)$ lexikografisch ordnen, da G als konstruierbar vorausgesetzt war (vergleiche Aufgabe 1.5.11). Damit folgt für linear approximierbare Zeitschranken und beliebiges d:

Theorem 4.2.3:

$$NTime_G(T) \subseteq NTime_2(T \cdot A_G(T) \cdot \log T),$$
$$NTime^{d-\dim}(T) \subseteq NTime_2(T \cdot \log^2 T).$$

4.2.2 Simulation von Mehrkopf-Maschinen

Als nächstes wollen wir deterministische Maschinen mit eindimensionalen Speichern vergleichen. Da die Topologie der Bänder identisch ist, kann ein Unterschied nur darin begründet sein, daß eine Maschine mit mehr zusätzliche Köpfen mehr Möglichkeiten besitzt, auf Daten in ihrem Speicher zuzugreifen. In diesem Zusammenhang stellt sich auch die Frage, ob k Köpfe gemeinsam auf einem Band effizienter sein können verglichen mit der Standardsituation, wo jeder der k Köpfe allein auf einem Band arbeitet. In [S71] bzw. [LS81] wird für beliebige Zeitschranken T gezeigt:

Theorem 4.2.4:

$$DTime_{k-\text{head}}(T) \subseteq_{\text{onl}} DTime_k(O(T)),$$
$$DTime_{k-\text{head}}(T) \subseteq_{\text{real}} DTime_{4k-4}(O(T)).$$

Bei der obigen on-line Simulation wird jeder Kopf der k-Kopf-Maschine auf einem eigenen Band simuliert. Immer dann, wenn ein Kopf einen Bandbereich betritt, der vorher von einem anderen Kopf verändert wurde, muß zuvor ein Update durch entsprechendes Kopieren der Bandbeschriftungen durchgeführt werden. Dies kostet zwar relativ viel Zeit, bei geschickter Einteilung dieser Bereiche passiert das jedoch nur selten. Die realtime-Simulation führt diese Updates mit zusätzlichen Köpfen und Bändern fortlaufend durch. Dadurch steht die aktuelle Bandinschrift ohne Verzögerung zur Verfügung, der Aufwand wird auf die einzelnen Simulationsschritte gleichmäßig verteilt.

Man kann zeigen, daß zusätzliche Bänder bei realtime-Simulation notwendig sind.

Theorem 4.2.5:

Für $d, k \geq 2$ gilt:

$$DTime_{k-\text{head}}^{d-\dim}(T) \quad \subseteq_{\text{real}} \quad DTime_{O(k^3)}^{d-\dim}(O(T)) \,,$$

$$DTime_{k-\text{head}}^{d-\dim}(\mathcal{N}) \quad \not\subseteq_{\text{real}} \quad DTime_k^{d-\dim}(\text{LIN}) \,,$$

$$DTime_{2-\text{head}}(\mathcal{N}) \quad \not\subseteq_{\text{real}} \quad DTime_2(\text{LIN}) \,.$$

Die obere Schranke wird in [LS81] gezeigt, die untere Schranke für höherdimensionale Speicher findet man in [P84]. Für eindimensionale Speicher gelang eine Separation nach langen Anstrengungen schließlich in [JSV97]. ∎

4.2.3　TM mit separatem Einweg-Eingabeband

Betrachten wir nun wieder die üblichen Modelle mit je einem Kopf auf einem Band. Untere Schranken für Maschinen mit weniger Bändern nachzuweisen, ist etwa einfacher, wenn man das Eingabeband der Einwegbeschränkung unterwirft. Für diese Modelle findet man die besten bislang bekannten Separationen in [Pa82] und [M85]:

Theorem 4.2.6:

$$DTime_{k+\vec{E}}(\mathcal{N}) \quad \not\subseteq_{\text{onl}} \quad DTime_{(k-1)+\vec{E}}(o(\mathcal{N} \cdot \log^{1/k})) \qquad \text{für } k > 1,$$

$$DTime_{2+\vec{E}}(\mathcal{N}) \quad \not\subseteq \quad DTime_{1+\vec{E}}(o(\mathcal{N}^2)) \,.$$

Die erste Separation geschieht mit Hilfe eines Ein-Ausgabe-Problems: Es werden k Strings $X_1, \ldots, X_k$ eingelesen, von denen anschließend in gemischter Folge bestimmte Teile wieder ausgegeben werden müssen. Entscheidend ist, daß die Strings mit unterschiedlicher Datenrate eingelesen werden, auf $\log^{1/k} n$ Symbole von X_i kommt nur ein Symbol von X_{i+1} für $i = 1, \ldots, k-1$. Für diese Aufgabe genügen bereits k Pushdown-Bänder. Andererseits muß eine $(k-1)$-Band Maschine mindestens einen ihrer Köpfe mit der Verwaltung zweier Strings beauftragen. Werden X_i und X_{i+1} auf dem gleichen Band gespeichert, so besteht zwischen den Symbolen von X_{i+1} im Mittel ein Abstand der Größe $\log^{1/k} n$. Um einen Suffix von X_{i+1} der Länge m wieder auszugeben, würde die Maschine daher $\Omega(m \cdot \log^{1/k} n)$ Schritte benötigen, d.h. es ergibt sich ein Zeitverlust in Form eines Faktors $\log^{1/k} n$.

Mit einigem technischen Aufwand, der im nächsten Abschnitt beschriebenen Kolmogorov-Komplexität und den im folgenden Kapitel definierten Berechnungsgraphen und des Overlaps, kann man beweisen, daß bei einer on-line-Simulation dieser Zeitverlust in der Tat nicht umgangen werden kann. Wir müssen uns an dieser Stelle mit diesen Erläuterungen begnügen. Auf ähnliche Weise kann man auch zeigen, daß k gewöhnliche Bänder durch k Pushdown-Bänder on-line nur mit Zeitverlust $\Omega(\log^{1/(k+1)})$ simuliert werden können [DGPR84].

Die zweite Separation des letzten Theorem benutzt eine Sprache, die sich aus dem Problem, einen String einzulesen und dann unterschiedliche Teilstücke ineinander verzahnt wieder auszugeben, ableitet. Daher kann auf die on-line-Bedingung verzichtet werden, denn bei Akzeptoren macht derartiges keinen Sinn. Auf die Beschränkung des Eingabekopfes kann allerdings bei diesem Beweis nicht verzichtet werden. Dies Ergebnis läßt sich dahingehend erweitern, daß selbst nichtdeterministische 1-Band Maschinen zur Simulation einer 2-Band DTM Zeit $\Omega(\mathcal{N}^{2-\epsilon})$ benötigen.

4.2.4 1 versus 2 Bänder bei Zweiweg-Eingabe

Im allgemeinsten Fall, wo sich der Eingabekopf in beide Richtungen bewegen kann, konnte ebenfalls eine Abhängigkeit von der Bänderzahl gezeigt werden, und zwar bei der Berechnung von Funktionen mit 1 bzw. mit 2 Bändern. Ein kanonisches Problem ist die Transposition einer Matrix. Wir hatten im 1. Kapitel gesehen, daß sich diese Aufgabe mit Hilfe eines 2-dimensionalen Bandes in linearer Zeit lösen läßt.

$$(m,l) - \texttt{MATRIX} - \texttt{TRANSPOSITION}$$

bezeichne das Problem, zu einer $m \times m$-Matrix A mit Einträgen aus $\{0,1\}^l$ die transponierte Matrix A^{trp} zu berechnen. A kann durch einen String der Länge $n \leq O(m^2 \cdot l)$ beschrieben werden, wobei die einzelnen Einträge durch ein besonderes Symbol "#" und die Zeilen der Matrix durch "$*$" getrennt werden. Man beachte, daß eine on-line-Bedingung bei diesem Problem wenig Sinn macht. Eine Verallgemeinerung der Transpositionsaufgabe ist das Problem

$$(m,l) - \texttt{SORTIEREN} :$$

Gegeben m binäre Strings der Länge l, man fasse diese Strings als Binärzahlen auf und sortiere sie der Größe nach. Die Eingabelänge ist in diesem Fall $O(m \cdot l)$. (m,l)-SORTIEREN kann von einer 3-Band DTM durch ein Radix-Sortierverfahren in Zeit $O(m \cdot l^2)$ (Aufgabe 1.5.11) sowie durch ein Merge-Sortierverfahren in Zeit $O(m \cdot l \cdot \log m)$ gelöst werden . Der 3-Band Sortier-Algorithmus läßt sich auf 2 Bändern mit logarithmischem Zeitverlust simulieren, d.h.

$$(m,l)\text{-}\texttt{SORTIEREN} \in DTime_2\big(O(m \cdot l \cdot \log m \cdot \log (m\,l))\big) .$$

Verfügt die Maschine nur über ein Arbeitsband, so ist es von Bedeutung, ob die Ausgabe auf diesem Band oder auf einem separaten Ausgabeband erzeugt werden kann. Für Maschinen ohne Ausgabeband wird für beliebiges m, l in [MS86] gezeigt:

Theorem 4.2.7:

$$(m,l)\text{-}\texttt{MATRIX} - \texttt{TRANSPOSITION} \quad \left\{ \begin{array}{ll} \in & DTime_{1+\text{E}}(O(m^3 \cdot l)), \\ \notin & DTime_{1+\text{E}}(o(m^3 \cdot l)). \end{array} \right.$$

Diese obere Schranke ist leicht herzuleiten, für den Beweis der unteren Schranke bedarf es einiger kombinatorischer Argumente. Für das Sortierproblem folgt daraus die Schranke $(m, l)-\text{SORTIEREN} \notin DTime_{1+E}(o(m^{3/2} \cdot l))$. Wählt man nun $l = \log m$ und vergrößert die Eingabe durch Padding von $m \cdot l$ auf

$$\tilde{n} = m \cdot l \cdot \log m \cdot \log(m\,l) \approx m \log^3 m ,$$

so ergibt sich eine Funktion in $DTime_2(O(\tilde{n}))$, die nicht in $DTime_{1+E}(o(T))$ liegt für

$$T(\tilde{n}) = m^{3/2} \cdot l \geq \Omega\left(\left(\frac{\tilde{n}}{\log^3 \tilde{n}}\right)^{3/2} \log \tilde{n}\right) \geq \Omega\left(\frac{\tilde{n}^{3/2}}{\log^{7/2} \tilde{n}}\right) .$$

Damit erhält man für beliebiges $\epsilon > 0$

Theorem 4.2.8:

$$DTime_{2+E}(\text{LIN}) \not\subseteq DTime_{1+E}(o(\mathcal{N}^{3/2-\epsilon})) .$$

Verfügt die 1-Band Maschine über ein zusätzliches Ausgabeband, wir spezifizieren dies durch den Zusatz $+\vec{O}$ bzw. $+O$ im Ein- bzw. Zweiweg-Fall, so gilt [MS86,DM88]:

$$(m, l)-\text{MATRIX} - \text{TRANSPOSITION} \quad \begin{cases} \in & DTime_{1+E+\vec{o}}(O(m^{5/2} \cdot l)), \\ \notin & DTime_{1+E+o}(o(m^{5/2} \cdot l)). \end{cases}$$

Schließlich gelang, auch mit Hilfe einer Sprache eine Separation zwischen 1- und 2-Band TM bei zusätzlichem Eingabeband zu zeigen. Untere Schranken für Sprachen zu zeigen, ist in der Regel um einiges schwieriger als für Funktionen, da Argumente wie „Eingabedaten müssen an die richtige Position im Ausgabestring bewegt werden" nicht mehr direkt anwandt werden können. Betrachten wir ein zum Transpositions-Problem verwandtes Entscheidungsproblem, nämlich festzustellen, ob eine Matrix A die Transponierte einer anderen Matrix B ist. Dies wird beschrieben durch die Sprache

$$L_{\text{MT}} := \{A * *B \mid A^{trp} = B\} .$$

Wir wählen die Einträge der $m \times m$-Matrizen als Bits, d.h. $l = 1$. Man kann zeigen, daß es eine 2-Band DTM gibt, sogar ohne separates Eingabeband, die diese Sprache in $O(m^2 \log m)$ Schritten akzeptiert. Um lineare Zeit zu erreichen, wird das Padding der Eingabe so ausgeführt, daß die Einträge $a_{i,j} \in \{0,1\}$ von A durch $\log m$ viele Symbole # getrennt werden und analog für B. Dadurch erhöht sich die Eingabelänge auf $\tilde{n} = \Theta(m^2 \log m)$. Die 2-Band DTM kann durch Umkopieren und Löschen dieser zusätzlichen Symbole die Eingabe auf Länge $O(m^2)$ komprimieren und dann in Zeit $O(\tilde{n})$ die Gleichheit verifizieren. In [MSS93] wird gezeigt, daß mit nur einem Arbeitsband mehr als lineare Zeit für diese modifizierte Sprache $\tilde{L}_{\text{MT}}$ benötigt wird:

Theorem 4.2.9:

$$DTime_{1+E}\left(o\left(\mathcal{N}\frac{\log}{\text{llog}}\right)\right) \not\ni \tilde{L}_{\text{MT}} \in DTime_2(\text{LIN}) .$$

4.3 Untere Schranken für Speicherzugriffe

Eindimensionale Speicher unterliegen der Einschränkung, daß die Anzahl der Zellen, auf die man in t Schritten zugreifen kann, linear in t beschränkt ist. Bei mehrdimensionalen Speichern wächst diese Zahl dagegen wesentlich stärker. Dies scheint zu implizieren, daß derartige Speicher eine Datenmenge fester Größe erheblich schneller verwalten können und damit leistungsfähiger sind. Dies intuitive Argument soll im folgenden formalisiert werden.

Die Schwierigkeit besteht darin auszuschliessen, daß eine TM mit einem weniger flexiblen Speicher diesen Nachteil durch eine günstige Anordnung und eine Kodierung der Daten ausgleichen kann. Bei dem Längenproblem und den Palindromen (die Sprachen LENGTH und PALINDROME) konnten wir im vorigen Kapitel durch ein einfaches Abzählargument zeigen, daß für jeden String a^m bzw. Y eine eigene Crossing-Sequenz, d.h. eine eigene Kodierung, notwendig ist. Eine Komprimierung der Daten ist somit nicht möglich.

4.3.1 Kolmogorov-Komplexität von Strings

Auf Kolmogorov und Chaitin geht ein Ansatz zurück, die Komplexität und Zufälligkeit von Strings algorithmisch zu erfassen. Mit Hilfe dieses Formalismus kann man in vielen Fällen ein intuitives Argument wie das obere mathematisch korrekt ausführen. Wir betrachten im folgenden Strings $a, b, c, \ldots$, über dem binären Alphabet $\{0, 1\}$. U sei eine universelle DTM mit einem Arbeitsband, das gleichzeitig zur Ein- und Ausgabe dient. Wir verwenden U, um einen String a mit Hilfe anderer Strings zu erzeugen. $U(c)$ bezeichne den Ausgabestring von U bei Eingabe c.

Definition 4.3.1:

$$K(a) \quad := \quad \min \{|c| \; ; \; c \in \{0, 1\}^*, \; U(c) = a\}$$

heißt die **Kolmogorov-Komplexität** oder **Beschreibungskomplexität** des Strings a und

$$K(a|b) \quad := \quad \min \{|c| \; ; \; c \in \{0, 1\}^*, \; U(c\#b) = a\}$$

die Kolmogorov-Komplexität von a gegeben b. Ein String a heißt **zufällig** (auch **random** oder **nichtkomprimierbar**), falls $K(a) \geq |a| - \log |a|$, und zufällig, gegeben b, falls $K(a|b) \geq |a| - \log |a|$. $\qquad \square$

$K(a)$ ist wohl definiert, denn man kann $c = \rho\#a$ wählen, wobei ρ die Kodierung einer 1-Band TM ist, die auf Eingabe a nichts tut, d.h. mit a als Ausgabe sofort hält. Daher gilt $K(a) \leq |a| + O(1)$ für alle $a \in \{0, 1\}^*$. Ähnliches gilt für $K(a|b)$, denn der Hilfsstring b kann einfach ignoriert werden. Man beachte, daß keine Einschränkungen gemacht werden, mit welchem Aufwand an Zeit und Platz U den String a generiert.

Lemma 4.3.2:
Fast alle binären Strings der Länge n, d.h. alle bis auf $o(2^n)$ viele, sind zufällig. Das gleiche gilt, wenn ein String b fest vorgegeben ist.

Beweis: Es gibt 2^n viele binäre Strings der Länge n. Für jedes solche a benötigt U eine andere Eingabe c, um a zu erzeugen. Es gibt weniger als $m := 2^n/n$ Eingaben der Länge kleiner als $n - \log n$. Damit benötigen alle bis auf maximal m viele Strings der Länge n eine Spezifikation c der Länge mindestens $n - \log n$. Das gleiche Abzählargument gilt, wenn ein festes b zusätzlich zur Verfügung steht. ∎

Für einen zufälligen String a gilt bei Wahl von $b = a$ $K(a|a) \leq O(1)$, d.h. die Komplexität von a verringert sich drastisch. Dennoch verbleiben genügend andere Strings a' mit einem großen Wert $K(a'|a)$. Mit dem gleichen Abzählargument folgt, daß es Strings gibt mit $K(a) \geq |a|$, d.h. a ist im wesentlichen seine eigene kürzeste Beschreibung. Die Wahl der Schranke $|a| - \log |a|$ für die Zufälligkeit eines Strings ist nicht entscheidend, man könnte ebenso $K(a) \geq |a|$ fordern. Bei dieser Festlegung kann jedoch nur gezeigt werden, daß es mindestens einen zufälligen String gibt. Die folgende Anwendung ist möglich für jede Zufälligkeitsschranke im Bereich zwischen $\epsilon|a|$ und $|a|$ ($\epsilon > 0$ fest).

Zählt man mehrere Strings $a^{(1)}, a^{(2)}, \ldots$ hintereinander auf, ohne ein besonderes Trennsymbol zu benutzen, so ist im allgemeinen nicht erkennbar, wo die $a^{(i)}$ beginnen und enden. Aus diesem Grunde definieren wir eine modifizierte Darstellung von Strings.

Definition 4.3.3:
Für einen String b sei $\overline{b}$ der String der Länge $2|b|$, den man aus b erhält, wenn man zwischen je zwei Symbolen von b eine 0 einfügt und am Ende eine 1 hinzufügt. Beispielsweise ergibt sich für $b = 01011$: $\overline{b} = \overline{01011} = 00\,10\,00\,10\,11$.

$$\ddot{a} \; := \; \overline{\mathrm{bin}(|a|)}\, a$$

heißt die **selbstbegrenzende Darstellung** von a, sie hat Länge $|a| + 2 \log(|a| + 1)$.

□

Ein zufälliger String läßt sich auch bei effizienter Ausnutzung eines nichtlinearen Speichers nicht wesentlich komprimieren. Mit Hilfe derartiger Strings kann man untere Schranken für den Zeitaufwand bei Ein-Ausgabe-Problemen in verschiedenen Speichertopologien zeigen.

4.3.2 Der Einfluß des Radius

Um die Zugriffsgeschwindigkeit zu messen, definieren wir die beiden folgenden Funktionen, die man als Maß für den Radius eines Speichers G interpretieren kann:

$$\rho_G(\mathbf{m}) \; := \; \min\left\{ t \;\middle|\; |U[\xi_1, t]| \geq m \right\},$$

$$r_G(\mathbf{m}) \;:=\; \min \{t \mid |U[v,t]| \geq m \text{ für ein } v \in G\}\,.$$

Ein String a der Länge m kann somit in m Zellen aus der Nachbarschaft des ausgezeichneten Knoten ξ_1 abgespeichert werden, so daß man „von jedem Bit von a zu jedem anderen in höchstens $2\,\rho_G(m)$ Schritten gelangen" kann. Andererseits findet man von einem beliebigen Knoten in G ausgehend im Abstand kleiner $r_G(m)$ weniger als m viele Zellen. Bei Speichern, wo die Umgebungen der verschiedenen Zellen isomorph sind, wie beispielsweise im mehrdimensionalen Fall, gilt $\rho_G = r_G$. Betrachten wir nun das folgende Ein-Ausgabe-Problem: Ein String a wird eingelesen und anschließend müssen z beliebige dieser Bits on-line wieder ausgegeben werden. Vorausgesetzt die Positionen dieser Bits sind einfach zu finden, so kann eine TM mit Speicher G die Ausgabedaten in $O(z \cdot \rho_G(m))$ Schritten erzeugen.

Ist H ein weiterer Speicher mit Radiusfunktion r_H wesentlich größer als ρ_G, so sollte die Maschine bei ungünstiger Auswahl der auszugebenden Bits mindestens $\Omega(z \cdot r_H(m))$ Zeit benötigen. Aus technischen Gründen muß von H eine gewisse **Homogenität** verlangt werden; die Funktion r_H sollte nicht beliebig ungleichmäßig wachsen. Wir setzen voraus, daß es eine Konstante γ gibt mit

$$r_H(m) \;\leq\; \gamma \cdot r_H\!\left(\frac{m}{2}\right) \qquad \text{für alle } m\,.$$

Diese Bedingung wird von allen bislang betrachteten Speicherstrukturen erfüllt. Ein Gegenbeispiel wäre eine Speicherstruktur, bei der sich lange eindimensionale Pfade mit zweidimensionalen Teilgittern abwechseln. In solch einem Fall kann man im folgenden Satz anstelle von $r_H(n)$ den Wert $r_H(n^{1-\epsilon})$ für ein beliebiges $\epsilon > 0$ verwenden.

Theorem 4.3.4:
G und H seien konstruierbare, ungerichtete Speicher. Dann gilt:

$$DTime_G(\mathcal{N}) \quad \not\subseteq_{\mathrm{onl}} \quad DTime_H\left(o\!\left(\mathcal{N} \cdot \frac{r_H}{\rho_G}\right)\right)\,.$$

Beweis: R bezeichne die Richtungen in G. Als Speicheralphabet für die Zellen in G genügt das binäre Alphabet $\{0,1\}$. Wir modellieren das oben beschriebene Ein-Ausgabe-Problem durch eine Funktion

$$f_G \;:\; (a_1, r_1), \ldots, (a_n, r_n) \mapsto (a_1', \ldots, a_n')\,.$$

wobei $a_i, a_i' \in \{\beta, 0, 1\}$ und $r_i \in R$. Die Werte a_i' werden durch das Verhalten einer DTM M mit Speicher G definiert. Sie verwendet nur ihren ersten Arbeitskopf. M liest auf ihrem Eingabeband die Folge der (a_i, r_i) und führt dabei die folgenden Operationen aus. Für Tupel (a_i, r_i) mit $a_i \neq \beta$ schreibt der Kopf das Zeichen a_i in die Zelle v, in der er sich gerade befindet; falls $a_i = \beta$ wird nichts geschrieben. Anschließend wechselt er in Richtung r_i in eine neue Zelle v'. Ausgegeben wird als a_i' das Zeichen, das v'

speichert. Auf dieser Beschreibung ist unmittelbar klar, daß f_G mit Speicher G in Realtime berechnet werden kann.

M' sei nun eine DTM mit Speicher H und k Köpfen, die f_G on-line berechnet. Die Maschine unterliegt keinen Beschränkungen bei der Eingabe, zur Vereinfachung fügen wir ihr Eingabeband als ein zusätzliches Band dem Speicher H hinzu. Es soll nun gezeigt werden, daß M' für bestimmte Eingabefolgen $X = (a_i, r_i)_{i=1,2,\ldots}$ zur Simulation von Teilrechnungen von M der Länge maximal $2\rho_G(n)$ mindestens $\Omega(r_H(n))$ Schritte benötigt. X besteht aus 2 gleichlangen Teilen.

$$G' \subseteq U[(\xi_1, \rho_G(\frac{n}{4}))]$$

sei eine zusammenhängende Umgebung um den Startknoten ξ_1 von G, die aus $n/4$ Knoten im Abstand höchstens $\rho_G(\frac{n}{4})$ besteht. Man kann die Knotenmenge dieses Teilgraphen in eindeutiger Weise in der Form $v_1, \ldots, v_{n/4}$ aufzählen, beispielsweise, indem man G' mit Hilfe einer *depth-first-search*-Strategie durchläuft. Dabei sind nicht mehr als $n/2$ Übergänge entlang Kanten von G' notwendig. Zu diesem Durchlauf korrespondiert eine Folge $r_1, \ldots, r_{n/2}$ von Richtungen. Die erste Hälfte von X dient nun dazu, einen zufälligen String $a = a_1, \ldots, a_{n/4}$ in den Knoten $v_1, \ldots, v_{n/4}$ abzuspeichern.

Im zweiten Teil werden dann sukzessiv gewisse Bits a_i in Abhängigkeit vom bisherigen Verhalten von M' bestimmt und durch ein Kommando $\Phi(a_i)$ wieder ausgelesen. Hierbei ist $\Phi(a_i)$ eine Folge von Eingabesymbolen $(\beta, r_{i,1}), (\beta, r_{i,2}), \ldots$, die den Kopf von M von seiner aktuellen Position zum Knoten v_i führen, der a_i speichert. Nach Definition von ρ_G genügen dazu $2\rho_G(n)$ viele Tupel (a_{i_j}, r_{i_j}). Bei der Wahl der a_i geht die online-Bedingung entscheidend ein. Denn diese Konstruktion ist nicht möglich, wenn der Simulator zunächst a und die Ausgabebefehle vollständig lesen kann, bevor er selbst ein Bit wieder ausgibt.

Lemma 4.3.5:
C sei eine beliebige Konfiguration von M', die die Maschine nach Verarbeitung des ersten Teils von X eingenommen hat. Dann gibt es Bits a_i, so daß M' in C zur Simulation von $\Phi(a_i)$ mindestens $\Omega(r_H(n))$ Schritte benötigt.

Beweis: Wir betrachten den Teilgraphen $H_C(t)$ bestehend aus allen Speicherzellen, die M' in $t := r_H(n') - 1$ Schritten von den aktuellen Positionen ihrer Köpfe aus erreichen kann, wobei $n' := \zeta_1 n$ für eine geeignete Konstante ζ_1, die wir später festlegen werden. Nach Definition von r_H gilt

$$|H_C(t)| < k \cdot n' = k \cdot \zeta_1 \cdot n .$$

Angenommen, für jedes a_i könnte M' die Kommandofolge $\Phi(a_i)$ simulieren, ohne $H_C(t)$ zu verlassen. Wir zeigen, daß man dann a durch einen kurzen String c beschreiben kann, was im Widerspruch zu der Zufälligkeit von a steht.

Da jede Zelle von H nur ein Symbol speichern kann, läßt sich die aktuelle Konfiguration C von M', wobei die Beschriftung des Speichers allerdings auf den Bereich $H_C(t)$ eingeschränkt wird, durch einen binären String $\tilde{C}$ der Länge $l_C \leq \zeta_2 \cdot |H_C(t)|$ beschreiben; dabei hängt die Konstante ζ_2 nur von M' ab.

Man kann mit Hilfe von $\tilde{C}$, einer Beschreibung von M' und einer Beschreibung von G den String a rekonstruieren. Für M' genügt es im wesentlichen die Übergangsfunktion der Maschine zu spezifizieren. Der Speicher G wird durch Angabe der 2-Band DTM beschrieben, mit deren Hilfe man G konstruieren kann. Beides sind Strings konstanter Länge. Mit der Kenntnis der Topologie von $U[\xi_1, \rho_G(\frac{n}{4})]$ kann die universelle TM, die wir zur Definition der Kolmogorov-Komplexität verwandt haben, jedes Kommando $\Phi(a_i)$, $i \in [1, n/4]$, generieren, das den Knoten v_i besucht. Um nun das Bit a_i, das M in v_i speichert, zu bestimmen, simuliert die universelle Maschine nacheinander das Verhalten von M' in C auf jedes dieser Kommandos $\Phi(a_i)$. Nach Annahme besitzt sie mit $\tilde{C}$ genügend Information, um dies durchzuführen. Eine Simulation ist, wie wir oben gesehen haben, für ein beliebiges konstruierbares H auch auf einer 1-Band TM möglich, wenn auch mit einigem Zeitverlust. Damit ergibt sich der Widerspruch

$$\frac{n}{4} - \log \frac{n}{4} \leq K(a) \leq l_C + O(1) \leq \zeta_1 \zeta_2 k n + O(1) \leq \frac{n}{8} + O(1) \,,$$

falls n hinreichend groß ist und man ζ_1 klein genug wählt. Daher muß es Ausgabekommandos $\Phi(a_i)$ geben, für die M' $H_C(t)$ verläßt, d.h. ein Kopf von M' muß mindestens die Entfernung t zurücklegen. Wegen der Homogenität von H gilt $t \geq r_H(\zeta_1 n) \geq \Omega(r_H(n))$. ∎

Da C beliebig war, kann man dies Lemma wiederholt anwenden, um eine Folge $\Phi(a_{i_1})$, $\Phi(a_{i_2})$, $\ldots, \Phi(a_{i_z})$ mit $z \geq \left\lfloor \frac{n}{2} / 2\rho_G(n) \right\rfloor$ zu erhalten. Zur Simulation jedes Ausgabekommandos $\Phi(a_{i_j})$ benötigt M' Zeit $\Omega(r_H(n))$. Daher braucht jede Maschine mit Speicher H zur on-line-Berechnung von f_G bei bestimmten Eingaben der Länge n mindestens $\Omega(n \cdot r_H(n) / \rho_G(n))$ viele Schritte. ∎

Wendet man diese Schranke auf mehrdimensionale Speicher und Bäume an, so ergibt sich

Korollar 4.3.6:
Für alle $1 \leq e < d$ und k beliebig gilt:

$$DTime_1^{d-\dim}(\mathcal{N}) \quad \not\subseteq_{\mathrm{onl}} \quad DTime_k^{e-\dim}\left(o(\mathcal{N}^{1+\frac{1}{e}-\frac{1}{d}})\right) \,,$$

$$DTime_1^{\mathrm{tree}}(\mathcal{N}) \quad \not\subseteq_{\mathrm{onl}} \quad DTime_k^{e-\dim}\left(o(\mathcal{N}^{1+\frac{1}{e}} \cdot \log^{-1})\right) \,.$$

Verfügt der Simulator über einen Speicher mit gleicher Topologie, aber weniger Köpfen, so läßt sich ein einfaches Radius-Argument nicht anwenden. In [PSS81] wird mit einer verfeinerten kombinatorischen Analyse unter Verwendung der Kolmogorov-Komplexität gezeigt, daß bei mehrdimensionalen Speichern selbst eine höhere Dimension einen Mangel an Köpfen nicht ausgleichen kann. Bei Baumspeichern impliziert die Simulation von beliebig vielen Bändern durch eine konstante Anzahl einen logarithmischen Zeitverlust.

Theorem 4.3.7:

$$DTime_k^{d-\dim}(\mathcal{N}) \quad \not\subseteq_{\mathrm{onl}} \quad DTime_l^{e-\dim}\left(\mathcal{N}^{1+\epsilon}\right) \quad \forall\, l < k \text{ und } e < d^2 \,,$$

$$DTime^{\mathrm{tree}}(\mathcal{N}) \quad \not\subseteq_{\mathrm{onl}} \quad DTime_k^{\mathrm{tree}}\left(o\left(\mathcal{N}\frac{\log}{\mathrm{llog}}\right)\right) \quad \forall\, k \,.$$

Der Exponent $\epsilon > 0$ ist dabei eine Funktion in den Parametern d, e, k, l.

4.4 Obere Schranken für Speicherzugriffe

Um eine TM M mit Speicher H durch eine Maschine M' mit Speicher H' zu simulieren, bietet sich das folgende Verfahren an. Jeder Speicherzelle v in H wird ein **Repräsentant** v' in H' zugeordnet, der bei der Simulation den Inhalt von v speichert. Wir stehen damit vor der Aufgabe, die Teile von H, die M während ihrer Rechnung benutzt, möglichst effizient in H' einzubetten. Spezielle Einbettungen von Graphen hatten wir bereits in Abschnitt 2.2.6 bei der Konstruktion universeller Schaltkreise behandelt. Besteht H aus mehreren Teilen mit je einem Startknoten, so kann man jeden dieser Teilgraphen separat in H' einbetten. Es genügt daher, den Fall zu betrachten, daß H ein zusammenhängender Graph mit Startknoten ξ ist.

4.4.1 Einbettung von Graphen

Definition 4.4.1:
Eine **knotendisjunkte Einbettung** eines Graphen $G = (V, E)$ in einen Graphen $G' = (V', E')$ wird beschrieben durch eine injektive Abbildung $\zeta : V \to V'$. $\zeta(v)$ heißt der **Repräsentant** von v in G'. Das wichtigste Gütekriterium einer Einbettung ist die maximale Entfernung zwischen Repräsentanten benachbarter Knoten, die **Verzögerung**. Wir definieren daher

$$\mathrm{delay}(\zeta) \quad := \quad \max\left\{d(\zeta(v_1), \zeta(v_2)) \mid (v_1, v_2) \in E\right\},$$
$$\mathrm{delay}(G, G') \quad := \quad \min_{\zeta \text{ Einbettung von } G \text{ in } G'} \mathrm{delay}(\zeta).$$

$\square$

Führt ein Kopf von M einen Übergang von einer Speicherzelle v_1 zu einer Nachbarzelle v_2 aus, so benötigt M' mindestens $d(\zeta(v_1), \zeta(v_2))$ viele Schritte, um zwischen den Repräsentanten zu wechseln. Zunächst muß M' jedoch wissen, wo sie die Repräsentanten findet. Um mit Hilfe einer Einbettung ohne großen zusätzlichen Zeitverlust simulieren zu können, sollte daher die Funktion ζ einfach zu berechnen sein. Es würde ausreichen, wenn man lokal aus $\zeta(v_1)$ und der Richtung r, in der v_1 mit v_2 verbunden ist, die Folge der Richtungen bestimmen kann, die von $\zeta(v_1)$ nach $\zeta(v_2)$ führen.

Betrachtet man eine kompakte Umgebung H_s um den Startknoten von H, die aus s Speicherzellen besteht, so ergibt sich aus dem Vergleich der Radien von H und H' (Homogenität von H' vorausgesetzt):

Lemma 4.4.2:

$$\mathtt{delay}(H_s, H') \geq \frac{r_{H'}(s)}{\rho_H(s)} \,.$$

Beweis: Es sei $r := \rho_H(s)$, $r' := r_{H'}(s)$ und ξ' der Repräsentant des Startknotens ξ von H. Jede knotendisjunkte Einbettung von H_s in H' muß Knoten im Abstand mindestens r' von ξ' verwenden, denn die Umgebung von ξ' mit Radius $r' - 1$ enthält weniger als s Knoten. v' sei solch ein Knoten mit Abstand mindestens r' und v sein Urbild in H_s. In H_s gibt es einen Pfad von ξ nach v der Länge $l \leq r$. Sind $v_0 = \xi, v_1, \dots, v_l = v$ die Knoten dieses Pfades und v_i' ihre Repräsentanten, so gilt:

$$\sum_{i=1}^{l} d(v_{i-1}', v_i') \geq d(v_0', v_l') \geq r' \,.$$

Daher muß es ein Paar v_{i-1}', v_i' von Repräsentanten geben mit

$$\mathtt{delay}(H_s, H') \geq d(v_{i-1}', v_i') \geq \frac{r'}{l} \geq \frac{r'}{r} \,. \qquad \blacksquare$$

In manchen Fällen liefert die Abschätzung der Verzögerung mit Hilfe der Radien eine relativ gute Approximation, dies gilt etwa beim Vergleich mehrdimensionaler Speicher. Bei der Aufgabe, ein mehrdimensionales Gitter in einen binären Baum einzubetten, ist dies Maß dagegen nicht aussagekräftig genug. Hier muß man zusätzliche topologische Eigenschaften der Gitter verwenden, um zu zeigen, daß eine Einbettung mit konstanter Verzögerung nicht möglich ist. Mehrdimensionale Gitter besitzen einen relativ starken Zusammenhang, während ein Baum durch Entfernen eines beliebigen Knoten vom Grad mindestens 2 bereits in mehrere Zusammenhangskomponenten zerlegt wird.

Definition 4.4.3:
Unter einer **ausgewogenen Separation** eines Graphen $G = (V, E)$ verstehen wir eine Zerlegung in zwei Teilgraphen $G_i = (V_i, E_i)$, $i = 1, 2$, mit $V_1 \dot\cup V_2 = V$ und $|V_i| \geq \frac{1}{3}|V|$. Der **Rand** von G_i, $\Gamma(G_i)$, sei die Menge der Knoten in V_i, die einen Nachbarn in der komplementären Menge besitzen, d.h. wir definieren

$$\Gamma(G_i) \;:=\; \{v \in V_i \mid \exists\, e = (v, u) \in E,\ u \in V \setminus V_i\} \qquad \text{und}$$

$$\gamma(G) \;:=\; \min \{|\Gamma(G_1)| \mid (G_1, G_2) \text{ ist eine ausgewogene Separation von } G\} \,. \qquad \square$$

Ist H in H' eingebettet, so repräsentieren Teilgraphen von H' gewisse Teilgraphen von H. Damit keine große Verzögerung auftritt, ist eine notwendige Bedingung, daß die Ränder dieser Teilgraphen von H nicht wesentlich größer sind als die der korrespondierenden Teilgraphen von H'. Für einen binären Baum B gilt jedoch $\gamma(B) = 1$, während man für ein d-dimensionales Gitter Q_m^d mit Seitenlänge m (und demzufolge mit m^d Knoten) zeigen kann:

Lemma 4.4.4:

$$\Omega(m^{d-1}) \ \leq \ \gamma(Q_m^d) \ \leq \ m^{d-1} \ .$$

Beweis: Teilt man das Gitter in einer Dimension in der Mitte, so erhält man eine Zerlegung in zwei gleich große Teile mit Rand m^{d-1}. Die untere Schranke bedarf einiger elementarer kombinatorischer Überlegungen, die wir hier nicht ausführen wollen. Sie hängt mit dem wohlbekannten Satz aus der Geometrie zusammen, daß die Kugel bei vorgegebenem Volumen der Körper mit der kleinsten Oberfläche (Rand) ist.   ∎

Lemma 4.4.5:

Q_m^2 bezeichne das 2-dimensionale $m \times m$-Gitter und B den (unendlichen) vollständigen binären Baum. Dann gilt

$$\texttt{delay}(Q_m^2, B) \ \geq \ \log m - O(1) \ .$$

Beweis: ζ sei eine Einbettung von Q_m^2 in B mit Verzögerung l. Für einen Knoten $v \in B$ sei $z(v)$ die Anzahl der Repräsentanten von Knoten in Q_m^2, die der Subbaum B_v von B mit Wurzel v enthält. Für die beiden Söhne v_1, v_2 von v erhält man die Abschätzung

$$z(v_1) + z(v_2) \ \leq \ z(v) \ \leq \ z(v_1) + z(v_2) + 1 \ ,$$

d.h. $z(v_i) \geq \frac{z(v)}{2} - 1$ für mindestens einen der Söhne von v. Man überlegt sich nun folgendes: Beginnt man einen Weg an der Wurzel w von B, die den z-Wert m^2 hat, und wählt jeweils den Sohn mit dem größeren z-Wert, so gelangt man schließlich zu einem Knoten v' mit

$$\frac{m^2}{3} \ \leq \ z(v') \ \leq \ \frac{2m^2}{3} \ .$$

Es sei G die Menge der Knoten von Q_m^2, deren Repräsentanten in $B_{v'}$ liegen. Mit Hilfe des obigen Lemmas können wir den Rand von G abschätzen durch: $|\Gamma(G)| \ \geq \ \Omega(m)$. Jeder Knoten $v \in \Gamma(G)$ besitzt einen Nachbarn u, dessen Repräsentant u' nicht in $B_{v'}$ liegt. Der Abstand des Paares v', u' ist durch die Verzögerung von ζ nach oben beschränkt. $B_{v'}$ enthält aber weniger als 2^l viele Knoten, deren Abstand zu einem Knoten außerhalb von $B_{v'}$ maximal l beträgt. Damit folgt

$$2^l \ \geq \ |\Gamma(G)| \ \geq \ \Omega(m) \qquad \text{oder} \qquad l \ \geq \ \log m - O(1) \ . \qquad \blacksquare$$

Diese Schranke ist bis auf einen konstanten Faktor bestmöglich, denn man sieht leicht, daß beliebige Graphen mit n Knoten in einen binären Baum mit Verzögerung höchstens

$2 \log n$ eingebettet werden können. Betrachtet man statt des maximalen Abstands den durchschnittlichen Abstand zwischen Repräsentanten benachbarter Knoten, so kann man Einbettungen mit konstanter durchschnittlicher Verzögerung finden (siehe Aufgabe 4.5.10). Für eine schnelle Simulation ist eine geringe durchschnittliche Verzögerung jedoch nicht ausreichend, denn in ungünstigen Fällen kann eine zu simulierende Maschine hauptsächlich Übergänge zwischen Knoten ausführen, deren Repräsentanten einen großen Abstand besitzen.

Eine naheliegende Einbettung von Q_m^d in einen binären Baum B ist die folgende: Jeder Knoten v in Q_m^d wird durch eine Adresse $(v_1, \ldots, v_d)$ mit $0 \le v_i < m$ beschrieben. $v_i^{(p-1)} v_i^{(p-2)} \ldots v_i^{(0)}$ sei die Binärdarstellung von v_i der Länge $p := \log m$. . Dann definieren wir als Repräsentanten von v den Knoten in B mit Adresse

$$\zeta(v) \;:=\; v_1^{(p-1)} \ldots v_d^{(p-1)} v_1^{(p-2)} \ldots v_1^{(0)} \ldots v_d^{(0)} \;\in\; \{0,1\}^{dp} \;.$$

Sind v, u zwei über Dimension i benachbarte Knoten in Q_m^d, etwa $u_i = v_i + 1$, so hängt die Entfernung der Repräsentanten vom Suffix ab, in dem sich diese beiden Koordinaten unterscheiden, d.h. der Länge des Übertrags bei der Addition $v_i + 1$. Entsteht ein Übertrag der Länge j, d.h. $v_i + 1 \equiv 0 \mod 2^j$ und $v_i + 1 \not\equiv 0 \mod 2^{j+1}$, so ist die Entfernung beschränkt durch $2d\,(j+1)$.

Diese Einbettung ζ können wir nun zu einer Klasse von Einbettungen erweitern, indem für ein beliebiges $y \in [0, 2^p - 1]^d$ die Abbildung ζ_y definiert wird durch

$$\zeta_y(v) \;:=\; \zeta(v + y \mod 2^p) \,,$$

wobei $v + y \mod 2^p$ die koordinatenweise Addition modulo 2^p bezeichne. Wählt man eine Einbettung ζ_y zufällig – alle y seien dabei gleich wahrscheinlich –, so läßt sich der Erwartungswert für die Verzögerung zwischen v und u wie folgt abschätzen:

$$\begin{aligned}
\mathrm{E}\big[d(\zeta_y(v), \zeta_y(u)\big] \;&=\; 2^{-dp} \sum_y d(\zeta_y(v), \zeta_y(u)) \\
&\le\; 2^{-dp} \sum_{0 \le j \le p} \; \sum_{\substack{y:\, v_i+1+y_i \equiv 0 \bmod 2^j \\ v_i+1+y_i \not\equiv 0 \bmod 2^{j+1}}} 2\,d \cdot (j+1) \\
&\le\; 2^{-dp} \left(\sum_{0 \le j < p} 2^{(d-1)\cdot p + p - j - 1} \cdot 2\,d \cdot (j+1) \;+\; 2^{(d-1)\cdot p} \cdot 2d \cdot p \right) \\
&\le\; \sum_{0 \le j < p} 2^{-j} \cdot d \cdot (j+1) \;+\; 2^{-p} \cdot 2d \cdot p \;\le\; O(1) \,.
\end{aligned}$$

Für einen Weg $v_0, v_1, v_2, \ldots, v_l$ der Länge l, den eine TM im Speicher Q_m^d zurücklegt, ist die erwartete Länge des korrespondierenden Weges $\zeta_y(v_1), \ldots, \zeta_y(v_l)$ in B beschränkt durch

$$\mathrm{E}\Big[\sum_{i=1}^{l} d(\zeta_y(v_{i-1}), \zeta_y(v_i))\Big] \;=\; \sum_{i=1}^{l} \mathrm{E}\big[d(\zeta_y(v_{i-1}), \zeta_y(v_i))\big] \;\le\; O(l) \,.$$

Dies gilt unabhängig von der speziellen Wahl des Weges. Somit erhält man ein probabilistisches Verfahren, das es erlaubt, d-dimensionale TM auf Baum-Maschinen mit nur konstantem Zeitverlust im Mittel zu simulieren. Der Baum-Simulator wählt die Einbettung ζ_y zufällig. Simuliert er eine Zelle v der d-dimensionalen Maschine in seiner Zelle $\zeta_y(v)$, so kann er bei einem Übergang von v zu einer Zelle u in Zeit $O(d(\zeta_y(v), \zeta_y(u))$ die Änderung der Adresse berechnen und den neuen Repräsentanten $\zeta_y(u)$ finden. Damit haben wir gezeigt:

Theorem 4.4.6:
Für beliebiges d kann eine d-dimensionale DTM M mit Hilfe eines probabilistischen Einbettungsverfahren on-line durch eine Baum-TM M' simuliert werden. Vor der Simulation einer Berechnung C wählt M' eine statische Einbettung zufällig aus einer Menge möglicher Einbettungen (der Größe $|C|^d$) und simuliert dann M in C deterministisch. Für jedes C ist der durchschnittliche Zeitaufwand von M' (gemittelt über alle möglichen Wahlen für die Einbettung) beschränkt durch $O(|C|)$.

Die bislang betrachteten Einbettungen sind von einfacher Gestalt, da sie jedem Knoten des Ausgangsgraphen H genau einen Repräsentanten in dem einzubettenden Graphen H' zuordnen. Eine Verringerung der Verzögerung ist möglich, wenn man mehrere Repräsentanten für jeden Knoten von H verwendet. Ist H' groß genug, so kann man für jede Kante (v_1, v_2) in H ein Paar von Repräsentanten v_1', v_2' wählen, die in H' benachbart sind.

Aus einer derartigen **Mehrfach-Einbettung** kann man nicht zwangsläufig ein effizientes Simulationsverfahren für die korrespondierenden Speichertopologien ableiten, denn es genügt nicht mehr, die Entfernung der Bilder einzelner Kanten in H' zu betrachten. Das Maß für die Verzögerung muß in diesem Fall entsprechend verallgemeinert werden; sinnvoll ist es, den maximalen Faktor zu bestimmen, um den ein beliebiger Weg in H aufgebläht wird, wenn man eine optimale Folge von Repräsentanten in H' auswählt:

$$\overline{\mathrm{delay}}(H, H') \; := \; \max_{[v_0, v_1, \ldots, v_l \text{ Weg in } H]} \; \min_{[v_0', \ldots, v_l' \text{ Repr. der } v_i]} \; \frac{1}{l} \sum_{i=1}^{l} d(v_{i-1}', v_i') \; .$$

Man kann leicht zeigen, daß unter Verwendung von m^ϵ vielen Repräsentanten pro Knoten eine Einbettung von Q_m^d in einen binären Baum mit konstanter Weg-Verzögerung möglich ist. Als neue Schwierigkeit tritt bei einer Mehrfach-Repräsentanz folgendes hinzu: Bei einer Veränderung der Beschriftung einer Zelle v werden entweder alle Repräsentanten v' in H' ebenfalls sofort geändert, oder gewisse Repräsentanten werden zunächst nicht aktualisiert. Im ersten Fall würde der Aufwand sicherlich steigen im Vergleich zu einem einzigen Repräsentanten. Bei der zweiten Vorgehensweise kann nicht jeder Repräsentant von v im weiteren Verlauf beim Lesen ohne vorheriges Update genutzt werden.

4.4.2 Kompaktifizierung

Eine statische Einbettung aller Knoten im Abstand maximal t zu den Startknoten, d.h. des Bereiches, den eine TM M während einer Berechnung der Länge t betreten kann, empfiehlt sich wegen der Größe dieser Knotenmenge in der Regel nicht. Im d-dimensionalen Fall beispielsweise wären dies $\Theta(t^d)$ Knoten; bei Simulation in einem e-dimensionalen Speicher, $e < d$, würde zur vollständigen Einbettung dieser Knoten ein e-dimensionaler Würfel mit Seitenlänge $\Omega(t^{d/e})$ benötigt, der Abstand zwischen Repräsentanten könnte entsprechend groß werden. Da man für jede Berechnung der Länge t nur maximal $O(t)$ Knoten tatsächlich repräsentieren muß, hätte bereits ein e-dimensionaler Würfel mit Seitenlänge $O(t^{1/e})$ genügend Volumen, um diese Knotenmenge erfassen zu können.

Das Einbettungsproblem wird einfacher, wenn man voraussetzen kann, daß die zu simulierende d-dimensionale Maschine nur Speicherzellen in einem gewissen Abstand r zu ihren Startknoten verwendet.

Definition 4.4.7:
Es bezeichne $range_M(X)$ das Maximum über alle $d(v)$, wobei v eine Speicherzelle ist, die M in der Berechnung auf Eingabe X benutzt. M heißt **R–bereichsbeschränkt** für eine Funktion $R : \mathbb{N} \to \mathbb{N}$, falls für alle Eingaben X gilt: $range_M(X) \leq R(|X|)$. **$DTimeRange_G(T, R)$** bezeichne die entsprechenden Komplexitätsklassen.

$\square$

Lemma 4.4.8:
Eine T–zeitbeschränkte d-dimensionale DTM kann on-line simuliert werden durch eine Maschine gleicher Dimension, die $O(T^{1+\frac{1}{d}-\frac{1}{d^2}})$–zeit- und $O(T^{\frac{2}{d}-\frac{1}{d^2}})$–bereichsbeschränkt ist. Unter Verwendung von linearer Beschleunigung gilt somit

$$DTime^{d-\dim}(T) \quad \subseteq_{\mathrm{onl}} \quad DTimeRange^{d-\dim}\left(T^{1+\frac{1}{d}-\frac{1}{d^2}}, T^{\frac{2}{d}-\frac{1}{d^2}}\right).$$

Beweis: C sei eine Berechnung einer d-dimensionalen TM M der Länge t und $l \in \mathbb{N}$. Um das Verhalten des Simulators M' zu beschreiben, genügt es im wesentlichen zu erklären, wie M' ein einzelnes d-dimensionales Band G von M in kompakter Form auf einem seiner Bänder G' darstellt. G wird in sich überlappende Würfel mit Seitenlänge $3l$ unterteilt. (Ein ähnliches Verfahren haben wir im eindimensionalen Fall beim Beweis von Theorem 2.2.21 benutzt.) Für jeden Knoten $v = (v_1, \ldots, v_d) \in \mathbb{Z}^d$ mit $v_i \equiv 0 \bmod l$ für alle i sei W_v der **Würfel** bestehend aus den Knoten mit Adressen in der Menge

$$v + [0, 3l - 1]^d := \{u = (u_1, \ldots, u_d) \mid v_i \leq u_i < v_i + 3l \text{ für alle } i\}.$$

v heiße der **Fußpunkt** von W_v, dieser Knoten dient gleichzeitig als Adresse für W_v. Die **innere Region** von W_v sei der Subwürfel mit Fußpunkt $v + (l, l, \ldots, l)$ und Seitenlänge

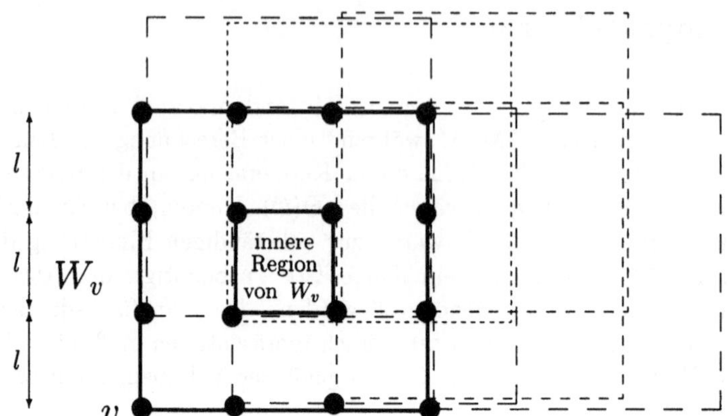

Abbildung 4.1:   *Aufteilung eines 2-dimensionalen Bandes in überlappende Würfel:*
ein Würfel W_v ist hervorgehoben,
Kreise stellen Fußpunkte verschiedener Würfel dar

l. Ein Würfel heiße **aktiv**, falls er Speicherzellen enthält, die von M in C benutzt
werden.

Für die folgende Anwendung ist wesentlich:

- Die inneren Regionen der Würfel bilden eine disjunkte Zerlegung von $\mathbb{Z}^d$; jeder
  Knoten kommt in genau 3^d verschiedenen Würfeln vor.

- Startet ein Kopf in der inneren Region eines Würfels W, so benötigt er mindestens
  l Schritte, bevor er W verläßt.

- Es gibt maximal $O(\lceil t/l \rceil)$ aktive Würfel.

Die letzte Eigenschaft folgt aus der Überlegung, daß M in t Schritten auf jedem Band
nicht mehr als $2^d \cdot \lceil t/l \rceil$ viele verschiedene innere Regionen betreten kann. Der Simulator
M' zerlegt sein Band G' ebenfalls in Würfel mit Seitenlänge $3l$, in diesem Fall allerdings
ohne Überlappungen. Solch einen Würfel von G' nennen wir im folgenden eine **Seite**.
Seiten dienen dazu, die aktiven Würfel von M zu repräsentieren. Wenn ein Würfel W
in der Berechnung C aktiv wird, wählt M' eine bislang freie Seite S und speichert den
Inhalt von Speicherzellen in W in gleicher Weise in S. Die globale Anordnung der Seiten
in G' stimmt nicht notwendigerweise mit der Anordnung der Würfel in G überein.

Um die zu einem Würfel zugehörige Seite zu finden, legt M' ein **Verzeichnis** in Form
eines binären Suchbaumes an. Die Binärdarstellung der Adresse eines Würfels ad(V)
dient als Suchpfad, an dessen Ende die Adresse der zugehörigen Seite ad(S) abgespeichert
wird. Interne Knoten b des Suchbaumes verweisen auf die Adressen der beiden Knoten,

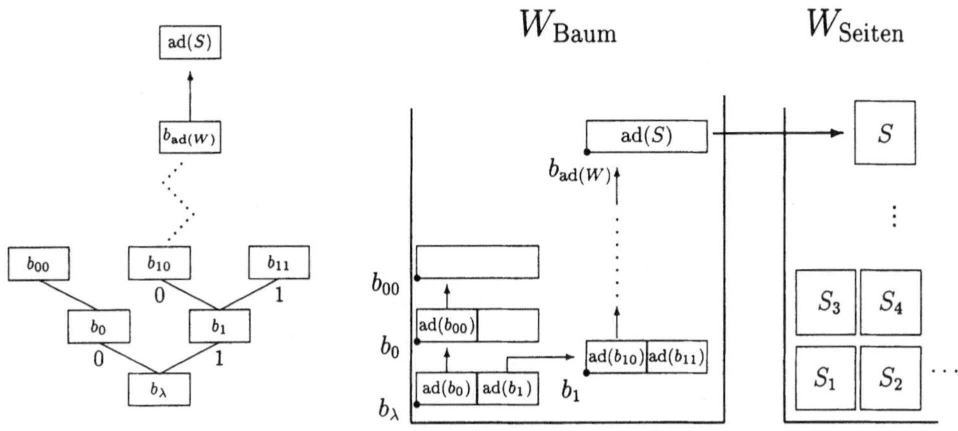

Abbildung 4.2: *Speicherung des Suchbaumes und der Seiten auf einem 2-dimensionalen Band*

die die Söhne von b repräsentieren. Da jede Adresse durch $O(d \log t)$ Bits beschrieben werden kann, korrespondiert zu jedem solchen Knoten ein kleiner Würfel mit diesem Volumen, in dem die Adressen gespeichert werden. Die technischen Details möge man der beistehenden Abbildung entnehmen. Die Anzahl der aktiven Würfel liefert eine Schranke für die Anzahl der Blätter des Suchbaumes und damit auch für die Anzahl der internen Knoten. Der Suchbaum benötigt Platz $\tilde{s} \leq O(\frac{t}{l} \cdot \log t)$ und wird in einem Würfel W_{Baum} mit Seitenlänge $\tilde{s}^{1/d}$ untergebracht. Es folgt, daß die Adresse einer Seite in Zeit

$$\tilde{t} \;\leq\; O(\tilde{s}^{1/d} \cdot \log t) \;\leq\; O(t^{1/d} \cdot l^{-1/d} \cdot \log^{1+1/d} t)$$

gefunden werden kann. Für die Darstellung der aktiven Würfel benötigt M' $O(t/l)$ Seiten; da jede Seite $(3l)^d$ Speicherzellen umfaßt, reicht ein Speichervolumen der Größe $s \leq O(t \cdot l^{d-1})$, d.h. ein großer Würfel W_{Seiten} mit Seitenlänge $s^{1/d}$. Für $l \geq \log^2 t$ gilt $\tilde{s} \leq O(s)$. Die Ausdehnung des Speicherbereichs, den M' in G' verwendet, ist dann durch $O(r)$ beschränkt, wobei $r := s^{1/d} \leq O(t^{\frac{1}{d}} \cdot l^{\frac{d-1}{d}})$. Ebenso läßt sich $\tilde{t}$ durch $O(r)$ nach oben abschätzen.

Die Simulation durch M' zerfällt in $\lceil t/l \rceil$ Phasen der Länge l, in denen sie M in den Würfeln, in denen sich die Köpfe gerade befinden, mit Hilfe der zugehörigen Seiten simuliert. Da die Anordnung der Speicherzellen in einer Seite mit der im korrespondierenden Würfel übereinstimmt, läßt sich diese Simulation der Schritte innerhalb einer Phase ohne Zeitverlust durchführen. Nach Beendigung einer Phase müssen die neuen Würfel bzw. die zugehörigen Seiten gefunden werden, in deren inneren Regionen sich die Köpfe befinden.

Außerdem müssen Seiten, die Speicherzellen repräsentieren, die in der letzten Phase besucht worden sind, aktualisiert werden. Um zu diesen Seiten zu gelangen, genügen

$O(s^{1/d} + \tilde{t}) \leq O(r)$ Schritte und $O(l)$ Zeit für die Updates. Als Zeitschranke insgesamt ergibt sich

$$t' \leq \frac{t}{l} \cdot O(l+r) \leq O\left(t + t^{1+1/d} \cdot l^{-1/d}\right) .$$

Wählt man $l := t^{1/d}$, so ergeben sich die Werte

$$r \leq O\left(t^{\frac{2}{d}-\frac{1}{d^2}}\right) \quad \text{und} \quad t' \leq O\left(t^{1+\frac{1}{d}-\frac{1}{d^2}}\right) .$$

Falls der Simulator die Zeitschranke t vor Beginn der Simulation nicht kennt, genügt es, die Werte $t = n, 2n, 4n, \ldots$ nacheinander zu versuchen, bis hinreichend Zeit für eine vollständige Simulation von M zur Verfügung steht. Wir hatten bereits in Abschnitt 2.1 gesehen, daß dadurch der Zeitaufwand asymptotisch nicht steigt. ∎

Man kann dies Verfahren nun rekursiv anwenden. Anstatt einen Würfel W mit Seitenlänge $3l$, von dem in der Regel nicht alle $(3l)^d$ Zellen durch die Maschine M benutzt werden, direkt in einer Seite S gleicher Größe darzustellen, wird W in kleinere Würfel W' mit Seitenlänge l' zerlegt und diese in kleineren Seiten S' innerhalb einer Seite S abgespeichert. Der Speicherbereich, der zur Darstellung von S reserviert wird, hängt von der Anzahl solcher aktiven Würfel W' ab und wird gegebenenfalls dynamisch vergrößert, und zwar jeweils um einen Faktor l. Auf diese Weise läßt sich das obige Ergebnis verbessern zu

$$DTime^{d-\dim}(T) \quad \subseteq_{\text{onl}} \quad DTimeRange^{d-\dim}\left(T^{1+o(1)}, T^{\frac{1}{d}+o(1)}\right) .$$

Bei Maschinen mit Baumspeichern kann man mit einer ähnlichen Technik die Bereichsschranke reduzieren von t auf $(1 + \epsilon) \log t$ für beliebiges $\epsilon > 0$; in diesem Fall genügt sogar ein konstanter Mehraufwand für die Simulation. Würfeln bzw. Seiten entsprechen bei Baumbändern vollständige Subbäume mit Tiefe $\epsilon \cdot \log t$. Die Vorgehensweise wird durch die Abbildung 4.3 beschrieben.

Theorem 4.4.9:
Für $\epsilon > 0$ beliebig gilt:

$$DTime^{\text{tree}}(T) \quad \subseteq_{\text{onl}} \quad DTimeRange^{\text{tree}}\left(O(T), (1 + \epsilon) \log T\right) .$$

4.4.3   Schnelle Simulationen

Mehrdimensionale TM, die ihren Speicher kompakt beschriften, lassen sich dann auf einfache Weise durch eine niederdimensionale Maschine simulieren. Ohne Beschränkung der Allgemeinheit können wir voraussetzen, daß eine d-dimensionale TM M nur Zellen mit positiven Koordinaten verwendet. Ist M auf Eingaben der Länge n r-bereichsbeschränkt, so lassen sich die Adressen der benutzten Speicherzellen v durch einen binären Vektor

$$\tilde{v} = v_1^{(p-1)} \ldots v_d^{(p-1)} v_1^{(p-2)} \ldots v_1^{(0)} \ldots v_d^{(0)}$$

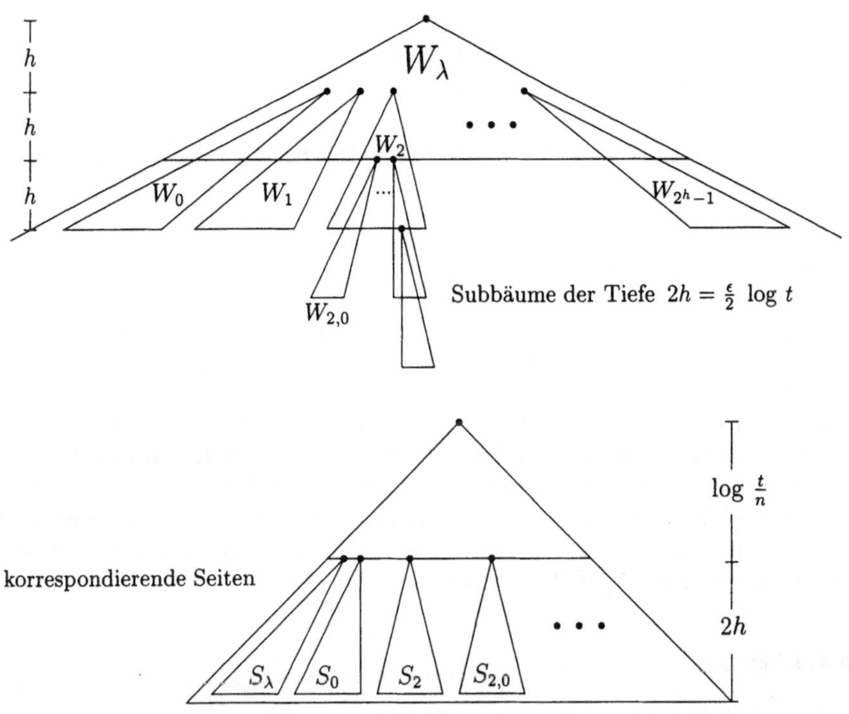

Abbildung 4.3: *Kompaktifizierung eines Baumbandes*

der Länge $d \cdot p$ mit $p := \log r$ beschreiben. Sei $e < d$ die Dimension des Simulators; e teile die Zahl $d \cdot p$ (andernfalls wird der Vektor durch 0-Bits aufgefüllt). Gliedert man die Bits nun in $p' := (d \cdot p)/e$ Gruppen der Größe e zu der Darstellung

$$\tilde{v} = u_1^{(p'-1)} \ldots u_e^{(p'-1)} u_1^{(p'-2)} \ldots u_1^{(0)} \ldots u_e^{(0)}$$

und generiert daraus die e Strings

$$\zeta(v) := \left(u_1^{(p'-1)} u_1^{(p'-2)} \ldots u_1^{(0)} \right), \quad \ldots \quad , \left(u_e^{(p'-1)} u_e^{(p'-2)} \ldots u_e^{(0)} \right),$$

so kann man diese als eine Adresse einer Zelle u eines e-dimensionalen Bandes ansehen. Der Abstand von u zum Ausgangsknoten ist durch $r' \leq O(r^{d/e})$ beschränkt. Die Verzögerung dieser Einbettung ist damit höchstens $2r'$. Da ζ von sehr einfacher Gestalt ist, kann ein e-dimensionaler Simulator, der diese Einbettung benutzt, zu jeder Zelle von M den zugehörigen Repräsentanten in Zeit $O(r')$ ohne Schwierigkeiten finden.

Theorem 4.4.10:

$$DTimeRange^{d-\dim}(T, R) \quad \subseteq_{\text{onl}} \quad DTimeRange^{e-\dim}\left(O(T \cdot R^{d/e}),\ O(R^{d/e})\right) \ .$$

Unter Verwendung der Schranke $T^{\frac{1}{d}+o(1)}$ für die Kompaktifizierung eines d-dimensionalen Bandes erhalten wir:

Korollar 4.4.11:

$$DTime^{d-\dim}(T) \quad \subseteq_{\text{onl}} \quad DTimeRange^{e-\dim}\left(T^{1+\frac{1}{e}+o(1)},\ T^{\frac{1}{e}+o(1)}\right) \ .$$

Verquickt man die Kompaktifizierung der d-dimensionalen Bänder mit einer Simulation auf einem e-dimensionalen Speicher und führt die Zerlegung in Würfel darüberhinaus rekursiv aus, so läßt sich eine Zeitschranke erzielen, die für $e > 1$ die vorher gezeigte untere Schranke für on-line-Simulationen zumindest im Exponenten erreicht; im 1-dimensionalen Fall ist die obere Schranke sogar asymptotisch bestmöglich. Eine vollständige Darstellung dieser Verfahren findet man in [PF79] und [L82].

Theorem 4.4.12:

$$DTime^{d-\dim}(T) \quad \subseteq_{\text{onl}} \quad DTime^{e-\dim}\left(T^{\,1+\frac{1}{e}-\frac{1}{d}+o(1)}\right) \quad \text{für } e < d \ ,$$
$$DTime^{d-\dim}(T) \quad \subseteq_{\text{onl}} \quad DTime\left(T^{\,2-\frac{1}{d}}\right) \ .$$

Auf analoge Weise kann man für TM mit Baumbändern eine asymptotisch optimale Zeitschranke erreichen [PF79,L83]:

Theorem 4.4.13:

$$DTime^{\text{tree}}(T) \quad \subseteq_{\text{onl}} \quad DTime^{d-\dim}\left(\frac{T^{1+\frac{1}{d}}}{\log T}\right) \qquad \text{für alle } d \geq 1 \ .$$

Schließlich gilt in umgekehrter Richtung, daß Baum-Maschinen mehrdimensionale Speicher erheblich schneller simulieren können, als man es auf Grund des logarithmischen Zeitverlustes beim korrespondierenden Einbettungsproblem vermuten würde. Mit Hilfe einer dynamischen Einbettung und Mehrfach-Repräsentation von Speicherzellen wird in [R82] gezeigt:

Theorem 4.4.14:

$$DTime^{d-\dim}(T) \quad \subseteq_{\text{onl}} \quad DTime^{\text{tree}}(T \cdot \exp\left(3d\,\text{itlog}\,T\right)) \qquad \text{für alle } d.$$

Man beachte, daß der Zeitverlust $\exp\left(3d\,\text{itlog}\,T\right)$ verschwindend klein ist. Für dies Problem ist weder eine nichtlineare untere Schranke für deterministische Simulatoren bekannt, noch ob eine Simulation mit konstantem Zeitverlust möglich ist. Wir haben in Theorem 4.4.6 gezeigt, daß mit Hilfe einer zufälligen Einbettung ein konstanter Zeitverlust im Mittel erzielt werden kann.

In Aufgabe 2.4.6 sollte eine möglichst schnelle Simulation von Baum-Maschinen durch Registermaschinen gefunden werden. In [LL92b] wird die folgende obere Schranke bewiesen und gleichzeitig gezeigt, daß diese für on-line Simulationen optimal ist.

Theorem 4.4.15:

$$DTime^{\text{tree}}(T) \quad \subseteq_{\text{onl}} \quad RAMTime\left(O\left(T\frac{\log T}{\text{llog }T}\right)\right).$$

4.5 Übungsaufgaben

Aufgabe 4.5.1:
Zeigen Sie, daß für alle $f : \{0,1\}^* \to \{0,1\}$ eine Speicherstruktur G existiert mit

$$f \in DTime_G(\mathcal{N} + O(1)).$$

Es gibt Speicher G mit nur einem Kopf, die diese Eigenschaft besitzen.

Aufgabe 4.5.2:
Beweisen Sie, daß man nichtdeterministisch eine d-dimensionale Struktur mit k Bändern durch ein einziges d-dimensionales Band und ein zusätzliches lineares Band ohne Zeitverlust simulieren kann, insbesondere gilt für $T \geq \omega(\mathcal{N})$:

$$NTime_k^{d-\dim}(T) \subseteq NTime_{1+1\text{lin}}^{d-\dim}(T).$$

Aufgabe 4.5.3:
Man zeige:
$$NTime^{\text{tree}}(T) \subseteq NTime_2(T \log^2 T).$$

Aufgabe 4.5.4:
Finden Sie ein Verfahren, das zeigt:

$$(m, l) - \mathtt{MATRIX} - \mathtt{TRANSPOSITION} \ \in \ DTime_3(O(m \cdot l \cdot \log m)) \ .$$

Aufgabe 4.5.5:
Zeigen Sie die folgende Implikation für beliebiges $k \in \mathbb{N}$:

$$DTime_{k+1}(\mathrm{LIN}) \ \subseteq_{\mathrm{real}} \ DTime_k(\mathrm{LIN})$$
$$\implies \ DTime_{k+\ell}(\mathrm{LIN}) \ \subseteq_{\mathrm{real}} \ DTime_k(\mathrm{LIN}) \qquad \forall\, \ell \geq 0 \ .$$

Aufgabe 4.5.6:
Beweisen Sie, daß ein separates Ausgabeband das Matrix-Transpositionsproblem für 1-Band
TM erleichtert:

$$(m, l) - \mathtt{MATRIX} - \mathtt{TRANSPOSITION} \ \in \ DTime_{1+\mathrm{E}+\breve{\mathrm{o}}}(m^{5/2}\, l) \ .$$

Hinweis: Man zerlege die Permutation, die die Transposition der Matrix-Elemente beschreibt, in ein Produkt von zwei Permutationen, von denen jede mit einem Paar von
Bändern in Zeit $O(m^{5/2} \cdot l)$ auf den Matrixeinträgen ausgeführt werden kann.

Aufgabe 4.5.7:
Man zeige die quadratische untere Schranke für die Erkennung von Palindromen auf deter-
ministischen 1-Band Maschinen ohne separates Eingabeband mit Hilfe eines Kolmogorov-
Komplexitäts-Argumentes.

Aufgabe 4.5.8:
$L \subseteq \{0,1\}^*$ sei eine Sprache und $\chi^{L^{\leq n}}$ der charakteristische Vektor von L für Strings
der Länge maximal n: $\chi^{L^{\leq n}}(i) = 1 \iff X \in L$, wobei X das i-kleinste Element in
der natürlichen Ordnung $\lambda, 0, 1, 00, 01, 10, 11, 000, \ldots, 1^n$ aller binären Strings der Länge
höchstens n ist. Beweisen Sie:

$$L \text{ ist rekursiv} \iff \exists \gamma_L \in \mathbb{N} \quad K\!\left(\chi^{L^{\leq n}} \mid \mathrm{bin}(n)\right) \leq \gamma_L \quad \forall\, n \in \mathbb{N} \ .$$

Aufgabe 4.5.9:
Verallgemeinern Sie die untere Schranke für die Verzögerung bei Einbettung des 2-dimen-
sionalen Gitters Q_m^2 in einen binären Baum dahingehend, daß für mindestens $\Omega(m)$
Kanten $(v, u) \in Q_m^2$ gilt: $d(v', u') \geq \Omega(\log m)$.

Aufgabe 4.5.10:

Beschreiben Sie eine einfache knotendisjunkte Einbettung des 2-dimensionalen $m \times m$-Gitters $Q_m^2 = (V, E)$ in einen binären Baum, so daß der durchschnittliche Abstand zwischen benachbarten Knoten in Q_m^2 durch eine Konstante beschränkt bleibt:

$$\frac{1}{|E|} \sum_{(v,u) \in E} d(v', u') \leq O(1) .$$

Wie muß man das Gitter mit einer höheren Anzahl von Repräsentanten in einen Baum einbetten, so daß jeder Weg im Gitter einen äquivalenten Pfad im Baum besitzt, dessen Länge nur um einen konstanten Faktor größer ist?

Aufgabe 4.5.11:

Erfüllt *range* für TM mit einem konstruierbaren Speicher die Bedingungen eines abstrakten Komplexitätsmaßes?

Aufgabe 4.5.12:

Beweisen Sie: $\qquad DTime^{\text{tree}}(T) \quad \subseteq_{\text{onl}} \quad DTime^{d-\dim}(O(T \log T)^{1+\frac{1}{d}}) .$

Aufgabe 4.5.13:

Man zeige, daß beliebig viele Baumbänder durch eine Maschine mit nur einem Baumband und einem zusätzlichen linearen Band mit logarithmischem Zeitverlust simuliert werden können:

$$DTime^{\text{tree}}(T) \quad \subseteq_{\text{onl}} \quad DTime^{\text{tree}}_{1+1\text{lin}}(T \log T) .$$

Aufgabe 4.5.14:

Beweisen Sie, daß im *uniformen* Zeitmaß Baum Turing Maschinen durch RAMs um einen Faktor llog T beschleunigt werden können, d.h.

$$DTime^{\text{tree}}(T) \quad \subseteq_{\text{onl}} \quad RAMTime_{\text{uni}}(T/ \text{ llog } T) .$$

4.6 Bemerkungen und Literaturhinweise

Die Verringerung der Anzahl der Bänder auf 2 bei eindimensionalen NTM ohne Zeitverlust wird in [BGW70] gezeigt. In [M77] wird eine nichtdeterministische Simulation höherdimensionaler Speicher auf linearen Bändern beschrieben. Eine Formalisierung der Beschreibungskomplexität und Zufälligkeit von Strings wird von *Andrei Kolmogorov* und *Gregory Chaitin* in [K65] bzw. [C66] gegeben. Auf *Paul* geht der Einsatz dieser Technik beim Beweis unterer Schranken zurück [Pa82]. *Hennie* hatte bereits 1966 die unteren Schranken für eine on-line-Simulation von höherdimensionalen Speichern und Bäumen auf linearen Bändern durch direkte Abzählargumente bewiesen [H66]. In [PSS81] werden mit Hilfe der Kolmogorov-Komplexität eine Reihe unterer Schranken beim Vergleich verschiedener höherdimensionaler Speicherstrukturen gezeigt, eine Verallgemeinerung dieser Schranken auf probabilistische Simulationen findet man in [PS83].

Ein ziemlich vollständiger Überblick über die Anwendungen der Kolmogorov-Komplexität und Beziehungen zwischen unterschiedlichen linearen Speicherstrukturen wird von *Li, Vitanyi* in [LV90] gegeben. Dort findet man auch weitere Ergebnisse zu Pushdown-Bändern und **Schlangen** (**Queues**), bei denen der Datenfluß nach dem Prinzip *first-in-first-out* verläuft (bei Pushdown-Bändern gilt *last-in-first-out*) sowie eine sehr umfangreiche Literaturliste. Realtime Simulationen werden von *Leong, Seiferas* in [LS81] ausführlich behandelt. Die Separation von 2 Bändern versus 2 Köpfen bei linearen Speichern und Real-Time-Beschränkung war lange Zeit ein offenes Problem und gelang erst kürzlich *Jiang, Seiferas, Vitanyi* [JSV97]. In [H95] wird eine interessante Speicherstruktur beschrieben, um Mehrkopf-Maschinen durch 1-Kopf-Maschinen mit möglichst geringem Zeitverlust zu simulieren. Den Faktor $O(\log T)$, den man bei einem Baumspeicher erreichen kann, wird so auf $O(\log T/ \operatorname{llog} T)$ verbessert.

Weiterführende Untersuchungen zu Einbettungen von Graphen findet man unter anderem in der Arbeit von *Rosenberg, Snyder* [RS78]. Die untere Schranke für die Verzögerung bei Einbettung von Gittern in Bäumen ist aus [LED76]. Probabilistische Einbettungen und Kompaktifizierung von mehrdimensionalen TM werden von *Pippenger* in [Pi82] näher diskutiert, die Kompaktifizierung für Maschinen mit Baumspeichern ist [PR81] entnommen, ebenso die Aufgabe 4.5.14. Die schnelle Simulation von mehrdimensionalen TM durch Baummaschinen stammt aus [R82]; dort diskutieren wir auch den Einfluß verschiedener Parameter, die die Güte einer Einbettung von Speichern beschreiben, auf den Zeitverlust der entsprechenden Simulation. Weitere effiziente Simulationen von höherdimensionalen TM sowie Maschinen mit Baumspeichern wurden unter anderem von *Stoss, Grigoriev, Pippenger, Fischer* und *Loui* gezeigt [S71,G77,PF79,L82,L83,HL88].

[BGW70] R. Book, S. Greibach, B. Wegbreit, Time and Tape Bounded Turing Acceptors and AFL's, J. CSS 4, 1970, 606-621.

[C66] G. Chaitin, On the Length of Programs for Computing Finite Binary Sequences, J. ACM 13, 1966, 547-569.

[DGPR84] P. Duris, Z. Galil, W. Paul, R. Reischuk, Two Nonlinear Lower Bounds for On-Line Computations, I&C 60, 1984, 1-11.

[DM88] M. Dietzfelbinger, W. Maass, The Complexity of Matrix Transposition on 1-Tape Off-Line Turing Machines with Output Tape, TCS 108, 1993, 271-290.

[G77] J. Grigoriev, Imbedding Theorems for Turing Machines of Different Dimensions and Kolmogorov's Algorithm, Soviet. Math. Dokl. 18, 1977, 588-592.

[H66] F. Hennie, On-Line Turing Machine Computations, IEEE Tr. Comp. 15, 1966, 35-44.

[H95] M. Hühne, The Hedge: An Efficient Storage Device for Turing Machines with One Head, Proc. 20. MFCS, 1995, 247-256.

[HL88] S. Hodel, M. Loui, Optimal Dynamic Embeddings of X-Trees into Arrays, TCS 59, 1988, 259-276.

[JSV97] T. Jiang, J. Seiferas, P. Vitanyi, Two Heads are Better than Two Tapes, J. ACM 44, 1997, 237-256.

[K65] A. Kolmogorov, Three Approaches to the Quantitative Definition of Randomness, Prob. Inf. Transmission 1, 1965, 1-7.

[L82] M. Loui, Simulations among Multidimensional Turing Machines, TCS 21, 1982, 145-161.

[L83] M. Loui, Optimal Dynamic Embeddings of Trees into Arrays, SIAM J. Comput. 12, 1983, 463-472.

[LED76] R. Lipton, S. Eisenstat, R. DeMillo, Space-Time Trade-Offs for Classes of Control Structures and Data Structures, J. ACM 23, 1976, 720-732.

[LL92a] M. Loui, D. Luginbuhl, The Complexity of On-Line Simulations between Multidimensional TM and Random Access Machines, MST 25, 1992, 293-308.

[LL92b] M. Loui, D. Luginbuhl, Optimal On-Line Simulations of Tree Machines by Random Access Machines, SIAM J. Comput. 21, 1992, 959-971.

[LS81] B. Leong, J. Seiferas, New Real-Time Simulations of Multihead Tape Units, J. ACM 28, 1981, 166-180.

[LV90] M. Li, P. Vitanyi, Kolmogorov Complexity and its Applications, in Handbook of Theoretical Computer Science, J. van Leeuwen (Ed.), Vol. A: Algorithms and Complexity, Chapter 4, 187-254, Elsevier, 1990.

[M77] B. Monien, About the Derivation Languages of Grammars and Machines, Proc. 4. ICALP, 1977, 337-351.

[M85] W. Maass, Quadratic Lower Bounds for Deterministic and Nondeterministic 1-Tape Turing Machines, Tr. AMS 292, 1985, 675-693.

[MS86] W. Maass, G. Schnitger, An Optimal Lower Bound for Turing Machines with 1 Work Tape and a 2-Way Input Tape, Proc. 1. Struc, 1986, 249-264.

[MSS93] W. Maass, G. Schnitger, E. Szemeredi, 2 Tapes versus 1 for Off-Line Turing Machines, Comput. Compl. 3, 1993, 392-401.

[Pa82] W. Paul, On-Line Simulation of $k+1$ Tapes by k Tapes Requires Nonlinear Time, I&C 53, 1982, 1-8.

[Pi82] N. Pippenger, Probabilistic Simulation, Proc. 14. SToC, 1982, 17-26.

[P84] W. Paul, On Heads versus Tapes, TCS 28, 1984, 1-12.

[PF79] N. Pippenger, M. Fischer, Relations among Complexity Measures, J. ACM 26, 1979, 361-381.

[PR81]   W. Paul, R. Reischuk, On Time versus Space II, J. CSS 12, 1981, 312-327.

[PS83]   R. Paturi, J. Simon, Lower Bounds on the Time of Probabilistic On-Line Simulations, Proc. 24. FoCS, 1983, 343-350.

[PSS81] W. Paul, J. Seiferas, J. Simon, An Information-Theoretic Approach to Time Bounds for On-Line Computations, J. CSS 23, 1981, 108-126.

[R82]   R. Reischuk, A Fast Implementation of a Multidimensional Storage into a Tree Storage, TCS 19, 1982, 253-266.

[RS78]   A. Rosenberg, L. Snyder, Bounds on the Costs of Data Encodings, MST 12, 1978, 9-39.

[S71]   H. Stoss, 2-Band Simulation von Turingmaschinen, Computing 7, 1971, 222-235.

Kapitel 5

Zeit- versus Platzkomplexität

Gegenstand dieses Kapitels ist das Verhältnis der Ressourcen Zeit und Speicherplatz zueinander. Wir hatten bereits im ersten Kapitel die Beziehungen

$$DTime(T) \subseteq DSpace(T) \subseteq DTime(\mathrm{ExL}(T))$$

hergeleitet (Korollar 1.4.9 und Aufgabe 1.5.26). Für 1-Band DTM mit Zeitschranken $T \geq \Omega(\mathcal{N} \log \mathcal{N})$ läßt sich die erste Relation gemäß Aufgabe 3.7.10 verbessern zu

$$DTime_1(T) \subseteq DSpace_1(\frac{T}{\log T}) \ .$$

Dies bedeutet, daß eine Einheit an Speicherplatzressource mindestens so wertvoll ist wie eine Einheit Rechenzeit. Da auf Grund des Zeithierarchiesatzes $DTime(T)$ echt in $DTime(\mathrm{ExL}(T))$ enthalten ist, muß in der obersten Inklusionskette an mindestens einer der beiden Stellen eine *echte* Inklusion vorliegen. Es stellt sich daher die Frage, welche der obigen Relationen verschärft werden können. Sei es, daß man platzbeschränkte Maschinen durch zeitbeschränkte ohne exponentielle Vergrößerung der Zeitschranke simulieren kann oder zeitbeschränkte durch platzbeschränkte, die deutlich weniger Speicherplatz benötigen. Es hat sich gezeigt, daß dies Problem nicht einfach zu lösen ist.

Im zweiten Kapitel haben wir verschiedene Methoden kennengelernt, NTM durch DTM zu simulieren. Aus Korollar 2.2.17 ergeben sich für $S \geq \log$ die Relation

$$NSpace(S) \subseteq DTime(\mathrm{ExL}(S)) \subseteq DTimeSpace(\mathrm{ExL}(S), \mathrm{ExL}(S)) \ ,$$
$$NSpace(S) \subseteq DSpace(S^2) \subseteq DTimeSpace(\mathrm{ExL}(S^2), S^2) \ .$$

Gewisse Probleme – in diesem Fall Sprachen der Klasse $NSpace(S)$ – können somit deterministisch mit einem bestimmten Zeit- und Platzaufwand gelöst werden. Alternativ geht dies auch mit erheblich weniger Speicherplatz – statt $\mathrm{ExL}(S)$ nur S^2 –, dafür aber mit einem höherem Zeitaufwand. Solch ein Phänomen bezeichnet man als **Time-Space Tradeoff**: Die beiden Ressourcen Zeit und Platz hängen gegenseitig voneinander ab und können im allgemeinen nicht gleichzeitig minimiert werden. Ein Tradeoff für eine konkrete Sprache hatten wir am Beispiel der Palindrome bereits kennengelernt. In Aufgabe 3.7.3 wurde für Paare von Schranken T, S mit $T \geq \mathcal{N}$ und $S \geq \log$ gezeigt:

$$\texttt{PALINDROME} \in DTimeSpace(T, S) \quad \Longleftrightarrow \quad T \cdot S \geq \Omega(\mathcal{N}^2) \ .$$

Bei logarithmischem Platz benötigt man für diese Sprache daher Zeit $\Theta(\mathcal{N}^2/ \log \mathcal{N})$, bei linearem Platz nur lineare Zeit.

5.1 Time-Space-Relationen für 1-Band TM

Wir wollen die Frage Zeit versus Platz zunächst für das einfachste Modell, die 1-Band Maschine untersuchen Dabei machen wir wieder die übliche Annahme, daß das Band einseitig unendlich ist. Ähnlich wie im Abschnitt 3.1 gelingt es, für Maschinen mit nur 1 Band bessere Ergebnisse zu zeigen als für Mehrband TM.

5.1.1 Simulation platzbeschränkter 1-Band DTM

Die Beziehung $DTime_1(T) \subseteq DSpace_1(T/\log T)$ läßt sich durch eine aufwendigere Konstruktion verbessern und gleichzeitig auch für NTM verallgemeinern. Wir geben zunächst den einfacheren Beweis für den deterministischen Fall.

Theorem 5.1.1:
Für $T \geq \mathcal{N}^2$ gilt: $DTime_1(T) \subseteq DTimeSpace_1(T^{3/2}, T^{1/2}) \ .$

Beweis: M sei eine T-zeitbeschränkte 1-Band DTM und X eine Eingabe der Länge n sowie $t := T(n)$. Für $i, l \in \mathbb{N}$ sei $\mathbf{CS}(i, l)$ die Folge der Crossing-Sequenzen im Abstand l, beginnend mit der i-ten Crossing-Sequenz in der Berechnung von M auf X. Durch solch eine Folge $\mathbf{CS}(i, l)$ wird das Band von M in Blöcke der Länge maximal l zerlegt, und ihre Berechnung zerfällt in Teilrechnungen in den einzelnen Blöcken.

Eine **Teilrechnung** für einen Block B besteht aus einer Folge von Zeitintervallen. Ein neues Intervall beginnt, wenn der Kopf den Block B über eine seiner beiden Grenzen betritt; es endet, wenn er B wieder verläßt.

Lemma 5.1.2:
Kennt man die beiden Crossing Sequenzen, die den Block begrenzen, so kann man die TM innerhalb des Blockes, d.h. für solch eine Teilrechnung, simulieren.

Beweis: Beim ersten Eintritt ist die Beschriftung des Blockes entweder leer oder Teil der Eingabe. Durch den Zustand, in dem die Maschine den Block betritt, ist ihr Verhalten vollständig bestimmt. Die Beschriftung eines Blockes am Ende seines ersten Zeitintervalles ist gleichzeitig seine Beschriftung zu Beginn des folgenden Intervalles. ∎

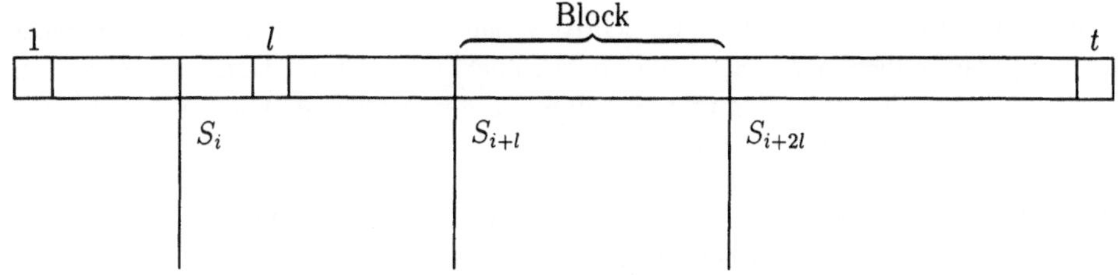

Abbildung 5.1: *Zerlegung einer Berechnung durch eine Folge von Crossing Sequenzen* $\mathrm{CS}(i, l)$

Da die Summe der Längen aller Crossing Sequenzen durch t beschränkt ist, muß es ein $i \in [1, l]$, geben so daß

$$|\mathrm{CS}(i, l)| \leq \tau := t/l .$$

Wir wollen nun einen Simulator M' beschreiben, der M separat in den Blöcken B einer Zerlegung $\mathrm{CS}(i, l)$ simuliert. Dazu genügt dem Simulator ein einzelner Block B' von l Speicherzellen, in dem er nacheinander die Beschriftungen der verschiedenen Blöcke von M speichert. B' wird auf einer separaten Spur dargestellt, um die Eingabe nicht zu überschreiben. Allerdings kennt M' zu Anfang weder i noch die Folge $\mathrm{CS}(i, l)$, diese Crossing Sequenzen werden schrittweise konstruiert.

Solange sich M in einem Block B aufhält, wird der Inhalt dieser Zellen in B' dargestellt und die Maschine Schritt für Schritt simuliert. Enthält B Teile der Eingabe, so werden in B' gerade die Zellen benutzt, in denen die entsprechenden Eingabesymbole stehen. (Ein Verschieben der Eingabesymbole (siehe Übung 3.7.2) wäre zu zeitaufwendig.) Da die Zeitschranke nach Voraussetzung mindestens quadratisch wächst, umfaßt B' für $l \geq \sqrt{t}$ den Bereich der Eingabe.

Sobald der Kopf B verläßt, merken wir uns das weitere Element der entsprechenden CS, die diesen Block begrenzt, brechen die Simulation von M in B ab und starten eine Simulation der Maschine in dem entsprechenden Nachbarblock. Diese Simulation wird wieder in B' ausgeführt und beginnt von vorne mit Hilfe der bereits vorliegenden Anfangsstücke der Crossing Sequenzen, die den Nachbarblock begrenzen.

Der Simulator reserviert τ Speicherplätze für die gesamte Folge $\mathrm{CS}(i, l)$ auf einer weiteren Spur. Das Einfügen eines neuen Elementes sowie das Suchen eines Elements in dieser Folge kann der 1-Band Simulator in Zeit $O(l + \tau)$ ausführen. Diese Zeit genügt auch, um von der Simulation der Maschine in einem Block B zu der Simulation in einem seiner Nachbarblöcke umzuschalten. Eine Teilrechnung der Länge m, die sich aus j Intervallen zusammensetzt, kann somit in Zeit $O(m + j(l + \tau))$ simuliert werden.

Um eine hinreichend kurze Folge $CS(i, l)$ zu finden, wird die Simulation nacheinander für $i = 1, 2, \ldots$ versucht. Reicht der vorgesehene Platz für ein i nicht aus, bricht M' die Simulation für dies i ab und beginnt einen neuen Versuch mit den nächsten Wert $i + 1$, solange bis der Wert l erreicht ist.

Hat man mit i die TM bereits bis zum Schritt τ_i simuliert, so kann man die entsprechenden Anfangsstücke der Folge $CS(i + 1, l)$ durch nochmalige Simulation von M mit Hilfe von $CS(i, l)$ herausfinden. M' merkt sich dabei in den einzelnen Blöcken die Übergänge an den Stellen $i + 1, i + 1 + l, i + 1 + 2l, \ldots$.

Falls wir $l := \left\lceil \sqrt{t} \right\rceil$ wählen, so folgt $\tau \leq \sqrt{t}$, und die Simulation benötigt insgesamt $O(l + \tau) \leq O(\sqrt{t})$ Platz. Als Zeitschranke ergibt sich

$$\sum_{i=1}^{l} O(t + \tau(l + \tau)) \leq \sum_{i} O(t) \leq O(t^{3/2}) \,.$$

Bei der Simulation einer DTM kann man auf die Konstruierbarkeit der Schranke T verzichten. Statt $T(n)$ zu berechnen, können wir nacheinander für $t = 2^k \cdot n^2$, $k = 1, 2, 3, \ldots$ eine Simulation versuchen, bis spätestens für $t < 2T(n)$ genügend Zeit und Platz für eine vollständige Simulation zur Verfügung steht. Die Summe der Simulationszeiten $O((2^k n^2)^{1/2} \cdot T)$ bleibt durch $O(T^{3/2})$ beschränkt. ∎

Korollar 5.1.3:

$$DTime_1(o(S^2)) \subset DSpace_1(S) \qquad \text{für } S \geq \mathcal{N} \,.$$

Beweis: $DTime_1(o(S^2)) \subseteq DSpace_1(o(S)) \subset DSpace_1(S)$. ∎

Bei gleicher Schranke ist somit die Ressource Platz für 1-Band DTM wertvoller als die Ressource Zeit. Die obige Beweistechnik läßt sich auch auf Maschinen mit einem separaten Zweiweg-Eingabeband übertragen.

Theorem 5.1.4:

$$DTime_{1+E}(T) \subseteq DTimeSpace_{1+E}\left(O(T^{3/2}\sqrt{\log \mathcal{N}}), \sqrt{T \log \mathcal{N}}\right) \qquad \text{für } T \geq \mathcal{N} \,.$$

Beweis: Bei Maschinen mit einem zusätzlichen Eingabeband machen wir die folgende Modifikation: Eine CS besteht aus der Folge der Zustände und der jeweiligen Position des Eingabekopfes. Die zur Kodierung notwendige Anzahl von Bits wächst um den Faktor $\log n$. Wählt man nun Crossing Sequenzen im Abstand $l = \left\lceil \sqrt{t \log n} \right\rceil$, so existiert eine Folge der Länge maximal $\tau := \sqrt{t / \log n}$, die auf Platz $\tau \cdot \log n \leq \sqrt{t \log n}$ dargestellt werden kann. Die Zeit ist beschränkt durch

$$\sum_{i=1}^{l} O(t + \tau(l + \tau)) \leq O(t^{3/2}\sqrt{\log n}) \,.$$

Da dem Simulator die Eingabe auf einem separaten Band zur Verfügung steht, sind alle Speicherblöcke zu Anfang leer, so daß man an die Größe der Zeitschranke T keine zusätzlichen Bedingungen stellen muß. Wird die Simulation für die nächste Position $i+1$ von vorne begonnen, so muß der Eingabekopf bis zu n Zellen zurück auf seine Ausgangsposition bewegt werden. Da dies maximal l mal passieren kann, ist der hierdurch verursachte Zeitaufwand höchstens $l \cdot n \leq \sqrt{t \log n} \cdot n \leq t^{3/2}\sqrt{\log n}$. $\blacksquare$

Bei nichtdeterministischen Modellen ist eine platzeffiziente Simulation sogar ohne zusätzlichen Zeitaufwand möglich. Anstelle alle Anfangspositionen i durchzuprobieren und die Folge $\mathrm{CS}(i,l)$ schrittweise zu konstruieren, kann man den Index i und eine Folge von Crossing Sequenzen nichtdeterministisch raten und anschließend verifizieren, daß die Folge korrekt ist. Dadurch verringert sich die Zeitkomplexität um den Faktor l.

Akzeptiert die zu simulierende Maschine M, so gibt es eine akzeptierende Berechnung mit einem i, so daß $|\mathrm{CS}(i,l)| \leq \tau$. Mit diesem i kann der Simulator M' die Simulation innerhalb der Platzschranke τ und Zeitschranke $O(\tau(l+\tau))$ ausführen. M' akzeptiert, falls eine vollständige Simulation innerhalb dieser Schranken möglich ist, sich dabei herausstellt, daß $\mathrm{CS}(i,l)$ korrekt geraten wurde, und M akzeptierend hält. Wird die Folge der Crossing Sequenzen falsch geraten, so wird dies bei der anschließenden Simulation entdeckt und der Simulator verwirft. M' akzeptiert daher nur Eingaben, auf denen M eine akzeptierende Berechnung besitzt.

Kennt man die Zeitschranke von M nicht, so ist eine derartige Simulation nur schwach zeit- und platzbeschränkt. Denn für eine nichtdeterministisch falsch gewählte Folge von Crossing Sequenzen können sehr viele Schritte vergehen, bis der Fehler entdeckt wird. Wir müssen daher einen Zähler benutzen, um zu lange Simulationen abzubrechen. Bei einem einfachen Zähler wie in Abschnitt 1.2.1 beschrieben würde das Verschieben des Zählers auf einer 1-Band Maschine allerdings die Zeitschranke um einen logarithmischen Faktor erhöhen. In [LL90] wird gezeigt, daß für diese spezielle Aufgabe ein distributiver Zähler auch auf 1-Band Maschinen mit nur konstantem Overhead eingerichtet und verwaltet werden kann.

Das Problem, den Zähler mit der korrekten Schrittzahl t zu initialisieren, könnte dadurch gelöst werden, nur konstruierbare Zeitschranken T zuzulassen. Alternativ kann man ähnlich wie im deterministischen Fall versuchen, t durch eine Folge $t = 2^k \cdot n^2$, $k = 1, 2, \ldots$ zu approximieren. Der Parameter k darf allerdings nur dann erhöht werden, wenn die vorangegangene Simulation gezeigt hat, daß M eine Berechnung besitzt, die mehr als t Schritte ausführt. Aus diesen Überlegungen ergibt sich insgesamt:

Theorem 5.1.5:

$$NTime_1(T) \subseteq NTimeSpace_1\left(T, T^{1/2}\right) \qquad \text{für } T \geq \mathcal{N}^2 .$$

5.1.2 Simulation platzbeschränkter 1-Band NTM

Als nächstes soll eine platzeffiziente Simulation 1-Band NTM deterministisch durchgeführt werden.

Definition 5.1.6:
Eine **Berechnungsmatrix** einer T–zeitbeschränkten 1-Band TM M für eine Eingabe X ist eine $(t+1) \times t$–Matrix $V = (v_{ij})_{i \in [0,t], j \in [1,t]}$, wobei $t := T(|X|)$. V beschreibt eine der möglichen Berechnungen von M auf X. Ihre Einträge sind Symbole aus dem Alphabet $\tilde{\Sigma} := \Sigma \cup (\Sigma \times Q)$. v_{ij} ist das Zeichen σ, welches die j-te Zelle des einzigen Arbeitsbandes zum Zeitpunkt i speichert. Falls der Kopf zur Zeit i gerade auf dieser Zelle steht, so wird in v_{ij} zusätzlich der aktuelle Zustand q gespeichert, d.h. $v_{i,j} = (\sigma, q)$. Eine Zeile i repräsentiert somit die i-te Konfiguration von M, eine Spalte j die Beschriftungen der j-ten Zelle während der Berechnung. $\qquad\qquad\square$

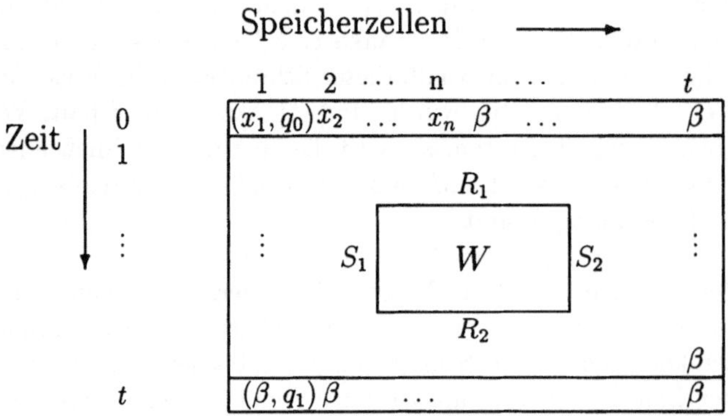

Abbildung 5.2: *Berechnungsmatrix V und Teilmatrix W mit Umfang (R_1, R_2, S_1, S_2)*

Wir können auf Grund der Überlegungen im Abschnitt 1.2.1 (Technik 1.2.8 und 1.2.9) bei Untersuchungen von Berechnungsmatrizen generell die folgende Annahmen treffen:

- M startet auf Zelle 1 im Zustand q_0 und rechnet auf Eingaben der Länge n exakt $T(n)$ Schritte. Wenn die Maschine akzeptiert, so ist der Kopf auf der ersten Bandzelle, die Maschine im Zustand q_1, dem einzigen akzeptierenden Endzustand, und das Band ist leer.

Unter diesen Voraussetzungen gilt dann $v_{0,1} = (x_1, q_0)$ und $v_{t,1} = (\beta, q_1)$. Jeder Eintrag von V kann durch einen String der Länge $O(\log t)$ beschrieben werden. Ein Eintrag $v_{i+1,j}$ hängt nur von den drei Nachbareinträgen der vorangehenden Zeile ab. Denn enthält diese Folge keinen Zustand, so sind $v_{i+1,j}$ und $v_{i,j}$ identisch, andernfalls läßt sich $v_{i+1,j}$ aus $v_{i,j-1}, v_{i,j}, v_{i,j+1}$ und der Übergangsrelation von M bestimmen. Für DTM ist v eindeutig festgelegt, bei NTM kann es mehrere Alternativen geben.

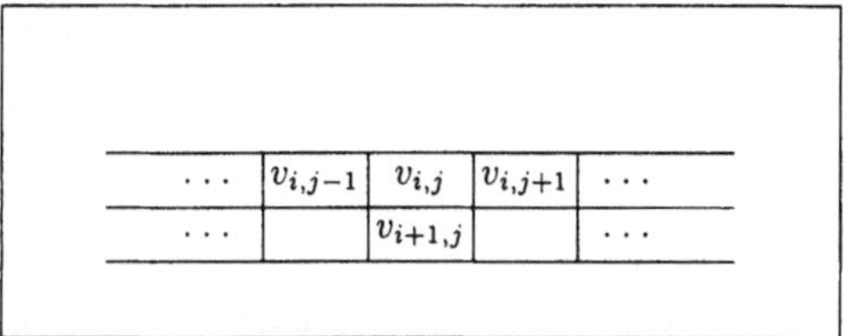

Abbildung 5.3: *Ausschnitt aus einer Berechnungsmatrix*

Theorem 5.1.7:
Für eine Schranke $T \geq \mathcal{N}^2$, konstruierbar auf Platz $\sqrt{T}$, gilt:

$$NTime_1(T) \subseteq DSpace_1(\sqrt{T}) .$$

Beweis: M sei eine T–zeitbeschränkte 1-Band NTM und V eine Berechnungsmatrix von M für eine Eingabe X. Eine **Teilmatrix** W von V repräsentiert eine **Teilrechnung** der Maschine, die durch ein Zeitintervall und einen gewissen Bandbereich festgelegt wird. $\mathrm{Um}(W)$, der **Umfang** von W, sei das 4-Tupel, welches aus der ersten und letzten Zeile R_1 bzw. R_2 von W besteht, sowie den Abschnitten der beiden Crossing Sequenzen S_1 bzw. S_2 am linken und rechten Rand von W. Wir definieren nun ein Prädikat COMP für $R_i \in \tilde{\Sigma}^*$ und $S_i \in Q^*$ durch

$$\mathrm{COMP}(R_1, R_2, S_1, S_2) \ := \ \Big[\text{ es gibt eine Matrix } W \text{ mit } \mathrm{Um}(W) = (R_1, R_2, S_1, S_2),$$
$$\text{die eine Teilrechnung von } M \text{ beschreibt.}\Big]$$

λ bezeichnet eine leere CS: Da die Maschine den rechten Rand von V innerhalb der Zeitschranke t nicht überschreiten kann, gilt auf Grund der obigen Definition:

1. $\quad M$ akzeptiert $X \quad \Longleftrightarrow \quad \mathrm{COMP}((x_1, q_0)\, x_2 \ldots x_n \beta^{t-|X|}, (\beta, q_1)\, \beta^{t-1}, \lambda, \lambda)$

2. $\quad \mathrm{COMP}(R_1, R_2, S_1, S_2) \Longleftrightarrow$

$\qquad \exists\, R, S_1', S_1'', S_2', S_2'' \quad \text{mit} \quad S_i' S_i'' = S_i \quad \text{für} \quad i = 1, 2 \qquad \text{und}$
$\qquad\qquad\qquad\qquad\qquad\qquad \mathrm{COMP}(R_1, R, S_1', S_2') \quad \text{und} \quad \mathrm{COMP}(R, R_2, S_1'', S_2'')$
$\qquad\qquad\qquad\qquad \Longleftrightarrow$
$\qquad \exists\, S, R_1', R_1'', R_2', R_2'' \quad \text{mit} \quad R_i' R_i'' = R_i \quad \text{für} \quad i = 1, 2 \quad \text{und}$
$\qquad\qquad\qquad\qquad\qquad\qquad \mathrm{COMP}(R_1', R_2', S_1, S) \quad \text{und} \quad \mathrm{COMP}(R_1'', R_2'', S, S_2).$

Die unter Punkt 2 beschriebenen Zerlegungen nennen wir einen **horizontalen Schnitt** an einer Zeile R bzw. einen **vertikalen Schnitt** an einer CS S. Ist W eine Teilmatrix mit Umfang (R_1, R_2, S_1, S_2), so sei

$$
\begin{aligned}
r(W) &:= |R_1|, && \text{die Spaltenzahl von } W \text{ (die Länge des Speicherbereiches),}\\
s(W) &:= |S_1| + |S_2|, && \text{die Länge der begrenzenden Crossing Sequenzen,}\\
t(W) &:= \text{Anzahl der Zeilen von } W - 1, && \text{(die Länge des Zeitintervalls),}\\
u(W) &:= r(W) + s(W) + \sqrt{t(W)}\,.
\end{aligned}
$$

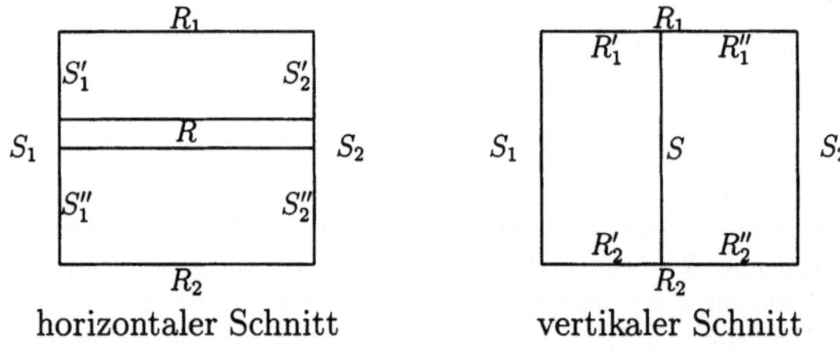

Abbildung 5.4: *Schnitte durch eine Berechnungsmatrix*

Horizontale Schnitte werden so gewählt, daß entweder die Summe der Längen der Crossing Sequenzen S_1, S_2 in zwei möglichst gleich große Teile zerlegt wird – wir sagen dann, $s(W)$ wird **halbiert**: $|S'_1| + |S'_2| \leq \lceil(|S_1| + |S_2|)/2\rceil$ sowie $|S''_1| + |S''_2| \leq \lceil(|S_1| + |S_2|)/2\rceil$ – oder daß die Matrix in der Mitte aufgeschnitten wird – die Folge der Zeilen wird in zwei möglichst gleich große Hälften zerlegt, d.h. $t(W)$ wird halbiert.

Um eine Matrix durch einen möglichst kleinen vertikalen Schnitt in zwei Teile zerlegen zu können, machen wir die folgende Beobachtung:

- Jede Matrix W besitzt in ihrem mittleren Drittel eine CS der Länge maximal $3t(W)/r(W)$, solch eine CS heiße **günstig**.

Andernfalls wäre nämlich die Summe der Längen dieser $\lceil r(W)/3\rceil$ Crossing Sequenzen größer als

$$
\frac{r(W)}{3} \cdot \frac{3t(W)}{r(W)} > t(W)\,,
$$

ein Widerspruch zur Definition von $t(W)$. Für einen vertikalen Schnitt wird eine günstige CS verwendet. Im folgenden wird ein rekursiver Algorithmus entwickelt, der das Prädikat COMP platzeffizient berechnet. Dabei ist u_0 eine geeignet zu wählende Konstante (etwa $u_0 = 9$) und α ein Parameter, den wir später festlegen werden.

```
procedure COMP (R₁, R₂, S₁, S₂)

  if  u(W) ≤ u₀  then
    berechne COMP durch direkte Simulation von  M  in  W ;
  if  u(W) > u₀  then
    if  r(W) ≤ s(W)  then
      repeat für alle horizontalen Schnitte  R , die  Sᵢ  in  Sᵢ′, Sᵢ″
        zerlegen und  s(W)  halbieren
        ζ₁  :=  COMP (R₁, R, S₁′, S₂′) ;
        ζ₂  :=  COMP (R, R₂, S₁″, S₂″) ;
      until  ζ₁ ∧ ζ₂  =  true
    else if  r(W) + s(W) ≤ α√(t(W))  then
      repeat für alle horizontalen Schnitte  R , die  Sᵢ  in  Sᵢ′, Sᵢ″
        zerlegen und  t(W)  halbieren
        ζ₁  :=  COMP (R₁, R, S₁′, S₂′) ;
        ζ₂  :=  COMP (R, R₂, S₁″, S₂″) ;
      until  ζ₁ ∧ ζ₂  =  true
    else
      repeat für alle S-Schnitte an einer günstigen CS  S ,
        die  Rᵢ  in  Rᵢ′, Rᵢ″  zerlegen
        ζ₁  :=  COMP (R₁′, R₂′, S₁, S) ;
        ζ₂  :=  COMP (R₁″, R₂″, S, S₂) ;
      until  ζ₁ ∧ ζ₂  =  true
  COMP (R₁, R₂, S₁, S₂)  :=  ζ₁ ∧ ζ₂ ;
  end COMP.
```

Lemma 5.1.8:

$\sigma(W)$ bezeichne den Platzbedarf dieser Prozedur, um COMP (Um(W)) auf Eingabe Um(W),
zu berechnen. Dann existiert eine Konstante c, so daß

$$\sigma(W) \leq c\,u(W) .$$

Beweis: Wir beweisen die Behauptung per Induktion über die Teilmatrizen von W, die
bei den rekursiven Aufrufen von COMP verwendet werden. Bei der Analyse linearer Rekursionsgleichungen im Abschnitt 1.3 haben wir gesehen, daß man bei den Abschätzungen
auf das Auf- oder Abrunden der Argumente verzichten kann, ohne die Asymptotik zu
verändern. Analoges gilt für die folgenden Abschätzungen.

Im Fall 1, d.h. die erste if-Bedingung ist erfüllt und die Rekursion endet (Induktionsba-
sis), gilt für eine hinreichend große Konstante c:

$$\sigma(W) \leq c\,u(W) .$$

Andernfalls wird die Prozedur nacheinander für Teilmatrizen W_1 und W_2 aufgerufen und
auf dem gleichen Platz berechnet. $\sigma(W)$ ergibt sich aus dem Platz für diese Argumente
und dem maximalen Platzbedarf für die Auswertung von COMP (Um(W_i)).

Fall 2: $r(W) \leq s(W)$.
Da $|\mathrm{Um}(W_1)| + |\mathrm{Um}(W_2)| \leq 4r(W) + s(W)$, erhält man für σ:

$$\sigma(W) \leq 4r(W) + s(W) + \max\{\sigma(W_1), \sigma(W_2)\}.$$

Damit ergibt sich unter Verwendung der Induktionsvoraussetzung die Abschätzung:

$$\begin{aligned}
\sigma(W) &\leq 4r(W) + s(W) + c\max\{u(W_1), u(W_2)\} \\
&\leq 4r(W) + s(W) + c\left(r(W) + \frac{1}{2}s(W) + \sqrt{t(W)}\right) \\
&= c\left(r(W) + s(W) + \sqrt{t(W)}\right) - \left((\frac{c}{2} - 1)s(W) - 4r(W)\right) \\
&\leq c\left(r(W) + s(W) + \sqrt{t(W)}\right), \quad \text{falls} \quad \frac{c}{2} - 1 \geq 4.
\end{aligned}$$

Die letzte Ungleichung gilt für $c \geq 10$.

Fall 3: $r(W) > s(W)$ und $r(W) + s(W) \leq \alpha\sqrt{t(W)}$.
Dies impliziert, ähnlich wie im vorhergehenden Fall:

$$\begin{aligned}
\sigma(W) &\leq 4r(W) + s(W) + \max\{\sigma(W_1), \sigma(W_2)\} \\
&\leq 5r(W) + c\left(r(W) + s(W) + \sqrt{\frac{t(W)}{2}}\right) \\
&= c\left(r(W) + s(W) + \sqrt{t(W)}\right) - \left(c\,(1 - \frac{1}{\sqrt{2}})\sqrt{t(W)} - 5r(W)\right) \\
&\leq c\left(r(W) + s(W) + \sqrt{t(W)}\right) - \left(c(1 - \frac{1}{\sqrt{2}}) - 5\alpha\right)\sqrt{t(W)} \\
&\leq c\left(r(W) + s(W) + \sqrt{t(W)}\right),
\end{aligned}$$

falls $5\alpha\,(1 - 2^{-1/2})^{-1} \leq 18\alpha \leq c$.

Fall 4: $r(W) > s(W)$ und $r(W) + s(W) > \alpha\sqrt{t(W)}$.
Dies impliziert

$$2\,r(W) > \alpha\sqrt{t(W)} \quad \text{oder} \quad \frac{4}{\alpha^2}\,r(W) > \frac{t(W)}{r(W)}.$$

Für den Umfang der Teilmatrizen W_i gilt auf Grund der Wahl der CS S:

$$r(W_i) \leq \max\{R'_1, R''_1\} \leq \frac{2}{3}r(W),$$

$$s(W_i) \leq \max\{|S_1|, |S_2|\} + |S| \leq s(W) + 3\frac{t(W)}{r(W)}.$$

Damit folgt

$$
\begin{aligned}
\sigma(W) \;&\leq\; 2r(W) + s(W) + 6\,\frac{t(W)}{r(W)} + \max\{\sigma(W_1), \sigma(W_2)\} \\[2mm]
&\leq\; 2r(W) + s(W) + 6\frac{t(W)}{r(W)} \;+\; c\left(\frac{2}{3}r(W) + s(W) + 3\frac{t(W)}{r(W)} + \sqrt{t(W)}\right) \\[2mm]
&\leq\; \left(3 + 6\cdot\frac{4}{\alpha^2}\right)r(W) \;+\; c\left(\left(\frac{2}{3} + 3\cdot\frac{4}{\alpha^2}\right)r(W) \;+\; s(W) \;+\; \sqrt{t(W)}\right) \\[2mm]
&\leq\; c\left(r(W) + s(W) + \sqrt{t(W)}\right) \;-\; \left(\left(\frac{1}{3} - \frac{12}{\alpha^2}\right)c \;-\; \left(3 + \frac{24}{\alpha^2}\right)\right)r(W) \\[2mm]
&\leq\; c\left(r(W) + s(W) + \sqrt{t(W)}\right),
\end{aligned}
$$

falls für $\alpha = 7$ die Relation $\left(\frac{1}{3} - \frac{12}{49}\right)c \;-\; \left(3 + \frac{24}{49}\right) > 0$ erfüllt ist. Dies gilt bei Wahl von $c \geq \frac{513}{13}$. ∎

Es bleibt zu überlegen, wie man $\mathtt{COMP}((x_1, q_0)\,x_2\ldots x_n\beta^{t-|X|}, (\beta, q_1)\,\beta^{t-1}, \lambda, \lambda)$ effizient berechnen kann. Da der Umfang der Gesamtmatrix mindestens t ist, kann man zu Anfang nicht die Prozedur für V aufrufen. Stattdessen zerlegen wir die Matrix – ähnlich wie in Abbildung 5.1 – zunächst durch $\tau = t/l$ vertikale Schnitte in $\tau + 1$ Teilmatrizen W_j aus je l Spalten (ausgenommen eventuelle die erste und letzte) und überprüfen nacheinander das Prädikat $\mathtt{COMP}$ für jede dieser Teilmatrizen.

Sukzessive wird für $i = 1, \ldots, l$ jede potentielle Folge $\mathtt{CS}(i, l) = S_1, \ldots, S_\tau$ von Crossing Sequenzen mit $\sum |S_j| \leq t/l$ generiert und nacheinander auf dem gleichen Platz die Korrektheit der S_j überprüft. Da jede Teilmatrix W_j maximal l Spalten umfaßt, gilt

$$
r(W_j) \;+\; s(W_j) \;\leq\; l \;+\; |S_j| \;+\; |S_{j+1}| \;\leq\; l \;+\; \frac{t}{l} \;\leq\; 2\sqrt{t},
$$

falls $l = \sqrt{t}$ gewählt wird. Damit ergibt sich insgesamt ein Platzbedarf von

$$
\begin{aligned}
&\sum_j |S_j| \;+\; \max_j\{2\,r(W_j) + s(W_j)\} \;+\; \max_j \sigma(W_j) \\[2mm]
&\leq\; \sqrt{t} \;+\; 3\sqrt{t} \;+\; c\,(3\sqrt{t}) = (3c + 4)\,\sqrt{t}. \qquad\blacksquare
\end{aligned}
$$

Wie im deterministischen Fall läßt sich diese Technik auch auf Maschinen mit separatem Eingabeband übertragen.

Korollar 5.1.9:
Für 1-Band TM mit separatem Eingabeband gilt für $T \geq \Omega(\mathcal{N}^2/\log^2)$, platzkonstruierbar in der Schranke $\sqrt{T}\log T$:

$$
NTime_{1+E}(T) \;\subseteq\; DSpace(\sqrt{T}\log\mathcal{N}).
$$

5.1.3   Mehrdimensionale 1-Band TM

Dies Ergebnis läßt sich auf 1-Band Maschinen mit einem höherdimensionalen Speicher erweitern. Für $d \in \mathbb{N}$ sei $NTime_{1+E}^{d-\dim}(T)$ die Menge der Sprachen, die von d-dimensionalen 1-Band NTM mit separatem Eingabeband in Zeit T erkannt werden können.

Theorem 5.1.10:
Es sei $d \in \mathbb{N}$ und die Schranke T mit $(T \ \log T)^{1-1/(d+1)} \geq \mathcal{N}$ approximierbar in $DSpace(\mathcal{N})$; dann gilt

$$NTime_{1+E}^{d-\dim}(T) \ \subseteq \ DSpace_1\left((T \ \log T)^{1-\frac{1}{d+1}}\right) \ .$$

Beweis: Wir geben eine kurze Beschreibung der Vorgehensweise bei einem mehrdimensionalen Band. Ein d-dimensionales Band läßt sich durch eine $(d-1)$-dimensionale Hyperebene parallel zu einer der Achsen in 2 Teile zerlegen. Wie im Eindimensionalen kann man für eine vorgegebene Berechnung die Folge der Zustände betrachten, in denen der Kopf diese Hyperebene überquert. Notiert man zusätzlich die Positionen, wo dieser Wechsel stattfindet, und die aktuelle Position des Eingabekopfes auf dem Eingabeband, so erhält man eine CS des d-dimensionalen Bandes. Eine solche CS der Länge s kann durch einen String der Länge

$$O(s \, (d \ \log t + \ \log n)) \ \leq \ O(s \ \log t)$$

spezifiziert werden. Die Berechnung einer d-dimensionalen 1-Band TM kann durch eine $(d+1)$-dimensionale Berechnungsmatrix dargestellt werden: Neben den d Dimensionen des Speichers wird in einer weiteren Dimension der zeitliche Ablauf dargestellt (der Beweis von Theorem 5.1.7 beschreibt den Fall $d = 1$). Diese Matrix kann in Würfel mit Kantenlänge $t^{1/(d+1)}$ und somit Volumen $t^{d/(d+1)}$ zerlegt werden. Dazu suchen wir in jeder Dimension des Speichers eine Folge von Hyperebenen im Abstand

$$l \ = \ (t \ \log t)^{1/(d+1)} \ ,$$

so daß die zugehörigen Crossing Sequenzen zusammen eine Länge von höchstens

$$\frac{t}{l} \ = \ t^{1-1/(d+1)} \, (\, \log t)^{-1/(d+1)}$$

erreichen. Diese lassen sich auf Platz $O(d(t \ \log t)^{1-1/(d+1)})$ abspeichern.

Für jede Teilmatrix läßt sich in analoger Weise ein Prädikat COMP definieren und rekursiv durch Schnitte in den verschiedenen Dimensionen verifizieren. Definiert man den Umfang einer $(d+1)$-Matrix entsprechend, so kann man ähnlich wie im vorangehenden Beweis zeigen, daß der Platzbedarf für solch eine Prozedur linear im Umfang der Matrix beschränkt bleibt. ∎

Die Simulation für die Theoreme 5.1.7 und 5.1.10 ist verglichen mit der für Theorem 5.1.1 technisch erheblich aufwendiger, hat aber den Vorteil, daß sie auch auf nichtdeterministische Maschinen anwendbar ist. Man beachte, daß der Zeitaufwand des platzeffizienten Simulators exponentiell in der ursprünglichen Zeitschranke, genauer wie $\mathrm{ExL}(\sqrt{T})$ bzw. $\mathrm{ExL}((T \log T)^{1-1/(d+1)})$ wächst. Bei einer wesentlich kleineren Schranke würde man gleichzeitig eine schnelle Simulation von zeitbeschränkten NTM durch DTM erhalten, was bis heute ein offenes Problem ist. Allerdings sind die obigen Zeitschranken für die Simulation von 1-Band NTM besser als die $\mathrm{ExL}(T)$-Schranke, die sich recht einfach für Mehrband NTM zeigen ließ (Korollar 2.2.18). Diese allgemeine Schranke konnte bislang nicht verbessert werden.

5.2 Das Pebble-Game

Als Ergebnis des vorangehenden Abschnitts kann man festhalten: Für 1-Band TM ist Speicherplatz eine mindestens quadratisch mächtigere Ressource als Rechenzeit. Es stellt sich die Frage, ob dies auch für Mehrband TM gilt. Versucht man den gleichen Ansatz wie im vorigen Abschnitt, so tritt bei Mehrband Maschinen ein technisches Problem auf: Für einen Block eines Bandes lassen sich dessen sukzessive Beschriftungen nun nicht mehr allein aus den Crossing Sequenzen an seinen Rändern berechnen. Vielmehr hängt das Verhalten der Maschine auch von den Blöcken auf den anderen Bändern ab, in denen sich jeweils einer der Köpfe befindet. Diese Menge von Blöcken variiert in der Regel laufend.

Um das Verhalten einer Maschine in einem Zeitintervall zu simulieren, benötigt man deshalb von jedem Band die Beschriftungen aller Blöcke, in denen sich in dieser Zeit Köpfe aufhalten. Für solch einen Block muß daher entweder der Inhalt des Blocks zum Zeitpunkt des letzten Besuchs gespeichert sein, oder die Beschriftung muß neu berechnet werden.

5.2.1 Berechnungsgraphen

Ist M eine k-Band TM und C eine Berechnung von M der Länge t auf eine Eingabe X, so unterteilen wir C in Intervalle von jeweils l aufeinanderfolgenden Schritten für ein zunächst beliebiges $l \in \mathbb{N}$. Diese heißen $I_1, \ldots, I_h$, $h = t/l$. Auf Grund der Überlegungen in 1.2.9 können wir annehmen, daß t ein Vielfaches von l ist, gegebenenfalls wird das letzte Intervall durch fiktive Schritte aufgefüllt.

Gleichzeitig wird jedes Band von M in Blöcke, bestehend aus l aufeinanderfolgenden Speicherzellen, zerlegt. Ein Block B heiße **aktiv** im Intervall I_j, falls sich zu Beginn von I_j ein Kopf in B oder einem seiner beiden Nachbarblöcke B_L, B_R zur Linken oder Rechten befindet. Wir machen die folgenden Beobachtungen:

- Ein Kopf, gestartet in B, kann innerhalb von l Schritten den Bereich $B_L\, B\, B_R$ nicht verlassen.

- Das Verhalten der Maschine in I_j hängt nur von ihrem Zustand am Anfang von I_j ab und von der zu diesem Zeitpunkt gespeicherten Information in den aktiven Blöcken.

- Für jeden aktiven Block ist diese Beschriftung identisch mit der am Ende des Intervalls, in dem der Block zum letzten Mal aktiv war.

Diesen Informationsfluß in einer Berechnung von M kann man durch den folgenden Graphen darstellen.

Definition 5.2.1:
Der **Berechnungsgraph** bezüglich einer Intervallzerlegung $I_1, \ldots, I_h$ und einer Blockzerlegung der Bänder der Berechnung einer TM M ist ein gerichteter Graph $G = (V, E)$ mit Knotenmenge $V = \{v_1, \ldots, v_h\}$ und Kantenmenge E. E enthält die Kante (v_i, v_j) genau dann, wenn $i < j$ und es einen Block B gibt, der aktiv ist in den Intervallen I_i und I_j und nicht aktiv in den dazwischenliegenden Intervallen $I_{i+1}, \ldots, I_{j-1}$. Ist l die Länge der Intervalle und Blöcke, so nennen wir G den l-**Berechnungsgraphen** von M bei Eingabe X. $\qquad\Box$

Berechnungsgraphen sind azyklisch und damit DAGs. Bei einer k-Band TM sind in jedem Intervall maximal $3k$ Blöcke aktiv, von denen jedoch wegen Überlappungen mindestens $2k$ auch im vorangehenden Intervall aktiv sind. Daher gilt:

Lemma 5.2.2:
Ingrad sowie Ausgrad eines Berechnungsgraphen G einer k-Band TM sind durch $k + 1$ beschränkt: $\delta_{\mathrm{in}}(G) \leq k + 1$ und $\delta_{\mathrm{aus}}(G) \leq k + 1$.

Mit Hilfe des Berechnungsgraphen lassen sich die obigen Erkenntnisse dann auch so formulieren:

- Man kann eine TM M in einem Intervall I_j simulieren, wenn man für alle $(v_i, v_j) \in E$ den Zustand der Maschine, die Kopfpositionen und die Beschriftungen der in I_i aktiven Blöcke am Ende von I_i – und damit auch am Anfang von I_j – kennt.

Diese Information bezeichnen wir im folgenden als den **Endzustand** state(I_i). Ein Endzustand kann durch einen String der Länge $O(k\,l)$ beschrieben werden. Es ist nun nicht schwer einzusehen:

- Die Simulation im Intervall I_j, gegeben state(I_i) für alle direkten Vorgänger v_i von v_j, kann von einer k-Band TM auf Platz $O(k\,l)$ und in Zeit $O(k\,l)$ ausgeführt werden.

Um eine Maschine für ihre gesamte Berechnung zu simulieren, müssen die Informationen state(I_i) zum richtigen Zeitpunkt zur Verfügung stehen. Dies Problem wollen wir durch ein kombinatorisches 1-Personen-Spiel modellieren. Man vergleiche dies mit *Paging*-Strategien bei realen Rechnern, wo das Betriebssystem durch geschickte Vorausplanung versucht, die Daten für die nachfolgenden Operationen rechtzeitig aus Hintergrundspeichern in den Hauptspeicher und das Rechenwerk zu laden.

Definition 5.2.3:
Das **Pebble-Game** wird auf DAGs gespielt. Das Spiel verwendet als Spielmarken sogenannte **Pebbles** (Steine). Der Spieler kann folgende Aktionen ausführen: das **Pebbeln** eines Knotens, d.h. er legt ein Pebble auf diesen Knoten, und das **Entpebbeln** eines Knotens, d.h. er entfernt ein Pebble von diesem Knoten. Ein **Spielzug** besteht aus dem Entpebbeln beliebig vieler Knoten und dem anschließenden Pebbeln genau eines Knotens. Das Ziel des Spiels ist es, den Graphen mit möglichst wenig Pebbles in möglichst wenig Zügen zu pebbeln. Dies ist erreicht, wenn jeder Knoten im Laufe des Spiels mindestens einmal mit einer Spielmarke belegt worden ist. Das Spiel verläuft gemäß folgender Spielregeln:

1. Ein Knoten darf nur dann gepebbelt werden, wenn auf jedem seiner direkten Vorgänger ein Pebble liegt. Insbesondere dürfen Quellen des Graphen immer gepebbelt werden.

2. Pebbles dürfen jederzeit von Knoten entfernt werden.   □

Ein DAG ist vollständig gepebbelt, wenn jede seiner Senken ein Pebble erhalten hat. Aus einem Spielverlauf dieses Spiels auf einem Berechnungsgraphen einer TM M kann man eine Strategie ableiten, um M zu simulieren. Das Pebbeln eines Knotens v_j veranlaßt eine Simulation des zugehörigen Zeitintervalls I_j. Zu diesem Zweck muß die Beschriftung der aktiven Blöcke bekannt sein. Dazu genügt es, state(I_i) für alle Vorgängerintervalle zu kennen, d.h. sie tragen ein Pebble. Um den Speicherplatz gering zu halten, können jederzeit Endzustände gelöscht, d.h. Pebbles entfernt werden.

Der Graph in Abbildung 5.5 kann beispielsweise mit 5 Pebbles in 10 Zügen gepebbelt werden, auf jeden Knoten wird somit genau einmal ein Pebble gelegt. Man überlege sich, daß bereits 4 Pebbles genügen, dann erhöht sich die Zahl der Züge allerdings auf 11, da ein Knoten zweimal gepebbelt werden muß. Enthält ein Graph einen Knoten v mit Ingrad d, so benötigt man zum Pebbeln von v alleine mindestens $d+1$ Pebbles: Zunächst müssen die Vorgänger gepebbelt werden, so daß schließlich auf allen gleichzeitig ein Pebble liegt. Mit einem weiteren kann dann v gepebbelt werden. Der Ingrad $\delta_{in}(G)$ eines Graphen G liefert daher in trivialer Weise eine untere Schranke für die Minimalzahl an Pebbles, die benötigt werden. Gelegentlich wird eine etwas modifizierte Pebble-Regel verwendet, die es erlaubt, wenn alle Vorgänger gepebbelt sind, eines dieser Pebble auf den Knoten v zu verschieben. Da man dadurch jedoch maximal ein Pebble sparen kann, ergeben sich keine wesentlichen Unterschiede. Wegen der Gradbeschränkung der Berechnungsgraphen beschränken wir uns im folgenden auf Familien von Graphen mit beschränktem Grad.

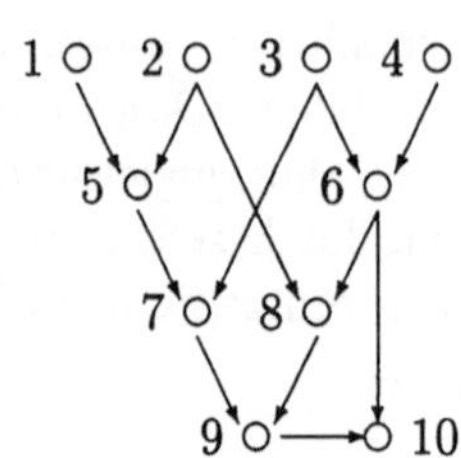 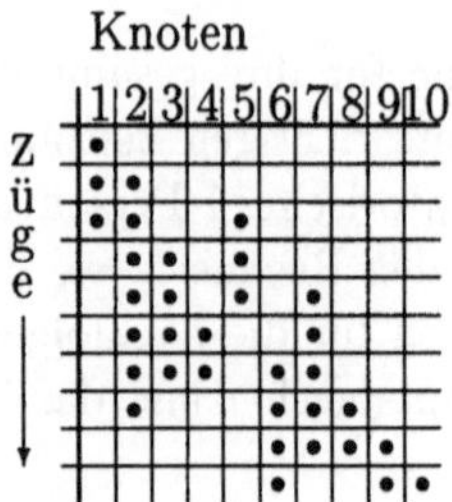

Abbildung 5.5: *Graph der Größe 10 und eine Pebble-Strategie,*
die diesen Graphen mit 5 Pebbles in 10 Zügen pebbelt

Definition 5.2.4:
Es bezeichne $\mathcal{G}_n^d$ die Menge aller DAGs mit n Knoten und Ingrad höchstens d. Eine **Pebble-Strategie** Γ für einen Graphen G ist eine Folge von Pebble-Zügen gemäß den obigen Regeln, die G pebbelt. $\tau(\Gamma)$ bezeichne die Anzahl der Züge von Γ, in denen Knoten gepebbelt werden und $\pi(\Gamma)$ die maximale Anzahl von Pebbles, die während der Ausführung von Γ auf G liegen. Dann können wir für einen Graphen die folgenden Maße definieren:

$$Pebbles(G) \quad := \quad \min\{\pi(\Gamma) \mid \Gamma \text{ ist eine Strategie für } G\}\,,$$
$$Steps(G,p) \quad := \quad \min\{\tau(\Gamma) \mid \Gamma \text{ ist eine Strategie für } G \text{ mit } \pi(\Gamma) \le p\}\,.$$

$\square$

Ist G der einem Schaltkreis zugrunde liegende Graph, so kann man aus einer Pebble-Strategie für G ein Verfahren ableiten, den Schaltkreis für eine vorgegebene Belegung der Input-Variablen auszuwerten. Dem Pebbeln eines Gatters entspricht die Berechnung seines Booleschen Wertes aus den Werten seiner direkten Vorgänger. Solange ein Gatter mit einem Pebble belegt ist, steht sein Wert zur Verfügung. Die Zahl der Pebbles entspricht daher der maximalen Anzahl von Zwischenergebnissen, die sich die Auswertungs-Strategie merken muß.

Jeder azyklische Graph kann in trivialer Weise dadurch gepebbelt werden, daß man der Reihe nach auf Knoten, die keine ungepebbelten direkten Vorgänger mehr besitzen, ein Pebble legt, ohne Pebbles jemals zu entfernen. Mit anderen Worten, jeder DAG G kann mit $|G|$ Pebbles in $|G|$ Zügen gepebbelt werden:

$$Steps(G,|G|) \quad = \quad |G|\,.$$

Im folgenden soll nun untersucht werden, ob man gegenüber dieser trivialen Strategie Pebbles sparen kann. Ein vollständiger d-närer Baum der Tiefe h (die Kanten zeigen in Richtung der Wurzel) besitzt $n = (d^{h+1} - 1)/(d - 1)$ Knoten und benötigt mindestens $h(d - 1) + 2 \le d \log n$ viele Pebbles. Mit dieser Anzahl kann man den Baum in exakt n Schritten pebbeln. Der Beweis dieser Schranken sei dem Leser als Übung überlassen (Aufgabe 5.5.9).

Die **Pyramide PY$_h$** der Höhe h besteht aus $\frac{1}{2}(h+1)(h+2)$ vielen Knoten $v_{i,j}$, $0 \le i \le h$, $0 \le j \le h - i$. Von $v_{i,j}$ existieren Kanten zu $v_{i+1,j-1}$ und $v_{i+1,j}$, falls ein Knoten mit solch einem Index existiert. Pyramiden sind wie Bäume planare Graphen. In der Klasse der planaren Graphen gehören sie zu den schwierigsten Graphen, was die Zahl der Pebbles angeht.

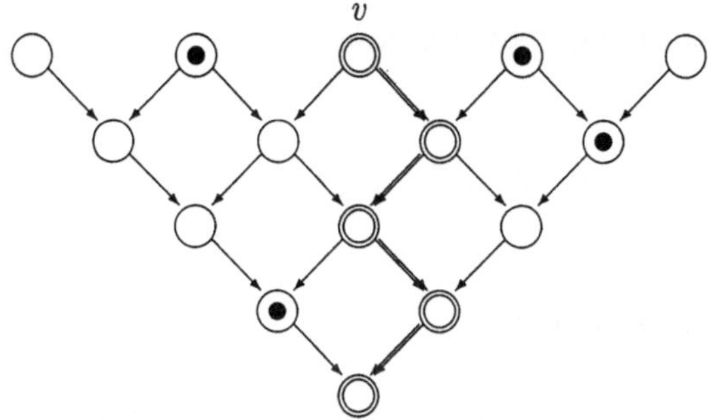

Abbildung 5.6: *Die Pyramide PY$_4$ mit einer Belegung von Pebbles und einer nicht blockierten Quelle v; ein freier Pfad ist hervorgehoben*

Lemma 5.2.5:
Um die Pyramide PY$_h$ zu pebbeln, benötigt man mindestens $h+2$ Pebbles, mit anderen Worten

$$Pebbles(\mathrm{PY}_h) \ \ge \ \sqrt{2\,|\mathrm{PY}_h|}\ .$$

Beweis: Eine der $h+1$ Quellen $v_{0,j}$ der Pyramide heiße **blockiert**, falls es von ihr keinen pebblefreien Weg zu der Senke $v_{h,0}$ gibt; dabei sind auch die Fälle eingeschlossen, daß auf der Quelle oder der Senke selbst ein Pebble liegt. Der Graph ist vollständig gepebbelt, wenn ein Pebble auf der Senke liegt, d.h. zu diesem Zeitpunkt ist jede Quelle blockiert. Zu Anfang ist der Graph frei von Pebbles und somit keine der Quellen blockiert. Betrachten wir nun den Spielzug t, nach dessen Ausführung es zum letzten Mal eine nicht blockierte Quelle v gibt, dann müssen im nächsten Zug alle pebblefreien Wege von v aus versperrt werden. Dies ist nur durch Pebbeln von v möglich. Ein zur Zeit t pebblefreier Pfad π von v zur Senke besteht aus $h + 1$ Knoten $v = u_0, u_1, \ldots, u_h$.

Man überlegt sich nun, daß von jedem dieser Knoten ein Pfad ρ_i (auf dem Pebbles liegen dürfen) in entgegengesetzter Kantenrichtung zu einer Quelle führt, so daß die Menge dieser Pfade paarweise knotendisjunkt sind. Da im Schritt $t + 1$ alle Quellen blockiert sind, aber kein Knoten in π außer dem Anfangsknoten ein Pebble trägt, muß auf jedem Pfad ρ_i ein Pebble liegen. Daher liegen im Schritt $t + 1$ mindestens $h + 1$ Pebbles auf PY$_h$. Gibt es noch weitere Pebbles zu diesem Zeitpunkt auf dem Graphen, dann folgt die Schranke $h + 2$ sofort. Andernfalls überzeuge man sich, daß die einzige Möglichkeit, in Schritt $t + 1$ fortzufahren, darin besteht, mindestens einen weiteren Knoten zu pebbeln, bevor ein Knoten entpebbelt werden kann. ∎

Andererseits kann man zeigen, daß jeder planare Graph mit n Knoten mit $c\sqrt{n}$ Pebbles gepebbelt werden kann, wobei die Konstante c nur vom Ingrad des Graphen abhängt. Definiert man die Funktion $Pebbles[\mathcal{G}^d_{\text{planar}}]$ durch

$$Pebbles[\mathcal{G}^d_{\text{planar}}]\ (n)\ :=\ \max \left\{ Pebbles(G) \mid G \in \mathcal{G}^d_n \text{ und } G \text{ planar} \right\},$$

so folgt aus diesen Betrachtungen die Schranke:

Theorem 5.2.6:

$$Pebbles[\mathcal{G}^d_{\text{planar}}]\ \in\ \Theta(d\,\sqrt{\mathcal{N}})\ .$$

5.2.2 Superkonzentratoren

Im allgemeinen wird eine Strategie, die möglichst wenig Pebbles verwendet, gewisse Knoten mehrfach pebbeln. Dadurch wird eine Verringerung der Pebbles (Speicherplatz) mit einer Erhöhung der Züge (Zeit) erkauft. Es stellt sich nun die Frage, ob dies notwendig ist, und wenn ja, in welchem Verhältnis Gewinn und Mehraufwand stehen. Im folgenden werden wir zeigen, daß es im allgemeinen keine Strategie gibt, die die Anzahl der Pebbles und die Anzahl der Züge gleichzeitig minimiert, sondern daß ein Tradeoff zwischen diesen beiden Größen besteht.

Definition 5.2.7:
Ein n-**Superkonzentrator** ist ein DAG mit n ausgezeichneten Quellen A und n ausgezeichneten Senken B, der die folgende Eigenschaft besitzt:

- für alle $1 \leq m \leq n$ und alle $A' \subseteq A$, $B' \subseteq B$, $|A'| = |B'| = m$, gibt es m knotendisjunkte Wege zwischen den Quellen in A' und den Senken in B'.

□

Die beiden Eigenschaften,

1. es gibt mindestens m knotendisjunkte Wege,
2. man muß mindestens m Knoten entfernen, um jeden Weg zu unterbrechen,

sind äquivalent. Letzteres kann man mit Hilfe des Pebble-Spiels auch so ausdrücken:

- man benötigt mindestens m Pebbles, um alle Wege zu blockieren.

Mit der Superkonzentrator-Eigenschaft verbindet sich die Vorstellung einer aufwendigen internen Verbindungsstruktur. Man kann diese Eigenschaft natürlich in trivialer Weise dadurch garantieren, daß man jede der ausgezeichneten Quellen mit jeder der ausgezeichneten Senken direkt verbindet, dies ergibt einen vollständigen bipartiten Graphen mit n^2

Kanten. Es stellt sich die Frage: Geht dies auch mit deutlich geringerem Aufwand? Wir wollen die Relevanz dieser Fragestellung an zwei Beispielen erläutern.

Falls es Superkonzentratoren mit wenigen Kanten gibt, können daraus für spezielle Anforderungen kleine Kommunikations-Netzwerke abgeleitet werden. Betrachten wir beispielsweise das folgende Problem: In einem größeren System ist eine Menge von Benutzern auf die gelegentliche Verwendung eines speziellen Betriebsmittels angewiesen. Repräsentieren die Quellen eines Netzwerkes die Benutzer und die Senken eine Menge von identischen Kopien dieses Betriebsmittels, so ergibt sich die Aufgabe, für eine beliebige Teilmenge von Benutzern Verbindungen zu einer entsprechend großen Menge freier Kopien des Betriebsmittels herzustellen. Es müssen disjunkte Verbindungen von den Quellen zu den Senken geschaltet werden, wobei die Zuordnung von Benutzern zu den Kopien beliebig sein kann.

Im Fall verschiedenartiger Betriebsmittel oder in einem Telephon-Netzwerk etwa müssen vorgegebene Paare von Quellen und Senken verbunden werden, man benötigt hierzu ein sogenanntes **Permutations-Netzwerk**. Mit einem Abzählargument – ähnlich wie bei der asymptotischen Komplexität von Schaltkreisen – kann man zeigen, daß ein Permutations-Netzwerk für n Eingaben mindestens $\Omega(n \log n)$ viele Kanten benötigt, um alle $n!$ Permutationen realisieren zu können. Diese Schranke ist optimal, denn es sind Familien von Permutations-Netzwerken der Größe $O(n \log n)$ konstruiert worden. Ein Beispiel sind die **Waksman-Permutations-Netzwerke**, ihre Tiefe wächst logarithmisch, der Ingrad und Ausgrad der internen Knoten beträgt 2. Auf Permutations-Netzwerke werden wir bei der Behandlung von Rechnernetzen noch näher eingehen.

Mit Hilfe der Superkonzentrator-Eigenschaft läßt sich auch der Informationsfluß bei der Berechnung bestimmter Funktionen beschreiben. Betrachten wir beispielsweise einen arithmetischen Schaltkreis S, der die **Konvolution** $Y = (y_0, y_1, \ldots, y_{n-1})$ zweier Vektoren $X = (x_0, \ldots, x_{n-1})$ und $Z = (z_0, \ldots, z_{n-1})$ aus $\mathbb{R}^n$ berechnet:

$$y_k \; := \sum_{i+j \equiv k \bmod n} z_i \cdot x_j \; .$$

Die y_k sind Bilinearformen in den Variablen z_i, x_j, zu ihrer Berechnung genügt die Addition und die Multiplikation. Wir können voraussetzen, daß S nur diese beiden Operationen verwendet, d.h. die Funktionen, die die Gatter von S berechnen, haben die Form $f = \sum_{z \in Z, x \in X} \beta_{z,x} z \cdot x$, wobei die $\beta_{z,x}$ beliebige reelle Skalare sind. Dies stellt jedoch keine wesentliche Einschränkung dar, da Schaltkreise allgemeinerer Form, die beispielsweise auch die Division verwenden und als interne Zwischenergebnisse Polynome höherer Ordnung und gebrochen rationale Funktionen erzeugen, bei der Berechnung von Bilinearformen keine wesentliche Verbesserungen bringen. Ihre Größe ist höchstens um einen konstanten Faktor kleiner.

Die Beziehung zwischen Y und X kann man auch in Form eines Matrix-Vektor-Produktes $Y = \tilde{Z} \cdot X^{trp}$ ausdrücken, wobei die Zeilen der Matrix $\tilde{Z}$ aus zyklischen Shifts des Vektors Z bestehen und X^{trp} der zu X transponierte Vektor ist. Die Spalten dieser Matrix enthalten keines der Elemente z_i mehrfach. Durch eine geeignete Ersetzung der z_i durch reelle Zahlen kann man erreichen, daß die so erhaltene Matrix nichtsingulär ist. Man sieht dies sehr einfach für $z_i := n^{n \cdot i}$. Bei der Berechnung der Determinante durch Summation über alle Permutationen π von $[0, n-1]$, d.h.

$$\text{DET}(\tilde{Z}) \;=\; \sum_{\pi} (-1)^{\text{sgn}(\pi)} \cdot \prod_{i=0}^{n-1} \tilde{z}_{i,\pi(i)} \;,$$

entsteht als maximaler Summand bezüglich des Absolutbetrages der Term $(n^{n \cdot (n-1)})^n = n^{n^2 \cdot (n-1)}$. Dieser ist größer als die Summe aller übrigen $n! - 1$ Summanden, die Determinante ist daher verschieden von 0. Ebenso sind alle Minoren von $\tilde{Z}$ (quadratische Teilmatrizen bestehend aus einer beliebigen Teilmenge von Zeilen und Spalten) nichtsingulär.

Theorem 5.2.8:
Ein arithmetischer Schaltkreis S, der die Konvolution zweier Vektoren der Länge n berechnet, ist ein n-Superkonzentrator.

Beweis: Es werden Argumente aus der Linearen Algebra verwandt. Als Quellen für die Superkonzentratoreigenschaft dienen die Inputs X, als Senken die Outputs Y. Seien X' und Y' beliebige Teilvektoren von X bzw. Y der Länge m. Wir betrachten nur solche Eingaben X, bei denen Inputs $x_j \notin X'$ den Wert 0 besitzen und die z_i so fixiert werden, daß alle Minoren von $\tilde{Z}$ nichtsingulär sind. Für diese Eingaben läßt sich Y' als $M \cdot X'^{trp}$ darstellen, wobei M ein Minor von $\tilde{Z}$ ist. Wir erhalten somit auf Grund der Nichtsingularität von M eine bijektive Abbildung $\varphi : X' \mapsto Y'$ des $\mathbb{R}^m$ in sich.

Gibt es in S weniger als m knotendisjunkte Wege zwischen X' und Y', so kann man $m - 1$ Knoten finden, die jeden Pfad von einem Input aus X' zu einem Output in Y' blockieren. Die zugehörigen Gatter berechnen Linearformen in den Variablen aus X'. Diese $m - 1$ Linearformen können einen linearen Vektorraum der Dimension maximal $m - 1$ aufspannen. Die Linearformen, die von den Outputs in Y' berechnet werden, liegen somit in diesem Vektorraum. Dies widerspricht jedoch der Surjektivität von φ. ∎

Könnte man daher zeigen, daß Superkonzentratoren viele Kanten benötigen, so würden daraus entsprechende untere Schranken für die Größe von arithmetischen Schaltkreisen für die Konvolution zweier Vektoren folgen. Die Superkonzentrator-Eigenschaft ist eine starke Forderung. Die Vermutung liegt daher nahe, daß Superkonzentratoren ebenso wie Permutations-Netzwerke nichtlineare Größe benötigen. Man fand jedoch Konstruktionsverfahren für Familien von Superkonzentratoren mit konstantem Grad und linearer Größe [V76,P77]. Zumindest beim Pebble-Game erweisen sich derartige Graphen jedoch als sehr aufwendig.

Lemma 5.2.9:
Sei G ein n-Superkonzentrator, auf dem bereits p Pebbles liegen. Zu beliebigen $p+1$ Senken S gibt es dann mindestens $n-p$ Quellen, so daß jede dieser Quellen einen pebblefreien Pfad zu mindestens einer der Senken in S besitzt.

Beweis: Falls die Behauptung nicht gilt, so findet man $p+1$ Senken S und weniger als $n-p$ Quellen, von denen pebblefreie Pfade nach S führen. Dies bedeutet, mindestens $p+1$ Quellen Q sind durch die p Pebbles von den Senken in S abgeschnitten. Dies widerspricht der Superkonzentrator-Eigenschaft, da von Q aus mindestens $p+1$ knotendisjunkte Wege nach S existieren. ∎

Theorem 5.2.10:
Pebbelt man einen n-Superkonzentrator G mit p Pebbles, dann gilt

$$Steps(G,p) \ \geq\ n\,\frac{n-p}{p+1}+p\ .$$

Beweis: Wir zeigen, daß Quellen von G mindestens $n\,\dfrac{n-p}{p+1}\ +\ p$ oft gepebbelt werden müssen. Bevor die erste ausgezeichnete Senke v gepebbelt werden kann, müssen alle n ausgezeichneten Quellen gepebbelt worden sein, da auf Grund der Superkonzentrator-Eigenschaft es von jeder Quelle einen Pfad zu v geben muß. Nach dem vorangehenden Lemma müssen dann für jede weitere Menge von $p+1$ Senken $n-p$ Quellen erneut gepebbelt werden. Deshalb werden mindestens

$$n\ +\ \left\lfloor\frac{n-1}{p+1}\right\rfloor(n-p)\ \geq\ n\ +\ \frac{n}{p+1}(n-p)\ -\ (n-p)\ =\ n\,\frac{n-p}{p+1}\ +\ p$$

oft Quellen gepebbelt. ∎

Aus dieser Schranke läßt sich für das Pebbeln eines n-Superkonzentrators das Tradeoff $Steps \cdot Pebbles \ \geq\ \Omega(n^2)$ ableiten. Die Schranke ist jedoch nur von Interesse, wenn die Größe des Superkonzentrators wesentlich kleiner als n^2 ist.

5.2.3 Schichtungen von Graphen

Ziel dieses Abschnittes ist es zu zeigen, daß jeder Graphen mit n Knoten durch $O(n/\log n)$ Pebbles gepebbelt werden kann und daß diese Schranke bestmöglich ist. Im allgemeinen wird man allerdings, um einen logarithmischen Faktor bei der Zahl der Pebbles zu sparen, wesentlich mehr als linear viele Züge ausführen müssen. Dieser Tradeoff soll nun genauer charakterisiert werden.

Gleichzeitig wollen wir im Hinblick auf die späteren Anwendungen des Pebble-Games auch zeigen, daß effiziente Pebble-Strategien von einer TM mit nicht allzu großem Aufwand berechnet werden können. Gute Pebble-Strategien basieren in der Regel auf Zerlegungen der Graphen in möglichst unabhängige Bestandteile. Zu diesem Zweck definieren wir

Definition 5.2.11:
$G = (V, E)$ sei ein DAG. Für $W, W', U \subseteq V$ bezeichne

$$E(W, W') \ := \ \{(w, w') \in E \mid w \in W, w' \in W'\}$$

die Menge der Kanten, die W mit W' verbindet und $G_U := (U, E \cap (U \times U))$ den durch die Knotenmenge U induzierten Subgraphen von G. Um die Notation zu vereinfachen, werden wir gelegentlich solch eine Menge U und den von ihr induzierten Subgraphen identifizieren. Eine m-**Schichtung** von G (bzw. seiner Knotenmenge V) ist eine Zerlegung $W = W_1, \ldots, W_{m'}$ von V in $m' \leq m$ Komponenten, so daß es keine Kanten von W_j nach W_i für $i < j$ gibt, mit anderen Worten $E(W_j, W_i) = \emptyset$. Zu jeder dieser Komponenten betrachten wir den induzierten Subgraphen G_{W_i} und definieren als die **interne Überlappung** von W_i

$$\mathtt{INT}(W_i) \ := \ \max \left\{|E(U_1, U_2)| \mid U_1, U_2 \text{ ist eine Schichtung von } G_{W_i}\right\}.$$

$$\mathtt{OVL}(W) \ := \ \sum_{i=1}^{m} \mathtt{INT}(W_i)$$

heißt der **Overlap** der Schichtung W. Wir nennen W eine (m, r)-**Schichtung** von G, falls W eine m-Schichtung mit $\mathtt{OVL}(W) \leq r$ ist. $\qquad\qquad\square$

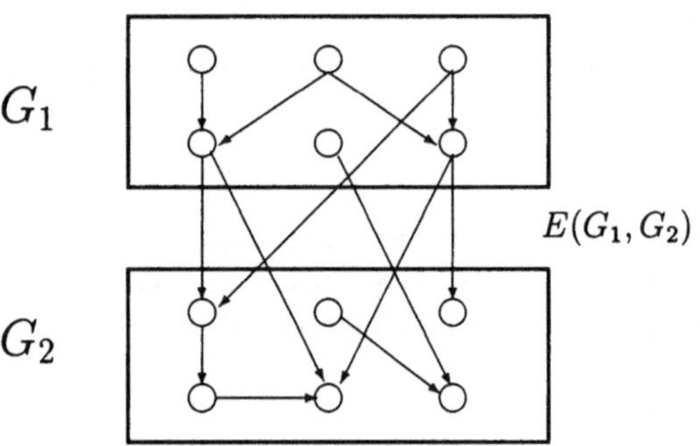

Abbildung 5.7: *2–Schichtung eines Graphen G in Teilgraphen G_i
mit interner Überlappung $E(G_1, G_2)$*

Die interne Überlappung zählt die maximale Anzahl Kantenverbindungen zwischen zwei topologisch geordneten Komponenten des Graphen. Daraus läßt sich auch eine Schranke für die benötigten Pebbles ableiten.

Lemma 5.2.12:
Jeder DAG G kann mit $\text{INT}(G) + 1$ Pebbles in $|G|$ Zügen gepebbelt werden, d.h.

$$Pebbles(G) \;\leq\; \text{INT}(G) + 1 \qquad \text{und} \qquad Steps(G, \text{INT}(G) + 1) \;=\; |G| \,.$$

Beweis: Wir betrachten eine Pebblestrategie für G, die Knoten in topologischer Reihenfolge pebbelt: Sukzessive wird ein noch nicht gepebbelter Knoten v ausgewählt, dessen direkte Vorgänger bereits Pebbles tragen; v wird gepebbelt, und es wird dann jeder Knoten entpebbelt, dessen sämtliche direkten Nachfolger beretis gepebbelt worden sind. Dies wollen wir eine **topologische Pebble-Strategie** nennen.

Die Spielsituation vor dem Pebbeln eines Knotens v läßt sich als eine 2-Schichtung von G darstellen, bestehend aus der Menge U_1 der Knoten, die bereits gepebbelt sind, und der Menge $U_2 = V \setminus U_1$, die noch gepebbelt werden müssen. Pebbles tragen nur solche Knoten in U_1, die direkte Nachfolger in U_2 haben. Davon gibt es maximal $\text{INT}(V)$ viele. Vor dem Pebbeln von v liegen daher maximal $\text{INT}(V)$ Pebbles auf G. ∎

Graphen beschreiben wir ähnlich wie Schaltkreise durch eine Folge von **Inzidenzlisten**. Die Inzidenzliste eines Knotens v beginnt mit dessen Namen als eindeutigem Bezeichner und zählt dann erst die direkten Vorgänger und anschließend die direkten Nachfolger auf. Die Reihenfolge, in der die Inzidenzlisten eines DAGs G aufeinanderfolgen, entspreche einer topologischen Ordnung des Graphen. Jede Kante, die zwei verschiedene Knoten verbindet, generiert daher in zwei Inzidenzlisten je einen Eintrag. Bei Graphen G mit konstantem Grad ist somit die Anzahl aller Einträge linear in der Anzahl der Knoten beschränkt. Kodiert man die Knotennamen durch binäre Strings logarithmischer Länge, so läßt sich G durch einen String $\sigma(G)$ der Länge $\Theta(|G| \log |G|)$ eindeutig beschreiben.

Korollar 5.2.13:
Auf Eingabe $\sigma(G)$ kann eine DTM eine topologische Pebble-Strategie mit Platzaufwand $O(\text{INT}(G) \cdot \log |G|)$ und Zeitaufwand $O(\text{INT}(G) \cdot |G| \cdot \log |G|)$ konstruieren.

Beweis: Aus einer topologischen Indizierung der Knoten von G ergibt sich sofort eine Reihenfolge, in der die Knoten gepebbelt werden können. Man muß dann nur noch entscheiden, wann ein Pebble frühestens wieder entfernt werden kann. Dazu speichert die TM für jeden gepebbelten Knoten v_i den maximalen Index in der Menge seiner direkten Nachfolger. Wenn dann dieser Nachfolger gepebbelt worden ist, kann das Pebble von v_i entfernt werden. Eine sortierte Folge der maximalen Indizes kann mit $O(\text{INT}(G) \cdot \log |G|)$ Bits beschrieben werden. Das Einfügen oder Entfernen eines Elementes ist möglich in Zeit proportional zur Länge der Folge. ∎

Eine dem topologischen Pebbeln entgegengesetzte Strategie ist das **rekursive Pebbeln**. Hierbei wird ein Graph sozusagen von hinten gepebbelt: Man startet mit einem Output-knoten v, pebbelt rekursiv seine direkten Vorgänger und dann v. Sobald ein direkter Vorgänger u gepebbelt ist, werden alle Pebbles, die zu seinem Pebbeln benutzt worden sind, vom Graphen entfernt. Dadurch kann man oftmals Pebbles sparen; da die Mengen der Vorgänger solcher Knoten u im allgemeinen nicht disjunkt sind, wird man jedoch Knoten mehrfach pebbeln müssen. Vergleichen Sie dies mit den Prozeduren EVALUATE und VALUE zur Auswertung eines Schaltkreises in Kapitel 2.2.

Mit Hilfe einer Schichtung kann man beide Pebble-Strategien, topologisch sowie rekursiv, verknüpfen: In einer Schicht wird topologisch gepebbelt, die Schichten untereinander rekursiv.

Lemma 5.2.14:
Besitzt ein Graph $G \in \mathcal{G}_n^d$ eine (m, r)-Schichtung, so gilt:

$$Pebbles(G) \leq r + (m-1)d + 1 .$$

Beweis: $\mathcal{W} = W_1, \ldots, W_m$ sei eine m-Schichtung von G. Für $m = 1$ folgt die Behauptung aus dem vorherigen Lemma.

Für $m > 1$ beschreiben wir eine rekursive Strategie $\Gamma_{1,m}$, die G „schichtweise von hinten" pebbelt. Γ_m sei eine Strategie, die den induzierten Subgraphen mit Knotenmenge W_m in topologischer Reihenfolge pebbelt. Falls Γ_m einen Knoten v pebbelt, der direkte Vorgänger u außerhalb von W_m besitzt, wird Γ_m unterbrochen und mit einer Strategie Γ_v der Subgraph G_{m-1} mit Knotenmenge $W_1 \cup \ldots \cup W_{m-1}$ gepebbelt, wobei die Pebbles auf den Vorgängern von v liegen bleiben. Γ_v endet, sobald alle der maximal d Vorgänger ein Pebble tragen.

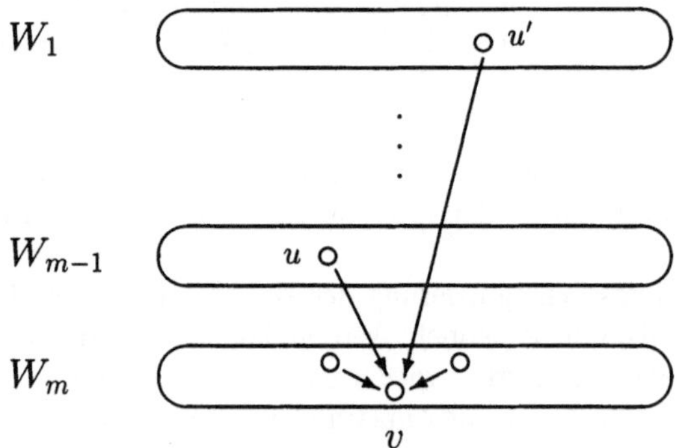

Abbildung 5.8: *Pebble-Strategie für einen geschichteten Graphen*

Für Γ_v benötigt man maximal $d - 1$ zusätzliche Pebbles im Vergleich zu einer reinen Strategie Γ_{m-1} für G_{m-1}. Nach Beendigung von Γ_v kann v gepebbelt werden, alle Pebbles auf Knoten außerhalb von W_m werden entfernt, und Γ_m wird auf W_m fortgesetzt. Für $\Gamma_{1,m}$ ergibt sich somit per Induktion der Pebblebedarf:

$$\pi(\Gamma_{1,m}) \leq \pi(\Gamma_m) + \max_{v \in W_m} \pi(\Gamma_v) \leq \pi(\Gamma_m) + \pi(\Gamma_{1,m-1}) + d - 1$$

$$\leq \ \mathrm{INT}(W_m) + 1 \ + \ \sum_{i=1}^{m-1} \mathrm{INT}(W_i) \ + \ (m-2)d + 1 \ + \ d - 1$$

$$= \ \sum_{i=1}^{m} \mathrm{INT}(W_i) \ + \ (m-1)d \ + \ 1 \ . \qquad \blacksquare$$

Lemma 5.2.15:
Jeder Graph $G \in \mathcal{G}_n^d$ besitzt für beliebiges $r > 0$ eine (m, r)-Schichtung mit $m \leq \exp(dn/r)$.

Beweis: Sei $q = \lfloor dn/r \rfloor$. Angenommen, für alle $m \leq \exp q$ und alle m-Schichtungen $\mathcal{W} = W_1, W_2, \ldots$ von G gilt:

$$\mathrm{OVL}(\mathcal{W}) \ = \ \sum_{j=1}^{m} \mathrm{INT}(W_j) > r \ .$$

Dann definieren wir induktiv für $i = 0, \ldots, q$ Knotenmengen $V_{i,j} \subseteq V$, wobei $j = 0, \ldots, 2^i - 1$:

- $V_{0,0} \ := \ V$

- $V_{i+1,2j}, V_{i+1,2j+1}$ sei eine beliebige 2–Schichtung von $V_{i,j}$ mit maximaler interner Überlappung, d.h. $|E(V_{i+1,2j}, V_{i+1,2j+1})| \ = \ \mathrm{INT}(V_{i,j})$.

Da für jedes i $\mathcal{V}_i \ = \ V_{i,0}, \ldots, V_{i,2^i-1}$ eine m–Schichtung ist, wobei $m = \exp q$, gilt nach Voraussetzung:

$$\mathrm{OVL}(\mathcal{V}_i) \ = \ \sum_{j=0}^{2^i-1} \mathrm{INT}(V_{i,j}) \ > \ r \qquad \text{und}$$

$$\sum_{i=0}^{q} \mathrm{OVL}(\mathcal{V}_i) \ = \ \sum_{i}\sum_{j} \mathrm{INT}(V_{i,j}) \ > \ (q+1)r \ \geq \ dn \ .$$

Die Doppelsumme in der letzten Zeile zählt keine Kante mehrfach, da jede Kante zu maximal einer 2–Schichtung einer Komponente $V_{i,j}$ gehört. Dies ergibt jedoch einen Widerspruch, denn ein Graph mit n Knoten und Ingrad d kann höchstens $d \cdot n$ Kanten besitzen. $\qquad \blacksquare$

Lemma 5.2.16:
Es gibt eine TM M_1, die, angesetzt auf Eingaben der Form $\sigma(G)\#r$, wobei G ein Berechnungsgraph vom Ingrad maximal d ist und $r \in \mathbb{N}$, eine (m, r)–Schichtung W von G mit $m \leq \exp(d \cdot |G|/r)$ in linearem Platz und Zeit $O(|G| \cdot \log^2 |G|)$ findet. Solche eine Schichtung $\mathcal{W} = W_1, \ldots, W_m$ von G hat die Form $W_i = \{v_{j_{i-1}+1}, v_{j_{i-1}+2}, \ldots, v_{j_i}\}$, wobei $j_0 = 0 < j_1 < \ldots < j_m = |G|$.

Beweis: In G sind nach Definition 5.2.1 alle Kanten (v_k, v_{k+1}), $1 \leq k < h := |G|$, vorhanden, d.h. die Knoten des Berechnungsgraphen sind linear geordnet. Falls eine Schichtung $\mathcal{W}$ die Knotenmenge nicht in Mengen zerlegt, die sich als aufeinanderfolgende Intervalle der Form $[v_{j_{i-1}+1}, v_{j_{i-1}+2}, \ldots, v_{j_i}]$ darstellen lassen, muß ein Paar v_k, v_l mit $k < l$, $v_k \in W_a$, $v_l \in W_b$ und $a > b$ existieren. Solch ein Paar heiße **invertiert**. Durch sukzessive Verkleinerung eines Intervalls kann man nun erreichen, daß das Intervall $[v_k, v_{k+1}, \ldots, v_l]$ nur ein invertiertes Paar v_k, v_l enthält. Dann ist $l = k + 1$ oder es gilt für das Paar v_{k+1}, v_l die Relation $v_{k+1} \in W_c$ für ein $c \leq b$, da $v_l \in W_b$. Die Kante (v_k, v_{k+1}) würde dann jedoch die Schicht W_a mit W_c verbinden, wobei $a > c$. Dies widerspricht der Definition einer Schichtung.

Um $\mathrm{INT}(W_i)$ für $W_i = \{v_a, \ldots, v_b\}$ zu bestimmen, müssen alle 2–Schichtungen von W_i betrachtet werden. Aus dem gleichen Grunde wie oben sind diese von der Form A_u, B_u, wobei $A_u = \{v_a, \ldots, v_u\}$ und $B_u = \{v_{u+1}, \ldots, v_b\}$ mit $a \leq u < b$. Man überlegt sich, daß durch suzessives Betrachten der Inzidenzlisten der Knoten $v_a, \ldots, v_b$ das Maximum aller $|E(A_u, B_u)|$ mit Zeitaufwand $O((b - a) \log h)$ gefunden werden kann.

Um nun eine (m, r)–Schichtung zu finden, gehen wir wie oben vor. Sei $q = \lfloor dh/r \rfloor$. Falls $q \geq \log h$, gibt es die triviale $(2^q, 0)$-Schichtung, bei der jede Schicht aus maximal einem einzelnen Knoten besteht, d.h. die interne Überlappung ist null. Es genügt somit, den Fall $q \leq \log h$ zu betrachten. Für $i = 0, \ldots, q$ bestimmt man iterativ Zerlegungen in Mengen $V_{i,j}$, $j = 0, \ldots, 2^i - 1$, und berechnet, ob $\sum_j \mathrm{INT}(V_{i,j}) \leq r$. Die Anzahl der Rechenschritte hierfür läßt sich durch

$$\sum_i \sum_j O(|V_{i,j}| \log h) = \sum_i O(h \log h) \leq O(h \log^2 h)$$

beschränken, der Speicherplatz durch

$$\max_i \sum_j O(\log h) \leq 2^q \cdot O(\log h) \leq O(h \log h) \, .$$

∎

Wir haben nun alle technischen Voraussetzungen erarbeitet, um eine allgemeine obere Schranke für die Mindestzahl an Pebbles zu zeigen. Zu diesem Zweck definieren wir die Funktion $Pebbles[\mathcal{G}^d]$ durch

$$Pebbles[\mathcal{G}^d]\,(n) \;:=\; \max_{G \in \mathcal{G}_n^d} Pebbles(G) \, .$$

Theorem 5.2.17:

Für alle $\epsilon > 0$ gilt: $\qquad Pebbles[\mathcal{G}^d] \;\leq_{\mathrm{ae}}\; (1 + \epsilon)\, d\, \dfrac{\mathcal{N}}{\log \mathcal{N}} \, .$

Beweis: Für einen gegebenen Graphen $G \in \mathcal{G}_n^d$ kann man nach Lemma 5.2.15 für $r = (1 + \frac{1}{2}\epsilon) \cdot d \cdot n / \log n$ eine (m, r)–Schichtung W finden mit $m \leq \exp(dn/r)$. Dann gilt

$$
\begin{aligned}
m &\leq \exp\left(\frac{dn}{(1 + \frac{\epsilon}{2})dn/\log n}\right) = \exp\left(\frac{\log n}{1 + \frac{\epsilon}{2}}\right) \\
&\leq_{ae} \exp\left(\log n + \log(\tfrac{1}{2}\epsilon) - \text{llog } n\right) = \frac{\epsilon}{2}\frac{n}{\log n} \; .
\end{aligned}
$$

Aus dem Beweis von Lemma 5.2.14 folgt für diese Schichtung

$$
\begin{aligned}
\textit{Pebbles}(G) &\leq \text{OVL}(W) + (m-1)d + 1 \leq r + md \\
&\leq_{ae} (1 + \tfrac{\epsilon}{2})d\,\frac{n}{\log n} + \frac{\epsilon}{2}\frac{n}{\log n}d = (1 + \epsilon)d\,\frac{n}{\log n} \; .
\end{aligned}
$$

Die obere Schranke für die Funktion $\textit{Pebbles}[\mathcal{G}^d]$ ist asymptotisch bestmöglich, denn man kann eine Familie von Graphen konstruieren, für die mindestens $\Omega(\mathcal{N}/\log \mathcal{N})$ Pebbles benötigt werden. Da der Beweis sehr technisch ist, wollen wir auf seine Darstellung an dieser Stelle verzichten. Man erhält die Graphen durch Verschachtelung von Superkonzentratoren.

Theorem 5.2.18:
Es gibt eine Folge $G = G_1, G_2, \ldots$ von Graphen, $G_n \in \mathcal{G}_n^2$, und eine positive Konstante γ, so daß

$$
\textit{Pebbles}(G_n) \geq \gamma\,\frac{n}{\log n} \; .
$$

Korollar 5.2.19:

$$
\textit{Pebbles}[\mathcal{G}^d] \in \Theta(\mathcal{N} / \log \mathcal{N}) \; .
$$

Für das Tradeoff zwischen der Ersparnis an Pebbles und dem mehrfachen Pebbeln von Knoten wollen wir zunächst eine obere Schranke zeigen. Bei maximaler Ersparnis ergibt sich eine exponentielle Anzahl von Zügen. Hat man mehr Pebbles zur Verfügung, so kann man damit gewisse Knoten des Graphen „auf Vorrat" pebbeln. Damit läßt sich die Zahl der Züge drastisch verringern.

Theorem 5.2.20:
Für $d \in \mathbb{N}$ und alle hinreichend großen $n \in \mathbb{N}$ gilt: Ist $G \in \mathcal{G}_n^d$ und p eine Pebble-Schranke im Intervall $[2\,d\,\frac{n}{\log n}, n]$, so läßt sich die Schrittzahl abschätzen durch:

$$
\textit{Steps}(G, p) \leq \frac{p}{4d} \cdot \text{eexp}\left(2d\,\frac{n}{p}\right) \; .
$$

Beweis: Wir wählen eine (m, r)–Schichtung $\mathcal{W} = W_1, \ldots, W_m$ von G mit $r = \frac{7}{12}p$ und $m \leq \exp(d\, n/r)$. Es gilt dann auf Grund der Voraussetzung an p

$$
\frac{7}{12}\, p \;\geq\; \frac{7}{12}\, 2d\, \frac{n}{\log n} \;=\; \frac{7}{6}\, d\, \frac{n}{\log n} \qquad \text{und}
$$

$$
m \;\leq\; \exp\left(\frac{dn}{r}\right) \;=\; \exp\left(\frac{12}{7}\, d\, \frac{n}{p}\right) \;\leq\; \exp\left(\frac{6}{7}\, \log n\right)
$$

$$
\leq_{\text{ae}} \;\exp\left(\log n - \text{llog}\, n - \log 6\right) \;=\; \frac{1}{6}\, \frac{n}{\log n} \;\leq\; \frac{p}{12d}\;.
$$

Um G mit der Strategie aus Lemma 5.2.14 zu pebbeln, genügen

$$
r \;+\; (m-1)d + 1 \;\leq\; r \;+\; md \;\leq\; \frac{7}{12}p \;+\; \frac{1}{12}p \;=\; \frac{2}{3}p
$$

Pebbles. Die restlichen $p/3$ Pebbles werden auf die W_i anteilig ihrer Größe verteilt, d.h. W_i erhält

$$
p_i \;:=\; d\, \left\lceil \frac{p}{4d}\, \frac{|W_i|}{n} \right\rceil
$$

viele Pebbles. Dies ergibt dann insgesamt eine Menge von

$$
\sum_{i=1}^{m} p_i \;=\; d \sum_{i=1}^{m} \left\lceil \frac{p}{4d}\, \frac{|W_i|}{n} \right\rceil \;\leq\; dm \;+\; \sum_i \frac{p}{4}\, \frac{|W_i|}{n} \;\leq\; \frac{p}{12} \;+\; \frac{p}{4} \;=\; \frac{p}{3}
$$

Pebbles. Wir modifizieren nun die Strategie $\Gamma_{1,m}$ aus Lemma 5.2.14: Während der Unterbrechung der Strategie Γ_m werden mit den zusätzlichen p_m Pebbles für W_m nicht nur die Vorgänger in $W_1, \ldots, W_{m-1}$ eines einzelnen Knotens $v \in W_m$ belegt, sondern noch möglichst viele weitere, sozusagen auf Vorrat. Hierfür wählen wir die direkten Vorgänger der Knoten in W_m, die von Γ_m als nächste gepebbelt werden. Man kann daher von mindestens p_m/d Knoten in W_m alle direkten Vorgänger außerhalb dieser Komponente *gleichzeitig* mit Pebbles versehen. Dadurch braucht das Pebbeln von W_m nur maximal

$$
\left\lceil \frac{|W_m|}{p_m/d} \right\rceil \;=\; \left\lceil \frac{|W_m|}{\left\lceil \frac{p}{4d}\, \frac{|W_m|}{n} \right\rceil} \right\rceil \;\leq\; \frac{4dn}{p} \;+\; 1 \;=:\; z
$$

oft unterbrochen werden, um Knoten in $W_1, \ldots, W_{m-1}$ zu pebbeln. Bezeichnet $\tau(m)$ die Anzahl der Züge dieser Modifikation von $\Gamma_{1,m}$, so ergibt sich

$$
\begin{aligned}
\tau(m) \;&\leq\; |W_m| + z \cdot \tau(m-1) \;\leq\; n + z \cdot \tau(m-1) \\
&\leq\; n + z\left(n + z \cdot \tau(m-2)\right) \;\leq\; \ldots \;\leq\; n(1 + z + z^2 + \ldots + z^{m-1}) \\
&\leq\; n\, \frac{z^m}{z-1} \;=\; n\, \frac{z^m}{4dn/p} \;=\; \frac{p}{4d} \cdot \text{eexp}\,(\log m + \text{llog}\, z) \\
&\leq\; \frac{p}{4d} \cdot \text{eexp}\left(\frac{12}{7}\, d\, \frac{n}{p} \;+\; \text{llog}(\frac{4dn}{p} + 1)\right) \;\leq_{\text{ae}}\; \frac{p}{4d} \cdot \text{eexp}\,(2d\frac{n}{p})\;.
\end{aligned}
$$

Wählt man bei Anwendung dieses Ergebnisses eine möglichst geringe Zahl von Pebbles, beispielsweise $p = p(n) = k\, 2d\, n/\log n$, so erhält man für die Zahl der Züge, um einen Graphen mit n Knoten zu pebbeln, eine obere Schranke der Form $n \cdot \exp(n^{1/k})$. Bei $p(n) = 2\, d\, n/(\operatorname{llog} n - k) \leq o(\mathcal{N})$ Pebbles genügen $n^{1+2^{-k}}$ Züge. Die obige Strategie kann von einer TM mit vertretbarem Aufwand berechnet werden.

Korollar 5.2.21:
Gegeben $\sigma(G)\#p$ für einen Berechnungsgraphen G, so kann eine linear platzbeschränkte DTM die Züge der obigen Strategie mit einem Zeitaufwand berechnen, der beschränkt ist durch

$$O\left(p\,|G|\,\log|G| \;+\; p\,\text{EExL}(\frac{|G|}{p})\,\log|G|\right).$$

Beweis: Eine geeignete (m,r)–Schichtung kann eine TM nach Lemma 5.2.16 in $O(|G| \cdot \log^2|G|)$ Schritten konstruieren. Eine Strategie Γ_i zum topologischen Pebbeln von W_i findet man gemäß Korollar 5.2.13 in Zeit $O(\text{INT}(W_i) \cdot |W_i| \cdot \log|W_i|)$. Aus $\Gamma_1,\dots,\Gamma_m$ und einer modifizierten Strategie $\Gamma_{1,m-1}$ läßt sich die neue Strategie $\Gamma_{1,m}$ unmittelbar ableiten; der Zeitaufwand hierzu ist proportional zur Länge ihrer Beschreibung, d.h. zu $\tau(m) \cdot O(\log|G|)$. Für $p \geq |G|/\log|G|$ ist der gesamte zeitliche Aufwand beschränkt durch

$$O\left(|G| \cdot \log^2|G| \;+\; \sum_i \text{INT}(W_i) \cdot |W_i| \cdot \log|W_i| \;+\; \tau(m) \cdot \log|G|\right)$$
$$\leq O\left(p \cdot |G| \cdot \log|G| \;+\; \tau(m) \cdot \log|G|\right). \qquad \blacksquare$$

Auch von der obigen Schranke für die Anzahl der Pebble-Züge kann man die asymptotische Optimalität durch Konstruktion einer geeigneten Familie von Graphen zeigen. Allerdings hängt die Graphenfamilie von der Anzahl der zur Verfügung stehenden Pebbles ab. Ob es auch universelle Graphen gibt, bei denen die Schranke $\text{EExL}(n/p)$ für die Funktion *Steps* für jede Pebblezahl $p \geq Pebbles[\mathcal{G}^d](n)$ angenommen wird, ist bislang unbekannt.

Theorem 5.2.22:
Für alle hinreichend großen n und alle p mit $\dfrac{n}{\log n} \leq p \leq n$ existiert ein Graph $G_{n,p} \in \mathcal{G}_n^2$ mit

$$Steps(G_{n,p},\, p) \;\geq\; c_1\, p \cdot \operatorname{eexp}\left(c_2 \frac{n}{p}\right),$$

wobei $c_1, c_2 > 0$ feste Konstanten sind.

Auch diese Konstruktion ist relativ kompliziert, so daß wir sie hier nicht ausführen können. Bezeichnet $\boldsymbol{Steps[\mathcal{G}^d]}\,(\boldsymbol{n,p})$ die minimale Anzahl von Zügen, um jeden Graphen $G \in \mathcal{G}_n^d$ mit p Pebbles pebbeln zu können, so gilt damit:

Korollar 5.2.23:

$$Steps[\mathcal{G}^d]\,(n,p) \;\in\; \Theta\left(p \;\cdot\; \mathrm{EExL}(d\,\frac{n}{p})\right) \qquad \text{für alle}\quad p \;\geq\; 2\,d\,\frac{n}{\log n}\;.$$

5.3 Platzeffiziente Simulation von TM und RAMs

5.3.1 Lineare Speicher

Kehren wir nun zurück zur platzeffizienten Simulation einer T–zeitbeschränkten k-Band DTM M. $G = (V, E)$ mit $V = \{v_1, \ldots, v_h\}$ sei der l–Berechnungsgraph von M für eine Eingabe X der Länge n mit Ingrad maximal $k + 1$. Dabei sei $t := T(n)$ und $l := t^\alpha$, wobei wir α mit $0 < \alpha < 1$ später noch festlegen werden. Für die Größe von G gilt dann: $h = \lceil t/l \rceil = t^{1-\alpha}$.

Lemma 5.3.1:
Es gelte $p \geq t/\log t$. Dann gibt es eine $O(p)$–platz- und $O(p^2 \cdot t^{-\alpha} \cdot \log t \cdot \mathrm{EExL}(t/p))$–zeitbeschränkte TM M', die auf Eingabe $X\#\sigma(G)\#p$ die TM M auf X simuliert.

Beweis: M' simuliert M in Zeitintervallen der Länge l gemäß Theorem 5.2.20 mit einer effizienten Pebble-Strategie Γ für den zugehörigen l–Berechnungsgraphen G, die $p' := \gamma p/l$ Pebbles verwendet, wobei γ eine geeignete Konstante ist. Da $p \geq t/\log t$ vorausgesetzt wurde, gilt

$$p' \;\geq\; \gamma\frac{t}{l\,\log t} \;\geq\; \gamma\frac{h}{\log t} \;\geq\; \gamma\,(1-\alpha)\,\frac{h}{\log h} \;\geq\; 2\,(k+1)\,\frac{h}{\log h}\;,$$

falls man γ groß genug wählt. Zur Berechnung von Γ genügt Platz

$$O(|G| \cdot \log |G|) \;\leq\; O(t^{1-\alpha} \log t) \;\leq\; O(p) \qquad \text{und Zeit}$$

$$O(p' \cdot |G| \cdot \log |G| + \tau(\Gamma) \cdot \log |G|)\;.$$

Dem Pebbeln eines Knotens v entspricht die Simulation des entsprechenden Zeitintervalls I, welches in Platz und Zeit $O(l)$ möglich ist. Dazu benötigt die Maschine die Beschriftungen der in I aktiven Blöcke. Da sie die Endzustände der Zeitintervalle, die im Berechnungsgraphen direkte Vorgänger von I sind, noch gespeichert hat, steht ihr diese Information zur Verfügung. Der Aufwand, darauf zuzugreifen, läßt sich durch die Gesamtlänge der gespeicherten Information beschränken. Für die vollständige Simulation benötigt M' daher Platz $O(l\,p') \leq O(p)$ und Zeit

$$O\big(p' \cdot |G| \cdot \log |G| \;+\; (l+p) \cdot \tau(\Gamma) \cdot \log |G|\big)$$

$$\leq\; O\big(p \cdot \tau(\Gamma) \cdot \log |G|\big) \;\leq\; O\left(p \cdot p' \cdot \mathrm{EExL}(\frac{|G|}{p'}) \cdot \log |G|\right)$$

$$\leq\; O\left(\frac{p^2}{l} \cdot \mathrm{EExL}(\frac{t/l}{p/l}) \cdot \log t\right) \;\leq\; O\left(\frac{p^2}{t^\alpha} \cdot \log t \cdot \mathrm{EExL}(\frac{t}{p})\right)\;. \qquad \blacksquare$$

Damit haben wir alle technischen Voraussetzungen geschaffen, um eine platzeffiziente Simulation von zeitbeschränkten Maschinen durchführen zu können.

Theorem 5.3.2:
Es sei $\epsilon > 0$, sowie S, T Komplexitätsschranken mit $S \geq \Omega(T/\log T)$, wobei S konstruierbar mit Zeitaufwand $O(T^{1+\epsilon})$ auf Platz $O(S)$ vorausgesetzt wird. Dann gilt

$$DTime(T) \subseteq DTimeSpace\left(T^{1+\epsilon} \cdot \mathrm{EExL}(\frac{T}{S}),\ S\right) .$$

Beweis: Wir unterteilen die Berechnung der zu simulierenden T-zeitbeschränkten TM M auf Eingabe X wieder in $h = T^{1-\alpha}$ Zeitintervalle der Länge $l = T^\alpha$. Falls die Zeitschranke T nicht einfach zu berechnen ist, werden für $T(n)$ der Reihe nach die Werte $t = n, 2n, 4n, \ldots$ probiert, bis spätestens für $t \leq 2T(n)$ der Parameter groß genug ist. Die Simulation im vorigen Lemma setzt voraus, daß der Berechnungsgraph von M bekannt ist. Die TM M' simuliert M Schritt für Schritt in Phasen, bestehend aus S/l aufeinanderfolgenden Intervallen. Die Anzahl der Phasen ist $\dfrac{h}{S/l} = T/S$.

Sobald in einer Phase ein Block zum erstenmal aktiv wird, reserviert M' genügend Platz, um die Beschriftung des Blocks bis zum Ende der Phase abspeichern zu können. Vorausgesetzt, M' kennt die Beschriftung des Blocks zu diesem Zeitpunkt, so kann sie die Simulation in Zeit und Platz proportional zur Anzahl der Schritte von M in der Phase, d.h. mit Aufwand $O(S)$, durchführen. Am Ende einer Phase wird der Speicherplatz für die aktiven Blöcke wieder freigegeben.

Während einer Phase wird gleichzeitig anhand der Kopfbewegungen von M der Berechnungsgraph um die entsprechenden Knoten und Kanten ergänzt. Es verbleibt die Aufgabe, die Beschriftung eines Blockes zu bestimmen, wenn dieser in einer Phase zum erstenmal aktiv wird, d.h. M' benötigt den Endzustand eines nicht zu dieser Phase gehörenden Intervalles. In solch einem Fall wird die Schritt-für-Schritt-Simulation unterbrochen und M in dem bislang bekannten Teil des Berechnungsgraphen simuliert, wie im vorangehenden Lemma beschrieben. Hierbei wählen wir für den Parameter p die Platzschranke S. M' ist daher insgesamt $O(S)$-platzbeschränkt sowie zeitbeschränkt durch

$$\frac{T}{S}\left(O(S) + \frac{S}{l} \cdot \frac{S^2}{T^\alpha} \cdot \log T \cdot \mathrm{EExL}(\frac{T}{S})\right)$$

$$\leq O(T) + O\left(\frac{T}{l} \cdot \frac{S^2}{T^\alpha} \cdot \log T \cdot \mathrm{EExL}(\frac{T}{S})\right)$$

$$\leq O\left(T^{3-2\alpha} \cdot \log T \cdot \mathrm{EExL}(\frac{T}{S})\right) \leq T^{1+\epsilon} \cdot \mathrm{EExL}\left(\frac{T}{S}\right) ,$$

da α beliebig kleiner 1 gewählt werden kann. ∎

Korollar 5.3.3:

$$DTime(T) \subseteq DSpace\left(\frac{T}{\log T}\right) \subset DSpace\left(\omega\left(\frac{T}{\log T}\right)\right).$$

Beweis: Wählt man $S = T/\log T$, so folgen die Beziehungen aus dem obigen Theorem und dem Platzhierarchiesatz. ∎

5.3.2 Nichtlineare Speicher

Versucht man das eben beschriebene Simulationsverfahren auf TM mit komplexeren Speicherstrukturen wie mehrdimensionalen Speichern oder Baumspeichern zu übertragen, so treten Schwierigkeiten auf. Man kann zwar Berechnungsgraphen definieren; da jedoch der Zugriff auf den Speicher nicht mehr in einer linear geordneten Weise erfolgen muß, ist eine einfache Zerlegung des Speichers in Blöcke nicht hinreichend. Wie im vorigen Kapitel gibt es Probleme, wenn die Zeit, einen Block zu durchqueren, nicht mehr proportional zu seiner Größe ist.

Wir verwenden daher ein modifiziertes Verfahren, um diesen Schwierigkeiten zu begegnen. Die grundlegende Idee ist die gleiche: Ein Zeitintervall I wird rekursiv simuliert, indem man es in zwei Teile I_1, I_2 zerlegt und diese beiden entweder hintereinander oder nebeneinander simuliert. Die Entscheidung hängt von der Größe der **Überlappung** zwischen den beiden Teilen ab: **UBL(I_1, I_2)** sei definiert als die Menge der Speicherzellen, die sowohl im ersten als auch im zweiten Teilintervall benutzt werden (man vergleiche diesen Begriff mit der internen Überlappung eines Graphen, den wir im Kapitel 5.2 eingeführt haben). Der Inhalt der Zellen in UBL(I_1, I_2) wird bei der Simulation im zweiten Teil wieder benötigt. Ist diese Menge klein, so wird deren Inhalt am Ende von I_1 gespeichert; dadurch können die beiden Simulationen hintereinander ausgeführt werden.

Da man UBL(I_1, I_2) im allgemeinen nicht im voraus bestimmen kann, wird diese Menge schrittweise berechnet. Jedesmal wenn bei Simulation von I_2 auf eine neue Speicherzelle u zugegriffen wird, die noch nicht in der partiellen Aufzählung von UBL(I_1, I_2) enthalten ist, wird diese Simulation abgebrochen und I_1 erneut simuliert. Dabei bestimmt man den Inhalt von u am Ende von I_1 und erweitert die partielle Aufzählung um diesen Wert. Anschließend wird die Simulation von I_2 wieder von vorne aufgenommen.

Bei großer Überlappung würde eine Speicherung der entsprechenden Zelleninhalte zu viel Platz beanspruchen. In diesem Fall wird daher während der Simulation von I_2 die Simulation für das erste Teilintervall noch einmal durchgeführt, falls der Inhalt einer Speicherzelle u aus der Überlappung benötigt wird. Beide Simulationen sind somit gleichzeitig aktiv.

Der Platzbedarf dieses Verfahrens hängt wesentlich davon ab, mit welchem Aufwand man die Menge UBL(I_1, I_2) kodieren kann. Bei einem linearen Band bilden die Speicherzellen, die zu einer Überlappung zwischen zwei Zeitintervallen gehören, einen Block aufeinanderfolgender Zellen. Die Überlappung kann daher durch $O(|\mathrm{UBL}(I_1, I_2)| + |\mathrm{ad}(v)|)$ viele Bits kodiert werden, wobei $\mathrm{ad}(v)$ die Adresse eines der Randzellen des Blockes ist. Bei einem linearen Speicher und einer Rechnung der Länge t läßt sich $|\mathrm{ad}(v)|$ durch $O(\log t)$ abschätzen, wenn man die Speicherzellen mit den natürlichen Zahlen durchnumeriert. Bei einem Baumspeicher gilt:

- Für jedes Baumband B induziert die Menge der Speicherzellen, die zu $\mathrm{UBL}(I_1, I_2)$ gehören, einen Teilbaum von B.

Denn mit je zwei Zellen enthält diese Menge auch den eindeutigen Verbindungspfad zwischen den beiden Zellen. Ein zusammenhängender Teilgraph der Größe m kann mit $O(m)$ Bits beschrieben werden. Daher besitzt die Überlappung bei einem Baumspeicher eine Kodierung der Länge $O(|\mathrm{UBL}(I_1, I_2)| + |\mathrm{ad}(v)|)$. Allerdings kann die Adresse bei einer Rechnung der Länge t linear in t wachsen. Damit wäre keine platzeffiziente Simulation möglich. Wir lösen dies Problem mit Hilfe der Kompaktifizierung von Baumspeichern aus dem vorigen Kapitel. Bei Vergrößerung der Zeitschranke um einen konstanten Faktor können wir voraussetzen, daß Baum-TM nur Speicherzellen mit Adressen der Länge $O(\log t)$ verwenden.

Bei mehrdimensionalen Speichern und anderen Graphen, die Kreise enthalten, kann die Menge $\mathrm{UBL}(I_1, I_2)$ in eine Vielzahl von Zusammenhangskomponenten zerfallen. Eine Kodierung dieser Menge durch einen String der Länge proportional zu $|\mathrm{UBL}(I_1, I_2)|$ ist dann im allgemeinen nicht möglich. In diesem Fall verwenden wir folgendes Verfahren. Anstatt die Überlappung topologisch zu beschreiben, beschreiben wir ihre zeitliche Abfolge. Für jedes Band B_l werden seine Zellen $u \in \mathrm{UBL}(I_1, I_2)$ durch den eindeutigen Zeitpunkt in I_2 beschrieben, in dem sie zum erstenmal wieder betreten werden. Geschieht dies für u zum Zeitpunkt j, $1 \leq j \leq |I_2|$, und ist c der Inhalt von u am Ende von I_1, so liefert das Tupel (j, c, l) die notwendige Information, um das Verhalten der Maschine in I_2 beim Betreten von u zu simulieren.

Lemma 5.3.4:
Für einen beliebigen Speicher G kann der Inhalt der Zellen einer Überlappung $\mathrm{UBL}(I_1, I_2)$ der Größe r zwischen zwei Intervallen der Länge maximal m durch einen binären String beschrieben werden, dessen Länge beschränkt ist durch

$$\mathrm{COD}(r) \;\leq\; O\left(r \cdot \log \frac{m}{r}\right).$$

Beweis: Sei (j_i, c_i, l_i), $1 \leq i \leq r$, eine geordnete Folge der Tupel, die zu der Überlappung korrespondieren, wobei $j_{i-1} \leq j_i$ für alle $i \geq 2$. Wir setzen $j_0 := 0$ und $d_i := j_i - j_{i-1}$ und kodieren die Folge mit Hilfe der relativen Abstände durch $(d_1, c_1, l_1), \ldots, (d_r, c_r, l_r)$. Wegen der Konkavität der Logarithmusfunktion läßt sich die Länge dieser Kodierung abschätzen durch

$$\mathrm{COD}(r) \;\leq\; O\left(\sum_{i=1}^{r} \log d_i\right) \;\leq\; O\left(r \cdot \log \frac{\sum_i d_i}{r}\right) \;\leq\; O\left(r \cdot \log \frac{|I_2|}{r}\right). \qquad \blacksquare$$

Wir werden dies Ergebnis später auf den Fall $r \leq \alpha \, m/\log m$ anwenden, wobei $\alpha \geq 1$ eine Konstante ist, und erhalten dann unter Berücksichtigung von $m \leq t$ die Abschätzung

$$\text{COD}(r) \;\leq\; O\left(\alpha \, \frac{m}{\log m} \cdot \log \frac{m}{m/\log m}\right) \;\leq\; O\left(\frac{m}{\log m} \cdot \text{llog } m\right) \;\leq\; O(r) \cdot \text{llog } t \, .$$

M sei eine DTM mit einem konstruierbaren Speicher G. Wir beschreiben nun eine rekursive Prozedur **SIMULATE**, die Berechnungen $C = C_1, \ldots, C_t$ von M der Länge t auf einer DTM M' mit einem linearen Speicher der Größe $o(t)$ simuliert. $A_G(t) \geq \log t$ sei eine obere Schranke für die maximale Länge der Adressen von Speicherzellen, die M während solch einer Berechnung besucht. **SIMULATE** erhält als Eingabeparameter das Tupel

$$[a, b, \text{EZ}(a-1), \text{ad}(v)] \, ,$$

wobei $1 \leq a \leq b \leq t$ das Intervall $I = C_a, C_{a+1}, \ldots, C_b$ bestimmen, in dem M zu simulieren ist. $\text{EZ}(a-1)$ spezifiziert den **erweiterten Zustand** von M in C_{a-1}, der in diesem Fall neben dem Zustand von M die Position der Köpfe und den Inhalt der Speicherzellen, die in C_{a-1} gelesen werden, umfaßt. $\text{ad}(v)$ ist die Adresse einer Speicherzelle v von M. $\mathbf{con(v, a)}$ bezeichne den Inhalt von v in der Konfiguration C_a. Die Ausgabe von **SIMULATE** ist

$$[\text{EZ}(b), \text{con}_{[a,b]}(v)] \qquad \text{wobei}$$
$$\text{con}_{[a,b]}(v) \;:=\; \begin{cases} \text{con}(v, b) & \text{falls } v \text{ in } C_a, \ldots, C_b \text{ besucht wird} \, , \\ * & \text{sonst} \, . \end{cases}$$

Bei einer Ausgabe $*$ erhält man somit die Information, daß $\text{con}(v, b)$ durch Simulation von M in I nicht ermittelt werden kann. Wir machen die induktive Annahme, daß einem Aufruf $\text{SIMULATE}[a, b, \text{EZ}(a-1), \text{ad}(v)]$ für jede Speicherzelle u die Information $\text{con}(u, a-1)$ zur Verfügung steht. Um dies Zeichen zu erhalten, darf die Prozedur eine sogenannte $(a\text{-}1)\text{-}$**Frage** stellen. Derartige Fragen werden von übergeordneten Prozeduren behandelt, die genauen Details ergeben sich aus der folgenden Darstellung.

M wird in C durch $\text{SIMULATE}[1, t, \text{EZ}(0), \text{ad}(\xi)]$ simuliert, wobei ξ eine beliebige Speicherzelle sein kann, beispielsweise einer der Startknoten. Aus dem damit erhaltenen Ergebnis $[\text{EZ}(t), \text{con}_{[1,t]}(\xi)]$ läßt sich dann am Zustand von M ablesen, ob die Maschine in C akzeptiert oder nicht. $\text{SIMULATE}[1, t, \text{EZ}(0), \text{ad}(\xi)]$ steht eine vorgegebene Menge an Platzressourcen zur Verfügung, der sich auf die einzelnen rekursiven Aufrufe verteilen. Droht die Platzschranke bei einem dieser Aufrufe überschritten zu werden, so wird der Aufruf abgebrochen, und wir sagen, der Aufruf **scheitert**. Bei der späteren Analyse wird der Aufwand, um eine $(a-1)\text{-}$Frage zu beantworten, nicht der Prozedur $\text{SIMULATE}[a, b, \text{EZ}(a-1), \text{ad}(v)]$ selbst angelastet, sondern der verantwortlichen übergeordneten Prozedur. 0-Fragen der Hauptprozedur $\text{SIMULATE}[1, t, \text{EZ}(0), \text{ad}(\xi)]$ sind trivial, da in C_0 alle Speicherzellen noch leer sind.

<u>SIMULATE$[a, b, \text{EZ}(a-1), \text{ad}(v)]$</u>:

Benutze eine der drei folgenden Strategien. Falls die günstigste Strategie nicht vorab bestimmt werden kann, werden diese nacheinander ausgeführt. Falls eine Strategie scheitert, versucht man die nächste; scheitern alle, so scheitert dieser Aufruf.

Die beiden letzten Strategien sind rekursiv und zerlegen das Intervall I in $I_1 = C_a, \ldots, C_c$ und $I_2 = C_{c+1}, \ldots, C_b$. Falls ein geeigneter Schnittpunkt c nicht vorab bekannt ist, werden für c der Reihe nach die Werte $a, a+1, \ldots, b-1$ probiert, solange bis die entsprechende Strategie für einen dieser Werte nicht scheitert.

Strategie 1: { Schritt-für-Schritt-Simulation in chronologischer Reihenfolge }

> Die TM M' simuliert M im Intervall $I = C_a, C_{a-1}, \ldots, C_b$ wie im Beweis von Theorem 4.1.4.
>
> > Aus $\text{EZ}(a-1)$ erhält sie zunächst den Zustand und die Kopfpositionen von M zum Zeitpunkt $a-1$. Falls während der Simulation der Inhalt einer Speicherzelle u benötigt wird und sich diese nicht unter den bislang in I besuchten Zellen befindet, so wird ihr Inhalt durch eine $(a-1)$-Frage bestimmt. Am Ende der Simulation wird $\text{EZ}(b)$ und $\text{con}_{[a,b]}(v)$ aus den gespeicherten Daten ermittelt.

Strategie 2: { Dynamische Berechnung der Speicherinhalte bei Überlappungen }

> SIMULATE$[a, c, \text{EZ}(a-1), \text{ad}(v)]$; { berechnet $\text{EZ}(c)$ und $\text{con}_{[a,c]}(v)$ }
>
> SIMULATE$[c+1, b, \text{EZ}(c), \text{ad}(v)]$; { berechnet $\text{EZ}(b)$ und $\text{con}_{[c+1,b]}(v)$ }
>
> > Stellt SIMULATE$[c+1, b, \text{EZ}(c), \text{ad}(v)]$ eine c-Frage der Form $\text{con}(u, c)$, so wird versucht, diese durch Aufruf von SIMULATE$[a, c, \text{EZ}(a-1), \text{ad}(u)]$ zu beantworten. Erhält man dabei als Ergebnis die Antwort $*$, so ist u in I_1 nicht besucht worden. Es gilt dann $\text{con}(u, c) = \text{con}(u, a-1)$, und man kann die gesuchte Information durch eine $(a-1)$-Frage erhalten.
>
> Die Ausgabe $\text{con}_{[a,b]}(v)$ ergibt sich aus den Ergebnissen der beiden Teilstrategien durch
> $$\text{con}_{[a,b]}(v) = \begin{cases} \text{con}_{[c+1,b]}(v) & \text{falls } \text{con}_{[c+1,b]}(v) \neq *, \\ \text{con}_{[a,c]}(v) & \text{falls } \text{con}_{[c+1,b]}(v) = *. \end{cases}$$

Strategie 3: { Speicherung der Überlappung }

> SIMULATE$[a, c, \text{EZ}(a-1), \text{ad}(v)]$; { berechnet $\text{EZ}(c)$ und $\text{con}_{[a,c]}(v)$ }
> UBL $:= \emptyset$;
> for $d := c+1$ to b do begin
> > SIMULATE$[c+1, d, \text{EZ}(c), \text{ad}(v)]$ mit folgender Modifikation:
> > > if [bei Simulation eines Schrittes d' wird eine c-Frage $\text{con}(u, c)$ gestellt]
> > > then begin
> > > > if $d' < d$ then begin

```
            suche u in UBL;
            if u ∉ UBL then
                bestimme con(u, c) durch die (a − 1)-Frage con(u, a − 1)
                    { es gilt dann nämlich con(u, c) = con(u, a − 1) }
            end
          if d' = d then begin
              brich SIMULATE[c + 1, d, EZ(c), ad(v)] ab;
              SIMULATE[a, c, EZ(a − 1), ad(u)];
              if con[a,c](u) ≠ ∗ then
                  ergänze UBL um ein Tupel für u mit dem Wert con[a,c](u)
              end
      end
   SIMULATE[c + 1, b, EZ(c), ad(v)] mit folgender Modifikation:
      { berechnet EZ(b) und con(v, c) }
      versuche eine c-Frage con(u, c) zunächst mit Hilfe von UBL zu beantworten,
      if u ∉ UBL then
          bestimme con(u, c) = con(u, a − 1) durch eine (a − 1)-Frage

   Die Ausgabe con[a,b](v) ergibt sich aus con[a,c](v) und con[c+1,b](v)
      wie in Strategie 2.

end SIMULATE[a, b, EZ(a − 1), ad(v)].
```

Es bezeichne $\sigma(I)$ den Platzbedarf der Strategie $\text{SIMULATE}[a, b, \text{EZ}(a - 1), \text{ad}(v)]$ für das Intervall $I = C_a, \ldots, C_b$. Damit erhalten wir als Schranke für den Platzbedarf von $\text{SIMULATE}[a, b, \text{EZ}(a - 1), \text{ad}(v)]$ bei Verwendung der Strategie 1 bzw. 2 oder 3:

$$\sigma(I) \;\leq\; O((b - a) + A_G(t)) \qquad \text{gemäß Theorem 4.1.4}, \tag{5.1}$$

$$\sigma(I) \;\leq\; \sigma(I_1) \,+\, \sigma(I_2) \,+\, O(A_G(t)), \tag{5.2}$$

$$\sigma(I) \;\leq\; \max\{\sigma(I_1), \sigma(I_2)\} \,+\, \text{COD}(|\text{UBL}(I_1, I_2)|) + O(A_G(t)). \tag{5.3}$$

Die folgende Analyse wird zeigen, daß eine günstige Auswahl unter diesen Strategien nach folgenden Kriterien erfolgen kann: Bei kleinen Intervallen, d.h. einem geringen Wert von $b - a$, wird Strategie 1 angewendet und damit das Ende der Rekursion erreicht. Andernfalls wird bei kleiner Überlappung Strategie 3 eingesetzt, bei großer Überlappung Strategie 2. Mit geringem zusätzlichen Aufwand kann die richtige Auswahl sogar deterministisch getroffen werden. Gegenüber dem Ausprobieren der verschiedenen Möglichkeiten ergeben sich jedoch keine Vorteile bei der Platzkomplexität.

Bei der Analyse dieser und anderer Simulationsstrategien, die wir im folgenden noch beschreiben werden, ergibt sich eine rekursive Abschätzung der folgenden allgemeinen Form:

$$P(m) \;\leq\; \delta\,m \qquad \text{und} \tag{5.4}$$

$$P(m) \;\leq\; \max\left\{2 \cdot P\left(\frac{m}{2} - \frac{m}{g(m)}\right) \;+\; \gamma\frac{m}{g^2(m)}\,, \right. \tag{5.5}$$

$$\left. P\left(\frac{m}{2} + \beta\frac{m}{g(m)}\right) \;+\; \alpha\frac{m}{g(m)}\right\}\,. \tag{5.6}$$

Dabei sind $\alpha, \beta, \gamma, \delta \geq 1$ beliebige Konstanten und g eine langsam wachsende Funktion, ein typisches Beispiel sind Funktionen mit logarithmischem Wachstum. Die erste Abschätzung gilt dabei für alle $m \in \mathbb{N}$ ab einer bestimmten unteren Grenze μ, die zweite für alle hinreichend großen $m \geq \mu$, so daß $\beta/g(m) \leq 1/4$. Derartige Rekursionen können durch $O(m/g(m))$ abgeschätzt werden. Um dies zu zeigen, erweitern wir g zu einer differenzierbaren Funktion auf dem Intervall $\mathbb{R}_{[\mu,\infty[}$ der reellen Zahlen $\geq \mu$.

Lemma 5.3.5:

$g : \mathbb{R}_{[\mu,\infty[} \to \mathbb{R}^+$ sei monoton und unbeschränkt wachsend und besitze eine monoton fallende, stetige Ableitung g' mit $g'(x) \leq \frac{3}{2}x^{-1}$ für alle $x \in \mathbb{R}_{[\mu,\infty[}$. Dann gibt es eine Konstante c, so daß 5.4 bis 5.6 die Abschätzung

$$P(m) \;\leq\; c\,\frac{m}{g(m)} \qquad\qquad \text{für alle } m \geq \mu \text{ implizieren.}$$

Beweis: Wir führen eine Induktion über m. Als Induktionsanfang wird ein festes m_0 mit $g(m_0) \geq 16\,\beta$ gewählt. Da nach Voraussetzung g monoton und unbeschränkt wächst, existiert solch ein m_0. Durch Wahl von $c \geq \delta\,g(m_0)$ kann man erreichen, daß auf Grund der Schranke für $P(m)$ in 5.4 für alle $\mu \leq m \leq m_0$ gilt:

$$P(m) \;\leq\; \delta\,m \;\leq\; c\,\frac{m}{g(m_0)} \;\leq\; c\,\frac{m}{g(m)}\,.$$

Im Induktionsschritt für $m > m_0$ verwenden wir die zweite Schranke für $P(m)$. Um eine Abschätzung für die Werte $P(\frac{m}{2} + \beta\frac{m}{g(m)})$ und $P(\frac{m}{2} - \frac{m}{g(m)})$ zu erhalten, beachte man, daß sich auf Grund von $g(m) \geq 16\,\beta \geq 16$ die Argumente abschätzen lassen durch

$$\frac{m}{2} + \beta\frac{m}{g(m)} \;\leq\; \frac{9}{16}m \qquad \text{und} \qquad \frac{m}{2} - \frac{m}{g(m)} \;\geq\; \frac{7}{16}m\,.$$

Ferner wird eine Abschätzung von $g(\frac{m}{2})$ bzw. $g(\frac{7}{16}m)$ in Relation zu $g(m)$ benötigt. Für stetig differenzierbare Funktionen g weiß man aus der Differentialrechnung, daß für jedes Paar x, y ein z mit $x - y \leq z \leq x$ existiert, für das die Gleichung $g(x-y) = g(x) - y \cdot g'(z)$ gilt. Wegen der Monotonie von g' und $g(m) \geq 16$ folgt damit

$$g(\tfrac{m}{2}) \;\geq\; g(m) - \frac{m}{2}\cdot g'(\tfrac{m}{2}) \;\geq\; g(m) - \frac{m}{2}\cdot\frac{3}{2}\cdot(\tfrac{m}{2})^{-1}$$

$$= \; g(m) - \frac{3}{2} \;\geq\; \frac{7}{8}g(m) + \left(\frac{1}{8}\cdot 16 - \frac{3}{2}\right) \;\geq\; \frac{7}{8}g(m) \qquad \text{und}$$

$$g(\tfrac{7}{16}m) \;\geq\; g(m) - \frac{9}{16}m\cdot g'(\tfrac{7}{16}m) \;\geq\; g(m) - \frac{9}{16}m\cdot\frac{3}{2}\cdot(\tfrac{7}{16}m)^{-1} \;=\; g(m) - \frac{27}{14}\,.$$

Die Induktionsvoraussetzung liefert die Schranke $P(u) \leq c \cdot u/g(u)$ für $u < m$. Betrachten wir zunächst den Fall, daß der Term in 5.6 das Maximum ist. Dann folgt:

$$
\begin{aligned}
P(m) \;\leq\;& P\left(\frac{m}{2} + \beta\frac{m}{g(m)}\right) + \alpha\frac{m}{g(m)} \;\leq\; c\,\frac{\frac{m}{2} + \beta\frac{m}{g(m)}}{g\left(\frac{m}{2} + \beta\frac{m}{g(m)}\right)} + \alpha\frac{m}{g(m)} \\[2mm]
\leq\;& c\,\frac{\frac{9}{16}m}{g\left(\frac{m}{2}\right)} + \alpha\frac{m}{g(m)} \;\leq\; c\,\frac{\frac{9}{16}m}{\frac{7}{8}g(m)} + \alpha\frac{m}{g(m)} \\[2mm]
=\;& c\,\frac{m}{g(m)}\left(\frac{9}{16}\cdot\frac{8}{7} + \frac{\alpha}{c}\right) \;=\; c\,\frac{m}{g(m)}\left(\frac{9}{14} + \frac{\alpha}{c}\right) \;\leq\; c\,\frac{m}{g(m)}\;,
\end{aligned}
$$

falls $c \geq 14\,\alpha/5$. Ist das Maximum durch den Term in 5.5 gegeben, so folgt:

$$
\begin{aligned}
P(m) \;\leq\;& 2\,P\left(\frac{m}{2} - \frac{m}{g(m)}\right) + \gamma\frac{m}{g^2(m)} \;\leq\; 2c\,\frac{\frac{m}{2} - \frac{m}{g(m)}}{g\left(\frac{m}{2} - \frac{m}{g(m)}\right)} + \gamma\frac{m}{g^2(m)} \\[2mm]
=\;& c\,\frac{m}{g(m)}\left(\frac{g(m) - 2}{g\left(\frac{m}{2} - \frac{m}{g(m)}\right)} + \frac{\frac{\gamma}{c}}{g(m)}\right) \;\leq\; c\,\frac{m}{g(m)}\left(\frac{g(m) - 2}{g\left(\frac{7}{16}m\right)} + \frac{\frac{\gamma}{c}}{g(m)}\right) \\[2mm]
\leq\;& c\,\frac{m}{g(m)}\left(\frac{g(m) - 2}{g(m) - \frac{27}{14}} + \frac{\frac{\gamma}{c}}{g(m)}\right) \;\leq\; c\,\frac{m}{g(m)}\left(\frac{g(m) - 2 + \frac{\gamma}{c}}{g(m) - \frac{27}{14}}\right) \\[2mm]
\leq\;& c\,\frac{m}{g(m)}\;,
\end{aligned}
$$

falls $c \geq 14\,\gamma$ gewählt wird. $\blacksquare$

Die Funktion $g(x) = 1 + \log_2\frac{x}{\mu}$ erfüllt die Voraussetzungen des Lemmas, da für ihre Ableitung gilt: $g'(x) = \log_2 e \cdot x^{-1} \leq 3/2 \cdot x^{-1}$. Daher hat die Rekursion

$$
P(m) \;\leq\; \max\left\{ 2\cdot P\left(\frac{m}{2} - \frac{m}{\log m}\right) + \gamma\,\frac{m}{\log^2 m}\;,\right.
$$
$$
\left. P\left(\frac{m}{2} + \beta\,\frac{m}{\log m}\right) + \alpha\,\frac{m}{\log m}\right\}
$$

die Lösung $P(m) \leq c\cdot m/\log m$. Der Beweis zeigt, daß die Konstante c linear von α abhängt ($c \geq \frac{14}{5}\alpha$). Ist α nicht konstant, so liefert

$$
P(m) \;\leq\; O\left(\alpha\cdot\frac{m}{\log m}\right)
$$

eine Abschätzung für diese Art von Rekursionsgleichungen.

Zur Vereinfachung der Notation ersetzen wir die Ausdrücke $O(A_G(t))$ in den Abschätzungen für $\sigma(I)$ durch eine Zahl A, die diese Terme nach oben beschränkt. Um die günstigste Strategie zu bestimmen und diese Rekursionsgleichungen zu lösen, kann man folgendermaßen vorgehen. Zu einer Berechung $\mathcal{C}$ von M wird der Berechnungsgraph $H_{\mathcal{C}}$ mit

Knotenmenge $C_1, \ldots, C_t$ konstruiert. Seine Kantenmenge E sind die Paare (C_i, C_j), $i < j$, für die $j = i + 1$ gilt oder für die eine Speicherzelle existiert, die in C_i besucht wird und zum nächsten Mal wieder in C_j. Besitzt die TM M k Köpfe, so sind der Ingrad und Ausgrad des Berechnungsgraphen beschränkt durch $\delta_{\text{in}}(H_C), \delta_{\text{aus}}(H_G) \leq k + 1$.

Für die Teilfolge I von C bezeichne $m(I)$ die Anzahl der Kanten in dem Teilgraphen von H_C, der durch I induziert wird. Es gilt $|I| - 1 \leq m(I) \leq (k + 1) \cdot |I|$ und

$$m(I_1) + m(I_2) + |\text{UBL}(I_1, I_2)| \leq m(I) .$$

Sei $m := m(I)$, $m_j := m(I_j)$ für $j = 1, 2$, $m_3 := |\text{UBL}(I_1, I_2)|$ und g eine Funktion, wie das vorangehende Lemma verlangt. Man kann nun I_1 so wählen, daß

$$\frac{m}{2} - \frac{m}{g(m)} - (k + 1) \leq m_1 \leq \frac{m}{2} - \frac{m}{g(m)} .$$

Denn startet man mit $I_1 = \emptyset$ und fügt sukzessive einen Knoten $C_a, C_{a+1}, \ldots$ hinzu, so wächst $m(I_1)$ in jedem Schritt um höchstens $k+1$, den maximalen Ingrad eines Knotens. Es folgt für m_2, m_3:

$$m_2 + m_3 \leq m - m_1 \leq \frac{m}{2} + \frac{m}{g(m)} + k + 1 .$$

Als g wählen wir die Funktion

$$g : [2\,A, \infty[\to \mathbb{R}^+, \qquad g(m) = \log_2 \frac{m}{A} .$$

$S(m)$ bezeichne den maximalen Platzbedarf einer Strategie $\text{SIMULATE}[a, b, \text{EZ}(a-1), \text{ad}(v)]$ für ein Intervall $I = C_a, \ldots, C_b$ mit $m(I) \leq m$. Für Intervalle I mit $2\,A \leq m(I) \leq \mu_0\,A$ verwendet SIMULATE die Strategie 1. Dabei wird μ_0 so gewählt, daß $\mu_0\,A > m_0$, wobei m_0 die Schranke für den Induktionsanfang aus dem Beweis des vorherigen Lemmas ist. Wegen $m(I) \geq b - a - 1$ gilt in diesem Fall gemäß Abschätzung 5.1 für ein geeignetes δ

$$S(m) \leq O((b - a) + A) \leq O(m + A) \leq \delta\,m .$$

Betrachten wir nun Intervalle I mit $m = m(I) > m_0$, so läßt sich für hinreichend großes μ_0 durch

$$\frac{m}{g^2(m)} \geq \frac{\mu_0\,A}{\log^2 \mu_0} \geq A$$

eine obere Schranke für A herleiten. Falls $m_3 > 2\frac{m}{g(m)} + (k + 1)$ nennen wir die Überlappung zwischen den Teilintervallen von I **groß**. Als Schranke für $S(m)$ erhält man dann bei Wahl von Strategie 2 gemäß Abschätzung 5.2

$$m_2 \leq m - m_1 - m_3 \leq \frac{m}{2} + \frac{m}{g(m)} + (k + 1) - \left(2\frac{m}{g(m)} + (k + 1)\right)$$

$$= \frac{m}{2} - \frac{m}{g(m)} \qquad \text{und}$$

$$S(m) \leq S(m_1) + S(m_2) + A \leq 2 \cdot S\left(\frac{m}{2} - \frac{m}{g(m)}\right) + \frac{m}{g^2(m)} .$$

Im Fall **kleiner Überlappung**, d.h. $m_3 \leq 2 \frac{m}{g(m)} + (k+1)$, erweist sich Strategie 3 als günstiger mit einem Aufwand gemäß 5.3

$$
\begin{aligned}
S(m) \;\leq\;& \max\{S(m_1),\, S(m_2)\} \;+\; \mathrm{COD}(m_3) + A \\
\leq\;& S\left(\frac{m}{2} + \frac{m}{g(m)} + (k+1)\right) \;+\; \mathrm{COD}\left(2\,\frac{m}{g(m)} + (k+1)\right) \;+\; A \\
\leq\;& S\left(\frac{m}{2} + \beta\,\frac{m}{g(m)}\right) \;+\; \mathrm{COD}\left(2\,\frac{m}{g(m)} + (k+1)\right) \;+\; A
\end{aligned}
$$

für ein $\beta > 1$. Damit haben wir alle Voraussetzungen geschaffen, um die Ergebnisse des vorigen Abschnittes auf Baum-TM und Registermaschinen zu verallgemeinern. Es sei noch einmal darauf hingewiesen, daß unabhängig von der Speicherstruktur der zu simulierenden Maschinen M ein Simulator mit linearen Bändern genügt.

Theorem 5.3.6:

$$
\begin{aligned}
DTime^{\mathrm{tree}}(T) \;&\subseteq\; DSpace\left(\frac{T}{\log T}\right), \\
\mathrm{RAM}Time(T) \;&\subseteq\; DSpace\left(\frac{T}{\log T}\right).
\end{aligned}
$$

Beweis: M sei eine T–zeitbeschränkte DTM mit einem Baumspeicher. Der Simulator M' berechnet auf Eingaben X der Länge n die Zahl $s = c \cdot T(n)/\log T(n)$ für eine hinreichend große Konstante c und simuliert dann M durch die Prozedur **SIMULATE** wie oben beschrieben. Dabei wird s als Platzschranke für diese Prozedur herangezogen. Aus den Abschätzungen folgt, daß M' genügend Platz zur Verfügung steht, um **SIMULATE** erfolgreich, d.h. ohne Scheitern, auszuführen. Für Baum-TM M gilt nun auf Grund der obigen Überlegungen

$$
A \leq O(\log t) \quad \text{und} \quad \mathrm{COD}(r) \leq O(r) \qquad \text{und damit}
$$

$$
\mathrm{COD}\left(2\,\frac{m}{g(m)} + k + 1\right) + A \leq O\left(\frac{m}{g(m)}\right) \qquad \text{sowie}
$$

$$
\begin{aligned}
S(m) \;\leq\; \max\Bigg\{& 2 \cdot S\left(\frac{m}{2} - \frac{m}{g(m)}\right) + \frac{m}{g^2(m)}, \\
& S\left(\frac{m}{2} + \beta\,\frac{m}{g(m)}\right) + O\left(\frac{m}{g(m)}\right)\Bigg\}.
\end{aligned}
$$

Wir können daher das letzte Lemma anwenden und erhalten als Platzschranke für die Simulation von $t = T(n)$ Schritten einer Baum-DTM mit k Bändern

$$
S((k+1) \cdot t) \;\leq\; O\left(\frac{(k+1) \cdot t}{\log \frac{(k+1) \cdot t}{A}}\right) \;\leq\; O\left(\frac{t}{\log t}\right).
$$

Ist die Funktion T nicht platzkonstruierbar, so versucht M' sukzessive für $T(n)$ die Werte $t = n, 2n, \ldots$, bis die Simulation erfolgreich durchgeführt werden kann. Die zweite Relation ergibt sich mit Hilfe der schnellen Simulation von logarithmisch zeitbeschränkten Registermaschinen auf Baum-TM aus Kapitel 2.1:

$$\mathrm{RAM}Time(T) \subseteq DTime^{\mathrm{tree}}(T) \subseteq DSpace\,(T/\log T) \ . \qquad \blacksquare$$

Für mehrdimensionale TM würde eine direkte Anwendung dieser Simulationstechnik eine schlechtere Platzschranke liefern, da die Länge der Kodierung einer Überlappung stärker als linear wächst. Da wir im vorigen Kapitel gesehen hatten, daß mehrdimensionale Speicher mit nur sehr geringem Zeitverlust durch Maschinen mit Baumspeichern simuliert werden können, ergibt sich auf diesem Umweg die Schranke

$$DTime^{d-\dim}(T) \subseteq DSpace\left(\frac{T \cdot \exp\left(3d \cdot \mathrm{it}\log T\right)}{\log T}\right) \ .$$

Das obige Verfahren läßt sich jedoch auf eine weitere Maschinenklasse, die Pointer-Maschinen, übertragen und liefert in dem Fall die gleiche Schranke wie für Baum-TM. Pointer-Maschinen (siehe Abschnitt 2.5) können mehrdimensionale Maschinen ohne Zeitverlust simulieren, und man erhält somit die gleiche Time-Space-Relation auch im mehrdimensionalen Fall.

Theorem 5.3.7:
$$DTime^{d-\dim}(T) \subseteq DSpace\left(\frac{T}{\log T}\right) \ .$$

Bei beliebigen Speichern folgt mit Hilfe von Lemma 5.3.4, daß der Aufwand zur Kodierung der Überlappung für beliebige Speicher G um einen Faktor der Größe maximal $\mathrm{llog}\,t$ wächst. Wählt man in diesem Fall für α einen Wert $O(\mathrm{llog}\,t)$, so liefert die Rekursionsgleichung

$$S(m) \leq S\left(\frac{m}{2} + \beta\,\frac{m}{g(m)}\right) + O\left(\frac{m}{g(m)} \cdot \mathrm{llog}\,t\right) \leq S\left(\frac{m}{2} + \beta\,\frac{m}{g(m)}\right) + \alpha\,\frac{m}{g(m)}$$

weiterhin eine Abschätzung für den Platzbedarf von Strategie 3. Als Lösung für $S(m)$ ergibt sich dann

$$S(m) \leq O\left(\alpha\,\frac{m}{\log m}\right) \leq O\left(\mathrm{llog}\,t\,\frac{m}{\log m}\right) \ .$$

Theorem 5.3.8:
Für konstruierbare Speicher G mit einer Adressierfunktion $A_G(t) \leq O(t^{1-\epsilon})$ für ein $\epsilon > 0$ gilt:
$$DTime_G(T) \subseteq DSpace\left(\frac{T \cdot \mathrm{llog}\,T}{\log T}\right) \ .$$

5.3.3   Auxiliary Pushdown TM

Obwohl der Beweisgang, um eine nichttriviale Relation zwischen Zeit- und Platzkomplexitätsmaß herzuleiten, relativ aufwendig war, verbleibt bei dieser Fragestellung eine große Lücke. Wir haben als Ergebnis erhalten, daß für allgemeine Maschinenmodelle die Platzressource um mindestens einen logarithmischen Faktor leistungsfähiger ist als die Zeitressource. Andererseits muß die Zeitressource um maximal eine exponentielle Stufe größer sein, um platzbeschränkte Maschinen zu simulieren.

Für ein verallgemeinertes TM-Modell kann man zeigen, daß die exakte Relation zwischen beiden Ressourcen in der Tat ein exponentieller Unterschied ist. Bei diesem Modell besitzen die Maschinen zusätzlich einen Hilfsspeicher, den sie in eingeschränkter Form verwenden können. Dieser wird bei der Platzkomplexität nicht berücksichtigt.

Definition 5.3.9:
Eine **auxiliary-Pushdown-TM** (TM_{+Pd}) besitzt neben ihrem Speicher ein Pushdown-Band, auch **Keller** oder **Stack** genannt. Auf diesem Band kann die Maschine zusätzliche Information speichern, allerdings nur in der Art eines Stacks, d.h. nach dem Prinzip *last-in-first-out*. Technisch bedeutet dies, daß der Kopf bei einer Linksbewegung den Inhalt der Zelle, die er vor dem Schritt besucht hat, löscht (durch das Blanksymbol ersetzt). Die Speicherzellen des Pushdown-Bandes werden bei der Platzressource nicht mitgezählt. $DSpace_{+Pd}(S)$ bezeichne die Menge der Sprachen, die von einer solchen S-platzbeschränkten deterministischen Maschine erkannt werden können, und analog $NSpace_{+Pd}(S)$ für die nichtdeterministische Version.   □

Man beachte, daß eine TM_{+Pd} nur *ein* einziges zusätzliches Pushdown-Band besitzt, denn andernfalls wäre auf Grund des Ergebnisses in Aufgabe 1.5.13 jede rekursive Sprache in $DSpace_{+Pd}(0)$. Um die Zugriffskonvention auf das Pushdown-Band besser zu verdeutlichen, stellen wir uns dieses im folgenden als ein nach oben ausgedehntes, einseitig unendlich Band vor, wie es in der folgenden Abbildung dargestellt wird. Durch eine Kopfbewegung nach oben wird ein neues Element dem Stack hinzugefügt, durch eine Bewegung nach unten wird das oberste Zeichen wieder entnommen, vorausgesetzt der Stack ist nicht leer.

Verzichtet man bei einer TM auf lineare Arbeitsbänder und verwendet als Speicher lediglich ein Pushdown-Band, so spricht man von einem **Pushdown-Automaten, PdA**. Derartige Maschinen unterliegen der zusätzlichen Einschränkung, daß die Eingabe nur 1-way gelesen werden kann. Im nächsten Kapitel werden wir dies Modell zur Definition bestimmter Sprachfamilien noch verwenden. Die im folgenden betrachteten auxiliary Pushdown TM besitzen dagegen ein 2-Weg Eingabeband.

Eine gewöhnliche DTM, die auf einer Eingabe X der Länge n Platz $s \geq \log n$ verwendet, hält entweder nach höchstens exponentiell in s vielen Schritten an oder gerät in eine unendliche Schleife, da die Anzahl der möglichen Konfigurationen von M exponentiell in

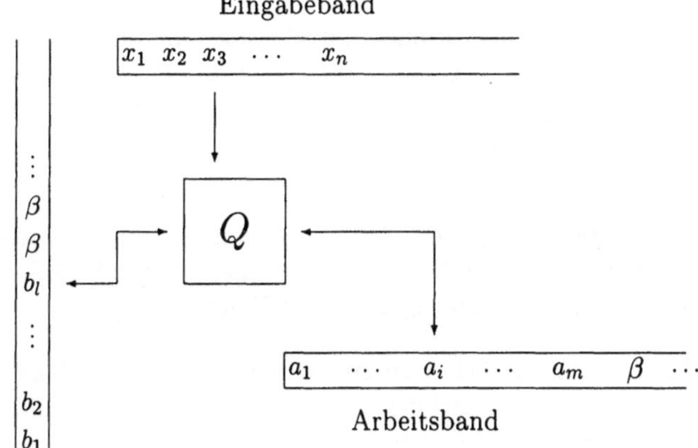

Abbildung 5.9: *TM mit zusätzlichem Pushdown-Band*

s beschränkt ist. Eine TM$_{+\text{Pd}}$ M hat dagegen neben dem gewöhnlichen Speicher noch das Pushdown-Band zur Verfügung, das zunächst keiner Größenbeschränkung unterliegt, so daß im Prinzip unendlich viele Konfigurationen möglich sind. Man kann jedoch zeigen, daß M auf dem Pushdown-Band höchstens $\sigma = \exp(c \cdot s)$ viele Zellen benutzen kann, ohne in eine Schleife zu geraten, wobei die Konstante c nur von der Maschine abhängt. Daraus ergibt sich sofort, daß die Länge einer endlichen Berechnung höchstens exponentiell in σ und damit doppelt exponentiell in s wachsen kann, d.h.

$$DSpace_{+\text{Pd}}(S) \ - \ DSpaceTime_{+\text{Pd}}(S, \text{EExL}(S)) \quad \text{für} \quad S \geq \log .$$

Analoges gilt für das nichtdeterministische Modell.

Theorem 5.3.10:
Für platzkonstruierbare Schranken $S \geq \log$ gilt:

$$DSpace_{+\text{Pd}}(S) \ = \ NSpace_{+\text{Pd}}(S) \ = \ DTime(\text{ExL}(S)) .$$

Beweis: Wir beschränken uns auf eine kurze Beschreibung der Beweisideen. Es genügt, die Inklusionen

$$DSpace_{+\text{Pd}}(S) \ \subseteq \ NSpace_{+\text{Pd}}(S) \ \subseteq \ DTime(\text{ExL}(S)) \ \subseteq \ DSpace_{+\text{Pd}}(S)$$

nachzuweisen; die erste ist dabei trivial. Wir können voraussetzen, daß eine nichtdeterministische TM$_{+\text{Pd}}$ M immer mit leerem Pushdownband anhält. Eine **Oberflächenkonfiguration** von M ist eine vollständige Beschreibung von M bis auf den Inhalt des Pushdown-Bandes, von dem nur das oberste Symbol spezifiziert wird. Die Anzahl der Oberflächenkonfigurationen, bei der die Maschine nicht mehr als s Zellen ihres Speichers benutzt, ist wiederum exponentiell in s beschränkt. Die entscheidende Beobachtung ist nun die folgende:

- C_1, C_2 seien zwei Konfigurationen mit gleicher Oberfläche. Gibt es eine Teilrechnung, die von C_1 zu einer Oberflächenkonfiguration C' führt, wobei die Höhe der Inschrift auf dem Pushdown-Band niemals geringer wird als in C_1, so gibt es auch eine Teilrechnung, die von C_2 nach C' führt.

Aus diesem Grund braucht eine DTM, die M simuliert, nur exponentiell in s viele Oberflächenkonfigurationen bezüglich der gegenseitigen Erreichbarkeit untersuchen. Dazu genügt Zeit $\mathrm{ExL}(s)$, d.h. $NSpace_{+\mathrm{Pd}}(S) \subseteq DTime(\mathrm{ExL}(S))$.

Um $\mathrm{ExL}(S)$–zeitbeschränkte DTM zu simulieren, reicht es, 1-Band Maschinen zu betrachten. M sei eine solche Maschine, X eine Eingabe für M und V die zugehörige Berechnungsmatrix der Größe $t \leq \exp s$ mit $s \leq O(S(|X|))$.

Wir erinnern an die Annahme, die für Berechnungsmatrizen getroffen werden. Wenn M die Eingabe X akzeptiert, so enthält der erste Eintrag der letzten Zeile einen akzeptierenden Endzustand. Ein Eintrag v wird rekursiv verifiziert, indem man für die vorangehenden Zeile drei Einträge v_{-1}, v_0, v_1 rät, die v ergeben, und diese dann getrennt überprüft. Anstelle des Ratens probiert eine $DTM_{+\mathrm{Pd}}$ alle Möglichkeiten durch, überprüft die v_i nacheinander und speichert dabei die nicht betrachteten v_i solange auf dem Pushdown-Band. Zum Zwischenspeichern genügt ein derartiges Band, da bei diesem Vorgehen die zuletzt abgelegten Einträge als erste überprüft werden. Zum Generieren der v_i und zum Überprüfen, ob ein Eintrag in der ersten Zeile korrekt ist (Ende der Rekursion), genügt ein Arbeitsband der Größe $O(s)$. Daher ist die simulierende $DTM_{+\mathrm{Pd}}$ $O(S)$– platzbeschränkt und mit Hilfe einer Bandkompression ergibt sich $DTime(\mathrm{ExL}(S)) \subseteq DSpace_{+\mathrm{Pd}}(S)$. $\blacksquare$

5.4 Simultane Ressource-Schranken

5.4.1 Schaltkreisweite

Neben der Größe und der Tiefe wollen wir noch ein weiteres Maß für die Komplexität von Schaltkreisen einführen, die Weite. Ein Gatter in einem Schaltkreis ist **überflüssig**, wenn es von ihm keinen Weg zu einem Output gibt. Zur Vereinfachung der Analyse sei vorausgesetzt, daß Schaltkreise keine überflüssigen Gatter besitzen. Wir betrachten im folgenden nur Boolesche Funktionen mit Wertebereich $\{0, 1\}$, die zugehörigen Schaltkreise besitzen daher nur einen Output, der gleichzeitig die einzige Senke des zugrunde liegenden Graphen ist.

Ein DAG G läßt sich in natürlicher Weise in eine Folge von **Schichten** $L_0, L_1, \ldots, L_d$ zerlegen: L_k besteht aus den Knoten, deren Tiefe (der maximale Abstand zu einer Quelle) k beträgt. L_0 ist somit die Menge der Quellen von G und für d kann man die Tiefe von

G wählen. Ein Schnitt zwischen zwei aufeinanderfolgenden Schichten L_k, L_{k+1} ergibt eine 2-Schichtung von G:

$$S_k \; := \; U_k \; \dot{\cup} \; W_k \; = \; (L_0 \cup \ldots \cup L_k) \; \dot{\cup} \; (L_{k+1} \cup \ldots \cup L_d) \; .$$

Definition 5.4.1:
Für eine derartige 2-Schichtung $S_k = U_k \dot{\cup} W_k$ sei $\Gamma^-(S_k)$ die Menge der Knoten in U_k, die direkte Nachfolger in W_k besitzen, aber keine Quellen von G sind. Dann ist die **Weite** von G definiert als die maximale Größe dieser $\Gamma^-(S_k)$ über alle $k \geq 1$. Für einen Schaltkreis G sei **width(G)** die Weite des G zugrunde liegenden Graphen. Ist W eine Komplexitätsschranke, so bezeichne **CirWidth(W)** die Menge der Booleschen Funktionen f, für die es eine W–weitenbeschränkte Schaltkreisfamilie gibt, die f berechnet. $\qquad\qquad\square$

Die Weite alleine ist als Komplexitätsmaß für Schaltkreise nicht aussagekräftig genug, denn man kann jede Boolesche Funktion durch einen Schaltkreis konstanter Weite berechnen (Aufgabe 5.5.14). In der Regel wächst die Größe solcher Schaltkreise jedoch exponentiell in der Anzahl der Inputs, d.h. es besteht ein Tradeoff zwischen Weite und Größe – ähnlich wie bei TM zwischen Platz und Zeit. Wir untersuchen deshalb im folgenden Abschnitt die Schaltkreisressource *width* in Kombination mit *size* und *depth*. Um entartete Fälle, wie eben beschrieben, auszuschließen, sei bei Komplexitätsklassen wie CirSizeWidth(C, W) die generelle Voraussetzung verlangt, daß die Weitenschranke W mindestens logarithmisch in der Größe wächst, d.h. $W \geq \log C$. Da wir außerdem immer $C \geq \mathcal{N}$ voraussetzen, gilt insbesondere $W \geq \log$. Dieselbe Bedingung hatten wir auch an die Tiefe bei den Untersuchungen in Kapitel 2.2 gestellt. Ferner verlangen wir als Konstruierbarkeitsforderung für die Schaltkreisfamilien in CirSizeWidth(C, W), daß sie durch eine T–zeit- und S– platzbeschränkte DTM generiert werden können, wobei $T \leq O(C \cdot \log^2 C)$ und $S \leq O(\log C)$. Die topologische Aufzählung eines Schaltkreises zähle seine Schichten L_k, $k = 1, \ldots, d$, der Reihe nach auf. Innerhalb einer Schicht werden die Knoten linear durchnumeriert, der i-te Knoten von Schicht L_k erhält somit als Kennzeichnung das Paar (k, i).

Bei **synchronen Schaltkreisen** verlaufen Kanten bei einer Zerlegung in tiefengleiche Knotenmengen nur zwischen zwei aufeinanderfolgenden Schichten oder gehen von einem Input aus. In diesem Fall stimmt die Weite mit der maximalen Anzahl von Knoten in einer Schicht L_k, $k \in [1, d]$, überein, die keine Senken sind. Diese Betrachtungsweise erleichtert das Verständnis des Begriffes der Weite. Andererseits kann man sich überlegen, daß es zu jedem Schaltkreis ein synchrones Äquivalent gleicher Weite und Tiefe gibt (Aufgabe 2.4.16).

Die Tiefe eines Graphen entspricht der Anzahl von Schichten, die Weite der maximalen Größe. Daher gilt für einen Graphen G mit m Knoten, Tiefe d und Weite w: $m \leq n + d \cdot w + n'$, wobei n die Anzahl der Quellen und n' die Anzahl der Senken sei. Bei Schaltkreisen werden die Inputs bei der Größe nicht mitgezählt. Besitzt ein Schaltkreis G

keine überflüssigen Gatter und nur einen Ouput, der dann zwangsläufig die letzte Schicht L_d bildet, so folgt unter der Voraussetzung $width(G) > 0$:

$$\max\{depth(G), width(G)\} \leq size(G) \leq depth(G) \cdot width(G) .$$

In den Übungen wird gezeigt, daß sowohl $depth(G)$ als auch $width(G)$ eine lineare obere Schranke für die minimal notwendige Anzahl von Pebbles liefern, um G zu pebbeln. Die Graphenfamilie in Theorem 5.2.18, die eine $\Omega(n/\log n)$ untere Schranke für die Zahl der notwendigen Pebbles besitzt, ist daher ein nichttriviales Beispiel für Graphen, die simultan große Tiefe und Weite besitzen.

5.4.2   Vergleich der Ressourcen von TM und Schaltkreisen

In Kapitel 2.2 haben wir gesehen, daß zwischen der Zeitkomplexität von TM und der Größe von Schaltkreisen eine enge Beziehung besteht. Für linear konstruierbare oder approximierbare Komplexitätsschranken gilt nämlich $DTime(T) \subseteq \mathrm{Cir}Size(O(T \log T))$ und $\mathrm{Cir}Size(C) \subseteq DTime(C \cdot \log^2 C)$, d.h.

$$DTime(T \cdot \mathrm{PLog}(T)) = \mathrm{Cir}Size(T \cdot \mathrm{PLog}(T)) .$$

Ähnliches erhielten wir für die Platzkomplexität und die Schaltkreistiefe:

$$DSpace(\mathrm{Pol}(S)) = \mathrm{Cir}Depth(\mathrm{Pol}(S)) .$$

Bei den entsprechenden Simulationen, etwa beim Vergleich von *time* und *size*, bleibt allerdings eine enge Beziehung für das andere Ressourcenpaar, in diesem Fall *space*-*depth*, nicht erhalten. Ist beispielsweise eine T–zeitbeschränkte DTM M S– platzbeschränkt mit einer Schranke S deutlich kleiner als T, so liefert die die Simulation von M durch eine $C \leq O(T \log T)$–größenbeschränkte Schaltkreisfamilie nur die triviale Schranke C für die Tiefe dieser Schaltkreise.

Die Frage stellt sich, ob es möglich ist, eine simultane Beziehung zwischen diesen Ressourcen zu erhalten. Läßt sich $DTimeSpace(T, S)$ in $\mathrm{Cir}SizeDepth(C, D)$ einbetten, so daß sowohl die Schranke C durch eine gering wachsende Funktion in T als auch D durch eine solche in S beschränkt ist? Bei dieser Betrachtungsweise zeigt sich, daß *space* und *depth* weniger gut zueinander passen. In Kapitel 3 hatten wir ein weiteres Komplexitätsmaß für TM vorgestellt, Reversal. Ähnlich wie bei Schaltkreisen für *size*, *depth* und *width* haben wir gezeigt, daß für jede Maschine M gilt (Lemma 3.5.3):

$$time_M \leq O(space_M \cdot revers_M) .$$

Bei einem separaten Eingabeband war die obere Schranke mit einem zusätzlichen Faktor, der Länge der Eingabe, zu multiplizieren. Im folgenden wollen wir die simultanen

Beziehungen zwischen diesen 3 Maßen für TM und denen für Schaltkreise kurz vorstellen. Für Platzschranken S und Reversalschranken R, sowie für Tiefenschranken D und Weitenschranken W gelte generell:

$$S \cdot R \geq \mathcal{N}, \quad S \geq \log R \quad \text{und} \quad R \geq \log S,$$
$$D \cdot W \geq \mathcal{N}, \quad D \geq \log W \quad \text{und} \quad W \geq \log D.$$

Durch den Zusatz "obl" bzw. "synch" schränken wir die Klasse der TM auf bewegungsuniforme Modelle ein bzw. die Schaltkreise auf synchrone Versionen. Die Ergebnisse in Theorem 2.2.21 und Aufgabe 2.4.16 lassen sich wie folgt formulieren:

$$DTimeSpace(T, S) \subseteq DTimeSpace^{\mathrm{obl}}(T \cdot \log S, S) \quad \text{und}$$
$$\mathrm{Cir}SizeWidth(C, W) \subseteq \mathrm{Cir}SizeWidth^{\mathrm{synch}}(C \cdot W, W).$$

Allerdings gilt für die zweite Inklusion die Einschränkung, daß nicht bekannt ist, ob die synchronen Schaltkreisfamilien mit dem gleichen Aufwand konstruiert werden können wie die nichtsynchronen. Das naheliegende Synchronisationsverfahren durch Einfügen zusätzlicher Knoten, die eine Kante zwischen weiter entfernten Schichten ersetzen, führt zu einer Platzschranke für die konstruierende DTM der Form $O(W \cdot \log C)$.

Theorem 5.4.2:

$$DTimeSpace^{\mathrm{obl}}(\mathrm{Pol}(T), \mathrm{Lin}(S)) = \mathrm{Cir}SizeWidth^{\mathrm{synch}}(\mathrm{Pol}(T), \mathrm{Lin}(S)).$$

Beweis: Die Inklusion der linken Klasse in der rechten ergibt sich aus dem Beweis des Theorems 2.2.20 : $DTime^{\mathrm{obl}}(T) \subseteq \mathrm{Cir}Size(O(T))$. Eine genauere Analyse des Beweises zeigt nämlich

$$DTimeSpace^{\mathrm{obl}}(T, S) \subseteq \mathrm{Cir}SizeWidth^{\mathrm{synch}}(O(T \cdot S), O(S)),$$

wobei diese Schaltkreisfamilien die Konstruierbarkeitsbedingung des vorigen Abschnittes erfüllen. Die andere Inklusion erhält man durch eine schichtweise Simulation eines synchronen Schaltkreises G. Eine TM generiert die Knoten von G in der Reihenfolge, wie sie durch die Konstruierbarkeitsforderung an G vorgegeben ist. Um die Werte der Gatter einer Schicht bei einer Eingabe X zu berechnen, braucht sie sich nur den Index der aktuellen Schicht und die Werte der Gatter der vorangehenden Schicht zu merken.

Diese Werte werden gemäß der Ordnung der Knoten in jeder Schicht aufeinanderfolgend abgespeichert; dafür genügt Platz $O(\log size(G) + width(G)) \leq O(width(G))$. Der Zeitaufwand zur Berechnung des Wertes eines Gatters v bestimmt sich aus dem Aufwand zum Auffinden seiner Vorgänger v'; dies ist $O(width(G))$ für die Vorgänger v' in der vorangehenden Schicht plus $O(|X|)$, falls unter diesen Vorgängern auch Inputs sind. Damit erhalten wir als Zeitschranke $O(size(G) \cdot (width(G) + n)) \leq O(C^2)$, d.h.

$$\mathrm{Cir}SizeWidth^{\mathrm{synch}}(C, W) \subseteq DTimeSpace^{\mathrm{obl}}(O(C^2), O(W)). \quad \blacksquare$$

Die letzte Simulation läßt sich auch für nichtsynchrone Schaltkreise G durchführen. Da Vorgänger nun nicht mehr ausschließlich in der vorangehenden Schicht liegen müssen, würde ein zusätzliches Abspeichern der Namen dieser Knoten die Platzschranke um den Faktor $\log C$ erhöhen. Man kann jedoch die Werte der Gatter v', die als Eingaben für andere Gatter noch benötigt werden, weiterhin in einer geordneten Folge F ohne Namen abspeichern. Zum Auffinden eines Gatters v' werden dann die Knoten in F der Reihe nach erneut generiert, bis man v' gefunden hat und daraus die Position von v' in F erhält. Der Zeitaufwand pro Gatter ist in diesem Fall durch den Aufwand beschränkt, um G zu konstruieren. Dies zeigt

Theorem 5.4.3:

$$DTimeSpace(\mathrm{Pol}(T), \mathrm{Lin}(S)) \;=\; CirSizeWidth(\mathrm{Pol}(T), \mathrm{Lin}(S)) \;.$$

Somit erhalten wir bei simultanen Ressourceschranken eine enge Korrespondenz zwischen den Komplexitätsmaßen *space* bei TM und *width* bei Schaltkreisen. Für die verbleibenden Maße *revers* und *depth* kann man ähnliche Resultate zeigen. Um Bewegungsuniformität bei TM zu erreichen, läßt sich die Technik zum Beweis von Theorem 2.2.21 nicht einsetzen, da diese die Anzahl der Reversals sehr stark erhöhen würde. Man kann das Problem jedoch auch durch mehrfachen Einsatz von Sortierverfahren lösen. Die Konstruktion wird in [P79] beschrieben.

Theorem 5.4.4:

$$\begin{aligned}
DTimeRevers_k(T, R) &\subseteq DTimeRevers_k^{\mathrm{obl}}(O(T^k \cdot R \cdot \log^4 T),\, O(R \cdot \log^3 T)) \;, \\
DTimeRevers^{\mathrm{obl}}(T, R) &\subseteq CirSizeDepth(O(T),\, O(R \cdot \log T)) \;, \\
CirSizeDepth(C, D) &\subseteq DTimeRevers^{\mathrm{obl}}(O(C \cdot D \cdot \log^3 C),\, O(D \cdot \log^2 C)) \;.
\end{aligned}$$

Als Bedingung an die Schaltkreisfamilien in $CirSizeDepth(C, D)$ muß man voraussetzen, daß ihre Konstruktion durch eine T–zeit- und R–reversalbeschränkte DTM möglich ist, wobei $T \leq O(C \cdot D \cdot \log^3 C)$ und $R \leq O(D \cdot \log^2 C)$.

Korollar 5.4.5:

$$DTimeRevers(\mathrm{Pol}(T), \mathrm{Pol}(R)) \;=\; CirSizeDepth(\mathrm{Pol}(T), \mathrm{Pol}(R)) \;.$$

Man kann diese Ergebnisse nun folgendermaßen zusammenfassen:

Theorem 5.4.6:

$$DSpaceRevers(\mathrm{Pol}(S), \mathrm{Pol}(R)) \;=\; CirWidthDepth(\mathrm{Pol}(S), \mathrm{Pol}(R)) \;,$$

d.h. bei simultanen Ressourceschranken entsprechen sich – bis auf polynomiale Unterschiede – *space* und *width* einerseits sowie *revers* und *depth* andererseits.

Beweis: M sei eine S-platz- und R-reversalbeschränkte DTM. Falls $S(n) \geq R(n)$, gilt auf Grund der Voraussetzungen $S \cdot R \geq \mathcal{N}$ und der Beziehung $time_M(n) \leq O(space_M(n) \cdot revers_M(n) \cdot n)$

$$time_M(n) \leq O(S^2(n) \cdot n) \leq O(S^4(n)) \;.$$

Andernfalls ergibt sich $R(n) \geq S(n)$ und

$$time_M(n) \leq O(R^2(n) \cdot n) \leq O(R^4(n)) \;.$$

Im ersten Fall verwenden wir dann die Beziehung

$$
\begin{aligned}
DSpaceRevers(S, R) \;&\subseteq\; DTimeRevers(O(S^4), R) \\
&\subseteq\; \mathrm{Cir}SizeDepth(\mathrm{Pol}(S), \mathrm{Pol}(R)) \\
&\subseteq\; \mathrm{Cir}WidthDepth(\mathrm{Pol}(S), \mathrm{Pol}(R)) \;,
\end{aligned}
$$

im anderen Fall

$$
\begin{aligned}
DSpaceRevers(S, R) \;&\subseteq\; DSpaceTime(S, O(R^4)) \\
&\subseteq\; \mathrm{Cir}WidthSize(\mathrm{Pol}(S), \mathrm{Pol}(R)) \\
&\subseteq\; \mathrm{Cir}WidthDepth(\mathrm{Pol}(S), \mathrm{Pol}(R)) \;.
\end{aligned}
$$

Ein ähnlicher Schluß läßt sich für die entgegengesetzte Inklusion führen. Da ein Schaltkreis G die Beziehung $size(G) \leq depth(G) \cdot width(G)$ erfüllt, gilt entweder $size(G) \leq depth(G)^2$ oder $size(G) \leq width(G)^2$. Damit folgt in den beiden Fällen

$$
\begin{aligned}
\mathrm{Cir}DepthWidth(D, W) \;&\subseteq\; \mathrm{Cir}SizeWidth(D^2, W) \\
&\subseteq\; DTimeSpace(\mathrm{Pol}(D), O(W)) \\
&\subseteq\; DReversSpace(\mathrm{Pol}(D), O(W)) \qquad \text{bzw.} \\
\mathrm{Cir}DepthWidth(D, W) \;&\subseteq\; \mathrm{Cir}DepthSize(D, W^2) \\
&\subseteq\; DReversTime(\mathrm{Pol}(D), \mathrm{Pol}(W)) \\
&\subseteq\; DReversSpace(\mathrm{Pol}(D), \mathrm{Pol}(W)) \;.
\end{aligned}
$$

Die obige Relation zwischen *size*, *depth* und *width*, die für jedes feste n gilt, impliziert jedoch nicht zwangsläufig, daß für die Größenschranken C einer Schaltkreisfamilie in $\mathrm{Cir}DepthWidth(D, W)$ uniform $C \leq D^2$ oder $C \leq W^2$ gilt. In Abhängigkeit von n könnte einmal die eine Ungleichung und ein anderes Mal die andere erfüllt sein. Eine Sprache L in $\mathrm{Cir}DepthWidth(D, W)$ gestattet jedoch eine Zerlegung in zwei disjunkte Teilsprachen $L = L_1 \dot\cup L_2$ mit $L_1 \in \mathrm{Cir}SizeWidth(D^2, W)$ und $L_2 \in \mathrm{Cir}SizeDepth(W^2, D)$. Für jedes n enthält dabei höchstens eine der beiden Sprachen Strings der Länge n, mit anderen Worten $L^{=n} = L_1^{=n}$ oder $L^{=n} = L_2^{=n}$. Jede der beiden Sprachen L_i liegt auf Grund der obigen Überlegungen in der Klasse $DSpaceRevers(\mathrm{Pol}(W), \mathrm{Pol}(D))$. Man überlegt sich nun, daß für konstruierbare Schranken D, W auch die Vereinigung der beiden Sprachen in diese Klasse fällt. Eine analoge Überlegung für eine Sprache in

$DSpaceRevers(S, R)$ zeigt, daß sie auch in $CirWidthDepth(\mathrm{Pol}(S), \mathrm{Pol}(W))$ liegt. ∎

Zum Abschluß dieser Betrachtungen können wir nun festhalten: Sowohl im Schaltkreis- als auch im TM-Modell kann das primäre Komplexitätsmaß *Größe* bzw. *Zeit* zerlegt werden in ein Produkt aus den Komponenten *Tiefe* x *Weite* bzw. *Reserval* x *Platz*. Bei Schaltkreisen ist diese *Faktorisierung* auf Grund ihrer Statik offensichtlich, im dynamischen Maschinenmodell bedurfte es einer genaueren Betrachtung. Die enge Beziehung zwischen den Faktoren Tiefe und Reserval sowie Weite und Platz ist ein weiteres Indiz dafür, daß beide auf den ersten Blick so unterschiedlichen Berechnungsmodelle gegeneinander austauschbar sind und zu ähnlichen Ergebnissen führen, wenn es darum geht, den algorithmischen Aufwand zur Lösung eines Problems zu charakterisieren.

Andererseits bedeutet diese Faktorisierung, daß sich Tiefe und Weite, bzw. Reversal und Platz jeweils reziprok zueinander verhalten – eine Verminderung der einen Ressource verlangt eine Erhöhung der anderen. Dies Tradeoff muß aber nicht zwangsläufig zu einer Erhöhung des Gesamtaufwandes, sprich Schaltkreisgröße oder Rechenzeit, führen.

5.5 Übungsaufgaben

Aufgabe 5.5.1:
Zeigen Sie, daß ein gerichteter Graph genau dann eine topologische Ordnung besitzt, wenn er azyklisch ist.

Aufgabe 5.5.2:
Geben Sie einen Beweis für die Abschätzung

$$Pebbles(G) \;\leq\; depth(G) \cdot (\delta_{\mathrm{in}}(G) - 1) + 2 \;,$$

und konstruieren Sie eine Graphenfamilie $\mathcal{G} = (G_n)_n$, die zeigt, daß diese Schranke asymptotisch sehr weit von dem optimalen Wert $Pebbles(G_n)$ entfernt sein kann.

Aufgabe 5.5.3:
Der Graph Γ_m, $m = 1, 2, 3, \ldots$, besteht aus $n = 2^{m+1} - 1$ Knoten $v_{i,j}$, wobei $0 \leq i \leq m$ und $0 \leq j < 2^i$ (siehe Abbildung 5.10). Kanten verlaufen von $v_{m,j}$ nach $v_{m,j+1}$ für $0 \leq j < 2^m - 1$, sowie von $v_{i,j}$ nach $v_{i+1,j}$ und $v_{i+1,2^i+j}$ für $0 \leq i < m$ und $0 \leq j < 2^i$. Zeigen Sie für das Pebbeln von Γ_m die Schranke
$$Steps(\Gamma_m, s) \;=\; \frac{n}{2} \cdot \log\left(\frac{n}{s}\right) + \Theta(n) \qquad \text{für alle } 3 \leq s \leq n \;.$$

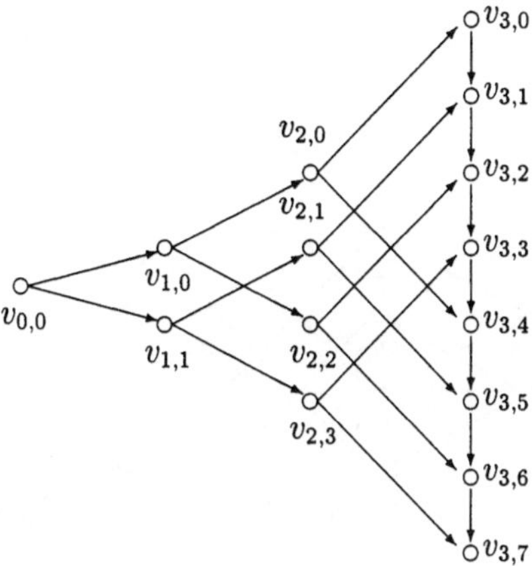

Abbildung 5.10: *Der Graph* Γ_3

Aufgabe 5.5.4:

Beweisen Sie das folgende Ergebnis, welches in der Regel eine Verschärfung von Lemma
5.2.12 darstellt:

$$Pebbles(G) \;\leq\; 2 \cdot width(G) + \delta_{\mathrm{in}}(G) + 1 \; .$$

Wieviele Züge benötigt man dazu? Konstruieren Sie eine Graphenfamilie, für die diese
Schranke eine schlechte Abschätzung liefert.

Aufgabe 5.5.5:

Betrachten Sie Pebble-Strategien, bei denen interne Knoten, d.h. Knoten, die keine Quellen sind, nicht mehr als einmal gepebbelt werden, sogenannte **einfache Strategien**. Mit
welcher kombinatorischen Eigenschaft von Graphen kann man die für einfache Strategien
minimal notwendige Anzahl von Pebbles exakt – bis auf eine additive Konstante, die vom
Ingrad des Graphen abhängt – abschätzen?

Aufgabe 5.5.6:

Ersetzt man in Γ_m die lange lineare Kette von Knoten durch einen binären Baum, so
erhält man den **Jellyfish-Graphen** J_m (siehe Abbildung 5.11). Er besteht aus insgesamt
$n = 3 \cdot 2^m - 2$ Knoten, den Knoten $v_{i,j}$ von Γ_m sowie Knoten $u_{i,j}$, wobei $0 \leq i < m$
und $0 \leq j < 2^i$. Die Kantenmenge ist gegeben durch

$$\{ (v_{i,j}, v_{i+1,j}),\; (v_{i,j}, v_{i+1,2^i+j}),\; 0 \leq i < m,\, 0 \leq j < 2^i \} \;\cup$$
$$\{ (u_{i,j}, u_{i-1,\lfloor j/2 \rfloor}),\; 1 \leq i < m,\, 0 \leq j < 2^i \} \;\cup$$
$$\{ (v_{m,j}, u_{m-1,\lfloor j/2 \rfloor}),\; 0 \leq j < 2^m \} \; .$$

Man könnte vermuten, daß die Jellyfish-Graphen ein ähnliches *Pebbles – Steps*-Tradeoff
besitzen wie die Graphen Γ_m. Widerlegen Sie dies durch eine Strategie, die für $m + 4 \leq$
$s \leq m^2$ die folgende Schranke erreicht:

$$Steps(J_m, s) \;\leq\; n + n\,\frac{\log^2 n}{s} \; .$$

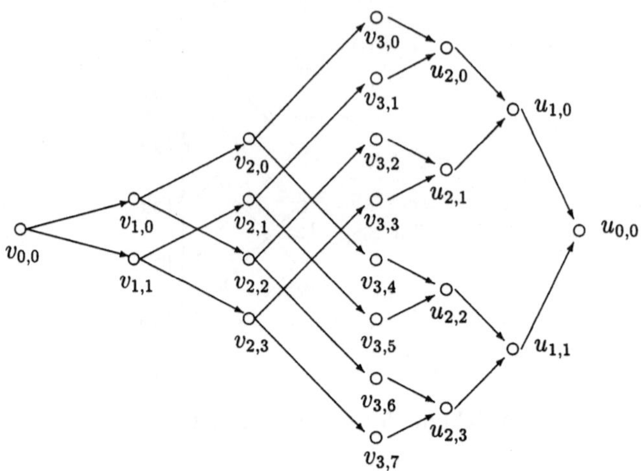

Abbildung 5.11: *Der Jellyfish-Graph* J_3

Aufgabe 5.5.7: Separator-Strategie

$\sigma : \mathbb{N} \to \mathbb{N}$ sei eine monoton wachsende Funktion. Ein Graph G besitzt die σ–**Separator-Eigenschaft**, wenn er nicht mehr als 3 Knoten besitzt oder seine Knotenmenge V in 3 Teile $V_1 \,\dot{\cup}\, V_s \,\dot{\cup}\, V_2$ zerlegen werden kann, so daß

1. $|V_s| \leq \sigma(n)$,

2. $|V_i| \leq \frac{2}{3}n$ für $i = 1, 2$, und es gibt keine Kanten zwischen V_1 und V_2,

3. die beiden durch die Knotenmengen V_i, $i = 1, 2$, induzierten Subgraphen besitzen die σ–Separator-Eigenschaft.

Zeigen Sie, daß für Funktionen σ mit $\sum_{i=0}^{\lfloor \log_{3/2} n \rfloor} \sigma((\frac{2}{3})^i n) \leq O(\sigma(n))$ ein Graph $G \in \mathcal{G}_n^d$ mit der σ–Separator-Eigenschaft mit $O(\sigma(n) + d \log n)$ Pebbles gepebbelt werden kann. Dies Ergebnis läßt sich beispielsweise auf die Klasse der planaren Graphen anwenden. Denn planare Graphen besitzen $(\sqrt{8n})$–Separatoren [LT79] und können daher mit $O(\sqrt{n})$ Pebbles gepebbelt werden.

Aufgabe 5.5.8:

Aus einer Pebble-Strategie für einen Schaltkreis ergibt sich ein Verfahren, seine Gatter auszuwerten. Die Vorgehensweise hierbei ist deterministisch. Ein nichtdeterministisches Auswertungsverfahren kann man durch ein modifiziertes Pebble-Spiel, das **Black-and-White-Pebble-Game**, beschreiben. Neben den gewöhnlichen Pebbles, den **schwarzen** Pebbles, stehen auch **weiße Pebbles** zur Verfügung. Ein schwarzes Pebble darf entsprechend den Regeln des Pebble-Games nur dann auf einen Knoten v gelegt werden, wenn alle direkten Vorgänger von v ein Pebble, ein weißes oder ein schwarzes, tragen. Ein

Entfernen eines schwarzen Pebbles ist jederzeit möglich. Für die weißen Pebbles gelten die folgenden Regeln:

1. Ein weißes Pebble darf jederzeit auf einen Knoten gelegt werden.

2. Ein weißes Pebble darf nur dann von einem Knoten v entfernt werden, wenn alle seine direkten Vorgänger ein weißes oder schwarzes Pebble tragen.

Einen Graphen G im Black-and-White-Pebble-Game zu pebbeln verlangt, auf jeden Knoten irgendwann ein Pebble zu legen und alle Pebbles auch wieder zu entfernen.

Zeigen Sie, daß die Pyramide PY_h im Black-and-White-Pebble-Game mit $\lceil (h+5)/2 \rceil$ vielen Pebbles gepebbelt werden kann.

Aufgabe 5.5.9:
Beweisen Sie, daß die minimale Anzahl von Pebbles, um einen vollständigen d-nären Baum der Tiefe h im gewöhnlichen Pebble-Game zu pebbeln, $h \cdot (d-1) + 2$ ist. Im Black-and-White-Pebble-Game kann man etwa die Hälfte der Pebbles einsparen. Zeigen Sie, daß man bei diesem Spiel mit $\left\lceil \frac{h\,(d-1)}{2} + d + 1 \right\rceil + 1$ vielen Pebbles auskommt.

Aufgabe 5.5.10:
Im Black-and-White-Pebble-Game entspricht dem Legen eines weißen Pebbles auf einen Knoten v ein nichtdeterministisches Raten des Booleschen Wertes von v. G sei ein Schaltkreis der Größe m, der mit insgesamt p Pebbles in t Zügen im Black-and-White-Pebble-Game gepebbelt werden kann. Zeigen Sie, daß G von einer $O(p \log l)$–platz- und $O(t \cdot l)$–zeitbeschränkten NTM M simuliert werden kann, wenn M als Eingabe eine Beschreibung von G der Länge $l = O(m \log m)$ und einen Input X für G erhält.

Aufgabe 5.5.11:
Warum lassen sich die Beweismethoden aus Abschnitt 5.3 nicht auf nichtdeterministische Maschinen übertragen, um so das Analogon $NTime(T) \subseteq NSpace(T/\log T)$ zu beweisen? Zeigen Sie jedoch, daß man eine T–zeitbeschränkte NTM, die während jeder Berechnung der Länge t nicht mehr als $O(t/\log t)$ echte nichtdeterministische Schritte macht, d.h. mehr als einen möglichen Übergang besitzt, durch eine $(T/\log T)$– platzbeschränkte DTM simulieren kann.

Aufgabe 5.5.12:
Man beweise, daß es keine rationalen Zahlen r, s mit $1 \leq r \leq s$ geben kann, so daß

$$DSpace(\mathcal{N}^r) \subseteq DTime(\text{POL}) \subseteq DSpace(\mathcal{N}^s).$$

Aufgabe 5.5.13:
Zeigen Sie für das auxiliary-Pushdown-Modell die Relation

$$NSpace(S) \subseteq DSpace_{+\text{Pd}}(S).$$

Aufgabe 5.5.14:
Beweisen Sie, daß zu jeder Booleschen Funktion $f : \{0,1\}^* \to \{0,1\}$ eine Schaltkreisfamilie konstanter Weite existiert, die f berechnet.

Aufgabe 5.5.15:
$\mathcal{G} = G_1, G_2, \ldots$ sei eine C-größenbeschränkte Schaltkreisfamilie, für welche eine logarithmisch platzbeschränkte DTM existiert, die eine topologische Aufzählung der Schaltkreise G_n berechnet. Man zeige, daß es eine TM in $DSpace(\log^2 C)$ gibt, die auf Eingabe n den Schaltkreis G_n aufzählt und dabei gleichzeitig die Tiefe jedes Knotens bestimmt.

5.6 Bemerkungen und Literaturhinweise

Erste eingehendere Untersuchungen zu den Komplexitätsmaßen Zeit und Platz von *John Hopcroft* und *Jeffrey Ullman* findet man in [HU68]. Die Time-Space-Relationen für 1-Band TM aus Abschnitt 5.1 werden von *Ibara, Moran* [IM83] und *Paterson* [P72] bewiesen. Eine Verbesserung der Zeitschranken für DTM wird in [LL90] beschrieben. Der mehrdimensionale Fall wird in [L81] behandelt.

Das Pebble-Game geht zurück auf Ansätze von *Cook* und *Sethi* [C74,S75]. Die Namensgebung stammt von *Hopcroft, Paul, Valiant* [HPV77]. In dieser Arbeit wird eine $O(n/\log n)$ obere Schranke für die maximale Anzahl von Pebbles, die man auf einem Graphen mit n Knoten benötigt, bewiesen. Unter Verwendung von Berechnungsgraphen wird diese Schranke benutzt, um die Relation $DTime(T) \subseteq DSpace(T/\log T)$ zu zeigen. Die Herleitung der $O(n/\log n)$ oberen Schranke für die Pebblezahl in Kapitel 5.2 mit Hilfe einer Schichtung (Theorem 5.2.17) folgt im wesentlichen der Darstellung von *Michael Loui* in [L80], die anschließende Simulation durch platzbeschränkte Maschinen der Technik aus [HPV77].

In [PTC77] werden verschiedene Pebble-Strategien vorgestellt und eine $\Omega(n/\log n)$ untere Schranke bewiesen (Theorem 5.2.18). Obere und untere Schranken für die Anzahl der Pebbleschritte bei vorgegebener Pebblezahl werden von *Paul, Tarjan, Reischuk* und *Lengauer* in [PT78,R80,LT82] gezeigt. Die Graphenbeispiele der Übungen sind [P78,R80] entnommen. *Pippenger* untersucht in [P81,P82] eine Variante des Pebble-Spiels, bei dem gepebbelte Knoten auf einem oder mehreren Pushdown-Bändern zwischengespeichert werden. Je nach der Anzahl k dieser Bänder ergeben sich Tradeoffs für die Pebblezahl p und Zugzahl t der Form $t \geq \Omega(n\cdot\exp\frac{n}{p})$ für $k = 1$, $t \geq \Omega(n\cdot\frac{n}{p})$ für $k = 2$ und $t \geq \Omega(n\cdot\log\frac{n}{p})$ für $k \geq 3$. Zum Thema Superkonzentratoren verweisen wir auf [V76,P77,GG81,LV83]. Die Superkonzentratoreigenschaft der Konvolution wird von *Valiant* in [V76] nachgewiesen. Theorem 5.2.10 wird von *Tompa* in [T80] gezeigt. Auf Separatoren werden wir später bei einer Erweiterung des TM-Modells und dem Nachweis unterer Schranken noch näher eingehen.

Die Verallgemeinerung der Relation $DTime(T) \subseteq DSpace(T/\log T)$ auf Maschinen mit nichtlinearen Speichern wird von *Paul, Reischuk* in [PR81] gezeigt, siehe auch [HLM86]. *Cook* beweist die exponentielle Time-Space-Relation für auxiliary Pushdown TM in [C71]. Simultane Ressourceschranken für TM und Schaltkreise werden von *Pippenger* in [P79] untersucht, Theorem 5.4.6 ist [DC89] entnommen. Einen Vergleich von Platz- und Reversalressourcen für 1-Band NTM findet man in [MIK86].

Für die Erkennung von Palindromen auf Mehrband-TM kann man mit Hilfe der Ergebnisse aus Kapitel 3 ein Time-Space Tradeoff der Form $T \cdot S \in \Theta(\mathcal{N}^2)$ zeigen (Aufgabe 3.7.3). In einer Reihe von Arbeiten werden weitere Time-Space Tradeoffs für verschiedene algorithmische Probleme, unter anderem algebraischer Natur, für verschiedene Berechnungsmodelle gezeigt. Als Beispiel führen wir [Y82,BC82,J83,DG84,K86,W86] an. Insbesondere sei das Resultat von *Borodin, Cook* erwähnt: Das **Sortierproblem** besitzt eine $T \cdot S \geq \Omega(\mathcal{N}^2)$ untere Schranken für eine große Klasse von sequentiellen Berechnungsmodellen, diese schließt TM und RAMs ein.

Das **Black-and-white-Pebble-Game** wird in [CS76] vorgestellt und auf Pyramiden analysiert. Aus Ergebnissen in [M81,KS88] folgt, daß bei einem Spiel auf einem beliebigen Graphen zwischen dieser Variante und dem gewöhnlichen Pebble-Game maximal ein quadratischer Unterschied bei der Zahl der notwendigen Pebbles auftreten kann. Für Bäume und Pyramiden unterscheidet sich dieser Wert höchstens um den Faktor 2 [K85]. Ein weitere Variante eines Pebblespiels wird in [HK81] benutzt, um Speicherzugriffsstrategien zu untersuchen. Aufgabe 5.5.12 ist [B72] entnommen.

[B72]   R.Book, On Languages Accepted in Polynomial Time, SIAM J. Comput. 1, 1972, 281-287.

[BC82]   A. Borodin, S. Cook, A Time-Space Tradeoff for Sorting on a General Sequential Model of Computation, SIAM J. Comput. 11, 1982, 287-297.

[C71]   S. Cook, Characterizations of Pushdown Machines in Terms of Time-Bounded Computers, J. ACM 18, 1971, 4-18.

[C74]   S. Cook, An Observation on Time-Storage Trade Off, J. CSS 9, 1974, 4-18.

[CS76]   S. Cook, R. Sethi, Storage Requirements for Deterministic Polynomial Time Recognizable Languages, J. CSS 13, 1976, 25-37.

[CS83]   D. Carlson, J. Savage, Size-Space Tradeoffs for Oblivious Computations, J. CSS 26, 1983, 65-81.

[DC89]   P. Dymond, S. Cook, Complexity Theory of Parallel Time and Hardware, I&C 80, 1989, 205-226.

[DG84]   P. Duris, Z. Galil, A Time-Space Tradeoff for Language Recognition, MST 17, 1984, 3-12.

[GG81]   O. Gabber, Z. Galil, Explicit Constructions of Linear Size Superconcentrators, J. CSS 22, 1981, 407-420.

[H84]   J. Hong, A Tradeoff Theorem for Space and Reversal, TCS 32, 1984, 221-224.

[HK81]   J. Hong, H. Kung, I/O Complexity: The Red-Blue Pebble Game, Proc. 13.
           SToC, 1981, 326-333.

[HLM86]   J. Halpern, M. Loui, A. Meyer, D. Weise, On Time versus Space III, MST 19,
           1986, 13-28.

[HPV77]   J. Hopcroft, W. Paul, L. Valiant, On Time versus Space, J. ACM 24, 1977,
           332-337.

[HU68]   J. Hopcroft, J. Ullman, Relations between Time and Tape Complexities,
           J. ACM 15, 1968, 414-427.

[IM83]   O. Ibara, S. Moran, Some Time-Space Tradeoff Results Concerning Single-
           Tape and Offline Turing Machines, SIAM J. Comput. 12, 1983, 388-394.

[J83]   J. JaJa, Time-Space Tradeoffs for Some Algebraic Problems, J. ACM 30,
           1983, 657-667.

[K85]   M. Klawe, A Tight Bound for the Black and White Pebble Game on the
           Pyramid, J. ACM 32, 1985, 218-228.

[K86]   M. Karchmer, Two Time-Space Tradeoffs for Element Distinctness, TCS 47,
           1986, 237-246.

[KS88]   B. Kalyanasundaram, G. Schnitger, On the Power of White Pebbles, Proc. 20.
           SToC, 1988, 258-266.

[L80]   M. Loui, A Note on the Pebble Game, IPL 11, 1980, 24-26.

[L81]   M. Loui, A Space Bound for 1-Tape Multidimensional Turing Machines,
           TCS 15, 1981, 311-320.

[LL88]   K. Loryś, M. Liśkiewicz, Two Applications of Fürer's Counter to 1-Tape
           NTM, Proc. 13. MFCS, 1988, 445-453.

[LL90]   M. Liśkiewicz, K. Loryś, Fast Simulations of Time-Bounded 1-Tape TM by
           Space-Bounded Ones, SIAM J. Comput. 19, 1990, 511-521.

[LT79]   R. Lipton, R. Tarjan, A Separator Theorem for Planar Graphs, SIAM J. Ap-
           pl. Math. 36, 1979, 177-189.

[LT82]   T. Lengauer, R. Tarjan, Asymptotic Tight Bounds on Time-Space Tradeoffs
           in a Pebble Game, J. ACM 29, 1982, 1087-1130.

[LV83]   G. Lev, L. Valiant, Size Bounds on Superconcentrators, TCS 22, 1983, 233-
           251.

[M81]   F. Meyer auf der Heide, A Comparison between 2 Variations of a Pebble Game
           on Graphs, TCS 13, 1981, 315-322.

[MIK86]   E. Moriya, S. Iwata, T. Kasai, A Note on Some Simultaneous Relations among
           Time, Space, and Reversal for Single Work Tape Nondeterministic Turing
           Machines, I&C 70, 1986, 179-185.

[P72]   M. Paterson, Tape Bounds for Time-Bounded TM, J. CSS 6, 1972, 116-124.

[P77]   N. Pippenger, Superconcentrators, SIAM J. Comput. 6, 1977, 298-304.

[P78]   N. Pippenger, A Time-Space Trade-Off, J. ACM 25, 1978, 509-515.

[P79]   N. Pippenger, On Simultaneous Resource Bounds, Proc. 20. FoCS, 1979, 307-311.

[P81]   N. Pippenger, Pebbling with Auxiliary Pushdowns, J. CSS 23, 1981, 151-165.

[P82]   N. Pippenger, Advances in Pebbling, Proc. 9. ICALP, 1982, 407-417.

[PR81]   W. Paul, R. Reischuk, On Time versus Space II, J. CSS 12, 1981, 312-327.

[PT78]   W. Paul, R. Tarjan, Time-Space Trade-Offs in a Pebble Game, Acta Inf. 10, 1978, 111-115.

[PTC77]   W. Paul, R. Tarjan, J. Celoni, Space Bounds for a Game on Graphs, MST 10, 1977, 239-251.

[R80]   R. Reischuk, Improved Bounds on the Problem of Time-Space Trade-Off in the Pebble Game, J. ACM 27, 1980, 839-849.

[S75]   R. Sethi, Complete Register Allocation Problems, SIAM J. Comput. 4, 1975, 226-248.

[T80]   M. Tompa, Time-Space Tradeoffs for Computing Functions, Using Connectivity Properties of Their Circuits, J. CSS 20, 1980, 118-132.

[V76]   L. Valiant, Graph Theoretic Properties in Computational Complexity, J. CSS 13, 1976, 278-285.

[W86]   I. Wegener, Time-Space Tradeoffs for Branching Programs, J. CSS 32, 1986, 91-96.

[Y82]   Y. Yesha, Time-Space Tradeoffs for Matrix Multiplication and the Discrete Fourier Transform on any General Sequential Random-Access Computer, J. CSS 29, 1982, 183-197.

Kapitel 6

Sequentielle Komplexitätsklassen

In diesem Kapitel sollen fundamentale Komplexitätsklassen eingehender untersucht werden. Eine der wichtigsten Klassen ist die Menge der algorithmischen Probleme, die auf einem Maschinenmodell wie der TM oder der RAM in polynomialer Zeit gelöst werden können. Gemäß der sequentiellen Berechnungshypothese verändert sich diese Klasse bei Variation des Maschinenmodells nicht. Ein Algorithmus mit exponentieller Laufzeit ist bei größeren Eingaben nicht mehr verwendbar. Die Zeitschranke exp beispielsweise würde selbst auf einer extrem schnellen Maschine, die 1 Milliarde Operationen in der Sekunde ausführen kann, schon für $n = 60$ zu einer Wartezeit von vielen Jahren führen, bis endlich das Ergebnis vorliegen würde. Die Wahrscheinlichkeit, daß während dieser Rechenzeit ein physikalischer Fehler auftritt, dürfte darüberhinaus sehr groß sein. Von einem *effizienten* Lösungsverfahren für ein gegebenes Problem ist daher eine polynomiale Laufzeitschranke zu fordern, so daß bei einer Verdopplung der Problemgröße die Laufzeit nur um einen konstanten Faktor wächst.

Bei algorithmischen Problemen ist es natürlich vorrangiges Ziel, schnelle Lösungsverfahren zu finden. Gelingt dies nicht, so verhindert ein negatives Resultat der Form, daß eine bestimmte Aufgabe nicht in polynomialer Zeit gelöst werden kann, zumindest ein weiteres vergebliches Suchen. Leider kann man bislang für konkrete Probleme, für die keine effizienten Lösungsverfahren gefunden werden konnten, derartige untere Schranken nur in sehr seltenen Fällen nachweisen. Wir wollen im folgenden typische Probleme für die fundamentalen Komplexitätsklassen vorstellen und mit deren Hilfe die Mächtigkeit und Struktur dieser Klassen sowie ihre Beziehungen zueinander näher charakterisieren, um so ein besseres Verständnis für die Komplexität algorithmischer Aufgabenstellungen zu gewinnen.

Bei diesen Untersuchungen wird sich als die wichtigste Fragestellung der Vergleich der Zeitkomplexität zwischen nichtdeterministischen und deterministischen Maschinen erweisen. Diese Frage hat unter dem Namen $\mathcal{P}$-$\mathcal{NP}$-**Problem** inzwischen ähnliche Berühmtheit erlangt wie klassische Probleme der Mathematik – das **Vierfarbenproblem**, die **Fermatsche Vermutung** oder die **Riemannsche Hypothese**. Das $\mathcal{P}$ –

$\mathcal{NP}$ -Problem ist *das* zentrale Problem der Algorithmik und hat weitreichende Bedeutung, die keineswegs auf die Komplexitätstheorie und die Theoretische Informatik beschränkt ist. Mit relativ einfachen Überlegungen haben wir die Inklusionskbeziehung

$$DTime(T) \ \subseteq \ NTime(T) \ \subseteq \ DTime(\mathrm{ExL}(T))$$

herleiten können. Bis heute ist nicht bekannt, ob sich das exponentielle Aufblähen der Zeitschranke beim Übergang von nichtdeterministischen zu deterministischen Berechnungen vermeiden läßt. Diese Frage wird ein zentraler Punkt bei den folgenden Untersuchungen sein.

6.1 Einführung

6.1.1 Notation

Um die Schreibweise zu verkürzen, führen wir spezielle Bezeichnungen für die wichtigsten Komplexitätsklassen ein. Diese werden durch Komplexitätsschranken der Form LOG, POL und EXP beschrieben.

Definition 6.1.1:

$$
\begin{aligned}
\mathcal{L} \ &:= \ DSpace(\mathrm{LOG}) \\
\mathcal{NL} \ &:= \ NSpace(\mathrm{LOG}) \\
\mathcal{P} \ &:= \ DTime(\mathrm{POL}) \\
\mathcal{NP} \ &:= \ NTime(\mathrm{POL}) \\
\mathcal{PSPACE} \ &:= \ DSpace(\mathrm{POL}) \\
\mathcal{DEXP} \ &:= \ DTime(\mathrm{EXP}) \\
\mathcal{NEXP} \ &:= \ NTime(\mathrm{EXP}) \\
\mathcal{EXPSPACE} \ &:= \ DSpace(\mathrm{EXP})
\end{aligned}
$$

$\square$

Zwischen den Klassen $DSpace(\mathrm{POL})$ und $NSpace(\mathrm{POL})$ besteht gemäß Korollar 2.2.18 kein Unterschied, da sich die Platzschranke höchstens quadratisch vergrößert. Deshalb genügt es, die Klasse $\mathcal{PSPACE} = DSpace(\mathrm{POL})$ zu definieren. Analoges gilt für die Klasse $\mathcal{EXPSPACE}$. Da deterministische Zeit- und Platzkomplexitätsklassen sowie nichtdeterministische Platzkomplexitätsklassen ab $\mathcal{NL}$ gegenüber Komplementierung abgeschlossen sind (Übung 1.5.28 sowie Theorem 3.4.1), gilt für derartige Klassen co-$\mathcal{C} = \mathcal{C}$. Damit bleibt unter den komplementären Klassen als einzige potentiell neue Klasse die nichtdeterministische Zeitklasse **co-$\mathcal{NP}$** $:= \mathrm{co}\text{-}NTime(\mathrm{POL})$ übrig.

Zur Verkürzung der Notation führen wir noch die folgende Bezeichung für polylogarithmisch beschränkte Platzklassen ein:

$$\mathcal{L}^k \;:=\; DSpace(\mathrm{LOG}^k)\,,$$

und analog $\mathcal{NL}^k$.

6.1.2 Zeit-Platz-Hierarchie

Aus den bislang bewiesenen Relationen zwischen dem Zeit- und dem Platzkomplexitätsmaß ergeben sich die folgenden Inklusionsketten:

Theorem 6.1.2:

$$\mathcal{L} \subseteq \mathcal{NL} \subseteq \mathcal{P} \subseteq \begin{array}{c} \mathcal{NP} \\ \text{co-}\mathcal{NP} \end{array} \subseteq \mathcal{PSPACE} \subseteq \mathcal{DEXP} \subseteq \mathcal{NEXP} \subseteq \mathcal{EXPSPACE}\,.$$

Auf Grund der Hierarchiesätze (Kapitel 3) muß in der Folge von $\mathcal{L}$ nach $\mathcal{PSPACE}$ an mindestens einer Stelle eine echte Inklusion vorliegen, gleiches gilt für $\mathcal{P}$ und $\mathcal{DEXP}$, sowie für $\mathcal{PSPACE}$ und $\mathcal{EXPSPACE}$.

Theorem 6.1.3:

$$\mathcal{P} \subset \mathcal{DEXP}\,,$$
$$\mathcal{L} \subset \mathcal{PSPACE} \subset \mathcal{EXPSPACE}\,.$$

Man vermutet, daß alle Komplexitätsklassen in dieser Aufzählung voneinander verschieden sind; aber bislang konnte dies noch für kein Paar gezeigt werden. Die strikte Inklusionsbeziehung der Paare $\mathcal{L}$-$\mathcal{NL}$, $\mathcal{L}$-$\mathcal{P}$, $\mathcal{P}$-$\mathcal{NP}$ und $\mathcal{P}$-$\mathcal{PSPACE}$ sind die wichtigsten ungelösten Fragen in der Komplexitätstheorie. Momentan scheint eine Separation dieser Klassen noch in weiter Ferne.

Andererseits ist es bis heute nicht gelungen, die oberen Schranken, die wir durch relativ einfache Simulationen – ausgenommen die quadratische Simulation von nichtdeterministischem Platz $\mathcal{L} \subseteq \mathcal{NL} \subseteq \mathcal{L}^2$ – erhalten haben, entscheidend zu verbessern. Die exponentielle Vergrösserung der Ressourceschranke beim Übergang von nichtdeterministischer auf deterministische Zeit sowie beim Übergang von Platz auf Zeit

$$DSpace(S) \;\subseteq\; DTime(\mathrm{ExL}(S))$$

kann durch die bislang zur Verfügung stehenden Simulationstechniken bei den Beziehungen

$$\mathcal{P} \subseteq \mathcal{NP} \subseteq \mathcal{DEXP} \qquad \text{bzw.} \qquad \mathcal{P} \subseteq \mathcal{PSPACE} \subseteq \mathcal{DEXP}$$

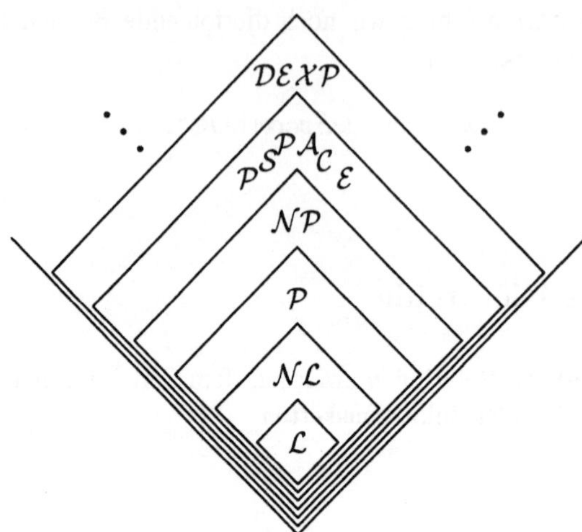

Abbildung 6.1: *Die Hierarchie der sequentiellen Komplexitätsklassen*

nicht vermieden werden. Nur für die Sequenz

$$\mathcal{L} \subseteq \mathcal{P} \subseteq \mathcal{PSPACE}$$

konnten wir im vorherigen Kapitel mit erheblichem Beweisaufwand die trivialen Inklusion
$DTime(T) \subseteq DSpace(T)$ um einen logarithmischen Faktor verbessern zu

$$DTime(T) \subseteq DSpace(T \,/\, \log T) \ .$$

Mit Hilfe der in Kapitel 3.3 beschriebenen Translationstechnik lassen sich die folgenden
Implikationen direkt herleiten:

Theorem 6.1.4:

$$\mathcal{L} = \mathcal{NL} \implies DSpace(S) = NSpace(S) \quad \text{und}$$
$$\mathcal{P} = \mathcal{NP} \implies DTime(\text{Pol}(T)) = NTime(\text{Pol}(T))$$

für alle platzkonstruierbaren Schranken $S \geq \log$ und alle zeitkonstruierbaren Schranken
$T \geq \mathcal{N}$. ∎

Die Gleichheit von $\mathcal{P}$ und $\mathcal{NP}$ impliziert somit beispielsweise für höheren Klassen die
Identitäten $DTime(\text{EXL}) = NTime(\text{EXL})$ und $\mathcal{DEXP} = \mathcal{NEXP}$. Durch Translation werden Beziehungen zwischen Komplexitätsklassen auf entsprechende Klassen mit
größeren Schranken übertragen. Bislang kennt man keine allgemeine Methode zur in-
versen Transformation einer Inklusionsbeziehung auf Klassen mit kleineren Schranken.
Ob auch ein Umkehrschluß von höheren auf niedrigere Komplexitätsklassen, wie etwa
$\mathcal{DEXP} = \mathcal{NEXP} \implies \mathcal{P} = \mathcal{NP}$, gezogen werden kann, ist eine offene Frage.

6.1.3 Reduzierbarkeit, Vollständigkeit

Um eine Komplexitätsklasse zu strukturieren, versucht man, genauere Beziehungen zwischen ihren Elementen, den Sprachen oder allgemeiner den algorithmischen Problemen, herzuleiten. Betrachten wir beispielsweise die Aufgabe, einerseits zwei quadratische Matrizen zu multiplizieren und andererseits eine quadratische Matrix zu invertieren. Es bezeichne I die $n \times n$–Einheitsmatrix, $\mathcal{O}$ die Nullmatrix und A, B zwei beliebige $n \times n$–Matrizen. Aus der Formel

$$\begin{vmatrix} I & A & \mathcal{O} \\ \mathcal{O} & I & B \\ \mathcal{O} & \mathcal{O} & I \end{vmatrix}^{-1} = \begin{vmatrix} I & -A & AB \\ \mathcal{O} & I & -B \\ \mathcal{O} & \mathcal{O} & I \end{vmatrix}$$

folgt, daß man mit Hilfe eines Algorithmus, der $3n \times 3n$–Matrizen invertieren kann, auch in einfacher Weise das Produkt zweier $n \times n$–Matrizen bestimmen kann. Bezeichnet $T_{MM}(n)$ bzw. $T_{MI}(n)$ den Zeitaufwand zur Multiplikation bzw. Inversion von $n \times n$–Matrizen, so gilt

$$T_{MM}(n) \leq O(T_{MI}(3n)) .$$

Man sagt in solch einem Fall, daß sich das Problem der Matrizen-Multiplikation auf das Problem der Matrix-Inversion **reduzieren** läßt.

Es gilt jedoch auch eine Beziehung in der umgekehrten Richtung: Hat man einen Algorithmus zur Multiplikation zur Verfügung, so läßt sich daraus mit nicht allzu großem Aufwand ein Verfahren zur Inversion ableiten. Dieser Sachverhalt soll durch die folgenden Begriffe präzise gefaßt werden.

Wie bei den bisherigen Betrachtungen beschränken wir uns bei den Definitionen auf den Fall, Sprachen zu erkennen; die Theorie läßt sich jedoch analog auf das Berechnen von Funktionen übertragen. Im folgenden wird der Begriff der **Reduktion** definiert, eine spezielle Form von Abbildungen zwischen Sprachen. Es sei noch einmal daran erinnert, daß wir zur Vereinfachung folgende Sprechweise vereinbart haben: Für eine Zeit- oder Platzkomplexitätsklasse $\mathcal{C}$ bedeutet „M sei eine Maschine in $\mathcal{C}$", daß M die Ressourceschranken, die zur Definition von $\mathcal{C}$ verwandt werden, einhält. M kann dabei sowohl eine Maschine sein, die ein Sprache akzeptiert (die damit in $\mathcal{C}$ liegt), als auch eine Maschine, die eine Funktion berechnet.

Definition 6.1.5: Reduzierbarkeit
Es seien $L_1 \subseteq \Sigma_1^*$, $L_2 \subseteq \Sigma_2^*$ Sprachen. L_1 heißt **polynomialzeit-reduzierbar** auf L_2, geschrieben $L_1 \leq_{\mathrm{pol}} L_2$, falls es eine in polynomialer Zeit berechenbare Funktion $f : \Sigma_1^* \to \Sigma_2^*$ gibt, so daß für alle $X \in \Sigma_1^*$ gilt:

$$X \in L_1 \iff f(X) \in L_2 .$$

L_1 heißt **logspace-reduzierbar** auf L_2, $L_1 \leq_{\log} L_2$, falls die Reduktion f durch eine Maschine in $\mathcal{L} = DSpace(\text{LOG})$ berechnet werden kann. L_1, L_2 heißen **äquivalent** bzgl. der Reduzierbarkeitsrelation $\leq_{\log}$ bzw. $\leq_{\text{pol}}$, falls sie sich gegenseitig aufeinander reduzieren lassen. In diesem Fall verwenden wir die Notation $L_1 \equiv_{\log} L_2$ bzw. $L_1 \equiv_{\text{pol}} L_2$.

$\square$

Man beachte, daß durch die Transformationsfunktion f ein Problem X der Größe n für die Sprache L_1 abgebildet werden kann auf ein $Y = f(X)$ der Größe $n' > n$ für L_2. Da der Aufwand zur Berechnung von f jedoch beschränkt ist, kann bei Polynomialzeit- und Logspace-Reduktionen n' höchstens polynomial in n wachsen.

Die Reduzierbarkeit mit Hilfe einer Transformationsfunktion f nennt man auch **many-one-Reduzierbarkeit**; ein Y in Σ_2^* kann dazu dienen, für mehrere (*many*) $X \in \Sigma_1^*$ die Frage $X \in L_1$ zu entscheiden. Allerdings darf man für jede Eingabe X das Entscheidungsverfahren für L_2 nur einmal (*one*) verwenden, nämlich bei der Entscheidung von $f(X)$. Kann man f als eine bijektive Funktion zwischen Σ_1^* und Σ_2^* wählen, so spricht man von **one-one-Reduzierbarkeit**.

Lemma 6.1.6:
Logspace-Reduzierbarkeit impliziert Polynomialzeit-Reduzierbarkeit. Die Reduzierbarkeitsrelationen sind *transitiv*.

Beweis: Die erste Behauptung folgt aus $\mathcal{L} \subseteq \mathcal{P}$, bzw. dem Äquivalent für die korrespondierenden Komplexitätsklassen, die auch Funktionen einschließen. Die **Transitivität** bedeutet für beliebige Sprachen L_1, L_2, L_3 und $\leq \in \{\leq_{\log}, \leq_{\text{pol}}\}$:

$$L_1 \leq L_2 \quad \text{und} \quad L_2 \leq L_3 \implies L_1 \leq L_3 .$$

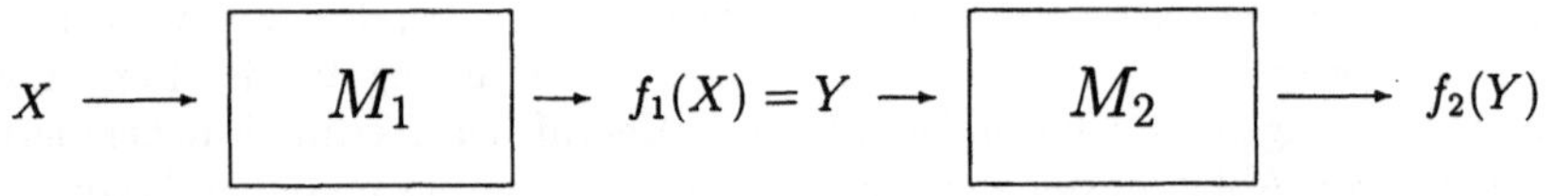

$$X \longrightarrow \boxed{M_1} \longrightarrow f_1(X) = Y \longrightarrow \boxed{M_2} \longrightarrow f_2(Y)$$

Abbildung 6.2: *Hintereinanderschaltung von Reduktionen*

Ist f_1 eine Reduktion von L_1 auf L_2 und f_2 für L_2 auf L_3, so ist $f_2 \circ f_1$ eine Reduktion von L_1 auf L_3. Denn für alle $X \in \Sigma_1^*$ gilt:

$$X \in L_1 \iff f_1(X) \in L_2 \iff f_2(f_1(X)) \in L_3$$

Man muß sich noch davon überzeugen, daß die Komposition zweier Funktionen f_1, f_2 wieder polynomialzeit- bzw. logspace-berechenbar ist: Ist M_i eine TM, die f_i berechnet, so wird durch die Hintereinanderschaltung von M_1 und M_2 die Komposition der beiden Funktion berechnet (vergleiche Abschnitt 1.2.1). Im Fall der $\leq_{\text{pol}}$-Reduktion sei das

Polynom T_i eine obere Zeitschranke für M_i. Dann ist die Kombination der beiden Maschinen $O(T_1 + T_2 \circ T_1) \leq \text{POL}$ -zeitbeschränkt. Bei logarithmisch platzbeschränkten Maschinen tritt wieder das Problem auf, daß die TM M_1 im allgemeinen zuviel Platz benötigt, um ihre Ausgabe $f_1(X)$ als Eingabe für M_2 vollständig auf ein Arbeitsband zu schreiben. Wir haben jedoch bereits bei der Translation in Kapitel 3 gesehen, wie man dieses Problem lösen kann, so daß M_1 quasi als Subroutine für M_2 arbeitet und die so gewonnene Maschine logarithmisch platzbeschränkt bleibt. ∎

Aus der Transitivität folgt, daß diese Reduktionen partielle Ordnungen auf der Menge aller Sprachen erzeugen. $\equiv_{\log}$ und $\equiv_{\text{pol}}$ definieren Äquivalenzrelationen. Die Äquivalenzklassen von $\equiv_{\text{pol}}$ nennt man die **p-Grade** der entsprechenden Sprachklasse.

Lemma 6.1.7:
Läßt sich L_1 auf L_2 in polynomialer Zeit reduzieren, so gelten die folgenden Implikationen:

$$\begin{aligned}
L_2 \in \mathcal{P} &\implies L_1 \in \mathcal{P}\,, \\
L_2 \in \mathcal{NP} &\implies L_1 \in \mathcal{NP}\,, \\
L_2 \in \mathcal{PSPACE} &\implies L_1 \in \mathcal{PSPACE}\,.
\end{aligned}$$

mit anderen Worten, diese Komplexitätsklassen sind unter der Relation $\leq_{\text{pol}}$ und damit auch unter $\leq_{\log}$ *abgeschlossen.*

Beweis: Die Idee ist ähnlich wie im vorigen Beweis. Ist beispielsweise f eine *many-one* Reduktion von L_1 auf L_2 in polynomialer Zeit und M_f eine TM, die f berechnet, so liefert die Hintereinanderschaltung von M_f und einer TM M_2 für L_2 ein Entscheidungsverfahren für L_1. Dies folgt aus der Bedingung an eine Reduktion: Wenn M_2 die Eingabe $f(X)$ akzeptiert, bedeutet dies gerade $X \in L_1$. Ist M_2 eine polynomial zeit- bzw. platzbeschränkte TM, so gilt dies auch für die Kombination von M_f und M_2. ∎

Die Abschlußeigenschaft

$$L_1 \leq_{\text{pol}} L_2 \quad \text{und} \quad L_2 \in \mathcal{C} \quad \implies \quad L_1 \in \mathcal{C}$$

gilt allgemein für zeit- oder platzbeschränkte Komplexitätsklassen $\mathcal{C}$, die $\mathcal{P}$ enthalten und unter polynomialer Translation der Problemgröße abgeschlossen sind. Diese Bedingung verlangt folgendes:

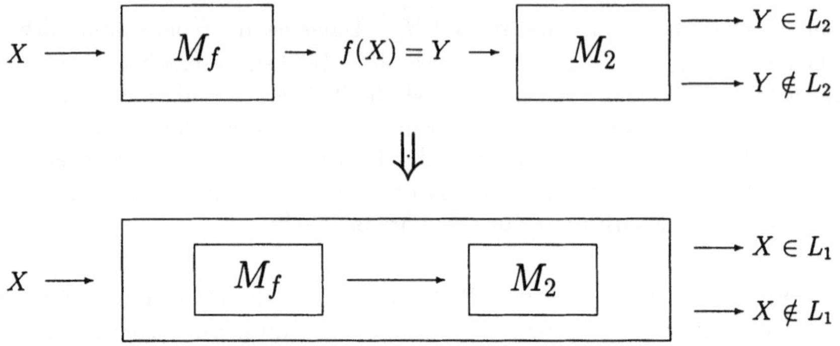

Abbildung 6.3: *Konstruktion eines Akzeptors mit Hilfe einer Reduktion*

Definition 6.1.8:
Ist $\mathcal{C}$ durch eine Menge $\mathcal{T}$ von Schranken T für eine Ressource definiert, wie beispielsweise $\mathcal{P}$ durch *time* und $\mathcal{T} = \mathrm{POL}$, so ist $\mathcal{C}$ **unter polynomialer Translation der
Problemgröße abgeschlossen**, falls mit T für jedes $\ell \in \mathbb{N}$ auch die Funktion T_ℓ definiert durch $n \mapsto T(n^\ell)$ zu $\mathcal{T}$ gehört. $\square$

Neben POL und EXP erfüllt beispielsweise auch die Menge LOG^k für beliebiges $k \geq 0$
diese Bedingung, nicht dagegen Schranken der Form LIN oder EXL. Aus diesem Grunde
haben wir exponentielle Komplexitätsklassen wie $\mathcal{DEXP}$ mit Hilfe der Schrankenmenge
EXP definiert. Daneben betrachtet man gelegentlich auch die Klasse

$$\mathcal{DEXL} \quad := \quad DTime(\mathrm{EXL})\,,$$

die nicht unter Polynomialzeitreduktion abgeschlossen ist. Für derartige Klassen muß
der Reduktionsbegriff eingeschränkt werden auf **Linearzeit-Reduktionen** $L_1 \leq_{\mathrm{lin}} L_2$,
bei der die transformierende Maschine nur lineare Zeit rechnen darf, oder zumindest auf
eine Polynomialzeit-Reduktion, bei der die Ausgabelänge nur linear in der Eingabelänge
wachsen darf.

Bei Abschluß unter polynomialer Translation der Problemgröße kommt es nicht auf Details
bei der Problemkodierung an. Im Falle von Graphenproblemen beispielsweise kann die
Eingabelänge einen annähernd quadratischen Unterschied annehmen, je nachdem ob man
Inzidenzlisten oder Adjazenzmatrizen zur Beschreibung der Graphen verwendet.

Neben Translation der Problemgröße begegnet uns des öfteren der Fall, daß die Ressourceschranke polynomiell anwächst, d.h. beispielsweise aus einer Zeitschranke T wird die
Schranke $T^\ell : n \mapsto (T(n))^\ell$. Alle obigen Mengen bis auf LOG^k sind unter dieser
Operation abgeschlossen. Ein Äquivalent zu Lemma 6.1.7 ist für kleine Platzklassen die
folgende Beziehung.

Lemma 6.1.9:
Für $k \geq 1$ und $L_1 \leq_{\log} L_2$ gilt:

$$L_2 \in \mathcal{L}^k \quad \Longrightarrow \quad L_1 \in \mathcal{L}^k \,,$$
$$L_2 \in \mathcal{NL}^k \quad \Longrightarrow \quad L_1 \in \mathcal{NL}^k \,.$$

Beweis: Um L_1 in der Platzschranke LOG^k zu erkennen, muß man die gleiche Modifikation wie im Beweis von Lemma 6.1.6 durchführen. Wie oben bemerkt, kann durch die Reduktion f eine Eingabe X zwar polynomial auf $f(X)$ als Eingabe für M_2 vergrößert werden, dies wirkt sich bei einer logarithmischen Komplexitätsschranke aber nur als konstanter Faktor aus. ∎

Definition 6.1.10:
$\mathcal{C}$ sei eine Menge von Sprachen. Eine Sprache L heißt **hart** für $\mathcal{C}$ bzgl. einer Reduzierbarkeit, falls sich jede Sprache $L' \in \mathcal{C}$ auf L reduzieren läßt.

L heißt **vollständig** für $\mathcal{C}$ bzgl. einer Reduzierbarkeit, wenn sie hart für $\mathcal{C}$ ist und zusätzlich $L \in \mathcal{C}$ gilt.

$\mathcal{NL}$**–vollständig** und $\mathcal{P}$**–vollständig** bedeute vollständig für $\mathcal{NL}$ bzw. $\mathcal{P}$ bezüglich logspace-Reduzierbarkeit.

$\mathcal{NP}$**–vollständig** bzw. $\mathcal{PSPACE}$**–vollständig** sei die Vollständigkeit für die entsprechende Klasse bezüglich Polynomialzeit-Reduktion. Analog sind $\mathcal{P}$**–hart**, $\mathcal{NP}$**–hart** und $\mathcal{PSPACE}$**–hart** definiert. Mit $\mathcal{PC}$ bzw. $\mathcal{NPC}$ bezeichnen wir die Menge der $\mathcal{P}$- bzw. $\mathcal{NP}$–vollständigen Sprachen □

Die Eigenschaft, L ist hart für $\mathcal{C}$, bedeutet auf Grund der beiden letzten Lemmata, daß man aus einem Algorithmus für L ein Lösungsverfahren für jede Sprache in $\mathcal{C}$ konstruieren kann, und zwar mit Hilfe einer Reduktion auf L. Ist L vollständig in $\mathcal{C}$, so kann man diese Sprache als eines der schwierigsten Probleme in der Klasse $\mathcal{C}$ ansehen. Denn bis auf höchstens einen polynomialen Unterschied läßt sich jedes Problem in $\mathcal{C}$ mit nicht mehr Aufwand lösen als L.

Lemma 6.1.11:
$\mathcal{C}$ und $\mathcal{D}$ seien Komplexitätsklassen, die $\mathcal{P}$ enthalten und unter polynomialer Translation der Problemgröße abgeschlossen sind. L_1 sei eine bzgl. $\leq_{\mathrm{pol}}$ vollständige Sprache für $\mathcal{C}$ und $L_2 \in \mathcal{C}$. Dann gilt:

$$L_1 \leq_{\mathrm{pol}} L_2 \quad \Longleftrightarrow \quad L_2 \text{ ist vollständig in } \mathcal{C},$$
$$L_1 \in \mathcal{D} \quad \Longleftrightarrow \quad \mathcal{C} \subseteq \mathcal{D} \,.$$

Beweis: Ist auch L_2 vollständig in $\mathcal{C}$, so läßt sich nach Definition jede Sprache aus $\mathcal{C}$ auf L_2 reduzieren, insbesondere auch L_1. Gibt es andererseits solch eine Reduktion von L_1 auf L_2, so folgt die Vollständigkeit von L_2 aus der Transitivität von $\leq_{\mathrm{pol}}$.

Jede Sprache $L \in \mathcal{C}$ kann auf die vollständige Sprache L_1 reduziert werden. Eine Eingabe X wird dazu durch eine polynomial zeitbeschränkte DTM M_f auf ein $Y = f(X)$ abgebildet. Liegt L_1 auch in $\mathcal{D}$, so kann die Frage $Y \in L_1$ und damit $X \in L$ auch durch eine Maschine M_1 in $\mathcal{D}$ entschieden werden. Die Kombination von M_f und M_1 liefert nämlich einen Akzeptor für L, der nach Voraussetzung ebenfalls zu $\mathcal{D}$ gehört. ∎

Speziell für die Klasse $\mathcal{NP}$ ergibt sich damit:

$$\forall\, L \in \mathcal{NPC} \;:\;\;\;\; L \in \mathcal{P} \;\;\Longleftrightarrow\;\; \mathcal{P} = \mathcal{NP}\,.$$

Außer den Reduktionen $\leq_{\log}$ und $\leq_{\mathrm{pol}}$ könnte man für die Definition von Vollständigkeit auch andere Reduktionsmechanismen verwenden; auf einige werden wir im 2. Band noch eingehen. Man beachte, daß zwischen der Komplexitätsklasse $\mathcal{C}$ und dem Aufwand, die Reduktionen zu berechnen, eine sinnvolle Beziehung bestehen sollte. Die Reduktion sollte zumindest mit derart beschränkten Ressourcen durchgeführt werden, daß $\mathcal{C}$ nicht verlassen wird; andernfalls würde die Relation $L_1 \leq L_2$ und $L_2 \in \mathcal{C}$ nicht notwendigerweise die Inklusion $L_1 \in \mathcal{C}$ implizieren. Darüberhinaus sollte dieser Komplexitätsaufwand nicht mit $\mathcal{C}$ zusammenfallen, sondern zu einer echten Teilmenge von $\mathcal{C}$ korrespondieren, denn andernfalls wären alle Sprachen in $\mathcal{C}$ bis auf die trivialen $\emptyset$ und Σ^* vollständig für $\mathcal{C}$. Der Leser überlege sich dies am Beispiel $\mathcal{C} = \mathcal{P}$ mit der Reduktion $\leq_{\mathrm{pol}}$ (siehe auch Aufgabe 6.6.22). Bei den Polynomialzeit-Reduktionen, die man bislang für die Klassen $\mathcal{NP}$ und $\mathcal{PSPACE}$ gefunden hat, zeigte sich, daß sogar logarithmischer Platz zur Berechnung der Reduktionsfunktion f genügt. Aus diesem Grunde könnte man bei der Definition der Vollständigkeit für diese Klassen ebenso $\leq_{\log}$ zugrunde legen, ohne daß wesentliche Änderungen zu erwarten sind.

Wir wollen nun die Frage untersuchen, für welche Klassen es vollständige Probleme gibt, und einige solcher Sprachen kennenlernen. Die obigen Lemmata liefern eine einfache Methode, die Vollständigkeit weiterer Probleme L_2 zu zeigen, sobald erstmal *eine* vollständige Sprache L_1 gefunden ist – es genügt, eine Reduktion von L_1 auf L_2 anzugeben. Die größte Schwierigkeit ist somit der erstmalige Nachweis der Vollständigkeit. Komplexitätsklassen, die durch ein Maschinenmodell und effizient konstruierbare Ressourcenschranken definiert sind, besitzen in der Regel ein kanonisches Problem, für das die Vollständigkeit relativ leicht einzusehen ist. Für $\mathcal{P}$ und $\mathcal{NP}$ beispielsweise betrachte die Sprachen

$$L_{\mathbf{DTime}} \;:=\; \{X\#\rho\#^t \mid M_\rho \text{ ist eine DTM, die } X \text{ in } \leq t \text{ Schritten akzeptiert}\}\,,$$

$$L_{\mathbf{NTime}} \;:=\; \{X\#\rho\#^t \mid M_\rho \text{ ist eine NTM, die } X \text{ in } \leq t \text{ Schritten akzeptiert}\}\,.$$

Beide Sprachen können von einer Maschine des entsprechenden Typs in Zeit $O(N^2)$ erkannt werden, mit anderen Worten $L_{\mathbf{DTime}} \in \mathcal{P}$ und $L_{\mathbf{NTime}} \in \mathcal{NP}$. Auf der anderen Seite sieht man leicht, daß sich beispielsweise jede Sprache L in $\mathcal{NP}$ auf $L_{\mathbf{NTime}}$ reduzieren läßt. Sei nämlich M_L eine polynomial zeitbeschränkte NTM für L mit

$time_{M_L}(X) \leq T_L(|X|)$, wobei T_L ein Polynom ist und damit einfach zu berechnen, und ρ_L eine Kodierung von M_L. Dann ist die Abbildung

$$f_L(X) \ := \ X \# \rho_L \#^{T_L(|X|)}$$

eine Reduktion von L auf L_{NTime}. Da für jedes L der String ρ_L fest ist, kann die Abbildung f_L von einer logarithmisch platzbeschränkten DTM berechnet werden. Also gilt $L \leq_{\log} L_{\text{NTime}}$ für jedes $L \in \mathcal{NP}$ und damit ist gezeigt, daß L_{NTime} $\mathcal{NP}$-vollständig ist. Es stellt sich allerdings sogleich die Frage, ob es auch „natürlichere" $\mathcal{P}$- und $\mathcal{NP}$-vollständige Probleme gibt – Sprachen, zur deren Definition man nicht explizit den Begriff eines Maschinenmodells und Ressourceschranken verwenden muß.

6.2 Die Klassen von $\mathcal{L}$ bis $\mathcal{P}$

6.2.1 Labyrinth-Probleme zur Charakterisierung von $\mathcal{L}$ und $\mathcal{NL}$

Wir beginnen unsere Untersuchungen mit einem einfachen Wege- oder Erreichbarkeitsproblem für Graphen. Es hat für Netzwerke und viele andere Problemstellungen, die sich mit Hilfe von Graphen modellieren lassen, elementare Bedeutung. Das **Graphaccessibility-Problem** GAP ist folgendermaßen definiert: Gegeben ist ein gerichteter Graph $G = (V, E)$ mit Knotenmenge $V = \{v_1, \ldots, v_m\}$. Ausgezeichnet ist ein Startknoten v_σ und ein Endknoten v_τ. Man entscheide, ob es in G einen Weg von v_σ nach v_τ gibt. G kann entweder in Form von Inzidenzlisten gegeben sein – die Eingabelänge n wäre in diesem Fall beschränkt durch

$$m \, \log m \ \leq \ n \ \leq \ O((m + |E|) \cdot \log m) \ \leq \ O(m^2 \log m)$$

– oder durch eine Adjazenzmatrix, was in der Regel eine längere Kodierung ist und nur für Graphen mit vielen Kanten eine etwas kompaktere Darstellung der Größe $\Theta(m^2)$ ermöglicht.

Das Problem, einen Weg in einem Graphen zu finden, erinnert an ein **Labyrinth**, bei dem die Verzweigungspunkte durch die Knoten des Graphen und die Gänge durch seine Kanten dargestellt werden. Es gilt nun zu entscheiden, ob es eine Verbindung vom Eingang v_σ zum Ausgang v_τ gibt. Ein Verfahren, um das GAP-Problem zu lösen, ist die bereits im griechischen Altertum bekannte Strategie von *Theseus und Ariadne*. Diese konstruierten einen spannenden Baum für die Knoten, die von v_σ aus erreichbar sind, die **Zusammenhangskomponente** von v_σ. Eine DTM kann dies Verfahren in Platz $O(m \, \log m)$ und polynomialer Zeit ausführen.

Theorem 6.2.1:
GAP ist $\mathcal{NL}$-vollständig.

Beweis: Eine NTM rät für einen gegebenen Graph G mit m Knoten einen Pfad in G, der in v_σ beginnt. Sie akzeptiert, sobald v_τ erreicht wird. Um solch einen Pfad $v_0, v_1, v_2, \ldots$ mit $v_0 = v_\sigma$ zu generieren, genügt es, sukzessive zu jedem v_i einen seiner direkten Nachfolger als v_{i+1} auszuwählen. Die NTM braucht sich dabei nur den Namen des jeweils aktuellen Knoten v_i zu merken, d.h. ein Speicher der Größe $s \leq O(\log m) \leq O(\log n)$ ist ausreichend. Die NTM ist somit logarithmisch platzbeschränkt.

Es bleibt zu zeigen, daß man eine beliebige Sprache L in $\mathcal{NL}$ auf GAP reduzieren kann. Sei M_L eine $S \leq O(\log)$ platzbeschränkte NTM für solch ein L. Die Anzahl der partiellen Konfigurationen von M_L auf Eingaben der Länge n ist beschränkt durch $t \leq \exp(\gamma \cdot S(n))$ für eine feste Konstante γ. Wir können voraussetzen, daß M_L eine eindeutige Endkonfiguration C_a besitzt, in der sie Eingaben akzeptiert.

Für eine Eingabe X definieren wir nun einen Graphen $G_L(X)$, dessen Knoten die partiellen Konfigurationen C von M_L bei Platzschranke $S(|X|)$ darstellen. Von C gibt es eine Kantenverbindung zu einer Konfiguration C', falls der Übergang $C \vdash C'$ bei Eingabe X möglich ist. Als Startknoten v_σ wählen wir die Anfangskonfiguration $C_0(X)$, als Endknoten v_τ die akzeptierende Endkonfiguration C_a. Dann gilt: M_L akzeptiert X genau dann, wenn es in $G_L(X)$ einen Weg von v_σ nach v_τ gibt. Es ist nicht schwer einzusehen, daß eine DTM, gegeben X und die Übergangsrelation von M_L, den Graphen $G_L(X)$ auf logarithmischem Platz erzeugen kann. Insbesondere ist die Größe von $G_L(X)$ durch t, d.h. polynomiell in $|X|$, beschränkt. Damit erhalten wir die erforderliche Reduktion von L auf GAP. ∎

Zum Beweis der Vollständigkeit genügt es, das Labyrinth-Problem auf gerichtete Graphen mit konstantem Ausgrad einzuschränken. Ausgrad 2 ist dabei hinreichend. Bei Ausgrad 1 genügt zur Entscheidung, ob ein Pfad von v_σ nach v_τ existiert, schon eine DTM, denn in jedem Knoten v_i gibt es dann höchstens eine Möglichkeit, den Pfad fortzusetzen. Andererseits kann man jeder logarithmisch platzbeschränkten DTM M und einer Eingabe X einen Graphen $G_M(X)$ mit Ausgrad 1 zuordnen, der die partiellen Konfigurationen von M und ihren Zusammenhang beschreibt. Dieses eingeschränkte Labyrinth-Problem ist somit das Analogon für DTM, man bezeichnet es als DGAP (*deterministic graph-accessibility-problem*). Um zu zeigen, daß die Beziehung $NSpace(S) \subseteq DSpace(S^2)$ verbessert werden kann, würde wegen der Vollständigkeit von GAP der Nachweis genügen, daß diese ˙Sprache in einer Platzklasse unterhalb von $\mathcal{L}^2$ liegt. Dies ist bislang nicht gelungen, lieferte jedoch die Motivation, Labyrinth-Probleme in verschiedenen Abwandlungen eingehender zu untersuchen (siehe beispielsweise [S73,BK78,CR80]).

Eine weitere Variante des Labyrinth-Problems ist die Einschränkung auf ungerichtete Graphen, allerdings ohne Beschränkung des Ausgrades, das Problem UGAP. Da ungerichtete Graphen Spezialfälle von gerichteten Graphen sind, bei denen die Kantenrelation symmetrisch ist, liegt die Komplexiät von UGAP zwischen der von DGAP und GAP. Eine exakte Charakterisierung von UGAP ist bislang nicht gelungen. Man vermutet, daß UGAP mit keinem der beiden anderen Probleme auf gleicher Komplexitätsstufe steht; weitere

Details hierzu kann man in [LP82] und [AF88] finden. Eine wesentliche Verbesserung im Vergleich zu der oberen Schranke $\mathcal{L}^2$ für UGAP konnte in [NSW92,ATW97] erzielt werden.

Theorem 6.2.2:
$$\text{UGAP} \in \mathcal{L}^{4/3}.$$

Wir werden später bei der Betrachtung probabilistischer Maschinen noch näher auf dies Problem eingehen.

6.2.2 $\mathcal{P}$-vollständige Probleme

Als nächstes betrachten wir vollständige Probleme für die Klasse $\mathcal{P}$. Könnte man ein Problem in $\mathcal{PC}$ mit wenig Platzressourcen lösen, beispielsweise mit Aufwand LOG^k, so ergäbe sich auf Grund von Lemma 6.1.7 und 6.1.11 die Inklusion $\mathcal{P} \subseteq \mathcal{L}^k$. Da die Vermutungen dahin gehen, daß polynomial zeitbeschränkte DTM nicht auf polylogarithmischem Platz simuliert werden können, ist somit die $\mathcal{P}$-Vollständigkeit einer Sprache L ein Indiz dafür, daß man zum Erkennen von L auch relativ viel Platz benötigt.

Das CIRCUIT-VALUE-Problem sei wie folgt definiert: Gegeben ist ein Schaltkreis G mit einem Output und eine Belegung X seiner n Input-Variablen. Ein Paar (G, X) gehört genau dann zu dieser Sprache, wenn der Output von G bei Eingabe X den Wert 1 erhält. Aufgabe ist es somit, den Schaltkreis auszuwerten. Bei der Behandlung des Pebble-Games haben wir gesehen, daß eine DTM diese Aufgabe in Zeit polynomial in der Größe des Schaltkreises und damit auch in der Länge einer Eingabe von CIRCUIT-VALUE lösen kann. CIRCUIT-VALUE liegt daher in $\mathcal{P}$.

Theorem 6.2.3: CIRCUIT-VALUE ist $\mathcal{P}$-vollständig.

Beweis: Es verbleibt, die Vollständigkeit nachzuweisen. Wir wissen bereits, daß es zu jeder Sprache L bzw. jeder Maschine M_L in $\mathcal{P}$ eine Schaltkreisfamilie $\mathcal{G}_L$ polynomialer Größe gibt, die die gleiche Sprache wie M_L akzeptiert. Gegeben eine Eingabe X der Länge n, so läßt sich der zugehörige Schaltkreis G_n auf Platz $O(\log n)$ konstruieren. Daher definiert die Abbildung $f_L : X \mapsto (G_{|X|}, X)$ eine Reduktion von L auf CIRCUIT-VALUE, die von einer DTM auf logarithmischem Platz berechnet werden kann. $\blacksquare$

Wir überlassen es dem Leser als Übungsaufgabe zu zeigen, daß es für die Vollständigkeit reicht, monotone Schaltkreise über der Basis $\vee, \wedge$ zu betrachten, d.h. die Sprache

$$\text{MONOTON} - \text{CIRCUIT} - \text{VALUE} \quad :=$$
$$\{(G, X) \mid G \text{ ist ein monotoner Schaltkreis und } G(X) = 1\} \in \mathcal{PC}.$$

CIRCUIT-VALUE ist ein Kandidat für eine Sprache in $\mathcal{P}$, für die Platz $\Omega(\mathcal{N}^\alpha)$ für ein $\alpha > 0$ notwendig erscheint. Eine naheliegende Vorgehensweise, dies Problem für beliebige Schaltkreise G zu lösen, ist es, die Werte der Gatter durch eine geschickte Strategie der Reihe nach zu berechnen. Daraus kann man jedoch eine Pebblestrategie für den G zugrunde liegenden Graphen ableiten. Aus dem vorangehenden Kapitel wissen wir, daß es bereits für Ingrad 2 Graphen mit n Knoten gibt, die $\Omega(n/\log n)$ Pebbles benötigen. Dies würde eine $\Omega(\mathcal{N}^{1-\epsilon})$ untere Platzschranke, $\epsilon > 0$ beliebig, für CIRCUIT-VALUE implizieren, wenn eine direkte Auswertung der Schaltkreise die einzige allgemein anwendbare Strategie ist, dies Problem zu lösen.

In gewissen Fällen mag es gelingen, einen Schaltkreis in einen äquivalenten zu transformieren, dessen zugrunde liegender Graph weniger Pebbles benötigt. Alternativ könnte man aus der Spezifikation eines Schaltkreises Rückschlüsse auf die von ihm realisierte Funktion ziehen und diese dann anders als durch Simulation des Schaltkreises berechnen. Es ist jedoch schwer vorstellbar, daß derartige Strategien allgemein anwendbar sind und man bei den notwendigen Transformationen mit wenig Platz auskommt.

Definition 6.2.4:
Ein k-**stelliges Beweissystem** ist ein Tupel $\mathcal{S} = (U, A, \rho)$ mit $A \subseteq U$ und $\rho \subseteq U^{k+1}$. U kann man interpretieren als eine Menge von Aussagen innerhalb einer Theorie, A als die Axiome dieser Theorie (die korrekten Elementaraussagen) und ρ als die erlaubten Schlußfolgerungen. Die Menge $\mathcal{T}(\mathcal{S})$ der in $\mathcal{S}$ **beweisbaren Theoreme** ist die kleinste Teilmenge U' von U, die A enthält und die die Bedingung erfüllt:

$$u_1, \ldots, u_k \in U' \quad \text{und} \quad (u_1, \ldots, u_k, z) \in \rho \quad \implies \quad z \in U'.$$

k-BEWEISER sei die Menge der Tupel $(\mathcal{S}, \tau)$, wobei $\mathcal{S}$ ein k-stelliges Beweissystem ist und τ ein in $\mathcal{S}$ beweisbares Theorem. $\qquad\qquad\qquad\qquad\qquad\qquad\square$

Ein Beweissystem wird spezifiziert, indem man die Elemente von U mit den Zahlen von 1 bis $m := |U|$ der Reihe nach durchnumeriert und A sowie ρ mit Hilfe der Indizes auflistet. Da wir voraussetzen können, daß jedes Element von U mindestens einmal in A oder der Relation ρ vorkommt – andernfalls wäre es überflüssig –, gilt für die Länge n solch einer Spezifikation: $m \cdot \log m \leq n \leq O(m^{k+1} \cdot \log m)$.

Theorem 6.2.5:
Für jedes $k \geq 2$ ist die Sprache k-BEWEISER $\mathcal{P}$-vollständig.

Beweis: Um diese Sprachen zu erkennen, genügt ein einfaches Iterationsverfahren, um auf Eingabe $(\mathcal{S}, \tau)$ zunächst die Menge $\mathcal{T}(\mathcal{S})$ zu konstruieren. Man beginnt mit $U' = A$. In einem Iterationsschritt werden die Schlußregeln $(u_1, \ldots, u_k, z)$ der Reihe nach daraufhin untersucht, ob alle ihre Voraussetzungen $u_1, \ldots, u_k$ erfüllt sind, d.h. zu U' gehören. Falls ja und z noch nicht in U' vorkommt, wird diese Aussage der Menge hinzugefügt.

Einmal angewandte Schlußregeln kann man anschließend entfernen. Das Verfahren bricht ab, wenn bei Durchführung eines Iterationsschrittes keine neuen Elemente zu U' hinzukommen. Man sieht leicht, daß dann U' exakt die Anforderungen an $\mathcal{T}(\mathcal{S})$ erfüllt. Es verbleibt dann die leichte Aufgabe zu entscheiden, ob τ in U' vorkommt.

Jeder Iterationsschritt kann in polynomialer Zeit von einer DTM ausgeführt werden, genauer in Zeit $O(|\rho| \cdot m \cdot \log^2 m) \leq O(n^2)$. Da in jedem Iterationsschritt mindestens ein neues Element hinzukommt, ist die Anzahl der Iterationen durch m beschränkt.

Zur Beweis der Vollständigkeit beschreiben wir eine „Reduktion" der Berechnung einer 1-Band DTM auf ein 3-stelliges Beweissystem. M sei solch eine T-zeitbeschränkte Maschine, $X = x_1, \ldots, x_n$ eine Eingabe und $t = T(|X|)$. Wir erinnern uns der Berechnungsmatrix und ihrer Eigenschaft, daß 3 Einträge in einer Zeile i den mittleren Eintrag der folgenden Zeile $i+1$ eindeutig bestimmen (Abbildung 5.3). Die Einträge der Berechnungsmatrix seien $v_{i,j} \in \Sigma' := \Sigma \cup (\Sigma \times Q)$ mit Zeilenindex $i \in [0,t]$ und Spaltenindex $j \in [1,t]$. Wir können annehmen, daß M exakt t Schritte auf X ausführt und in einer eindeutigen Endkonfiguration akzeptiert. Bei einer akzeptierenden Berechnung sei daher der Eintrag $v_{t,1}$ von der Form (β, q_1). q_0 sei der Anfangszustand von M. Um die Matrix an den beiden Seiten abzuschließen, werden noch Spalten 0 und $t+1$ hinzugefügt, die mit einem Begrenzungssymbol \$ beschriftet sind.

Das zugehörige Beweissystem $\mathcal{S}_M(X)$ ergibt sich dann durch

$$U \ := \ \{(\sigma, i, j) \mid \sigma \in \Sigma' \cup \{\$\}, i \in [0,t], j \in [0, t+1]\} \,,$$
$$A \ := \ \{((x_1, q_0), 0, 1), (x_j, 0, j) \text{ für } j \in [2, n], (\beta, 0, j) \text{ für } j \in [n+1, t],$$
$$(\$, i, 0), (\$, i, t+1) \text{ für } i \in [0, t]\} \,,$$
$$\rho \ := \ \Big\{\big((\sigma_{-1}, i, j-1), (\sigma_0, i, j), (\sigma_1, i, j+1), (\sigma, i+1, j)\big) \mid$$
$$\sigma_{-1}, \sigma_0, \sigma_1 \text{ erzeugen } \sigma, \text{ wobei } i \in [0, t-1] \text{ und } j \in [1, t]\Big\} \,.$$

Per Induktion kann man nun leicht zeigen, daß (σ, i, j) genau dann ein Theorem in $\mathcal{S}_M(X)$ ist, wenn der Eintrag $v_{i,j}$ der Berechnungsmatrix von M auf X gleich σ ist. Daher gilt:

$$X \in L(M) \quad \Longleftrightarrow \quad \big((\beta, q_1), t, 1\big) \in \mathcal{T}(\mathcal{S}_M(X)) \,.$$

Es bereitet keine Schwierigkeiten, die Reduktion $X \mapsto \big((\mathcal{S}_M(X), ((\beta, q_1), t, 1)\big)$ auf logarithmischem Platz zu berechnen.

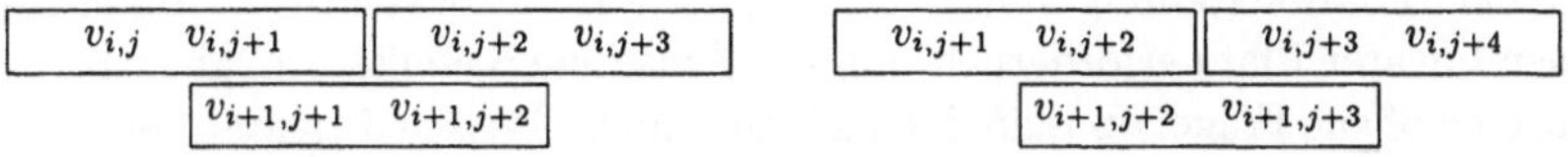

$$\boxed{\begin{array}{cc} v_{i,j} & v_{i,j+1} \end{array}} \ \boxed{\begin{array}{cc} v_{i,j+2} & v_{i,j+3} \end{array}} \qquad \boxed{\begin{array}{cc} v_{i,j+1} & v_{i,j+2} \end{array}} \ \boxed{\begin{array}{cc} v_{i,j+3} & v_{i,j+4} \end{array}}$$
$$\boxed{\begin{array}{cc} v_{i+1,j+1} & v_{i+1,j+2} \end{array}} \qquad\qquad \boxed{\begin{array}{cc} v_{i+1,j+2} & v_{i+1,j+3} \end{array}}$$

Abbildung 6.4: *Überlappende Paare der Berechnungsmatrix*

Eine Reduktion auf ein zweistelliges Beweissystem ist mit Hilfe folgender Beobachtung möglich: Faßt man innerhalb einer Zeile der Berechnungsmatrix jeweils 2 aufeinanderfolgende Einträge zu einem Paar zusammen, so bestimmen 2 solche Paare ein Paar in der nächsten Zeile. Die Überdeckung durch Paare geschieht überlappend.   ■

Bei der Reduktion auf ein Beweissystem gibt es wegen des deterministischen Verhaltens der TM für jedes Tupel $u_1, \ldots, u_k$ höchstens ein Element z mit $(u_1, \ldots, u_k, z) \in \rho$. Man überlege sich, warum diese Reduktion nicht auch für NTM funktioniert. Die Relation ρ kann als eine partielle k-stellige Funktion $U^k \to U$ aufgefaßt werden. $\perp$ sei ein zusätzliches Symbol (mit der Bedeutung „Sackgasse"). ρ wird zu einer totalen Funktion auf $H := U \cup \{\perp\}$, indem Argumenttupel, für die ein Funktionswert durch ρ zunächst nicht definiert ist, auf $\perp$ abgebildet werden. Wir erhalten somit eine Menge H mit einem k-stelligen Operator ρ und stehen vor dem Problem zu entscheiden, ob der Abschluß einer Teilmenge A bezüglich dieses Operators ein vorgegebenes Element τ enthält. Ist $k = 2$ und bildet (H, ρ) eine Gruppe, so ist dies gerade die Frage, ob τ in der von A erzeugten Untergruppe von H liegt.

Mit k-CLOSURE bezeichnen wir die korrespondierende Sprache, d.h. die Menge der Tupel (H, A, ρ, τ), für die τ zum $\rho-$Abschluß von A gehört. Aus dem obigen folgt somit

Korollar 6.2.6:
$$k - \text{CLOSURE} \ \in \ \mathcal{PC} \ . \qquad\qquad ■$$

Wir werden später bei der Untersuchung paralleler Komplexitätsklassen sehen, daß die Eigenschaft der $\mathcal{P}$-Vollständigkeit noch eine weitere wichtige Bedeutung hat. Vermutlich gilt nämlich nicht nur, daß $\mathcal{P}$-vollständige Probleme relativ viel Platzressourcen zu ihrer Lösung benötigen, sondern auch, daß sie keine schnellen parallelen Algorithmen besitzen.

Zum Abschluß seien noch kurz zwei weitere $\mathcal{P}$-vollständige Probleme angeführt. Das erste hängt mit dem **Euklidschen Algorithmus** zur Bestimmung des **größten gemeinsamen Teilers (ggT)** zweier natürlicher Zahlen x, y zusammen: Es sei $x > y$. Dann wird eine Folge $a_0, a_1, a_2, \ldots$ durch $a_0 := x$, $a_1 := y$ und

$$a_{i+1} \ := \ a_{i-1} \ \text{mod} \ a_i, \quad i = 1, 2, 3, \ldots,$$

berechnet, d.h. die Folge der Reste bei der Division zweier aufeinanderfolgender Elemente. Dann ist $\text{ggT}(x, y)$ gleich dem letzten Folgenglied, das von 0 verschieden ist. Dieser Algorithmus läßt sich nur streng sequentiell ausführen und benötigt bis zu linear (bezüglich der Länge der Binärdarstellung von x und y) viele Iterationsschritte. Außerdem ist im allgemeinen linearer Platz erforderlich, um die Zwischenergebnisse a_i abzuspeichern. Es ist bislang eine offene Frage, ob man den ggT auf andere Weise effizienter berechnen kann. Verwandt mit diesem Problem ist die Sprache

$$\text{ITERATED–MOD} \ := \ \{(a_0, a_1, \ldots, a_k) \in \mathbb{N}^* \ |$$
$$((\ldots((a_0 \ \text{mod} \ a_1) \ \text{mod} \ a_2) \ldots) \ \text{mod} \ a_k) \ = \ 0\} \ .$$

Diese Sprache ist $\mathcal{P}$-vollständig [KR89].

Das **Netzwerkfluß-Problem** besteht aus einem gerichteten Graphen $G = (V, E)$ mit einer Quelle v_σ und einer Senke v_τ sowie einer Kapazitätsfunktion $\gamma : E \to \mathbb{N}$ für die Kanten. Ein **Fluß** in G ist eine Abbildung $\varphi : E \to \mathbb{N}$ mit

$$\varphi(e) \;\leq\; \gamma(e) \qquad \text{für alle } e \in E \ ,$$
$$\sum_{(u,v)\in E} \varphi(u,v) \;=\; \sum_{(v,w)\in E} \varphi(v,w) \qquad \text{für alle } v \in V \setminus \{v_\sigma, v_\tau\} \ .$$

Die erste Bedingung verlangt, daß über jede Kante nicht mehr Einheiten fließen, als ihre Kapazität angibt, die zweite, daß alles, was in einen internen Knoten hineinfließt, auch wieder aus ihm herausfließt. Dann heißt

$$\sum_{(v_\sigma,w)\in E} \varphi(v_\sigma, w) \;=\; \sum_{(w,v_\tau)\in E} \varphi(w, v_\tau)$$

der **Wert** des Flusses φ. Fluß-Probleme treten bei vielen Anwendungen auf. Wir können dies Problem durch die folgende Sprache beschreiben:

$$\texttt{MAX-FLOW} \;:=\; \{(G,\gamma,m) \mid \text{das Netzwerk } (G,\gamma) \text{ besitzt einen Fluß}$$
$$\text{mit Wert} \geq m\} \ .$$

Die Funktion φ wird dabei durch Aufzählung der Werte $\gamma(e_1), \ldots \gamma(e_{|E|})$ in Binärdarstellung spezifiziert. Auch dies Problem ist $\mathcal{P}$-vollständig, selbst wenn man es auf azyklische Netzwerke beschränkt [GSS82,LW90].

6.3 $\mathcal{NP}$-vollständige Probleme

Die Komplexitätsklasse $\mathcal{NP}$ wurde als erste systematisch auf vollständige Probleme untersucht. Inzwischen sind unzählige algorithmische Aufgabestellungen als $\mathcal{NP}$-vollständig klassifiziert worden, von denen viele große praktische Bedeutung besitzen. Wir wollen zunächst wieder ein Problem aus der Logik betrachten. Boolesche Formeln sind ein sehr einfacher Formalismus, um logische Aussagen zu bilden (vergleiche die Sprache k-BEWEISER). Durch die Verwendung Boolescher Variablen können Alternativen auf kompakte Weise beschrieben werden.

6.3.1 Das Erfüllbarkeitsproblem

Definition 6.3.1:
$F = F(x_1, \ldots, x_r)$ sei eine Boolesche Formel über den Variablen $x_1, \ldots, x_r$ und den Booleschen Operatoren $\vee, \wedge, \neg$. $F = F_1 \wedge F_2 \wedge \ldots \wedge F_k$ ist eine Formel in l-**CNF-Form**, falls F in konjunktiver Normalform dargestellt ist und jede Klausel $F_j = z_{j,1} \vee \ldots \vee z_{j,l}$ aus genau l verschiedenen Literalen $z_{j,i} \in \{x_1, \overline{x_1}, \ldots, x_r, \overline{x_r}\}$ besteht.

EIne Formel F heißt **erfüllbar**, falls es eine Belegung $a_1, \ldots, a_r \in \{0,1\}^r$ ihrer Variablen gibt, so daß $F(a_1, \ldots, a_r) = 1$. Eine Formel heißt eine **Tautologie** oder auch **allgemeingültig**, falls alle möglichen Belegungen ihrer Variablen den Wert 1 liefern. Unter dem **Erfüllbarkeitsproblem** wollen wir die Sprache

$$\texttt{SAT} \; := \; \{F \mid F \text{ ist eine erfüllbare Formel}\}$$

verstehen ($\texttt{SAT}$ für *satisfiability*). Ein Spezialfall ist die Menge $l\text{-}\texttt{SAT}$ der erfüllbaren Formeln in l-CNF. $\texttt{TAUTOLOGIE}$ sei die Menge der allgemeingültigen Formeln.

$$\square$$

Die Frage der Erfüllbarkeit einer Formel F kann man auch als die Suche nach einem Beweis für die durch F beschriebene Aussage interpretieren, wobei die Alternativen $x_i = 1$ und $x_i = 0$ in der Beweisführung frei gewählt werden können. Offensichtlich gilt

$$F \text{ nicht erfüllbar} \quad \Longleftrightarrow \quad \neg\, F \text{ Tautologie.}$$

Jede Boolesche Formel F läßt sich in einfacher Weise durch einen binären String kodieren. Besitzt F die Länge m und ist über den Variablen $x_1, \ldots, x_r$ definiert, so genügt dazu ein String der Länge $O(m \log r)$.

Theorem 6.3.2:
Das Erfüllbarkeitsproblem ist $\mathcal{NP}$-vollständig.

Beweis: Wir müssen zeigen $\texttt{SAT} \in \mathcal{NP}$ und $L \leq_{\text{pol}} \texttt{SAT}$ für alle $L \in \mathcal{NP}$. M sei eine durch ein Polynom T zeitbeschränkte NTM mit $L(M) = L$. Wir können M als 1-Band Maschine ohne separates Eingabeband voraussetzen und daher die Berechnungsmatrizen von M betrachten. Es gelten wieder die üblichen Voraussetzungen: Die Maschine startet im Zustand q_0. Auf Eingabe X der Länge n ist das Band zu Anfang mit $x_1 \ldots x_n \beta\beta \ldots$ beschriftet. Falls die Maschine akzeptiert, so befindet sie sich im Zustand q_1 in der Ausgangsposition, und das Band ist leer.

Die Einträge der Matrix erhalten als zusätzliche Information den nächsten Zustandsübergang von M. Zur Beschreibung der Speicherinhalte numerieren wir daher die möglichen Übergänge von M mit den Zahlen aus $[1, \delta]$ für $\delta := 3(|\Sigma| \cdot |Q|)^2$ (jede mögliche Kombination eines alten Zustands und Bandsymbols mit einem neuen Zustand, Bandsymbol und einer der 3 möglichen Kopfbewegungen). Als Alphabet für die Einträge der Berechnungsmatrix dient dann die Menge

$$\Sigma' \; := \; \Sigma \cup (\Sigma \times Q \times [1, \delta]) \, .$$

Bei einer Konfiguration C_i fügen wir der Speicherzelle v, in der sich der Kopf gerade befindet, den Zustand der Maschine und die Nummer des Übergangs von C_i nach C_{i+1} hinzu. Durch diese Zusatzinformation wird erreicht, daß die eigentliche Konfiguration der Maschine in C_{i+1} eindeutig bestimmt ist, obwohl eine NTM im allgemeinen in jedem

Schritt zwischen verschiedenen möglichen Übergängen wählen kann. Kennt man in der Berechnungsmatrix für die Konfiguration C_i den Eintrag σ oder (σ, a, d) einer Zelle v sowie den ihrer beiden Nachbarzellen, so bleibt für einen neuen Eintrag σ' bzw. (σ', a', d') für v in C_{i+1} als einzige Wahlmöglichkeit nur noch die Nummer d' des Übergangs, den die Maschine beim Schritt von C_{i+1} nach C_{i+2} wählt.

Der Grund, die Nummer d mit anzugeben, liegt darin, daß es auf diese Weise in jeder Zeile der Berechnungsmatrix höchstens ein Element gibt, für das mehrere Einträge möglich sind. Andernfalls könnte es für mehrere benachbarte Elemente verschiedene Alternativen geben, zwischen denen Abhängigkeiten bestehen, je nachdem, wie sich der Kopf der Maschine beim Schritt von C_i nach C_{i+1} verhält. Wir können voraussetzen, daß der Übergang aus der Anfangskonfiguration eindeutig ist, und ordnen diesem die Nummer 1 zu.

Für $\sigma \in \Sigma'$ und $i \in [0,t]$, $j \in [1,t]$ sei $z[i,j,\sigma]$ eine Boolesche Variable mit der Bedeutung

$$z[i,j,\sigma] = 1 \iff \text{das } j\text{-te Symbol in } C_i \text{ ist } \sigma .$$

Wir können dann die Berechnung C durch einen Satz Bedingungen an diese Variablen beschreiben:

1. Die Beschreibung ist formal korrekt, falls für alle i, j genau eine Variable $z[i,j,\sigma]$ den Wert 1 hat, dies entspricht der Formel

$$F_0 := \bigwedge_{i\in[0,t],\,j\in[1,t]} \bigvee_{\sigma\in\Sigma'} \left[z[i,j,\sigma] \wedge \bigwedge_{\sigma'\neq\sigma} \overline{z[i,j,\sigma']} \right] .$$

2. Die Anfangskonfiguration C_0 auf X impliziert die Bedingungen

$$F_X := z[0,1,(x_1,q_0,1)] \wedge \bigwedge_{j\in[2,n]} z[0,j,x_j] \wedge \bigwedge_{j\in[n+1,t]} z[0,j,\beta] .$$

3. C_t ist eine akzeptierende Endkonfiguration, falls

$$F_a := z[t,1,(\beta,q_1,0)] \wedge \bigwedge_{j\in[2,t]} z[t,j,\beta] ,$$

wobei wir die Nummerierung der Übergänge so gewählt haben, daß die 0 in $(\beta, q_1, 0)$ das Verharren in der Endkonfiguration beschreibt.

4. Schließlich muß noch gefordert werden, daß die Konfiguration C_{i+1} eine der möglichen Nachfolgekonfigurationen von C_i ist. Dazu beachte man, daß aus der durch Σ' erweiterten Beschriftung der j-ten Zelle in C_i und ihrer beiden Nachbarzellen das j-te Symbol in C_{i+1} eindeutig bis auf die Nummer des nächsten Übergangs von C_{i+1} nach C_{i+2} bestimmt ist. Wir erhalten somit eine Menge Δ_j von Tupeln $(\sigma_1, \sigma_2, \sigma_3, \sigma)$, die Symbole in den Zellen $j-1, j, j+1$ in C_i bzw. j in C_{i+1} eines

korrekten Übergangs beschreiben, wobei Δ_j an den Rändern für $j = 1$ und $j = t$ entsprechend zu modifizieren ist. Diese Bedingungen lassen sich ausdrücken durch die Formel

$$F_M \quad := \quad \bigwedge_{\substack{i \in [1,t] \\ j \in [1,t+1]}} \quad \bigvee_{(\sigma_1,\sigma_2,\sigma_3,\sigma) \in \Delta_j} \quad z[i, j-1, \sigma_1] \wedge z[i, j, \sigma_2] \wedge z[i, j+1, \sigma_3] \wedge z[i+1, j, \sigma] \ .$$

Ordnet man nun einer Eingabe X die Formel

$$F_M(X) \quad := \quad F_0 \ \wedge \ F_X \ \wedge \ F_a \ \wedge \ F_M$$

zu, so ist $F_M(X)$ genau dann erfüllbar, wenn M für X eine akzeptierende Berechnungsmatrix besitzt. Denn einerseits kann man, gegeben solch eine Berechnung C, die Booleschen Variablen $z[i, j, \sigma]$ entsprechend auf 0 und 1 setzen, die dann $F_M(X)$ erfüllen. Andererseits läßt sich aus einer erfüllbaren Belegung eine korrekte akzeptierende Berechnung rekonstruieren.

Die Formel hat die Länge $O(t^2)$ und kann wegen ihrer Regelmäßigkeit leicht von einer DTM auf logarithmischem Platz generiert werden und damit auch in polynomialer Zeit. Folglich ist jede Sprache L in $\mathcal{NP}$ auf das Erfüllbarkeitsproblem reduzieren läßt .

Daß dies Problem selbst in $\mathcal{NP}$ liegt, ist leicht einzusehen: Eine NTM rät eine Belegung der Variablen und wertet die Formel für diese Belegung aus. Sie akzeptiert, falls die Belegung die Formel erfüllt. Zum Auswerten einer Formel, bei der alle Variablen durch Boolesche Konstanten ersetzt sind, genügt lineare Zeit (vergleiche Aufgabe 2.4.13). $\blacksquare$

Wir wissen nun, daß die Entscheidung, ob eine Boolesche Formel F erfüllbar ist, zu den schwersten Problemen in der Klasse $\mathcal{NP}$ gehört Bislang sind trotz großer Bemühungen keine effizienten deterministischen Lösungsverfahren für das Erfüllbarkeitsproblem gefunden worden. Um die Ungleichheit von $\mathcal{P}$ und $\mathcal{NP}$ zu zeigen – was inzwischen von einer großen Mehrheit der Komplexitätstheoretiker vermutet wird – würde auf Grund der Vollständigkeit der Nachweis genügen, daß SAT nicht in $\mathcal{P}$ liegt. Aber auch dies konnte bislang trotz großer Anstrengungen nicht gezeigt werden.

6.3.2   Selbstreduzierbarkeit

Die Erkenntnis, daß eine erfüllende Belegung $Y = (y_1, \ldots, y_r)$ für eine Formel F existiert, liefert noch nicht zwangsläufig solch ein Y. Das **konstruktive Problem**, eine erfüllende Belegung zu finden, ist mindestens so schwierig wie das **Entscheidungsproblem**, ob eine solche Belegung überhaupt existiert.

Es stellt sich daher die Frage, welcher Zusammenhang zwischen diesen beiden unterschiedlichen Problemstellungen besteht. Technisch bedeutet dies, daß auf der einen Seite

Akzeptoren für eine Sprache betrachtet werden und man andererseits nach Maschinen sucht, die eine Funktion oder Relation, d.h. die zu dieser Sprache korrespondierenden Lösungsvektoren, berechnen. Wir wollen am Beispiel des Erfüllbarkeitsproblems verdeutlichen, daß es gerechtfertigt ist, sich auf das Erkennen von Sprachen zu beschränken. f_{SAT} bezeichne die Relation, die einer Booleschen Formel F eine erfüllende Belegung Y zuordnet bzw. den Wert λ, falls F nicht erfüllbar ist.

Theorem 6.3.3:
Gibt es einen T–zeitbeschränkten Akzeptor für SAT, so kann die korrespondierende Relation f_{SAT} in Zeit $O(\mathcal{N} \cdot T)$ berechnet werden.

Beweis: Wir können voraussetzen, daß T monoton wächst (die Kodierung einer Formel kann beliebig verlängert werden, ohne die Komplexität ihres Entscheidungsproblems zu erhöhen). M sei ein Akzeptor (deterministisch oder nichtdeterministisch) für SAT. Mit Hilfe von M konstruieren wir eine TM M', die f_{SAT} für eine gegebene Formel F berechnet. Die Variablen in F seien $x_1, \ldots, x_r$.

Zunächst überprüft M' durch Simulation von M auf F, ob F überhaupt erfüllbar ist; falls nicht, so hält die Maschine mit Ausgabe λ. Ist F erfüllbar, so generiert M' aus F Formeln F_0 und F_1, indem sie x_1 durch die Booleschen Konstanten 0 bzw. 1 ersetzt. F ist genau dann erfüllbar, wenn mindestens eine der Formeln F_α erfüllbar ist. Die Erfüllbarkeit kann mit Hilfe von M als Subroutine entschieden werden. M' wählt aus F_0, F_1 eine erfüllbare Formel F_α aus und löst das Konstruktionsproblem für diese Formel mit Variablen $x_2, \ldots, x_r$ rekursiv. Die Erfüllbarkeit einer Booleschen Formel zu entscheiden, die keine Variablen sondern nur Konstanten enthält (FORMEL-VALUE), bedeutet, die Formel auszuwerten, und kann deterministisch in linearer Zeit ausgeführt werden, wie wir in Aufgabe 2.4.13 bewiesen haben. Aus einem Lösungsvektor $y_2, \ldots, y_r$ für F_α ergibt sich ein Lösungsvektor für F durch $\alpha, y_2, \ldots, y_r$.

Die Rekursionstiefe dieses Verfahren ist r, wobei M in jedem Rekursionsschritt höchstens zweimal als Subroutine aufgerufen wird. Die Zeitkomplexität von M' auf einer Formel der Länge n mit $r \leq n$ Variablen kann daher abgeschätzt werden durch

$$r \cdot O(T(n) + n) \ \leq \ O(n \cdot T(n)) \, . \qquad \blacksquare$$

Fassen wir diese Beweisidee noch einmal kurz zusammen. Die konstruktive Version des Erfüllbarkeitsproblems wird rekursiv dadurch gelöst, daß man zu einer Problemeingabe X eine Menge „kleinerer Eingaben" X' generiert, für diese das Entscheidungsproblem betrachtet und dann das Problem darauf reduziert, für *eine* dieser Eingaben eine Lösung zu finden.

Diese Eigenschaft nennt man **Selbstreduzierbarkeit**. Die Rekursionstiefe ist hierbei durch die Anzahl der Variablen beschränkt und damit polynomiell, in diesem Fall sogar linear, in der Länge der Eingabe. Bei den meisten der im folgenden betrachteten $\mathcal{NP}$–vollständigen Problemen läßt sich eine Selbstreduktion ähnlich wie beim Erfüllbarkeitsproblem

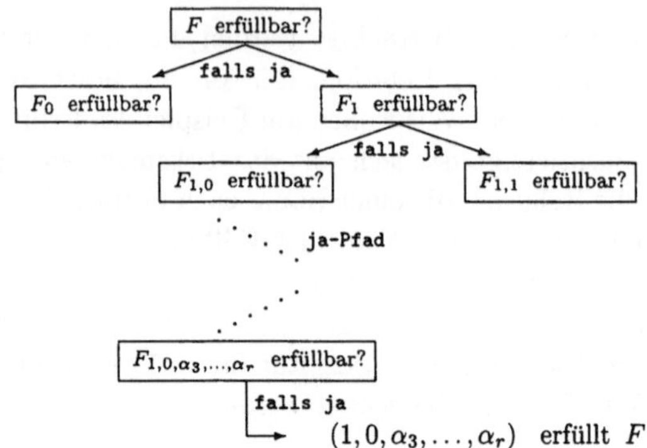

Abbildung 6.5: *Selbstreduktion von* SAT

leicht angeben. Weitere Untersuchungen zu diesem Thema findet man in [V76] und [VV86].

6.3.3   Erfüllbarkeit für 3-CNF

Als nächstes wollen wir zeigen, daß das Erfüllbarkeitsproblem bereits für eine Teilmenge von einfach strukturierten Booleschen Formeln $\mathcal{NP}$-vollständig ist, nämlich Formeln in konjunktiver Normalform. Dies Ergebnis kann man dahingehend interpretieren, daß die Schwierigkeit des Erfüllbarkeitsproblems nicht in der syntaktischen Struktur der Formeln liegt, sondern allein in der Frage, welcher Boolesche Wert den einzelnen Variablen zugeordnet werden soll. Die Anzahl aller möglichen Belegungen wächst exponentiell in der Zahl der Variablen. Daher benötigt das naheliegende Verfahren, alle Möglichkeiten durchzuprobieren, bis man eine erfüllende Belegung gefunden hat, exponentielle Zeit. Dies gilt im *worst case* für erfüllbare Formeln und generell für nichterfüllbare Formeln. Bislang sind keine Verfahren mit subexponentieller Laufzeit bekannt, die die Erfüllbarkeit von Formeln – selbst unter der Einschränkung auf 3-CNF – immer korrekt entscheiden.

Theorem 6.3.4:
Für jedes $l \geq 3$ ist die Sprache l-SAT $\mathcal{NP}$-vollständig.

Beweis: Es genügt zu zeigen, daß man SAT auf l-SAT reduzieren kann. Dazu überführen wir eine beliebige Formel F in eine **äquivalente** Formel F' in CNF-Form. In F' werden in der Regel zusätzliche Variable benötigt, ohne dies wäre es nicht immer möglich, die Länge der CNF-Formel polynomial beschränkt zu halten. Äquivalent bedeutet hier, daß F' genau dann erfüllbar ist, wenn dies für F gilt. Mit Hilfe der De Morgan'schen Regeln können alle Negationen direkt vor die Variablen gebracht werden. Diese Transformation kann eine logarithmisch platzbeschränkte DTM einfach durchführen: Sie liest die Formel von links nach rechts und merkt sich die „Tiefe" jeder Teilformel bezüglich der Negationen, es genügt sogar, dies mod 2 zu speichern.

Um nun eine Formel, in der $\vee$ und $\wedge$ beliebig geschachtelt sein können, in eine Konjunktion von Klauseln zu überführen, benutzen wir die folgende Beobachtung. Ist $F = F_1 \vee F_2$ und sind die Teilformeln F_i bereits in CNF, so läßt sich F durch eine neue Variable y, die in den F_i nicht vorkommt, durch die äquivalente Formel

$$(F_1 \vee y) \wedge (F_2 \vee \bar{y})$$

ersetzen. Für $F_i = G_1 \wedge \ldots \wedge G_k$ mit Klauseln G_j kann man dann $F_i \vee y^\alpha$ umformen in

$$(G_1 \vee y^\alpha) \wedge \ldots \wedge (G_k \vee y^\alpha) \, ,$$

so daß sich wieder eine Konjunktion von Klauseln ergibt. Zwei Teilformeln in CNF, die durch $\wedge$ verknüpft sind, lassen sich ebenfalls in diese Form überführen (man braucht nur die die Formeln begrenzenden Klammern zu streichen).

Führt man dies Verfahren rekursiv durch, so wird für jedes $\vee$ eine neue Variable eingeführt. Hat die ursprüngliche Formel die Länge m, so wächst die Länge höchstens um den Faktor m, und die Transformation kann in $O(m^2)$ Schritten ausgeführt werden. Den Nachweis, daß diese Aufgabe auch von einer logarithmisch platzbeschränkten DTM erledigt werden kann, überlassen wir dem Leser als Übungsaufgabe.

Schließlich muß noch gezeigt werden, daß man eine Formel in beliebiger CNF-Form in eine äquivalente l-CNF Formel transformieren kann . Dazu wandeln wir eine Klausel $K = (z_1 \vee \ldots \vee z_k)$ durch Verwendung zusätzlicher Variablen in eine oder mehrere Klauseln um, deren Konjunktion äquivalent zu K ist. Wir beschränken uns auf den Fall $l = 3$. y_i seien neue Variable. In Abhängigkeit von der Länge k ersetzen wir K folgendermaßen:

$$k = 1: \quad (z_1 \vee y_1 \vee y_2) \wedge (z_1 \vee \overline{y_1} \vee y_2) \wedge (z_1 \vee y_1 \vee \overline{y_2}) \wedge (z_1 \vee \overline{y_1} \vee \overline{y_2})$$

$$k = 2: \quad (z_1 \vee z_2 \vee y_1) \wedge (z_1 \vee z_2 \vee \overline{y_1})$$

$$k > 3: \quad (z_1 \vee z_2 \vee y_1) \wedge (\overline{y_1} \vee z_3 \vee y_2) \wedge (\overline{y_2} \vee z_4 \vee y_3) \wedge \ldots \wedge (\overline{y_{k-3}} \vee z_{k-1} \vee z_k)$$

Die Äquivalenz ergibt sich aus folgenden Überlegungen. Im Fall $k = 1$ können die 4 Klauseln nur dann gleichzeitig gelten, wenn z_1 den Wert 1 hat, denn unabhängig, welche Werte man für die neuen Variablen y_1, y_2 wählt, in einer der Klauseln liefern beide Variablen oder ihre Negationen den Wert 0. Ähnliches gilt für $k = 2$.

Wird die ursprüngliche Formel im Fall $k > 3$ durch die z_i erfüllt, so wähle man $y_j = 1$ für $j \leq i - 2$ und $y_j = 0$ für $j > i - 2$. Dann werden in der Folge der neuen Klauseln die ersten $i - 2$ Klauseln durch die y_j erfüllt und die letzten $k - (i - 2) - 3$ durch $\overline{y_j}$. Die $(i - 1)$-te Klausel, die z_i enthält, wird durch z_i erfüllt. Liefert andererseits jede dieser Klauseln den Wert 1, so unterscheiden wir drei Fälle: Haben alle y_j den Wert 1, so muß $z_{k-1} \vee z_k = 1$ gelten und damit wäre auch K erfüllt. Analoges gilt für $z_1 \vee z_2$, falls alle y_j den Wert 0 haben. Es verbleibt der Fall, daß bis zu einem i, $1 \leq i < k - 3$,

$y_1 = y_2 = \ldots = y_i = 1$ und $y_{i+1} = 0$ gewählt wurden. Dann kann die $(i+1)$-te Klausel nur durch $z_{i+2} = 1$ erfüllt sein, d.h. K gilt. $\blacksquare$

Betrachten wir als Beispiel die Formel

$$F = \neg\Big(\neg(x_1 \vee x_2 \vee \overline{x_3}) \wedge (x_4 \vee (x_3 \wedge \overline{x_5}))\Big) .$$

Nach Verschieben der Negationen erhält man zunächst die (logisch identische) Formel

$$F' = (x_1 \vee x_2 \vee \overline{x_3}) \vee (\overline{x_4} \wedge (\overline{x_3} \vee x_5)) ,$$

welche dann mit Hilfe neuer Variablen y_1, y_2, y_3 in die äquivalente Formel

$$(x_1 \vee x_2 \vee \overline{x_3} \vee y_1) \wedge (\overline{x_4} \vee \overline{y_1}) \wedge (\overline{x_3} \vee x_5 \vee \overline{y_1})$$
$$\equiv (x_1 \vee x_2 \vee y_2) \wedge (\overline{y_2} \vee \overline{x_3} \vee y_1) \wedge (\overline{x_4} \vee \overline{y_1} \vee y_3) \wedge (\overline{x_4} \vee \overline{y_1} \vee \overline{y_3}) \wedge (\overline{x_3} \vee x_5 \vee \overline{y_1})$$

transformiert wird. Zum Abschluß sei noch bemerkt, daß das Problem 2-NONSAT – ist eine Boolesche Formel in 2-CNF-Form nicht erfüllbar? – bzw. das vom Komplexitätsaufwand äquivalente Problem, ob eine Boolesche Formel in 2-DNF-Form eine Tautologie darstellt, vollständig ist für die Klasse $\mathcal{NL}$ und damit in $\mathcal{P}$ liegt. Daher ist auch 2-SAT deterministisch in polynomialer Zeit entscheidbar. Die Komplexitäten der Probleme 2-SAT und 3-SAT unterscheiden sich daher erheblich (vorausgesetzt $\mathcal{P} \subset \mathcal{NP}$).

6.3.4 Graphenprobleme: Cliquen, Kreise und Überdeckungen

Als nächstes wollen wir algorithmische Probleme aus dem Bereich der Graphentheorie untersuchen. Ein vollständiger Subgraph der Größe k in einem ungerichteten Graphen wird auch als **k-Clique** bezeichnet. Wir betrachten die Sprache

$$\text{CLIQUE} := \{(G, k) \mid G \text{ besitzt eine } k\text{-Clique}\} ,$$

d.h. die Menge der Paare (G, k), so daß $\mathcal{K}_k$ ein Subgraph von G ist.

Theorem 6.3.5:
$$\text{CLIQUE ist } \mathcal{NP}\text{-vollständig} .$$

Beweis: Sei $F = F_1 \wedge \ldots \wedge F_k$ eine Boolesche Formel in 3-CNF, d.h. $F_i = z_{i,1} \vee z_{i,2} \vee z_{i,3}$ mit Literalen $z_{i,j} \in \{x_1, \overline{x_1}, x_2, \ldots, \overline{x_r}\}$. Zu F definieren wir einen Graphen G_F mit $3k$ Knoten $v_{i,j}$, $i \in [1, k]$ und $j \in [1, 3]$. Ein Knotenpaar $v_{i,j}, v_{i',j'}$ ist durch eine Kante verbunden, falls $i \neq i'$ und $z_{i,j} \neq \overline{z_{i',j'}}$. Wir behaupten, daß G_F genau dann eine k-Clique besitzt, wenn F erfüllbar ist. Zunächst beobachte man, daß G_F keine vollständigen Subgraphen mit mehr als k Knoten hat, denn dann müßte dieser aus einer Gruppe i zwei verschiedene Knoten $v_{i,j}, v_{i,j'}$ enthalten. Knoten innerhalb einer Gruppe sind aber nicht verbunden.

Ist F erfüllbar, dann gibt es für jede Klausel F_i ein Literal z_{i,j_i} mit Wert 1. Solch ein Literal kann nicht gleichzeitig die Negation eines Literals z_{l,j_l} sein, das die Klausel F_l erfüllt. Daher enthält G_F nach Definition für alle Paare i, l die Kante (v_{i,j_i}, v_{l,j_l}), und wir haben eine k-Clique gefunden.

Besitzt G_F andererseits einen vollständigen Subgraphen mit k Knoten, dann enthält dieser aus jeder Gruppe genau einen Knoten v_{i,j_i}. Wählt man für das Literal z_{i,j_i} den Wert 1, so wird die i-te Klausel von F erfüllt. Bei dieser Wahl können keine Konflikte auftreten, da nach Definition von G keines dieser Literale die Negation eines anderen ist.

Somit ist $F \mapsto G_F$ eine Reduktion von 3-SAT auf CLIQUE, die sich sehr einfach auf logarithmischem Platz berechnen läßt. Daß CLIQUE auch in $\mathcal{NP}$ liegt, ist leicht einzusehen: Eine NTM braucht nur eine k-elementige Knotenmenge zu raten und zu verifizieren, daß alle Knoten paarweise verbunden sind.   ∎

Ein **Hamiltonscher Kreis** in einem Graphen G ist ein Kreis, der jeden Knoten des Graphen genau einmal besucht. Die Frage nach solch einem Kreis kann man sowohl für ungerichtete als auch gerichtete Graphen stellen. Wir betrachten im folgenden gerichtete Graphen und definieren

$$\text{HAMILTON} \; := \; \{ G \mid G \text{ besitzt einen Hamiltonschen Kreis} \}.$$

Theorem 6.3.6:
$$\text{HAMILTON ist } \mathcal{NP}\text{-vollständig}.$$

Beweis: Wir wählen wieder das $\mathcal{NP}$-vollständige Problem 3-SAT zur Reduktion auf HAMILTON, wobei $F = F_1 \wedge \ldots \wedge F_k$ mit $F_j = z_{j_1} \vee z_{j_2} \vee z_{j_3}$ eine Instanz von 3-SAT beschreibe. $x_1, \ldots, x_r$ seien die Variablen in F, $m(x_i)$ die Anzahl der Vorkommnisse von x_i in F und $m_i := m(x_i) + m(\overline{x_i})$. Für jede Variable x_i konstruieren wir einen Graphen H_i und verbinden $H_1, \ldots, H_n$, wie in der Abbildung 6.6 skizziert, kreisförmig zu einem Graphen H'.

H_i ist unterteilt in $m_i + 3$ **Schichten**. Die erste bzw. letzte besteht aus einem einzelnen Knoten a_i bzw. d_i. Die übrigen Schichten enthalten jeweils ein Paar von Knoten $b_{i,j}, c_{i,j}$, $0 \le j \le m_i$. Die Knoten einer Schicht sind gegenseitig durch Kanten verbunden; zusätzlich gibt es Verbindungen zu den Knoten der nächsten Schicht. Kanten zwischen $b_{i,j}$ und $b_{i,j+1}$ bzw. $c_{i,j}$ und $c_{i,j+1}$ bleiben dabei ausgespart. Ein Hamiltonscher Kreis in H' muß dann jedes H_i über den Knoten a_i betreten, die folgenden Schichten der Reihe nach vollständig besuchen und dann H_i über d_i verlassen. Wird von a_i aus als erstes der b-Knoten der zweiten Schicht gewählt, so gilt dies auch für alle anderen Schichten in H_i. Es gibt daher genau 2 Möglichkeiten, einen Teilgraphen H_i zu durchqueren. Wir interpretieren dies als eine Belegung der Variablen x_i: Werden zunächst die b-Knoten besucht, entspreche dies $x_i = 0$, andernfalls der Wahl $x_i = 1$.

Für jede Klausel $F_j = x_{j_1}^{\alpha_1} \vee x_{j_2}^{\alpha_2} \vee x_{j_3}^{\alpha_3}$ fügen wir einen Teilgraphen T_j aus 6 Knoten $r_{j_1}, r_{j_2}, r_{j_3}$ und $s_{j_1}, s_{j_2}, s_{j_3}$ hinzu. Ein Paar r_{j_l}, s_{j_l} reporäsentiert hierbei das Vorkommen

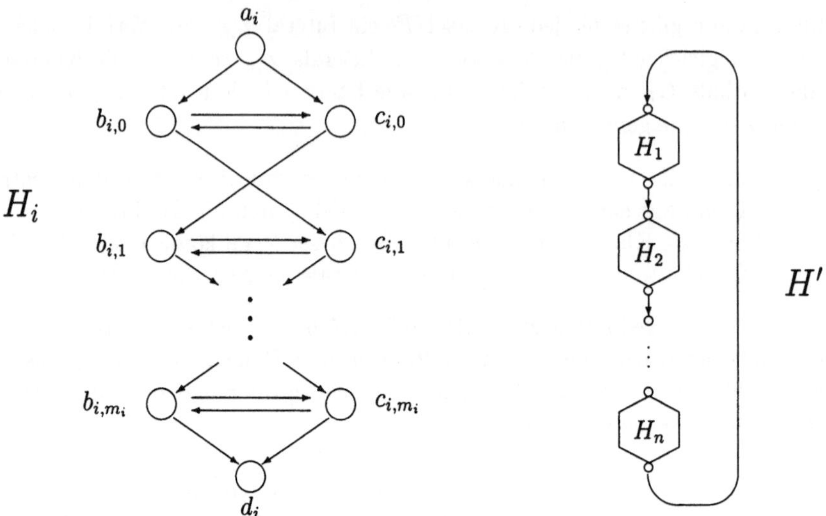

Abbildung 6.6: *Ein Teilgraph H_i und die Verkettung der H_i zum Graphen H'*

der Variablen x_{j_l} in F_j. Die r_{j_l} sind zyklisch aufsteigend verbunden, die s_{j_l} zyklisch absteigend. Zusätzlich gibt es Kanten von r_{j_l} nach s_{j_l} (siehe Abbildung 6.7).

Jedem Paar wird ein Kantenpaar zwischen zwei Schichten von H_{j_l} zugeordnet, wobei für die verschiedenen Vorkommen von x_{j_l} jeweils ein neues Kantenpaar gewählt wird. Falls x_{j_l} negiert in F_j vorkommt, verbinden wir den c-Knoten der oberen Schicht mit r_{j_l} und s_{j_l} mit dem b-Knoten der unteren Schicht. Andernfalls wählt man in der oberen Schicht den b-Knoten und in der unteren Schicht den c-Knoten. Somit erhalten wir einen Graphen G_F, der die Formel F darstellt. Man überlegt sich nun folgendes: Wenn ein Hamiltonscher Kreis in G_F den Teilgraphen T_j in r_{j_l} betritt, so muß er ihn über s_{j_l} verlassen. Dabei können ein oder mehrere andere Paare $r_{j_l'}, s_{j_l'}$ ebenfalls besucht werden. Würde der Kreis nämlich nicht bei s_{j_l} austreten, so wäre es nicht mehr möglich, alle 6 Knoten von T_j zu besuchen.

Hat man eine Belegung, die alle Klauseln erfüllt, so kann man in jeder Klausel f_j ein Literal $x_{j_l}^{\alpha_l}$ mit Wert 1 finden. Ein korrespondierender Hamiltonscher Kreis durch H_{j_l} wird an der Stelle, wo der zu F_j korrespondierende Teilgraph eingefügt ist, dahingehend abgeändert, daß man statt der Kante zwischen den beiden Leveln in H_{j_l} einen Kreis vollständig durch T_j führt. Auf diese Weise können alle Knoten in den H_i und T_j aufgesucht werden, und wir erhalten einen Hamiltonschen Kreis in G_F.

Umgekehrt ist es nicht schwer einzusehen, daß die zu einem Hamiltonschen Kreis in G_F korrespondierende Belegung der Variablen x_i die Formel F erfüllt. Damit haben wir **3-SAT** auf **HAMILTON** reduziert. ■

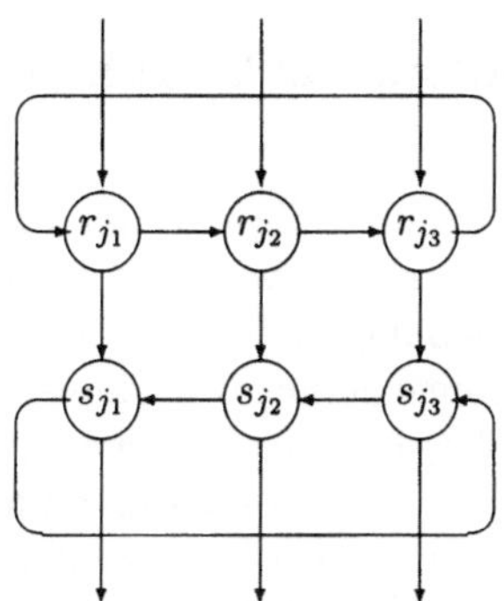

Abbildung 6.7: *Teilgraph T_j*

Dem Hamiltonschen Kreisproblem sehr ähnlich ist das Eulersche Kreisproblem, bei dem zu entscheiden ist, ob ein Graph einen Kreis besitzt, der jede *Kante* genau einmal benutzt:

$$\text{EULER} \ := \ \{G \mid G \text{ besitzt einen Eulerschen Kreis} \} \ .$$

Ist ein Graph nicht zusammenhängend – eine Eigenschaft, die man leicht verifizieren kann – so besitzt er offensichtlich weder einen Hamiltonschen noch einen Eulerschen Kreis. Für zusammenhängende Graphen gibt es ein sehr einfaches notwendiges und hinreichendes Kriterium für die Existenz eines Eulerschen Kreises, das lokal überprüft werden kann: Der Grad jedes Knotens muß gerade sein, bzw. im Fall gerichteter Graphen müssen in jedem Knoten Ausgrad und Ingrad gleich sein. Die Sprache EULER liegt damit in $\mathcal{P}$, und man kann auch das konstruktive Problem sehr einfach lösen.

Dieser Komplexitätssprung bei einer leichten definitorischen Änderung des Problems mag auf den ersten Blick vielleicht überraschen. Es gibt noch weitere Beispiele dieser Art. In einem ungerichteten Graphen ist eine **Knoten-Überdeckung** eine Teilmenge V' der Knoten, so daß für jede Kante mindestens einer der Endpunkte zu V' gehört. Eine **Kanten-Überdeckung** ist eine Teilmenge E' der Kanten, wobei jeder Knoten mit mindestens einer der Kanten in E' inzidiert. Das Problem VERTEX-COVER bzw. EDGE-COVER fragt danach, ob gegeben einen Graphen G und eine natürliche Zahl k eine entsprechende Überdeckung der Größe höchstens k existiert. Man beachte, daß die Problemspezifikation aus zwei Teilen besteht, einem Graphen sowie einem zusätzlichen Parameter k . Wie beim Kreisproblem ist das Überdeckgunsproblem in der Knoten-Version $\mathcal{NP}$ -vollständig, für die Kanten-Version dagegen kennt man effiziente Algorithmen und damit gehört EDGE-COVER zu $\mathcal{P}$.

Dem VERTEX-COVER Problem sehr ähnlich ist auch das DOMINATING-SET Problem, wo eine Knotenmenge V' mit $|V'| \leq k$ gesucht ist, so daß jeder Knoten v in der Restmenge $V \setminus V'$ mindestens einen Nachbarn v' in V' besitzt, d.h. (v, v') ist eine Kante in G. Auch dies Problem ist $\mathcal{NP}$ -vollständig.

6.3.5   Das Färbungsproblem für Graphen

Es gibt eine Vielzahl weiterer $\mathcal{NP}$-vollständiger Graphprobleme, von denen wir noch das **Subgraph-Isomorphie**-Problem vorstellen wollen: Gegeben sind zwei Graphen G und H, und man soll entscheiden, ob ein Subgraph von G isomorph zu H ist. Die $\mathcal{NP}$-Härte ist offensichtlich, da es eine Verallgemeinerung des Cliquen-Problems darstellt - dort war H auf vollständige Graphen $\mathcal{K}_k$ beschränkt. Haben beide Graphen die gleiche Anzahl von Knoten, so ergibt sich der Spezialfall des **Graph-Isomorphie**-Problems, die Frage, ob G selber zu H isomorph ist? Dies ist eines der wenigen Probleme, für die es bislang weder gelungen ist, die $\mathcal{NP}$-Vollständigkeit zu zeigen, noch zu beweisen, daß es in $\mathcal{P}$ liegt (siehe [M83,S87]). Um die Komplexität dieses Problems genau zu charakterisieren, sind verschiedene Ansätze gemacht worden, auf die wir später noch genauer eingehen werden.

Als ein weiteres Beispiel sei genannt das **Matching-Problem**: Gegeben sind 3 disjunkte Mengen A, B, C gleicher Mächtigkeit q und eine Menge H von Tupeln $(a, b, c) \in A \times B \times C$. Gesucht ist eine Teilmenge von H der Größe q, so daß jedes Element aus $A \cup B \cup C$ in genau einem der Tupel vorkommt. Eine derartige Teilmenge nennt man ein **3-dimensionales perfektes Matching**. Die einfachere Version eines 2-dimensionalen Matchings, die nur zwei Mengen A, B verwendet, ist äquivalent zu dem in Kapitel 2.2 betrachteten Matching-Problem für bipartite Graphen. Während man zeigen kann, daß das 3-dimensionale Matching-Problem $\mathcal{NP}$-vollständig ist, läßt sich die 2-dimensionale Variante deterministisch in Polynomialzeit lösen, zum Beispiel durch eine Reduktion auf das Netzwerkfluß-Problem.

Wie beim Erfüllbarkeitsproblem tritt bei Erhöhung der „Dimension" des Problems von 2 auf 3 ein Komplexitätssprung auf. Gleiches gilt für das Graphfärbungsproblem. Eine **k-Färbung** eines Graphen G ordnet jedem Knoten eine von k Farben zu, so daß benachbarte Knoten verschieden gefärbt werden. Das Problem k-FÄRBUNG ist die Frage, ob ein vorgegebener Graph eine k-Färbung besitzt. Das minimale k, mit dem ein Graph gefärbt werden kann, nennt man seine **chromatische Zahl**. Das Färbungsproblem ist selbst für den Spezialfall $k = 3$ $\mathcal{NP}$-vollständig, 2-FÄRBUNG ist dagegen sehr einfach entscheidbar (siehe Aufgabe 6.6.13). Für den Spezialfall planarer Graphen ergibt sich das klassische **Vierfarbenproblem**. Schon im 19. Jahrhundert war gezeigt worden, daß jeder planare Graph mit 5 Farben gefärbt werden kann, es war aber offen, ob vielleicht schon 4 Farben reichen würden. Daß 3 Farben nicht ausreichen, sieht man an dem vollständigen Graphen $\mathcal{K}_4$, der planar ist. Nach vielen Versuchen wurde diese Vermutung schließlich durch eine totale Analyse endlich vieler planarer Graphen, die das Kernproblem bei einer 4-Färbung darstellen, bewiesen, allerdings konnten die vielen Fälle nur mit maschineller Unterstützung bewältigt werden. Damit verbleibt im planaren Fall als einzig interessante Frage nur, ob für einen konkreten planaren Graphen die chromatische Zahl gleich 3 oder gleich 4 ist. Man kann zeigen, daß die Restriktion von 3-FÄRBUNG auf planare Graphen das Problem nicht vereinfacht, es bleibt $\mathcal{NP}$-vollständig.

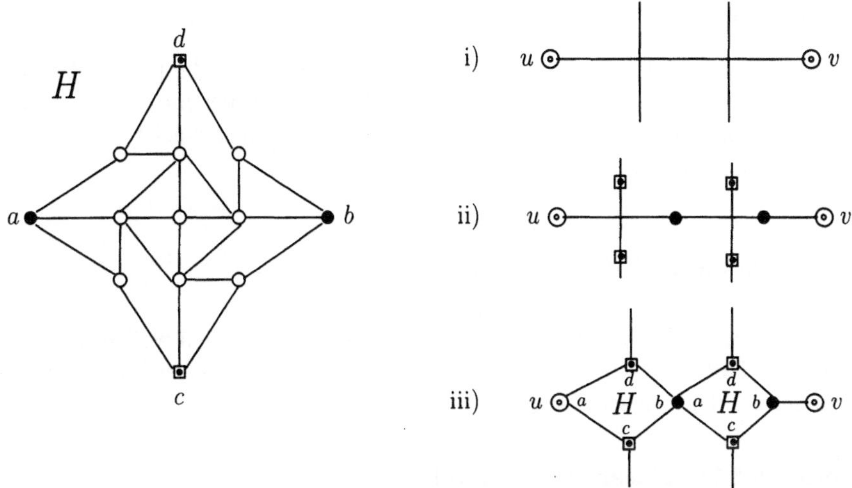

Abbildung 6.8: *Kreuzungsgraph H und seine Verwendung, um Überkreuzungen einer Kante $\{u, v\}$ zu ersetzen.*

Zum Beweis wird **3-FÄRBUNG** auf den planaren Fall reduziert, und zwar mit Hilfe einer Funktion, die einen beliebigen Graphen G in einen planaren Graphen G'' mit gleicher chromatischer Zahl umwandelt. Dazu genügt es, eine Transformation anzugeben, die die Kreuzung einer Kante $\{u, v\}$ mit anderen Kanten in G durch einen planaren Subgraphen ersetzt, ohne dabei die chromatische Zahl zu verändern. Eine derartige Technik ist des öfteren zum Nachweis angewandt worden, daß $\mathcal{NP}$ –vollständige Probleme, wenn man sie auf die doch wesentlich kleinere und einfachere Klasse planarer Graphen einschränkt, weiterhin schwer bleiben. Wir haben das Vorgehen im Falle der Färbbarkeit in Abbildung 6.8 skizziert. Dort ist solch ein **Kreuzungsgraph** H und das Ersetzungsverfahren dargestellt. Zunächst werden die beteiligten Kanten (Grafik i) durch zusätzliche Punkte unterteilt (Grafik ii), in die dann die vier Randknoten a, b, c, d von Kopien von H eingesetzt werden können (Grafik iii). H ist dabei so konstruiert, daß gegenüberliegende Randknoten bei einer 3-Färbung die gleiche Farbe bekommen müssen (siehe Übung 6.6.20).

Am Färbungsproblem wird der Unterschied zwischen der mathematischen und der komplexitätstheoretischen Fragestellung sehr gut deutlich. Auch als das Vierfarbenproblem noch nicht gelöst war, war klar, daß die Antwort auf triviale Weise berechnet werden konnte. Denn sie lautet entweder **ja**, d.h. jeder planare Graph kann mit 4 Farben gefärbt werden, oder **nein** für den Fall, daß planare Graphen mit chromatischer Zahl 5 existieren sollten. Jede dieser beiden Alternativen kann natürlich durch einen Algorithmus dargestellt werden, d.h. durch eine TM, die akzeptiert, bzw. durch eine Maschine, die verwirft. Unklar war nur, welches die richtige Antwort und damit welches die richtige Maschine war. Man vergleiche diese Problematik mit der Nichtuniformität, die wir bei Schaltkreisfamilien diskutiert haben.

Mit der Lösung des Vierfarbenproblems war sichergestellt, daß jeder planare Graphen eine 4-Färbung besitzt, die durch Testen aller Möglichkeiten darüber hinaus in endlicher Zeit gefunden werden kann. Ob man eine derartige Färbung auch effizient berechnen kann, ist dann eine komplexitätstheoretische Fragestellung.

6.3.6 Diskrete Optimierung

Bei dem nächsten $\mathcal{NP}$-vollständigen Problem, das wir vorstellen wollen, liegt einer der eher seltenen Fälle vor, wo der Beweis der $\mathcal{NP}$-Härte relativ leicht ist, die Inklusion in $\mathcal{NP}$ zu zeigen, dagegen schwieriger.

Definition 6.3.7: Lineare Programmierung
Sei $A \in \mathbb{Z}^{k \times l}$ eine $k \times l$ Matrix und $b \in \mathbb{Z}^k$ ein Spaltenvektor. Gesucht ist ein Vektor Y der Länge l mit $A \cdot Y \geq b$, d.h. $\sum_{j=1}^{l} a_{ij} y_j \geq b_i$ für $i = 1, \ldots, k$.

$$\texttt{RLP} := \{(A, b) \mid \exists\, Y \in \mathbb{Q}^l \text{ mit } A \cdot Y \geq b\}$$

> heißt **rationales lineares Programmierungsproblem**,

$$\texttt{GLP} := \{(A, b) \mid \exists\, Y \in \mathbb{Z}^l \text{ mit } A \cdot Y \geq b\}$$

> heißt **ganzzahliges lineares Programmierungsproblem**.

$\square$

Man beachte, daß A und b wieder geeignet kodiert werden müssen. Für die Matrix ist das etwa möglich in der Form $\mathrm{bin}(k)\# \mathrm{bin}(l)\# \mathrm{sgn}(a_{11})\# \mathrm{bin}(|a_{11}|)\# \mathrm{sgn}(a_{12})\# \mathrm{bin}(|a_{12}|)\# \ldots, \# \mathrm{sgn}(a_{kl})\# \mathrm{bin}(|a_{kl}|)$, wobei $\mathrm{sgn}(x)$ das Vorzeichen von x bezeichne. Ist die absolute Größe der Koeffizienten a_{ij}, b_i nach oben beschränkt durch Δ, so läßt sich die Problemeingabe durch einen binären String der Länge $O(k \cdot l \cdot \log \Delta)$ darstellen.

Lineare Programmierungsprobleme haben große praktische Bedeutung, da sich viele Optimierungsprobleme in dieser Form beschreiben lassen. Zur Lösung des rationalen Problems verwendet man in der Regel den **Simplex-Algorithmus** [D63]. Im arithmetischen Registermaschinenmodell wächst seine Laufzeit für die meisten Eingaben nur linear in den Parametern k und l, d.h. der Algorithmus findet die Lösung sehr schnell [B82]. Auch wenn man Bit-Operationen mit dem TM-Modell mißt, bleibt der Aufwand in der Regel relativ klein. In ungünstigen Fällen jedoch, d.h. für speziell konstruierte Eingaben, benötigt der Simplex-Algorithmus exponentiell viele Schritte und fällt damit nicht in die Klasse $\mathcal{P}$ [Z73]. Man kennt inzwischen aber auch Verfahren, die immer eine polynomiale Laufzeit garantieren, beispielsweise ein Algorithmus von Khachiyan (siehe [AS80,GLS81]), die sogenannte **Ellipsoidmethode**, oder ein Verfahren von Karmarkar [K84]. Damit ergibt sich $\texttt{RLP} \in \mathcal{P}$ und man kann sogar zeigen, daß dies Problem vollständig in $\mathcal{P}$ ist [DLR79].

GLP scheint dagegen ein erheblich schwereres Problem zu sein, obwohl die Menge der potentiellen Lösungsvektoren Y wesentlich kleiner ist als im rationalen Fall. Durch die Einschränkung auf ganzzahlige Lösungsvektoren ergibt sich ein *diskretes* Optimierungsproblem. Der naheliegende Gedanke, zunächst das rationale Programmierungsproblem zu lösen und dann durch Auf- und Abrunden eine ganzzahlige Lösung zu finden, erweist sich leider als ungeeignet.

Theorem 6.3.8:

$$\text{RLP} \ \in \ \mathcal{PC} \,,$$
$$\text{GLP} \ \in \ \mathcal{NPC} \,.$$

Beweis: Man kann 3-SAT sehr einfach auf GLP reduzieren: $F = F_1 \wedge \ldots \wedge F_r$ sei eine Boolesche Formel in 3-CNF in den Variablen $x_1, \ldots, x_s$. Die Werte $0, 1$, die eine Boolesche Variable x_i annehmen kann, werden durch die folgenden Ungleichungen für korrespondierende Variablen $y_{i,\alpha}$ einer Eingabe für das Programmierungsproblem erzwungen. $y_{i,0} = 1$ repräsentiert die Belegung $x_i = 0$ und $y_{i,1} = 1$ die Belegung $x_i = 1$:

$$\begin{aligned}
y_{i,0} + y_{i,1} &\geq 1\,, & y_{i,0} &\geq 0\,, \\
-y_{i,0} - y_{i,1} &\geq -1\,, & y_{i,1} &\geq 0\,.
\end{aligned}$$

Man überzeuge sich, daß diese 4 Ungleichungen über $\mathbb{Z}$ nur die Lösungen $y_{i,0} = 1$, $y_{i,1} = 0$ und $y_{i,0} = 0$, $y_{i,1} = 1$ besitzen. Eine Klausel $F_j \ = \ x_{j_1}^{\alpha_1} \vee x_{j_2}^{\alpha_2} \vee x_{j_3}^{\alpha_3}$ wird durch die Ungleichung

$$y_{j_1,\alpha_1} + y_{j_2,\alpha_2} + y_{j_3,\alpha_3} \ \geq \ 1$$

repräsentiert. Es ist nun einfach einzusehen, daß die Formel F genau dann erfüllbar ist, wenn das lineare Gleichungssystem, das man auf diese Weise aus F ableitet, eine ganzzahlige Lösung besitzt.

Um GLP $\in \mathcal{NP}$ zu zeigen, bedarf es einiger algebraischer Überlegungen, was hier nicht weiter ausgeführt werden soll. ∎

Das Problem GLP2 sei die Einschränkung von GLP auf den Fall, daß jede Ungleichung nur Koeffizienten aus der Menge $\{-1, 0, 1\}$ verwendet, wovon höchstens 2 jeweils verschieden von 0 sind. Die Problem ist vollständig für $\mathcal{NL}$ [JLL76] und liegt daher in $\mathcal{P}$.

6.3.7 $\mathcal{NP}$-Vollständigkeit im strengen Sinne

Zujm Abschluß wollen wir das **Rucksack-Problem** *(Knapsack-Problem)* betrachten: Gegeben eine Menge M von m Gegenständen mit Gewicht $a_1, \ldots, a_m$ und eine Kapazität b, so finde man eine Teilmenge von M, so daß die Summe der Gewichte dieser Elemente die Kapazität p exakt ausschöpft. Ein Spezialfall ist das **Partitionsproblem**, wo die Kapazität b gerade die Hälfte des Gesamtgewichtes ist. Mit anderen Worten, M ist in 2 gleichschwere Teilmengen zu zerlegen.

Das Rucksack-Problem kann durch einen sogenannten dynamischen Programmierungs-ansatz [M86] gelöst werden. Die Laufzeit eines solchen Verfahrens wächst polynomiell in der Zielgröße, in diesem Fall die Tragfähigkeit des Rucksacks. Da b jedoch als Binärzahl spezifiziert ist, läßt sich auf diese Weise keine polynomielle Zeitschranke erzielen. Kodiert man die Zahlen dagegen unär, so ist die Laufzeit polynomiell in der Länge der Einga-be beschränkt (siehe auch Aufgabe 6.6.17), man nennt dies eine **pseudo-polynomiale Zeitschranke**. Optimierungsprobleme, die auch bei unärer Kodierung ihrer ganzzahli-gen Eingabewerte $\mathcal{NP}$-vollständig bleiben und damit keine pseudo-polynomial zeitbe-schränkten Lösungsverfahren besitzen (es sei denn $\mathcal{P} = \mathcal{NP}$) heißen $\mathcal{NP}$-**vollständig im strengen Sinn**.

Beispiel für ein $\mathcal{NP}$-vollständiges Problem im strengen Sinn ist **3-Partition**: Gegeben sind $3m$ Zahlen a_i. Aufgabe ist es, diese auf m Mengen so zu verteilen, daß die Summe der Elemente in jeder Menge gleich b ist. Man kann dabei die Problemstellung ein-schränken auf den Fall, daß die Gesamtsumme aller Elemente $m \cdot b$ ist und daß jedes a_i zwischen $b/4$ und $b/2$, die Grenzen nicht eingeschlossen, liegt. In solch einem Fall muß jede Menge genau 3 Elemente umfassen, daher der Name 3-Partition.

Eine Verallgemeinerung des Hamiltonschen Kreisproblems ist das **Traveling-Salesman-Problem**. Hierbei ist für die Kantenmenge des vorgegebenen Graphen G zusätzlich eine Kostenfunktion spezifiziert. Die Kosten eines Weges in G ist die Summe der Kosten seiner Kanten. Man entscheide nun, ob es einen Hamiltonschen Kreis gibt, dessen Kosten eine vorgegebene Schranke b nicht überschreiten. Eine Abwandlung dieses Problems besteht darin, auch Kreise zuzulassen, bei denen Knoten oder Kanten mehrfach auftreten können. Einzige Bedingung ist dabei, daß jeder Knoten mindestens einmal besucht wird – ein Handelsvertreter möchte eine Menge von Städten, die Knoten des Graphen, besuchen und dabei seine Fahrtkosten möglichst gering halten.

Da das Hamiltonsche Kreisproblem einen Spezialfall des Traveling-Salesman-Problems mit Kostenfunktion identisch 1 und Kostenschranke n für Graphen mit n Knoten dar-stellt, folgt, daß das Traveling-Salesman-Problem $\mathcal{NP}$-vollständig im strengen Sinne ist. Allerdings kann man zumindest effizient einen suboptimalen Kreis finden, bei dem Kan-ten und Knoten mehrfach vorkommen können. Ein **minimal spannender Baum** von G liefert eine untere Schranke für die Kosten eines minimalen Kreises. Solch ein Baum kann deterministisch in polynomialer Zeit gefunden werden und zu einem Kreis mit höchstens doppelt so hohen Kosten ergänzt werden. Daher ist eine Approximation mit dem Faktor 2 immer möglich.

6.3.8 Obere Schranken und Parameterkomplexität

Da $\mathcal{NP}$ in $\mathcal{DEXP}$ enthalten ist, kann jedes $\mathcal{NP}$-Problem deterministisch in exponentieller Zeit gelöst werden. Ein direktes und gleichzeitig triviales Entscheidungsverfahren erhält man durch die Strategie, die den Raum der Lösungskandidaten sukzessive durchsucht und jeden Kandidaten daraufhin testet, ob er tatsächlich eine Lösung darstellt. Im Falle von SAT benötigt man bei einer Formel mit r Variablen Zeit $O(2^r \cdot n) \leq O(2^n)$. CLIQUE bei einem Graphen mit m Knoten und Größe k für den gesuchten vollständigen Subgraphen kann mit Aufwand

$$O\left(\binom{m}{k} \cdot n\right) \leq O(n^{k+1})$$

berechnet werden. Die gleiche Abschätzung gilt für VERTEX-COVER und DOMINATING-SET. Die triviale Lösungsstrategie für k-FÄRBUNG benötigt dagegen Laufzeit $\Omega(k^m \cdot n)$. Man beachte, daß zu den letztgenannten Entscheidungsproblemen jeweils ein Optimierungsproblem korrespondiert, bei dem für einen gegebenen Graphen der maximal oder minimal mögliche Wert von k gesucht wird, so daß vollständige Subgraphen dieser Größe noch vorhanden sind bzw. ab dem man eine Knotenüberdeckung konstruieren kann. Aus dem Erfüllbarkeitsproblem 3-SAT läßt sich ebenfalls ein Optimierungsproblem ableiten, indem die maximale Anzahl von Klauseln gesucht wird, die gleichzeitig durch eine geeignete Belegung der Variablen erfüllt werden können (MAX-SAT).

Die Schranke beim Färbungsproblem ergibt bereits für kleine Werte von k ein exponentielles Wachstum, wo hingegen die Laufzeit bei den beiden vorgenannten Graphproblemen für festgehaltenes k polynomiell in n beschränkt bleibt. Dies hat zur Folge, daß CLIQUE oder VERTEX-COVER trotz ihrer $\mathcal{NP}$-Härte zumindest für kleine k in der Praxis einsetzbare Lösungsverfahren besitzen. Andererseits muß bei den Reduktionen zum Nachweis ihrer $\mathcal{NP}$-Härte der Parameter k mit der Größe der Graphen wachsen (andernfalls wäre $\mathcal{P} = \mathcal{NP}$ bewiesen). Diese Erkenntnisse haben die Motivation geliefert, derartige Probleme genauer zu strukturieren, und zwar in Abhängigkeit von den zu Grunde liegenden Objekten (in diesem Fall die Graphen), und dem Parameter k.

Definition 6.3.9:
Eine **parametrisiertes Problem** ist eine Sprache $L \subseteq \Sigma_1^* \times \Sigma_2^*$. In der Regel wird dabei die zweite Komponente Σ_2^*, die die Parametrisierung beschreibt, mit $\mathbb{N}$ identifiziert.

□

Zur Erinnerung, VERTEX-COVER ist die Menge aller Paare (G, k), wobei der Graph G eine Knotenüberdeckung der Größe höchstens k besitzt, während für CLIQUE verlangt wird, daß $\mathcal{K}_k$ in G als Subgraph vorkommt. Neben der oben angedeuteten Parametrisierung von 3-SAT – in der durch die Eingabe X dargestellten Formel können mindestens k Klauseln gleichzeitig erfüllt werden – ist auch noch eine andere Variante denkbar, bei der man fragt, ob die Formel durch eine Belegung der Variablen erfüllt werden kann, wobei höchstens k Variable den Wert 1 erhalten.. Das triviale Entscheidungsverfahren für die erste Parametrisierung muß unabhängig von k immer noch den gesamten Lösungsraum der Gröse 2^r durchsuchen (es sei denn, k ist so klein, daß das Problem trivial wird, weil immer ein bestimmter Anteil an Klauseln erfüllt werden kann). Im zweiten Fall dagegen reduziert sich der Suchraum auf die Größe $O(r^k) \leq O(n^k)$. Geht man noch einen Schritt weiter und verlangt, daß der Parameter k bei der Laufzeitabschätzung nicht als Exponent der Problemgröße eingeht, so gelangt man zu folgender Begriffsbildung.

Definition 6.3.10:
Ein parametrisiertes Problem heißt **fixed-parameter-lösbar**, falls es einen deterministischen Lösungsalgorithmus gibt, dessen Laufzeit auf Eingabe (X, k) durch $f(k) \cdot p(|X|)$ beschränkt ist, wobei f eine beliebige Funktion und p ein Polynom ist. $\qquad\qquad\square$

Die Komplexität eines derartigen Algorithmus ist damit durch ein festes Polynom in Bezug auf die Größe des Objektes beschränkt. Der zweite Parameter kann dagegen einen beliebig großen Faktor hinzufügen, der exponentiell oder auch mehr in k wachsen kann.

Der folgende Algorithmus löst das Problem VERTEX-COVER effizienter als die trivialen Vorgehensweise, alle k-elementigen Knotenmengen des gegebenen Graphen $G = (V, E)$ auf die Überdeckungseigenschaft zu testen.

> Konstruiere einen binären Baum B der Höhe k. Jeder Knoten in Tiefe h, $0 \leq h \leq k$, wird dabei mit einer h-elementigen Teilmenge von V beschriftet. Solch eine Teilmenge repräsentiert den Anfang einer potentiellen Knotenüberdeckung von G. Die Wurzel von B in Tiefe 0 erhält somit die leere Menge als Label.
>
> Für einen internen Knoten mit Label $V' \subseteq V$ in Tiefe kleiner k betrachte den Subgraphen $G(V')$ von G, der entsteht, wenn man aus G alle Kanten entfernt, die mit Knoten in V' inzidieren. Wähle eine beliebige Kante (u, v) aus $G(V')$ und kreiere zwei Söhne mit Label $V' \cup \{u\}$ bzw. $V' \cup \{v\}$.
>
> Sobald in B ein Knoten mit Label V' entsteht, für den $G(V')$ keine Kanten mehr besitzt, akzeptiere die Eingabe (G, k).
> Falls B vollständig konstruiert ist, ohne daß dabei ein kantenfreies $G(V')$ entstanden ist, verwerfe.

Die Korrektheit dieses Verfahrens läßt sich folgendermaßen einsehen. Terminiert der Algorithmus akzeptierend, so ist die korrespondierende Knotenmenge V' offensichtlich eine Überdeckung der Größe maximal k. Andererseits muß für jede Kante $\{u, v\} \in E$ mindestens einer der beiden Endpunkte zu einer Knotenüberdeckung gehören, insbesondere gilt dies für die Kante, die für die Wurzel gewählt wird. Nimmt man einen dieser Eckpunkte und entfernt die mit ihm inzidenten Kanten, so muß der Restgraph eine Knotenüberdeckung der Größe höchstens $k - 1$ besitzen. Die Behauptung ergibt sich dann induktiv, da der Baum bis zur Tiefe k expandiert wird.

Jeder Pfad in B von der Wurzel zu einem Blatt kann mit linearem Aufwand bewältigt werden. Da es maximal 2^k derartige Pfade gibt, läßt sich der Zeitaufwand dieses Algorithmus durch $O(2^k \cdot n)$ abschätzen. Für kleine Werte von k erhalten wir damit ein wesentlich effizienteres Lösungsverfahren. VERTEX-COVER ist somit in dem obigen Sinn fixed-parameter-lösbar.

Dagegen sind für das VERTEX-COVER verwandt aussehende Problem DOMINATING-SET sowie für CLIQUE keine derartigen schnelleren Lösungsverfahren bekannt. Angesichts der in [DF95a] entwickelten Reduktionstheorie für parametrisierte Probleme scheint es unwahrscheinlich, daß diese Probleme fixed-parameter-lösbar sind. Denn dies würde implizieren, daß eine ganze Reihe anderer schwerer Probleme ebenfalls fixed-parameter-lösbar wären, was bei dem heutigen Wissensstand unwahrscheinlich erscheint. Darüberhinaus zeigen die Autoren, daß die Annahme, SAT könnte deterministisch entschieden werden, ohne alle möglichen Variablenbelegungen zu testen, d.h. in Zeit $\exp o(r)$ bei einer Formel mit r Variablen, ähnlich weitreichende Konsequenzen hätte.

Bei anderen parametrisierten $\mathcal{NP}$-Problemen liegt eine noch weitaus kuriosere Situation vor. Es konnte zwar der Nachweis erbracht werden, daß diese fixed-parameter-lösbar sind, allerdings ohne einen konkreten Algorithmus angeben zu können, insbesondere ohne eine Abschätzung für das Wachstumsverhalten $f(k)$. Wir wollen dies am Beispiel VERTEX-COVER kurz darstellen.

Definition 6.3.11:
Ein Graph H heißt **Minor** eines Graphen G, falls man aus G einen zu H isomorphen Graphen durch eine Folge von Schritten konstruieren kann, wobei in einem Schritt ein Knoten oder ein Kante entfernt wird oder eine Kante **kontrahiert** wird, d.h. die beiden Endpunkte der Kante werden zu einem Knoten verschmolzen, wobei die Kante verschwindet. Man nennt dann H **homeomorph** zu einem Subgraphen von G.

Eine Menge $\mathcal{G}$ von Graphen heißt abgeschlossen unter der Minor-Ordnung, falls mit G auch jeder Minor von G zu $\mathcal{G}$ gehört.   □

Die Minoreigenschaft ist damit eine Verallgemeinerung der Subgraph-Isomorphie. Betrachtet man den Graphen H als fixen Parameter, so ist das Entscheidungsproblem, ob H ein Minor eines gegebenen Graphen G ist, in polynomialer Zeit lösbar, genauer in Zeit $O(|G|^3)$, wobei die Konstante in der O-Notation von H abhängt und sehr stark mit der Größe von H wächst (ausgenommen triviale Fälle wie etwa ein kantenloser Graph H).

Ein Beispiel für eine unter der Minor-Ordnung abgeschlossene Graphklasse sind die planaren Graphen. Ein klassischer graphtheoretischer Satz von Kuratowski besagt, daß man diese Graphklasse auch in der Form charakterisieren kann: Ein Graph G ist genau dann planar, wenn weder der vollständige Graph $\mathcal{K}_5$ noch der vollständige bipartite Graph $\mathcal{K}_{3,3}$ ein Minor von G ist. Diese beiden Graphen nennt man auch die **Obstruktionsgraphen** für die Menge der planaren Graphen. Die Eigenschaft, nur eine endliche Menge von Obstruktionsgraphen zu besitzen, wurde von Wagner verallgemeinert zu der Vermutung, daß dies für jede Graphklasse gilt, die unter der Minor-Ordnung abgeschlossen ist. In einer langen Folge von Arbeiten wurde diese Vermutung von Robertson und Seymour kürzlich bewiesen. Ohne auf den Beweis hier eingehen zu können, wollen wir das Ergebnis zumindest präzise formulieren.

Theorem 6.3.12: Graph-Minor-Theorem

Für jede unter der Minor-Ordnung abgeschlossenen Menge $\mathcal{G}$ von endlichen Graphen gibt es eine endliche Obstruktionsmenge $\mathcal{O}[\mathcal{G}]$ von Graphen $H_1, \ldots, H_m$, so daß für jeden Graphen G gilt: $G \notin \mathcal{G}$ genau dann, wenn einer der H_i ein Minor von G ist.

Allerdings liefert der Beweis dieses Satzes keinerlei Konstruktionsmethode für die Obstruktionsmenge, noch eine Abschätzung für ihre Größe. In [FL94] wird gezeigt, daß dies Problem algorithmisch nicht lösbar ist, d.h. es gibt keine TM, die aus einer Beschreibung der Klasse $\mathcal{G}$ – etwa in Form einer anderen TM, die genau die Graphen in G akzeptiert – die Menge $\mathcal{O}[\mathcal{G}]$ berechnet oder aufzählt.

Betrachten wir noch einmal das Problem **VERTEX-COVER** mit festem Parameter k, so ist die Menge aller Graphen, die eine k-Knotenüberdeckung besitzen, unter der Minor-Ordnung abgeschlossen, wie man leicht sieht. Daher gibt es eine endliche Obstruktionsmenge. Um nun zu entscheiden, ob (G, k) zu **VERTEX-COVER** gehört, kann daher der folgende Algorithmus benutzt werden. Für jedes H_i in der Obstruktionsmenge wird getestet, ob H_i ein Minor von G ist. Bei einem positiven Testausgang wird die Eingabe verworfen, da G dann nicht zu dieser Graphklasse gehört. Verlaufen alle Tests negativ, so besitzt G auf Grund des Graph-Minor-Theorems eine k-Überdeckung. Da jeder Test in kubischer Zeit bezüglich der Größe von G durchgeführt werden kann, gilt dies auch für die Summe der endlich vielen Tests.

Damit erhalten wir einen weiteren Beweis, daß **VERTEX-COVER** fixed-parameter-lösbar ist, allerdings ist hier zunächst nur die Existenz eines polynomiellen Lösungsalgorithmus gezeigt. Eine konkrete Beschreibung des Algorithmus läßt sich nicht ableiten, solange die Obstruktionsmenge nicht effektiv konstruiert werden kann. Im Falle von **VERTEX-COVER** kann man die Obstruktionsmenge zwar leicht finden, und sie ist auch recht klein, für andere Graphprobleme dagegen sind diese Obstruktionsmengen nicht explizit bekannt. In solch einem Fall wäre mit Hilfe des Graph-Minor-Theorems die Existenz eines Polynomialzeitalgorithmus zwar gesichert, ohne damit jedoch ein konkretes Verfahren angeben zu können.

6.4   Von $\mathcal{NP}$ bis $\mathcal{PSPACE}$

Eine Separation von $\mathcal{NP}$ und $\mathcal{P}$ könnte einerseits auf direktem Wege erfolgen, indem man von einem Problem in $\mathcal{NP}$ nachweist, daß es deterministisch nicht in polynomialer

Zeit gelöst werden kann, also durch den Nachweis einer unteren Komplexitätsschranke für ein konkretes Problem. Andererseits kann man strukturelle Eigenschaften von Komplexitätsklassen untersuchen und hoffen, auf diesem Wege einen Unterschied zwischen zwei Klassen zu zeigen. Eine simple Eigenschaft ist der Abschluß unter Komplementbildung. Da $\mathcal{P}$ diese Eigenschaft besitzt, müßte dies bei Gleichheit von $\mathcal{P}$ und $\mathcal{NP}$ auch für $\mathcal{NP}$ gelten.

Es ist bislang nicht bekannt, ob $\mathcal{NP}$ diese Abschlußeigenschaft besitzt, d.h. ob $\mathcal{NP} =$ co-$\mathcal{NP}$ gilt. Es sei daran erinnert, daß wir für nichtdeterministische Platzklassen die Gleichheit in Kapitel 3.4.1 nachgewiesen haben. Selbst wenn sich die Vermutung $\mathcal{P} \subset \mathcal{NP}$ als richtig erweisen sollte, bedeutet das nicht zwangsläufig, daß $\mathcal{NP}$ und co-$\mathcal{NP}$ verschieden sein müssen.

Wir wollen im folgenden diese Fragen kurz anreißen und eine für kryptografische Anwendungen wichtige Teilklasse von $\mathcal{NP}$ vorstellen, die Klasse $\mathcal{UP}$. Anschließend werden wir das Erfüllbarkeitsproblem verallgemeinern, um ein vollständiges Problem für die Klasse $\mathcal{PSPACE}$ zu erhalten. $\mathcal{PSPACE}$ werden wir später noch detailliert behandeln bei der Untersuchung paralleler Komplexitätsklassen.

6.4.1   Die Struktur von $\mathcal{NP}$

Rekapitulieren wir noch einmal die Beispiele für Sprachen in $\mathcal{NP}$, so muß im allgemeinen für eine Eingabe X entschieden werden, ob eine exponentiell große Menge von Lösungskandidaten $I(X)$ tatsächlich eine Lösung Z für X enthält. Dabei läßt sich die Frage, ob Z eine Lösung für X ist, einfach entscheiden, d.h. es gibt ein Prädikat $\Phi(X, Z)$, welches von einer DTM in polynomialer Zeit entschieden werden kann und das genau dann wahr ist, wenn Z das Problem X löst. Beim Clique-Problem beispielsweise definiert $X = (G, k)$ einen Graphen G mit einer Schranke k und Z eine k-elementige Teilmenge der Knoten von G. $\Phi(X, Z)$ beschreibt dann die Bedingung, daß jedes Knotenpaar in Z eine Kantenverbindung in G besitzt, was offensichtlich sehr einfach deterministisch verifiziert werden kann. Diese Beobachtung gilt allgemein und läßt sich mit Hilfe der Vollständigkeit von **SAT** auch einfach beweisen.

Lemma 6.4.1:
Eine Sprache $L \subseteq \Sigma^*$ gehört genau dann zu $\mathcal{NP}$, wenn es ein Prädikat Φ in $\mathcal{P}$ und ein Polynom q gibt, so daß

$$L = \{X \in \Sigma^* \mid \exists\, Y \in \Sigma^{p(|X|)} \quad \Phi(X, Y)\} .$$

Wir vereinbaren dafür die abkürzende Schreibweise $L = \exists_q \Phi$. Die Negation dieses Prädikates ist

$$\forall\, Y \in \Sigma^{p(|X|)} \quad \neg\Phi(X, Y)$$

und liefert somit in der abkürzenden Schreibweise $\forall_q \neg\Phi$ eine Darstellung für Sprachen L' in co-$\mathcal{NP}$. Da $\mathcal{P}$ unter Komplement abgeschlossen ist, gehört $\neg\Phi$ ebenfalls zu $\mathcal{P}$ und es gilt $L' = \forall_q \Phi'$ mit $\Phi' \in \mathcal{P}$. Diese Darstellung hat den Vorteil, daß man sich nicht mehr explizit auf das NTM-Modell beziehen muß, und liefert bei vielen algorithmischen Problemen ein einfaches Kriterium, um die Zugehörigkeit zu der Klasse $\mathcal{NP}$ zu erkennen. Wenn man allerdings genauere Aussagen zur Zeit- und Platzkomplexität von Sprachen anstrebt, kann man auf die Maschinenmodelle nicht verzichten. Faßt man diese Quantoren als Operatoren auf Sprachen bzw. Komplexitätsklassen auf, beispielsweise

$$\exists\, \mathcal{C} \; := \; \{L \mid L = \exists_q \Phi \quad \text{für ein Polynom } q \text{ und ein Prädikat } \Phi \in \mathcal{C}\}\,,$$

so ergeben sich die Darstellungen

$$\mathcal{NP} = \exists\, \mathcal{P} \quad \text{und} \quad \text{co-}\mathcal{NP} = \forall\, \mathcal{P}\,.$$

Wir werden später sehen, daß man durch eine Kombination beider Quantoren sowie durch Verwendung anderer Quantoren – etwa dem Mehrheitsquantor „für mehr als die Hälfte aller" – weitere Komplexitätsklassen oberhalb von $\mathcal{P}$ beschreiben kann.

6.4.2 Die Relation zwischen $\mathcal{NP}$ und co-$\mathcal{NP}$

Für die Klasse der rekursiv aufzählbaren Mengen konnte die Rekursionstheorie nachweisen, daß diese nicht unter Komplementierung abgeschlossen sind. Analog wird von den meisten Komplexitätstheoretikern vermutet, daß nicht nur $\mathcal{P}$ und $\mathcal{NP}$ sondern auch $\mathcal{NP}$ und co-$\mathcal{NP}$ verschieden sind. Bislang ist keine $\mathcal{NP}$-vollständige Sprache L bekannt, deren Komplement $\overline{L}$ in $\mathcal{NP}$ liegt. Dies würde bereits genügen, um die Gleichheit der beiden Klassen zu zeigen, denn es gilt:

Theorem 6.4.2:

$$\mathcal{NP} = \text{co-}\mathcal{NP} \quad \Longleftrightarrow \quad \exists L \in \mathcal{NPC} \quad \text{mit} \quad \overline{L} \in \mathcal{NP}\,.$$

Beweis: Es genügt, die Implikation von rechts nach links zu zeigen. Sei $L \in \mathcal{NPC}$ mit $\overline{L} \in \mathcal{NP}$ und $L_1 \in \mathcal{NP}$ eine beliebige Sprache. Ist f eine Reduktion von L_1 auf L, so stellt diese Funktion auch eine Reduktion von $\overline{L_1}$ auf $\overline{L}$ dar. Da $\overline{L} \in \mathcal{NP}$, kann man $\overline{L_1}$ mit Hilfe der Reduktion auch in nichtdeterministischer polynomialer Zeit entscheiden. ∎

Man sieht leicht ein, daß für eine $\mathcal{NP}$-vollständige Sprache L das Komplement $\overline{L}$ vollständig in co-$\mathcal{NP}$ ist. Eine vollständige Sprache für die Klasse co-$\mathcal{NP}$ sind somit die nichterfüllbaren Formeln. Auch die Tautologien sind vollständig in co-$\mathcal{NP}$, denn eine Formel F ist genau dann eine Tautologie, wenn ihre Negation $\neg F$ nicht erfüllbar ist.

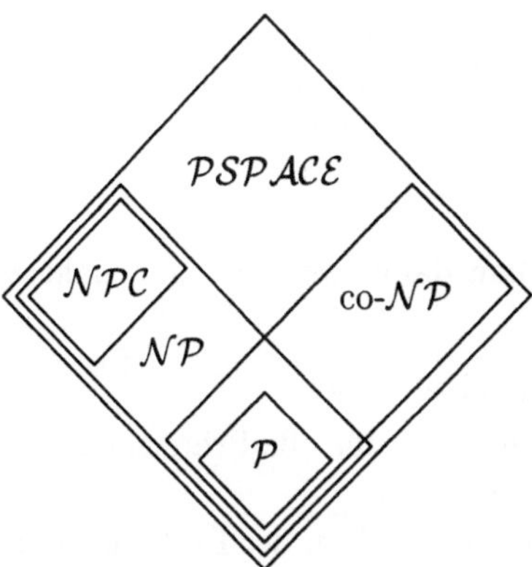

Abbildung 6.9: *Die Mengen* $\mathcal{P}$, $\mathcal{NP}$, $\mathcal{NPC}$ *und* co-$\mathcal{NP}$ *in* $\mathcal{PSPACE}$

$F \to \neg F$ ist somit eine Reduktion von $\overline{\text{SAT}}$ auf TAUTOLOGIE. Ein Beweis, daß eine Reduktion SAT $\leq_{\text{pol}} \overline{\text{SAT}}$ dagegen nicht möglich ist, steht noch aus und würde zum Nachweis, dß $\mathcal{NP}$ und co-$\mathcal{NP}$ verschieden sind, genügen.

Für Sprachen, für die man zeigen konnte, daß sowohl sie selbst als auch ihr Komplement in $\mathcal{NP}$ liegen, gelang es in den meisten Fällen auch, einen effizienten deterministischen Algorithmus zu finden. Es gibt nur wenige natürliche Probleme in $\mathcal{NP} \cap$ co-$\mathcal{NP}$, von denen die Zugehörigkeit zu $\mathcal{P}$ bisher nicht bewiesen ist. Ein Beispiel für eine derartige Sprache ist die Menge der Primzahlen

$$\text{PRIMES} \; := \; \{X \mid X \text{ ist die Binärdarstellung einer Primzahl } p\} \,.$$

Ein Verfahren wie etwa das **Sieb des Eratosthenes**, bei dem im Intervall von 1 bis p der Reihe nach alle Vielfachen der Zahlen $2, 3, (4), 5, \ldots$ gestrichen werden (soweit die Zahl selber noch nicht gestrichen wurde), ist nicht effizient. Denn seine Laufzeit wächst mit p, d.h. exponentiell in der Eingabelänge $n \approx \log p$.

Das Komplement $\overline{\text{PRIMES}}$, d.h. die Menge der zusammengesetzten Zahlen, ist leicht in $\mathcal{NP}$ einzuordnen: Eine NTM rät die Binärdarstellung von 2 Zahlen $a, b \in \mathbb{N}$ der Länge maximal $|X|$ und testet, obihr Produkt mit der durch X dargestellten Zahl identisch ist. Da die Multiplikation zweier Binärzahlen (sogar deterministisch) in höchstens quadratischer Zeit ausgeführt werden kann (vergleiche Aufgabe 1.5.7 und die Bemerkungen in Kapitel 2.3), ist die NTM $O(\mathcal{N}^2)$–zeitbeschränkt.

Daß auch PRIMES in $\mathcal{NP}$ liegt, läßt sich mit Hilfe eines alten zahlentheoretischen Ergebnisses zeigen, dem **kleinen Satz von Fermat**:

Ist p eine Primzahl, so gilt für alle $a \in [1, p-1]$: $\quad a^{p-1} \equiv 1 \mod p$, d.h. die multiplikative Restklassengruppe mod p besitzt die Ordnung $p-1$. Andererseits ist diese Eigenschaft auch ausreichend dafür, daß p prim ist. Der **Lucas-Primzahltest** basiert daher auf dem folgenden Kriterium:

Lemma 6.4.3:

$p > 2$ ist eine Primzahl genau dann, wenn es eine Zahl $a \in [1, p-1]$ gibt mit der Eigenschaft:

$$a^{p-1} \equiv 1 \mod p \quad \text{und}$$

$$a^{(p-1)/q} \not\equiv 1 \mod p \quad \text{für alle Primzahlen } q, \text{ die } p-1 \text{ teilen.}$$

Derartige Zahlen a der Ordnung $p-1$ in der Restklassengruppe heißen **Primitivwurzeln** für p. Nichtdeterministisch kann man a und eine Faktorisierung $q_1^{\beta_1} \cdot q_2^{\beta_2} \cdot \ldots \cdot q_r^{\beta_r}$ von $p-1$ raten. Die Kongruenzen können durch sukzessives Quadrieren

$$a^{p-1} \mod p = \left(a^{(p-1)/2} \mod p \right)^2 \mod p$$

in jeweils höchstens $O(\log^3 p)$ Schritten verifiziert werden. $p-1$ hat weniger als $\log(p-1)$ verschiedene Primteiler q_i, wobei $q_i \leq (p-1)/2$. Die Primzahleigenschaft wird für die q_i rekursiv nachgewiesen. Um den Aufwand dieses Verfahrens abzuschätzen, ist es technisch etwas einfacher, anstelle der Größe der Zahlen p und q_i ihre Logarithmen zu verwenden, und zwar in diesem Fall die reellwertige Funktion. Es sei daher $l := \log_2 p$ und $l_i := \log_2 q_i$. Um alle Kongruenzen zu berechnen, genügt somit Zeitaufwand $O(l^4)$, und es gilt

$$l_i = \log_2 q_i \leq \log_2 \frac{p-1}{2} \leq l-1 \,,$$

$$\sum_i l_i = \sum_i \log_2 q_i = \log_2 \prod_i q_i = \log_2 (p-1) < l \,.$$

Wir definieren $L(l)$ als den maximalen Zeitaufwand, um einen korrekten Primzahlbeweis für Zahlen p' mit $\log_2 p' \leq l$ zu raten und zu verifizieren. Dann gilt

$$L(l) \leq O(l^4) + \max_{l_i \leq l-1, \sum l_i \leq l} \sum_{i=1}^r L(l_i) \,.$$

Diese Rekursion läßt sich auf Grund der Ergebnisse in Aufgabe 1.5.22 durch $L(l) \leq O(l^5)$ abschätzen. Dabei kann man folgendermaßen vorgehen. Um das Maximum zu bestimmen, sei $\tilde{L}$ eine obere Schranke für L mit $\tilde{L}(q) + \tilde{L}(q') \leq \tilde{L}(q+q')$. Funktionen der Form $\tilde{L}(l) = c \cdot l^5$ erfüllen diese Bedingung. Unter dieser Voraussetzung wird die Summe der l_i maximal, wenn man die l_i möglichst groß wählt, d.h. $r = 2$ und $l_1 = l-1$ und $l_2 = 1$. Unter Verwendung von $L(1) \leq O(1)$ ergibt sich dann

$$\tilde{L}(l) \leq O(l^4) + \tilde{L}(l-1) + \tilde{L}(1) \leq O(l^4) + \tilde{L}(l-1) \quad \text{mit der Lösung}$$

$$\tilde{L}(l) \leq O(l^5) \leq O(\log^5 p) \,.$$

Somit haben wir gezeigt:

Theorem 6.4.4:

$$\text{PRIMES} \in \mathcal{NP} \cap \text{co-}\mathcal{NP} \;.$$

Als Beispiel betrachten wir die Zahl $p = 2543$, welche prim ist. Wählt man als Primitiv-Wurzel a die Zahl 5, so gilt die erste Bedingung

$$5^{2542} \equiv \left(5^{1271} \bmod 2543\right)^2 \bmod 2543 \equiv \quad \dots \quad \equiv 1 \bmod 2543$$

Die Zerlegung von $p - 1$ ist $2542 = 2 \cdot 31 \cdot 41$. Für 31 gilt mit Hilfe der Primitivwurzel 3 die Gleichheit: $3^{30} \equiv 1 \bmod 31$ und $30 = 2 \cdot 3 \cdot 5$, für 41: $6^{40} \equiv 1 \bmod 41$ und $40 = 2^3 \cdot 5$. Die Zahlen 3 und 5 schließlich erfüllen die Lucas-Bedingung, wenn man als Primitivwurzel die kleinste Primzahl, die 2, wählt.

Ein berühmtes Problem der Zahlentheorie ist die bislang unbewiesene **Riemannsche Hypothese** und ihre Verallgemeinerung. Ist diese Vermutung richtig, so genügt es, zur Entscheidung, ob eine Zahl p prim ist, eine von p abhängige Funktion, einen sogenannten Charakter für p, für eine kleine Anzahl von Argumenten auszuwerten. $O(\log^2 p)$ viele solcher Funktionswerte wären dann hinreichend, wobei jeder in polynomialer Zeit bezogen auf die Eingabelänge $\log p$ von einer DTM berechnet werden kann [M76]. Die Korrektheit der Riemannschen Vermutung würde daher implizieren, daß **PRIMES** in $\mathcal{P}$ liegt.

Abgesehen von den trivialen Sprachen $\emptyset$ und Σ^* kennt man bis heute keine Probleme in $\mathcal{NP} \setminus \mathcal{NPC}$. Kann es daher sein, daß alle Probleme in $\mathcal{NP}$ auch vollständig sind, was den Sinn der Reduktion und der $\mathcal{NP}$-Vollständigkeit in Frage stellen würde? Eine negative Antwort würde sofort $\mathcal{P} \subset \mathcal{NP}$ implizieren, d.h. ein derartiger Nachweis dürfte nicht leicht fallen. Wir haben am Anfang dieses Kapitels den Begriff des p-Grades definiert. Die partielle Ordnung $\leq_{\text{pol}}$ läßt sich auf diese Äquivalenzklassen übertragen. Sind A, B zwei p-Grade, so bedeute $A \leq_{\text{pol}} B$, daß jede Sprache in A auf eine Sprache in B in polynomialer Zeit reduziert werden kann – und damit auch auf alle Sprachen in B. Dies definiert eine partielle Ordnung auf den p-Graden. Die bisherigen Ergebnisse lassen sich dann auch so formulieren.

Korollar 6.4.5:
$\mathcal{P}$ ist der kleinste und $\mathcal{NPC}$ der größte p-Grad in $\mathcal{NP}$.

Um die Struktur von $\mathcal{NP}$ besser zu verstehen, bietet es sich an, diese partielle Ordnung genauer zu studieren. Gilt $\mathcal{P} = \mathcal{NP}$, so ist die Ordnung trivial, sie enthält genau ein Element. Betrachten wir nun den Fall, daß die beiden Klassen verschieden sind. Wir wissen bereits, daß es dann mindestens 2 p-Grade gibt, nämlich $\mathcal{P}$ und $\mathcal{NPC}$. Unter Verwendung von Methoden aus der Rekursionstheorie kann man die Existenz unendlich vieler solcher p-Grade zeigen. Diese sind jedoch nicht vollständig geordnet, d.h. es gibt p-Grade A und B, für die weder $A \leq_{\text{pol}} B$ noch $B \leq_{\text{pol}} A$ gilt.

Darüberhinaus bilden diese Klassen eine dichte Ordnung: Zu je zwei p-Graden A, B mit $A <_{\text{pol}} B$ (d.h. $A \leq_{\text{pol}} B$, aber nicht $B \leq_{\text{pol}} A$) gibt es einen p-Grad C, der dazwischen

liegt: $A <_{\text{pol}} C <_{\text{pol}} B$. Wählt man speziell $A = \mathcal{P}$, so ergibt sich, daß es oberhalb
von $\mathcal{P}$ kein minimales Element geben kann, denn zu jedem B mit $B >_{\text{pol}} \mathcal{P}$ existiert
eine weitere Klasse C, die zwischen $\mathcal{P}$ und B liegt. Es gibt jedoch oberhalb von $\mathcal{P}$
sogenannte **minimale Paare**. Zwei Klassen $A, B >_{\text{pol}} \mathcal{P}$ bilden solch ein Paar, falls
für jede Klasse C, die sowohl unterhalb von A als auch von B liegt ($C \leq_{\text{pol}} A$ und
$C \leq_{\text{pol}} B$), gilt $C = \mathcal{P}$. Weitere Ergebnisse und Beweise dieser Eigenschaften kann man
in den Arbeiten [L75a] und [LLS75] finden.

6.4.3 $\mathcal{UP}$, Einweg-Funktionen und Kryptologie

Eine NTM M besitzt auf eine Eingabe $x \in L(M)$ in der Regel eine Vielzahl akzeptie-
render Berechnungen, beim kanonischen Verfahren zur Erkennung von SAT beispielsweise
genau so viele, wie die Boolesche Formel erfüllende Belegungen aufweist. Nun kann man
sich einerseits für gewisse Teilmenge von SAT oder HAMILTON interessieren, etwa die
Formeln, die genau 1 erfüllende Belegung oder höchstens eine vorgegebene Anzahl k besitzen bzw. die Graphen, in denen es genau 1 Hamiltonschen Kreis gibt. Es ist nicht
klar, ob derartige Teilsprachen in $\mathcal{NP}$ liegen. Wir werden darauf im zweiten Band noch
eingehen.

Andererseits kann man aus $\mathcal{NP}$ diejenigen Sprachen näher betrachten, für die es eine
polynomial zeitbeschränkte NTM gibt, die für jede Eingabe höchstens 1 akzeptierende
Berechnung besitzt. Maschinen mit dieser Eigenschaft heißen **eindeutig** oder **unambiguous** (UNTM). Allerdings kann man einer beliebigen NTM im allgemeinen nicht
ansehen, ob sie eindeutig ist. Die durch diese Maschinen definierte Komplexitätsklasse
wird mit $\mathcal{UP}$ bezeichnet. Offensichtlich gilt

$$\mathcal{P} \subseteq \mathcal{UP} \subseteq \mathcal{NP},$$

es ist aber nicht bekannt, ob die Inklusion echt sind. Ein Beispiel für ein Problem in $\mathcal{UP}$,
für das man keine deterministischen Polynomialzeit-Algorithmen kennt, ist die Funktion **diskreter Logarithmus**, die eine große Bedeutung bei modernen Kryptosystemen
erlangt hat: Für eine Primzahl p und eine Primitivwurzel a der multiplikativen Restklassengruppe mod p nennt man eine Zahl c mit

$$a^c \equiv b \mod p$$

den diskreten Logarithmus von b zur Basis a. Beschränkt man den Exponenten c auf
das Intervall $[1, p-1]$, so ist dieser eindeutig.

Aus diesem Problem kann man dann eine Sprache in $\mathcal{UP}$ folgendermaßen ableiten. Zunächst muß die Voraussetzung, daß p prim und a eine Primitivwurzel für p ist, verifiziert
werden. Dazu verlangen wir, daß ein Beweis $\Pi(p, a)$ für diese Eigenschaften – wie im
vorigen Abschnitt beschrieben – bei der Problemstellung mitgeliefert wird.

$$\text{DISKRETER-LOGARITHMUS} := \{(p, a, \Pi(p, a), b, k) \mid \Pi(p, a) \text{ ist ein korrekter Beweis}$$
$$\text{und } \exists\, c \leq k \quad \text{mit} \quad a^c \equiv b \mod p\}.$$

Um diese Sprache zu erkennen, wird zunächst der Beweis deterministisch verifiziert und dann nichtdeterministisch eine Zahl $c \leq k$ geraten und $a^c \bmod p$ berechnet. Ergibt dies b und ist der Beweis korrekt, so akzeptiert die NTM. Aus dem obigen folgt, daß es für jede Eingabe höchstens 1 akzeptierende Berechnung gibt.

Diese NTM für die Erkennung von DISKRETER-LOGARITHMUS benötigt nur polynomielle Zeit, denn die **diskrete Exponentialfunktion** $a^c \bmod p$ kann, wie wir bereits gesehen haben, sogar deterministisch effizient berechnet werden.

Für die Umkehrfunktion der Exponentialfunktion, den diskreten Logarithmus, ist dagegen kein schneller deterministischer Algorithmus bekannt. Dies wird bei sogenannten **Public-Key-Kryptosystemen** wie dem RSA-Schema [RSA78] ausgenutzt, wo das Entschlüsseln einer Nachricht die Berechnung des diskreten Logarithmus verlangt, welches ohne eine geheime Zusatzinformation nicht möglich erscheint. Als Moduli m werden dabei Produkte von jeweils zwei großen Primzahlen p, q gewählt, sogenannte **Quasi-Primzahlen**.

Betrachtet man anstatt der Sprache DISKRETER-LOGARITHMUS das konstruktive Problem, für ein Paar (m, a) einen Exponenten c mit $a^c \equiv b \bmod m$ zu finden, falls dieser existiert, so steht dieses in enger Beziehung zu dem Problem FAKTORISIERUNG, der konstruktiven Variante von $\overline{\text{PRIMES}}$: zu einer gegebenen natürlichen Zahl m bestimme man ihre vollständige Zerlegung in Primfaktoren. Neuere zahlentheoretische Untersuchungen haben komplexe Verfahren hervorgebracht, die eine Faktorisierung wesentlich schneller erzielen als durch einen einfachen Teilbarkeitstest mit allen Primzahlen in Folge bzw. Anwendung des Eratosthenesschen Siebes mit Aufwand in der Größenordnung $\sqrt{m}$. Dennoch haben die schnellsten Verfahren – sowohl für die Faktorisierung als auch zur Berechnung des diskreten Logarithmus – immer noch einen superpolynomialen Aufwand der Form $\exp O(\sqrt{n \log n})$, wobei $n = \log m$ die Eingabelänge ist. [R94]

Dies bedeutet, daß beim heutigen Stand der Technologie Dezimalzahlen ab etwa 120 Stellen nicht mehr in akzeptabler Zeit faktorisiert werden können, es sei denn, sie besitzen kleine Teiler oder sind von anderer spezieller Form. Für eine eingeschränkte Klasse von Algorithmen zur Berechnung des diskreten Logarithmus (der jedoch alle bislang entwickelten Verfahren angehören) wurde kürzlich eine untere Zeitschranke der Form $\exp \Omega(\sqrt{n})$ bewiesen [S97b]. Diese *worst-case* Schranke genügt als Sicherheit für kryptografische Anwendungen nicht. Um sicherstellen, daß eine Faktorisierung bei einem RSA-Modul so gut wie ausgeschlossen ist, wird momentan empfohlen, eine Länge von 756 oder 1024 Bits zu wählen, d.h. etwa 250 bis 300-stellige Dezimalzahlen. Die von den RSA-Autoren vor einigen Jahren publizierte Aufgabe, eine mit ihrem Verfahren verschlüsselte Nachricht zu dekodieren, konnte 1996 erst nach monatelangem Einsatz von hunderten von Workstations gelöst werden, und zwar durch Faktorisierung des Moduls m, einer 130-stelligen Dezimalzahl. Dabei wurde mit den besten zur Verfügung stehenden Algorithmen weltweit mit Hilfe des Internets parallel nach möglichen Faktoren p, q gesucht.

Es ist nicht bekannt, ob die Klasse $\mathcal{UP}$ vollständige Probleme besitzt. Die Schwierigkeit liegt darin begründet, daß die Menge der Maschinen vom Typ UNTM nicht rekursiv aufzählbar ist.

Definition 6.4.6:
Eine (injektive) Funktion $f : A \to B$, die in Polynomialzeit berechnet werden kann,
ihre inverse (partielle) Funktion $f^{-1} : B \to A$ dagegen nicht, heißt **Einwegfunktion**
(**1-way-Funktion**).

Bei der Invertierung von $f(x) = y$, d.h. $f^{-1}(y) \mapsto x$, beachte man, daß die Zeitkomplexität nun bezüglich der Länge von y gemessen wird. Um den trivialen Fall auszuschließen, daß eine schnelle Invertierung nicht möglich ist, weil die Länge von y erheblich kleiner ist als die des Ergebnisses x, muß dabei an die Funktion f noch eine
Längenbedingung gestellt werden, die **Werte-Wachstumsbedingung** (in der Fachspra-
che **honest**-Bedingung): Für eine natürliche Zahl k gilt: $|f(x)| \geq |x|^{1/k}$ für alle $x \in A$.

□

Die diskrete Exponentialfunktion ist somit ein Kandidat für eine 1-way-Funktion. Ein Be-
weis hierfür würde jedoch `DISKRETER-LOGARITHMUS` $\notin \mathcal{P}$ implizieren und damit $\mathcal{P} \subset$
$\mathcal{UP}$ sowie $\mathcal{P} \subset \mathcal{NP}$. Man kann die hier beschriebene Transformation einer potentiellen 1-way-Funktion zu einer Sprachen in $\mathcal{UP}$ allgemein anwenden und damit zeigen

Theorem 6.4.7:
Es existieren Einwegfunktionen genau dann, wenn $\mathcal{UP} \setminus \mathcal{P} \neq \emptyset$.

1-way-Funktionen sind eine notwendige Voraussetzung, um sichere Public-Key-Krypto-
systeme entwerfen zu können. Ihre Existenz ist jedoch nicht hinreichend, da sich die
Komplexitätsschranken auf den *worst case* beziehen. Eine Einwegfunktion, die nur für 1
Prozent oder die Hälfte aller Eingaben schwer zu invertieren ist, wird im allgemeinen –
zumindest bei direkter Anwendung – nicht genügen, da die Unmöglichkeit des Dekodierens
jeder verschlüsselten Nachricht garantiert werden sollte.

6.4.4 $\mathcal{PSPACE}$-Vollständigkeit

Durch Verwendung von Quantoren kann die Ausdrucksstärke Boolescher Formeln erheblich gesteigert werden.

Definition 6.4.8:
Eine **quantifizierte Boolesche Formel (QBF)** ist ein Ausdruck der Form

$$E = Q_1 x_1 \, Q_2 x_2 \; \ldots \; Q_m x_m \; F(x_1, \ldots, x_m) \, ,$$

wobei $Q_i \in \{\exists, \forall\}$ und $F(x_1, \ldots, x_m)$ eine Boolesche Formel in den Variablen $x_1, \ldots, x_m$
ist. Es bezeichne F_0 bzw. F_1 die Formel, die man aus F erhält, indem die Varia-
ble x_1 durch die Konstante 0 bzw. 1 ersetzt wird, und E_i die quantifizierte Formel

$Q_2 x_2 \ldots Q_m x_m \ F_i$. E heißt **wahr**, falls

$$m = 0 \quad \text{und} \quad F \equiv 1$$
$$\text{oder} \quad Q_1 = \exists \quad \text{und} \quad E_0 \text{ oder } E_1 \text{ sind wahr}$$
$$\text{oder} \quad Q_1 = \forall \quad \text{und} \quad E_0 \text{ und } E_1 \text{ sind wahr.}$$

Man beachte, daß im Fall $m = 0$ die Formel F keine Variablen, sondern nur Boolesche Konstanten enthält. Somit können wir die folgende Sprache definieren

$$\text{QBF} := \{ E \mid E \text{ ist eine wahre QBF} \} .$$

$\square$

Zum Beispiel ist die Boolesche Formel $F(x_1, \ldots, x_m)$ erfüllbar in dem zuvor definierten Sinn, falls die quantifizierte Formel $\exists x_1 \ldots \exists x_m \ F(x_1, \ldots, x_m)$ wahr ist. Mit Hilfe von quantifizierten Formeln lassen sich Berechnungen von TM in der Klasse $\mathcal{PSPACE}$ beschreiben.

Theorem 6.4.9:
QBF ist $\mathcal{PSPACE}$-vollständig.

Beweis: Um QBF $\in \mathcal{PSPACE}$ zu zeigen, betrachte man den **Ableitungsbaum** einer Formel $E = Q_1 x_1 \ldots Q_m x_m \ F(x_1, \ldots, x_m)$ (Abbildung 6.10), der alle möglichen Belegungen der Variablen beschreibt. Man kann diesen Baum der Tiefe m ähnlich wie beim Pebble-Game auswerten: Dem Pebbeln eines Knotens entspricht die Entscheidung über die Erfüllbarkeit einer Formel mit Hilfe ihrer beiden Teilformeln E_0, E_1. Eine DTM kann die Auswertung auf Platz $O(m + |F(x_1, \ldots, x_m)|)$ durchführen.

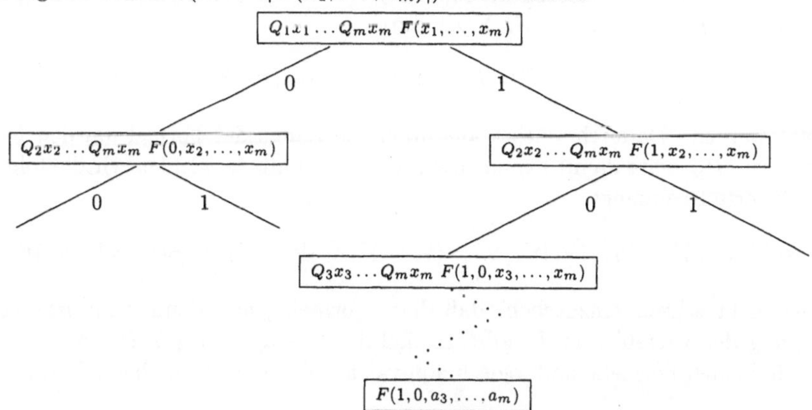

Abbildung 6.10: *Ableitungsbaum einer quantifizierten Formel*

Es bleibt zu zeigen, daß QBF $\mathcal{PSPACE}$-hart ist. Die Idee ist ähnlich wie beim Beweis der $\mathcal{NP}$-Vollständigkeit von SAT. M sei eine S-platzbeschränkte und damit auch $\exp(cS)$-zeitbeschränkte deterministische 1-Band DTM mit Zustandsmenge Q und Alphabet Σ, die eine Sprache $L \in \mathcal{PSPACE}$ akzeptiert, und $\Sigma' := \Sigma \cup (\Sigma \times Q)$. X sei eine Eingabe der Länge n. Ferner definieren wir $s := S(n)$ und $t := \exp(c \cdot s)$ und betrachten die $(t+1) \times s$-Berechnungsmatrix von M auf X. Ihre Einträge werden durch Mengen Boolescher Variablen

$$Y = \{y[j,\sigma] \mid j \in [1,s],\ \sigma \in \Sigma'\}$$

beschrieben, wobei $y[j,\sigma] = 1$ bedeutet, daß in der zugehörigen Konfiguration in der Zelle j das Zeichen σ steht. Z, U, V, W seien ebenfalls Mengen solcher Variablen.

Man beachte, daß die Berechnungsmatrix exponentiell viele Zeilen besitzt, so daß man nicht jede Konfiguration explizit darstellen kann. Daher tragen die Booleschen Variablen $y[j,\sigma]$ keinen Zeilenindex, d.h. keine Schrittzahlkennzeichnung. Wie bei der Simulation platzbeschränkter NTM durch DTM definieren wir daher ein Prädikat R_k für $k \in \mathbb{N}$ durch

$$R_k(Y,Z) = 1 \quad \Longleftrightarrow \quad \text{die Variablen } y[j,\sigma],\ z[j,\sigma] \text{ von } Y \text{ bzw. } Z$$
$$\text{repräsentieren Konfigurationen } C_Y \text{ bzw. } C_Z$$
$$\text{mit } C_Y \vdash^* C_Z \text{ in höchstens } 2^k \text{ Schritten.}$$

Dann läßt sich der Sachverhalt „M akzeptiert X" beschreiben durch die Formel

$$E_M(X) \ := \ \exists Y\, \exists Z \quad R_{c \cdot s}(Y,Z)\ \wedge\ F_X(Y)\ \wedge\ F_a(Z)\,,$$

wobei $F_X(Y)$ bzw. $F_a(Z)$ Boolesche Formeln sind, die die Anfangskonfiguration von M auf X bzw. die eindeutige akzeptierende Endkonfiguration von M beschreiben. Die Formel $R_k(Y,Z)$ konstruieren wir rekursiv. Für $k = 0$ geschieht dies analog zum Beweis von SAT. Ist $k > 0$, so kann $R_k(Y,Z)$ durch

$$\exists U\ R_{k-1}(Y,U)\ \wedge\ R_{k-1}(U,Z)$$

ersetzt werden. Dadurch wächst allerdings die Länge der Formel um den Faktor 2, die Größe von R_{cs} wäre damit exponentiell in s. Deshalb verwenden wir die folgende, etwas komplizierte Ersetzung:

$$\exists U\, \forall V\, \forall W \quad R_{k-1}(V,W)\ \vee\ \Big[\neg(V = Y\ \wedge\ W = U)\ \wedge\ \neg(V = U\ \wedge\ W = Z) \Big]\,.$$

Es ist nicht schwer einzusehen, daß diese Formel genau dann wahr ist, wenn es eine Belegung der Variablen in U gibt, so daß die Aussage $R_{k-1}(Y,U)\ \wedge\ R_{k-1}(U,Z)$ gilt, d.h. die beiden Formeln sind logisch äquivalent. Für die Länge dieser Formel gilt:

$$|R_k(Y,Z)| \ \le\ |R_{k-1}(V,W)|\ +\ O(s) \qquad \text{und somit}$$
$$|R_{c \cdot s}(Y,Z)| \ \le\ O(s^2)\,.$$

Die vollständige Ersetzung ist in polynomialer Zeit durchführbar, es genügt sogar logarithmischer Platz. Somit erhalten wir für jedes X eine quantifizierte Formel $E_M(X)$, die genau dann wahr ist, wenn M die Eingabe X akzeptiert. ∎

Weitere $\mathcal{PSPACE}$ -vollständige Probleme werden wir in Band 2 noch kennenlernen, zum Beispiel bei Komplexitätsuntersuchungen von Spielen wie Schach oder Gobang.

Auch für Komplexitätsklassen oberhalb von $\mathcal{PSPACE}$, wie etwa die Klassen $\mathcal{DEXP}$ oder $\mathcal{EXPSPACE}$ kennt man vollständige Probleme. In diesen Fällen ist auf Grund der Hierarchiesätze bewiesen, daß derartige Probleme nicht effizient gelöst werden können, sondern mindestens exponentielle Zeit- oder Platzressourcen benötigen. Denn andernfalls könnten alle Sprachen in $\mathcal{DEXP}$ oder $\mathcal{EXPSPACE}$ mit derartig geringem Aufwand akzeptiert werden. Typische Beispiele für vollständige Probleme in solchen höheren Klassen sind Fragen, die mit abstrakten Theorien oder mit speziellen Maschinenmodellen und anderen Beschreibungsverfahren zusammenhängen. Beispiele aus der Mathematik wie die additive Theorie natürlicher und reeller Zahlen werden wir später im Zusammenhang mit parallelen Maschinenmodellen behandeln.

6.5 Linguistische Klassifikationen

Neben Maschinenmodellen existieren weitere Formalismen, Sprachen zu beschreiben und ihre Komplexität zu messen. Wichtige Beispiele hierfür sind reguläre Ausdrücke und formale Grammatiken, auch Produktionsgrammatiken genannt. Wir beschränken uns im folgenden auf einen kurzen Überblick über diesen Themenbereich und verweisen bezüglich detaillierterer Darstellungen auf [HU79].

6.5.1 Formale Grammatiken

Definition 6.5.1:
Eine **formale Grammatik** G wird beschrieben durch ein Tupel $(\Sigma, \Sigma_T, \sigma, \Pi)$. Dabei bezeichnet Σ ein Alphabet und $\Sigma_T \subseteq \Sigma$ eine Teilmenge von **Terminalsymbolen**. $\Sigma_N := \Sigma \setminus \Sigma_T$ bildet die Menge der **Nichtterminalsymbole**, und $\sigma \in \Sigma_N$ ist ein ausgezeichnetes Element, das **Startsymbol**. Π stellt eine endliche Menge von **Ableitungsregeln** (Produktionen) $\varphi_1 \to \varphi_2$ dar, wobei die φ_i Strings über dem Alphabet Σ sind und φ_1 mindestens ein Nichtterminalsymbol enthält. Die Ableitungsregeln erzeugen eine Relation $\vdash$ auf $\Sigma^* \times \Sigma^*$ durch

$$\psi_1 \vdash \psi_2 \qquad \text{falls} \quad \psi_i = a\,\varphi_i\,b \quad \text{mit} \quad a, \varphi_i, b \in \Sigma^* \quad \text{und} \quad \varphi_1 \to \varphi_2 \in \Pi\,.$$

$\vdash^*$ sei der transitive Abschluß dieser Relation. Dann heißt

$$L(G) \; := \; \{X \mid X \in \Sigma_T^+, \; \sigma \vdash^* X\}$$

die durch die Grammatik G erzeugte **formale Sprache**. $\qquad\square$

Der Ausschluß des leeren Strings λ bei der Definition von $L(G)$ geschieht aus rein technischen Gründen. Es bestehen Ähnlichkeiten zwischen Ableitungsregeln einer Grammatik und Übergängen bei 1-Band TM. Dies wird noch etwas deutlicher, wenn man die Ableitungsregeln auf die **kontextsensitive Normalform** beschränkt. Hierbei wird von $\varphi_1 \to \varphi_2 \in \Pi$ die spezielle Eigenschaft $\varphi_1 = \gamma\nu\delta$ und $\varphi_2 = \gamma u\delta$ mit $\nu \in \Sigma_N$ und $\gamma, \delta, u \in \Sigma^*$ verlangt. Der Name rührt daher, daß das Nichtterminalsymbol ν im Kontext $\gamma\delta$ durch den String u ersetzt werden kann. Da man zu jeder Grammatik G eine äquivalente kontextsensitive Grammatik G' finden kann, d.h. $L(G) = L(G')$, stellt diese Normalformbedingung keine wesentliche Einschränkung dar. Ebenso haben die Relation $\vdash$ und $\vdash^*$ eine gewisse Verwandschaft mit der Nachfolgerelation bei den Konfigurationen einer TM. In der Tat kann man zeigen, daß die Menge aller formalen Sprachen und die Menge der rekursiv aufzählbaren, d.h. durch TM erzeugbaren Sprachen identisch sind.

Gegeben eine formale Grammatik G, so kann eine NTM entscheiden, ob ein String X zu $L(G)$ gehört, indem sie ausgehend vom Startsymbol eine Folge von Ableitungen $\sigma \vdash \psi_1 \vdash \psi_2 \vdash \ldots \psi_k$ rät, bis ψ_k mit X übereinstimmt. Um andererseits für eine 1-Band TM M (ohne separates Eingabeband) die Sprache $L(M) \subseteq \Sigma_E^*$ durch eine Grammatik G zu erzeugen, kann man folgendermaßen vorgehen: Wir können annehmen, daß M die Eingabe nicht löscht, sondern auf einer zweiten Spur rechnet. G erzeugt zunächst einen beliebigen String X über dem Alphabet Σ_E und „simuliert" dann eine Berechnung von M auf Eingabe X. Diese Konstruktion kann mit Hilfe ähnlicher Überlegungen, wie wir sie bei Simulationen mit Hilfe von Berechnungsmatrizen angewandt haben, durchgeführt werden; die technischen Details überlassen wir dem Leser als Übungsaufgabe. Falls M akzeptiert, löscht die Grammatik alle Symbole bis auf den terminalen String X, andernfalls wird kein Terminalstring erzeugt.

Bei dieser Vorgehensweise ist es wesentlich, daß ein String ψ unter Anwendung bestimmter Ableitungsregeln durch einen kürzeren ersetzt werden kann (die 1-Band TM benutzt einen größeren Bandbereich als den durch die Eingabe begrenzten). Eine formale Grammatik ohne solche verkürzende Ableitungsregeln heißt **nichtverkürzend**. Die Menge der Sprachen, die durch nichtverkürzende Grammatiken – oder wiederum äquivalent durch nichtverkürzende kontextsensitive Grammatiken – erzeugt werden können, nennt man die **kontextsensitiven Sprachen**, $\mathcal{CSL}$. Mit Hilfe der obigen Überlegungen kann man nun zeigen, daß die kontextsensitiven Sprachen genau diejenigen sind, die durch linear platzbeschränkte NTM erkannt werden können.

Theorem 6.5.2:
$$\mathcal{CSL} = NSpace(\mathcal{N}) \,.$$

6.5.2 Die Chomsky-Hierarchie

Schränkt man die Form der Ableitungsregeln noch mehr ein, so erhält man weitere Teilklassen von Sprachen, die insbesondere für die Entwicklung von Programmiersprachen wichtige Bedeutung erlangt haben. Eine **kontextfreie Grammatik** besitzt nur Regeln $\varphi_1 \to \varphi_2$ der Form $\varphi_1 \in \Sigma_N$ und $\varphi_2 \in \Sigma^+$ – ein Nichtterminalsymbol φ_1 kann unabhängig vom Kontext durch den String φ_2 ersetzt werden. Entsprechend heißen die so erzeugten Sprachen **kontextfrei**, $\mathcal{CFL}$. Auch diese Sprachklasse läßt sich durch ein Maschinenmodell charakterisieren, die **Pushdown-Automaten**. Dies sind NTM mit einem separaten Einweg-Eingabeband, deren Speicher nur aus einem einzigen Pushdown-Band besteht (Definition 5.3.9). Dieses Band unterliegt keiner Platzbeschränkung.

Eine Teilklasse der kontextfreien Sprachen sind die deterministischen kontextfreien Sprachen, $\mathcal{DCFL}$, die durch **deterministische Pushdown-Automaten** beschrieben werden. Den Abschluß dieser Klassifizierung formaler Grammatiken und Sprachen, die nach ihrem Begründer **Chomsky-Hierarchie** genannt wird, bilden die **regulären Grammatiken**: $\varphi_1 \to \varphi_2 \in \Pi$ ist von der Form $\varphi_1 \in \Sigma_N$ und $\varphi_2 \in \Sigma_T^* \cup \Sigma_T^* \Sigma_N$. Jedes Nichtterminalsymbol erzeugt somit eine Folge von Terminalsymbolen, an dessen Ende ein Nichtterminalsymbol angefügt sein kann. Derartige Grammatiken erzeugen die regulären Sprachen $\mathcal{REG}$, die wir bereits durch TM ohne Speicher, die endlichen Automaten, charakterisiert haben.

Grammatik	Sprachklasse	Maschinenmodell
ohne Einschränkung oder	$\mathcal{RE}$	DTM oder NTM ohne
kontextsensitiv verkürzend	rekursiv aufzählbar	Beschränkungen der Ressourcen
nichtverkürzend oder	$\mathcal{CSL}$	$NSpace(\mathcal{N})$
kontextsensitiv nichtverk.		
kontextfrei	$\mathcal{CFL}$	Pushdown-Automaten
	$\mathcal{DCFL}$	det. Pushdown-Automaten
regulär	$\mathcal{REG}$	endlicher det. oder nichtdet. Automat

Tabelle 6.1: *Die Chomsky-Hierarchie*

Man beachte, daß am oberen und unteren Ende dieser Hierarchie die Maschinenmodelle TM bzw. endliche Automaten in der deterministischen und nichtdeterministischen Version jeweils gleiche Mächtigkeit besitzen. Die analoge Frage für die kontextsensitiven Sprachen ist offen und wird als **LBA-Problem** bezeichnet (*linear-bounded-automaton*). Für die Klasse der kontextfreien Sprachen kann man dagegen beweisen, daß die deterministischen Sprachen eine echte Teilmenge bilden. Ein Beispiel ist folgende Sprache über dem Alphabet $\{a, b, c\}$:

Lemma 6.5.3:

$$\text{LENGTH}_{[2,3]} := \{a^i b^j c^k \mid i, j, k \in \mathbb{N} \text{ und } i = j \text{ oder } j = k\} \in \mathcal{CFL} \setminus \mathcal{DCFL}.$$

Ein Pushdown-Automat kann nichtdeterministisch wählen, ob er die Gleichheit der Längen des a- und des b-Teilstrings testen will, oder die des b- und c-Teilstrings. Bei einem

Einweg-Eingabekopf und nur einem Pushdown-Band kann das Raten der richtigen Alternative durch kein deterministisches Verfahren simuliert werden.

6.5.3 Kontextfreie Sprachen und $\mathbf{Log}\,\mathcal{CFL}$

Durch Ergebnisse in [LSH65] bzw. [BCMV83] lassen sich die kontextfreien Sprachklassen folgendermaßen in die Komplexitätshierarchie einordnen:

Theorem 6.5.4:

$$
\begin{aligned}
\mathcal{CFL} &\subseteq NTime(\text{LIN})\,, \\
\mathcal{CFL} &\subseteq DSpace(\text{LOG}^2)\,, \\
\mathcal{DCFL} &\subseteq DTimeSpace(\frac{\mathcal{N}^2}{S}, S) \qquad \forall\ \log^2 \leq S \leq (1-\epsilon)\mathcal{N}\,.
\end{aligned}
$$

Bei der zweiten Inklusion ist die Zeitschranke für die platzbeschränkten DTM nicht mehr polynomiell. Man kann jedoch auch kontextfreie Sprachen deterministisch in polynomialer Zeit erkennen, dann allerdings ist die beste bekannte Platzschranke $\mathcal{N}^2$. Die Sprache PALINDROME ist ein Beispiel für eine kontextfreie Sprache, die nicht regulär ist (Aufgabe 6.6.26). Mit Hilfe des Platzhierarchiesatzes folgt nun, daß die Stufen der Chomsky Hierarchie eine echt wachsende Folge von Sprachklassen bilden.

In Abbildung 6.11 bezeichne $\mathbf{Log}\,\mathcal{CFL}$ die Menge der Sprachen, die auf logarithmischen Platz auf eine Sprache in $\mathcal{CFL}$ reduziert werden können – eine Obermenge von $\mathcal{CFL}$. $NTimeSpace_{+\text{PD}}(\text{POL}, \text{LOG})$ bezeichne diejenigen Sprachen, die von einer polynomial zeit- und logarithmisch platzbeschränkten NTM erkannt werden können, wobei die Maschine zusätzlich über ein Pushdown-Band verfügt, welches bei der Platzkomplexität nicht berücksichtigt wird (siehe Kapitel 5.3.3). Die Charakterisierung $P = NSpace_{+\text{PD}}(\text{LOG})$ läßt sich aus Theorem 5.3.10 ableiten.

Interessanterweise kann man die Simulation $NTimeSpace(T, S) \subseteq DSpace(S \cdot \log T)$ (Korollar 2.2.18) auf NTM mit Pushdown-Bändern verallgemeinern, obwohl das Pushdown-Band keinerlei Beschränkungen unterliegt (zum Beweis siehe [H79]). Die Beweistechnik aus Kapitel 3.4.1, Konfigurationen zu zählen, um das Komplement einer Sprache zu erkennen, kann ebenso verallgemeinert werden, womit sich die Klasse $\mathbf{Log}\,\mathcal{CFL}$ gegenüber Komplementierung als abgeschlossen erweist [BCD89].

Theorem 6.5.5:

$$
\begin{aligned}
NTimeSpace_{+\text{PD}}(T, S) &\subseteq DSpace(S \cdot \log T)\,, \\
\mathbf{Log}\mathcal{CFL} &\subseteq DSpace(\text{LOG}^2)\,, \\
\text{co-}\mathbf{Log}\mathcal{CFL} &= \mathbf{Log}\mathcal{CFL}\,.
\end{aligned}
$$

$$DTime(\text{LIN}) \;\subset\; NTime(\text{LIN})$$

$$\cap \qquad\qquad \cap$$

$$\mathcal{REG} \;\subset\; \mathcal{DCFL} \;\subset\; \mathcal{CFL} \;\subset\; \text{Log}\,\mathcal{CFL} \;\subset\; \mathcal{CSL} \;\subset\; \mathcal{RE}$$

$$\| \qquad\qquad\qquad \| \qquad\qquad\qquad \| \qquad\qquad \cup$$

$$DSpace(0) \subset \mathcal{L} \;\subseteq\; \mathcal{NL} \;\subseteq\; NTimeSpace_{+\text{PD}}(\text{POL},\text{LOG}) \qquad NSpace(\text{LIN}) \;\subset\; \mathcal{PSPACE}$$

$$\cap \qquad\qquad \cap \qquad\quad \cup$$

$$NSpace_{+\text{PD}}(\text{LOG}) \;=\; \mathcal{P} \qquad DSpace(\text{LOG}^2)$$

Abbildung 6.11: *Die Relation zwischen Sprach- und Komplexitätsklassen*

Ist L eine feste kontextsensitive Sprache, so ist die Frage, ob ein String X zu L gehört, entscheidbar. Diese Fragestellung nennt man das **Membership-Problem** oder auch **Wortproblem** für die Sprache L. Für eine Maschine, die L definiert, ist dies gerade die Frage, ob die TM oder der Automat die Eingabe X akzeptiert, für eine Grammatik dagegen die Frage, ob diese X generieren kann. Für Sprachen in $\mathcal{CSL}$ genügt es hierbei, eine Maschine in $NSpace(\mathcal{N})$ zu simulieren.

Diese Entscheidbarkeitseigenschaft gilt damit auch für kontextfreie und reguläre Sprachen, während für rekursiv aufzählbare Sprachen diese Frage im allgemeinen nicht entscheidbar ist – man kann das Halteproblem auf diese Frage reduzieren.

Das **universelle Membership-Problem** für eine dieser Grammatik-Klassen $\mathcal{C}$ ist wie folgt definiert: Gegeben eine beliebige Grammatik G der Klasse $\mathcal{C}$ und einen String X, entscheide, ob X zu $L(G)$ gehört. Für die kontextsensitiven Sprachen folgt, daß das entsprechende Problem CSL-MEMBER $\mathcal{PSPACE}$–vollständig ist, während CFL-MEMBER in $\mathcal{P}$ liegt.

Viele Fragen über kontextsensitive und kontextfreie Grammatiken und Sprachen sind jedoch unentscheidbar. Beispielsweise sind die Fragen, ob eine Grammatik G alle Strings über dem Terminalalphabet erzeugt oder ob für zwei Grammatiken G_1, G_2 die Sprachen $L(G_i)$ disjunkt sind, nicht entscheidbar. Für kontextfreie Grammatiken liegt zumindest die Frage, ob $L(G)$ überhaupt einen String enthält, in $\mathcal{P}$, sie ist sogar $\mathcal{P}$–vollständig.

6.5.4 Reguläre Ausdrücke

Für reguläre Sprachen werden die meisten Fragen entscheidbar. Die Komplexität dieser Probleme übersteigt in vielen Fällen jedoch die bislang betrachteten Komplexitätsklassen, wenn man kompakte Darstellungen dieser Sprachen wie reguläre Ausdrücke zugrunde legt, mit denen man reguläre Sprachen ebenfalls charakterisieren kann [EL87].

Definition 6.5.6:

Σ sei ein endliches Alphabet. Ein **regulärer Ausdruck** über Σ ist eine Formel, die aus Elementen von Σ und gewissen ein- und zweistelligen Operatoren besteht. Solch ein Ausdruck beschreibt eine Teilmenge von Σ^* auf folgende Weise. Die atomaren regulären Ausdrücke sind σ für $\sigma \in \Sigma$, die die Teilmenge $\{\sigma\}$ beschreiben.

Durch die folgende Menge von Operatoren $\mathcal{O} = \{+, \cdot, {}^2, {}^*, \neg\}$ können reguläre Ausdrücke r, r_1, r_2, die Teilmengen R, R_1, R_2 beschreiben, verknüpft werden:

Operation	erzeugte Teilmenge
$(r_1 + r_2)$	$R_1 \cup R_2$
$(r_1 \cdot r_2)$	$R_1 R_2 = \{\alpha_1 \alpha_2 \mid \alpha_i \in R_i\}$
(r^2)	$R R$
(r^*)	R^*
$(\neg r)$	$\overline{R}$

Ist $\mathcal{O}'$ eine Teilmenge von $\mathcal{O}$, so bezeichne $\texttt{REG}(\Sigma, \mathcal{O}')$ die Menge der mit Hilfe von $\mathcal{O}'$ erzeugbaren regulären Ausdrücke über Σ. $\square$

Es ist nicht schwer zu zeigen, daß $\texttt{REG}(\Sigma, \mathcal{O})$ identisch ist mit der Menge der regulären Sprachen über dem Alphabet Σ. Damit erhalten wir drei verschiedene Charakterisierungen von $\mathcal{REG}$: durch endliche Automaten, durch reguläre Grammatiken und durch reguläre Ausdrücke. Allerdings kann der Aufwand zur Beschreibung einer regulären Sprache – gemessen in der Größe des Automaten, d.h. der Anzahl seiner Zustände, in der Größe der Grammatik (Anzahl der Produktionen) sowie der Länge des regulären Ausdruckes – exponentielle Unterschiede annehmen.

Das Membership-Problem, für ein $r \in \texttt{REG}(\Sigma, \mathcal{O})$ und ein $X \in \Sigma^*$ zu entscheiden, ob X zu der durch r beschriebenen Teilmenge von Σ^* gehört, läßt sich in polynomialer Zeit lösen. Dagegen ist die Frage, ob zwei reguläre Ausdrücke aus $\texttt{REG}(\Sigma, \{+, \cdot, {}^2\})$ verschiedene Sprachen über Σ beschreiben, ein vollständiges Problem für die Klasse $\mathcal{NEXP}$ [SM73]. Für Ausdrücke aus $\texttt{REG}(\Sigma, \{+, \cdot, {}^2, {}^*\})$ ist das Problem sogar vollständig in $\mathcal{EXPSPACE}$ [MS72]. Für die Operatormenge $\{+, \cdot, \neg\}$ beläuft sich die Platzkomplexität des Ungleichheitsproblems auf mindestens $\mathrm{itexp}(\log n) = 2^{2^{\cdot^{\cdot^2}}}$ ($\log n$ mal). Die beste bekannte obere Schranke ist $\mathrm{itexp}\, n$.

Der Beweis, daß derartige Probleme eine solch hohe Komplexität besitzen, geschieht folgendermaßen. Zu einer TM in den Komplexitätsklassen wie $\mathcal{NEXP}$ oder $\mathcal{EXPSPACE}$ und einer Eingabe X wird ein regulärer Ausdruck r konstruiert, der alle Strings über Σ erzeugt, bis auf die, die akzeptierende Berechnungen von M auf X beschreiben. Die durch r erzeugte Sprache ist daher genau dann von Σ^* verschieden, wenn M die Eingabe akzeptiert, und Σ^* läßt sich durch den regulären Ausdruck $(\sum_{\sigma \in \Sigma} \sigma)^*$ erzeugen. Man kennt sogar Entscheidungsprobleme, deren Zeit- oder Platzkomplexität von der Form $\mathrm{itexp}(\gamma n)$ für ein $\gamma > 0$ ist. Beispiele finden sich in der Theorie geordneter Mengen [M74].

6.6 Übungsaufgaben

Aufgabe 6.6.1:
Das im ersten Kapitel erwähnte Domino-Problem läßt sich einschränken auf endliche
Quadrate der Größe $m \times m$, $m \in \mathbb{N}$, bei denen die Belegung der Randfelder vorgegeben
ist. Zeigen Sie, daß die Entscheidung, ob ein solches Quadrat mit einem endlichen Satz
verschiedener Typen von Dominosteinen ausgefüllt werden kann, $\mathcal{NP}$-vollständig ist.
Wie steht es mit der Komplexität dieses Problems, wenn man als Eingaben Rechtecke der
Form $m \times 2^m$ wählt?

Aufgabe 6.6.2:
Finden Sie eine Reduktion auf logarithmischem Platz zwischen UGAP und dem Problem,
nichtbipartite ungerichtete Graphen zu erkennen. Diese beiden Probleme sind somit
bezüglich $\leq_{\log}$ äquivalent ($\equiv_{\log}$).

Aufgabe 6.6.3:
Zeigen Sie, daß die Transformation einer Formel in CNF in eine äquivalente 3-CNF-Formel
von einer logarithmisch platzbeschränkten DTM berechnet werden kann (Theorem 6.3.4).

Aufgabe 6.6.4:
Das Erfüllbarkeitsproblem für 2-CNF Formeln liegt in $\mathcal{P}$. Finden Sie einen Polynomialzeit-
Algorithmus für dieses Problem.
Welche Komplexität besitzt das Erfüllbarkeitsproblem für Formeln in disjunktiver Nor-
malform (DNF)?
Welche Fragestellungen sind für DNF-Formeln schwer?

Aufgabe 6.6.5:
Zeigen Sie, daß die Sprache MONOTON-CIRCUIT-VALUE $\mathcal{P}$-vollständig ist.

Aufgabe 6.6.6:
Bestimmen Sie die Komplexität der Sprachen 1-BEWEISER und 1-GENERATOR.

Aufgabe 6.6.7:
Man beweise: Beschränkt man das Problem 2-GENERATOR auf assoziative Operatoren ρ,
d.h. $\rho(u_1, \rho(u_2, u_3)) = \rho(\rho(u_1, u_2), u_3)$, so liegt es in $\mathcal{NL}$.

Aufgabe 6.6.8:
Man zeige, daß aus $DSpace(\mathcal{N}) \subseteq DTime(\mathcal{N}^k)$ für irgendein $k \in \mathbb{N}$ die Gleichheit
$\mathcal{P} = \mathcal{NP} = \mathcal{PSPACE}$ folgt.

Aufgabe 6.6.9:
Es sei d eine beliebige natürliche Zahl. Beweisen Sie die Implikation

$$DTime(\exp^{1/d}) \subseteq \mathcal{NP} \quad \Longrightarrow \quad DTime(\text{EXL}) \subset \mathcal{NP} = \mathcal{PSPACE} = \mathcal{DEXP} \; .$$

Aufgabe 6.6.10:
Beweisen Sie, daß die folgende Teilmenge von 3-SAT ebenfalls $\mathcal{NP}$-vollständig ist: Jede
Variable kommt innerhalb einer Formel höchstens zweimal positiv und höchstens einmal
negiert vor.

Aufgabe 6.6.11:
In welchem Verhältnis stehen der Zeitaufwand, eine k-Clique in einem Graphen zu finden, und der Zeitaufwand, die Sprache CLIQUE zu akzeptieren? opt-CLIQUE bezeichne die
Menge aller Paare (G, k), wobei $\mathcal{K}_k$ der größte vollständige Subgraph im Graphen G
ist. Gehört diese Sprache auch zu $\mathcal{NP}$? Läßt sich diese Sprache mit Hilfe mengentheo-
retischer Operationen auf den in diesem Kapitel eingeführten Klassen einordnen?

Aufgabe 6.6.12:
INDEPENDENT-SET sei das Problem, für einen gegebenen Graphen $G = (V, E)$ und $k \in \mathbb{N}$
eine **unabhängige Knotenmenge** der Größe k zu finden. Was können Sie über die
Komplexität dieses Problems sagen?

Aufgabe 6.6.13:
Für das in Kapitel 6.3.5 diskutierte Problem k-FÄRBUNG sind keine wesentlich besseren
Lösungsverfahren bekannt als das triviale, nämlich alle möglichen Zuordnungen von Far-
ben zu den Knoten der Reihe nach aufzuzählen und zu überprüfen, ob sie eine zulässige
Färbung darstellen. Da die Anzahl der möglichen Färbungen exponentiell in der Zahl m
der Knoten des Graphen wächst, hat dies Verfahren eine *worst-case*-Laufzeit $\Omega(k^m)$.
Beweisen Sie, daß 2-FÄRBUNG in $\mathcal{P}$ liegt.
Zeigen Sie, daß 3-FÄRBUNG eingeschränkt auf planare Graphen in Zeit $\exp O(\sqrt{m})$ gelöst
werden kann.

Aufgabe 6.6.14:
Betrachten Sie die vereinfachte Variante des Traveling-Salesman-Problems, bei dem die
Aufgabe darin besteht, einen einfachen Verbindungsweg für zwei vorgegebenen Knoten
eines Graphen mit einer Kostenfunktion auf den Kanten zu finden. Ein derartiges Problem nennt man ein **gewichtetes Wegeproblem**. Bestimmen Sie die Komplexität dieses
Problems für den Fall, daß man einen Verbindungsweg mit minimalen Gesamtkosten konstruieren möchte (**single-source-shortest-path-Problem**).
Ändert sich der Aufwand, wenn man an einem Weg mit maximalen Kosten interessiert
ist (**single-source-longest-path-Problem**)?

Aufgabe 6.6.15:
CIRCUIT-SAT sei das Problem, für einen Schaltkreis zu entscheiden, ob man seine Inputs so belegen kann, daß das Outputgatter den Wert 1 annimmt. Man beweise, daß dies Problem $\mathcal{NP}$-vollständig ist.

Aufgabe 6.6.16:
Verändert man die Spezifikation einer Aufgabenstellung, so kann dies auch eine Änderung der Komplexität nach sich ziehen. Betrachten wir dazu das Erfüllbarkeitsproblem für Boolesche Formeln in 3-CNF Form, wobei wir die zusätzliche Annahme machen, daß jede Variable sowie die Negation jeder Variablen genau 3 mal vorkommt. Anstatt eine Formel mit n Variablen und m Klauseln – in diesem Spezialfall gilt $m = 2n$ – explizit hinzuschreiben, betrachten wir einen Schaltkreis C, der die einzelnen Klauseln generiert. C besitzt $1 + \log n$ Eingabegatter, um den Index j einer Klausel K_j ($j \in [0..2n-1]$) oder den Index i einer Variablen x_i binär zu spezifizieren, wobei ein Wert i zwischen n und $2n-1$ als die Negation der Variablen x_{i-n} interpretiert wird. Durch ein zusätzliches Bit wird unterschieden, ob es sich um einen Klausel- oder einen Variablenindex handelt, und durch 2 weitere Bits wird eine Zahl $k \in [1..3]$ spezifiert. Als Ausgabe liefert C auf ein Paar (j, k) den Index der k-ten Variable in K_j, auf ein Paar (i, k) den Index der Klausel, in der die Variable x_i (bzw. die Negation von x_{i-n}) zum k-ten Mal vorkommt.

SUCCINT-SAT sei das Problem, die Erfüllbarkeit für eine derartig dargestellte Formel F zu entscheiden. Genauer gesagt, ist zu prüfen, ob ein gegebener Schaltkreis C eine Boolesche Formel korrekt in der beschriebenen Form darstellt und ob die Formel erfüllbar ist. Zeigen Sie, daß dies Problem vollständig ist für die Klasse $\mathcal{NEXP}$.

Aufgabe 6.6.17:
Zeigen Sie, daß das Partitionsproblem nicht $\mathcal{NP}$-vollständig im strengen Sinne ist, d.h. finden Sie ein Lösungsverfahren, dessen Laufzeit polynomiell in der Summe der Gewichte a_i beschränkt ist. (Hinweis: Man bestimme iterativ, welche Gewichtssummen sich durch Teilmengen der a_i herstellen lassen.)

Aufgabe 6.6.18:
Gilt es eine Reihe verschiedener Aufgaben im Rahmen eines Produktionsprozesses in geeigneter Weise abzuarbeiten, so nennt man derartiges ein **Scheduling-Problem**. Eine der einfachsten Varianten hat die folgende Form: Gegeben ist eine Menge $A = \{a_1, \ldots, a_n\}$ von Aufgaben und eine Menge von p Prozessoren. Ein a_i kann auf einem beliebigen Prozessor in Zeit τ_i ausgeführt werden. Ein **Schedule** S ist eine Zerlegung von A in p Folgen $A_1 \dot\cup \ldots \dot\cup A_p$, wobei Folge A_i die Aufgaben enthält, die auf dem i-ten Prozessor ausgeführt werden. Die Länge von S ist definiert als

$$\max_{i \in [1, p]} \sum_{a_j \in A_i} \tau_j \, ,$$

d.h. der Zeitpunkt, zu dem alle Aufgaben beendet sind. Die Sprache SCHEDULING bezeichne die Menge aller Scheduling-Probleme (A, τ, p, d), wobei der zusätzliche Parameter d

eine Deadline spezifiziert und verlangt wird, daß ein Schedule der Länge höchstens d existiert.

Zeigen Sie, daß SCHEDULING $\mathcal{NP}$-vollständig ist.

Aufgabe 6.6.19:

Betrachten Sie den folgenden Algorithmus für das Problem k-VERTEX-COVER, d.h. die Frage, ob ein gegebener ungerichteter Graph $G = (V, E)$ eine Knoten-Überdeckung der Größe k besitzt:

1.) U sei die Menge der Knoten in G mit Grad größer k.

    Falls $|U| > k$, antworte NEIN.

2.) G' sei der durch $V \setminus U$ induzierte Subgraph von G.

    Falls G' mehr als $k(k - |U|)$ viele Kanten besitzt, antworte NEIN.

3.) Falls G' eine Knotenüberdeckung der Größe $k - |U|$ besitzt, antworte Ja, andernfalls antworte NEIN.

Beweisen Sie, daß dies Verfahren das Problem korrekt löst. Schätzen Sie die Laufzeit ab in Abhängigkeit von der Größe von G und dem Parameter k.

Aufgabe 6.6.20:

Finden Sie die Obstruktionsmengen für die parametrisierten Graphklassen des Problems VERTEX-COVER.

Aufgabe 6.6.21:

Beweisen Sie für den Kreuzungsgraphen H in Abbildung 6.8: H kann mit 3 Farben gefärbt werden. Jede 3-Färbung verwendet für die beiden gegenüberliegenden Randknoten a und b dieselbe Farbe. Gleiches gilt für das Randknotenpaar c, d. Es gibt eine 3-Färbung, bei der alle 4 Randknoten gleich gefärbt sind, sowie eine 3-Färbung bei der das Paar a, b eine andere Farbe erhält als das Paar c, d.

Folgern Sie daraus, daß das Planarisierungsverfahren durch das Einsetzen von Kopien von H die chromatische Zahl nicht ändert.

Aufgabe 6.6.22:

Beweisen Sie: Bei Gleichheit von $\mathcal{P}$ und $\mathcal{NP}$ ist jede Sprache in $\mathcal{P} \setminus \{\emptyset, \Sigma^*\}$ sogar $\mathcal{NP}$-vollständig.

Aufgabe 6.6.23:

Welche Klassen werden durch $\exists\, \exists\, \mathcal{P}$ und $\forall\, \forall\, \mathcal{P}$ beschrieben?

Aufgabe 6.6.24:

Gegeben eine Sprache $L \subseteq \{0, 1\}^*$, so definieren wir

$$L_\wedge^k := \{X_1 \# X_2 \dots \# X_k \mid X_i \in L \text{ für alle } i,\}$$
$$L_\vee^k := \{X_1 \# X_2 \dots \# X_k \mid X_i \in L \text{ für mindestens ein } i\} .$$

Man zeige, daß mit $L \in \mathcal{NP}$ auch $L_\wedge^2$ und $L_\vee^2$ zu $\mathcal{NP}$ gehört. $L_\wedge^*$ und $L_\vee^*$ bezeichne die Vereinigung über alle $L_\wedge^k$ bzw. $L_\vee^k$. Was können Sie über diese Menge aussagen?

Aufgabe 6.6.25:
Besitzt die Menge $\mathcal{NP} \cup$ co-$\mathcal{NP}$ vollständige Probleme?
Sind die Mengen $\mathcal{NP} \cup$ co-$\mathcal{NP}$ und $\{L_1 \cup L_2 \mid L_1 \in \mathcal{NP}, L_2 \in$ co-$\mathcal{NP}\}$ identisch?

Aufgabe 6.6.26:
Konstruieren Sie eine kontextfreie Grammatik, die die Palindrome über dem Alphabet $\{a, b\}$ erzeugt.

Aufgabe 6.6.27:
Führen Sie den Beweis für die Gleichheit der Sprachklassen $\mathcal{CSL}$ und $NSpace(\mathcal{N})$ aus und zeigen Sie, daß CSL-MEMBER $\mathcal{PSPACE}$-vollständig ist.

Aufgabe 6.6.28:
Ist $L \subseteq \Sigma^*$ eine Sprache, die zu einer Komplexitätsklasse $\mathcal{C}$ gehört, und $L' \subseteq \Sigma'^*$ eine Teilmenge von L, so gilt in der Regel nicht, daß L' ebenfalls in $\mathcal{C}$ liegt. Man gebe hierfür ein Beispiel. Die Inklusion ist jedoch richtig für Teilmengen L' der Form $L \cap \Sigma'^*$. Welche Eigenschaft muß eine Menge K erfüllen, damit dies allgemein für Sprachen $L' = L \cap K$ gilt?

6.7   Bemerkungen und Literaturhinweise

Die Begriffe der Polynomialzeit-Reduktion und der $\mathcal{NP}$-Vollständigkeit gehen auf Arbeiten von *Steve Cook* [C71] und *Richard Karp* [K72] zurück. *Cook* betrachtete zunächst für einige der in diesem Kapitel behandelten $\mathcal{NP}$-vollständigen Problemen eine stärkere Form von polynomial zeitbeschränkter Reduktion, sogenannte **Turing-Reduktionen**. Karp erkannte etwas später, daß hierfür auch die einfachere many-one-Reduktion benutzt werden kann. In diesem Zusammenhang ist auch eine Arbeit von *Leonid Levin* zu nennen [L73]. Strukturelle Untersuchungen zur Polynomialzeit-Reduktion und zur Klasse $\mathcal{NP}$ werden von *Richard Ladner* in [L75a] durchgeführt, siehe auch [LLS75] und [BGS75].

Walter Savitch beschreibt in [S73], wie sich die Frage $\mathcal{L} \overset{?}{=} \mathcal{NL}$ als ein Labyrinth-Problem darstellen läßt. In [J85,JLL76] weisen *Jones* und Koautoren für eine Reihe von Problemen die Vollständigkeit in $\mathcal{NL}$ nach.

Die Untersuchungen zur Relation zwischen $\mathcal{L}$ und $\mathcal{P}$ wurden initiiert durch die Arbeit von *Cook* [C74] (siehe Kapitel 5 und die Bemerkungen dort). Ein Beweissystem wird dort *path system* genannt. Die $\mathcal{P}$-Vollständigkeit von CIRCUIT-VALUE wird in [L75] gezeigt, die Aufgabe 6.6.5 ist [Go77] entnommen. Weitere $\mathcal{P}$-vollständige Probleme werden in

[JL77,M89] behandelt. [GHR95] gibt eine detaillerte Analyse und listet die wichtigsten Probleme dieser Klasse auf.

Kombinatorische Optimierungsprobleme, unter anderem auch das Netzwerkfluß-Problem, werden ausführlich in [PS82] behandelt. Zur Lösung des 2-dimensionalen Matching-Problems sei auf den Algorithmus von *Hopcroft, Karp* [HK73] verwiesen. Als grundlegendes Werk zur Graphentheorie empfehlen wir [H69].

Das Erfüllbarkeitsproblem für Boolesche Formeln ist einerseits die Basis für die Theorie der $\mathcal{NP}$-Vollständigkeit, andererseits auch von großer praktischer Bedeutung, etwa beim automatischen Beweisen oder der Spezifikation komplexer Systeme. Zu seiner Lösung sind Heuristiken wie die **Resolutionsmethode** entwickelt worden, die auf eingeschränkten Formelklassen teilweise recht effizient arbeiten, Im allgemeinen Fall benötigen diese jedoch exponentielle Zeit und sind damit bei größeren Problemstellungen in der Praxis nicht verwendbar, siehe etwa [DP69,G77,H85] sowie die Monographie [KL94].

Eine detaillierte Darstellung der Theorie der $\mathcal{NP}$-Vollständigkeit geben *Michael Garey* and *David Johnson* in [GJ79]; der Anhang enthält eine umfassende Aufzählung von algorithmischen Problemen und eine Klassifikation ihrer Komplexität. Überblicke über neuere Ergebnisse zur $\mathcal{NP}$-Vollständigkeit werden von *Johnson* in regelmäßiger Folge im Journal of Algorithms veröffentlicht [J8X]. Beziehungen zwischen kryptografischen Fragestellungen und der Klasse $\mathcal{NP}$ werden von *Andy Yao* in [Y82] aufgezeigt.

Das $\mathcal{P}$-$\mathcal{NP}$-Problem hat in der Informatik inzwischen eine ähnliche Bedeutung erlangt wie in der Mathematik das *Vierfarbenproblem* für planare Graphen oder die *Fermatsche Vermutung*. Allen drei ist Problemen gemeinsam, daß man sie relativ einfach beschreiben kann. In der Vergangenheit wurden des öfteren sowohl von Fachwissenschaftlern als auch anderen Personen (wobei letztere überwiegen) „Lösungen" für diese Probleme angekündigt und dann teilweise auch der Fachwelt präsentiert, deren Beweisführung jedoch einer kritischen Überprüfung nicht standhalten konnten. Beim $\mathcal{P}$-$\mathcal{NP}$-Problem finden sich darunter beide Alternativen vertreten, sowohl die Gleichheit als auch die strikte Inklusion.

Das Vierfarbenproblem wurde nach langem Bemühen mit Hilfe eines massiven Einsatzes von Rechnern gelöst (der 1. Computerbeweis in der Mathematik) [AH77,RSS97]. Bei der Fermatschen Vermutung gelang die Lösung nach der Entwicklung einer sehr komplexen algebraischen Theorie [W95], während die bislang entwickelten Beweismethodiken für das $\mathcal{P}$-$\mathcal{NP}$-Problem noch nicht sehr weit geführt haben. Weder gelang eine Separation direkt durch den Nachweis unterer Schranken, etwa für die Größe von Schaltkreisen für $\mathcal{NP}$-vollständige Probleme, noch indirekt mit Hilfe struktureller Untersuchungen, auf die wir später noch näher eingehen werden. Nur unter zusätzlichen Einschränkungen wie monotone Berechnungen gelang es bislang, nichttriviale untere Schranken für $\mathcal{NP}$-Probleme herzuleiten, für **CLIQUE** beispielsweise siehe [K95,H95,AM96].

Viele Entscheidungs- und Optimierungsprobleme, die in der Praxis auftreten, erweisen sich als algorithmisch schwer zu lösen. Bei einem Nachweis der $\mathcal{NP}$-Vollständigkeit besteht daher wenig Aussicht, effiziente deterministische Algorithmen für diese Aufgabenstellungen zu finden. Da diese Probleme jedoch in der Praxis gelöst werden müssen, kann man bei Optimierungsproblemen hoffen, zumindest Approximationsverfahren zu finden. Auf diese Fragen werdne wir im zweiten Band näher eingehen.

Eine andere Möglichkeit besteht darin, nach deterministischen Verfahren zu suchen, die das Problem zumindest für eine große Teilmenge aller möglichen Eingaben schnell und korrekt lösen, eine *average-case* Analyse. Bei $\mathcal{NP}$-vollständigen Problemen, die nicht vollständig im strengen Sinn oder die fixed-parameter-lösbar sind, kann das Problem zumindest auf Teilbereichen effizient gelöst werden. Bei graphtheoretischen Problemen kann man die Klasse der zulässigen Graphen einschränken, auf Bäumen beispielsweise werden fast alle $\mathcal{NP}$-vollständigen Problem sehr einfach. Einen Überblick über derartige Ansätze findet man in [J85]. In [R91] beschreiben wir einen allgemeinen algorithmischen Ansatz, um Optimierungsprobleme auf Graphen, deren Zusammenhangsstruktur nicht zu komplex ist, effizient zu lösen. Ein ähnliches Verfahren basiert auf dem Begriff der **Baumweite** (*tree width*) [B90,CM93].

Ein weiterer Versuch, $\mathcal{NP}$-Probleme zu lösen, besteht darin, leistungsfähigere Maschinenmodelle zu betrachten. Wir hatten am Ende des ersten Kapitels bereits das Modell des **Quanten-Computer**s erwähnt. *Peter Shor* zeigt in [S97a], daß die Primzahlfaktorisierung und der diskrete Logarithmus von diesem hypothetischen Modell in polynomialer Zeit berechnet werden können. EIne Überblick über Quanten-Computer gibt [B97]. *Leonard Adleman* definiert in [A94] das Modell eines **DNA-Computers**, welches er dem biologischen Zellteilungsprozeß nachempfunden hat, und zeigt, daß gewisse Versionen des Hamiltonschen Pfadproblems effizient in diesem Modell gelöst werden können (siehe auch [KMR97]).

Bislang wurde die Zugehörigkeit von Problemen zur Klasse $\mathcal{P}$ konstruktiv durch Angabe von Algorithmen nachgewiesen. Deren Laufzeit konnte fast ausnahmslos durch ein Polynom kleinen Grades (in der Regel nicht größer als kubisch) abgeschätzt werden. Neue Ergebnisse von *Robertson, Seymour* zur Lösung der Wagnerschen Vermutung (erschienen bzw. angekündigt in [RS95,RS9-]) könnten diese Situation wie oben dargelegt ändern, so daß man mit dem Wissen, ein Problem gehört zu $\mathcal{P}$, noch keine effizienten algorithmischen Lösungsverfahren besitzt (siehe hierzu [FL88,FL94]). Der Ansatz zur Strukturierung von Problemen unter dem Gesichtspunkt der Parameterkomplexität wird von *Downey,Fellows* in [DF95a,DF95b] entwickelt.

Das Verfahren, Primzahlen nichtdeterministisch zu erkennen, ist [P75] entnommen. Näheres zur Klasse $\mathcal{UP}$ und Einwegfunktionen findet man in den Arbeiten von *Valiant* und weiteren Autoren [V76,VV86,BL87,R90]. Das RSA-*public-key*-Kryptosystem ist nach seiner Erfindern *Rivest, Shamir, Adleman* benannt [RSA78]. Für weitere Details zu Kryptosystemen, dem Fakorisierungsproblem und der Berechnung des diskreten Logarithmus verweisen wir auf folgende Arbeiten und Monographien [O85,B88,S90,S92,R94,MO96,G97].

Der Nachweis der $\mathcal{PSPACE}$-Vollständigkeit von **QBF** wird von *Stockmeyer, Meyer* in

[SM73] geführt. In [G76] betrachtet *Zvi Galil* algorithmische Aufgaben aus dem Bereich der Kombinatorik und Logik und zeigt, wie man durch mehr oder weniger starke Einschränkung einer Problemstellung vollständige Probleme in den Klassen von $\mathcal{L}$ bis $\mathcal{PSPACE}$ erzielen kann. Weitere Entscheidungsprobleme, die in Klassen oberhalb von $\mathcal{PSPACE}$ fallen, werden unter anderem in [CLM76] – ein Problem aus der Gruppentheorie – und in [F80] vorgestellt. *Fagin* und *Immerman* zeigen in [F74,I82,I87,I91], daß sich die in diesem Kapitel betrachteten Komplexitätsklassen auch durch logische Formalismen beschreiben lassen, d.h. ohne ein Maschinenmodell wie die TM. Dies kann als ein weiteres Indiz für die Robustheit und Natürlichkeit der Klassen angesehen werden (siehe auch [G92,FSV93]).

Noam Chomsky hat das Gebiet Formale Sprachen durch eine Reihe von Veröffentlichungen begründet, als Beispiel sei [C59] angeführt. Eine ausführliche Abhandlung gibt *Michael Harrison* in der Monographie [H78]. Weitere Ergebnisse über kontextfreien Sprache findet man außer in den bereits zitierten Arbeiten [LSH65, H79,BCMV83,BCD89] in [S78,V87].

[A94] L. Adleman, Molecular Computation of Solutions to Combinatorial Problems, Science 266, 1994, 1021-1024.

[AF88] M. Ajtai, R. Fagin, Reachability is Harder for Directed than for Undirected Finite Graphs, Proc. 29. FoCS, 1988, 358-367.

[AH77] K. Appel, W. Haken, Every Planar Map Is Four Colorable, Part I. Discharging, Part II. Reducibility, Illinois J. Math. 21, 1977, 429-567.

[AM96] K. Amano, A. Maruoka, Potential of the Approximation Method, Proc. 37. FoCS, 1996, 431-440.

[AS80] B. Aspvall, R. Stone, Khachiyan's Linear Programming Algorithm, J. Alg. 1, 1980, 1-13.

[ATW97] R. Armoni, A. Ta-Shma, A. Wigderson, S. Zhou, $\mathcal{SL} \subseteq \mathcal{L}^{4/3}$, Proc. 29. SToC, 1997, 230-239.

[B82] K. Borgwardt, The Average Number of Pivot Steps Required by the Simplex-Method is Polynomial, Zeit. Oper. Res. 26, 1982, 157-177.

[B88] G. Brassard, Modern Cryptology, Springer LNCS 325, 1988.

[B90] H. Bodlaender, Polynomial Algorithms for Graph Isomorphism and Chromatic Index on Partial k-trees, J. Alg. 11, 1990, 631-643 .

[B97] A. Berthiaume, Quantum Computation, in Complexity Theory Retrospective II, L. Hemaspaandra, A. Selman, (Eds.), Springer, 1997, 23-52.

[BCD89] A. Borodin, S. Cook, P. Dymond, W. Ruzzo, M. Tompa, Two Applications of Inductive Counting for Complementation Problems, SIAM J. Comp. 18, 1989, 559-578.

[BCM83] B. von Braunmühl, S. Cook, K. Mehlhorn, R. Verbeek, The Recognition Algorithm for DCFLs in Small Time and Space, I&C 56, 1983, 34-51.

[BK78] M. Blum, D. Kozen, On the Power of the Compass, Proc. 19. FoCS, 1978, 132-142.

[BL87] R. Boppana, J. Lagarias, One-Way Functions and Circuit Complexity, I&C 74, 1987, 226-240.

[C59] N. Chomsky, A Note on Phrase-Structure Grammars, Information & Control 2, 1959, 393-395.

[C70] S. Cook, Path Systems and Language Recognition, Proc. 2. SToC, 1970, 70-72.

[C71] S. Cook, The Complexity of Theorem-Proving Procedures, Proc. 3. SToC, 1971, 151-157.

[CLM76] E. Cardoza, R. Lipton, A. Meyer, Exponential Space Complete Problems for Petri Nets and Commutative Semigroups, Proc. 8. SToC, 1976, 50-54.

[CM93] B. Courcelle, M. Mosbah, Monadic Second-Order Evaluations on Tree-Decomposable Graphs, TCS 109, 1993, 49-82.

[D63] G. Dantzig, Linear Programming and Extensions, Princeton Univ. Press, 1963.

[DF95a] R. Downey, M. Fellows, Fixed-Parameter Tractability and Completeness I: Basic Results, SIAM J. Comput. 24, 1995, 873-921.

[DF95b] R. Downey, M. Fellows, Parameterized Computational Feasibility, in P. Clote, J. Remmel (Eds), Feasible Mathematics II, Birkhäuser 1995, 219-244.

[DLR79] D. Dobkin, R. Lipton, S. Reiss, Linear Programming is Log-Space Hard for $\mathcal{P}$, IPL 8, 1979, 96-97.

[DP69] M. Davis, H. Putnam, A Computing Procedure for Quantification Theory, J. ACM 7, 1960, 201-215.

[EL87] E. Engeler, P. Läuchli, Berechnungstheorie für Informatiker, Teubner, 1987.

[F74] R. Fagin, Generalized First-Order Spectra and Polynomial Recognizable Sets, in R. Karp (ed.), SIAM-AMS Proc. 7, Complexity of Computations, 1974, 43-73.

[F80] M. Fürer, The Complexity of the Inequivalence Problem for Regular Expressions with Intersection, Proc. 7. ICALP, 1980, 234-245.

[FL87] M. Fellows, M. Langston, Nonconstructive Advances in Polynomial Time Complexity, IPL 26, 1987, 157-162.

[FL88] M. Fellow, M. Langston, Nonconstructive Tools for Proving Polynomial-Time Decidability, J. ACM 35, 1988, 727-739.

[FL94] M. Fellow, M. Langston, On Search, Decision and the Efficiency of Polynomial-Time Algorithms, J.CSS 49, 1994, 769-779.

[FSV93] R. Fagin, L. Stockmeyer, M. Vardi, On Monadic $\mathcal{NP}$ vs Monadic co–NP, Proc. 8. StruC, 1993, 19-30.

[G76] Z. Galil, Hierarchies of Complete Problems, Acta Inf. 6, 1976, 77-88.

[Ga77]   Z. Galil, On Resolution with Clauses of Bounded Size, SIAM J. Comput. 6, 1977, 444-459.

[Go77]   L. Goldschlager, The Monotone and Planar Circuit Value Problems Are Log Space Complete for $\mathcal{P}$, ACM SIGACT News, 1977, 25-29.

[G92]   E. Grädel, Capturing Complexity Classes by Fragments of Second-Order Logic, TCS 101, 1992, 35-58.

[G97]   O. Goldreich, On the Foundations of Modern Cryptography, Proc. 17. CRYPTO, 1997, 46-75.

[GHR95]   R. Greenlaw, J. Hoover, W. Ruzzo, Limits to Parallel Computation: $\mathcal{P}$-Completeness Theory, Oxford University Press, 1995.

[GJ79]   M. Garey, D. Johnson, Computers and Intractability, Freeman, 1979.

[GLS81]   M. Grötschel, L. Lovasz, A. Schrijver, The Elipsoid Method and Its Consequences in Combinatorial Optimization, Combin. 2, 1981, 169-197.

[GS84]   J. Grollmann, A. Selman, Complexity Measures for Public-Key Cryptosystems, Proc. 25. FoCS, 1984, 495-503.

[GSS82]   L. Goldschlager, R. Shaw, J. Staples, The Maximum Flow Problem is Log-Space Complete for $\mathcal{P}$, TCS 21, 1982, 105-111.

[H69]   F. Harary, Graph Theory, Addison-Wesley, 1969.

[H78]   M. Harrison, Introduction to Formal Language Theory, Addison-Wesley, 1978.

[H79]   T. Harju, A Simulation Result for the Auxiliary Pushdown Automata, J. CSS 19, 1979, 119-132.

[H85]   A. Haken, The Intractability of Resolution, TCS 39, 85, 297-308.

[H95]   A. Haken, Counting Bottlenecks to Show Monotone $\mathcal{P} \neq \mathcal{NP}$, Proc. 36. FoCS, 1995, 36-40.

[HK73]   J. Hopcroft, R. Karp, An $n^{5/2}$ Algorithm for Maximum Matchings in Bipartite Graphs, SIAM J. Comput. 2, 1973, 225-231.

[HU79]   J. Hopcroft, J. Ullman, Introduction to Automata Theory, Languages and Computation, Addison-Wesley, Reading, 1979.

[I82]   N. Immerman, Upper and Lower Bounds for First Order Expressibility, J.CSS 25, 1982, 76-98.

[I87]   N. Immerman, Languages that Capture Complexity Classes, SIAM J. Comput. 16, 1987, 760-778.

[I91]   N. Immerman, $DSPACE[n^k] = VAR[k+1]$, Proc. 6. StruC, 1991, 334-340.

[J75]   N. Jones, Space-Bounded Reducibility among Combinatorial Problems, J. CSS 11, 1975, 68-85.

[J85]   D. Johnson, The NP-Completeness Column: an Ongoing Guide, 16. Edition, J. Alg. 6, 1985, 434-451.

[J8X]   D. Johnson, The NP-Completeness Column: an Ongoing Guide, Edition 1,2,..., erscheint in regelmäßiger Folge im J. of Algorithms.

[JL77]   N. Jones, W. Laaser, Complete Problems for Deterministic Polynomial Time, TCS 3, 1977, 105-117.

[JLL76]   N. Jones, E. Lien, W. Laaser, New Problems Complete for Nondeterministic Log Space, MST 10, 1976, 1-17.

[K72]   R. Karp, Reducibility among Combinatorial Problems, in Complexity of Computer Computations, R. Miller (Ed.), Plenum Press, 1972, 85-104.

[K84]   N. Karmarkar, A New Polynomial-Time Algorithm for Linear Programming, Combin. 4, 1984, 373-395.

[K86]   K. Kriegel, The Space Complexity of the Accessibility Problem for Undirected Graphs of $\log n$ Bounded Genus, Proc. 12. MFCS, 1986, 484-492.

[K95]   M. Karchmer, On Proving Lower Bounds for Circuit Size, in P. Clote, J. Remmel (Eds), Feasible Mathematics II, Birkhäuser 1995, 245-255.

[KL94]   H. Kleine Büning, T. Lettmann, Aussagenlogik: Deduktion und Algorithmen, Teubner 1994.

[KMR97]   S. Kurtz, S. Mahaney, J. Royer, J. Simon, Biological Computing, in Complexity Theory Retrospective II, L. Hemaspaandra, A. Selman, (Eds.), Springer, 1997, 179-196.

[KR89]   H. Karloff, W. Ruzzo, The Iterated Mod Problem, I&C 80, 1989, 193-204.

[L73]   L. Levin, Universal Search Problems, Problems of Information Transmission 9, 1973, 265-266.

[L75]   R. Ladner, The Circuit Value Problem is Log-Space Complete for $\mathcal{P}$, ACM SIGACT News 7, 1975, 583-590.

[L75a]   R. Ladner, On the Structure of Polynomial Time Reducibilty, J. ACM 22, 1975, 155-171.

[LLS75]   R. Ladner, N. Lynch, A. Selman, A Comparison of Polynomial Time Reducibilities, TCS 1, 1975, 103-123.

[LSH65]   P. Lewis, R. Stearns, J. Hartmanis, Memory Bounds for Recognition of Context-free and Context-Sensitive Languages, Proc. 6. IEEE. Symp. on Switching Circuit Theory and Logical Design, 1965, 191-202.

[LW90]   T. Lengauer, K. Wagner, The Binary Network Flow Problem is Logspace Complete for $\mathcal{P}$, TCS 25, 1990, 357-363.

[LP82]   H. Lewis, C. Papadimitriou, Symmetric Space-Bounded Computation, TCS 19, 1982, 161-187.

[M74]   A. Meyer, The Inherent Computational Complexity of Theories of Ordered Sets, Int. Congr. Math., Vancouver, 1974, 477-482.

[M76]   G. Miller, Riemann's Hypothesis and Tests for Primality, J. CSS 13, 1976, 300-317.

[M83]   G. Miller, Isomorphism of k-Contractible Graphs. A Generalization of Bounded Valence and Bounded Genus, I&C 56, 1983, 1-20.

[M86]   K. Mehlhorn, Datenstrukturen und effiziente Algorithmen, Band 1, Sortieren und Suchen, Teubner, Stuttgart, 1986.

[M89]   S. Miyano, The Lexicographically First Maximal Subgraph Problems: $\mathcal{P}$-Completeness and $\mathcal{NC}$ Algorithms, MST 22, 1989, 47-73.

[MO96]   A. Menezes, P. Oorschot, Handbook of Applied Cryptography, CRC Press, 1996.

[MS72]   A. Meyer, L. Stockmeyer, The Equivalence Problem for Regular Expressions with Squaring Requires Exponential Space, Proc. 13. SWAT, 1972, 125-129.

[NSW92]   N. Nisan, E. Szemeredi, A. Wigderson, Undirected Connectivity in $O(\log^{1.5} n)$ Space, Proc. 33. FoCS, 1992, 24-29.

[O85]   A. Odlyzko, Discrete Logarithms in Finite Fields and Their Cryptographic Significance, Advances in Cryptology - Proc. Eurocrypt 84, LNCS 209, 1985, 224-314.

[P75]   V. Pratt, Every Prime Has A Succinct Certificate, SIAM J. Comput. 4, 1975, 214-220.

[P84]   C. Papdimitriou, On the Complexity of Unique Solutions, J. ACM 31, 1984, 392-400.

[PS82]   C. Papadimitriou, K. Steiglitz, Combinatorial Optimization: Algorithms and Complexity, Prentice Hall, 1982.

[R90]   J. Rompel, One-Way Functions are Necessary and Sufficient for Secure Signatures, Proc. 22. SToC, 1990, 387-394.

[R91]   R. Reischuk, Graph Theoretical Methods for the Design of Parallel Algorithms, Proc. 8. FCT, 1991, 61-67.

[R94]   H. Riesel, Prime Numbers and Computer Methods for Factorization, Birkhäuser, 1994.

[RS95]   N. Robertson, P. Seymour, , Graph Minors XIII: The Disjoint Path Problem, J. Comb. Theory B 63, 1995, 65-110.

[RS9-]   N. Robertson, P. Seymour, Graph Minors XVI: Wagner's Conjecture, die Arbeit ist noch nicht erschienen

[RSA78]   R. Rivest, A. Shamir, L. Adleman, A Method for Obtaining Digital Signatures. and Public-Key Cryptosystems, C. ACM 21, 1978, 120-126

[RSS97]   N. Robertson, D. Sanders, P. Seymour, R. Thomas, The Four-Colour Theorem, J. Comb. Theory B 70, 1997, 2-44.

[S73]   W. Savitch, Maze Recognizing Automata, J. CSS 7, 1973, 389-403.

[S78]   I. Sudborough, On Tape Complexity of DCFLs, J. ACM 25, 1978, 405-414.

[S87]   U. Schöning, Graph Isomorphism is in the Low Hierarchy, Proc. 4. STACS, 1987, 114-124.

[S90]   A. Salomaa, Public-Key Cryptography, EATCS Monographs on Theoretical Computer Science, Springer-Verlag, 1990.

[S92]   A. Selman, A Survey of One-Way Functions in Complexity Theory, MST 25, 1992, 203-220.

[S97a]   P. Shor, Polynomial-Time Algorithms for Prime Factorization and Discrete Logarithms on a Quantum Computer, SIAM J. Comput. 26, 1997, 1484-1509.

[S97b]   V. Shoup, Lower Bounds for Discrete Logarithms and Related Problems, Proc. EUROCRYPT, Springer LNCS 1997, 256-266.

[SM73]   L. Stockmeyer, A. Meyer, Word Problems Requiring Exponential Time, Proc. 15. SToC, 1973, 1-9.

[V76]   L. Valiant, Relative Complexity of Checking and Evaluating, IPL 5, 1976, 20-23.

[V87]   H. Venkateswaran, Properties that Characterize LOGCFL, Proc. 19. SToC, 1987, 141-150.

[VV86]   L. Valiant, V. Vazirani, $\mathcal{NP}$ is as Easy as Detecting Unique Solutions, TCS 47, 1986, 85-93.

[W95]   A. Wiles, Modular Elliptic Curves and Fermat's Last Theorem, Ann. Math. 142, 1995, 443-551.

[Y82]   A. Yao, Theory and Applications of Trapdoor Functions, Proc. 23. FoCS, 1982, 80-91.

[Z73]   N. Zadeh, A Bad Network Problem for the Simplex Method and Other Minimum Cost Flow Algorithms, Math. Progr. 5, 1973, 255-266.

Stichwortverzeichnis

A

abgeschlossen 65, 281
    Komplementierung 141, 142, 147, 154, 312, 324
    Minor-Ordnung 309
    polynomiale Vergrößerung 281
Ableitungsbaum 90, 319
Ableitungsregel 321
Abstand 2
Addition 61
Adjazenzmatrix 2, 285
Adleman, Leonard 333
äquivalent 280
aktiver Block 229
Akzeptor 16
algebraische Komplexitätstheorie 115
Alphabet 4, 63
Alphabet-Reduktion 54, 87
Anfangskonfiguration 8
Anfangszustand 6
approximierbar 48, 57
    linear 65
Arbeitsband
    lineares 9
arithmetische RAM 70, 114
arithmetischer Schaltkreis 115
asymptotisches Wachstum 33
Aufzählung 30
Ausgabeband 6
Ausgangsposition 23
Ausgrad 3, 90
auxiliary-Pushdown-TM 258, 269
average case 46
azyklisch 2

B

Band 6
    Eingabe- 193
    Einweg- 6
Bandkompression 53, 67
Bandreduktion 27, 47, 67, 108, 124, 167, 189, 211, 213
Basis 87, 122
    vollständig 87
Baum 3, 269
    d-när 3
    minimal spannend 306
    vollständig 3
Baum-TM 11
Baumweite 333
berechenbar 16
Berechenbarkeit 4, 16, 66
Berechnung 8
    akzeptierend 16
    verwerfend 16
Berechnungsbaum 20
    algebraisch 117
    linear 117
Berechnungsgraph 230
Berechnungshypothese
    sequentiell 108, 275
Berechnungsmatrix 222, 260, 289, 292
bereichsbeschränkt 205
Beschleunigung 58, 64, 67, 122, 162, 167
    linear 56, 180
beschränkt
    asymptotisch 32
    schwach 46
bewegungsuniform 103, 123
BEWEISER 288, 327

Beweissystem 288
BIN 177
binary decision diagram 118
Binärdarstellung 61
bipartit 4, 110, 327
Bit-RAM 70
Black-and-White-Pebble-Game 268
Blanksymbol 4
Blatt 3
Block 22
Blum, Manuel 181
Book, Ron 181, 213
Boolesche Funktion 87
    monoton 119
Borodin, Alan 124, 181, 271
Branching-Programm 117
Busy-Beaver-TM 63

C

CFL 323
CFL-MEMBER 325
Chaitin, Gregory 213
charakteristische Funktion 16 .
Chomsky, Noam 334
Chomsky-Hierarchie 323
chromatische Zahl 302
Church, Alonzo 66
Churchsche These 16, 66
CIRCUIT-SAT 329
CIRCUIT-VALUE 287, 327
$Cir Depth$ 95, 99, 102
$Cir Size$ 95, 97, 108, 121
$Cir Size Depth$ 102, 264
$Cir Size Width$ 263
CLIQUE 298, 307, 328
CLOSURE 290
CNF-Form 291
Computer
    DNA- 333
    Quanten- 333
CON 45
co-$\mathcal{NP}$ 276, 312, 315, 331
Cook, Steve 123, 180, 270, 331

Crossing-Sequenz 132, 178, 180, 218
    erweitert 139
    günstig 224
CSL 322
CSL-MEMBER 325, 331

D

DAG 4
$\mathcal{DCFL}$ 323
$depth$ 89
deterministisch 7
$\mathcal{DEXP}$ 276, 321
De Morgan'schen Regeln 91
DGAP 286
Diagonalisierung 52, 63, 122
diophantische Gleichung 17
disjunktive Normalform 87, 120
diskrete Exponentialfunktion 317
DISKRETER-LOGARITHMUS 316
distributiver Zähler 144
Divide-and-Conquer 40
DNA-Computer 333
DOMINATING-SET 301
Domino-Problem 18, 63, 327
$DRevers$ 161, 167, 179
$DSpace$ 49, 65, 99, 130, 137, 138, 147,
    148, 167, 169, 223, 259
$DTime$ 49, 97, 108, 123, 134, 135, 142,
    150, 161, 169, 218
$DTimeRange$ 205, 209
$DTimeRevers$ 264
$DTimeSpace$ 49, 65, 79, 178, 188, 218,
    247, 263
DTM 7
Durchmesser 2
durchschnittliche Laufzeit 176

E

EDGE-COVER 301
effizient 108
Einbettung 110, 121, 200, 204, 213
eindeutig 316
Eingabeband 6
    Einweg- 192

Zweiweg- 193
Einweg-Band 6
Einwegfunktion 318
elementarsymmetrische Funktion 120
Ellipsoidmethode 305
Endkonfiguration 8, 24
endlicher Automat 62, 137, 326
Endzustand 6, 16
entscheidbar 17
Entscheidbarkeitsproblem 17
Entscheidungsbaum 116, 123
    Boolescher 117
Entscheidungsgraph 117
Entscheidungsproblem 294
EQUAL 18, 61, 175, 176
Erfüllbarkeitsproblem 292
Erreichbarkeitsproblem 285
Euklidscher Algorithmus 290
EULER 301
EXL 45
EXP 45
Exponentialfunktion 31
exponentiell 45
$\mathcal{EXPSPACE}$ 276, 321, 326

F
FÄRBUNG 302, 328
FAKTORISIERUNG 317
Fermatsche Vermutung 275
Fischer, Mike 124, 214
fixed-parameter-lösbar 308
Fluß 291
formale Grammatik 321
Formale Sprache 321
Formel 90
    äquivalent 296
    allgemeingültig 292
    Boolesche 292
    erfüllbar 292
    wahr 319
Formelgröße 91
FORMEL-VALUE 120, 295

G
Galil, Zvi 334
GAP 285
Gap-Theorem 135, 168, 176, 177, 181
Gedächtnis 21
GENERATOR 327
gerichtet 3
ggT 290
GLP 304
Grad 3, 87
gradbeschränkt 3
Grammatik
    kontextfrei 323, 331
    nichtverkürzend 322
    regulär 323
Graph 2
    Jellyfish 267
    regulär 3, 111
    universell 110
    vollständiger 3
Graph-Accessibility 285
Graph-Isomorphie 302
Graph-Minor-Theorem 310
Graphfärbung 302
Größe 2, 88
größenbeschränkt 95
Gödel, Kurt 66

H
Halt 23
Halteproblem 17, 51, 64
HAMILTON 299
Hamiltonscher Kreis 299
hart 283
Hartmanis, Juris 67
Heiratssatz 111
Hennie, Frederick 124, 180, 214
Hierarchie 120, 140, 276
Hierarchiesatz 140, 180
Höhe 4
homeomorph 309
Homogenität 197
honest 318

Hopcroft, John 270, 332

I

Immerman, Neil 181, 334
INDEPENDENT-SET 328
induzierter Subgraph 2
Ingrad 3
Ink 180, 181
Inordnung 145
Input 88
interner Knoten 3
Inzidenzliste 2, 239, 285
ITERATED-MOD 290

J

Jellyfish-Graph 267
Johnson, David 332

K

Kante 2
Kanten-Überdeckung 301
kantendisjunkt 110
Kantenfärbung 9, 185
Karp, Richard 331
Keller 258
Kernbereich 163
Klausel 120
Kmplexitätsmaß
    uniform 213
Knoten 2
Knoten-Überdeckung 301
knotendisjunkte Einbettung 200
Knuth, Donald 67
Kodierung 28
Kolmogorov, Andrei 124, 213
Kolmogorov-Komplexität 195
Kolmogorov-Uspenskij-Maschine 124
Kompaktifizierung 205
Komplementabschluß 154, 177, 311
Komplementierung 141
Komplexität
    average-case 46
    worst-case 46
Komplexitätsklasse 49

Hierarchie 276
Komplexitätsmaß 46, 73, 88, 213
    abstrakt 174, 178, 180, 181
    logarithmisch 73
    schwach 47
    uniform 73
Komplexitätsschranke 45, 66
Komplexitätstheorie
    algebraisch 115
Konfiguration 70
    Oberfläche 166, 259
    partielle 7, 286
    totale 7
konjunktive Normalform 120, 291
konstruierbar 48, 57
    platz- 48
    realzeit- 48, 66
    reversal- 160
    zeit- 48
konstruierbarer Speicher 186
Konstruierbarkeit 48, 66, 95, 141, 186
kontextfreie Grammatik 323, 331
kontextsensitiv 322
Kontraktion
    Kanten- 309
kontrollierbar 140
Konvolution 235
Kopf 6
Kopieren 22, 175
Kreis 2
Kreuzungsgraph 303

L

Labyrinth-Problem 285
Ladner, Richard 331
Layout 121
LBA-Problem 323
LENGTH 61, 130, 179, 323
Lesekopf 6
Levin, Leonid 331
L'Hospitalsche Regel 39
LIN 45
Lineare Programmierung 115, 304

Linearzeit-Reduktion 282
Literal 87
LLOG 45, 177
lösbar 108
LOG 45
logarithmisch 45
logarithmisches Maß 73, 119, 124
Logarithmus 31
   diskreter 316
   iteriert 31
Log$\mathcal{CFL}$ 324
logspace-reduzierbar 280
Loui, Michael 214, 270
Lücke 135, 137, 177, 180

M
many-one-Reduzierbarkeit 280
Marke 22
Matching 110
   3-dimensional 302
   maximal 111
   perfekt 111
Matching-Problem 302
Matrix-Multiplikations-Exponent 115
MATRIX-TRANSPOSITION 13, 179, 193, 212
MAX-FLOW 291
Maximum-Matching 110
MAX-SAT 307
Mehrband-TM 28, 50
Mehrkopf-TM 27, 62, 191
Membership-Problem 117, 325
Menge 1
Meyer, Albert 181, 333
minimales Paar 316
Minor 309
Monom 88
monoton 119
MONOTON-CIRCUIT-VALUE 287, 327
Multiplikation 61, 114, 119

N
Nachbar 3
Nachfolgekonfiguration 61
   direkte 7

Nachfolger 2
Netzwerkfluß-Problem 302
$\mathcal{NEXP}$ 276, 278, 326, 329
nichtdegeneriert 119
Nichtdeterminismus 20, 66
nichtkomprimierbar 195
Nichtuniformität 94, 304
nichtverkürzend 322
$\mathcal{NL}$ 276, 327
$\mathcal{NL}$-vollständig 283, 286, 305, 331
NONSAT 298
Normalform
   disjunktiv 87
   konjunktiv 120
   kontextsensitiv 322
$\mathcal{NP}$ 276
$\mathcal{NPC}$ 283
$\mathcal{NP}$-hart 283
$\mathcal{NP}$-vollständig 283, 284, 292, 298, 302, 306, 327, 328, 331
$\mathcal{NP}$-vollständig
   im strengen Sinn 306, 329
$NRevers$ 167
$NSpace$ 49, 102, 122, 123, 154, 158, 167, 269
$NTime$ 49, 189, 211, 223
$NTimeSpace$ 49, 102, 122
NTM 7
   eindeutig 316

O
O-Notation 33, 63, 67
OBDD 118
Oberfläche 166
Oberflächenkonfiguration 259
oblivious 103
Obstruktionsgraph 310
off-line-TM 184
Omega-Notation 33
on-line 115
on-line-Simulation 184
on-line-TM 11, 184
one-one-Reduzierbarkeit 280

opt-CLIQUE 328
ordered binary decision diagram 118
Ordnung
    topologisch 4
Output 88
Overlap 238

P

$\mathcal{P}$ 276
$\mathcal{PC}$ 283
$\mathcal{P}$-hart 283
$\mathcal{P}$- $\mathcal{NP}$-Problem 275, 332
$\mathcal{P}$-vollständig 283, 284, 287, 288, 291,
    325, 327, 332
Padding 150
PALINDROME 61, 134, 162, 176, 179, 180,
    212, 331
parametrisiertes Problem 307
Parametrisierung 307
partiell rekursiv 16
Partitionsproblem 306, 329
Paul, Wolfgang 180, 213, 270
PdA 258
Pebbeln 231
    einfache Strategie 267
    rekursiv 239
    Separator-Strategie 268
    tiefenorientiert 266
    topologisch 239
    weitenorientiert 267
Pebble-Game 231
Pebble-Strategie 232
perfektes Machting 111
Permutations-Netzwerk 235
Pfad 2
Pfadproblem 328
p-Grad 281, 315
Pippenger, Nicholas 124, 214, 270
planar 4, 121, 233, 268, 310
platzbeschränkt 46, 124
    schwach 46
Platzhierarchie 147, 158
Platzkomplexitätsmaß 46

platzkonstruierbar 48, 95, 177
Platzmaß
    logarithmisch 74
Platzschranke
    sublogarithmisch 181
PLOG 45
Pointer-Maschine 124, 257
POL 45
polylogarithmisch 45
polynomial 45
polynomiale Transformation 281
polynomialzeit-reduzierbar 279
PRIMES 313
Primzahl
    Quasi 317
Primzahltest
    Lucas- 314
Problem
    $\mathcal{P}$- $\mathcal{NP}$ 275, 332
    Erreichbarkeit 285
    LBA 323
    Vierfarben- 275
Programm 70
Präfix 4
pseudo-polynomiale Zeitschranke 306
$\mathcal{PSPACE}$ 276
$\mathcal{PSPACE}$-hart 283
$\mathcal{PSPACE}$-vollständig 283, 319, 325, 331,
    333
Public-Key-Kryptosystem 317
Pushdown-Automat 258, 323
Pushdown-Band 62
Pyramide 233, 269

Q

QBF 319
Quanten-Computer 66, 333
quantifizierte Boolesche Formel 318
Quelle 3
Queue 214

R

Rabin, Michael 180
Radius 196

RAM 70, 123
   Bit- 70
   Successor 124
   universell 118
RAM$Space$ 108
RAM$Time$ 108, 256
RAM$TimeSpace$ 76, 77, 79
Rand 201
random 195
random access stored program 123
Range 205, 213
RASP Maschine 123
Raten 20, 25, 57
$\mathcal{RE}$ 323
READ 70
read-only 6, 72, 184
real-time-Simulation 185
realtime-TM 185
Realzeitkonstruierbarkeit 48
Reduktion 279, 281
   Linearzeit- 282
   Logspace- 280
   many-one 280, 331
   one-one 280
   Polynomialzeit- 280
   Turing- 331
$\mathcal{REG}$ 137, 138, 176, 179, 323, 326
Register 70
Registermaschine 70
regulär 3, 111, 175
reguläre Sprache 137
regulärer Ausdruck 326
Reischuk, Rüdiger 214, 270, 333
Rekursionsgleichung 40, 64
Rekursionstheorie 5
rekursiv 16, 212
rekursiv aufzählbar 16, 62, 65, 312
Repräsentant 200
Resolutionsmethode 332
Ressource 16, 58, 60
Ressourceschranke 47
   simultan 262
Reversal 160, 179, 181, 262

reversalbeschränkt 160, 179
reversalkonstruierbar 160
Richtung 186
Riemannsche Hypothese 275, 315
Rivest, Ron 333
RLP 304
RSA-Schema 317
Rucksack-Problem 306
Rückwärtskante 187

S

SAT 292, 307
   2-SAT 298, 327
   3-SAT 298, 307
   CIRCUIT- 329
   SUCCINT- 329
Satz von
   Cook 331
   Fermat 313
   Immerman/Szelepcsényi 180
   Karp 331
   Savitch 124
Savitch, Walter 331
Schaltkreis 88, 124
   arithmetisch 115
   getaktet 124
   monoton 119, 287
   planar 121
   synchron 121, 261, 263
   universell 109
Schaltkreisgröße 89
Schaltkreiskomplexität
   asymptotisch 93
Schaltkreistiefe 89
Schedule 329
SCHEDULING 330
Schicht 121, 260
Schichtung 238
Schlangen 214
Schranke
   exponentiell 45
   logarithmisch 45
   obere 60

polylogarithmisch 45
polynomiell 45
sublogarithmisch 124
untere 60, 124, 195
Schreibkopf 6
Schritt 8
Seiferas, Joel 180, 214
selbstbegrenzende Darstellung 196
Selbstreduzierbarkeit 295
Senke 3
Separation 201
Separator 268, 270
Shamir, Adi 333
Shannon, Claude 66, 124
Simplex-Algorithmus 304
Simulation 26
    on-line 28
    Schritt-für-Schritt 27
single-source Pfad-Problem 328
size 89
Sohn 3
SORTIEREN 62, 176, 179, 193, 271
spannender Baum 3
Speedup-Theorem 170, 178
Speicher 6, 8, 9
    konstruierbar 186
    ungerichtet 186
Speicherzelle 6
Spiegelung 12, 123
Sprache 4
    akzeptierte 16
    kontextfrei 323
    kontextsensitiv 322
    regulär 137, 175, 323
    rekursiv 16
    rekursiv aufzählbar 16
Spur 21
Stack 258
Standardbasis 87
Stearns, Richard 67
Storage-Modification-Maschine 124
straight-line-Programm 115
Strassen, Volker 124

String 4
    Gleichheit 18
    Spiegelung 12
Subgraph 2
Subgraph-Isomorphie 302
sublinear 62
sublogarithmisch 124, 181
Successor-RAM 124
SUCCINT-SAT 329
Summe 61
Superkonzentrator 234, 270
Switch 113
symmetrisch 24
synchron 121

T

TAL 178
Tarjan, Robert 270
TAUTOLOGIE 292, 313
Teiler
    größter gemeinsamer 290
Teilgraph 2
Theorem
    Gap 168
    Graph-Minor 310
    Speedup 170
    Union 173
These
    Church 16
Theseus-Ariadne-Strategie 285
Thresholdfunktion 120
Tiefe 3, 89
tiefenbeschränkt 95
Time-Space Tradeoff 176, 217
TM
    d-dimensional 11
    k-Band 11
    k-Kopf 11
    Baum- 11, 77
    bewegungsuniform 122
    Busy-Beaver- 63
    deterministisch 7
    Modell 5

nichtdeterministisch 7
off-line 184
on-line 11, 184
Programmierung 21
real-time 185
universell 29, 63
topologische Ordnung 4, 266
Tradeoff 167, 234, 237, 243, 261, 266, 267, 271
Transformation
    Problemgröße 281
Transitivität 280
Translation 150, 178, 180
Traveling-Salesman-Problem 306
Turing, Alan 66
Turing-Reduktion 331

U
Überdeckung 301
Übergangsmatrix 101
Übergangsrelation 6
Überlappung 248
    intern 238
UGAP 286, 327
Ullman, Jeffrey 270
unabhängig 2
unambiguous 316
ungerichtet 3
uniformes Maß 73
Uniformität 94
Union-Theorem 173
universell 109, 110
universelle RAM 118
universelle TM 29, 66
universelles Membership-Problem 325
untere Schranke 130, 132
Unterprogramm 25
UNTM 316
$\mathcal{UP}$ 316, 318, 333

V
Valiant, Leslie 124, 270, 333
Vater 3
Vergleichsbaum 117

Vermutung
    Fermat 275, 332
    Wagner 310
VERTEX-COVER 301, 307, 310, 330
Verzögerung 200, 212
Vierfarbenproblem 275, 302, 303, 332
vollständig 3, 283, 331
vollständiger Baum 3
Vorgänger 2
Vorwärtskante 187

W
Wachstumsklasse 33, 64
Wachstumsordnung 37
Wagnersche Vermutung 310
Waksman-Permutations-Netzwerk 235
Wald 3
Weg 2
Wegeproblem 285, 328
WEIGHTED-3-SAT 308
Weite 118, 261, 270
Werte-Wachstumsbedingung 318
worst case 46
Wortproblem 325
WRITE 70
write-only 6
Würfel 205
Wurzel 3

Y
Yao, Andy 332

Z
Zähler 23, 47, 61, 141
    distributiv 144, 177
zeitbeschränkt 46
    schwach 46
Zeithierarchie 142, 160, 177
Zeitkomplexitätsmaß 46
Zeitkomplexitätsmaß
    logarithmisches 74
zeitkonstruierbar 48, 95
zufällig 195
Zusammenhangskomponente 285

zusammenhängend 3
Zustand
    akzeptierend 16
    erweitert 130, 250
    verwerfend 16
Zustandsmenge 6
Zustandsänderung 178
Zweiweg-Band 6
Zweiweg-Eingabeband 193

Symbolverzeichnis

$\mathbb{1}$ 31

$\mathbb{B}$ 87

$\mathbb{N}$ 1

$\mathbb{N}^+$ 1

$\mathbb{Q}$ 1

$\mathbb{R}$ 1

$\mathbb{R}^+$ 1

$\mathbb{Z}$ 1

$\subseteq_{\mathrm{onl}}$ 185

$\subseteq_{\mathrm{real}}$ 185

$\neg$ 87

$\vee$ 87

$\wedge$ 87

$\forall_q \neg \Phi$ 312

$\exists_q \Phi$ 312

$\exists\, \mathcal{C}$ 312

$\overline{A}$ 1

$|A|$ 1

$A \triangle B$ 1

$A \subset B$ 1

$A \subseteq B$ 1

$A \not\subset B$ 1

$A \not\subseteq B$ 1

$A \setminus B$ 1

A^{trp} 13

A_G 186

A_{ae} 32

A_{io} 32

2^A 1

β 4, 6

$\mathrm{bin}(n)$ 4

cod 82

$C \vdash C'$ 7

$C \vdash^* C'$ 8

$d(v, w)$ 2

δ_{aus} 3

δ_{grad} 3

δ_{in} 3

Δ 6

$\Delta^1 T$ 160

$\Delta_k h$ 171

$E^+(v)$ 2

$E^-(v)$ 2

$E_{|V'}$ 2

eexp 31

$\exp$ 31

$\exp^{[m]}$ 31

$f \circ g$ 31

$f \geq g$ 32

$f \leq_{\mathrm{ae}} g$ 32

$f =_{\mathrm{io}} g$ 32

f^r 31

$\mathcal{F} \geq \mathcal{G}$ 32

$\mathcal{F} \leq \mathcal{G}$ 32

$|G|$ 2

$\Gamma^+(v)$ 2

$\Gamma^-(v)$ 2

g_{sum} 85

itexp 31

itlog 31

$\mathcal{K}_m$ 3

$\mathcal{K}_{a,b}$ 4

$[k, l]$ 1

$\log$ 31

$\log^{[m]}$ 31

llog 31

λ 4

$L_1 \asymp L_2$ 66

$L_1 \equiv_{\mathrm{log}} L_2$ 280

$L_1 \equiv_{\mathrm{pol}} L_2$ 280

$L_1 \leq_{\text{lin}} L_2$ 282
$L_1 \leq_{\log} L_2$ 280
$L_1 \leq_{\text{pol}} L_2$ 279
M_ρ 29
$O(g)$ 33
$O(\mathbb{I})$ 35
$O(1)$ 39
$o(g)$ 33
$\Omega(g)$ 33
$\omega(g)$ 33
$\Theta(g)$ 33
$\pi(\Gamma)$ 232
Q 6
Q_{a} 16
Q_{f} 6
Q_{v} 16
q_0 6
Σ 4, 6
Σ^* 4
Σ^n 4
$\Sigma^{\leq n}$ 4
Σ_{A} 6
Σ_{E} 6
(v_i, v_j) 2
φ_M 16
$\overline{x}$ 87
x^0 87
x^1 87
χ_L 16
$|X|$ 4

Schranken, Maße, Klassen

$\mathcal{CFL}$ 323
co-$\mathcal{C}$ 140
co-$\mathcal{NP}$ 276
$\mathcal{CSL}$ 322
$\text{Cir}Depth(D)$ 95
$\text{Cir}Size(C)$ 95
$\text{Cir}Size^{\text{planar}}(f)$ 121
$\text{Cir}Size^{\text{synch}}(f)$ 121
$\text{Cir}Width(W)$ 261

CON   45
delay   200
$depth(G)$ 89
$Depth_{\Upsilon}(f)$ 89
$DRevers_k(R)$ 160
$DSpace_G(S)$ 49
$DSpace_{+\text{Pd}}(S)$ 258
$DTime(T)$ 50
$DTime_G(T)$ 49
$DTimeRange_G(T, R)$ 205
$DTimeSpace_G(T, S)$ 49
$DTime_k^{d-\dim}$ 49
$DTime_k^{\text{tree}}$ 49
$DTime_k$ 49
$DTime_{k+\text{E}}$ 50
$DTime_{k+\vec{\text{E}}}$ 50
$DTime_{k-\text{head}}$ 49
$DTime_{\text{head}}$ 123
$\mathcal{DCFL}$ 323
$\mathcal{DEXL}$ 282
$\mathcal{DEXP}$ 276
$\mathcal{EXPSPACE}$ 276
EEXL   45
EEXP   45
$\text{EExL}(T)$ 45
$\text{EExP}(T)$ 45
EPLOG   45
$\text{EPLog}(T)$ 45
EXL   45
EXP   45
$\text{ExL}(T)$ 45
$\text{ExP}(T)$ 45
$FSize(f)$ 91
f_{SAT} 295
$ink_M(X)$ 180
$K(a)$ 195
$K(a|b)$ 195
$\mathcal{L}$ 276
$\mathcal{L}^k$ 277
$L(G)$ 321
$L(M)$ 16
$\text{Lin}(T)$ 45
LIN   45

$\mathrm{LLog}(T)$ 45
LLOG 45
$\mathrm{Log}(T)$ 45
LOG 45
$L_{\mathrm{DIAG}}(T)$ 52
L_{DTime} 284
L_{NTime} 284
$\mathcal{N}$ 31
$\mathcal{NEXP}$ 276
$\mathcal{NL}$ 276
$\mathcal{NL}^k$ 277
$\mathcal{NP}$ 276
$\mathcal{NPC}$ 283
$NRevers_k(R)$ 160
$NSpace_G(S)$ 49
$NSpace_{+\mathrm{Pd}}(S)$ 258
$NTime_G(T)$ 49
$NTimeSpace_G(T,S)$ 49
$\mathcal{P}$ 276
$\mathcal{PC}$ 283
$Pebbles(G)$ 232
$Pebbles[\mathcal{G}^d]$ 242
$Pebbles[\mathcal{G}^d_{\mathrm{planar}}]$ 234
$\mathrm{PLog}(T)$ 45
PLOG 45
$\mathrm{Pol}(T)$ 45
POL 45
$\mathcal{PSPACE}$ 276
RAM_+ 71
$\mathrm{RAM}TimeSpace(T,S)$ 76
$REG(\Sigma,\mathcal{O})$ 326
$\mathcal{REG}$ 137
$range_M(X)$ 205
$revers_M(X)$ 160
$size(G)$ 89
$Size_\Upsilon(f)$ 89
$Steps(G,p)$ 232
$Steps[\mathcal{G}^d](n,p)$ 245
$space_M(X)$ 46
S_M 46
$time_M(X)$ 46
T_M 46
$\mathrm{TM}_{+\mathrm{Pd}}$ 258

$\mathcal{UP}$ 316
$width(G)$ 261

Sonstiges

$\mathrm{ad}(v)$ 186
bpos 74
$\mathrm{con}(G,t)$ 187
$\mathrm{CS}(X,i)$ 132
$\mathrm{CS}(i,l)$ 218
$\mathrm{ECS}(X,i)$ 139
$\mathcal{G}^d_n$ 232
$\mathcal{G}^{d,e}_n$ 110
$\Gamma(G_i)$ 201
$\gamma(G)$ 201
$\mathrm{INT}(W_i)$ 238
$\mathcal{M}$ 28
$\mathcal{M}_G$ 28, 49
$\mathcal{M}_k$ 28
$\mathrm{OVL}(\mathcal{W})$ 238
PY_h 233
$\mathrm{Res}(C_M(X))$ 16
r_G 197
ρ_G 196
$\mathrm{state}(I_i)$ 230
$\tau(\Gamma)$ 232
$\mathrm{UBL}(I_1,I_2)$ 248

Zeitschriftenverzeichnis

Acta Inf.	Acta Informatica
C. ACM	Communications of the ACM
Combin.	Combinatorica
Comput. Compl.	Computational Complexity
EATCS-Bul.	EATCS-Bulletin
ECCC	Electronic Colloquium on Computational Complexity: http://www.eccc.uni-trier.de/eccc/
I&C	Information and Control, 1987 umbenannt in Information and Computation
IPL	Information Processing Letters
J. ACM	Journal of the ACM
J. Alg.	Journal of Algorithms
J. CSS	Journal of Computer and System Sciences
MST	Mathematical Systems Theory, 1997 umbenannt in Theory of Computing Systems
SIAM J. Comput.	SIAM Journal on Computing
SIAM J. Dis. Math.	SIAM Journal on Discrete Mathematics
Tr. AMS	Transactions of the American Mathematical Society
Tr. Comp.	Transactions on Computers (IEEE)
TCS	Theoretical Computer Science (EATCS)

Konferenzverzeichnis

In Klammern sind die veranstaltenden Fachorganisationen aufgeführt.

COCOON	Annual International Computing and Combinatroics Conference
FCT	Conference on Fundamentals of Computer Theory
FoCS	Annual Symposium on Foundation of Computer Science (IEEE-CS)
ICALP	International Colloquium on Automata, Languages and Programming (EATCS)
ISTCS	Israeli Symposium on Theory of Computing and Systems (IEEE-CS)
MFCS	Conference on Mathematical Foundations of Computer Science
SODA	Annual Symposium On Discrete Algorithms (ACM-SIGACT und SIAM SIAG/DM)
SPAA	Annual Symposium on Parallel Algorithms and Architectures (ACM-SIGACT, ACM-SIGARCH und EATCS)
STACS	Annual Symposium on Theoretical Aspects of Computer Science (GI-FA 0.1)
SToC	ACM Symposium on Theory of Computing (ACM-SIGACT)
Struc	Annual Conference on Structure in Complexity Theory, 1996 umbenannt in Annual Conference on Computational Complexity (IEEE-CS, ACM-SIGACT und EATCS)
SWAT	Annual Symposium on Switching and Automata Theory (IEEE), 1975 umbenannt in FoCS
WG	Workshop on Graph-Theoretic Concepts in Computer Science

Verzeichnis von Fachorganisationen

ACM	Association for Computing Machinery, New York
ACM-SIGACT	ACM Special Interest Group on Algorithms and Computation Theory
ACM-SIGARCH	ACM Special Interest Group on Computer Architecture
EATCS	Eropean Association for Theoretical Computer Science
GI	Gesellschaft für Informatik, Bonn
GI-FA 0.1	GI Fachausschuß 0.1 Theoretische Informatik
IEEE	Institute of Electrical and Electronics Engineers, Washington
IEEE-CS	IEEE Computer Society
SIAM	Society for Industrial and Applied Mathematics, Philadelphia
SIAG/DM	SIAM Activity Group on Discrete Mathematics

Wegener

Kompendium Theoretische Informatik – eine Ideensammlung

Das Kompendium Theoretische Informatik – eine Ideensammlung ergänzt das Lehrbuch Theoretische Informatik – eine algorithmenorientierte Einführung vom gleichen Autor. Es enthält die gängigen Inhalte von Einführungsvorlesungen in die Theoretische Informatik: Entscheidbarkeit, NP-Vollständigkeit, Endliche Automaten, Kontextfreie Grammatiken, Kellerautomaten.

Anstelle von formalen Beweisen werden die wesentlichen Ideen herausgearbeitet und vorgestellt. Die Vertiefung und Auffrischung von Kenntnissen in Theoretischer Informatik wird unterstützt. Die Ideensammlung wird ergänzt durch Übungsaufgaben mit Lösungen und Lösungsmethoden sowie Testfragen mit knappen Antworten. Dadurch wird eine Hilfestellung bei der Vorbereitung auf Prüfungen gegeben.

Von Prof. Dr.
Ingo Wegener
Universität Dortmund

1996. VIII, 189 Seiten.
16,2 x 22,9 cm.
Kart. DM 34,–
ÖS 248,– / SFr 31,–
ISBN 3-519-02145-5

(Leitfäden der Informatik)

Preisänderungen vorbehalten.

B. G. Teubner Stuttgart · Leipzig